DO ETERNO NO HOMEM

COLEÇÃO PENSAMENTO HUMANO

- *A caminho da linguagem,* Martin Heidegger
- *A Cidade de Deus* (Parte I; Livros I a X), Santo Agostinho
- *A Cidade de Deus* (Parte II; Livros XI a XXIII), Santo Agostinho
- *As obras do amor,* Søren Aabye Kierkegaard
- *Confissões,* Santo Agostinho
- *Crítica da razão pura,* Immanuel Kant
- *Da reviravolta dos valores,* Max Scheler
- *Enéada II – A organização do cosmo,* Plotino
- *Ensaios e conferências,* Martin Heidegger
- *Fenomenologia da vida* religiosa, Martin Heidegger
- *Fenomenologia do espírito,* Georg Wilhelm Friedrich Hegel
- *Hermenêutica: arte e técnica da interpretação,* Friedrich D.E. Schleiermacher
- *Investigações filosóficas,* Ludwig Wittgenstein
- *Manifesto do Partido Comunista,* Karl Max e Friedrich Engels
- *Parmênides,* Martin Heidegger
- *Seminários de Zollikon,* Martin Heidegger e Medard Boss
- *Ser e tempo,* Martin Heidegger
- *Ser e verdade,* Martin Heidegger
- *Verdade e método: traços fundamentais de uma hermenêutica filosófica* (Volume I), Hans-Georg Gadamer
- *Verdade e método: complementos e índice* (Volume II), Hans-Georg Gadamer
- *O conceito de angústia,* Søren Aabye Kierkegaard
- *Pós-escritos às* Migalhas filosóficas - Vol. I, Søren Aabye Kierkegaard
- *Metafísica dos Costumes,* Immanuel Kant
- *Do eterno no homem,* Max Scheler

Dados Internacionais de Catalogação na Publicação (CIP)
(Câmara Brasileira do Livro, SP, Brasil)

Scheler, Max, 1874-1928.
Do eterno no homem / Max Scheler ; tradução de Marco Antonio Casanova. - Petrópolis, RJ : Vozes ; Bragança Paulista, SP : Editora Universitária São Francisco, 2015. - (Coleção Pensamento Humano)

Título original: Vom Ewigen im Menschen
Bibliografia
ISBN 978-85-326-4936-2

1. Religião – Filosofia I. Título. II. Série.

14-12176 CDD-210

Índices para catálogo sistemático:
1. Religião e filosofia 210

Max Scheler

DO ETERNO NO HOMEM

Tradução de Marco Antonio Casanova

Petrópolis

EDITORA UNIVERSITÁRIA
SÃO FRANCISCO

Bragança Paulista

Título original alemão: *Vom Ewigen im Menschen*

Fünfte Auflage, herausgegeben von Maria Scheler (Gesammelte Werke, Band 5)

A. Francke AG Verlag Bern, 1954, Suíça.

Rua Frei Luís, 100
25689-900 Petrópolis, RJ
www.vozes.com.br
Brasil

Editora Universitária São Francisco - Edusf

Avenida São Francisco de Assis, 218
Jardim São José
12916-900 Bragança Paulista, SP
www.saofrancisco.edu.br/edusf
edusf@saofrancisco.edu.br
Brasil

Diretor editorial
Frei Antônio Moser

Editores
Aline dos Santos Carneiro
José Maria da Silva
Lídio Peretti
Marilac Loraine Oleniki

Secretário executivo
João Batista Kreuch

Editoração: Fernando Sergio Olivetti da Rocha
Diagramação: Alex M. da Silva
Capa: WM design

ISBN 978-85-326-4936-2

Editado conforme o novo acordo ortográfico.

Este livro foi composto e impresso pela Editora Vozes Ltda.

SUMÁRIO

PREFÁCIO DO AUTOR À PRIMEIRA EDIÇÃO

O primeiro volume da presente obra é agora entregue ao público com um atraso acentuado em função das circunstâncias mais adversas. Ele contém ensaios e estudos dedicados em sua dimensão essencial aos problemas da ética e da filosofia da religião. Esses surgiram em parte como trabalhos preparatórios para obras maiores, articuladas sistematicamente, que o autor ainda traz sob sua pena; em parte, eles buscam levar adiante e aplicar em determinados domínios de objetos aquilo que o autor legou em tais obras (especialmente em seu livro *Der Formalismus in der Ethik und die materiale Wertethik* [O formalismo na ética e a ética material dos valores]. Halle, 1916). Os artigos sobre "Arrependimento e renascimento", sobre a "Ideia cristã de comunidade e de amor", "Da essência da filosofia" e "Da reconstrução cultural da Europa" (aqui apenas ligeiramente alterados) saíram antes nas revistas *Summa* e *Hochland*. Nova é a segunda parte maior do livro, a parte que trata da "Renovação religiosa" e procura projetar as linhas mestras para a fundamentação e a compreensão da religião.

O título para o conjunto, *Do eterno no homem*, busca indicar que o autor está sinceramente empenhado em elevar seu olhar espiritual por sobre as torres e as ondas espumosas desse tempo – para o interior de uma atmosfera mais pura –, dirigindo-o para aquilo no homem por meio do que ele é homem, ou seja, para aquilo por meio do que ele participa do eterno. A graça de repousar admirado e feliz no eterno e só apreender o resto da vida como uma senda intrincada rumo a essa meta elevada cabe apenas a poucos. O autor está disposto a se contentar aqui com algo mais parco: mostrar como é possível satisfazer a exigência da hora a partir das fontes do espírito no homem nas quais correm juntos o divino e o somente-humano, de modo que uma *vita nuova* se torne possível para aqueles que padeceram e adoeceram da maneira mais profunda desse tempo. Como *questão*, esse é o elo espiritual que reúne os ensaios aqui publicados.

É por isso que mesmo um artigo como aquele sobre a "Reconstrução cultural da Europa" pôde aparecer aqui.

Aquele que, concebendo no conceito de "eterno" tão somente a contradição ante o fluir do tempo, não conseguisse auscultar na exigência maximamente individual da hora, na exigência que é feita ao indivíduo, a voz silenciosa da eternidade, teria um mau conceito de "eterno". O verdadeiro eterno não exclui de si o tempo, não se encontra ao lado dele: ele abarca concomitantemente de uma maneira atemporal o conteúdo e a plenitude do tempo, atravessando-o em cada um de seus instantes.

É por isso que o eterno não pode ser nenhum *refúgio* para o qual fugimos por sermos da opinião de que não podemos mais suportar a vida e a história. Homens que se entregassem à ideia do eterno apenas para escapar da história não passariam de maus "eternistas". Grupos consideráveis de jovens são atualmente determinados por tais tendências de fuga. Uns fogem para o interior da mística do supra-histórico, outros para o idílio para-histórico da terra, das flores e das estrelas, enquanto os menos animadores fogem para o interior da esfera sub-histórica do prazer do instante como o polo oposto ao eterno. O autor não gostaria de fomentar essas tendências que, em verdade, compreende. Reconhecer a história, vê-la em sua dura realidade – mas degustá-la a partir da fonte do eterno – é mais adequado do que fugir dela.

O primeiro tomo da obra, dedicado ao movimento filosófico e religioso de pensamento, começa com uma tentativa de analisar de maneira mais penetrante do que aconteceu até aqui o grande fenômeno de consciência que é o *arrependimento*. Uma tal tentativa se justifica porque não há entre os atos ético-religiosos do espírito humano nenhum que seja mais adequado a essa era e que pudesse ser mais frutífero para ela do que o ato do arrependimento. Somente ele auspicia um renascimento possível.

O ensaio sobre a *religião* só se conecta muito frouxamente com o tempo presente. Ele lega ao público pela primeira vez alguns frutos do trabalho de pensamento religioso-filosófico que ocupa o autor há muitos anos – os primeiros fundamentos da construção sistemática de uma "teologia natural". Em meio a toda oposição esperada, o autor toma esses fundamentos por mais assegurados do que os tradicionais e mesmo por apropriados para serem melhor dignificados e mais profundamente conhecidos pelo homem de hoje do que os sistemas tradicionais de fundamentação da religião. Esses sistemas ora repousam mais sobre Tomás de Aquino, ora mais sobre Kant e Schleiermacher. Analogamente ao que Kant denominou o "escândalo da filosofia" pode-se dizer que é um "escândalo *ao mesmo tempo* da teologia e da filosofia" que as perguntas da teologia natural, isto é, mesmo *isso* que, para além das oposições positivas entre as crenças, determina os espíritos e os torna unos, antes os separe mais profundamente do que as oposições confessionais; que, mais além, no que concerne ao conhecimento de Deus, o que deve ser agradecido apenas à razão espontânea em cada homem e deve limitar justamente com isso a mera tradição e revelação, na maioria das vezes seja tratado tão somente em sistemas doutrinários *tradicionais*.

O autor possui uma profunda convicção que não pode ser fundamentada aqui: ele pensa que o conhecimento natural de Deus jamais conseguirá cumprir algum dia novamente essa tarefa *unificadora* nem sobre o solo da filosofia de Santo Tomás de Aquino nem sobre o solo do período filosófico introduzido por Kant.

Esse conhecimento só cumprirá uma tal tarefa se liberar o cerne do agostianismo de seus invólucros histórico-temporais, fundamentando-o de maneira nova e mais profunda por intermédio do pensamento da filosofia fenomenológica; ou seja: da filosofia que empreende a visualização dos fundamentos essenciais de toda existência com olhos purificados e deduz a mudança que uma cultura por demais intrincada trouxe para si em meio a símbolos sempre novos. Nesse caso, ele apresentará sempre mais claramente aquele *contato* imediato da alma com Deus; um contato cujos rastos Agostinho sempre buscou acompanhar novamente com os meios do pensamento neoplatônico e sempre se esforçou por expressar uma vez mais com palavras. Somente uma teologia da *experiência essencial do divino* conseguirá abrir novamente os olhos para as verdades perdidas de Agostinho.

O que temos aqui não chega a formar uma filosofia da religião sistemática e plenamente levada a termo. Essa precisa ser resguardada para um trabalho futuro. Em especial o próprio *sistema* dos modos de comprovação da existência de Deus não está aqui tão desenvolvido quanto nós o pensamos. Ao contrário, ele só está dado de maneira parcial.

O segundo e o terceiro volumes da obra continuarão sendo impressos de forma constante, e os dois próximos volumes - como esperamos - aparecerão em breve[1]. Em sua parte principal, o *segundo* fornecerá um ensaio que está determinado a completar a *Ética* do autor. Ele deve considerar a significação que *o modelo pessoal* possui em todas as suas variedades para o ser moral e religioso dos homens e para as transformações históricas das formas do *ethos*. O terceiro tratará antes de tudo de maneira puramente objetiva e *sistemática* da *relação entre amor e conhecimento* (os tipos históricos das doutrinas dessa relação foram acompanhados pelo autor em um outro ensaio), devendo fornecer um fundamento derradeiro para uma "sociologia do conhecimento" que o autor tem a intenção de apresentar mais tarde.

A filosofia - tal como o autor a compreende - deve ser sistemática. No entanto, ela deve fornecer um "sistema" que não repouse sobre a dedução a partir de uns poucos princípios simples. Ao contrário, ela precisa *conquistar* seu alimento e seu conteúdo sempre novamente a partir da *análise* penetrante *das diversas esferas* da existência e da vida espiritual: um sistema que, não estando nunca fechado, *cresça na* vida e *por meio* da assimilação sempre nova e consonante do pensamento da vida.

Um sistema é ou bem uma dádiva oriunda das graças da plenitude e da unidade da pessoa que filosofa, ou bem um artefato *artificial* do entendimento arbitrário. O autor também continuará recusando um "sistema" do último tipo. Todavia, seria culpa do leitor não perceber a contribuição feita pelos ensaios aqui publicados para trazer à tona, segundo alguns pontos, o complexo de pensamento sistemático e homogêneo do autor.

Colônia, 17 de outubro de 1920

Max Scheler

---

1. Os dois outros volumes de *Do eterno no homem* anunciados aqui por Max Scheler nunca foram publicados. Os trabalhos para o segundo volume encontrados na obra póstuma foram editados em 1933 sob o título *Zur Ethik und Erkenntnislehre* - Para a ética e a doutrina do conhecimento [N.T.].

PREFÁCIO DO AUTOR À SEGUNDA EDIÇÃO

Depois do transcurso de um ano, uma segunda edição deste livro se tornou necessária. O livro aparece inalterado nessa edição. A forma mais facilmente transportável que ele ganhou por intermédio da divisão do material em dois volumes (para a qual, apesar do acentuado aumento dos custos, o editor se decidiu amistosamente segundo o desejo do autor) certamente será bem-vinda ao leitor.

O acolhimento que a obra encontrou ante o domínio público, assim como a crítica na Alemanha e no estrangeiro - em comunicações, escritos e recensões - foram de todo satisfatórios para o autor. De qualquer modo, ele pôde perceber nessa ocasião o quão aberta, receptiva e inflamável é a alma do mundo atual - e antes de tudo da juventude - em relação às perguntas tratadas no livro, em particular em relação à pergunta por uma fundamentação filosófica da religião. Entretanto, ele também pôde perceber o quão fluente - ao menos no que diz respeito aos problemas sobre a essência e o conteúdo veritativo da religião, problemas que se encontram para além de toda dogmática confessional - se tornou o movimento do debate e da discussão pensantes entre as confissões, mesmo entre o confessionalismo em geral e o não confessionalismo religioso. Ele chega mesmo a tomar como um sinal dessa nova *dissolução* em curso *do enrijecimento escolar e de pensamento* o fato de seu livro ter encontrado um vivo interesse até certo ponto homogêneo e uma crítica igualmente abrangente nos círculos da teologia e da filosofia católica, protestante e judaica na Alemanha e no estrangeiro, e, mais além, nos círculos não teologicamente formados das camadas e dos grupos orientados confessionalmente de maneira diversa. A situação incisivamente censurada ainda no prefácio à primeira edição como um "escândalo ao mesmo tempo da teologia e da filosofia", a situação de que os problemas do conhecimento pré-dogmático, do assim chamado conhecimento "natural" de Deus, cinde ainda mais profundamente os espíritos do que a dogmática mesma parece estar em vias de desaparecer ao menos em nosso país.

Todavia, ainda muito mais importante e animador do que essa destruição de barreiras equivocadamente construídas, uma destruição que só possui valor negativo, foi para o autor a aparição de uma quantidade de obras que, em parte totalmente independentes dele, em parte mais ou menos estimuladas por ele, alcançaram no essencial as mesmas posições sobre a origem de todo conhecimento religioso. Se Rudolf Otto em sua obra sobre "O sagrado"[1] e T.K. Oesterreich em seus escritos sobre "A experiência religiosa" e em sua psicologia da religião assumiram posições ao menos muito similares às do autor já no tempo da publicação da primeira edição, agora outros continuam se voltando para a mesma direção de nosso curso de pensamento: H. Scholz, cuja bela e rica *Religionsphilosophie* (filosofia da religião) (1. e 2. ed.) também constrói a religião sobre indedutíveis fenômenos originários da experiência mística de Deus; K. Girgensohn em sua obra *Der seelische Aufbau des religiösen Erlebens* (A construção anímica da vivência religiosa); O. Gründler em sua filosofia da religião sobre bases fenomenológicas; Josef Heiler em *Das Absolute* (O absoluto); por conta de sua nova recepção de certos elementos da doutrina de Malebranche, mesmo E. Troeltsch parece ter se aproximado mais de minhas posições do que ele se aproximara antes[2]. Esses nomes são citados aqui apenas para mostrar que aquilo que o autor (vede o prefácio à primeira edição) só ousava esperar muito vagamente com a publicação da primeira edição, tornou-se hoje uma perspectiva fortemente fundada, elevadamente significativa: uma real *unificação* da filosofia por natureza supraconfessional em sua ligação com a essência da religião, tendo a verdadeira sede e origem do conhecimento religioso nos "atos religiosos" inerentes a

1. O livro de Rudolf Otto intitula-se *Das Heilige: Über das Irrationale in der Idee des Göttlichen und sein Verhältnis zum Rationalen* [O sagrado: sobre o irracional na ideia do divino e sua relação com o racional].

2. Cf. quanto a isso o trabalho de E. Troeltsch, *Zur Logik des historischen Entwicklungsbegriffes* [Para a lógica do conceito histórico de desenvolvimento]. In: *Estudos Kantianos*, vol. XXVII, H. 3-4. Mais além: *Der Historismus und seine Probleme I* [O historicismo e seus problemas], p. 166.

uma "experiência religiosa originária, indedutível a partir de impressões da experiência mundana"; com isso, porém, ao mesmo tempo, um preterimento tanto do *tomismo quanto do kantianismo*, cujo domínio poderoso sobre grandes grupos sem qualquer contato entre si já tinha impedido até hoje completamente a possibilidade de uma tal unificação. O autor vê nesses fatos - juntamente com a elevação crescente do interesse pela direção de pensamento platônico-agostiniana mesmo no círculo cultural católico (também comparar, p. ex., o escrito *Glaube und Glaubenswissenschaft* [Crença e ciência da crença] do dogmático de Tübingen K. Adam) e com uma estreita ligação do espírito de suas posições com o método da fundação fenomenológica da filosofia em geral - o que há de mais animador entre as coisas que tem para anunciar ao leitor desde o aparecimento da primeira edição desse livro.

No que diz respeito à crítica muito abrangente que foi feita ao livro, a concordância e a apreciação positiva dos ensaios sobre *Arrependimento e renascimento* e *Da essência da filosofia* foi mais universal e mais unânime do que sobre os *Problemas da religião*. Nikolai Hartmann tentou satisfazer a exigência de que a filosofia precisa fundar o conceito de "saber" sobre uma relação ontológica, sobre a relação da "participação" de um ente A no modo de ser do outro ente B, uma ligação de um tipo tal que o estabelecimento dessa ligação não determina conjuntamente nenhuma alteração em B, em seu penetrante livro *Metaphysik der Erkenntnis* (Metafísica do conhecimento) - independentemente do autor. Desde o aparecimento da primeira edição de seu livro, o autor mesmo tem um plano, já insinuado no ensaio *Da essência da filosofia*, de escrever, de uma maneira nova, sobre o solo desse princípio supremo, uma teoria do conhecimento realista que se afaste acentuadamente das formas até aqui do realismo da antiga escolástica, do assim chamado realismo "crítico" e do realismo intuitivista, e de apresentar ao público nos próximos anos essas investigações agora realizadas e pensadas sob o título *Redução fenomenológica e realismo de vontade – Uma introdução à teoria do conhecimento*[3]. O ensaio sobre *Arrependimento e renascimento* perfaz aquele

3. Cf. quanto a isso o ensaio do autor: "Die deutsche Philosophie der Gegenwart" [A filosofia alemã do presente). In: WITTKOP, P. (org.). *Deutsches Leben der*

trecho do livro que encontrou especialmente em seu conteúdo analítico-psicológico a aprovação mais unânime da crítica – mesmo de tais críticos que acreditavam ser necessário recusar a filosofia da religião do autor.

As coisas encontram-se um pouco diversas quanto à última parte do livro: *Problemas da religião*. As declarações extremamente numerosas que foram feitas publicamente e as não menos numerosas que foram feitas por carta sobre a tentativa do autor mostraram de início uma medida *muito* diversificada da *compreensão* dos intuitos do autor e do sentido de suas exposições. Por exemplo, o autor tinha e tem consciência de ter cindido por toda parte rigorosamente o que em suas teses repousa sobre *intelecção* da essência e o que é coisa da crença positiva. Apesar disso, pessoas eclesiasticamente estabelecidas o repreenderam por querer deduzir filosoficamente princípios a partir da dogmática positiva, um intuito que se encontra totalmente distante dele – abstraindo-se de um determinado conteúdo racional, filosoficamente necessário do pecado originário, sem cujo posicionamento ele toma todo teísmo em geral, mesmo ainda hoje, por um sistema de pensamento totalmente contrassensual. A compreensão de muitas colocações do autor foi em alguns pontos prejudicada pelo fato de o leitor tomar conexões puramente hipotéticas de uma intelegibilidade filosófica como princípios categóricos de existência, e, em verdade, de uma natureza religiosamente positiva – isto é, o fato de alguns leitores terem confundido *por sua parte* princípios de crença com intelecções filosóficas, e, não obstante, terem atribuído essa confusão ao autor. Quando, por exemplo, o autor diz que reside na essência do "sagrado originário" (junto a pressuposições teístas) ser não apenas "um entre outros", mas ser "o *único*", por meio do qual Deus se revela para si mesmo, o leitor desatento coloca no lugar desta conexão hipotética o acordo em relação à crença: há um Deus pessoal e Cristo é esse ente único. Como se o autor não tivesse *comprovado* antes justamente a indemonstrabilidade lógica do personalismo teísta e como se essa conexão hipotética não admitisse igualmente em si no lugar do Cristo um ser "único" to-

---

Gegenwart [Vida alemã do presente]. Berlim: Volksverband der Bücherfreunde, 1922.

talmente diverso, por exemplo, Maomé. *O fato de* esse "único" ser o Cristo é um *puro* juízo de valor e nunca ocorreu ao autor querer "demonstrá"-lo filosoficamente. Ou: se o autor buscou mostrar (p. 699 da primeira edição) que os estabelecimentos hipotéticos ("suposições") de um Deus que a todos ama, do primado do amor em relação ao conhecimento, e, mais além, de uma autorrevelação de Deus que tem lugar conjuntamente em uma pessoa humana histórica, tornam *necessária* uma autoridade infalível da Igreja como Igreja em coisas sagradas, como conservadora e administradora dos bens sagrado oferecidos pelo ente "único" - então alguns leitores parecem supor que o autor quer demonstrar com isso a infalibilidade do papa romano; apesar do fato de que a sentença acima não seria menos suficiente, por exemplo, através da instituição do Dalai-Lama ou através da autoridade doutrinária absoluta de um concílio ou mesmo através de um sínodo sagrado que interpreta a "tradição sagrada", tal como na Igreja ortodoxa. É preciso também que tenham sido incompreensões *desse* tipo as responsáveis pelas repreensões opostas que foram feitas ao autor por parte de esferas extra ou antieclesiásticas: as repreensões por ele ter tornado a filosofia a serva da apologética de uma igreja positiva e de sua dogmática; e assim a fenomenologia se transforma - como expressou um crítico - um "pau para toda obra". Quanto a isso precisamos dizer: reconduzir os métodos descritivos *não* direcionados para intelecções essenciais, reconduzir quaisquer sistemas de pensamento metafísicos e religiosos (p. ex., o budismo, o agostianismo, a filosofia de Aristóteles ou Platão ou Schopenhauer) aos seus *conteúdos de vivência originários*, ou seja, incutir uma vez mais como que *reconstrutivamente* intuição no que se mostra posteriormente como derivado, racionalizado, cristalizado, e, com isso, tornar seu *sentido originário* vital e intuitivamente intenso, é, como método da doutrina descritiva das visões de mundo, efetivamente um "pau para toda obra". Justamente no *fato de* ela ser um "pau para toda obra" reside seu valor positivo insigne. Mas igualmente óbvio é o fato de esse tipo de "fenomenologia" reconstrutiva não poder jamais vislumbrar de maneira *produtivamente* nova um fenômeno originário até aqui não vislumbrado - uma vez que o método parte de "pensamentos" *dados* –, nem conseguir determinar alguma vez o valor positivo do conhecimento do sistema de pensamento em questão: isto é, coisas como o grau de adequação e inadequação dos conteúdos da intuição que se encontram na base dos pensamentos, em relação à plenitude do objeto, relatividade da existência ou absolutidade dos objetos do conhecimento previamente dado em relação à existência e o modo de ser do sujeito, verdade e falsidade, respectiva correção formal (consequência) dos juízos e sistemas proposicionais em questão. A fenomenologia reconstrutiva precisa e *deve* ser com isso também *ilimitadamente* "relativista". No entanto, fica igualmente claro que a fenomenologia da *essência* – portanto, também a fenomenologia da essência da religião – já consegue ir acentuadamente mais além. Por mais que nunca permita *em parte alguma* um posicionamento *real* verdadeiramente afirmado de um objeto – apesar de um tal posicionamento acontecer diretamente sob a desativação consciente justamente dos coeficientes de existência dos objetos em questão –, sabe-se de qualquer modo *a priori* que suas "conexões essenciais" descobertas, uma vez que valem para a *essência* dos objetos, valem também para todos os objetos casuais possíveis da "essência" em questão, ou seja, sabe-se que os juízos sobre eles são verdadeiros. Todavia, "segundo" e "de acordo com" essas conexões essenciais, é sempre apenas uma espécie de experiência *casual* que pode posicionar a realidade mesma (com a inclusão de sua assimilação, ampliação e complementação pensantes); e isso significa para os objetos da esfera suprassensível ou bem *metafísica* ou bem *autocomunicação positiva* de Deus, ou seja, "revelação", cuja assunção acontece então exclusivamente em atos de crença receptivos. Se é possível que o autor não tenha constantemente cindido de maneira totalmente clara e distinta no decurso da discussão essas quatro formas de conhecimento, a forma da fenomenologia descritiva, a da fenomenologia da essência, a da discussão metafísica e a forma disso que ele afirma aqui e acolá no livro como sujeito da crença (sempre tornando expressamente cognoscível, porém, essa afirmação como tal de um ato de *crença*), então ele certamente tem o direito de invocar o fato de que é totalmente impossível no curso de uma investigação destinada a um objeto determinado fornecer ainda ao mesmo tempo conjuntamente passo por passo a teoria do conhecimento intrínseca a essa investigação. No entanto, no que diz respeito ao que o autor toma não fenomenologicamente, mas metafisicamente por demonstrável na ideia de Deus, o que *só* pode repousar sobre a base de todo fenômeno originário essencial acessível a *toda* religião ("revelação natural") e o que finalmente *só* pode repousar sobre o juízo de crença e a revelação positiva, o autor acredita ter empreendido uma cisão até mesmo muito mais clara e incisiva do que era feito até aqui. Somente alguém que não conhece, por um lado, nada além de conclusões "causais" ou de conclusões de um outro tipo qualquer, estabelecidas a partir de dados mundanos e transpostas para as coisas suprassensíveis, e, por outro lado, nada além da revelação positiva e sua dogmática, ou seja, alguém que não reconhece *fenômenos* religiosos *originários* e um tipo e uma forma de "experiência religiosa" em "*atos religiosos*" em geral, pode encontrar, a partir de *seu* "ponto de vista", um "ponto de vista" justamente refutado e superado em nosso livro, "confusão" onde se acha de fato uma *clarificação* nova e mais profunda das diversas fontes de conhecimento do conhecimento de Deus.

O autor estava certo de que a direção *neotomista* da metafísica e da teologia precisaria recusar as suas colocações mesmo antes de isso acontecer. Sim, o que lhe espantou muito mais foi que isso aconteceu na maioria das vezes de uma forma suave e clausulada. Em contrapartida, as exposições luminosas de K. Eschweiler[4] sobre as diferenças entre o tomismo medieval autêntico e a racionalização do tomismo na época do Renascimento, uma racionalização que foi levada muito mais além (ou seja, a forma do tomismo ainda hoje amplamente *dominante*, especialmente nas escolas universitárias alemãs) e que o autor mesmo tinha de fato equiparado demasiadamente ao antigo tomismo em seu livro, ensinaram ao autor que ele tinha em alguns pontos antes superestimado do que subestimado a *grandeza* de seu distanciamento em relação ao próprio sistema do antigo tomismo. Muitas das repreensões tópicas pelo assim chamado "ontologismo" ou "fideísmo" que foram levantadas contra o autor nos círculos dos tomistas estritos não o apavoraram; não apenas porque as mesmas repreensões também podem – ou melhor, *precisariam* mesmo se fôssemos consequentes e não "interpretássemos" toda

4. Cf. Hochland, 19º ano, cadernos 3 e 4, 1921/1922, "Religião e metafísica".

a filosofia pré-tomista justamente de maneira tomista – ser levantadas contra toda a teologia patrística e contra todo tipo pré-tomista de justificação da religião natural, mas também porque esses tópicos escolares, a serem mais avaliados de modo político-eclesiástico do que apreendidos filosoficamente, em verdade *não* se aplicam à sua doutrina. Tampouco quanto os críticos tomistas de nossa obra puderam nos convencer por meio desse tipo de tópicos de que cabe à doutrina herdada sobre as provas da existência de Deus, em especial de que cabe à assim chamada "prova causal cosmológica", a suposta consistência lógica, e de que, ao contrário, nossa concepção e nossa doutrina não possuem senão uma "significação psicológica" para os caminhos subjetivos sobre os quais os homens podem alcançar a crença na existência de Deus. Não encontramos em lugar nenhum o nosso tratamento minucioso dessa questão sendo posto mesmo apenas seriamente à prova – para não falar de termos nossas sentenças refutadas. Mas no que diz respeito ao argumento da significação apenas "psicológica" de nossa doutrina, investigamos detidamente no texto do livro essa censura já esperada e a rejeitamos com uma fundamentação minuciosa. Segundo nosso ponto de vista, *essa* argumentação é tão pouco correta que, muito ao contrário, como Immanuel Kant em parte já tinha visto, mas Hegel percebeu de maneira totalmente clara, é justamente às "provas tradicionais da existência de Deus" que não possuem senão o seguinte significado: descrever sob a forma de uma formulação racional artificial os *caminhos* sobre os quais um homem, que já afirmou por meio de uma *fonte de conhecimento* totalmente *independente dessas* "provas" a existência de um ente infinito e espiritual *a se*, estabelece ulteriormente as *ligações e relações* múltiplas que Deus *pode* ter com o mundo e com a sua constituição essencial previamente encontrada. – Se a filosofia escolar neotomista alemã criticou a nossa tomada de posição, na medida em que nela se tem muito pouco em conta a fonte de conhecimento da razão espontânea e o pensamento mediatizável no conhecimento de Deus, então é preciso dizer que o lado teológico-protestante levantou inúmeras vezes a reprimenda exatamente inversa, a reprimenda de que nós reconhecemos em geral uma "teologia natural" e de que, no livro da metafísica, teríamos arranjado uma posição muito significativa para o conhecimento de Deus[5]. Para aqueles, eu provo pouco demais, para esses, provo coisas demais; aqueles acham minha doutrina por demais "irracionalista", esses, demasiado "racionalista" em questões do conhecimento de Deus. Homens que pensam mais político-culturalmente do que filosoficamente e que acolhem tudo o que é novo segundo os aspectos escolares e partidários herdados em sua mera "relação" com esses aspectos acharão com isso um uso efetivo em dar voltas adoráveis "em torno das duas cadeiras que, como parece, estabeleci para mim". Permito-me supor por agora que estou sentado sobre uma cadeira resistente e que os críticos, sem chegarem efetivamente a notar, por força da unilateralidade das *pseudocontradições* que se produzem sempre novamente de maneira dialética e polêmica, se sentaram *ao lado* dessa minha cadeira em cada um dos meus dois lados.

Mesmo os grupos que se encontram em oposição a todo confessionalismo e buscam uma nova forma de consciência religiosa se deixaram ouvir criticamente. Horneffer[6], por exemplo, acha que eu me apresento de maneira por demais determinada e por demais fechada, que eu falo de maneira por demais segura sobre coisas dignas de questão, que eu sugiro opiniões ao leitor mais do que o convenço, e se escandaliza então particularmente com o fato de eu tanto julgar essencialmente contraditória uma "nova religião" constituída a partir da ideia de Deus própria ao teísmo quanto considerar improvável a origem de uma tal religião a partir de fundamentos histórico-filosóficos e sociológicos. Posso responder a essa crítica dizendo que tampouco me é estranho um ceticismo maximamente profundo ante todos os termos e conceitos humanos sobre a essência que se denomina pura e simplesmente por meio do termo "Deus" e que eu coloquei justamente por isso muito mais do que habitualmente no primeiro plano a teologia negativa e a experiência de Deus conceitualmente impossível de ser formulada. Além disso, trouxe ainda à expressão com grande agudeza a "su-

5. Assim o fez, p. ex., B.R.H. Grützmacher em seu livro *Kritiker und Neuschöpfer der Religion im 20. Jahrhundert* [Críticos e recriadores da religião no século XX], 1921.

6. Cf. *Deutscher Pfeiler,* 1922, II, ano 3.

praconceptualidade" da ideia de Deus e a natureza apenas *simbolicamente analógica* de todas as determinações do conhecimento positivo de Deus. Mas certamente não posso concordar também com aqueles que, ao escutarem o nome de "Deus", *não* sabem fazer outra coisa *senão* apontar para o seu coração e que não sentem em si mesmos nenhum tipo de carecimento próprio. Se esse não se dá em relação a pensamentos claros e determinados sobre a realidade objetiva que transpõe seu coração nesse movimento indizível, ao menos teria de se dar em relação a certas indicações dos modos de conduta e em relação a um realce mais agudo do *ato* espiritual, por meio de cuja realização essa realidade objetiva *somente* passível de visualização e sentimento se torna apreensível para nós. O que me redime uma vez mais desse juízo sobre o meu "dogmatismo" é o fato de ouvir os católicos me chamarem "propriamente" um cético. Pois posso retirar daí a conclusão de que não perdi *completamente*, tal como supõem esses dois tipos de meus críticos, o equilíbrio correto entre aquela tímida veneração que o mistério de Deus e do mundo mesmo parece exigir de nossa alma e uma posição espiritual em relação a esse mistério determinadamente circunscrita. No entanto, no que diz respeito às minhas teses sobre a "nova religião", a primeira dessas teses não *precisa* mesmo absolutamente ser tomada como válida por partidários de uma doutrina monista ou panteísta, uma vez que ela só é expressamente apresentada para os que se colocam sob a *pressuposição* de um teísmo ou de um panteísmo personalistas. No que concerne, porém, à segunda tese acerca da improbabilidade do surgimento de uma "nova religião", teria me interessado muito mais um enfraquecimento das razões *contra* o surgimento de novas religiões, razões fornecidas apenas como "razões de probabilidade", em especial por parte de um defensor tão sério de uma tal possibilidade como o é A. Horneffer, do que um juízo dogmaticamente depreciativo que, além disso, evoca a aparência de que eu teria designado como certamente excluído o que eu mesmo só designo como "improvável". No resto gostaria de indicar a todos os leitores, aos quais essa parte só agrada de maneira precária, as ricas analogias para o fato genérico que introduzi em meu livro *Wesen und Formen der Sympathie* ([Essência e formas da simpatia]. 2. ed. Bonn, 1923), na medida em que em todos os assim chamados desenvolvimentos psíquico-espirituais (do animal para o homem, do primitivo para o civilizado, da criança para o adulto) forças cognitivas não apenas são conquistadas, mas forças cognitivas para o âmbito objetual como um todo involuem, decrescem, sim, *se perdem*.

Por fim, ainda gostaria de ir ao encontro aqui de algumas incompreensões de meus pontos de vista que me parecem possíveis de serem consideradas a partir da experiência do efeito até agora de meu livro. Uma parte do círculo da filosofia acadêmica alemã, uma parte tida aliás particularmente em grande conta por mim, fez-me por carta[7] a objeção de que, tal como em geral nos meus trabalhos, assim também neste livro, eu me valho de maneira por demais frequente do princípio cognitivo da elucidação imediata dos estados de coisa (segundo o meu ponto de vista expresso mais precisamente como o princípio cognitivo da "evidência"), e de que outros homens, se encontrando em outros contextos históricos de vida ou pertencendo a um outro tipo de caráter, também possuem uma evidência justamente diferente; eu mesmo tenderia a considerar de maneira exacerbada como "universalmente válidas" tais evidências que só possuiriam o caráter de uma "certeza subjetiva". A isso tenho de responder o seguinte: para mim, o princípio de evidência (corretamente compreendido) consiste no fato de que um estado de coisas ou um estado de valor objetivos lançam luz segundo o seu *modo* de ser sobre o espírito mesmo; portanto, "*eles mesmos*" estão presentes como um correlato de um ato intencional, se é que uma congruência completa entre os conteúdos de todos os atos de pensamento e de intuição que são possíveis em face *desse* objeto tem lugar. Justamente "na" *con*gruência como tal, o objetual *mesmo* (não segundo o seu ser-*aí* - sua existência - que permanece constantemente *extramental* e não é apreensível por intermédio de atos intelectuais em geral) é dado no sentido mais rigoroso possível. Com isso, não se tem aqui de maneira alguma uma mera "imagem", "reflexo" ou "sinal" desse elemento objetual. Para mim, aliás, esse princípio é o critério cognitivo *derradeiro* e *o mais decisivo* que efetivamente existe. Ele não tem radicalmente nada a ver com uma mera "certeza" ou mesmo com os assim cha-

---

7. Trata-se do há pouco falecido Ernst Troeltsch, um falecimento que trouxe grande pesar para a filosofia alemã.

mados "sentimentos de evidência". Toda demonstração e todo pensamento mediatizável em geral, toda construção de conformações ideais, por exemplo na matemática, toda ampliação técnica de nossa experiência sensorial e toda instrução psicotécnica e nootécnica para determinadas *condutas* da alma e do espírito, sob cuja pressuposição pode ser encontrado pela primeira vez um determinado círculo de fenômenos em geral, não são jamais em última instância senão *meios* para produzir "evidência" no sentido mencionado, para conduzir respectivamente ao "limiar" de sua entrada em cena. No entanto, segundo *minha* doutrina, isso não exclui que a evidência possa ser simultaneamente o testemunho individual mais pessoal possível da consistência de um estado de coisas. Todavia, "individualmente pessoal" não significa nesse contexto nada menos do que "subjetivo". Além disso, segundo *minha* doutrina, a evidência também não está *necessariamente* circunscrita à esfera do saber *universalmente validável*. Como há um bem *em si* "universalmente validável" e por isso também um "bem em si individualmente validável e válido"[8], então também pode haver com certeza um "verdadeiro em si universalmente validável" *e* um "verdadeiro em si universalmente válido". *Ambos* podem e precisam repousar sobre uma *intelecção* evidente. Precisamente as tentativas que se tornaram tão diletas por meio das escolas kantianas, as tentativas de dissolução do conceito de conhecimento *objetivo* e transformação desse conceito em mera "validade universal do conhecimento" ou em conhecimento de um "sujeito transcendental" se mostram como doutrinas marcadamente *subjetivistas*. Pois por que deveria ser excluída a possibilidade de determinados conteúdos objetivos só se tornarem acessíveis em termos cognitivos para *uma* pessoa individual determinada ou para *um círculo cultural* determinado ou para *uma* fase determinada do desenvolvimento histórico? Se não há mais com isso *nenhum* caminho (segundo o trilhar dos caminhos *possíveis* aqui oferecidos) para um sujeito B em meio ao mesmo estado de coisa que um sujeito A toma por "evidentemente dado" para deixar que A demonstre inequivocamente esse estado de coisas; se *todas* as medidas para tornar evidente para ele esse

---

8. Cf. meu livro *Der Formalismus in der Ethik und die materiale Wertethik* [O formalismo na ética e a ética material valorativa].

estado de coisas por meio do pensamento indireto ou de indicações de modos técnicos quaisquer de conduta fracassam, então não se segue desse fato senão uma única coisa: que a "contenda" – a "contenda fenomenológica", como a chamo, ou seja, a contenda mais profunda que há – é mesmo *socialmente* inapaziguável, então não se pode senão deixar os outros ficarem parados nos seus lugares e seguirem seu caminho. No entanto, não se segue absolutamente daí o preconceito racionalista totalmente infundado de que *precisa* haver para cada estado de coisa qualquer um conhecimento "universalmente válido" (dessa feita, também universalmente validável). E ainda menos se segue que *só* um conhecimento universalmente validável também *pode* ser um conhecimento *adequado* ao objeto essente. Ao contrário, acreditamos que poderemos mostrar em um outro lugar que todo conhecimento universalmente válido só pode ser ao mesmo tempo material e objetivamente válido para objetos que *não* pertençam à ordem do ser metafísico, isto é, ao ser "*absoluto*", mas apenas a um nível do ser cujos objetos *são* ainda existencialmente *relativos* ao que há de *genérico* da natureza humana. Esses são, por exemplo, os objetos de todas as ciências positivas. O objetivamente válido *em termos metafísicos*, se a forma pessoal da existência, e, em verdade, da existência individualmente pessoal, remonta à profundeza do fundamento do mundo – como afirmamos –, *pode* não apenas não ser absolutamente validável como pode ser ao mesmo tempo individual, se ele se mostra efetivamente da maneira mais "adequada" possível. Com isso, se as pessoas nos dizem que o que é evidente para nós não é elucidativo para "outros homens", então é completamente *possível* que tenhamos caído em uma *ilusão* de evidência; pois não se contesta que há tais ilusões. Se ela subsiste e se é uma expressão e uma consequência de circunstâncias tais como herança, disposição natural, contexto vital histórico etc., então isso é lastimável; também é lastimável se outros se veem ofuscados por meio de causas similares e não conseguem vislumbrar verdades *em si* compreensivas que ainda podem ser universalmente validáveis. Contudo, se a "contenda fenomenológica" não pode ser explicada por intermédio de influências de um tal tipo "subjetivo" a princípio passíveis de serem elididas, mas também não pode ser apaziguada, não resulta daí mesmo na dimensão mais remota que seja o fato de o princípio da evidência ser subordinado a um princípio supostamente "superior", ao princípio do "demonstrável". Pois vale muito mais inversamente, segundo a antiga sentença latina, não lutar contra aqueles que negam princípios comuns, apreendidos pelos contendores cooriginariamente como compreensíveis; portanto, também não demonstrar nada mediatamente[9]. Se - como toda e qualquer filosofia que reconduz o saber mesmo a uma relação ontológica precisa supor - a esfera do que um homem pode apreender por meio do saber se segue ao modo de ser de *sua* personalidade espiritual e é determinada através dela, então não exatamente os mesmos conteúdos do saber, mas seus conteúdos diversos *precisam*, se se trata de verdades sobre o ente absoluto, ser "evidentes" para as pessoas individuais em questão. Dessa feita, porém, cinde-se incisivamente o "universalmente válido" do "ontologicamente válido", assim como o "pessoal" do "subjetivo". E aqui está agora de fato nossa opinião: somente a plenitude de *todas* as épocas e de suas condutas e culturas religiosas a cada vez individuais; somente a plenitude de *todas* as nações e povos; e, em primeira linha, somente a plenitude de todas as *pessoas espiritualmente individuais*, das quais cada uma possui *sua* essência ideal peculiar na divindade mesma e em virtude dessa essência como que "repousa" nela, podem abarcar historicamente, *em cooperação* e *complementação solidárias* - para além do evidente *universalmente* validável que justamente esboçamos neste livro -, a *plenitude inesgotável* para toda visualização e conhecimento humanos da divindade em seus "ângulos parciais"; e mesmo isso apenas na medida da adequação e inadequação que são concedidas ao homem, segundo sua essência, apreender *em geral* da divindade.

Um segundo ponto que - como deduzo particularmente da carta de um erudito inglês, mas também de conversas e de críticas feitas por escrito - causou muitas dificuldades ao *bom* leitor, é minha visão sobre a cognoscibilidade da *personalidade* de Deus. Vê-se uma contradição no fato de eu dizer que a metafísica, à qual atribuo a capacidade de conhecer espontaneamente a espiritualidade de um ente supramundano *a se*, não conhece apesar disso a forma de existência pessoal de Deus; sim, no fato de eu supor

9. *Contra principia negantem non est disputandum.*

para além disso que é possível até mesmo "demonstrar" a *indemonstrabilidade* da existência de Deus como pessoa a partir da essência de todo conhecimento pessoal possível; e sobre a base das proposições já apresentadas em minha *Ética*: 1) O valor pessoal é o valor mais elevado; 2) Um espírito concreto exige uma pessoa como sujeito, assim como sobre a base das proposições cognoscíveis metafisicamente segundo minha doutrina: a) Deus é *summum bonum*; b) Deus é espírito infinito, se alega que eu já precisaria *concluir* silogisticamente que o *summum bonum* e o "espírito infinito" respectivamente têm de ser uma pessoa. Segue-se sim por si de maneira necessária - diz-se - e mediata dessas relações entre ideias, em conjunto com o que tomo por cognoscível mesmo de maneira puramente metafísica nos atributos da divindade (*Ens a se*, espírito infinito), que a pessoa de Deus precisa ser - *se* ele acima de tudo é; e isso se encontra então em contradição com minha sentença acerca da "demonstrabilidade da indemonstrabilidade de Deus como pessoa", assim como com a minha sentença de que Deus como pessoa sempre *descerra* também pela primeira vez com a sua autorrevelação livre a sua própria *existência* como pessoa. Antes de mais nada, preciso apontar para o fato de que subsiste de qualquer modo uma diferença significativa entre compreender Deus como pessoa e reconhecer uma pessoa que só se anuncia inicialmente como existente por meio de seu fazer-se conhecido, de sua comunicação comigo: isso é precisamente o que acontece com *Deus*. O conhecimento mediatizável de Deus como pessoa liga-se ao primeiro caso, a tese da indemonstrabilidade, sim, da demonstrabilidade da indemonstrabilidade de Deus como pessoa liga-se ao segundo. Além disso, ao dizer que a metafísica não pode conhecer a pessoalidade de Deus, só tinha em vista a metafísica, não falei ao mesmo tempo da ética; e eu não tinha em vista de mais a mais (o que não disse de maneira suficientemente clara e distinta) senão a metafísica do mundo sub-humano, no qual a ideia da *personalitas* ainda não está com efeito em geral realizado. Não gostaria de negar o fato de precisarmos conhecer de modo mediatizável a alma do espírito humano com a ajuda dos princípios da ética *e* com a ajuda de uma metafísica - melhor, de uma metapsicologia; nem tampouco o fato de o *ens a se* espiritual infinito precisar ser "pessoal" segundo a sua essência e o seu modo de ser. Ao contrário, não fiz aqui outra coisa senão acentuá-los[10]. Apesar disso, porém, esse conhecimento citado logo acima ainda não me parece implicar o conhecimento da "existência do Deus pessoal" - no sentido no qual nego um conhecimento mediatizável de tal existência. Há, contudo, uma grande diferença entre conhecer uma pessoa apreendida "como" Deus e atribuir apenas a *forma* pessoal e a maneira de ser da unidade e da multiplicidade a uma divindade espiritual primeiramente conhecida. Isso fica, por exemplo, muito claro em meio à comparação do teísmo judaico com a doutrina cristã da Trindade. A última repousa sobre o conhecimento racional de que Deus precisa ter uma forma pessoal de existência *e* sobre a doutrina da revelação de que Ele, segundo sua existência, não consiste em uma, mas em três pessoas. O monoteísmo unitário, em contrapartida, cinde a forma da existência de Deus como pessoalidade da existência de Deus como pessoa. Forma de existência como *personalitas* é apenas um atributo da divin*dade*, não do *Deus* real, e essa forma de existência é exatamente a mesma em um pensamento de Deus unitário e trinitário. Todavia, a existência de um Deus pessoal ainda não está implicada com essa *forma* do ser divino-espiritual como um Deus pessoal; e é o erro da demonstração ontológica assumi-lo. Assim, a existência de Deus como pessoa permanece entregue justamente à *experiência* de uma comunicação, por mais que a *forma* de ser do espírito divino como um espírito pessoal, uma forma já passível de descerramento antes dessa experiência, possa fazer com que a alma *se incline* como que a obedecer a uma experiência e comunicação *possível* de um tal tipo e a se colocar em prontidão para ela.

Mas de que tipo de "experiência" se trata aí - como condição mínima do conhecimento da pessoalidade de Deus? Minha opinião aqui - também esse ponto foi malcompreendido - não é a de que somente a experiência que as teologias eclesiásticas denominam "revelação positiva" outorgaria a possibilidade desse conhecimento. Segundo nossa opinião, para tanto é suficiente muito mais a experiência de Deus que todo homem pode fazer no fundo de sua pessoalidade e no contato místico desse fundamento espiritual e pessoal com a divindade sob condições determinadas disponibiliza-

---

10. P. 633, 1. ed.

doras e sob prontidões internas. Com isso trata-se aqui unicamente da "revelação" e da "comunicação" de Deus ao homem, por meio do que apenas ele consegue fazer essa experiência - de acordo com o princípio da indemonstrabilidade de Deus como pessoa. Mas é aquela revelação *natural, universal, já dada mesmo* com a constituição do espírito humano e de sua forma de existência - com certeza também *só* dada aqui e *não* junto à natureza extra-humana e ao mundo anímico - que colocamos justamente como um *terceiro* princípio de conhecimento do suprassensível na posição intermediária entre o conhecimento racional espontâneo e mediatizável e uma revelação positiva na pessoa do fundador.

Somente nesse princípio de conhecimento que é de uma natureza *puramente* religiosa, não mais metafísica, e que não pressupõe, contudo, uma revelação positiva, toda mística específica, como tal *supraconfessional,* alcança segundo sua essência - não segundo sua conformação real - sua posição independente de uma metafísica e de uma religião positiva, seu lugar eterno como que sob as formas essenciais da experiência humana.

E aqui então nossa opinião certamente se desvia acentuadamente da de, por exemplo, H. Scholz (cf. *Religionsphilosophie* [Filosofia da religião], p. 149). Nós sustentamos que essa apreensão da realidade de Deus como pessoa - como diz Scholz - é em verdade uma experiência intensificada, ao mesmo tempo rara e geralmente de curta duração. É certo que só podemos dispor dela por meio de determinadas técnicas anímicas e que elas se mostram como mais fácil e mais dificilmente acessíveis de acordo com a constituição dos homens sem dúvida também. No entanto, afirmamos que, apesar disso, ela representa uma forma de experiência a princípio acessível a todos os homens, portanto universalmente validável; mas não - como pensa Scholz - que ela representa algo que se poderia comparar ao talento musical, ao ouvido absoluto e coisas similares, coisas que, impassíveis de serem aprendidas, advêm a uns homens como dons naturais e a outros não. Decisivo para essa nossa tomada de posição que se desvia de Scholz não é o alijamento das induções acerca de quantos e de que tipos de homens são e foram acessíveis a essa experiência; mas são sim as nossas intuições acerca da natureza humana e de sua construção constitutiva, intuições que têm por consequência esse juízo dissonante. Segundo a minha convicção – no livro exatamente formulada –, essa experiência do contato pessoal de Deus *sempre* está mesmo dada *necessária* e concomitantemente no cerne da pessoa espiritual humana, quando *duas* condições são preenchidas: uma negativa e uma positiva. A negativa é o que denominei a desilusão com os "ídolos", ou seja, o afastamento de todas as coisas e bens finitos do centro da *esfera absoluta* do existente e valoroso, uma esfera que sempre é dada conjuntamente para a consciência humana como a esfera suprema de suas objetividades, e, com isso, a supressão dessa autoidentificação, seja consciente ou inconsciente, com esse "objeto" finito de "crença" e de "amor". (Cf. meu livro p. 550, 1. ed.) A condição positiva, no entanto, é a de que a pessoa espiritual mesma, e por isso também os seus atos, seja, em comparação com a alma vital (e suas funções), à qual a pessoa espiritual não faz senão servir em toda experiência natural, não mística, ou à qual ela serve mais ou menos, *autonomamente* ativa e ativa exclusivamente *a partir de si* – e que ela intua e saiba a alma vital, assim como a sua função automática e voltada para fins simultaneamente "sob si" (dito de maneira imagética) e somente de modo puramente objetivo como seu *campo de domínio*. Em meio a essa condição positiva, não se trata com isso meramente da função autorreguladora, anímico-vital, o máximo possível não perturbada e não desviada, de determinados *tipos* de atos noéticos. Pois essa condição também é pertinente onde quer que o homem julgue correta e verdadeiramente, intua "puramente", apreenda e queira o bem objetivo. Em grande medida, ela se encontra não no gênio, que, por sobre um âmbito espiritual qualquer de criação, sem ser mais absolutamente codeterminado por sua pulsão vital e pelas manifestações paralelas dessa pulsão, manifestações especificamente sensoriais e intelectuais (como são todas as percepções sensoriais, todos os processos de reprodução, sim, mesmo ainda o pensamento discursivo), está entregue a uma coisa e às suas requisições valorativas em meio a uma postura espiritual amorosa que sobrepuja toda mera "vida"; o gênio se vê entregue em instantes maximamente intensificados, transposto por aquela entrega que denomino *ekstática*, isto é, transposto de um modo tal que o centro do eu e a entrega mesma só se realizam e têm lugar cada vez mais, não sendo tampouco dados mais concomitantemente à dimensão paraconsciente (aqui só falaríamos de "uma inspiração genial", nunca, porém, de uma experiência mística). Somente em meio aos atos disponibilizadores da mais extrema *reunião* da pessoa espiritual como tal para si mesma, somente no momento em que a pessoa não apenas "julga" meramente seu centro concreto de ação como livre, como autônomo, como independente de essência e de existência do centro vital anímico, mas o tem e vivencia assim por si mesmo imediatamente, tem lugar segundo nossa opinião aquele contato imediato da experiência com a divindade como pessoa, um contato que eu denomino "*místico*". Portanto, o cerne de nossa opinião é que, se essas *duas* condições são dadas, a negativa e a positiva -, e se a pessoa conquista em geral em si mesma sua própria substância por meio da continuação do processo de reunião, não se deixando mais movimentar e não se sabendo mais movimentada pela alma vital -, ela conquista também em *Deus* - e conquista *necessariamente* - em uma *vivência una indivisível e ilacerável* no mesmo instante e necessariamente sua substância, conquistando Deus em sua realidade e ação mesmas como passível de ser pressentido como pessoa. Na medida em que a construção alma vital/alma espiritual e tudo o que se introduziu aí pertence aos *constituintes essenciais* da natureza humana, então essa experiência tampouco *pode* ser inacessível a algum homem em meio a uma ética e a uma técnica corretas dos modos de comportamento disponibilizadores - e isso mesmo quando ela é (como naturalmente concedo com prazer a Scholz) fática em uma grande medida. Eu também cedo com prazer quanto ao fato de que a predisposição hereditária já pode excluir empiricamente de maneira completa a realização dessa experiência, não apenas por exemplo a omissão cheia de culpa em relação aos atos éticos disponibilizadores do indivíduo, nem tampouco apenas uma arte precária da técnica de reunião etc. A predisposição hereditária pode excluir com certeza algo com mil facetas, que esteja posto nas possibilidades ideais da essência da natureza humana - mesmo a mais simples conta de cabeça (p. ex., em meio a uma idiotia inata). O que preciso contestar a Scholz não é a afirmação de que disposições podem *excluir* a experiência de fato, mas de que disposições positivas específicas (tal como o é, p. ex., o talento musical) precisam *condicionar* inequivocamente a experiência mística; de modo que se poderia dizer que um homem não *é* "religioso", assim como um outro *é não* musical. Sim, preciso confessar: se Scholz pudesse me convencer de sua afirmação, eu abdicaria imediatamente da intuição que compartilhei até aqui com ele, isto é, a intuição da natureza experimental da convicção ao menos em relação à existência de Deus como pessoa. Pois sua sentença acerca de um possível "dom" positivamente religioso encontrar-se-ia em primeiro lugar em contradição estrita com a minha concepção da condição positiva dessa experiência, a qual pressupõe uma pessoa espiritual supravital e uma esfera legal dos atos noéticos independente do corpo (como quer que o fato de ter lugar possa ser condicionado aqui e agora de maneira vital-psicológica e com isso também indiretamente fisiológica). Pois é certamente óbvio que *sua* existência e essência não podem repousar sobre uma "disposição"; ela constitui efetivamente a *essência* do homem (diferentemente do animal) e com isso também a pressuposição para as disposições da alma vital. Mas ele também contestaria o conteúdo de toda e qualquer *ideia* discutível *de Deus*, uma vez que um deus que admitisse para um grupo de homens "dons" particulares para experimentá-lo e os recusasse para outros grupos poderia ser tudo – menos um *deus*. Talvez esse modo de ver scholziano em muito dissonante do meu modo de ver também repouse sobre o fato de ele – juntamente com os alunos de Kant – supervalorizar de maneira totalmente notória a unidade e a validade universal do que denomina "experiência natural". Os homens primitivos também tinham uma *estrutura* totalmente diversa da "experiência natural", uma estrutura totalmente diversa da dos civilizados; raça e círculo cultural também condicionam de maneira tão profundamente divergente estruturas experimentais "relativamente naturais" por meio de estruturas pulsionais diversas, cocondicionadoras de todo o mundo da percepção, e por meio de diversas tradições, que a experiência *absolutamente* natural não é no fundo senão um conceito limítrofe – certamente um conceito necessário[11]. A doutrina divergente de Scholz repousa além

11. Cf. meu ensaio "Weltanschauungslehre etc." [Doutrina da visão de mundo etc.]. *Moralia* – Schriften zur Soziologie und Weltanschauungslehre Bd. I [Escritos sobre sociologia e doutrina da visão de mundo, vol. I]. Leipzig, 1923.

disso sobre o fato de que ele não *subestima* menos significativamente a possível *unidade* e universalidade fáticas da apreensão mística de Deus porque não contabiliza suficientemente as *técnicas anímicas* necessariamente pertinentes à experiência mística de Deus. Quanto a isso, ele se mostra de maneira demasiadamente unilateral um filho pouco versado em técnicas místicas da alma, um filho do círculo cultural protestante que no fundo tradicionalmente recusa tais técnicas. Pois o fundamento para o preconceito *comum* aos racionalistas, aos ortodoxos eclesiásticos e aos discípulos de uma religiosidade livre, individualisticamente aristocrática (como é o preconceito de Scholz), parece-me residir em primeira linha, não nas disposições e em sua distribuição, seja no sentido positivo, seja no sentido negativo que também é admitido por mim, mas na *falta* quase constitutiva para toda a Europa moderna de conhecimento, atenção, dignificação, e, por isso, também de exercício uniforme das técnicas anímicas, não com o direcionamento para uma meta ético-política, mas *cognitivo-religiosa* – o pressuposto de que uma "teologia experimental" mística não pode absolutamente conduzir a nenhum tipo de unidade e validade universal na esfera da experiência religiosa e a nenhum tipo de confecção pensada do experienciado que se construa sobre ela. Nossas teses só encontrariam com isso um pleno acabamento e uma comprovação mais profunda se tivéssemos tratados a *técnica* da experiência mística de Deus e o sistema vivente de seus modos de procedimento de maneira minuciosa e correspondente à nossa psicologia atual – o que não aconteceu neste livro, mas o que tencionamos fazer em um outro lugar de maneira sistemática[12].

Ainda precisamos ir ao encontro de uma derradeira incompreensão possível de meu livro. O leitor que também procurasse no livro minha *metafísica* ou que mesmo apenas acreditasse que experimentaria nele algo essencial acerca de minhas convicções e

---

12. Sobre técnicas de tolerância e de sofrimento, cf. algumas coisas em meu ensaio "Vom Sinn des Leidens" [Do sentido do sofrimento]. *Moralia*. Sobre técnica de reunião em meu livro *Wesen und Formen der Sympathie*. Comparar mais além o escrito muito comentado HOCK, C. *Die Übung der Vergegenwärtigung Gottes* [O exercício da presentificação de Deus]. Würzburg, 1919. Cf. tb. os juízos sobre ele, de A. Mager e J. Lindworsky.

doutrinas metafísicas, como eu as defendo por exemplo há muitos anos em minhas preleções acadêmicas sobre metafísica e como espero vir a publicá-las em breve em um contexto totalmente diverso, sem dizer uma palavra sobre "religião", esse leitor seria tomado por uma incompreensão completa de meu livro e particularmente do "problema da religião". Não há dúvida de que também introduzo aqui e acolá sentenças muito formais pertinentes à metafísica, mas apenas até o ponto em que o objeto formal do "*ens a se*" pertinente ao mesmo tempo e identicamente à metafísica e à religião o requer. Justamente a nossa visão da plena *autonomia e ausência de pressupostos* da metafísica ante a religião, mas também da religião ante a metafísica já exclui por si só a possibilidade de fornecer em um livro sobre filosofia da religião uma metafísica "suplementar". A metafísica precisa ser fundada em toda a rica realidade da experiência de vida, ciências e história e ao mesmo tempo em *toda* a ontologia ideal da essência do mundo e de suas esferas – ou ela não tem absolutamente nenhum direito à existência. Como se relacionam então dialogicamente metafísica e religião, essa é uma segunda questão e uma segunda preocupação. Nenhuma das duas está *a priori* comprometida a "concordar" por si mesma com a outra a partir de uma falsa relação conscientemente-"visada" de serventia e dependência, e apenas um *livre* estender mútuo das mãos entre elas é naturalmente desejável no sentido do que denominei "sistema de conformidade" de crença e saber. O fato de ambas não poderem se contradizer no que diz respeito a todos os predicados que elas conferem ao *ens a se* não é mais do que uma exigência colocada na *essência* desse *ens* e do espírito humano. Em contrapartida, a exigência de que a metafísica impute os mesmos atributos constitutivos ao *ens a se* que a consciência religiosa lhe imputa não está justificada. A experiência religiosa pode encontrar atributos que a metafísica nunca poderia encontrar, assim como a metafísica também pode encontrar atributos que a religião sobre seu caminho nunca poderia encontrar. Para a metafísica, o objeto "*ens a se*" só pode ser comparado segundo seu conteúdo concreto com um ponto *infinitamente distante,* para o qual convergem todos os enunciados materiais em essência apenas *prováveis* dos metafísicos, enunciados que se lançam para além da ontologia formal. Inversamente, a experiência religiosa deixa a pessoa se transpor *originariamente* para o interior da divindade e busca compreender o sentido do *mundo* a partir dela e do que experimentou nela.

Colônia, Natal de 1922.

Max Scheler

I
Remorso e renascimento

Nas mobilizações da voz da consciência, em suas advertências, conselhos e condenações, o olhar espiritual da crença desde sempre percebeu os contornos de um juiz invisível e infinito. Essas mobilizações parecem como uma língua natural que se expõe livremente, uma língua na qual Deus fala com a alma e cujos vaticínios dizem respeito à salvação dessa alma individual e do mundo. Uma questão que não pode ser decidida aqui é se seria antes de tudo possível libertar a unidade particular e o sentido das assim chamadas mobilizações da "voz da consciência" dessa interpretação de uma "voz" secreta e de uma linguagem de sinais de Deus, de tal modo que a *unidade* do que chamamos "voz da consciência" em geral ainda persistisse. Eu duvido que isso seja possível e acredito muito mais que sem a apreensão concomitante de um tal juiz divino essas mobilizações mesmas se desfariam em uma multiplicidade de eventos (sentimentos, imagens, juízos) e que não se apresentaria mais nenhum fundamento para a concepção dessa unidade em geral. Também não me parece ser necessário nenhum ato interpretativo próprio para emprestar então pela primeira vez à matéria anímica dessas mobilizações a função por meio da qual elas apresentam um tal juiz. Elas mesmas exercitam por si mesmas essa função apresentadora de Deus e não foi preciso inversamente senão um fechar os olhos e um afastar o olhar daí, para não vivenciar concomitantemente nelas mesmas essa função. Assim como os fenômenos de cores e tons, de maneira diversa da dor e da volúpia, não se dão como meros estados sensoriais de nosso corpo (estados que são simplesmente o que são), mas por natureza se dão como fenômenos objetivos que, sem a sua função de trazer para nós ao mesmo tempo com seu próprio conteúdo informações acerca dos objetos de um mundo realmente efetivo, não podem ser "sentidos" - assim também habita por natureza nessas mobilizações a ligação de sentido com uma ordenação invisível e com um sujeito espiritual e pessoal que se encontra em uma posição anterior a esta ordem. E do mesmo modo como uma "conclusão causal" do fenômeno extenso do vermelho da bola vermelha não nos leva para a sua existência, não há tampouco uma "conclusão causal" que leve dessas mobilizações até Deus. Mas em ambos os casos *apresenta-se* algo em vivência que é transcendente em relação ao material apresentado, mas que, não obstante, é coapreendido nele.

Dessas mobilizações da voz da consciência, o *arrependimento* é aquele que se comporta de maneira essencialmente judicativa e que se liga ao passado de nossa vida.

Sua essência, seu sentido, sua conexão com toda a nossa vida e com seus objetivos foram tão abissal, tão profunda e tão frequentemente incompreendidos pela *désordre du coeur* do presente que é necessário conquistar um solo livre e firme para a determinação positiva de sua essência por meio de uma crítica das teorias modernas na maior parte das vezes senão completamente triviais e superficiais sobre sua origem, sentido e valor.

A filosofia moderna costuma ver no arrependimento quase que exclusivamente um ato apenas negativo e como que maximamente não econômico, mesmo supérfluo – uma desarmonia da alma que se poderia reconduzir a ilusões dos mais diversos tipos, à estultice ou à doença.

Quando o médico inexperiente percebe eczemas, formações purulentas, inchaços em um corpo ou mesmo transformações da pele e do tecido que chamam pouco a atenção e estão ligadas à cura de feridas, ele não consegue na maioria das vezes ver aí mais do que sintomas de doenças. Somente o anatomista patológico pode mostrar-lhe no particular que esses fenômenos são ao mesmo tempo caminhos supremamente engenhosos, no interior dos quais o organismo se liberta de certos venenos para se curar dessa maneira por si mesmo; sim, que lesões são previamente controladas por meio desses fenômenos, lesões das quais o organismo padecia sem sua entrada em cena. Já o simples tremor não é apenas um sintoma de que se está com frio, mas também um meio para nos esquentarmos. Nossa natureza possui níveis peculiares de seu ser que não são passíveis de recondução a um único nível – tal como certos monistas rasos o querem: espírito, alma, corporeidade, corpo. Não obstante, encontram-se nos dois primeiros níveis consonâncias a leis que mostram uma profunda analogia entre si. Ao lado de sua função negativa, sim, em consequência de sua função negativa, pautada pela rejeição, mesmo o arrependimento possui uma função positiva, libertadora, construtiva. Apenas para o olhar superficial o arrependimento aparece como um mero sintoma de uma desarmonia interna qualquer de nossa alma ou até mesmo como um lastro inútil que nos paralisa mais do que fomenta. Diz-se: ora, o arrependimento não nos fixa em um passado que de qualquer modo está pronto e inalterável e cujo conteúdo interno - como os deterministas acentuam - transcorre justamente como ele precisaria transcorrer em meio à plena dação de todas as causas de nosso comportamento arrependido?! "Não arrepender-se, mas fazer melhor", grita-nos uma sentença jovial burguesa com o sorriso de uma indignação benevolente e bondosa. Segundo esse julgamento, o arrependimento não deve ser apenas um lastro inútil; sua vivência também repousaria ainda sobre uma espécie de autoilusão peculiar. Essa não consiste apenas no fato de que nós, como que nos opondo ao passado realmente efetivo, fazemos a absurda tentativa de excluir esse realmente efetivo do mundo e inverter a direção do fluir do tempo, a direção na qual nossa vida prossegue fluindo; ela também consiste no fato de equiparmos o eu que se arrepende do ato ao eu que executou o ato, enquanto, contudo, por meio dos processos anímicos desde o ato, sim, mesmo por meio do próprio ato e de seus efeitos posteriores, o eu se tornara, apesar de toda mesmidade do eu, um eu diverso em termos de seu conteúdo. Porque pensamos poder deixar de empreender agora o ato, nos imaginamos a possibilidade - diz-se - de também podermos ter deixado outrora de empreendê-lo. Sim, ainda mais, pensam outros: nós confundimos na ação do arrependimento a imagem da lembrança do ato com o ato mesmo. A dor, o sofrimento, a tristeza que o arrependimento encerra em si, arraigam-se firmemente nessa *imagem*; elas não se arraigam no ato que se encontra atrás de nós quieto e calado - e só eloquente para o entendimento em seus efeitos, dos quais mesmo essa imagem ainda é um efeito. Mas no que transferimos em geral essa imagem atual da lembrança de volta para a posição do tempo e para a posição do ato, o ato mesmo se nos apresenta travestido com aquele caráter que não passa de uma reação do sentimento ao efeito da imagem que lhe está presente.

Nietzsche, por exemplo, também buscou esclarecer de uma tal maneira "psicologista" o arrependimento como um tipo de ilusão interna. O criminoso arrependido, ele acha, não pode suportar a "imagem de seu ato" e "maldiz" seu ato mesmo por meio dessa "imagem". Assim como a "má consciência" em geral, Nietzsche faz o arrependimento surgir do fato de que por intermédio do estado, da civilização, do direito, desejos um dia reprimidos que atuavam antes livremente contra o próximo, desejos de ódio, de vingança, de crueldade e de fazer mal de todos os tipos se voltam agora contra a matéria vital de seu portador mesmo e acham nele satisfação. "Em tempos de paz, o homem guerreiro se abate sobre si mesmo". Algo menos "selvagem" do que essa hipótese é a representação de que o arrependimento é algo como a vingança em relação a si mesmo, uma desforra ante a si mesmo, um mero processo contínuo de aperfeiçoamento de um tipo de autopunição que não precisa tocar necessariamente, em sua forma mais primitiva, algo apenas avaliado como "mau", e que também tem lugar em expressões como "eu poderia arrancar os cabelos por ter feito isso", "eu poderia me esbofetear", quando o resultado mostra que se agiu contra o que era vantajoso para si ou então que se fez algo errado. Se a pulsão de vingança de um certo indivíduo lesado B em relação ao indivíduo A que produziu a lesão é desarticulada dele pela simpatia de um terceiro com o lesado (posteriormente pela assunção desse papel do terceiro C por parte do estado e da autoridade), portanto, por uma pulsão de desforra como que desindividualizada, então pode-se pensar que um tal impulso de desforra que se estabelece de maneira totalmente "injusta" se apoderaria dessa pulsão de autopunição assim caracterizada e que, com isso, então, a desforra também seria requerida quando se é o perpetrador do crime ou da injustiça. É notório que se considera a vontade de desagravo e de expiação nessa teoria como anteriores ao próprio arrependimento e não se vê nela tanto a consequência do arrependimento, mas muito mais a sua causa. Segundo essa teoria, arrependimento seria uma vontade interiorizada de expiação.

Por fim, gostaria de mencionar três "ideias modernas" muito apreciadas sobre o arrependimento: a teoria do temor, a teoria da ressaca e aquela concepção do arrependimento como uma doença da alma que só é diversa da autoinjuriação e da autoflagelação patológicas, assim como de fenômenos como o "revolver voluptuoso nos próprios pecados", em suma, de todo e qualquer tipo de desejo espiritual de sofrimento, segundo o grau, mas não segundo a sua essência.

A teoria do temor é certamente a representação mais difundida no interior da teologia, da filosofia e da psicologia da Modernidade. Segundo uma tal teoria, o arrependimento não é "nada além de" (a forma desse "nada além de" é em verdade a forma da maioria das teorias modernas) "um tipo de desejo: se gostaria de não ter feito alguma coisa". Esse desejo está por sua vez fundado em um temor ante uma punição possível qualquer, um temor que se tornou como que desprovido de objeto. Portanto, sem a presença de um sistema punitivo precedente não há arrependimento! De acordo com essa teoria, somente a falta de uma representação determinada do mal a ser punido, do que pune, do procedimento punitivo, do tipo de punição, do lugar e do tempo da ação punitiva perfaz a diferença entre o sentimento de medo que reside no arrependimento e o temor habitual ante a pena. O arrependimento seria com isso geneticamente uma ressonância de experiências mais antigas de punição, mas de um modo tal que os elementos intermediários da corrente de associação entre a imagem do agir e a experiência do mal a ser punido estão ausentes. Como os darwinistas gostam de acrescentar, talvez ele seja uma via associativa fixa entre duas coisas herdadas pelo indivíduo. Segundo uma tal posição, o arrependimento seria uma covardia que se tornou uma espécie de elemento constitutivo, uma covardia ante a necessidade de assumir sobre si as consequências de suas ações, e, ao mesmo tempo, uma fraqueza da lembrança que seria útil à espécie.

O arrependimento não apontaria para um juiz divino. Ele seria muito mais a polícia interiorizada do ontem.

Nós encontramos algo mais raramente na filosofia a outra concepção do arrependimento, a teoria da ressaca, mas tanto mais frequentemente na vida prática. O arrependimento, pensa-se, seria em sua forma mais primitiva um estado de depressão que costuma entrar em cena por meio do enfraquecimento das energias que acompanham a ação e dos eventuais efeitos nocivos e indesejáveis da ação. Com isso, o arrependimento seria por natureza uma espécie de "ressaca moral" que com certeza encontraria ulteriormente uma interpretação "mais elevada" por intermédio do juízo. De acordo com essa teoria, em particular os excessos na satisfação de pulsões sensíveis (no comer, no beber, nas relações sexuais, no bem-viver etc.) e seus efeitos posteriores depressivos formariam a base para um triste estado de ânimo, no interior do qual rejeitamos ulteriormente esses excessos: *omne animal post coitum triste* e "jovens putas, velhas carolas". A observação sem dúvida alguma correta de que mesmo fora dessa esfera do que é nocivo à saúde outros insucessos podem conduzir ao arrependimento forja um ponto de apoio aparentemente mais amplo para essa concepção.

Para *todos* esses pontos de vista mencionados, o arrependimento é naturalmente um comportamento tão sem sentido quanto inútil. Especialmente o predicado "inútil" é o mais apreciado: é com ele que uma porção de homens de hoje o menospreza. Certos eruditos mais refinados acrescentam que o arrependimento não apenas é inútil como "nocivo", uma vez que ele só pode atuar de maneira obstrutiva à vida e à ação, e, de maneira similar à pura punição em represália, encerra em si um desprazer que não pode absolutamente se legitimar por meio de sua capacidade de aumentar a soma de prazer da vida como um todo. Pois se o arrependimento por vezes estimula a bons propósitos e ao aprimoramento, ele não é necessário para tanto e pode ser muito bem suprimido no curso desse processo. E o que pode afinal trazer o arrependimento no fim da vida, pouco antes da morte, onde ele costuma frequentemente se mostrar com uma força particular, se não lhe advém senão às vezes essa significação aprimoradora? Muito antes de se mostrar como aprimorador, o arrependimento também atua durante a vida como obstrutivo à vida, na medida em que ele nos mantém presos a um passado inalterável.

Todos esses esclarecimentos e injúrias ao arrependimento, desde Spinoza, passando por Kant até Nietzsche, repousam sobre terríveis equívocos. O arrependimento não é nem lastro da alma nem uma autoilusão, ele não é nem um mero sintoma de desarmonia anímica nem um golpe que nossa alma desfere contra o passado e o inalterável.

Ao contrário, o arrependimento é, visto já de maneira puramente moral, uma forma de *autocicatrização* da alma, sim, o único caminho para reconquistar suas forças perdidas. E, em termos religiosos, ele é ainda muito mais: o ato natural que Deus empresta à alma para que essa possa retornar a Ele, quando a alma dele se afasta.

Uma das principais causas do desconhecimento da essência do arrependimento (e uma causa que reside na base de todos os "esclarecimentos" citados) é uma falsa representação a conexão estrutural interna de nossa vida espiritual. Não se pode de maneira alguma compreender o arrependimento, sem inseri-lo em uma intuição conjunta mais profunda da peculiaridade de nosso escoamento vital em relação com a nossa pessoa firmemente assentada. Isso vem imediatamente à tona se se examina o sentido do argumento de que o arrependimento é uma tentativa sem sentido de fazer com que algo no passado não tivesse acontecido. Se a nossa existência pessoal fosse uma espécie de fluxo que, no mesmo tempo objetivo em que transcorressem os eventos naturais, como esse fluxo, mesmo que com um outro conteúdo, produzisse um movimento contíguo, então esse discurso poderia ter alguma razão de ser. Nenhuma parte desse fluxo que tem lugar "depois" poderia se inclinar para trás para uma parte que veio "antes" ou produzir uma transformação qualquer nele. Mas em contraposição a esse escoamento das transformações e dos movimentos da natureza morta - cujo "tempo" é um contínuo uniforme da dimensão de uma direção determinada, sem a tripartição em presente, passado e futuro -, a estrutura e a ideia do *todo* de nossa vida e de nossa pessoa está concomitantemente presente em nós na vivência de cada um dos momentos temporais indivisíveis de nossa vida. Cada um desses momentos singulares da vida que corresponde a *um* ponto indivisível do tempo objetivo tem em si suas três extensões do presente vivenciado, do passado vivenciado e do futuro, cuja dação se constitui em percepção, lembrança imediata e expectativa imediata. Em função desse fato maravilhoso não é em verdade a realidade efetiva, mas sim o *sentido* e o *valor* do todo de nossa vida em cada ponto do tempo dessa vida que se encontra ainda em nossa *livre* esfera de poder. Nós não dispomos apenas de nosso futuro; também não há nenhuma parte de nossa vida passada que - sem que certamente os componentes da mera realidade natural nela encerrados se achem tão livres para serem alterados quanto os do futuro – não seja ainda verdadeiramente alterável em seu conteúdo de *sentido* e de *valor*, na medida em que ele, como sentido parcial, sempre é trazido para uma (sempre possível) nova ordenação do sentido *conjunto* de nossa vida. Se pensarmos em nossas vivências até um determinado ponto temporal determinado como a parte de uma linha P (passado)-F (futuro) que apresenta uma parte do tempo objetivo, então as coisas não se encontram aí como na natureza morta em que o b seria respectivamente determinado de maneira unívoca pelo a, o c pelo b, o d pelo c, e assim por diante.

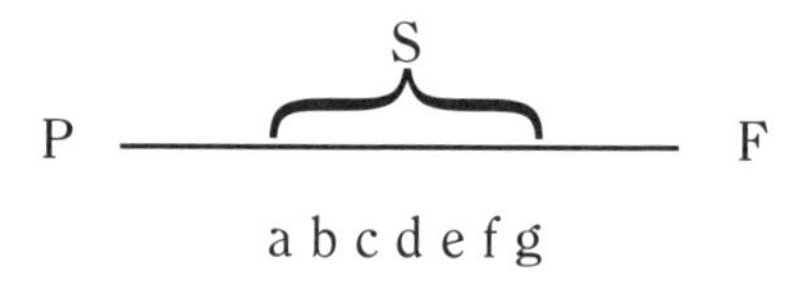

a b c d e f g

G como a última vivência é muito mais determinado por *toda* a série S e cada uma das vivências *a b c d e* consegue se tornar em particular uma vez mais "efetiva" sobre *g* e sobre cada uma das vivências que ainda se seguem. A vivência que fica para trás consegue uma tal efetividade, sem que ela mesma ou uma assim chamada "imagem" dela precisassem se inserir primeiramente como uma conformação parcial no estado *f* que imediatamente precede a *g*. Mas na medida em que a plena efetividade de uma vivência no contexto vital pertence agora concomitantemente ao seu *pleno* sentido e ao seu valor *definitivo*, então cada vivência de nosso passado também se encontra valorativamente *inacabada* e indeterminada no que concerne ao sentido enquanto ela não tiver levado a termo *todas* as efetividades que lhe são possíveis. Somente vista no todo do contexto vital, somente quando morremos (em meio à suposição de que continuamos vivendo, contudo, jamais), uma vivência se torna então um fato pronto em seu sentido, "inalterável", como são por natureza os acontecimentos naturais que ficaram para trás no tempo. Antes do fim de nossas vidas, todo o passado, ao menos segundo o seu conteúdo significativo, aponta sempre apenas para o problema: *O que devemos fazer com ele afinal*? Pois já no momento em que uma parte do conteúdo interno do tempo objetivo se torna nosso passado, ou seja, no momento em que ele se insere nessa categoria de extensão do vivenciar, ele é roubado àquela fatalidade e àquele caráter de simplesmente pronto que possuem os eventos naturais em seu escoamento. Como passado, esse conteúdo interno do tempo torna-se "nosso": ele é subordinado ao poder da *pessoa*. Medida e modo da efetividade daquela parte de nosso "passado" sobre o sentido de nossa vida ainda se encontram, portanto, sob nosso poder em *cada* ponto do tempo de nossa vida ainda. Esse princípio vale para todo e qualquer "fato" a partir da essência do "estado de coisas histórico", seja esse relativo à vida singular, à vida da espécie gênero ou à história do mundo. *O "estado de coisas histórico" é inacabado e como que redimível.* Certamente tudo o que na morte de César diz respeito aos acontecimentos da natureza está tão pronto e invariável quanto o eclipse do sol que Tales previu. No entanto, o que há aí de "estado de coisas histórico", portanto o que há aí de unidade de sentido e de efeito na malha de sentido da história humana, é algo inacabado que só pode ser algo pronto no fim da história do mundo.

Mas nossa natureza possui forças maravilhosas para se desenlaçar da efetividade ulterior de um ou outro elementos da série de vivências de nosso passado. Já essa função de nosso espírito que se toma comumente de maneira falsa como um fator que traz pela primeira vez o passado para a efetividade em nossa vida, a *lembrança* clara, objetiva do acontecimento em questão, é uma dessas forças. Pois mesmo isso que, sobre a base do princípio de uma efetividade psíquica acima discutido, continua vivendo e atuando em nós de maneira misteriosa, mesmo isso é atingido no nervo vital pelo distanciamento, pela objetivação, pela localização fixa e pela datação que o raio frio do conhecimento empreende, no nervo que a fonte de força do ato de lembrança é para a sua efetividade. Se a pedra que cai, em uma determinada fase de sua queda, conseguisse se lembrar da fase precedente – que só a determina a continuar caindo segundo uma lei subsistente –, a lei da queda seria imediatamente suspensa. Pois lembrança é já o começo da *liberdade* ante a violência obscura do *ser* e do *acontecer* lembrados. Ser lembrado – esse é mesmo o modo como vivências costumam se despedir de nosso cerne vital; ele é o modo como elas se distanciam do centro do eu, cuja postura conjunta em relação ao mundo elas cocondicionam previamente, e no qual elas perdem a sua mera efetividade *impulsionadora* – ele é o modo como elas se extinguem para nós. Portanto, a lembrança é portanto tão pouco um elemento no assim chamado "fluxo de uma causalidade psíquica", que ela interrompe muito mais esse fluxo e produz a estagnação de parte dele. A efetividade de nossa vida anterior sobre o nosso presente está tão pouco mediada pela lembrança, que ela nos libera muito mais da fatalidade dessa efetividade. A história sabida torna-nos *livres* frente ao *poder* da história vivida. Ante a unidade de consequências dos eventos de grupos humano-espirituais, mantida reunida por meio das forças da assim chamada tradição, mesmo a ciência histórica é antes de tudo a *libertadora* da determinação histórica.

O fenômeno do *arrependimento* também precisa ser inserido na ordem desse contexto geral de ideias. Arrepender-se significa inicialmente cunhar um novo elemento de sentido e um novo elemento de valor em meio ao curvar-se sobre um pedaço do passado de nossa vida.

Dizem que o arrependimento é um golpe sem sentido que damos contra algo "inalterável". Mas nada em nossa vida é "inalterável" no sentido que esse argumento tem em vista. Tudo é passível de redenção uma vez que se mostra como uma unidade de sentido, de valor e de efeito. Mesmo esse "golpe" sem sentido altera o "inalterável" e introduz de uma maneira nova e com um novo direcionamento do efeito o estado de coisas deplorável do qual me arrependo ao dizer "que eu fiz isso", "que eu era assim", na totalidade de minha vida. As pessoas nos dizem que o arrependimento é absurdo, porquanto não possuímos nenhuma liberdade e porquanto tudo precisa ter se dado como se deu. Aquele que não tivesse a possibilidade de se arrepender certamente não teria nenhuma liberdade. Arrependei-vos, porém! Assim, vós vereis como vós vos tornais em meio à execução mesma desse ato o que vós queríeis computar de maneira tola em um primeiro momento como "condição" do sentido desse ato, a saber: "livres"! Vós vos tornareis "livres" na vida passada, "livres" do contexto férreo da efetividade que subsistia antes do arrependimento, um contexto que sempre impele para frente uma nova culpa a partir da antiga e assim deixa crescer a impressão de culpa como um deslizamento de neve. Não é a culpa da qual nos arrependemos, mas a culpa da qual *não* nos arrependemos que exerce aquela violência coercitiva e determinante sobre o futuro da vida. O arrependimento mata o nervo vital da culpa, por meio do qual ela permanece efetiva. Ele impele o motivo e a ação, a ação com suas raízes, *para fora* do centro vital da pessoa, e torna com isso possível o começo livre, espontâneo, o começo virginal de uma nova série vital, uma série que consegue eclodir agora a partir do centro da personalidade que, em função do ato do arrependimento, não se encontra mais por muito tempo atada. Portanto, o arrependimento produz um rejuvenescimento ético. Forças jovens, ainda livres de culpa, dormitam em cada alma. Mas elas são obstaculizadas, sim, como que sufocadas pela brenha da pressão da culpa que se adensa e espessa na alma durante a vida. Todavia, se desmatamos a brenha, aquelas forças ascendem por si mesmas. Quanto mais seguires o voo "progressivamente" em meio à corrente da vida – Prometeu apenas e nunca Epimeteu –, tanto mais *dependentes* e *amarrados* vós sereis por essa pressão da culpa de um passado. Vós só *escapareis* de vossa culpa na medida em que vós pensares *estar tomando tempestuosamente de assalto* a coroa da vida. Vossa tempestade é uma fuga secreta. Quanto mais fechardes os olhos diante daquilo de que vós deveríeis se arrepender, tanto mais indissolúveis são as correntes que pesam sobre seus pés ao caminhar. Mas mesmo o indeterminista comum se equivoca ao falar do arrependimento. Ele quer estabelecer de maneira falsa como condição aquela nova liberdade que só é *realizada* justamente no ato do arrependimento. Os senhores joviais chegam mesmo a dizer: não vos arrependeis, mas tende bons propósitos e agi melhor no futuro! Mas os senhores joviais não dizem de onde provém a força para o estabelecimento dos bons propósitos e ainda mais a força para poder chegar à sua execução, se a liberação e o novo apoderamento de si mesmo por parte da pessoa não se deu antes por intermédio do arrependimento ante a força de determinação de seu passado. Bons propósitos, sem que haja uma consciência da *força* e uma consciência do *poder* de levá-los a cabo ligadas imediatamente com o ato do propósito, não passam mesmo daqueles propósitos com os quais "o caminho do inferno" se encontra pavimentado do modo mais convidativo possível. Esse ditado profundo confirma-se por meio da lei de que todo bom propósito, no qual não reside a força para a sua realização, não continua mantendo meramente o estado de alma do martírio interno, sendo, portanto, supérfluo, mas acrescenta à pessoa nesse estado uma nova mazela positiva, aprofundando e consolidando o estado mesmo. O caminho para o mais extremo autodesprezo passa quase sempre por bons propósitos irrealizados, aos quais não precedeu *nenhum* arrependimento. Depois de um bom propósito irrealizado, a alma não retorna a seu nível antigo. Ao contrário, ela se acha caída muito mais fundo do que antes. Portanto, esse é aqui o estado de coisas paradoxal: se fosse verdade que o único valor do arrependimento reside em seu possível efeito aprimorador sobre o querer e o agir futuros, então ainda assim o *sentido* imanente do ato de arrependimento precisaria estar única e exclusivamente no passado ruim, e isso *sem* precisar tocar qualquer intenção que desviasse o olhar para o futuro e para o aprimoramento. Mas mesmo essa pressuposição é equivocada.

Algo similar acontece com a objeção de que o ato do arrependimento não toca absolutamente o feito e o comportamento durante o feito, mas apenas a "imagem" da lembrança, uma imagem que não surge ela mesma sem influências do feito e de seus efeitos ulteriores. Uma concepção completamente falsa da lembrança encontra-se inicialmente à base de um tal discurso. A *lembrança* não consiste no fato de que em nossa consciência do presente já se encontra previamente uma "imagem" que somente secundariamente se ligaria a algo passado por meio de juízos. No lembrar originário reside muito mais uma posse do estado de coisas *mesmo* que se mostra em meio ao passado fenomenal, um viver e um permanecer nele, não a posse de uma "imagem" atual que precisaria ser primeiramente retrojetada para o interior do passado por intermédio de um juízo ou lá "acolhida". Na medida em que as assim chamadas imagens da memória têm lugar porém durante o lembrar, seus elementos imagéticos já são condicionados concomitantemente pela *intenção* de lembrança, por *sua* meta e por *sua* direção. As imagens seguem a essa intuição e mudam com a *sua* mudança, mas a intenção não segue as imagens subsequentes casual ou mecanicamente segundo regras de associação. O centro concreto de nossos atos espirituais que se estendem até o interior do decurso temporal, o centro que denominamos a *personalidade*, consegue visualizar por si - *de jure* - *cada* parte de nossa vida transcorrida, apreender seu sentido e seu conteúdo valorativo. Apenas os fatores, que conduzem e determinam a *escolha* a partir desse âmbito vital acessível em princípio ao ato da lembrança, são dependentes dos estados corporais atuais, e, mais além, das causas reprodutoras dependentes deles e das leis associativas dessa reprodução. É por isso que o arrependimento também é como ato uma *verdadeira* penetração na esfera do passado de nossa vida e uma *verdadeira* intervenção operativa nele. Ele apaga verdadeiramente a mazela moral, o caráter valorativo "mal" do comportamento em questão, ele suspende *verdadeiramente* a pressão da culpa que emana desse mal para todas as direções e toma para ele com isso aquela força de fomento à geração, por meio da qual algo mal sempre precisa gerar um novo mal. A luz da *prontidão* para o arrependimento ilumina mesmo de um tal modo - de acordo com a lei segundo a qual a determinação valorativa de nossa vida costuma ser dada *antes* de todas as outras determinações quididativas significativas da lembrança - nosso passado pela primeira vez que só conseguimos nos lembrar de muitas coisas imageticamente por meio dessa luz. Sem essa luz não teríamos nos lembrado dessas coisas. O arrependimento rompe aquele limiar do orgulho que só deixa emergir a partir desse passado o que concede satisfação a esse orgulho e o justifica. Ele suspende a força natural de recalcamento do orgulho "natural". Ele torna-se assim um veículo da *veracidade* ante nós mesmos.

Nesse ponto é possível ver torna-se a conexão particular entre a *prontidão* para o arrependimento e o sistema das virtudes na alma. Como sem a prontidão para o arrependimento não é possível *veracidade* ante si mesmo, essa prontidão mesma também não é possível sem a humildade que trabalha em contraposição ao orgulho natural que ata a alma ao seu eu pontual e ao seu agora pontual. Somente quando a humildade - como consequência da vivência de uma mudança constante diante da ideia clara daquele bem absoluto, ao qual não conseguimos fazer frente - *dissipa* as tendências de recalcamento, de cristalização e de fechamento teimoso inerentes ao orgulho e coloca uma vez mais o eu pontual, que no orgulho se encontra como que isolado da dinâmica do rio da vida, em uma ligação fluida com esse rio e com o mundo, somente então a prontidão para o arrependimento é possível. O homem é enrijecido e fechado teimosamente muito mais pelo orgulho e pela soberba do que pelo seu temor da pena oriunda de sua concupiscência, e ele o é tanto mais quanto mais profundamente a culpa faz nele a sua sede e quanto mais ela como que se torna uma *parte* de seu si próprio. Não a confissão, mas antes de tudo a autoentrega diante de si mesmo é tão difícil para o teimoso. Quem se arrepende plenamente de seu ato também confessa seu ato e supera mesmo ainda a vergonha que no último instante quer fechar os lábios[1].

O arrependimento precisa restar incompreendido em sua essência, em seu sentido e em sua capacidade, onde quer que - de acordo com aquela concepção da lembrança que reconduz o ponto da lembrança para a reprodução de assim chamadas imagens da memória - o confundamos com estados que certamente o dispõem e facilmente podem dispará-lo, mas que de maneira alguma perfazem o arrependimento mesmo. Está totalmente correto dizer que a ausência de êxito ou que as más consequências de uma ação "perversa" dispõem *mais facilmente* a fraqueza humana para o arrependimento do que o êxito positivo; que, portanto, por exemplo, a nocividade à saúde e a doença, como consequências dos excessos culpados; que também certamente a punição e a repreensão pelo mundo exterior *disparam* frequentemente pela primeira vez o ato do arrependimento aí onde ele talvez sem eles não seria disparado. Não obstante, o sofrimento atrelado ao *arrependimento* como *tal* permanece cindido por um grande fosso de todo *esse* grupo de sentimentos de desprazer que disparam pela primeira vez o autoexame cheio de arrependimento. Toda uma série de concepções psicológicas falsas do arrependimento comete - deixando de lado seus outros equívocos - justamente esse erro fundamental de confundir o arrependimento mesmo com os *estados que dispõem* para ele.

---

1. Com razão, portanto, a doutrina da Igreja supõe que o arrependimento "completo", dissipador da culpa, extrai por si mesmo e a partir de si a prontidão para a confissão e para o credo, de tal modo que, onde ele falta, tampouco se poderia considerar o arrependimento como "completo".

Mas a peculiaridade do papel que a lembrança desempenha no ato do arrependimento ainda não é esgotado com o que foi dito. Há dois tipos fundamentalmente diversos de lembrança que podem ser designados como lembrança do tipo estático e lembrança do tipo dinâmico, ou mesmo como lembrança da função e como lembrança do fenômeno. Na lembrança do primeiro tipo não permanecemos com a vivência da lembrança junto a um conteúdo isolado qualquer, junto a eventos de nosso passado. Ao contrário, permanecemos aí junto a nosso *comportamento* central de outrora em relação ao mundo, junto ao nosso *direcionamento* de pensamento, de vontade, de amor e de ódio de outrora; nós revivemos nosso comportamento conjunto ou o ser e o comportamento de nossa determinação subjetiva e pessoal de outrora. Nós nos "transpomos" para o interior de nosso eu do tempo de outrora. Essa diferença vem à tona de maneira totalmente incisiva e clara em certos fenômenos patológicos. Eu vi há alguns anos em um manicômio alemão um velho de 70 anos que vivenciava o conjunto de seu mundo circundante em meio ao estágio de desenvolvimento de seus 18 anos. Isso não diz que esse homem estava mergulhado nos *conteúdos* particulares que ele vivenciou aos 18 anos, que ele teria visto, por exemplo, um apartamento, homens, ruas, cidades etc. diante de si, as coisas que outrora perfaziam o conteúdo de seu mundo circundante. Ele via, ouvia, vivenciava muito mais completamente tudo o que tinha lugar ao seu redor atualmente no quarto, mas ele o vivenciava "como" o rapaz de 18 anos que ele outrora fora, com todas as suas posturas individuais e gerais, com os modos de portar-se cheio de aspirações, com os direcionamentos da esperança e do temor intrínsecos a essa fase da vida. O tipo particular de revivência por meio da lembrança, tal como se acha aqui diante de nós de maneira extrema como um sistema vigente, torna possível para nós não apenas saber o que fizemos faticamente e como reagimos contra o nosso mundo circundante particular, mas também o que nós jamais teríamos feito, jamais *podemos* querer, como nós *teríamos* reagido contra essa ou aquela circunstância, se ela tivesse vindo ao nosso encontro. Nessa lembrança, o caminho não conduz dos conteúdos de nossa vida para o eu que as vivenciou, mas do eu vivenciador, em direção ao qual nos transpomos para os conteúdos particulares da vida.

A lembrança em jogo no tipo mais elevado e mais importante de ato de arrependimento pertence, porém, ao modo da lembrança da *função*. Não o feito do passado que aparece na lembrança, nem o estado de coisas referente à mazela de termos levado a cabo a ação são aqui propriamente o objeto do arrependimento, mas sim aquele elemento-eu em nossa pessoa total mesma, a partir de cujas raízes o feito, o ato de vontade outrora emergiu, é revivido, é mesmo rejeitado no modo do arrependimento e como que expelido da totalidade da pessoa. Só se pode mesmo falar com isso de uma forte preponderância a cada vez diversa da situação objetiva de mazela do eu da ação e do eu daquele elemento passado lá onde se diferencia juntamente com alguns escritores filosóficos, arrependimento em relação ao ser e em relação à ação; ou também "arrepender-se de" e autoexame "cheio de arrependimento". Schopenhauer em especial acentuou reiteradamente que a postura mais profundamente arrependida *não* pode ser expressa por meio da fórmula: "Ah, o que foi que eu fiz?", mas sim por meio da fórmula mais radical: "Ah, que tipo de homem sou eu?", ou mesmo "Que tipo de homem *preciso* ser para que eu *possa* ter feito uma coisa assim?" Ele acha além disso que se pode mostrar por meio daí que o determinismo empírico cria pela primeira vez para o arrependimento o seu peso pleno, mas que, por outro lado, o caráter muito mais profundo e comovente daquele segundo arrependimento é uma prova de como nosso "caráter inteligível" (Schopenhauer chega mesmo a equiparar esse caráter inteligível de maneira equivocada ao "caráter inato") é considerado aí como uma consequência de um ato livre. Todavia, *essa* concepção dilacera e divide todo o sentido do arrependimento. Um ato de arrependimento em relação ao nosso ser pessoal em geral, o que significa para mim em relação à sua constituição essencial, é uma impossibilidade interna. Quando muito, podemos nos *entristecer* com o fato de sermos o que somos ou até nos horrorizar com esse ser; no entanto – mesmo nos abstraindo de que também essa tristeza quanto à nossa essência ainda portará a coloração dessa mesma essência: não podemos nos arrepender de nossa essência. A única coisa da qual podemos nos arrepender sem olharmos aí única e imediatamente para a nossa série de feitos é: que nós éramos *outrora* um tal eu que *pôde* cometer aquele ato! Não o feito, nem mesmo nosso eu essencial encontram-se nesse ato de arrependimento simultaneamente "atrás" e "entre" nós, mas apenas aquela constituição concreta conjunta do eu, a partir da qual vemos emergir o feito em nossa lembrança - aqui e sob a pressuposição dessa constituição aliás ele emerge "*necessariamente*".

Esse direcionamento peculiar do olhar intrínseco ao ato de arrependimento mais profundo que não condiciona nenhuma mera "alteração" de atitude ou mesmo o aparecimento de simples bons propósitos, mas muito mais uma *transformação* real da atitude, só se deixa compreender a partir do fato de que o modo de ser da vivência-de-nós-mesmos possui determinados *níveis* de recolhimento e concentração, cuja mudança possível não é no mesmo sentido uma vez mais um efeito inequívoco de uma causalidade psíquica, por meio da qual os processos psíquicos fossem determinados em *cada* um desses níveis indubitavelmente de maneira causal. A alteração daqueles níveis de recolhimento da personalidade mesma, nos quais a personalidade vive a cada vez, é, portanto, ante a legalidade causal, à qual os conteúdos das vivências seguem em cada um desses níveis de recolhimento, um *livre ato* de toda a nossa pessoa. E a essa pessoa total pertencem sim em última instância todas aquelas constituições cambiantes do eu como membros vivenciados, a partir dos quais vemos emergir os feitos necessariamente (em uma dação mais ampla dessas ou daquelas circunstâncias). O ato de arrependimento mais profundo conquista então justamente sua plena compreensibilidade a partir do fato de que uma tal alteração provocada livremente do *nível* de recolhimento de toda a nossa existência interna é a sua manifestação paralela. Portanto, por mais *necessário* que nos apareça também o feito no nível de nossa existência de outrora, por mais rigorosamente histórico ele seja "compreensível" até o âmbito de suas particularidades - *se* quisermos estabelecer algum dia esse nível: não era *igualmente* necessário que nos encontrássemos nesse nível. Nós poderíamos mesmo ter alterado esse nível. Nessa medida, também "poderíamos" *ser* diferentes e não apenas *querer* e *agir* diferentemente. Por isso, esse "ter podido ser diferente" não é nenhuma mera falsa retrojeção, que repousa sobre uma ilusão, do fato totalmente outro de podermos ou acharmos que podemos, por exemplo, *agora*, algo diverso. O ato de arrependimento mostra-nos muito mais *esse* "poder", o poder da vontade maximamente central, do que uma parte integrante da vivência no todo do conjunto *anterior* da vivência *mesma*. No entanto, o modo como o ato atual do conhecimento do mal presente em nossa antiga constituição do eu, o modo como mais além o ver atual do ser-melhor e do melhor que também *poderíamos* de qualquer modo ser ou fazer outrora se interpenetra com a vivência atual do poder agir melhor é um modo totalmente peculiar. Poder-se-ia pensar inicialmente que a alteração do nível, que a elevação de nosso si-próprio não seria primeiramente provocada pelo ato do arrependimento, que esse ato seria muito mais apenas um sinal e uma consequência de nos encontrarmos agora para além de nosso eu antigo e de seu feito. Nós só podemos nos arrepender quanto a isso *porque* nos tornamos agora mais livres e melhores. Sim, somente a partir da medida da vivência de que "podemos" agora algo melhor, cairia então sobre nosso estado anterior e seu feito as sombras de uma ausência de liberdade culpada, na qual os vemos residir agora profundamente entre nós. Mas a coisa não se adéqua a uma tal disjunção simples e racional do tipo ou-ou. O peculiar do ato de arrependimento é muito mais o fato de conquistarmos, no *mesmo* ato que condena dolorosamente, uma visualização *plena* da perfídia de nosso eu e de seu ato; e de galgarmos essa própria posição mais livre no mesmo ato que só parece compreensível racionalmente a partir da posição "mais livre" do novo nível vital. Assim, o ato de arrependimento é em certo sentido anterior ao seu ponto de partida e à sua meta, mais antigo do que o seu *terminus a quo* e do que o seu *terminus ad quem*. Somente no ato de arrependimento se nos abre o pleno conhecimento evidente que poderíamos ter feito algo melhor. Mas esse conhecimento não *cria* nada; ele é conhecimento, penetração no antigo ofuscamento pelas pulsões. Ele não cria, ele apenas indica.

Esse elemento misterioso do ato de arrependimento vital e mais profundo – o fato de que nele, a saber, no curso de sua dinâmica contínua, toda uma existência mais elevada, idealista, é vislumbrada como uma existência possível para nós: uma elevação possível da altura do nível do ser-aí espiritual, fundada no recolhimento, de modo que olhamos agora todo o estado antigo do eu profundamente abaixo de nós - isso deu ensejo a algumas dificuldades mesmo no interior das construções teológicas. Em particular, essa questão também se acha analogamente na base daquela situação em que o abrandamento divino da culpa se encontra em discussão para a nova qualidade do homem propiciada pela graça sacralizante. Ao que parece, somente a graça que entra em cena em meio ao arrependimento "mais perfeito" pode dissipar e suprimir verdadeiramente a culpa religiosa; não conseguir com isso meramente que Deus, como em Lutero, feche os olhos diante da culpa e não a "leve em conta", enquanto o homem continua afundado em pecado e em culpa. Por outro lado, porém, a supressão da culpa mesma parece ser uma vez mais uma *condição* para a concessão da graça. Pois a graça, assim como o estado vital mais elevado por ela condicionado, só conseguem arranjar um lugar no homem se a culpa já estiver afastada dele. Muitos teólogos, por exemplo M. Scheeben, utilizam aqui a feliz imagem de que a culpa recua diante da graça que penetra na alma de maneira similar "às trevas diante da luz"[2].

Dessa maneira, o arrependimento não parece pressupor mais agora aquela elevação de nível do ser ético que ele deve de qualquer modo produzir pela primeira vez. É portanto *um* e *o mesmo* ato dinâmico, por meio do qual tem lugar tanto a ascensão do eu até a elevação que lhe é possível de sua essência ideal, quanto o deixar para trás a rejeição e a expulsão do antigo eu em meio à elevação.

Como *vemos* no mesmo ato da subida a uma montanha o cume se aproximar de nós e o vale afundar sob nossos pés e vivenciamos as duas imagens de maneira condicionada por esse ato, assim a pessoa se eleva ao mesmo tempo no arrependimento e vê atrás de si a constituição mais antiga do eu.

Quanto mais o arrependimento se movimenta do mero arrependimento pelo ato para o arrependimento em relação ao ser, tanto mais ele se abate sobre a raiz da culpa vislumbrada, para expulsá-la da pessoa e devolver a essa com isso sua liberdade para

---

2. Cf. SCHEEBEN, M. *Die Mysterien des Christentums* [Os mistérios do cristianismo]. Friburgo, 1912, p. 531.

o bem. O arrependimento conduz assim da dor por um feito singular para aquela plena "contrição do coração", a partir da qual a força regenerativa que habita nele mesmo constrói um "novo coração" e um "novo homem". Nessa medida, o arrependimento também assume o caráter do próprio *arrependimento inerente à conversão* e conduz por fim da apreensão de novos e bons propósitos por intermédio da alteração mais profunda da atitude até a autêntica *mudança* de atitude, sim, até o "renascimento", no qual a *derradeira* raiz de nossos atos éticos: o centro espiritual da pessoa parece queimar a si mesmo (sem prejuízo de sua identidade formal e individual) em suas *derradeiras* intenções e construir-se novamente.

Ainda há algumas coisas a dizer sobre duas das teses céticas anteriormente citadas: sobre a teoria do temor e da vingança.

Já na gênese do protestantismo, a *teoria do temor* desempenha um grande papel. Lutero e Calvino colocam a essência da contrição mesma nos *terrores conscientiae*, naquele medo diante do inferno que se introduz em seguida à percepção da força que falta ao homem para cumprir a lei. De acordo com Lutero, para o homem que sente o peso do pecado e a sua necessária insuficiência diante da Lei de Deus, esse terror é o único motivo a impeli-lo a se assegurar da justificação por meio da crença no sangue expiado de Jesus, da satisfação provocada por esse sangue e da misericórdia de Deus. No que Jesus como que "cobre" ante os olhos de Deus com a plenitude de seu mérito o coração humano pecaminoso, um coração que permanece pecaminoso até a morte, "o pecado não é levado em conta" para o pecador, o que significa prontamente: é dispensada a punição para ele. O "bom propósito", assim como uma certa diminuição do pecado, só passam a ser esperados a partir da vivência já presente dessa misericórdia completamente imerecida de Deus e do novo estado de graça já dado com isso. O propósito está aqui, portanto, absolutamente cindido do arrependimento. Nem uma verdadeira dissolução da qualidade da culpa – como a encontramos diante de nós como um estado de coisas –, nem uma santificação, que se seguisse a isso e trouxesse para o interior da alma no lugar da culpa uma nova *qualidade* santificadora, é aqui o sentido do "perdão" divino do pecado. Todo esse sentido é muito mais apenas a redução da punição e a suposição - inapreensível e já completamente contraditória com a onisciência de Deus - do pecador de que Deus não "olha" mais agora para o seu pecado.

Mas também a filosofia moderna começa imediatamente com a teoria do temor: "Arrependimento (de acordo com Spinoza, *Ética IV*, Corolário 54) não é nenhuma virtude e não emerge da razão. Ao contrário, aquele que se arrepende de um ato é duplamente oprimido e impotente". Pois quem se arrepende de um ato sofre duplamente, na medida em que "ele se deixa vencer em primeiro lugar por um desejo repugnante e depois ainda pelo desprazer quanto a ele". Também Spinoza deriva o arrependimento (esse "desprazer, acompanhado da ideia do ato que acreditamos ter feito por uma livre decisão do espírito", como reza a sua definição totalmente impossível) do temor. Segundo o esclarecimento dado a essa definição, o arrependimento é uma consequência da repreensão e da punição por parte do mundo circundante, ou, respectivamente, do temor que se liga, partindo do efeito, à ideia do ato que vige para nós como "injustiça". "Sempre segundo a sua educação, o homem se arrepende ou se vangloria de um ato". Para Spinoza, portanto, o arrependimento é uma virtude relativa, a saber, uma virtude apenas para a plebe. "A plebe é terrível, na medida em que ela não teme". No entanto, o arrependimento não é nenhuma virtude para o "homem livre"; esse é dirigido pela razão mesma.

O que contradiz radicalmente essa teoria do temor é antes de tudo o fato de que costuma ser ao inverso justamente o temor que não nos deixa alcançar absolutamente aquele estado de ânimo do *recolhimento*, no qual pela primeira vez o arrependimento próprio é possível. O temor dirige nossa atenção e nosso interesse para fora - para o perigo que se aproxima. Enquanto o criminoso se sabe perseguido, ele responde, como tipo ativo, obstinadamente por seu ato, e toda a energia cabe à tarefa de "não se deixar apanhar". Como um tipo passivo uma vez mais, ele se deixa abater pelo temor e se entrega contrafeito ao seu destino. Se em ambos os casos nada além do arrependimento o impedisse de levar a cabo o ato - o temor justamente o faria. Somente então muito mais, quando ele se sabe *fora* de todo e qualquer perigo, ele pode encontrar aquele "recolhimento" que pressupõe o arrependimento autêntico. Somente então ele encontra aquele *estar-inteiramente-só* consigo mesmo e com seu ato, sem o qual não há nenhum arrependimento. Abstraindo disso, podemos diferenciar em nossa consciência da maneira mais clara e distinta possível o arrependimento por um ato, que se dirige para trás, do temor concomitantemente presente que se dirige para frente, e, aí, constatar como os dois transcorrem em *camadas* como que totalmente diversas de nossa existência: como o temor irrompe do centro de nosso sentimento vital e estaria totalmente suspenso com uma abstração de seu portador, da *corporeidade* e de *seus* estímulos; o arrependimento, em contrapartida, brota sensivelmente do centro espiritual de nossa personalidade e mesmo com uma abstração de nossa posse de uma corporeidade não seria apenas possível, mas até mesmo pela primeira vez *totalmente perfeito* depois da suspensão dos limites pulsionais corpóreos que nos ocultam nosso mal. Já essa autonomia da existência na *simultaneidade* de temor e arrependimento em ligação com a mesma relação valorativa demonstra que o arrependimento não pode ser nenhuma "forma de desenvolvimento" anímico do temor – uma vez que nesse caso o temor já precisaria ter sido consumido na nova configuração do arrependimento, portanto não poderia existir em nós ainda *junto* a este arrependimento e nos preencher.

Essas sentenças também valem naturalmente para o caso em que se trata dos castigos divinos. O mero temor diante do mal intrínseco à punição, o "temor escravo", ainda não é absolutamente nenhum arrependimento. Ele também não é nenhum *attritio*, que a teologia com razão diferencia da *contritio*, isto é, do arrependimento perfeito fundado no amor por Deus como o bem em si mesmo mais elevado e digno de amor. Sim, a *attritio* não *é* nem temor ante o mero mal da punição, nem se *funda* mesmo em um tal temor. Ela pode ser *disparada* pelo temor ante o *castigo* como uma exteriorização da justiça divina; nunca, porém, pelo temor ante o mal do castigo como um mero mal. No entanto, o ato do arrependimento também é algo totalmente novo ante esse processo de disparo, algo que não é simplesmente esse temor diante do castigo mesmo. Mas ele também só pode ser disparado aí se o assim chamado temor ante a punição (eterna ou temporal) não estiver primariamente direcionado para o mero *mal inerente à punição*, mas à *punição* como um ato e expressão da justiça eterna - portanto, sempre está fundado simultaneamente na *veneração* e na atenção diante da divindade que institui essa punição e tem em mãos essa justiça. Se a *attritio* é aí um nível mais baixo em relação à *contritio*, então também é válido dizer que, onde quer que a *contritio* seja possível para uma pessoa, a mera *attritio* também apresenta uma espécie de *obstrução* para a entrada em cena da *contritio* - de acordo com a lei de que o temor em geral obstrui mais do que desenvolve o arrependimento.

Não é menos incompreensível do ponto de vista da doutrina do temor como é que o temor só deve se transformar em arrependimento onde a mazela pessoal ou o agir em questão apresentarem algo *ética e religiosamente significativo*. Em que medida um rosto feio ou um talento menor qualquer ou um defeito orgânico, com os quais nos escandalizamos milhares de vezes e sempre precisamos temer nos escandalizarmos uma vez mais: Em que medida todas essas mazelas nunca são objeto de arrependimento, mas no máximo objetos da autotortura, da tristeza, do nojo ante si mesmo, da vingança contra si? Como é que não nos arrependemos nunca de uma obra de arte que saiu mau, de um trabalho que acabou mau no mesmo sentido que, por exemplo, de um roubo ou falsificação de notas? A única resposta possível é: na medida em que precisamos reconduzir a má qualidade dessas coisas uma vez mais à deficiência *ética* no exercício das aptidões necessárias para as obras (mas não ao nosso talento). Será que o mero desprazer que pode brotar para nós a partir de tais defeitos, e, ainda além, a partir de uma infelicidade ou de uma disposição faltante é por natureza menor? Será que ela dá ensejo em uma medida menor para o temor e para o desprazer junto à "ideia de nosso si próprio como a causa de nosso desprazer"? Certamente não. Apesar disso, falta em tais casos tudo o que se poderia chamar arrependimento. Portanto, se pertence *necessariamente* ao arrependimento que a mazela da qual nos arrependemos seja uma mazela com a qualidade particular do "mal" - e que essa mazela seja dada no interior do sentimento que funda concomitantemente o arrependimento, o sentimento do "mal": Por que essa mazela por si só, isto é, a *natureza* interna do mal mesmo, não deveria ser suficiente para determinar sua negação emocional no ato do arrependimento? O que um temor qualquer poderia acrescentar ante as consequências da ação como a mera portadora dessa qualidade do "mal"? Ou como é que efeitos posteriores desse temor deveriam se juntar primeiramente aí, a fim de tornar o arrependimento possível? O temor dispara por vezes o arrependimento; ainda mais frequentemente, porém, ele torna impuro o arrependimento - esse é o resultado. Em todas as formas possíveis - mesmo quando desprovido de objeto, isto é, mesmo quando não é preenchido por um conteúdo objetivo particular -, o temor é um sentimento prévio, um sentir a distância circunstâncias arriscadas ou nocivas para a vida "antes" do dano fático. O arrependimento volta-se *necessariamente* para trás.

A *teoria da vingança* já se agarra a *algo* mais profundo. *Há* sem dúvida alguma um impulso vingativo direcionado contra nós. Quando a criança bate em si mesma porque fez algo "incorreto", quando gostaríamos de "arrancar os nossos cabelos" porque agimos de tal ou tal maneira, quando as mil formas de autoflagelo que a história conhece não representam necessariamente uma penitência frente à divindade ou servem para a ascese que se dá em abandono da corporeidade, mas portam em si todos os sinais de uma ação natural de vingança ou de expiação contra o eu: então parece certamente correto supor um impulso originário de vingança do homem também contra si mesmo. Pois quase não se consegue reconduzir um tal impulso a uma mera contaminação anímica por meio da repreensão previamente sentida feita pelo mundo circundante; ou até mesmo a uma simpatia involuntária pelo impulso de vingança de um outro, ou seja, uma correalização, que entra em cena sem ou contra a nossa vontade, desse impulso de vingança contra nós, como o fez Adam Smith em sua falsa teoria da simpatia[3]. O impulso de vingança é, portanto, de fato mais originário do que a *escolha* particular entre eu e não eu como seu objeto. Ele consegue se voltar *logo* na origem contra nós mesmos, assim como contra outras pessoas. Há hoje escritores, cuja criação como um todo parece alimentada pela violenta sede interna

3. Cf. meu livro *Zur Phänomenologie und Theorie der Sympathiegefühle* [Para a fenomenologia e a teoria dos sentimentos de simpatia].

de vingança contra eles mesmos e contra tudo o que está ligado com eles. Em suas sátiras, eles só se abatem em aparência contra suas figuras. Eles só têm em vista a si mesmos. Dessa feita, não é absolutamente necessário agir como Nietzsche e considerar tal vingança contra si próprio tão somente como uma consequência e como um rebatimento exterior do transporte interrompido do impulso de vingança contra os outros e de outros impulsos similares. O impulso de vingança imoderado, assim como sua cultura racional, o impulso de desforra medido segundo uma proporção, são *ambos* uma reação imediata a certos tipos de estados de mazela vislumbrados que "exigem expiação" a partir de si mesmos[4]. O impulso de desforra em especial acontece *antes* mesmo de o autor e instaurador do estado de mazela notado ser conhecido ou representado; portanto, ele só *busca* posteriormente seu objeto; e ele também não exclui por isso, quando se evidencia, que possamos ser *nós mesmos* o autor. Mas de maneira nenhuma a "espiritualização" desses dois impulsos consegue nos esclarecer o estado de fato do ato de arrependimento! Com certeza, essa teoria parece tornar compreensíveis para nós alguns traços do ato, que são totalmente inacessíveis à hipótese do temor: assim, a ligação essencialmente necessária do ato de arrependimento com o passado, o tipo particular de incisividade revolvente intrínseca à dor do arrependimento, a atitude expiatória frente à expiação da injustiça que brota do arrependimento – e outras coisas mais. Mas essa hipótese também deixa totalmente obscuro o *cerne* do ato como um todo. O que particularmente falta à vingança e à desforra ante si mesmo, para serem apenas similares ao arrependimento na dinâmica do aprofundamento é: 1) A espiritualidade[5] e a interioridade do ato de arrependimento juntamente com o meio do silêncio, da calma, da seriedade, do recolhimento no qual ele está acomodado; 2) A ascensão até um nível mais elevado de vida, uma ascensão que é levado a termo no ato de arrependimento – e a dação concomitante de uma imagem idealista de valor, sim, uma imagem curatória de

---

4. Cf. minha análise da requisição por expiação no livro *Der Formalismus in der Ethik und die materiale Wertethik* [O formalismo na ética e a ética material valorativa], seção V, cap. 10.

5. Cf. o que foi dito na p. 58 sobre a possível abstração da corporeidade.

nossa pessoa que se encontrava velada para nós e à qual estamos ligados agora no amor, "no amor pela nossa cura"; 3) O fortalecimento e a liberação de nosso si próprio ético para a apreensão do propósito e para a alteração da atitude, um fortalecimento e uma liberação levados a cabo por meio do arrependimento; 4) A circunscrição ao mal e à culpa ética (que é própria unicamente ao arrependimento), enquanto a vingança pode tocar todo e qualquer tipo de mazela sentida do si próprio e toda produção de um estado de mazela. O postar-se vingativamente contra o eu é um estado cheio de excitação, ao qual *falta* toda fundação por meio de uma consideração de uma imagem positiva da corporeidade do ser si próprio e do vir a ser si próprio. Aí a postura ainda permanece totalmente infrutífera.

Uma coisa não deve ser certamente contestada aí: o fato de termos uma forte tendência a – sempre que possível – *confundir* todos os estados de autoflagelo ou de desprazer conosco, não importando o modo de ser desses estados, mesmo os patologicamente condicionados, como causas de certas ações e estados, com o arrependimento autêntico ou a colocá-los em nossa conta como arrependimento. Mas tais autoilusões que tão frequentemente nos conduzem também a iludirmos os outros *pre*ssupõem tanto o fenômeno do arrependimento *autêntico* quanto a avaliação positiva desse fenômeno. Em sua crueldade contra si mesmos, em sua atração doentia pela dor que "ressoa voluptuosamente no sofrimento pelo pecado", em sua sede de vingança contra si mesmos, em seus estados de fraqueza moral, em seu temor secreto ou em seu revolvimento obrigatório do passado, naquele "mau-olhado" que lançam contra tudo, e, assim, também ante si mesmo, os homens tendem certamente a introduzir pela *fantasia* a imagem agradável a Deus de um coração cheio de arrependimento, e esconder seus vícios secretos ou suas doenças da alma sob a imagem aparente de uma *virtude*. Mas esse destino do arrependimento (que ele compartilha com toda e qualquer virtude, sim, com toda e qualquer prerrogativa), o destino de poder ser *dissimulado* para si mesmo e para os outros, não deveria dar ensejo a ninguém que se arroga psicólogo a perder de vista o arrependimento *mesmo* por detrás dessas suas imagens aparentes.

O ato de arrependimento não é – na maioria das vezes se começa com isso – "um sentimento de desprazer" pertinente a um certo estado preponderante e associado com quaisquer "ideias" de ações, cujo agente o homem sabe como sendo ele mesmo. Abandonemos essa trivialidade à tradicional psicologia da associação. Arrependimento é muito mais um *movimento* do ânimo consonante a uma meta em face da culpa, e um movimento que se dá em função daquela culpa que se concentrou no homem. A meta desse "movimento" é uma negação emocional e uma despotencialização da eficácia contínua da culpa, um esforço secreto de arrancá-la do cerne da pessoa para "curá"-la. Somente a repercussão da culpa que se eleva pela primeira vez no ato do arrependimento *sobre* esse movimento perfaz a *dor* do arrependimento. A dor cresce com a tenacidade da culpa – que é ela mesma uma vez mais tanto maior quanto mais profundamente se assenta no cerne da pessoa. O que é primeiro, portanto, não é essa dor, mas muito mais o *movimento* contra a culpa e a tendência de quebrar a sua eficácia contínua. A dor é inicialmente consequência e o que vem em segundo lugar. A natureza particular da dor do arrependimento é aguda, ardente, comovente; falta-lhe todo embrutecimento. Ao lado dessa qualidade como dor, porém, ainda subsiste ao mesmo tempo no todo do processo uma satisfação que pode elevar-se até a bem-aventurança. Satisfação e prazer, insatisfação e desprazer não têm efetivamente nada a ver uns com os outros; sim, a satisfação sensivelmente instaurada de maneira mais profunda cresce até mesmo com a intensidade da dor do arrependimento. Será portanto a apreensão interna daquela dor como expiação da culpa ou será a diminuição da pressão da culpa no decurso do arrependimento que concede a satisfação? Poder-se-ia supor a primeira hipótese, se se assumisse o arrependimento como uma espécie de desforra espiritual, a saber como uma autodesforra. Como foi mostrado, contudo, essa suposição é equivocada. A obediência ante a exigência de expiação é algo que provém da *penitência* e não do arrependimento. A obediência também pode acontecer sem um arrependimento fundante. Pois se é certo que a atitude penitente cresce tão *necessariamente* a partir do arrependimento quanto a prontidão para a confissão, não é certo inversamente que o arrependimento cresce a partir da atitude penitente. E ainda menos é essa atitude o arrependimento mesmo.

No entanto, a hipótese menos apropriada é a seguinte: a de que o arrependimento é uma dor que satisfaz em si mesmo como dor; a não ser que, ao invés de um autêntico arrependimento, estejamos diante da ilusão de um arrependimento fundado na atração pela dor. Os pietistas, por exemplo, confundiram frequentemente essas duas coisas: daí a tonalidade fortemente sensível, quase masoquista, de sua literatura religiosa sobre o arrependimento. Dessa feita, a satisfação crescente é de fato consequência da lenta diminuição da pressão da culpa. Ela se realiza como que por si mesma com a exclusão objetivadora da culpa do cerne da pessoa.

Se o arrependimento é uma despotencialização da culpa, então a culpa também precisa estar de algum modo dada, quando o arrependimento se inicia como reação.

O que é, porém, essa "*culpa*"? Ela é aquela qualidade "mau" que foi continuamente penetrando na pessoa mesma, no centro do ato, *por meio* de seus maus atos. Com isso, a culpa é uma *qualidade* e não um "sentimento". O assim chamado "sentimento de culpa" só é diverso de outros sentimentos mesmos por sua ligação interna de sentido *com* essa qualidade. Portanto, quer nos sintamos mesmo culpados ou não - a culpa se prende a nós. A sutileza ou o embotamento, assim como o valor limítrofe do sentimento de culpa, são muito diversos da existência da culpa e de seu tamanho. No entanto, justamente esse é um dos efeitos mais obscuros da culpa, o fato de ela como que *esconder a si mesma* em meio ao crescimento e embotar o sentimento para a sua existência. E pertence de qualquer modo inversamente ao crescimento da humildade e da santidade no homem que - como a vida de todos os santos o prova - o sentimento de culpa se *refine* funcionalmente junto exatamente com a sua diminuição objetiva e que faltas cada vez menores cheguem com isso a ser acolhidas com pesar. Nesse sentido, o ato do arrependimento tampouco se dirige absolutamente contra o sentimento de culpa - que ele sim desdobra e estende muito mais justamente de maneira ampla. Ao contrário, ele se dirige muito mais contra aquela *qualidade objetiva* da culpa mesma. Mas ele se dirige para a culpa "através" do sentimento de culpa, exatamente como o ato da atenção espiritual ou uma intenção significativa se dirigem para um objeto através da visão ou da audição desse objeto. Qualquer sentimento de culpa – na maioria das vezes sem localização em relação às perguntas "o quê?", "contra quem" ou "inculpado por quem?" – precisa *introduzir*, portanto, em todos os casos o ato do arrependimento. Todavia, o sentimento de culpa só costuma encontrar sua propagação, localização, direção, sua profundidade – frequentemente mesmo seu objeto determinado, por exemplo, esse ou aquele ato –, durante o arrependimento e apenas por meio dele. Se a culpa lançou tão incisivamente suas raízes que ela mesma sufoca total ou quase totalmente o sentimento de sua existência, então se apresenta aquele "enrijecimento" parcial ou total que o arrependimento só consegue quebrar muito dificilmente ou mesmo não consegue mais quebrar. Como a culpa é uma qualidade da *pessoa*, do centro do ato do homem; como ela é uma qualidade que se incrementa para a pessoa a partir de seus atos e feitos como algo que "preenche" a pessoa, então ela também está, enquanto perdura, secretamente copresente em *cada* ato que a pessoa realiza. Não são as consequências causais dos maus atos como realidades reais da natureza que trazem à tona necessariamente um mal mais distante; elas também podem provocar do mesmo modo causalmente algo bom ou indiferente. Não há *nesse* sentido nenhuma causalidade moral. Mas a culpa, a obra lúgubre desses feitos na alma *mesma*, se insere em tudo o que o homem quer e faz; e *ela* o determina sem levar o seu saber (do homem) mais além em sua direção (da culpa). Nessa medida, todo e qualquer arrependimento de um feito tampouco é um arrependimento imediato em relação a um feito, mas arrependimento quanto ao *ser inculpado* da pessoa por meio do feito. À primeira consideração do estado de mazela do ato, o arrependimento pelo ato permanece cindido do arrependimento característico do ser.

Mas o que consegue essa estocada do arrependimento contra a culpa? Duas coisas que só *ela* sozinha consegue e nada além dela. Ela não pode criar a realidade natural externa do feito e suas consequências causais, nem tampouco o caráter mau que advém a ela como *feito* a partir do mundo. Tudo isso permanece no mundo. Mas ela consegue matar e dizimar completamente a culpa como a obra *reativa* desse feito na alma no homem – e, com isso, a raiz de uma infinitude de um novo feito mau e de uma nova culpa. O arrependimento *aniquila* verdadeiramente aquela qualidade psíquica que se chama "culpa". Ele consegue isso ao menos em sua figura plena. Dessa forma, ele explode a corrente da força de geração contínua do mal que é mediada pelo crescimento da culpa dos homens e dos tempos. Com isso, ele torna possível justamente novos começos para a vida, começos isentos de culpa.

O arrependimento é a força mais potente de autorregeneração do mundo ético, uma força que trabalha contra o seu constante falecimento.

Essa é a grande paradoxia do arrependimento, o fato de que ele *olha* para trás com os olhos cheios de lágrimas, mas, no entanto, *trabalha efetivamente* de maneira alegre e poderosa pelo futuro, pela renovação, pela libertação da morte ética. Seu olhar espiritual e sua atuação vital estão exatamente contrapostos. O progressista, o aprimorador, o perfeccionista, todos eles dizem: não arrepender-se, mas fazer melhor! Sim, o bem – ele mesmo lhes parece não ser outra coisa senão o melhor de amanhã. Mas isso não é menos paradoxal: quanto mais essas pessoas olham para a frente e revolvem em seus peitos ávidos de ação projetos cada vez mais novos sobre o que há de "melhor", tanto mais terrivelmente se *esgarça* a culpa do passado em seu fazer interior, já na escolha do conteúdo de seus propósitos e projetos – não apenas em sua execução; tanto mais profundamente o eterno fugitivo de seu presente e de seu passado afunda justamente nos braços mortos desse passado. Pois tanto mais poderosamente *atua* a culpa da história quanto menos a vemos e nos arrependemos dela objetivamente. Não: "Deixar para trás o arrependimento e no futuro buscar fazer melhor o que foi feito", mas: "Arrepender-se, e, justamente *por isso*, fazer melhor". Essa é a indicação correta. O arrependimento não é a utopia, mas a força *mais revolucionária* do mundo ético.

Portanto, se olharmos para o ato da confecção do bom propósito, para a alteração no modo de pensar e para a mudança do modo de pensar, para o "novo coração", então tudo isso não é nenhum fazer abstraído do arrependimento, um fazer arbitrário que segue apenas temporalmente ou uma produção exatamente como essa pela qual o arrependimento poderia saltar como algo supérfluo. Tudo isso emerge do arrependimento como que por si mesmo. Pois tudo isso é apenas o temor da atividade *natural* da alma entregue a si mesma, livre da culpa, assentada uma vez mais sobre si mesma e em seu direito originário de nobreza. Quanto menos o "bom propósito" é já intentado no processo do arrependimento, tanto mais poderosamente ele se eleva como que por si mesmo no fim, com um poder próprio e quase sem o auxílio do saber consciente, a partir do arrependimento. E quanto menos o que se arrepende lança o olhar cobiçosamente de maneira espiritual em seu ato de arrependimento para os bens do eu que agora se arrepende – e que transforma com isso também o arrependimento em um novo ensejo para a sua vaidade e para uma secreta glorificação diante de si mesmo ou mesmo diante de Deus; quanto mais dolorosamente ele se encontra como que *perdido* nas profundezas de sua culpa: de uma maneira tanto mais régia se perfila, sem ser vista por ele mesmo, sua alma criada por Deus a partir daquela poeira do terreno, que a tinha perpassado até aqui e que lhe roubava o ar livre. Quanto mais profundamente o arrependimento se agarra aí às raízes do ser do centro pessoal do ato, tanto mais ele nos parece um evento que se mostra em regiões espirituais mais elevadas, tal como o caso maximamente elementar descrito por A. Goette em regiões biológicas acerca do renascimento e da morte do animal, um caso no qual os dois recaem como em *um* mesmo processo e o animal que decompõe a si mesmo sempre se reconstrói novamente.

Pois não há nenhum arrependimento que já não trouxesse em si desde os seus primórdios o plano de construção de um "novo coração". O arrependimento só mata para criar. Ele só aniquila para reconstruir. Sim, ele já constrói secretamente onde ele ainda parece aniquilar. Assim, o arrependimento é a força violenta do ato naquele processo maravilhoso que o Evangelho denomina "renascimento" de um novo homem a partir do "velho Adão", recebimento de um "novo coração".

Não passa de uma representação extrínseca a afirmação de que o arrependimento só se insere em face de atos malfadados e de dívidas totalmente particulares que se encontram claramente expostos e que então, tanto quanto o ato do arrependimento a elas ligado, só formariam um mero número, uma vez que as dívidas deveriam ser pagas por meio de um número de atos de arrependimento.

O obscuro subterrâneo da *culpa* da qual falamos só tem tais feitos e dívidas em relação aos cumes mais visíveis das árvores. A culpa mesma forma o reservatório velado de forças na alma, do qual se alimentam aquelas dívidas particulares. O arrependimento precisa se precipitar nesse império subterrâneo da alma, no império velado de sua culpa, sim, deslizando para baixo, ele precisa despertar pela primeira vez a *consciência* para a sua existência obscura e velada. Quem com isso falasse: "Eu não tenho consciência de culpa nenhuma; portanto, não tenho do que me arrepender" - esse seria ou bem um deus ou bem um animal. Mas se o falante é um homem, então ele ainda não sabe nada sobre a essência da culpa.

E o homem também ganha clareza com relação a isso: o arrependimento não é apenas uma ocorrência na alma individual. Tão originário quanto a culpa, ele também é um fenômeno histórico-social *conjunto*. O grande princípio da *solidariedade*[6] de todas as crianças de Adão em responsabilidade, culpa e mérito diz que a consistência da corresponsabilidade e o fato e a consciência de cada indivíduo de sua corresponsabilidade por *todo* acontecimento do cosmos moral não estão primeiramente ligados àqueles *efeitos* a cada vez visíveis, comprováveis que os singulares exercem uns sobre os outros diretamente ou por meio dos membros da teia causal histórica e social que lhes é conhecida. Esses efeitos e a consciência deles apenas *localizam* muito mais a visão sobre aqueles pontos do cosmos moral, para os quais também podemos *conhecer* determinadamente nossa corresponsabilidade. Mas eles não *criam* pela primeira vez a corresponsabilidade e o sentimento dela, um sentimento que sempre nos acompanha - na medida em que estamos despertos eticamente. A pura *forma* da corresponsabilidade, entretanto: a consciência constante de que mesmo o mundo moral *conjunto* do passado e do futuro, todas as estrelas e céus, também poderiam ser total e radicalmente diversos, se "eu" apenas fosse "diverso"; o sentimento profundo quanto ao fato de que as leis secretas dos ecos do amor e do ódio e das leis de sua geração por meio da infinitude conformam todos os estímulos de

---

6. Cf. minha rigorosa derivação do princípio da solidariedade em *Der Formalismus in der Ethik etc.* [O formalismo na ética etc.], II parte, seção VI B, cap. "Pessoa singular e pessoa conjunta".

todos os corações finitos para uma ressonância estabelecida a cada vez de maneira diversa ou para uma desarmonia a cada vez estabelecida de maneira diversa, que só são percebidas e ajustadas pelo ouvido de Deus como uma totalidade indivisa - essa corresponsabilidade *originária* é exatamente tão essencial para a subsistência de um sujeito moral quanto a responsabilidade por si próprio. A corresponsabilidade não é "assumida" primeiramente por intermédio de atos particulares de compromisso ou por meio de uma promessa em relação aos outros, mas já é também o pressuposto interno para a possibilidade desses compromissos. Por isso, o arrependimento também está ligado de maneira igualmente originária à nossa culpa conjunta em meio a uma culpa qualquer assim como à nossa *auto*culpabilização, de maneira igualmente originária à culpa trágica na qual "caímos" inocentemente e à culpa inculpada que tomamos sobre nós escolhendo-a livremente; de maneira igualmente originária à culpa conjunta e à culpa hereditária das comunidades, das famílias, dos povos e de toda a humanidade e à culpa singular. Não seria senão interpretar de modo extremamente superficial a doutrina cristã que transforma o princípio da caridade em uma de suas raízes, se disséssemos que em face da culpa alheia não se deveria "julgar", mas sim considerá-la a partir muito mais da lembrança de sua própria culpa individual. Ao contrário, não se precisa considerar apenas sua própria culpa - esse é o sentido verdadeiro da doutrina -, mas se sentir também realmente coculpado em meio a essa culpa "alheia" e em meio à culpa conjunta do tempo; e também se deve tomar e arrepender-se conjuntamente de uma tal culpa como de sua "própria". Esse é o sentido verdadeiro do *mea culpa, mea culpa, mea maxima culpa!*

Dessa forma vemos também na história como o ato de arrependimento pode se tornar uma corrente poderosa; como ele pode transpassar de forma embriagante povos como um todo, círculos culturais por gerações; como ele abre os corações calcificados e enrijecidos e os torna vitalmente flexíveis; como ele se dispõe a expelir a culpa acumulada dos tempos da vida conjunta das comunidades; como ele ilumina o passado das histórias populares velado para o orgulho dos povos; como ele amplia uma vez mais o futuro que antes se estreitava cada vez mais e o projeta para um plano extenso e claro de *possibilidades* - e assim também prepara a regeneração de uma existência moral *conjunta*. Essas ocorrências de um arrependimento conjunto - por uma culpa conjunta acumulada - retornam uma vez mais em um ritmo peculiar através da história de quase todas as grandes comunidades. Elas aparecem nas formas e nos modos de expressão mais múltiplos - sempre e a cada vez segundo o sistema social, a religião positiva e a eticidade dos povos. O cristianismo primevo não renovou apenas o mundo enrijecido na busca de prazer, poder e fama da Antiguidade definhante por meio das lágrimas inesgotáveis de seu arrependimento e incutiu um novo sentimento de juventude nesse mundo. Que boa parte de todas as ideias e sentimentos da literatura patrística não está como que perpassada por esse arrependimento?! Uma outra onda violenta de arrependimento atravessou os povos da Europa depois da brutalidade sempre mais selvagem e sempre mais nociva à vida que se propagou no século XI. Esse arrependimento aniquilou a outrora desesperada, a derradeira utopia: em breve terá lugar o fim do mundo e o Cristo retornará - e Ele preparou com isso aquele renascimento espiritual e religioso, cujo maior líder se tornaria o Santo Bernardo de Claraval. "*Dona Lacrimarum*", assim se denominava outrora a nova dádiva da graça de uma vontade de arrependimento e de expiação, na qual a Europa se uniu para o seu grande empreendimento das cruzadas, e na qual a renovação da antiga vida eclesiástica cristalizada sob um tosco espírito da espiritualidade, apodrecido e secularizado e sob o arbítrio ilimitado dos poderes mundanos, se realizou. "Ela despertou um sentimento poderoso a partir da fúria das paixões e a partir das toscas erupções de violência"[7]. Construção, cristalização e superdiferenciação da cultura; então, uma vez mais, dissolução consonante com o arrependimento e como que retração de seus elementos de construção em um novo espírito e em uma nova vontade vital criadores que a tudo gerem novamente: essa não é apenas a lei, segundo a qual a pequena alma individual respira, ela também é a lei que regula a respiração para as grandes almas da humanidade histórica. Também sobre o solo da história, em todas

---

7. NEANDER. *Der heilige Bernhard und sein Zeitalter* [São Bernardo e seu tempo] (1848).

as esferas da imagem, o olhar mais profundo sente a falta de um "desenvolvimento contínuo, progressivo" - a imagem estulta que o nosso século XIX macaqueou durante tanto tempo e que manteve velada para nossos olhos a lei mais bela e mais sublime que abarca todo progresso, a lei do "morra e nasça".

Suportada por uma tal irrupção de culpa - cujo poder e grandeza será adequada à grandeza de nossa culpa europeia conjunta, que nessa guerra se tornou mais evidente e expressa logo que foi culpabilizada - suportada pelo *arrependimento* também acontecerá *aquela* inversão que por si mesma é a pressuposição interna para a formação de um novo sistema de política externa da união europeia. Nenhuma nova sabedoria jurídica, nenhuma vontade por melhor que seja por parte dos estadistas, assim como também nenhuma "revolução" e "nenhum novo homem" podem substituir essa *alteração do sentido dos povos.* Mesmo junto a esse grande objeto, a inversão é a forma inevitável da alma, a forma de um voltar-se para a frente. Mesmo aqui, o novo sentimento da *alienação* profunda de um sistema histórico-humano tal como o que existia antes dessa guerra, o descortinamento lento e aguçado no arrependimento das raízes profundas do acontecimento nos subsolos anímicos do tipo humano *dirigente* por toda parte e junto a todos os povos e estados é a forma necessária de consciência, a partir da qual apenas podem surgir novas meditações positivas e por fim novos planos de construção da existência política.

Todos aqueles numerosos sistemas de ideias que o homem moderno inventou e cultivou para escapar da culpa nele crescente: todos eles precisam ser destruídos nesse processo. Pois esse é o comportamento fundamental do tipo humano mais jovem que pareceu sair definitivamente da estrutura vivencial do cristianismo: ele deixou a culpa dos tempos crescer tanto que acabou por não *ousar* mais expiá-la, sim, senti-la e pensá-la, e, justamente por meio daí, a culpa mesma por ele próprio culposamente obscurecida veio ao seu encontro como mero poder objetivo de "relações", de relações econômicas, por exemplo, como que mumificado nelas - como mero poder objetivo de "relações" ante as quais temos de nos curvar sem resistência. Se vós arrancares de vossas "relações" a máscara que as mumifica: então vós descobrireis por detrás delas a culpa. A própria culpa que permanece sem arrependimento ou a culpa de seus pais entra em cena de fora ante o homem moderno, como um fantasma no qual sua alma não se reconhece. Como uma coisa nova, como um poder exterior, como um "destino", a culpa se coloca desde fora frente ao seu entendimento aturdido. O fantasma requer teorias científicas totalmente complicadas para o seu "esclarecimento". Todas as teorias histórico-deterministas (assim, por exemplo, a concepção econômica da história) são efetivamente alimentadas por esse sentimento de vinculação que é apenas a *consequência* natural de um ser e de um comportamento anímicos, que afasta sistemática e principialmente o único caminho para a libertação sempre novamente necessária: a sempre nova ventilação para a respiração do si próprio sufocado pelo peso de sua história - o caminho do arrependimento. Autoengodo quanto à culpa que quase não é mais sentida, mas que exatamente por isso é tanto mais *efetiva*, autoengodo levado a termo por meio do trabalho ilimitado que eleva o puro processo do trabalho a um valor absoluto; ou autoengodo levado a termo por meio da precipitação no puro mundo do gozo da sensação sensível; uma vida eternamente provisória que adia automaticamente até à morte, até o futuro, até a "próxima vez" todo sentido vital e se justifica então lógica e moralmente como uma vontade e uma doutrina do "progresso": esses são *alguns* de tais "sistemas".

Nós dissemos no começo que uma ordem invisível de nossa alma e de nossa relação com o seu comandante e criador supremo se nos apresenta como que por si mesma em meio às oscilações da consciência- sem uma interpretação de nossa parte. Mesmo o arrependimento alcança então o seu pleno sentido e conquista pela primeira vez sua plena linguagem, quando ele - para além da significação de descarga de culpa pertencente ainda à ordem da natureza - é vivenciado de maneira integrada em um contexto de mundo *metafísico-religioso*. Ele só alcança o seu sentido pleno quando não toca mais apenas o *mal*, mas aquele mal diante dos olhos de Deus que se chama pecado. Nesse ponto de vista que se direciona para Deus, a alma aprende a libertação no *arrependimento* e aprende a compreender a sua própria renovação por meio do arrependimento como o processo misterioso do "perdão do pecado" e como o verter de uma nova força a partir do centro das coisas. Essa força se chama graça. É possível que dependa de muitas condições o modo como se configuram as representações e os conceitos mais proximamente dogmáticos sobre esse processo grandioso e o modo como se apresentam o ressentimento, a confissão, a justificação, a reconciliação e a santificação no sistema de uma Igreja como instituição objetiva da salvação. No entanto, a raiz simples de todas essas representações e instituições é sempre a mesma. Elas se fundam no fato de o arrependimento, por mais que se dirija como um ato pessoal para o nosso coração repleto de culpa, *transcender* por si mesmo nosso coração e projetar o seu olhar para além de sua estreiteza, a fim de fazer com que ele saia de sua impotência e volte a mergulhar em um centro pressentido das coisas, na eterna fonte de força de todas as coisas. Isso é próprio do "sentido" imanente do arrependimento mesmo plenamente vivenciado.

Se não houvesse nenhuma outra coisa no mundo a partir da qual pudéssemos retirar a ideia de Deus: o arrependimento por si só chamaria a nossa atenção para a existência de Deus. O arrependimento começa com uma acusação! Mas diante de *quem* fazemos a acusação? De maneira essencialmente necessária, não é mesmo próprio da essência de uma "acusação" a presença de uma pessoa que a apreende e diante da qual a acusação tem lugar? Além disso, o arrependimento é uma *confissão* interior de nossa culpa. Mas *a quem* confessamos, afinal, se os lábios não se abrem para o mundo exterior e nós permanecemos sozinhos com nossa alma? E em relação a *quem* se sente em débito essa culpa que nos oprime? O arrependimento termina com a clara consciência da supressão da culpa, da aniquilação da culpa. Mas quem tomou a culpa de nós, quem ou o que está em condições de empreender algo desse gênero? O arrependimento profere a sua sentença segundo uma *lei* sentida como "sagrada", uma lei que nós mesmos não saberíamos ter nos dado, mas que, apesar disso, mora em nosso coração. E ele sempre quebra quase no mesmo suspiro os elos que nos prendiam às consequências dessa lei para nós e nosso fazer! Mas onde está o *legislador* dessa lei e quem senão o seu legislador poderia impedir a consequência dessa lei para nós? O arrependimento nos dá uma nova força como adendo e – em certos casos – um novo coração a partir das cinzas do velho. Mas onde está a fonte de *força* e onde está a *ideia* para a construção desse novo coração e onde o poder que obtém sua estrutura?

A partir de *toda* regulação parcial desse grande processo moral, portanto, um movimento intencional aponta para o interior de uma esfera invisível; um movimento que, abandonado apenas a si mesmo e não desviado por uma interpretação precipitada qualquer, também traça para nós diante do espírito como que por si mesmo os contornos misteriosos de um juiz infinito, de uma misericórdia e de uma fonte de vida infinitas.

O que foi dito aqui ainda não é nenhuma ideia especificamente cristã, para não falar sobre um conteúdo doutrinário que repouse em uma revelação positiva. Ela só é cristã naquele sentido no qual a própria alma, como disse Tertuliano, é por natureza cristã. E, no entanto, mesmo essas funções naturais do arrependimento só alcançaram sua luz plena e sua significação plena na Igreja cristã. Pois somente o sistema da doutrina cristã nos torna compreensível *por que* o arrependimento possui a função central do renascimento na vida do homem.

É terrível que só possamos conquistar a vida sobre o caminho doloroso do arrependimento. Mas é divino *que* haja para nós em geral um caminho em direção à vida. E nós não perdemos isso *necessariamente* por meio da culpa que se reúne?

Como precisa ser constituído um mundo no qual algo assim já seja necessário e ainda seja, porém, justamente possível? Em que relação estranha com o seu criador precisa se achar esse mundo? E em que medida essa relação é *sempre* e para *todos* necessária? Respondo com um pensamento do Cardeal Newman em sua *Apologia pro vita sua*: "Ou há um criador ou a espécie humana se excluiu de seu presente no estado atual... Se há um Deus – e porque é certo que há um Deus –, a espécie humana precisa estar enredada em uma terrível culpa terrena qualquer; ela não está mais em ressonância com os desígnios do Criador. Esse é um fato tão certo quanto a minha própria existência. Dessa feita, a doutrina do que os teólogos denominam o pecado original torna-se tão certa quanto a existência do mundo ou a existência de Deus".

A ideia tão simples quanto grandiosa de Newman recebe em nós a seguinte formulação: eu possuo uma intuição espiritual completamente clara e em si mesma evidente da essência[8] de um Deus possível como a essência de um ser infinito e de um *summum bonum*. Eu posso me certificar de que *não* retirei essa ideia de um fato ou de uma figura qualquer do mundo real interior ou exterior, de que também não a descortinei de algum modo a partir desse mundo nem a tomei de outro modo de empréstimo a ele. Ao contrário, só apreendo tanto o mundo quanto o meu si próprio sob a luz dessa ideia: *in lumine Dei*, como diz Agostinho. É até mesmo um elemento essencial dessa ideia plenamente desenvolvida de uma pessoa espiritual que somente uma realidade correspondente a ela - se é que há uma tal ideia - pode se evidenciar ao homem: ela pode se evidenciar pelo fato de que ela pode se revelar. Ou seja: se há uma realidade correspondente a essa ideia, nunca posso estar em condições de fixar essa realidade por meio de um ato espontâneo de minha consciência. Eu sei evidentemente: jamais conseguiria diferenciar a não existência de uma realidade que corresponde exatamente à ideia para mim tão clara de um Deus pessoal do mero *silenciar* dessa realidade: de sua retração. Mas acredito que a realidade dessa essência evidenciou a si mesma na velha aliança e na forma maximamente consumada do Cristo - depois que rastos seus se tornaram visíveis em diversos pontos com uma distinção diversificada na revelação universal que entusiasma a história.

Essas são algumas de minhas posições fundamentais acerca de Deus. Se sei segundo tais posições sobre a realidade de Deus sem ter descortinado ou tomado de empréstimo essa realidade da existência do mundo, então também tenho em um segundo momento uma boa razão para supor que esse mundo não é absolutamente autônomo em si e que ele não é tão originário quanto Deus, mas provém de suas mãos criadoras[9]. Agora, porém, depois de ter constatado isso, minha visão recai sobre esse mundo, tal como ele *é*,

---

8. Não se trata aqui da essência consonante com a revelação, da essência do Deus em si (independentemente da ligação de Deus com o mundo), mas apenas do conteúdo essencial da ideia natural de Deus.

9. A criação temporal é deixada aqui em suspenso.

sobre o homem, tal como ele realmente se apresenta em seus empreendimentos como um todo na história que me é acessível. Será que o mundo e o homem então, exatamente como eles *são*, podem ter surgido das mãos criadoras de Deus? Tudo em mim grita: não! Com isso, entretanto, a ideia de uma forma qualquer de declínio, de culpabilização e de pecado originário é dada como que por si mesma como a única explicação da diferença entre um mundo criado por um Deus absolutamente perfeito e aquele mundo tal como ele *me* é conhecido como real.

Como tantas outras coisas, o arrependimento também só conquista o seu sentido pleno nesse contexto – ao menos ele se torna assim aquele elemento duradouramente *necessário* que tivemos a oportunidade de considerar anteriormente.

No começo dessa história do mundo se acha uma culpa! Como é que poderia haver uma outra forma de regeneração eterna para além da forma do arrependimento?

Não proferi aqui nenhum juízo sobre a doutrina cristã da contrição e sobre as figuras que essa doutrina assumiu nas igrejas e nos sectos cristãos, pois o intuito era mostrar até onde a meditação filosófica sozinha pode nos levar aqui. Contudo, se compararmos o agora conquistado com essas doutrinas, então eu encontro o conhecimento maximamente profundo da significação e do sentido do ato de arrependimento no cristianismo e, no interior do cristianismo uma vez mais, na Igreja Católica. Duas coisas me parecem pertencer da maneira mais peculiar possível à concepção cristã do arrependimento – abstraindo de todas as particularidades das doutrinas da justificação: em primeiro lugar, a representação inicialmente deveras paradoxal de que o ritmo da culpabilização e do arrependimento não pertence apenas *necessariamente* à vida do homem decaído, mas de que o arrependimento perfeito ainda conduz para além do estado da culpabilidade em direção a um estado mais elevado de existência que não seria alcançável sem o pecado precedente e o arrependimento consequente. Essa ideia expressa-se, em termos macroscópicos, por exemplo, na doutrina de que o ato redentor de Cristo não extinguiu apenas o pecado de Adão, mas transpôs o homem além disso para o interior de uma comunidade desde então mais profunda e mais sagrada com Deus do que

Adão possuía - apesar de o redimido na crença e na sucessão não deter uma vez mais a integridade plena de Adão e de os desejos desordenados, a "concupiscência", persistir. E novamente se anuncia o mesmo ritmo de queda e de ascensão para além do estado originário em termos microcósmicos, por exemplo, na sentença do Evangelho: de que há mais felicidade no céu por um pecador arrependido do que por mil justos.

Especialmente a primeira dessas duas ideias dá ao caso da humanidade em Adão e a sua elevação ao cerne da comunidade divina por meio da encarnação de Cristo uma luz plena e uma derradeira sublimidade. Já cedo os grandes teólogos cristãos sentiram que uma concepção pautada na transposição da essência e do fundamento da encarnação exclusivamente para o interior da misericórdia compassiva de Deus pelo homem decaído e para o interior de uma mera salvação e restabelecimento do homem, uma concepção que tivesse como que obrigado Deus a ter de lidar com o declínio e o pecado original, não faria jus à sublimidade da encarnação. Deus também poderia ter salvado e perdoado o homem decaído de uma outra forma por seu pecado que não a da transformação de si mesmo - o infinito - em homem e carne. E, por outro lado, de acordo com a doutrina genérica da teologia, a encarnação também poderia ter acontecido sem o declínio provocado pelo pecado e sem o pecado original. Com isso, a encarnação permanece sendo um ato livre de Deus. Entre elevar o homem decaído de volta à sua altura natural (antes da queda) e a misericórdia infinita da transformação de si mesmo em homem por parte do Senhor Absoluto não há nenhuma proporção significativa. A igreja também só pode cantar o seu *felix culpa* em face da queda porque a elevação do homem e do mundo por meio da inserção substancial de Deus em um membro da humanidade alça o homem a uma altura incomparavelmente mais sublime do que aquela em que ele se encontrava no estado originário. "Na medida em que a plenitude do gênero humano - diz-nos São Leão em ressonância com tantos outros - tinha caído nos primeiros homens, o Deus misericordioso quis auxiliar a criatura feita à sua imagem por meio de seu filho nato Jesus Cristo, de tal modo que seu restabelecimento não ficasse fora da natureza e que o segundo estado *ultrapassasse* a dignidade da própria origem. Feliz ficou (a natureza) ao não ter decaído do que Deus tinha feito; *mais feliz* ela ficou no que Ele restabeleceu. Era algo grandioso ter acolhido a figura de Cristo; mas é algo ainda mais grandioso ter em Cristo sua substância" (Leão o Grande, Sermão 2, "De ressurrectione")[10]. Por isso, na profundeza da decisão eterna de Deus, o seu vir a ser homem precisa encontrar em verdade a sua posição em vista do caso eternamente previsto do homem. No entanto, é preciso supor ao mesmo tempo em que Deus determinou a admissão da culpa assumida livremente pelo homem na queda também em relação à gênese do homem, igualmente decidida na resolução eterna de Deus. Mesmo a ideia de que Deus não resolve apenas uma carência do homem por meio da encarnação e de que Ele presta auxílio a uma penúria autoprovocada do homem, de que Ele glorifica em primeiro lugar muito mais a si mesmo nesse ato de um amor infinito que prossegue a geração imanente do filho e acolhe também o homem - mas com esse membro maximamente nobre do mundo também o mundo - nessa sua glorificação, só conquista por meio desse contexto de pensamento o seu sentido pleno. - Todavia, essas ideias já se lançam para além de nosso tema.

O segundo momento, inseparável daí, é a nova relação na qual o arrependimento e o *amor* são agora colocados. O arrependimento "perfeito" aparece suportado em um sentido duplo pelo amor. Por um lado, na medida em que esse amor, tocando constantemente a alma humana, como que traz para diante do homem a imagem valorativa de um ser ideal e abre o espaço para que o homem *perceba* pela primeira vez plenamente na *relação* com essa imagem a baixeza e o enredamento de seu estado real. E, então, na medida em que o homem, depois da concretização espontânea do arrependimento e em consideração ao perdão e à santificação gradualmente sentida, vivencia a *força* para a realização do ato de arrependimento como um presente do amor e da graça de Deus - e isso na mesma medida em que as reverberações humanas do amor em relação a Deus, já colocadas no início do processo do arrependimento, restabelecem gradualmente a capacidade plena do amor diante de Deus, e propiciam por meio da supressão das barreiras

10. Leão I, chamado o Grande, foi papa de 440 a 461 [N.T.].

postas pela culpa e da distância de Deus a reconciliação e a reunificação com o centro das coisas.

De início, essa reverberação do amor nos parecia ser nosso amor. Em seguida vimos que ele também já era amor recíproco.

II
Sobre a essência da filosofia e a condição moral do conhecimento filosófico

Não é por uma insuficiência humana que a pergunta pela essência da filosofia é marcada por dificuldades, mas pela natureza da coisa mesma. Essas dificuldades não são comparáveis com as dificuldades das diversas ciências positivas em suas habituais tentativas de uma delimitação exata dos objetos, por mais que essas dificuldades também não sejam pequenas. Pois por mais difícil que possa ser, por exemplo, cindir distintamente a física da química (especialmente desde que existe a químico-física), ou mesmo dizer o que é a psicologia, aqui é de qualquer modo ao menos objetivamente possível e requerido recorrer em meio a toda dúvida a conceitos fundamentais filosoficamente esclarecidos, a conceitos como matéria, corpo, energia, e, respectivamente, "consciência", "vida", "alma", ou seja, a conceitos cuja elucidação perfaz o ofício indubitável da filosofia. Em contrapartida, a filosofia, que só chega a se constituir *propriamente* através da pergunta por sua essência, não consegue fazer algo similar, na medida em que não pode simplesmente recorrer ao conteúdo doutrinário particular de uma determinada variante da essência por ela buscada da filosofia, isto é, a uma determina *doutrina* filosófica ou a um assim chamado "sistema" filosófico - com isso, porém, ela cai em uma espécie de círculo. Pois já para saber se aquele conteúdo doutrinário é também um conteúdo doutrinário filosófico - não apenas se ele é verdadeiro e resiste à crítica -, já se precisa *pres*supor, sim, justamente o que é a filosofia e qual é o seu objeto. Mesmo o retorno à *história* da filosofia, que sem um recurso consciente ou semiconsciente a uma ideia já dada da essência da filosofia só poderia mostrar inicialmente tudo o que foi *denominado* "filosofia" por autores diversos em tempos diversos e o que poderia ser atribuído a esses produtos espirituais diversos como traços comuns, não alça a filosofia para além da tarefa que denominei a sua *autoconstituição*. Somente uma comprovação e uma *exemplificação* do autoconhecimento de sua essência peculiar já encontrado por meio dessa autoconstituição - uma comprovação e uma exemplificação que se revelam efetivamente em meio ao fato de que os empreendimentos fundamentalmente diversos *designados* sempre a cada vez como filosofia assumem sob a luz do autoconhecimento conquistado um sentido *uniforme* e um contexto de *desdobramento* significativo em termos objetivos e históricos – podem ser com razão esperadas de um tal conhecimento histórico e sistemático da filosofia do passado.

A tarefa por mim denominada autoconhecimento da essência da filosofia por meio da filosofia mesma vem à tona claramente em seu modo próprio de ser, uma vez que a filosofia, segundo sua intenção essencial, deve produzir, em todos os casos, o *conhecimento desprovido de pressupostos* – ou digamos, para não tomarmos antecipadamente nenhuma decisão filosófica quanto ao verdadeiro e ao falso – o conhecimento objetivo *o mais* desprovido *possível* de pressupostos. Tudo isso diz que ela não pode pressupor nem o conhecimento da história (portanto, também não o conhecimento da história da filosofia), nem qualquer conhecimento das assim chamadas "ciências" ou mesmo de uma delas em particular, nem os modos de conhecimento (e os conteúdos particulares) da visão de mundo natural, nem o conhecimento da revelação como um conhecimento *verdadeiro*, por mais que todos esses modos de conhecimento e todas essas matérias de conhecimento caiam por um lado – um lado que ela só desvenda propriamente em sua autoconstituição – no âmbito dos objetos a serem apreendidos (p. ex., a essência do conhecimento histórico, a essência da ciência historiográfica da filosofia, a essência do conhecimento da revelação, a essência da visão de mundo natural). Filosofias previamente dadas que já partem de tais pressupostos na intenção de seus portadores, os respectivos "filósofos", perdem de vista assim o primeiro traço da essência da filosofia, o fato de ela ser um conhecimento desprovido de pressupostos – e isso ao menos quando não é um *resultado* particular justamente desse conhecimento, um resultado alcançado já na intenção de um conhecimento desprovido de pressupostos, *que* a filosofia tenha de fazer em seu trabalho tais pressuposições de um tipo determinado. Essas tentativas filosóficas contrárias à essência da filosofia já podem encontrar aqui nomes particulares. Elas são, conforme elas pressuponham como verdadeiro o conhecimento histórico de um ponto qualquer, "tradicionalismo"; quando o que elas pressupõem é conhecimento científico, elas se chamam "cientificismo"; quando o que está em jogo é o conhecimento da revelação, "fideísmo"; e quando elas têm em vista resultados da visão de mundo natural, "dogmatismo do saudável entendimento humano". Em contrapartida, uma filosofia que se constitui verdadeiramente desprovida de pressupostos e evita esses erros, denominarei no que se segue filosofia *autônoma*, isto é, uma filosofia que busca e encontra sua essência e sua legalidade exclusivamente *por meio de si mesma*, em si mesma e em seu sumo.

1 A autonomia da filosofia

Um preconceito de um gênero relativo à teoria do conhecimento tornou-se tão genérico na Modernidade, que quase não é mais sentido como preconceito. Ele consiste na opinião de que é mais fácil delimitar um campo ôntico ou uma "tarefa" do que indicar o *tipo de pessoa* ou conhecer de qualquer modo esse tipo em particular que possui a competência autêntica para esse campo ôntico e para essa tarefa – e em verdade já para a sua determinação e delimitação, não apenas para a sua elaboração e solução. Se se quisesse, por exemplo, dizer que a arte é o que o artista produz, a religião o que o verdadeiro santo vivencia, apresenta, prega, enquanto a filosofia é a ligação com as coisas característica do verdadeiro filósofo e na qual *ele* considera as coisas, então é preciso temer ser ridicularizado por muitos. E, no entanto, estou convencido de que ao menos heuristicamente – abstraindo assim da ordem sequencial objetiva – *esse* caminho de determinação do campo ôntico que passa pelo tipo de pessoa é tanto mais seguro quanto mais inequívoco em seus resultados do que qualquer outro procedimento. O quão mais facilmente chegamos a um acordo quanto a se esse ou aquele homem é um verdadeiro artista, se esse ou aquele homem é um verdadeiro santo do que quanto ao que são a arte e a religião? Mas se podemos entrar tão mais fácil e seguramente em um acordo quanto a isso, então alguma coisa precisa nos *guiar* nessas decisões particulares quanto a se esse ou aquele, por exemplo, Platão, Aristóteles, Descartes, é um "verdadeiro filósofo", alguma coisa que seguramente não é nenhum conceito empírico – pois o que se busca aqui inicialmente é o *seu* âmbito possível de validade e a sua *esfera* de dedução de características comuns. E isso que nos guia não é seguramente nenhum conceito do campo ôntico constituído de uma maneira qualquer: no que diz respeito ao campo ôntico, o desacordo e a oscilação são, sim, muito maiores, e ele mesmo só pode também ser encontrado a partir do tipo de seu autêntico administrador. Todavia, esse algo não pode ser outra coisa senão a *ideia* que ainda permanece velada aí para a nossa consciência judicativa e conceitual de uma certa *postura fundamental* em relação às coisas, uma *postura fundamental* comum aos homens e em primeiro lugar espiritual. Essa postura paira à nossa frente diante dos olhos do espírito sob a forma ontológica da *personalidade* e ela paira de um tal modo que ainda podemos certamente constatar preenchimento e divergência por parte de um objeto, sem vê-los eles mesmos em seu conteúdo positivo.

Com certeza não há como negar o seguinte: também notamos imediatamente que esse procedimento do pensamento de encontrar a natureza de um campo ôntico ou de uma assim chamada tarefa em primeiro lugar não a partir dela mesma, mas por meio de uma decisão prévia quanto à constituição de uma tal *postura fundamental pessoal* – não *a partir* das obras, mas *junto* às obras, por exemplo, dos filósofos –, possui limites totalmente determinados em sua aplicação. É completamente impossível tentar encontrar também dessa forma, por exemplo, o que perfaz o âmbito da física ou da zoologia entre outras. Esse procedimento só é possível, significativo e heuristicamente necessário para aquelas regiões ontológicas e valorativas simplesmente autônomas que não podem ser definidas nem por meio de séries de objetos delimitáveis empiricamente, nem por meio de um determinado carecimento humano que já existiria *antes* da assunção dessa postura e da atividade dela emergente e que exigiria garantia e desempenho. Essas regiões formam um reino que jamais subsiste senão exclusivamente em si mesmo.

E por isso a possibilidade apresentada de encontrar o campo ôntico da filosofia antes da descoberta daquela "ideia" que nos permite chamar certos homens de filósofos também precisará se mostrar como uma fixação retrocedente de sua autonomia. Mas tomemos cuidado para não cairmos já aqui em uma incompreensão que perpassa os hábitos hodiernos usuais de pensamento. Essa incompreensão consistiria na opinião dada antecipadamente de que - se o procedimento indicado é possível e necessário - a filosofia não *pode* ter em geral seu campo *ôntico* próprio, um *mundo de objetos* particular; a opinião de que ela precisa ser, portanto, apenas um *tipo* particular de *conhecimento* de todos os objetos possíveis, o que significa ao mesmo tempo um tipo particular de conhecimento também daqueles objetos com os quais, por exemplo, mesmo as ciências teriam a ver, não se diferenciando senão por um ponto de vista subjetivo escolhido de maneira diversa. Uma tal posição estaria em plena sintonia com o fato de alguns pesquisadores hoje (equivocadamente me parece) suporem que a unidade da psicologia não está determinada por um mundo próprio de fatos, mas apenas pela unidade de um "ponto de vista de consideração" de todos os fatos possíveis (p. ex., W. Wundt). Certamente! Poderia ser assim, tais possibilidades poderiam ter lugar - mas não é absolutamente necessário que seja assim. Em todo caso, o ponto de partida escolhido para a investigação da essência da filosofia ainda não se constitui de maneira alguma como a expressão de um conceito prévio quanto a essa essência. Pois poderia muito bem acontecer de a unidade tipicamente ideal da postura espiritual que nos guia quando a cada vez decidimos *o que* é um filósofo perfazer o *acesso* subjetivo *essencialmente* necessário, mas também apenas o acesso e o caminho em direção a um mundo de objetos e de fatos - isto é, a um tal mundo de fatos que se permite então *só* aparecer nessa postura espiritual e em nenhuma outra para o homem cognoscente e que, apesar de só buscarmos nos apoderar heuristicamente de sua essência e de sua unidade por meio da delimitação daquela postura espiritual, existe, contudo, de modo tão independente dessa postura quanto, em relação ao telescópio, a estrela brilhante que não conseguimos perceber a olhos nus.

Sem dúvida alguma, essa é a única certeza *a priori*: o fato de não poderem ser grupos e tipos de objetos delimitáveis e definíveis *per species et genus proximum* que formam o "objeto" peculiar da filosofia, mas apenas todo um mundo de objetos cuja visualização possível está ligada essencialmente àquela postura e àqueles modos de conhecimento que lhe são imanentes.

Qual é a natureza desse "mundo"? Quais são os modos de conhecimento que lhe são correspondentes? Para respondermos a essas perguntas é preciso esclarecer aquela postura filosófica do espírito que paira diante de nós obscuramente quando temos de dizer se um certo X é certamente um filósofo.

2 A postura espiritual filosófica (ou a ideia do filósofo)

Os grandes antigos ainda não possuíam o pedantismo há pouco criticado de definir a filosofia, seja como garantia de um carecimento dado de antemão de alguma organização social qualquer, seja como algo facilmente apresentável a *todos*, em meio ao conteúdo da visão de mundo natural enquanto um campo ôntico pressuposto como já dado. Por mais que - em contraposição aos modernos - tenham descoberto o objeto da filosofia em um determinado reino do *ser* e não, como a filosofia da Idade Moderna, versada essencialmente em termos de "teoria do conhecimento", no conhecimento do ser, eles sabiam que o contato possível do espírito com esse reino do ser está conectado com um determinado ato de toda a personalidade, com um ato que falta ao homem no interior da atitude intrínseca à visão de mundo natural. Esse ato - que aqui precisa ser investigado mais exatamente - era para os antigos um ato de natureza *moral*, sem ser por isso ainda inequivocamente volitivo. Ele não lhes aparecia como um ato no qual se pretendia alcançar o conteúdo de uma finalidade anteriormente vislumbrada ou mesmo no qual se estaria empenhado em realizar praticamente uma assim chamada "meta". Ao contrário, ele se lhes mostrava como um ato por meio do qual uma *obstrução* do espírito que reside essencialmente no estado de toda visão de mundo natural, a obstrução que impede o espírito de entrar em contato com o reino do ser propriamente dito como ser, deve ser afastada: um ato por meio do qual uma barreira constitutivamente própria a esse estado deve ser destruída e um véu que cobre aquele ser deve ser retirado dos olhos do espírito.

Ao se dispor a introduzir o aprendiz na essência da filosofia, Platão não se cansa de iluminar sempre novamente e em sempre novas formulações esse ato em sua essência, quando, de maneira tão plástica quanto profunda, ele o denomina o "movimento das asas da alma", e, em um outro lugar, um ato ascensional do todo e do cerne da personalidade até o que há de essencial - não como se esse "essencial" fosse um objeto particular junto aos objetos empíricos, mas até o que há de essencial em todas as possíveis coisas particulares em geral. E ele caracteriza a *dynamis* no cerne da pessoa, a elasticidade de uma plumagem que leva a termo alguma coisa nela mesma, que promove a *ascensão* ao mundo do essencial, como a forma mais elevada e mais pura do que chama "Eros", isto é, como o que ele posteriormente - pressupondo aqui certamente já o resultado de sua filosofia - determina de maneira mais exata como a tendência ou o movimento que habita em todo ser imperfeito para o ser perfeito ou do μὴ ὄν para o ὄντως ὄν. Já o nome da "filosofia" como o *amor ao essencial* - uma vez que o X alçado por esse movimento do Eros até a altura do ser pleno não é um ente qualquer, mas o *caso especial* de uma alma humana - porta ainda hoje a cunhagem firme e inconfundível dessa determinação platônica fundamental. Se essa determinação mais próxima da forma mais elevada do amor como tendência do não ser ao ser já está por demais carregada com o conteúdo especial da doutrina platônica para que pudéssemos tomá-la aqui por base, então isso vale ainda mais para aquelas caracterizações platônicas desse ato constituinte do filósofo que o descrevem como mera *luta,* contenda, oposição ao corpo e a toda vida no corpo e nos sentidos. Essas caracterizações acabam por conduzir a uma *visão* da meta do ato, a saber, o estado da alma diante do qual o objeto da filosofia se descortina pela primeira vez para os olhos do espírito; não em uma *vida* eterna do espírito em meio ao "essencial" de todas as coisas, mas *em uma eterna mortificação.* Pois essas determinações ulteriores já pressupõem a teoria racionalista platônica e a concepção (segundo nossa opinião falsa) de Platão de que 1) Todo conhecimento intuitivo, isto é, não conceitual, também é necessariamente sensível e está condicionado na específica organização subjetiva sensorial do homem (subjetividade de todas as qualidades); 2) Não é apenas uma tal tendência de nossa natureza corpórea, mas essa natureza mesma em sua constituição fundamental que precisa ser superada por meio da "participação no essencial". Ou seja: ao denominar a vida do filósofo um "morrer eterno", Platão já pressupõe o ascetismo que segue ao racionalismo de sua doutrina do conhecimento. Sim, essa ascese torna-se para ele a *atitude* e a forma de vida *que dispõe cognitivamente*; sem ela, o conhecimento filosófico é impossível.

Aqui, onde temos a ver com a essência da filosofia – não com o conteúdo próprio da doutrina platônica –, mantenhamo-nos por isso apenas junto às duas determinações fundamentais de Platão nas quais ele *abriu a porta da filosofia para todo o sempre ao homem*. De acordo com essas determinações carece-se 1) De um *ato conjunto* do cerne da pessoa, que *não* está contido na visão de mundo natural e em todas as exigências de saber que permanecem fundadas *nela*, para trazer também o *objeto* da filosofia diante dos olhos do espírito; 2) Esse ato está fundado em uma ação oriunda da essência de um *amor* determinadamente caracterizado.

Por ora, podemos definir então – antes de caracterizarmos esse ato como autônomo – a essência da atitude espiritual que reside em todo caso formalmente à base de todo filosofar como: *um ato determinado amorosamente de participação do cerne de uma pessoa humana finita no essencial de todas as coisas possíveis*. E um homem do tipo essencial do "filósofo" é um homem que assume essa atitude em relação ao mundo e só se mostra como um tal homem enquanto ele a assume.

Mas será que a atitude espiritual filosófica em geral também já está com isso suficientemente determinada? Eu digo: não. Pois ainda falta um momento que é totalmente impossível de ser contestada pela filosofia e pelo filósofo. Ele consiste em que a filosofia é conhecimento e o filósofo um ente cognoscente. A pergunta por se esse fato fundamental faz jus ao filósofo ou não; por se ela empresta mesmo a ele e à sua atividade a posição essencial mais elevada da existência humana possível ou apenas lhe atribui uma posição subordinada qualquer de um *nível* qualquer, é uma pergunta de segunda linha. Em todo caso, a filosofia é *conhecimento*. Portanto, se houvesse uma participação do cerne do ser de uma pessoa humana finita no que há de essencial que fosse diversa do "conhecimento" ou uma participação que alcançasse um ponto para além do conhecimento do ente, então não seguiria daí que o filósofo não é nenhum cognoscente, mas sim que a filosofia *não* é de maneira alguma a participação *mais imediata possível* que é concedida ao homem no essencial. Dessa feita, nesse sentido metódico, *toda* filosofia possível é "intelectualista" - qualquer que seja seu resultado de conteúdo. Não há a menor dúvida de que reside exclusivamente no *conteúdo* das essencialidades objetivas e em sua ordem, por fim no conteúdo de uma essência que nos permitimos chamar aqui a essência original de todas as essências, se é justamente à filosofia, e isso significa, se é ao conhecimento espontâneo *que parte* do sujeito humano, que pode advir de maneira essencialmente possível essa "participação" maximamente íntima e derradeira. Pois a forma fundamental de participação na essência originária se guia também por seu *conteúdo*. O órfico, para o qual o "dado" no estado anímico da *ekstase* era um tudo-impelir criador caótico e desarticulado, precisou naturalmente negar que advenha à *filosofia* como uma arte apolínea essa participação. Para ele, o *methodos* para a participação derradeira na essência originária não era o conhecimento, mas a embriaguez dionisíaca. Se o conteúdo originário for um tudo-impelir, então o *methodos* correto para a participação *maximamente imediata* só pode ser um coimpelir; se ele for um dever eterno - como ensina Fichte -, então só pode ser um codever; se ele for um tudo-amar no sentido cristão joanino, então só pode ser um coamar originário juntamente com esse tudo-amar; se ele é um tudo-viver (no sentido, p. ex., do "élan vital" bergsoniano, então só poderia ser uma con-vivência em-pática e sim-pática ou um viver do homem a partir desse tudo-viver em relação às coisas como em relação às figuras de passagem dessa "vida". Se a essência originária for compreendida no sentido hindu arcaico como um Brahman todo-sonhador, então o nosso cossonhar será a participação mais profunda e derradeira; se ela for - no sentido de Buda - uma inessência ou o nada, então ela será apenas a própria suspensão do ser em uma morte absoluta - a "entrada no Nirvana". Mas mesmo *se* um desses casos ou um caso análogo fosse válido - nunca seguiria daí que a filosofia é algo *diverso* do conhecimento, isto é, diverso daquela *espécie* particular de participação no essencial que se chama *conhecimento*. O filósofo *qua* filósofo só poderia - se ele chegasse a um desses resultados - deixar de ser filósofo bem no fim de seu caminho, no momento em que ele veria o essencial por assim dizer estando como que na outra margem. No entanto, ele não poderia colocar para a *filosofia* uma tarefa diversa do conhecimento. Ele seria sempre apenas *depois* de ter lugar uma participação no essencial, que se desse de um tal modo não condizente com o conhecimento, que o filósofo poderia, em uma visão retrospectiva reflexiva acerca do caminho sobre o qual ele alcançaria essa participação, descrever esse caminho por meio de uma indicação da técnica interna para a "participação". Portanto, quem quer escapar desse "intelectualismo" *formal* da filosofia não sabe ele mesmo o que quer. Só se poderia dizer-lhe que ele perdeu justamente sua profissão; mas ele não tem direito algum de fazer da filosofia e do filósofo algo diverso do que eles são.

Todavia, exatamente tão sem sentido quanto o intelectualismo *formal* da filosofia seria o procedimento inverso de querer conquistar ou concluir algo a partir dele sobre o *conteúdo* material do essencial do qual o filósofo busca originariamente participar. Pois tão certo quanto o fato de o filósofo estar ligado à participação no essencial por meio do *conhecimento* (ou, *enquanto* isso é possível, por meio do conhecimento) é o fato de a essência originária também não estar comprometida em assegurar para o cognoscente *qua* cognoscente uma participação derradeira. Pois o tipo de participação guia-se exclusivamente pelo *conteúdo* essencial da essência originária – mas não pela essencialidade do conteúdo. Portanto, a conclusão hoje tão em voga que sai do intelectualismo metódico da filosofia para a sentença de que seu objeto também é o cognoscível ou o "conhecimento" possível do mundo é uma conclusão totalmente sem sentido. Também seria totalmente falso pensar que existe um fundamento lógico, teórico qualquer para a tese de que a filosofia não tem a ver com o essencial das coisas, mas com o conhecimento das coisas *qua* conhecimento e de que tudo o que pode se apresentar além disso junto às coisas não passa de um mero "resto" que não tem a menor relevância para o filósofo. Não é um fundamento lógico, mas um fundamento moral, o *vício da soberba* da pessoa erudita que filosofa, que provoca o surgimento da aparência de que já está *a priori* excluída a possibilidade de o curso intelectualista metodicamente rigoroso da filosofia (depois do triunfo moral sobre o obstáculo natural ao conhecimento) conduzir a um tal material próprio ao essencial, um material que requer em geral, a partir de *sua* natureza como o ato derradeiro do filósofo, uma "livre" *autodelimitação, ela mesma ainda autonomamente filosófica, da filosofia como filosofia*; portanto, de o conteúdo da essência originária levar *necessariamente* a termo por fim uma outra forma de participação que lhe seja mais apropriada do que a atitude filosófica do conhecimento. Com isso, *pode* muito bem ser o caso de que o filósofo, justamente em uma *consequência* maximamente rigorosa de seu filosofar, *precise* se subordinar livre e autonomamente a uma outra forma de participação no essencial, a uma forma de participação mais elevada; sim, pode muito bem ser que o filósofo *como* filósofo, tal como a razão filosofante em geral, ofereça a si mesmo como *vítima* ao tipo de participação não filosófica requerido pelo conteúdo da essência originária mesma. Muito para além de o filósofo desistir ou abandonar seu princípio metódico *autônomo* de conhecimento ou como que capitular diante de algo extrafilosófico por meio daí, não seria senão - junto a um tal *resultado* de sua filosofia - a consequência derradeira desse princípio de conhecimento subordinar-se, conjuntamente com o seu princípio metódico, ao *conteúdo* objetivo do essencial por ele conhecido ou sacrificar livremente esse princípio ante a única *forma* de participação apropriada para esse conteúdo. Com efeito, a crítica pela heteronomia filosófica e pelo preconceito em relação à insuficiente "ausência de pressuposições" seria inversamente uma carga para aqueles que, *sem qualquer consideração* do conteúdo positivo do essencial e da essência originária de todas as coisas, tivessem de antemão se decidido incondicionalmente por meio de um mero *fiat* de seu querer a *não* realizar esse ato de vítima. Pois, de maneira totalmente arbitrária, eles já pressupõem que a essência originária tenha um tal conteúdo, que ela possa ser trazida também para a plena participação por meio de seu possível ser-*objeto* (em contraposição ao possível ser-ato). O *ser* dos objetos (e dos não objetos) e o ser-*objeto* do ser, os limites de possibilidade desse último são também *a priori* limites de possibilidade do conhecimento. No entanto, temos de diferenciá-los da *maneira mais incisiva possível*. O ser *pode* alcançar um ponto *muito além* do ser capaz de objetivação. Somente *se* o ser do essencial - e antes de tudo do originariamente essencial - for *capaz de objetivação* segundo o seu conteúdo, o *conhecimento* será também a forma de participação possível dele adequada a ele; e, nesse caso, a filosofia *não* terá de se limitar no sentido acima. Mas não passa de um puro preconceito a afirmação de que isso precisaria acontecer *a priori*, um "pressuposto" precisamente *alógico*. Assim, precisamos recusar radicalmente a toda filosofia que faz esse pressuposto o predicado da autêntica autonomia e da ausência de pressupostos.

Aqui já se tem dado um exemplo que pode significar mais do que um exemplo para nós. Os grandes pais da filosofia europeia, Platão e Aristóteles, partiram com razão da ideia de que a meta da filosofia seria uma participação do homem no que há de essencial. Na medida em que o *resultado* de sua filosofia determinou a essência originária como um possível ser-objeto e com isso como um correlato possível do conhecimento, eles também tiveram de tomar como alcançável pelo homem em meio ao *conhecimento* (ou em meio a um tipo determinado de conhecimento) a participação definitiva no essencial. De acordo com isso, eles não podiam consequentemente senão ver no *philosophos*, no "sábio", *a forma mais elevada* e mais perfeita *do ser-homem* em geral. Precisamente por isso eles também não tinham nenhuma razão para executar no fim de seu filosofar um ato que limitasse essencialmente a filosofia mesma. Mesmo a sua ideia de deus precisou se apresentar para eles sob a ideia de um sábio infinito ou de um "saber infinito do saber" (Aristóteles).

O conteúdo da essência originária precisou se alterar completamente – e em verdade justamente a partir do próprio princípio filosófico dos grandes antigos e *por força* exatamente da consequência *desse* princípio – seja com ou sem razão – no começo da época cristã, quando um ato infinito proveniente de um *amor* criador e misericordioso foi visto e vivenciado. Pois sob o mesmo pressuposto de que a filosofia, segundo a sua finalidade, é (1) uma participação no ser da essência originária e de que (2) ela é essencialmente conhecimento, a filosofia, e, em verdade, em sua propriedade como conhecimento, não pôde mais alcançar em meio a esse resultado material sua finalidade autoestabelecida autonomamente a partir da natureza da *coisa mesma*. Pois a participação do homem em um ser que não é um ser-objetivo, mas um *ser-ato*, não pode ser senão correalização desse ato e, já por isso, não pode ser conhecimento de objetos. Em segundo lugar, essa participação precisa ter sido *consumada* em uma inserção do centro pessoal do ato, porquanto esse centro é primariamente um centro amoroso - ou seja, não um centro cognitivo -, naquele ser originário essencial como um ato de amor infinito, portanto, como um amar concomitante a ele, se é que a filosofia também quer alcançar *seu* modo essencial de participação, isto é, justamente esse modo levado a termo por meio do conhecimento; sim, se é que ela quer mesmo *começar* pela primeira vez esse modo de participação ante o ser originário. Portanto, a consequência rigorosamente lógica precisou ser a de que - sob essa pressuposição relativa ao conteúdo (amor) e ao modo de ser da essência originária (ato) - a filosofia delimitou a si mesma de maneira livre e autônoma *por força de seu próprio* princípio, e, dado esse caso, também ofereceu de maneira livre e autônoma a si mesma e a sua fonte de conhecimento, a razão, como *vítima* para uma outra *forma essencial* de participação na essência originária; ou seja, a filosofia precisou se confessar livre e autonomamente como "*ancilla* da crença"[1]. Não da crença como ato subjetivo, mas da crença como *conteúdo* objetivo. Isso aconteceu na medida em que a crença nas palavras de Cristo precisou ser considerada como a crença nas palavras da pessoa por meio da qual se assumiu a unificação e a participação derradeiras e maximamente adequadas na essência originária desse novo conteúdo, como uma crença mais imediata e mais apropriada tanto ao conteúdo quanto à forma ontológica dessa essência originária do que a participação por meio do conhecimento. A filosofia não teve outra alternativa senão se tomar - se o filósofo reconheceu efetivamente a verdade dessa determinação cristã da essência originária - como um *caminho* prévio para um tipo totalmente diverso de participação - metodologicamente nada diverso do que ele precisaria fazer se a doutrina fichtiana do dever infinito ou a doutrina bergsoniana do *élan vital* fossem *verdadeiras*. E, em sintonia com isso, a posição hierárquica do *filósofo ou do sábio* teve de ser alterada. Eles tiveram de

---

1. Não necessariamente como *ancilla theologiae*. Pois o teólogo está para o sagrado assim como aquele que empreende a ciência filosófica (o erudito em filosofia) está para o filósofo.

passar para o *segundo* lugar ante a posição hierárquica do *santo*. Com isso, o filósofo teve de se subordinar conscientemente ao santo - nada muito diferente do que aconteceu quando o filósofo, sob a pressuposição kantiana[2] de um assim chamado primado da razão prática, se subordinou ao exemplo moral do homem sábio em termos práticos, sob a pressuposição fichtiana, se subordinou até mesmo ao reformador ético-prático; sob a pressuposição bergsoniana, ao espectador do *passo* da vida que se acha no mesmo *pathos* e se comove com ele. Em todos esses casos, o filósofo precisou se tornar seu servo (*ancilla*), sim, quiçá atentar para esses tipos como se eles contivessem a fonte suprema de todas as informações materiais para o seu pensamento filosófico - informações que são "dadas" a seu "conhecimento", assim como o dado da percepção do ser casual é "dado" ao pensamento na visão de mundo natural. Evidentemente, mesmo nesse novo estado da época cristã, a filosofia *reteve* (em nosso exemplo) por inteiro aquela *antiga dignidade* que possuía em Platão e Aristóteles - a dignidade de *não* ser "uma ciência", mas de ser a *rainha* autônoma das ciências. No entanto, a essa antiga virtude da *regina scientiarum* acrescentou-se ainda a - sob a pressuposição da verdade da nova determinação essencial da essência originária - dignidade evidentemente muito mais sublime e superior àquela realeza de ser também ainda *ancilla,* isto é, de ser a serva voluntária - de acordo com a sentença bíblica "bem-aventurados os (*voluntariamente*) pobres de espírito" (μακάριοι οἱ πτωχοὶ τῷ πνεύματι) - e (objetivamente) *um estágio prévio* à crença (*praembula fidei*). Com isso, esse passo de uma autodelimitação filosófica *voluntária* e objetivamente *necessária* da filosofia foi com isso apenas a realização derradeira e mais extrema de sua *verdadeira* autonomia. Portanto, ele não foi senão exatamente o contrário da introdução de um princípio heterônomo que limitou de *fora* a filosofia; ele também foi o contrário daquela outra delimitação que teria limitado a filosofia segundo os objetos possíveis do conhecimento (p. ex., no sentido kantiano, ao encontro de seu lado de coisa em si em contraposição ao lado da aparição, ou até mesmo no sentido agnóstico). Ao contrário, segundo o aspecto

2. Kant diferencia nesse caso de maneira logicamente necessária duas definições de filosofia, o seu "conceito mundano" e o seu "conceito escolar".

objetivo, no interior da época conjunta da filosofia cristã europeia, a filosofia foi considerada como *ilimitada*, na medida em que levantou a requisição de ser metafísica e de conhecer todo ente a partir de seus fundamentos e de suas raízes derradeiros.

Certamente se sabe agora que o autodesdobramento interno da "assim chamada filosofia moderna" até o presente (claro que em grandes impulsos muito diversos) conduziu por fim a um estado que representa exatamente o oposto do que foi expresso na dupla requisição intrínseca à antiga ideia de filosofia - à ideia de ser *ao mesmo tempo* serva da crença (como a sua mais elevada dignidade) e rainha das ciências (como a sua segunda dignidade mais elevada). Considerando grandes espaços de tempo, ela deixou de ser a "criada livre" da crença para se tornar a usurpadora da crença, e, concomitantemente, porém, *ancilla scientiarum*; e esse último ponto em um sentido diverso, uma vez que lhe foi colocada a tarefa de ou bem "unificar" os resultados das ciências particulares em uma assim chamada visão de mundo desprovida de contradições (positivismo), ou bem fixar como uma espécie de polícia das ciências os seus pressupostos e métodos mais exatamente do que as ciências particulares mesmas o fazem (filosofia crítica ou a assim chamada filosofia "*científica*").

É fácil mostrar - por razões referentes à coisa mesma - que a *nova* relação da filosofia com a crença e com as ciências representa a *inversão* mais profunda, invasiva e rica em consequências *das relações verdadeiras* que a formação espiritual europeia jamais alcançou e que essa inversão é apenas um exemplo especial para o fenômeno muito mais abrangente daquela *reviravolta* interior *de toda a ordem valorativa*, daquela *désordre* do espírito e do coração que perfaz a alma da era burguesocapitalista. É precisamente a *rebelião dos escravos no mundo intelectual* que temos aqui diante de nós e que forma juntamente com a mesma rebelião dos mais baixos contra os mais elevados no *ethos* (elevação do individualismo singularista contra o princípio de solidariedade, dos valores utilitaristas por sobre os valores vitais e espirituais, e desses últimos valores contra os valores divinos), nas instituições (elevação em primeiro lugar do Estado contra a Igreja, da nação contra o Estado, dos institutos econômicos contra a nação *e* o Estado), nas situações (classe contra situação), na concepção da história (tecnicismo e doutrina econômica da história), na arte (movimento da ideia de meta contra a ideia de forma, da tecitura artística contra a arte elevada, do teatro do diretor contra o teatro do poeta) etc. uma *sintomática* justamente daquela reviravolta conjunta dos valores.

Também a *simultaneidade* do processo que transformou a filosofia em uma "sabedoria do mundo" inimiga da crença (renascença), que transformou a filosofia cada vez mais em uma escrava e em uma prostituta desprovida de qualquer dignidade, trabalhando ora para essa, ora para aquela ciência particular (para a geometria, a mecânica, a psicologia etc.), não pode nos causar surpresa. As duas coisas se copertencem *essencialmente*. Esses processos seguem apenas da maneira mais exata possível o princípio de que a razão mesma é constituída de um tal modo que – dotada com direito *eterno* de uma *autonomia* e de um poder em relação ao que está embaixo, tanto em relação a toda vida pulsional quanto em todas as "aplicações" de suas leis no interior da multiplicidade sensível das séries de aparições, mas ao mesmo tempo disposta para uma submissão livre e humilde, realizada ela mesma de maneira autônoma, à ordem divina da revelação – ela *precisa* ser determinada *heteronomamente para baixo* na mesma medida que ela renega a *condição*, que reside na essência das coisas mesmas, de seu direito a uma autonomia plena: a saber, a sua conexão com Deus como a luz originária mesma, uma conexão vital fundada na virtude da *humildade* e na *capacidade* para o livre *sacrifício*. Somente como "criada livre" da crença, a filosofia consegue preservar a dignidade de uma *rainha* das ciências, e ela *precisa* necessariamente se tornar serva, sim, escrava e prostituta das "ciências", se ela se atreve a postar-se como senhora da crença.

Se uso os termos "*filosofia*" e "*as ciências*" em um sentido que designa algo diverso e excluo com isso da maneira mais rígida possível a possibilidade de a filosofia pertencer ao *âmbito* das ciências por ser a rainha das ciências ou de a filosofia ser "uma ciência" ou a assim chamada "ciência filosófica", gostaria de justificar já aqui esse uso linguístico. O uso linguístico divergente aqui praticado justifica-se particularmente em relação a Edmund Husserl, cuja ideia objetiva da filosofia se encontra o mais proximamente possível da ideia aqui desenvolvida, mas que designa expressamente a filosofia como "ciência".

Pois não se trata aqui de uma diferença objetiva, mas de uma diferença que, ao menos no que diz respeito ao cerne da coisa mesma, não é senão uma diferença terminológica. Husserl diferencia – em princípio exatamente como faço mais tarde – objetivamente conhecimento evidente da essência de conhecimento real. Conhecimento real permanece essencialmente na esfera da verossimilhança. No entanto, a filosofia é em sua disciplina fundamental *conhecimento* evidente *da essência*. Além disso, Husserl diferencia a filosofia das ciências dedutivas, dos por ele assim chamados "objetos ideais" (Lógica, doutrina da multiplicidade e matemática pura). Ele certamente parece nesse caso atribuir um *primado* tanto à fenomenologia da ação em geral quanto à fenomenologia do psíquico ante a fenomenologia objetiva e as fenomenologias de outras regiões materiais ontológicas, por exemplo, a fenomenologia dos objetos da natureza; um primado que é injustificado. Todavia, na medida em que Husserl não exige apenas (com a minha inteira concordância) rigor para a filosofia, mas lhe entrega também o título de uma "ciência", ele se vê inicialmente obrigado a empregar o nome ciência por princípio com um significado *diverso*: por um lado, ele o emprega para a filosofia como conhecimento evidente do essencial, e, por outro lado, para as ciências formais positivas dos objetos ideais e para todas as ciências indutivas da experiência. Porquanto já possuímos, porém, o velho nome honroso *filosofia* para designar a primeira, não se consegue ver por que devemos empregar ambiguamente *um* nome de maneira desnecessária. O temor de que a filosofia, caso não seja subsumida à "ciência", precise ser subsumida, por exemplo, quiçá a um outro conceito superior análogo, seja esse conceito o conceito de arte ou outro qualquer, seria com efeito completamente sem sentido, uma vez que nem todas as coisas precisam "ser subsumidas". Como regiões objetivas e como regiões de atividade autônomas, certas coisas têm muito mais o direito de rejeitar uma tal subsunção. Dentre elas encontra-se em primeira linha a filosofia que realmente não é outra coisa senão *filosofia*, que também possui sua ideia própria de "rigor", a saber, o rigor filosófico, e que, portanto, não precisa se guiar pelo rigor particular da ciência (em meio à assim chamada "exatidão" medidora e calculadora) como um ideal que paira diante *dela*. Mas a coisa mesma também tem um pano de fundo histórico. Eu acredito que Husserl utilize o conceito grego de ciência para a filosofia, um conceito que, na esfera de sentido, coincide por exemplo com a ἐπιστήμη platônica, com a dimensão que Platão contrapõe à esfera da δόξα (ou seja, também a *todo* tipo de conhecimento verossímil). Nesse caso, a filosofia certamente não seria apenas "uma" ciência rigorosa, mas até mesmo a *única ciência propriamente dita*, e todo o resto não seria no fundo absolutamente ciência no sentido mais rigoroso do termo. Todavia, é preciso que se perceba agora que o uso linguístico prático não apenas se alterou no decurso dos séculos, mas que ele até mesmo *se inverteu*, e, em verdade, a partir das *razões mais profundamente histórico-culturais*. Precisamente isso que, com a exceção das ciências formais, Platão denominou a esfera da δόξα, é a suma conceitual disso que se denominou há alguns séculos em quase todas as nações "ciência" e "ciências". Eu ao menos nunca encontrei uma pessoa no universo das letras que, ao escutar a palavra "ciência", não pensasse inicialmente na assim chamada ciência positiva, mas que pensasse, por exemplo, na ἐπιστήμη de Platão ou na filosofia como "ciência rigorosa" no sentido husserliano, ciência que, porém, também *não* deve conter em si toda a matemática dedutiva. Será então adequado e historicamente justificado querer inverter uma vez mais esse uso linguístico e introduzir novamente o uso grego? Sou obrigado a dizer que não. Se não se quiser sancionar eternamente um terrível equívoco, seria preciso, sim, *recusar* a todas as ciências indutivas da experiência o direito mesmo de se chamarem ciência, o que mesmo Husserl, porém, seguramente não desejava.

No entanto, o uso linguístico de Husserl e o meu não divergem apenas quanto às palavras filosofia e ciência. Ao contrário, essa divergência se mostra ainda mais incisivamente junto às expressões *visão de mundo* e filosofia da visão de mundo. A expressão plástica "visão de mundo" foi dada à nossa língua por um pesquisador da história das ideias de primeira linha, por Wilhelm von Humboldt, e significa antes de tudo as formas a cada vez fáticas (não também necessariamente conscientes e conhecidas por meio de reflexão) de "ver o mundo" e de articular os dados intuitivos e valorativos por parte de totalidades sociais (povos, nações, círculos culturais). Essas "visões de mundo" podem ser encontradas e investigadas nas sintaxes das línguas, mas também na religião, no *ethos* etc. Assim, o que eu denomino "metafísica natural" dos povos pertence à esfera do que a visão de mundo como palavra deve abarcar. A expressão "*filosofia da visão de mundo*" significa então para mim o mesmo que filosofia das "visões de mundo" constantemente "naturais" para o gênero "homo" e daquelas particulares sempre a cada vez cambiantes – tal como Dilthey em particular buscou fomentar recentemente de maneira bastante feliz uma disciplina muito importante para a fundamentação *filosófica* das ciências humanas. Em contrapartida, Husserl denomina filosofia da visão de mundo precisamente o que eu denomino com muito mais *respaldo histórico* a "*filosofia científica*", isto é, a tentativa emergente do espírito do positivismo de construir uma metafísica "definitiva" ou a assim chamada "visão de mundo" a partir dos respectivos "resultados da ciência", ou querer deixar a filosofia irromper plenamente e se transformar em doutrina da ciência, ou seja, na doutrina dos princípios e dos métodos da ciência. Em palavras excepcionais, Husserl critica as tentativas de um tal tipo de fabricar uma metafísica a partir de conceitos fundamentais de uma ciência particular ("energia", "sensação", "vontade") ou de todas juntas, e indica tentativas tais como as empreendidas por Ostwald, Verworn, Haeckel, Mach como exemplos junto aos quais é preciso mostrar como por meio delas se interrompe *arbitrariamente* em uma posição qualquer o progresso essencialmente infinito de toda percepção, observação e investigação das coisas. Sou completamente da mesma opinião. A "filosofia científica" é de fato um *disparate* (*Unding*), na medida em que a ciência positiva tem de estabelecer *por si mesma* igualmente seus pressupostos, retirar *por si mesma* todas as consequências possíveis e equilibrar *por si mesma* todas as contradições, enquanto a filosofia se mantém aí com razão afastada quando ela busca se intrometer nisso. Somente o todo das ciências *juntamente* com seus pressupostos, por exemplo, a matemática *juntamente* com os axiomas que a suportam e que são descobertos pelos matemáticos mesmos, torna-se uma vez mais problema para a fenomenologia no sentido de que esse todo é fenomenologicamente reduzido, como que posto entre aspas e investigado em função de suas bases intuitivas. Mas não me parece correto que Husserl atribua aos abortos da fantasia oriundos de pesquisadores de âmbitos particulares que gostariam de se passar por filósofos – e *todas* as ciências são ciências particulares –, portanto, mesmo à assim chamada "filosofia científica", o bom nome da filosofia da visão de mundo. Visões de mundo surgem e crescem, mas elas não são inventadas por eruditos. E a filosofia também, como Husserl acentua corretamente, nunca pode ser uma visão de mundo: ela pode ser no máximo *doutrina* da visão de mundo. Se se devesse pensar, porém, que a doutrina da visão de mundo é em verdade uma tarefa importante, mas não uma tarefa da filosofia; se se devesse pensar que ela é muito mais uma tarefa das ciências humanas históricas e sistemáticas, então isso é com efeito correto para a doutrina das visões de mundo particulares positivas, por exemplo, para a visão de mundo indiana, cristã etc. Todavia, há ainda também uma filosofia da "visão de mundo natural", e, com isso, das "possíveis" visões de mundo materiais em geral. Essas funcionam como a base histórica dos respectivos problemas referentes a uma doutrina *positiva* das visões de mundo colocada em termos das ciências humanas. E essa doutrina da visão de mundo também estaria em condições de mensurar com o auxílio de uma fenomenologia filosófica pura, pensada idealmente de maneira consumada, o valor de conhecimento das visões de mundo. Ela também conseguiria mostrar que as estruturas das visões de mundo, em contraposição aos produtos jornalísticos diários da "filosofia científica", ainda fundam e condicionam a estrutura dos estágios e dos tipos fáticos da ciência intrínsecos aos povos e aos tempos – sim, já a existência e a inexistência de uma ciência no sentido europeu ocidental em geral – e que toda variação de uma estrutura científica é *pre*cedida legalmente por uma tal variação da visão de mundo. E somente aqui talvez subsista também uma profunda diferença *objetiva* entre a opinião de Husserl e a minha – e isso porquanto Husserl também está inclinado a conceder às ciências positivas uma independência fática muito maior em relação às visões de mundo dotadas com dimensões de duração totalmente diversas do que mostram os progressos das ciências positivas, ou seja, das visões de mundo que mudam de maneira extremamente lenta e difícil, do que eu. Pois as estruturas científicas, seus sistemas fáticos de conceitos e princípios fundamentais, parecem-me se alternar ora em grandes ora em pequenos saltos na história juntamente com as visões de mundo, e somente *no interior* de toda estrutura dada *de uma* visão de mundo, por exemplo, da europeia, parece-me residir a possibilidade de um progresso em princípio ilimitado da ciência.

Em face de minha afirmação de que é uma atitude *moral* que se mostra como precondição essencialmente necessária para o tipo particular de conhecimento chamado conhecimento filosófico, é possível que alguns pensem em doutrinas como as que desde Kant e Fichte até o presente encontram um grande número de seguidores. Tenho em vista aqui as doutrinas que se denominaram (primeiramente em Kant) "primado da razão prática ante a razão teórica". De fato, W. Windelband, por exemplo, em seu conhecido livro sobre Platão, colocou a reforma socrática e o prosseguimento de seu efeito em conexão com a doutrina kantiana. No entanto, essa articulação não apenas não se sustenta, mas sua assunção envolve até mesmo um radical desconhecimento do que Sócrates e Platão faticamente tinham pensado e o que (segundo a ideia fundamental) também nós consideramos como verdadeiro. Os antigos grandes pais da filosofia europeia não apenas não conhecem uma doutrina do assim chamado primado da razão prática em relação à teórica, como é também claro como o sol que eles outorgam à vida teórica (θεωρεῖν) um privilégio valorativo incondicionado ante a vida prática (πράττειν). *Cada uma* das formas que a doutrina do primado da razão prática assumiu desde Kant nega, porém, precisamente esse privilégio valorativo. A verdadeira ligação entre as duas intuições consiste em que a doutrina antiga transforma uma determinada atitude espiritual moral (aquela ascensão de todo o homem ao que é essencial) em mera condição prévia do *conhecimento* filosófico, isto é, em condição para penetrar no reino *das coisas* com as quais a filosofia tem a ver, ou, de qualquer modo, avançar até o seu limiar; e de que é justamente a superação de todas as posturas apenas *práticas* em vista da existência que - juntamente com outras - perfaz a tarefa e a meta dessa atitude espiritual *moral*. Em contrapartida, Kant pensa que a filosofia teórica em geral não possui *nenhuma* precondição moral específica no filósofo, mas que mesmo no caso fictício de uma consumação extrema da filosofia é somente a vivência do *dever e do compromisso* que nos permite a participação naquela ordem "metafísica" para o interior da qual, segundo a sua opinião, a razão teórica não busca senão em vão e com o auxílio de sofismas penetrar. No entanto, Fichte (e a escola atual, nesse ponto dependente dele, de H. Rickert) transformou a razão teórica justamente em um processo de formação da razão prática, na medida em que equipara o ser das coisas à mera exigência (ao ser-devido ideal) de seu reconhecimento por meio do ato do juízo; portanto, o devido reconhecimento do assim chamado *valor* de verdade torna possível fundar o *ser* das coisas justamente quando ele não pode emergir nem mesmo em meio à "exigência" desse reconhecimento. Ou seja, o que em Platão é apenas um pressuposto *subjetivo*, apesar de ser como tal necessário, para a meta da filosofia, para o conhecimento teórico do ser, para esse pensador é um primado do moral em meio às ordens *objetivas* mesmas - em contraposição ao que os antigos pensavam encontrar mesmo no *bem*, então uma vez mais quase inversamente apenas um grau ontológico maximamente elevado (ὄντως ὄν). E é justamente por isso que essa doutrina do primado da razão prática soterrou da maneira mais forte de todas e pôs de lado a ideia de que uma certa *forma de vida moral duradoura* é o pressuposto para o conhecimento puro de determinados objetos ônticos e de que as ilusões metafísicas estão ligadas à postura "natural" e à postura preponderantemente "prática" em relação ao mundo.

A tese defendida aqui não coincide *exatamente* com nenhum desses dois círculos de ideias, por mais que se aproxime *consideravelmente* mais da opinião antiga do que da moderna. De início fica claro que em todas as questões particulares referentes à intelecção *valorativa* e ao conhecimento *valorativo* (que eu, em contraposição aos antigos, não posso considerar como mera função do conhecimento do ser, assim como não posso tomar o valor positivo como um grau ontológico a cada vez mais elevado) são o querer e o agir que antecedem a intelecção valorativa e que perfazem a motivação central de todas as *ilusões valorativas*, e, respectivamente, de todas as cegueiras valorativas. Exatamente por isso, se o homem em geral deve atingir a intelecção do valor (e o querer e o agir possíveis fundados *nela*), é preciso que primeiramente *a autoridade e a educação* para agir e querer o determinem de um tal modo que esses motivos de ilusão de sua intelecção valorativa sejam suspensos. De uma maneira mais ou menos cega, o homem precisa, antes de mais nada, aprender a querer e a agir de modo objetivamente correto e bom antes de conseguir *vislumbrar* o bem como sendo bom também e de estar em condições de *compreensivamente* querer e realizar o bem. Pois apesar de a sentença socrática de que aquele que conhece claramente o bem também o quer e faz (nas modificações que lhe dei em outro lugar[3]) se manter correta, na medida em que um comportamento plenamente bom não contém em si apenas a bondade objetiva do que é querido, mas também a intelecção evidente em seu primado valorativo objetivamente fundado como o sempre a cada vez "melhor", não é menos válido que a aquisição da capacitação subjetiva para essa intelecção está ligada por sua parte à *remoção de seus motivos de ilusão* - e esses são antes de tudo formas de vida que consistem em um querer e em um agir que se tornaram habituais e objetivamente ruins. São sempre *maneiras práticas de vida* de algum modo precedentes e equivocadas que re*baixam* nossa consciência de valor e a consciência de nossa posição valorativa àquele nível sobre o qual residem essas maneiras mesmas de vida, e que nos conduzem justamente com isso primariamente em cegueira valorativa e em ilusão valorativa. Se concedermos um tal fato, então isso por si só ainda não se mostra absolutamente como uma razão para assumirmos também para o conhecimento *teórico* do ser - em contraposição a todas as apreensões valorativas sob a forma de atos emocionais (sentimento de algo, preferir, amar) - uma "condição análoga praticamente moral", se é que alguma outra coisa não é acrescentada ao que foi dito. Essa "outra coisa" diz respeito à relação essencial que subsiste *em geral* entre o conhecimento valorativo e o conhecimento do ser. E me parece ser uma lei rigorosa da construção essencial tanto dos atos "espirituais" mais elevados quanto das "funções" mais baixas de nosso espírito, das funções fornecedoras de matéria, que na ordem da dação possível da *esfera objetiva em geral* as qualidades

---

3. Cf., quanto a isso, meu livro *Der Formalismus in der Ethik und die materiale Wertethik*, Parte 1.

e as unidades valorativas pertencentes a essa ordem *são dadas antecipadamente* a tudo o que pertence à camada valorativamente livre do ser: de modo que absolutamente nenhum ente valorativamente livre pode "se tornar *originariamente*" objeto de uma percepção, de uma lembrança, de uma expectativa, e, em segunda linha, do pensamento e do juízo, cuja qualidade *valorativa* ou cuja relação valorativa com um outro (igualdade, diversidade etc.) já não nos tivesse sido dada de antemão de algum modo (sendo que o "de antemão" não encerra em si necessariamente sequência temporal e duração, mas apenas a *ordem* da sequência dos dados). Portanto, todo ser valorativamente livre ou indiferente é sempre um tal ser somente sobre a base de uma *abstração* mais ou menos artificial, por meio da qual nos abstraímos do seu valor não apenas sempre dado *concomitantemente*, mas também incessantemente dado previamente – um modo de abstração que certamente pode se mostrar assim junto ao "erudito" como algo tão habitual e se tornar mesmo uma "segunda natureza" que ele inversamente está inclinado a tomar o ser valorativamente livre das coisas (da natureza e da alma) como não *sendo* apenas mais originariamente, mas também como *dado* mais originariamente do que as qualidades valorativas das coisas; e que ele procura, em razão dessa sua pressuposição falsa, por "critérios", "normas" quaisquer, por meio dos quais seu ser valorativamente livre retivesse uma vez mais uma diferença valorativa. Somente por isso é tão difícil ao homem natural pensar "psicologicamente", isto é, de modo valorativamente livre. Já o círculo das modalidades exteriores de sentido e das qualidades de sentido das quais uma espécie dispõe é – como a doutrina "comparativa" do sentido consegue corroborar exatamente – sempre dependente de qual é o setor das qualidades em geral *possíveis* que pode reter a função de sinal para as coisas e unidades processuais *vitalmente importantes* (vitalmente importantes para a organização em questão). As qualidades só estão dadas originariamente para "o amigo e o inimigo"[4]. A criança sabe que o açúcar

4. A significação desse princípio para certos grupos de fatos da fisiologia e psicologia sensorial, ou, indo além, para a história do desenvolvimento da percepção sensível no desdobramento do mundo da vida, será mostrada no terceiro volume dessa obra.

é agradável antes de saber que ele é doce (é por isso que uma criança de vez em quando denomina açúcar tudo o que se mostra agradável de maneira semelhante) e que o remédio é desagradável ("amargo" no sentido valorativo do termo) antes de saber que ele é amargo (no sentido de qualidade da qualidade sensorial). Já mostrei em um outro lugar de maneira tão minuciosa que exatamente o mesmo vale para toda dação de um meio, para a lembrança, para a expectativa e para todas as unidades concretas da percepção que não gostaria de me repetir aqui[5].

Também é válido para visões de mundo como um todo pertencentes a círculos culturais e a povos que as estruturas de sua consciência *valorativa* de sua visão de mundo conjunta prescreva a derradeira *lei de configuração* (porquanto ela possui uma relação com o ente). E vale para todo o progresso histórico do conhecimento que os objetos apoderados por esse progresso do conhecimento precisaram ter sido *primeiramente* amados ou odiados, antes de serem intelectualmente conhecidos, analisados e julgados. O "*amante*" precedente por toda parte o "*conhecedor*" e não há nenhuma região ontológica (por mais que se trate de números, estrelas, plantas, contextos históricos de efetivação, coisas divinas), cuja investigação não tivesse percorrido uma *fase enfática* antes de entrar em uma fase de análise *livre* de valores - uma fase que coincidiu na maioria das vezes com uma espécie de metafisicização da região (com a sua elevação falsificadora à significação "absoluta"). Mesmo os números foram primeiro deuses para os pitagóricos, antes de eles investigarem suas relações. A geometria analítica teve em seu inventor Descartes uma significação francamente metafísica, coincidente com o que há de absolutamente válido na física; o espaço se enrijeceu para ele e se tornou matéria. O cálculo diferencial mostrou-se para Leibniz como caso especial de sua *lex continui* metafisicamente visada; ele não se lhe mostrou (ao menos originariamente) como um artifício de nosso entendimento, mas como uma expressão do vir a ser das coisas mesmas. A jovem história econômica do século XIX surgiu uma vez mais em meio às cascas dos ovos da concepção metafísico-econômica da história e

---

5. Cf., quanto a isso e quanto ao que se segue, *Der Formalismus in der Ethik und die materielle Wertethik*.

só surgiu aí por conta do novo *interesse* elevado ao extremo que uma classe terrivelmente sofredora em termos econômicos apresentou pelos eventos da economia. A fantástica especulação sobre a natureza que foi levada a termo no Renascimento e que vagueou em meio a um poderoso delírio de cores panteístas em relação à natureza precedeu como um novo eixo de interesses do homem europeu a *pesquisa* rigorosa da natureza. Para Giordano Bruno, o céu visível foi em primeiro lugar um objeto de um novo entusiasmo antes de ele ter empreendido realmente a investigação por meio da astronomia exata. Bruno não saúda o copernicanismo com a formulação negativa de que não havia absolutamente aquele "céu" da Idade Média, ou seja, o reino da abóboda celeste pensada como finita da astronomia pré-copernicana com sua matéria particular e com suas formas de movimento próprias apenas a essa matéria, com as realidades espirituais de cada esfera etc., mas sim com a formulação positiva de que Copérnico descobriu uma nova estrela no céu – a terra – e de que nós estamos sim "já no céu" e de que não há inversamente aquele apenas "terreno" do homem medieval. Analogamente, a alquimia também precedeu a química rigorosa, os jardins botânicos e zoológicos como objetos de um novo *prazer* da natureza e de uma nova valoração da natureza, os começos da botânica e da zoologia mais rigorosamente científica. O amor romântico em relação à Idade Média precedeu analogamente a sua investigação histórica rigorosa, a alegria congênita de amantes ante as partes diversas da cultura grega (p. ex., Winckelmann ante as artes plásticas, a concepção das poesias gregas como modelos eternos em meio ao período "clássico" da filologia moderna) precedeu a sua filologia e a sua arqueologia pensadas apenas histórico-cientificamente. No que concerne à investigação do divino é quase uma *communis opinio* dentre todos os grandes teólogos que um contato emocional com Deus no *amor a Deus*, um sentimento de sua presença como *summum bonum* – uma excitação do "sentido divino", como dizem os grandes oratorianos Malebranche e Tomassinos em sintonia com os neoplatônicos e com os Padres Gregos – precedeu e precisa mesmo preceder todas as provas de sua existência como fonte derradeira da matéria.

Assim, se esse primado da dação de valor antes da dação de ser se deixar comprovar – eu apenas o insinuo aqui – segundo os *mé-*

todos mais diversos, de acordo com os quais podemos investigar o conhecimento do valor e o conhecimento do ser, então não se segue daí *de maneira alguma* uma prioridade *em si* subsistente dos valores diante do ser. Aquilo que é "em si o mais tardio" também *pode* ser aqui aquilo "que para nós é o primeiro", tal como afirmou Aristóteles como regra geral sobre a relação entre conhecimento e ser. Sim, na medida em que é uma proposição compreensível a de que "*pertence*" a todas as qualidades um ser subsistente - como quer que elas possam vir a ser *dadas* também isoladas de seus portadores e como quer que elas venham a estar submetidas a uma ordem essencialmente própria, fundada em seu conteúdo - ao qual elas se integram, então a sentença aristotélica não apenas pode se mostrar aqui como adequada - mas é preciso mesmo que ela o seja.

Não obstante, porém, da prioridade da dação valorativa ante a dação do ser, em ligação com a sentença anterior segundo a qual uma dação valorativa evidente - e tanto mais quanto menos relativos forem os valores - pressupõe uma vez mais uma "condição moral", segue-se que justamente por meio daí também o *acesso* possível ao *ser* absoluto mesmo está conectado *indiretamente* com essa "condição moral".

A relação peculiar que estabelecemos, por um lado, entre valor e ser, entre teoria e moral juntamente com isso, consiste em que a dação valorativa inteligível possui uma prioridade *objetiva* ante todo bom comportamento, querer e agir (pois só o que é compreensivelmente querido como bom, quando ele é ao mesmo tempo objetivamente bom, é também *plenamente* bom). A dação valorativa inteligível é contudo ao mesmo tempo de uma aposterioridade subjetiva ante o querer e o comportamento objetivamente bom. A dação valorativa inteligível é de mais a mais de uma aprioridade subjetiva ante toda dação de ser. O valor mesmo, porém, é de uma significação apenas atributiva diante do ser subsistente. E nós devemos por isso acrescentar também imediatamente que os tipos de atos "emocionais" específicos de nosso espírito, por meio dos quais pela primeira vez os valores se nos tornam dados e os quais perfazem também as fontes materiais para todo *ajuizamento* valorativo secundário assim como para todas as normas e para todas as proposições de dever-ser, constituem o *elemento de ligação conjunto tanto* para todo o nosso comportamento prático *quanto* para todo o nosso conhecimento e pensamento teóricos. Mas na medida em que *amor e ódio* são os tipos de ato mais originários no interior do grupo desses atos emocionais, os modos de ato que fundam e abarcam todos os outros tipos de ato (ter interesse, sentir algo, preferir etc.), então eles formam também as *raízes comuns* de nosso comportamento prático e de nosso comportamento teórico, eles são os *atos fundamentais* nos quais por si só nossa vida teórica e nossa vida prática encontram e conservam sua derradeira *unidade*.

Como se nota, essa doutrina é de maneira igualmente incisiva *diversa* tanto de todas as doutrinas de um primado do entendimento quanto de um primado da vontade em nosso espírito, uma vez que ela afirma sim justamente um *primado de amor e ódio* tanto ante todos os tipos de "representação" e "juízo" quanto ante todo "querer". Pois o que está em questão não é, como foi mostrado em um outro lugar, subsumir de algum modo os atos do ter interesse, da atenção e os atos de amor e ódio à aspiração e ao querer, e nem tampouco é possível reconduzi-los às meras alterações do conteúdo representacional[6].

3 Análise do desenvolvimento moral

No todo do ato daquela ascese por meio da qual o cerne da pessoa procura conquistar uma participação no essencial por meio do conhecimento é preciso diferenciar diversos fatores. Contudo, se eles forem indicados, então tem-se de investigar exatamente em

6. Quanto às relações essenciais mais exatas do amor e do ódio com os atos cognoscentes e volitivos, cf. no vol. III deste escrito o ensaio "Conhecimento e amor". Mais além, comparar a tipologia histórica desse problema no livro *Krieg und Aufbau, "Liebe und Erkenntnis"* [Guerra e construção, "amor e conhecimento"]. Cf. mais além meu livro *Zur Theorie und Phänomenologie der Sympathiegefühle und von Liebe und Hass* [Para uma teoria e fenomenologia dos sentimentos de simpatia e do amor e do ódio]. Halle, 1913.

primeiro lugar a *posição* particular fixa do conhecimento que é alcançada como meta por meio dessa ascese de toda a pessoa; em segundo lugar, tem-se de investigar exatamente o *princípio* do conhecimento por meio do qual e segundo o qual se estabelece o conhecimento em meio a essa postura; e, finalmente, em terceiro lugar - o mais importante - tem-se de investigar exatamente a natureza do *mundo objetivo* e do contexto que entra em cena nessa posição do conhecimento no lugar do que é dado na "visão de mundo" natural.

Somente se isso acontecer, as *disciplinas* filosóficas podem ser desenvolvidas e pode ser desenvolvida a relação da filosofia com todas as espécies de modos de conhecimento não filosófico: 1) com a visão de mundo natural; 2) com a ciência; e 3) com a arte, a religião e o mito.

O ato da ascese como ato pessoal "de todo o homem"

O fato de na filosofia *todo* o homem se encontrar em atividade plena com o conjunto concentrado de suas forças espirituais mais elevadas não é um traço característico de uma filosofia particular, mas sim a essência da filosofia mesma. Segundo o aspecto subjetivo, isso corresponde apenas ao fato fundamental de que a filosofia é *uma* - em contraposição às ciências que - em sintonia com sua essência - são *muitas*. Também essa diferença entre unidade e multiplicidade é já uma marca principial de diferenciação da filosofia ante a essência da ciência[7]. Por conta da natureza particular de seus objetos (números, figuras geométricas, plantas, coisas mortas e vivas), as ciências sempre exigem o emprego e o exercício de funções *parciais* totalmente particulares do espírito humano, por exemplo, sempre mais pensamento ou arte de observação, sempre mais pensamento conclusivo ou intuitivo-inventivo; quanto a esse ponto, as espécies principais de ciência exigem sempre formas particulares da intuição fornecedora de material, formas unilaterais, correspondentes às *formas* específicas *de existência* de seus objetos. Uma dessas formas é, por exemplo, a forma da intuição

7. "A" ciência não existe; há apenas ciências.

exterior para a ciência natural e a da intuição interior para a psicologia. Ou as ciências que têm a ver com mundos de bens ligados a certos tipos valorativos (arte, direito, estado etc.) exigem um emprego e um exercício particular *unilateral* das funções emocionais, por exemplo, do sentimento de qualidade na arte, do sentimento de direito e de justiça na ciência do direito, por meio dos quais os valores desse tipo são informados à consciência. Na filosofia, em contrapartida, é *o todo concreto* do espírito humano que essencialmente filosofa, e isso em um sentido que gostaria de denominar de maneira "abrangente" o grupo funcional que sempre se acha singularmente em atividade. Mesmo no problema filosófico parcial mais especial é o *homem todo* que filosofa. Somente na medida em que reintegra no centro de sua pessoa as formas de intuição essencialmente cindidas e as posturas de consciência que são assumidas na religião, na arte e em seus administradores sempre isolada e diferenciadamente e que são conectadas com a possibilidade específica de dação das regiões ontológicas e valorativas em questão, o filósofo consegue empreender, mesmo que apenas segundo a *possibilidade*, aquilo que todos aqueles que vivem e atuam unilateralmente nessas formas não conseguem empreender: mostrar a diversidade essencial dessas *formas* da intuição e do ser-aí e do ser-dado pertinentes, delimitando-os incisivamente; mais além ele consegue – o que é o mais importante – trazer as *formas* de intuição, de pensamento, de sentimento nas quais os pesquisadores, os artistas e os devotos vivem – e isso *sem* tê-las objetivamente –, como *conteúdo* essencial particular, para diante de um *olhar* puramente *simples* e ainda indiferenciado do espírito; ele consegue *objetivá-las* ante uma intuição *pura e sem forma*, ou, respectivamente, ante um "pensamento" puro e livre de formas.

A antiga exigência platônica de que todo o homem precisaria buscar na filosofia – não apenas seu entendimento isolado ou seu ânimo isolado etc. – uma participação no essencial não é, portanto, como muitos supõem de maneira deveras infantil, uma marca meramente *psicológica* do caráter de Platão: é uma requisição posta na *unidade* essencial e na problemática *objetiva* da filosofia, uma requisição da possibilidade do conhecimento feita por seu *objeto* mesmo. Essa é uma requisição fundada não psicologicamente e não apenas em termos de filosofia da teoria do conhecimento, mas *onticamente*. Pois as regiões essencialmente diversas do ser mesmo só são em geral apreensíveis como essencialmente diversas em seu modo de ser por meio da reintegração antecipativa das formas de intuição, tipos de ato etc. que lhes são sempre a cada vez essencialmente pertinentes no *centro* de uma pessoa, a *um* ponto de partida uno. Essa sentença só é fundamentalmente incompreendida por todo o homem filosofante, quando se coloca o *homo* como objeto psicofísico no lugar do *centro* concreto do *ato do espírito*, como se *esse* "homem" também pudesse introduzir suas particularidades na filosofia e transformar assim a filosofia em um "romance" de seu autor. E a ideia seria uma vez mais malcompreendida se, no sentido da sentença fichtiana totalmente diversa da sentença platônica, a sentença que afirma que "a filosofia que se tem é guiada pelo tipo de homem que se é", ela tornasse responsável o caráter moral também pelo *conteúdo*, pelo *resultado* da filosofia, ao invés de apenas pela *ascese*, e, respectivamente, pela medida, pela pureza e força da ascese, que nos coloca pela primeira vez em uma ligação de conhecimento possível com *o reino do ser* que subsiste em si, o reino com o qual a filosofia tem a ver.

Por fim, também seria uma incompreensão de nossa sentença se se desconhecesse que todo ato concludente do homem espiritual filosofante como um todo precisa ser um ato de *conhecimento* – na ética tanto quanto na doutrina do ser – e que nesse caso, porém, apesar disso, o que é *dado* de maneira peculiar e está submetido a esse conhecimento não pode vir à luz com toda certeza graças às funções "cognoscentes" do espírito concreto, mas *precisa* estar, sim, junto a certas coisas. Parece-me que Wilhelm Dilthey, por exemplo, nem sempre diferenciou exatamente em seus escritos as funções e atos do espírito no filosofar, as funções e atos doadores e concludentes em termos de conhecimento, deixando assim a porta aberta para certas críticas racionalistas totalmente equivocadas. Há hoje sem dúvida alguma uma espécie de aspiração por uma assim chamada "filosofia das vivências" que cultiva o erro fundamental de pensar que a filosofia poderia ser algum dia algo diverso de conhecimento, e, em verdade, diverso de conhecimento rigorosamente objetivo, conhecimento que não é determinado senão *por meio do* objeto e de nada além disso - de que ela também poderia ser, por exemplo, um "vivenciar" ou de que se poderiam fazer juízos sobre o vivenciar a cada vez casual, por exemplo, sobre sentimentos de evidência que se inscrevem aqui e acolá[8]. No entanto, também há - curiosamente - filósofos que tomam as formas emocionais *essenciais* da apreensão valorativa e a *plenitude* muito diversa para os diversos filósofos das *matérias* do conhecimento possível dependentes daquela ascese de todo o homem em sua *dação*, não em seu ser e em sua consistência, como sendo um mero "fato vivencial psíquico casual", ou seja, filósofos que têm a opinião ilimitadamente ingênua de que basta ser um filósofo para poder julgar e concluir corretamente sobre qualquer coisa.

Na medida em que o centro concreto do ato de todo o homem busca elevar-se até a participação no essencial, sua meta é com isso uma *unificação imediata* entre o seu ser e o ser do essencial; isto é, a meta do homem é aqui tornar-se o correlato central ativo de todo essencial possível, e, em verdade, na *ordem* imanente a esse reino. Isso diz tanto que o centro ativo tem de essencializar e eternizar a si mesmo, ou seja, seu próprio *ser*, por meio dessa participação, quanto diz que as essencialidades precisam ser transportadas para a forma ontológica e para a envergadura da *personalidade*. Porém, porquanto - como se mostrará - a ideia de um centro ativo pessoal (infinito) concreto como correlato de *todas* as possíveis essencialidades é idêntica à ideia de Deus (ou ao menos a *uma* determinação fundamental dessa ideia), aquela tentativa de ascese de todo o homem espiritual é ao mesmo tempo uma tentativa do homem de transcender a si mesmo como ser natural pronto, de divinizar a si mesmo ou se assemelhar a Deus (Platão). "Tentar" liberar faticamente[9] o centro ativo do próprio espírito do contexto

8. O fato de também o meu ensaio sobre *Versuche einer Philosophie des Lebens* [Tentativas de uma filosofia da vida - cf. *Vom Umsturz der Werte*) ter podido ser malcompreendido como psicológico é apenas um sinal do mais extremo baixo nível dos críticos em questão ou de seu séquito presunçoso.

9. Os modos de procedimento a serem mais tarde investigados que buscam "reduzir" os modos de existência dos objetos, a fim de por meio daí trazer à intuição sua pura "quididade", sua "essência" por si - procedimentos que foram chamados recentemente por E. Husserl "redução fenomenológica" e que ele descreve apenas como "visar" ou "deixar ser colocado nessa direção", "ser posto entre parên-

psicofísico e humano-biológico por meio de um ato sempre novo desse centro - não apenas por meio de um "visar" teorético-abstrativo ou de um mero "não atentar" para esse contexto - e "inseri-lo" no centro ativo universal correspondente à ideia de Deus, para lançar o olhar ao ser de todas as coisas a partir desse centro ativo e como que em sua força - como tentativa sempre renovada, isso é um traço essencial da "ascese" investigada. Se é onticamente possível que essa tentativa dê certo e o quão amplamente ela dá certo, essa é uma questão totalmente diversa que diz respeito ao conteúdo da filosofia e não à origem da *atitude* filosófica do espírito e à intenção una que lhe é essencialmente pertinente.

Ponto de partida e elementos do desenvolvimento

Em meio ao estudo da ascese que conduz para o interior da atitude espiritual filosófica (e a partir dela pela primeira vez para o objeto e para o ser da filosofia) é preciso diferenciar duas coisas: seu ponto de partida e sua finalidade. No entanto, para todas as espécies de atividades espirituais mais elevadas (sejam essas científicas, filosóficas, estéticas, artísticas, religiosas, morais), voltadas para o grupo valorativo que denominei em minha ética "valores espirituais", a visão de mundo natural do homem[10], por um lado, e o ente e o que é valoroso dados nela, por outro, formam o ponto de partida conjunto. Todavia, o *comportamento objetivo* é a pressuposição *identicamente conjunta* para os atos e as tomadas de posição fundamentalmente diversos que conduzem para além desse ponto de partida e em direção a um âmbito valorativo qualquer da essência dos valores *supravitais*. Ele é o comportamento do espírito em geral voltado para a essência dos valores assim constituídos. Portanto, se a superação dos "obstáculos morais" deve ser

---

teses" dos modos de existência (não da existência mesma, como ele supõe) -, têm por pressuposto esse ato experimental de liberar o ser do centro ativo do contexto psicofísico do ser ao menos segundo a *função*, portanto, um processo de ser, um *tornar-se* outro do homem. Dessa feita, é preciso que a técnica espiritual de conhecimento inerente a essa conversão da pessoa mesma antecede aos modos lógicos de procedimento do visar.

10. Assim como respectivamente o "comportamento" (querer, agir etc.) e do mesmo modo a "postura valorativa natural".

estudada – aquela superação que está posta justamente na ascese e acontece por meio dela –, então precisamos conhecer antes de mais nada a natureza geral da visão de mundo natural, assim como o ser e o comportamento do homem que correspondem a ela como os seus dados. E não temos de buscar menos aquele momento idêntico no ato que funda em primeiro lugar o comportamento objetivo em geral, e, em segundo lugar, o comportamento filosófico por parte da pessoa. Mostrar-se-á nesse caso como particularmente significativo o fato de ganharmos clareza quanto aos três modos de comportamento essencialmente diversos e objetivamente cognitivos em sua relação *correta* uns em relação aos outros: 1) Visão de mundo natural; 2) Visão de mundo filosófica; 3) Concepção científica de mundo.

Uma primeira característica de toda *visão de mundo natural* é que o sujeito nela presente toma seu respectivo ser-no-mundo-circundante, e, respectivamente, todo ser-no-mundo-circundante possível como idêntico ao ser do mundo – e isso em todas as direções, espacialmente, temporalmente, então na direção do mundo interior e do mundo exterior, na direção para o divino tanto quanto naquela para os objetos ideais. Pois em todas essas direções há um "mundo circundante" que, por mais que possua um conteúdo específico diverso para diversos sujeitos singulares ou coletivos (povos, raças, o gênero humano natural), assim como para diversos estágios de organização da vida, é partícipe de uma *estrutura* essencial, que o torna um "mundo circundante". Essa estrutura do mundo circundante natural é o sistema das formas naturais de existência (coisas, ocorrências, intuição espacial e intuição temporal naturais) com o sistema a ela correspondente das formas naturais de percepção, pensamento e linguagem. Isso tem de ser estudado exatamente na parte da doutrina da "fenomenologia da visão de mundo natural" e precisa ser cindido incisivamente tanto da *doutrina das categorias* da *ciência* quanto da doutrina das formas do ser e do conhecimento com as quais a *filosofia como filosofia* tem a ver quando ela já alcançou o seu objeto particular e se acha diante dele em uma posição cognitiva.

Como quer, porém, que essa estrutura do *ser do mundo circundante* apareça para o homem, é próprio em todos os casos ao ser a ele correspondente que, juntamente com sua estrutura, ele seja *relativo à organização biológica particular* do homem como uma espécie tipológica particular da *vida universal*. E essa relatividade existencial ou essa vinculação existencial à "organização" subsiste na mesma medida tanto para a estrutura e para o conteúdo da consistência quididativa desse mundo circundante (das essencialidades que se inserem nele) quanto para a sua real existência e para as formas de sua existência. É no mundo da doxa - de acordo com a cesura platônica entre δόξα e ἐπιστήμη - que nos encontramos aqui. E nesse caso é indiferente se, junto ao mundo circundante, pensamos no mundo circundante particular de um indivíduo, de uma raça, de uma etnia ou de um povo ou no mundo circundante *genérico* do homem natural como representante desse gênero vital em geral. No entanto, pensar e conhecer o ente justamente na mesma relatividade ontológica em relação à vida em geral de tal modo que ele se mostre na *maior completude possível* e sob a separação rigorosamente principial de toda relatividade ontológica (relatividade essencial e existencial) quanto ao indivíduo, a raça, o povo etc. aponta para aquela redução que o *conhecimento científico "universalmente válido"* empreende junto ao ser e ao conteúdo do mundo circundante. Mas o fato fundamental de que a partir da plenitude do ser-mundo em geral a única coisa que se insere na esfera do mundo circundante é o que possui significação preenchedora ou respectivamente contendora, de qualquer modo o que possui uma significação que responde à estrutura pulsional e à estrutura sensorial, correspondente à estrutura pulsional, do homem, subsiste para o mundo circundante completo, desprovido de toda ligação ontológica individual e particular, ou seja, ligado apenas ainda a *um homem vivente em geral, exatamente* da mesma forma que para os mundos circundantes particulares do indivíduo, da raça etc.

Em contraposição ao conhecimento "científico" que permanece nas *formas* estruturais - mesmo que não permaneça necessariamente nos conteúdos estruturais - da "visão de mundo natural", a direção do *conhecimento filosófico não* está posta na ampliação assim caracterizada da participação cognitiva no ser do mundo circundante ou na conquista de um *mundo circundante "univer-*

salmente válido" (em termos humanos). O conhecimento filosófico aponta para uma *esfera ontológica* completamente *diversa* que está posta *para fora e para além* da mera *esfera* do ser em geral no *mundo circundante*. Por isso, ele carece efetivamente daquela *ascese* particular para alcançar a proximidade do ser do *mundo mesmo*. Isto é: ele carece de um feixe particular de atos inicialmente morais a fim de, segundo a possibilidade, afastar para o espírito cognoscente os *liames* que tornam seu objeto possível no interior da visão de mundo circundante natural em geral (tanto da comum quanto da científica), ontologicamente relativa ao *viver*, ontologicamente relativa à *vitalidade* em geral, e por isso *também* necessariamente a um sistema pulsional particular qualquer sensório-corporal. Ele carece desses atos a fim de fazer com que o espírito *abandone* em princípio o ser apenas *relativo* à vida, *o ser para o viver* (e nele para o homem como ser vivo), a fim de fazer com que ele tome parte no ser tal como ele é em si mesmo e no interior de si mesmo[11].

No conjunto desses *atos fundamentais que dispõem essencialmente o conhecimento filosófico* diferenciamos um tipo positivo de ato fundamental e dois tipos de ato fundamental dirigidos negativamente que, em sua atuação concomitantemente una, só deixam o homem atingir o umbral da dação possível do objeto da filosofia:

1) *O amor de toda a pessoa espiritual pelo valor e pelo ser absolutos.*

2) *O aviltamento do eu e do si próprio naturais.*

3) *A autodominação e por meio daí uma objetivação pela primeira vez possível dos impulsos pulsionais que sempre cocondicionam necessariamente a percepção natural sensí-*

---

11. Na medida em que esses atos podem ser levados a termo em princípio em todos os graus possíveis do homem, também é possível a conquista do objeto da filosofia ou do ser (essência e existência) absoluto de todos os objetos em *todos* os graus da adequação e da plenitude. Já por isso não se pode dizer que cada um só pode conhecer das coisas e dos valores absolutos em todo caso ou bem tudo, ou bem tanto ou tão pouco, ou bem não se pode conhecer nada. O que cada um *pode* conhecer guia-se muito mais pelo grau da ascese.

vel, os impulsos pulsionais da vida dada como "corpórea" e vivenciada como fundada corporeamente.

Em sua atuação conjunta ordenada, esses atos morais - *apenas* eles sozinhos - conduzem a pessoa espiritual como sujeito de uma participação possível no ser por meio do conhecimento para fora da esfera do mundo circundante do ser ou a partir da direção da *relatividade ontológica* em geral e para o interior da esfera do mundo do ser, ou seja, para o interior da *direção* do ser absoluto. Eles *dissolvem* o *egocentrismo natural*, o *vitalismo e o antropomorfismo* do homem que são característicos de todas as visões de mundo naturais, assim como a característica objetiva da dação do mundo circundante como tal que lhes são correspondentes - e isso segundo direções diversas:

O *amor* ao valor e ao ser absolutos quebra a fonte da *relatividade ontológica* de todo ser do mundo circundante, uma relatividade que se encontra no homem.

O *aviltamento* quebra o *orgulho natural* e é a pressuposição moral do alijamento simultaneamente necessário para o conhecimento da filosofia 1) dos *modos existenciais contingentes* dos puros conteúdos quididativos (condição da intuição da pura "essência"); 2) *do entrelaçamento fático* do ato cognoscente na manutenção vital de um organismo psicofísico. Contudo, o fato de os modos existenciais casuais consistirem nos conteúdos quididativos e de esse entrelaçamento do ato cognitivo consistir na manutenção de uma unidade vital psicofísica se *correspondem* mutuamente *de acordo com a sua essência*. Eles se acham juntos e coincidem.

A *autodominação* como meio da retenção e como meio da objetivação dos impulsos pulsionais quebra a concuspiscência natural e é a condição moral de uma *adequação* que se eleva do zero até a perfeição na plenitude de dação do conteúdo do *mundo*.

Portanto, aos três *critérios de todo conhecimento* independentemente variáveis uns dos outros correspondem:

1) O modo e o grau da *relatividade ontológica de seu objeto*.

2) *Conhecimento evidente da essência* ou *conhecimento indutivo da existência*.

3) *Adequação do conhecimento*,

exatamente os atos denominados *morais* como condições prévias da realização do conhecimento:

O amor, o cerne e a alma como que de toda a estrutura do ato leva-nos em direção ao *ser absoluto*. Dessa feita, ele leva *para além* dos objetos que existem apenas *relativamente* a *nosso* ser.

A humildade conduz-nos da existência casual de um algo qualquer (e de todas as formas e conexões ontológicas categoriais pertencentes a *essa* esfera) em direção à *essência*, ao puro *conteúdo quididativo do mundo*.

A autodominação conduz do conhecimento inadequado, no caso extremo do opinar apenas simbólico unilateral dos objetos dotados de plenitude zero, na direção da *adequação plena* do conhecimento intuitivo.

Entre essas atitudes morais e o progresso possível do conhecimento em *uma* dessas direções fundamentais (em direção ao ser absoluto, à intelecção evidente, à adequação) não subsiste uma conexão *casual* ou empírico-psicológica, mas uma conexão *essencial* - uma conexão na qual o *mundo* moral e o *mundo* teórico estão ligados eternamente um ao outro - como com parênteses. Pois a atitude humilde nos liberta justamente daqueles fatores em nós mesmos aos quais correspondem no interior da visão de mundo natural e de sua vinculação ao mundo circundante (do mesmo modo ainda na "ciência") a posse a cada vez *primária* da existência, a cada vez casual das coisas (em *contraposição* à sua essência). Ela suspende com isso o obstáculo moral sistemático que os fatores em questão, obscurecendo os olhos de nosso espírito, contrapõem de maneira obstaculizadora ao puro conhecimento da essência.

Somente uma dessas três atitudes morais fundamentais não se mostrará *apenas* nesse caso como condição moral do conhecimento filosófico, mas (em contraposição à visão de mundo natural) também como condição moral do conhecimento científico: essa atitude é a atitude fundamental correspondente à elevação da adequação do conhecimento, a atitude fundamental da autodominação dos impulsos pulsionais por meio da vontade racional.

E a isso corresponde exatamente o fato de que a ciência, diferentemente da filosofia, se movimenta (seja indutivamente, seja no método dedutivo) na esfera do ser casual (pressupõe em verdade conhecimento da essência, mas não o provê) e isso mesmo onde ela busca e encontra por exemplo leis da natureza; e, em segundo lugar, o fato de ela não elaborar cognitivamente o ser absoluto, mas apenas a suma conceitual de todos os objetos essentes que são ainda ontologicamente relativos à *dominabilidade e à alterabilidade* possíveis por meio de uma vontade racional dirigida, mas também vinculada por metas e valores vitais possíveis. Pois por mais que a ciência também já supere e elimine a partir de seu objeto toda relatividade ontológica pensada em termos de indivíduo, de povo, de raça quanto aos objetos, sim, por mais que ela supere e elimine a partir de seu objeto até mesmo a relatividade ontológica ante a organização humana natural positiva e com isso a fase da visão de mundo natural, ela, assim como o mundo conjunto de seus objetos, permanece porém vinculada necessariamente, por meio da ligação fundamental constitutiva de todo ser possível com a *dominabilidade possível por meio de uma vontade racional finita em geral ordenada a partir de metas possíveis da vida universal,* a dois fatos fundamentais no homem: 1) ao seu querer; 2) a suas propriedades vitais *universais*. No entanto, são exatamente esses fatos fundamentais como centros de ligação seletivos de todo ser que correspondem tão exatamente à posse primária do ser *casual* tal como do ser *ontologicamente relativo* em toda atitude espiritual não filosófica que sem eles desapareceria também o primado dessas dações. E são também esses fatos fundamentais que o amor ao ser absoluto e a humildade tendem a suspender e a alijar na medida do possível em contraposição ao puro *quid* do mundo e ao conteúdo do mundo (indiferentemente em relação ao modo como se distribuem sobre o mundo esse *quid* e *sua* conexão segundo espaço, tempo, número, causalidade etc. no interior da *esfera da existência* do casual em geral).

E por isso também não é uma vez mais por acaso, mas é um fato ele mesmo essencialmente necessário que também a postura fundamentalmente moral do pesquisador científico diante do mundo e de *sua* tarefa junto a ele *seja e deva ser totalmente diversa* da postura fundamental do filósofo. O pesquisador positivo é animado em sua vontade de conhecimento primariamente por uma *vontade de domínio* e por uma *vontade de ordenação* ante toda natureza, uma vontade de ordenação que vem aliás à tona pela primeira vez a partir dele: "leis", *segundo* as quais a natureza pode ser dominada, são por isso *também* sua meta mais elevada. O que o interessa não é *o que* o mundo é, mas como ele pode ser pensado como *feito* a fim de pensá-lo no interior desses limites supremos como *praticamente alterável*. Dessa feita, a autodominação em virtude da dominação possível da vontade é seu *ethos* fundamental, não a humildade e o amor. *É claro que o cientista* – assim como a ciência em geral pressupõe a filosofia, o conhecimento casual pressupõe o conhecimento da essência – *também precisa* ser movido ainda pelo amor ao *conhecimento* das coisas. Mas não é necessário que ele também seja movido – como o filósofo – pelo amor ao *ser* dos objetos. E mesmo o seu amor ao conhecimento é apenas amor ao conhecimento de um certo tipo: amor *àquele* conhecimento que *além* de se mostrar como suficiente para tudo o que torna em geral o conhecimento adequado e logicamente correto (dois critérios que valem para todo conhecimento), ainda torna possível também, mas também *apenas*, uma dominabilidade do mundo *em geral*, não, portanto, para uma *determinada* meta ou utilidade. É certo que o filósofo também precisa ser dirigido por autodomínio; mas ele só é dirigido pelo autodomínio como medida heurístico-pedagógica para – tendo se aproximado da adequação maximal do conhecimento dos objetos com sua ajuda dispositora – alijar a "existência casual" do ser do objeto por meio da humildificação de seu ser volitivo e para olhar o máximo possível exclusivamente para seu *quid*, para a sua *essência* eterna. Tendo alcançado o umbral de seu conhecimento, o filósofo precisa alijar uma vez mais a vontade (o correlato *essencial* da ação inerente a toda existência casual em geral) e se "entregar" plenamente ao puro *quid* de seu objeto.

4 O objeto da filosofia e a postura filosófica do conhecimento

Com razão colocou-se, no ápice de toda a filosofia "clássica", a pergunta por que intelecção é a primeira em evidência e com razão diferenciam-se as grandes fases da filosofia em primeiro lugar por aí, ou seja, por que intelecção assumiu a posição de um tal "ponto de partida" maximamente inteligível. Além disso, o corte mais incisivo na história do pensamento europeu é visto com razão no fato de que desde Descartes o problema do *conhecimento* das coisas alcança uma primazia ante o problema do ser das coisas em si mesmas. A filosofia antiga tanto quanto a filosofia medieval são preponderantemente filosofias do ser; a filosofia moderna, com poucas exceções, preponderantemente teoria do conhecimento. Mas se a filosofia se configura, porém, nessa ou naquela dessas direções divergentes em princípio umas em relação às outras, depende essencialmente do que é estabelecido como aquela *intelecção* maximamente desprovida de pressupostos, maximamente originária e irrefutável e em que *ordem* de origem, pressuposto e sequência se seguem as intelecções ulteriores. Por isso, toda discussão acerca da essência da filosofia precisa começar com esse problema da "*ordem das evidências mais fundamentais*".

A evidência *primeira* e mais imediata, ao mesmo tempo aquela que já é pressuposta para a constituição do sentido da expressão "duvidar de algo (do ser de algo, da verdade de uma proposição etc.), é a intelecção evidente que fala sob a forma do juízo de que *algo efetivamente é*, ou, dito de maneira ainda mais incisiva, que "*não nada é*" (onde a palavra nada não diz nem exclusivamente o não algo nem a não existência de algo, mas aquele *nada absoluto* cuja negação do ser ainda *não* cinde no ser-negado o ser-de-tal-modo ou a essência e o ser-aí). O fato *de que não nada é* ao mesmo tempo o objeto da primeira e mais imediata intelecção, assim como o objeto do *espanto* filosófico derradeiro e mais intenso – e esse último movimento emocional ante o fato só consegue certamente entrar em cena de maneira plena se ele é precedido, dentre os atos do ânimo que predispõem a atitude filosófica, por aquela atitude de humildade que dissipa o caráter de autoevidência (e justamente com isso o caráter de *intelecção*) do fato do ser. Portanto: indiferentemente da coisa para a qual eu me volto e da coisa, já determinada mais exatamente segundo categorias ontológicas subordinadas, para a qual eu olho. Como tais categorias temos, por exemplo, os pares: ser-de-tal-modo - ser-aí (existência); ser-consciente - ser-natural; ser real ou ser objetivo não real; ser-objeto - ser-ato, assim como ser-objeto - ser-contraposto; ser-valorativo ou ser "existencial" indiferente ao valor; ser substancial, atributivo, acidental ou ser relacional; ser possível, ser necessário ou ser realmente efetivo; ser livre de tempo, pura e simplesmente duradouro, ou ser presente, ser passado, ser futuro; o ser verdadeiro (p. ex., de uma proposição), o ser válido ou o ser pré-lógico; ser exclusivamente mental "fictício" (p. ex., a "montanha de ouro" apenas representada ou o sentimento apenas representado) ou o ser extramental respectivamente de ambos os lados. Em *todo e qualquer* exemplo singular arbitrariamente sacado no interior de um ou muitos dos assim chamados tipos de ser que sempre se cruzam a cada vez, do mesmo modo que em cada um desses tipos mesmos sacados torna-se clara para mim *essa* intelecção com uma evidência irrefutável - tão claro que ela ofusca em claridade *tudo* o que pode ser ao menos pensado como comparável a ela. Não há dúvida do seguinte: para quem não olhou como que no *abismo do nada absoluto* passará completamente desapercebida também a positividade eminente do conteúdo da intelecção de que algo em geral é e não antes o nada. Ele começará por qualquer uma das intelecções que talvez não sejam menos evidentes, mas que são de qualquer modo subordinadas à evidência dessa intelecção. Ele começará, por exemplo, pela intelecção que reside supostamente no *cogito ergo sum* ou em tais intelecções como a de que haveria a verdade, de que haveria um valor absoluto, de que se julga, de que haveria sensações ou de que haveria uma "representação" do mundo etc.

Se tivéssemos de "fundamentar" a intelecção da qual falamos, ela não seria nem mesmo evidente - para não dizer nada quanto ao fato de ela ser a intelecção mais originária e já se achar sempre previamente dada em toda dúvida que se tenta levar a termo. Mas com certeza a afirmação de *que* ela e nenhuma outra é a intelecção primeira e mais irrefutável carece de uma fundamentação. Pois justamente isso é efetivamente contestado até mesmo pela maioria dos filósofos, por exemplo, por todos os filósofos que querem que a intelecção da consistência do *conhecimento* - ou como outros, a intelecção da consistência do ser-verdadeiro, do ser-válido ou até mesmo do ser do valor - preceda em evidência a *essa* intelecção. Por isso é preciso encontrar métodos particulares, genericamente conhecidos, a fim de solidificar o primado dessa intelecção frente a todas as outras, e seria necessário refutar *in extenso*, com o auxílio desses métodos, todas as tentativas de colocar uma outra intelecção no lugar dessa[12].

Logo que esse método é desenvolvido e empregado em alguns exemplos, é preciso, contudo, uma *segunda* intelecção que subsiste em razão da primeira e em razão de uma divisão do ser, que é superior a todo isolamento dos modos de ser, das formas de ser etc., ou seja, que não pode ser senão cindida de todas as outras divisões do ser. A cisão que tenho em vista diz respeito à diferença em vigor entre um e um outro não não *ente* em consideração a se ele *está* apenas em uma dependência unilateral ou mútua de um outro ente, ou se ele se perfaz desde a exclusão de toda e qualquer dependência ante um outro ente, e isso significa: se ele *é de uma maneira absoluta*. Portanto, um ente que - se ele é - *é* exclusivamente, tem seu ser em si e *apenas* em si, não trazendo consigo nenhum legado, gostaríamos de denominar - como quer que ele possa vir a ser determinado segundo as diferenças ontológicas restantes - o *absolutamente ente*. O absolutamente ente sempre pode ser a cada vez apreendido diversamente em *relação* a outras diferenças ontológicas, sem que essas diferenças estejam presentes nele mesmo. Ele pode ser designado, por exemplo, ante a esfera conjunta do ser possível (constantemente relativo) do objeto (para um possível ato do visar), assim como ele também pode ser designado "sendo-por-si" (*ens pro se*). Diante de todo ser que careça para seu ser de um reconhecimento judicativo *possível* ou de um

---

12. Isso deve acontecer de maneira detalhada em meu livro que será publicado: *Die Welt und ihre Erkenntnis. Versuch einer Lösung des Erkenntnisproblems* [O mundo e seu conhecimento. Tentativa de uma solução do problema do conhecimento].

ser-verdadeiro proposicional "sobre" seu ser, ele pode ser designado como "*ens a se*"; diante de todo ente que só é por meio de um outro (seja apenas logicamente ou mesmo em termos causais), como "*ens per se*". Ele pode ser denominado em relação a todo ser absoluto, que não é ser absoluto senão de uma existência somente visada, isto é, mental ou fictícia, o ser absoluto que não é relativo à opinião, mas que é em relação a todo visar absolutamente-absoluto. Tudo isso e todas as coisas similares são apenas determinações relativamente significativas do ser absoluto, determinações que são justificadas, mas que não podem ser transportadas para o interior de seu ser mesmo.

Nesse caso, a *intelecção evidente em segundo lugar* é a intelecção de que um ente absoluto é ou de que um ente por meio do qual todos os outros seres não absolutos possuem o ser que lhes advém é, essa é. Pois se há algo em geral (como reconhecemos claramente junto a todo e qualquer exemplo de um ente que seja de um modo qualquer) e não antes nada, então aquilo em nossos "exemplos", nos exemplos a serem aleatoriamente analisados, que se mostra como um não ser relativo (tanto não-ser-algo como não existir) pode ser impelido para dependências e relações possíveis que possuam seu ser de um outro ser (dentre outros *também* do sujeito cognoscente), mas nunca para seu ser mesmo. Esse ser mesmo não requer uma fonte em um ente puro e simples *sem* qualquer determinação delimitadora mais próxima por conta de uma *conclusão*, mas por conta de uma intelecção imediatamente intuitiva. Àquele que nega essa sentença não se pode senão indicar que mesmo a *tentativa* de sua negação e todos os seus argumentos *pressupõem* o absolutamente ente mesmo em sua própria intenção como lhe sendo *dado* faticamente e como reconhecido por ele faticamente. Ele o apreende faticamente "junto" com cada uma de suas intenções por meio do olhar espiritual, assim como ele fica imediatamente claro como o dia em meio à tentativa intelectual de *afastá-lo* - seu olhar o *transpassa e se volta em sua direção* através da tecitura de todo ser relativo. Mas para lançar o olhar em sua direção, ele também precisa ver tão amplamente a meta que essa acabe mesmo por se confundir com o absolutamente ente - sem determinação mais próxima.

Com certeza: o brilho da luz dessa verdade não é dependente em primeiro lugar da acurácia lógica. Assim como a intelecção da primeira sentença dependia do fato de não se ter consciência em termos judicativos apenas esporadicamente da possibilidade de que *nada* efetivamente seja, mas de se *viver* nessa possibilidade de tal modo que o ser de todo e qualquer ente é dado como suspensão espantosa dessa possibilidade - como a *cobertura* eternamente admirável *do abismo do nada absoluto* -, o brilho da luz dessa *segunda* intelecção depende do fato de se notar junto a todo ser relativo e dependente (e aqui em primeiro lugar em si mesmo) não apenas o ser, mas também o não ser relativo; portanto, do fato de não se identificar - sem perceber e saber corretamente - sub-repticiamente um ser relativo qualquer com o ser absoluto. *O* que está em questão não é propriamente se os homens notam e visam concomitantemente o ser do ser absoluto a cada momento de sua vida consciente, mas apenas se ele também se *distingue* de maneira suficientemente rigorosa e clara para eles do ser relativo ou se ele se amalgma sub-repticiamente para as suas consciências com essa ou aquela parte desse ser relativo por meio do fato de que eles, não notando concomitantemente seu não ser relativo, equiparam e subsumem esse ser relativo consciente ou inconscientemente ao ser absoluto. Quem quer que *absolutize* um ente relativo precisa necessariamente, na medida em que passa a não perceber mais desde então o ser absoluto como *cindido* desse ente relativo, se tornar o que se costuma chamar um relativista. Sempre - o relativista nunca é mais do que o absolutista do relativo.

Dessa feita, já aqui vale o que foi dito antes: que uma certa atitude moral de toda a pessoa é um pressuposto para a claridade da luz de uma intelecção filosófica. Pois somente quem percebe também, sim, quem percebe antes de mais nada no aspecto valorativo do mundo e de si mesmo, ao lado do "orgulho" relativo do ser e do valor positivo de cada coisa, ao mesmo tempo a medida e o tipo de "humildade" a ele adequados por seu não ser relativo e por sua falta de valor, e cujo amor está direcionado claramente para o que é absoluta e positivamente valoroso (o *summum bonum*) como para um *bem isolado* em sua consciência dos outros bens relativos, somente esse conseguirá preencher as condições acima denominadas. E, sem esse preenchimento, a luz das duas intelecções não brilha para ele. Pois tanto a "autoevidência" do ser que é justamente o que obstrui a clara intelecção da positividade imensurável de *que em geral algo é e não antes o nada*, quanto *a negação do não ser relativo*, de sua "nulidade" relativa, uma negação que tem lugar em sujeitos diversos de uma maneira diversa e em zonas diversas do ser relativo – as duas são uma função dependente daquele "orgulho natural", daquela superestimação natural-instintiva (certamente dirigida biologicamente em vista a fins) e da autossegurança da existência daí decorrente que, de maneira curiosa, torna possível diante da consciência até mesmo a negação da morte e do tempo imensurável. E somente se aprendermos a nos espantar com o fato de *que nós mesmos não não somos*, poderemos também acolher plenamente toda a plenitude de luminosidade das duas intelecções mencionadas e seu primado em termos de evidência ante todas as outras intelecções.

A *terceira* intelecção que se segue na "ordem da evidência", isto é, que segue de tal modo que nós, sob os elementos dessa ordem, já *inserimos o olhar e vimos* o a cada vez precedente sempre a cada vez de acordo com sua essência – se é que *querer* inserir o olhar e ver o elemento seguinte deve possuir também um sentido possível –, ou, dito de outro modo, que se segue de tal modo que podemos "duvidar" ainda quanto ao sentido possível do que a cada vez se segue, quando já *não* conseguimos mais junto ao que se mostra como precedente, corresponde, na forma do juízo, à sentença de que todo ente possível *possui necessariamente* um *ser-essencial* ou um *ser-quididativo (essentia) e uma existência (existentia)*, e isso de maneira totalmente indiferente quanto ao que ele pode ser de outro modo e a que esfera do ser ele pode mesmo pertencer segundo outros cortes possíveis dos tipos e das formas de ser. Também aqui todo e qualquer exemplo de um ente (seja um ser-ato ou um ser-objeto, seja "um" ente ou mesmo já uma *forma* particular do ser, como, por exemplo, ser real e ser objetivo não real ou ser subsistente e inerente) é suficiente para mostrar a cindibilidade válida em geral para todo ser possível entre *essência* e *existência*, mas ao mesmo tempo para conquistar a intelecção de que todo ente precisa possuir *necessariamente* uma essência e uma existência. Também o ser-real, por exemplo, tem uma vez mais sua essência particular. Portanto, é preciso também que a toda essência de algo pertença uma existência qualquer e a toda existência uma essência determinada - apesar de o *conhecimento da essência* ser um conhecimento totalmente diverso do conhecimento da existência, diverso tanto quanto à evidência como quanto à amplitude de validade, quanto também à possibilidade de ser alcançado por nós. Pois nosso conhecimento da existência e nosso conhecimento da conexão existencial é muito mais *limitado* do que nosso conhecimento da essência e da conexão essencial do mundo. Mas já podemos enunciar aqui de qualquer modo a proposição fundamental de que, o que quer que venha a se mostrar como conteúdo da essência de objetos quaisquer ou o que quer que valha para eles *qua* essência, *a priori* e necessariamente também precisa se mostrar como conteúdo de ou valer para todos os objetos possíveis existentes da mesma essência - quer esses objetos existentes ou uma parte deles sejam ou não cognoscíveis para nós; o que não diz em contrapartida de maneira alguma que tudo o que é válido quanto a eles como objetos conhecidos em termos de existência ou que se mostra neles como conteúdo também é válido ou se mostra neles como conteúdo da essência desses objetos[13].

Se tivermos alcançado uma intelecção plena do puro conteúdo quididativo de um objeto (ou de um ato) ou uma plena intelecção de uma ordem determinada ou de um contexto de tais conteúdos, então essa intelecção tem propriedades que a diferenciam *de maneira principial* de todo conhecimento do reino da existência "casual" a ela oposta: ela está *fechada*, ou seja, ela não pode ser

13. Na medida em que o *a priori* formal e material da essência não vale apenas "para" *o* existente, junto ao qual ele casualmente foi encontrado e o qual está colocado no limite de *nossa* experiência da existência, mas também para aquele existente da mesma essência que está colocado *para além e para fora* da esfera de nossa experiência possível da existência, temos nele em todo caso um saber que - sem precisar *esgotar* as essencialidades da esfera que transcende a experiência - é *simultaneamente válido* em todo caso para essa esfera e para a sua existência. Não pode ser mostrado aqui e permanece resguardado para um tratamento sistemático do problema do conhecimento como se conquista a partir daí uma solução positiva da pergunta pela possibilidade de uma metafísica e como se pode refutar o veredito de Kant sobre a metafísica.

aumentada ou diminuída, isto é, ela é rigorosamente evidente. Em contrapartida, a todo conhecimento da existência casual (como quer que ele seja encontrado, por meio de percepção direta ou por meio de conclusões) nunca advém mais do que uma evidência suposta ou uma evidência com reservas ante uma nova experiência ou respectivamente um contexto conclusivo ampliado (objetivamente portanto, na forma do juízo, não lhe advém verdade, mas apenas verossimilhança). Ela é uma *intelecção* e "vale" (na forma do juízo) "a priori" para todo existente possível da mesma essência, mesmo para o que nos é agora desconhecido ou que é em geral incognoscível. Nesse sentido, toda verdadeira aprioridade é aprioridade essencial. Como mera intelecção essencial, ela é em terceiro lugar tanto (sim, com frequência mais facilmente) realizável junto ao mero ser visado dos *ficta*[14] da essência em questão quanto junto aos objetos realmente existentes dessa essência. Se por meio de uma ilusão eu tomo, por exemplo, algo faticamente inanimado como animado, se a vitalidade do objeto visado no ato ilusório é, portanto, um *fictum*, então a *essência* do ente animado precisa estar de qualquer modo contida no *fictum* exatamente como na apreensão perceptiva de um ente faticamente animado. Somente em relação ao ser absoluto, cuja subsistência inteligível, ainda sem cisão quanto a essência e existência, *precede* e não sucede com isso a cesura entre essência e existência e as duas sentenças verdadeiras correspondentes, é preciso acrescentar a observação de que ele, na medida em que, de acordo com o seu conceito, não depende em seu ser de nenhum outro ser possível em geral, também *não* pode ser casual segundo sua existência, a observação de que sua existência precisa ser muito mais constituída de uma tal forma, que ela provenha necessariamente por si mesma e exclusivamente de sua essência (qualquer que essa seja). Dessa feita, enquanto a cisão entre essência e existência é uma cisão *ôntica* no interior de todo ente que é, relativamente, uma cisão posta no ser das *coisas* mesmas e não em nosso entendimento, em comparação com o ser absoluto – o que quer que ele seja – ela é apenas relativa cognitivamente a um sujeito cognoscente. Ser-aí (existência) e essência coincidem no ser absoluto e coincidem certamente de um tal modo

14. Construções, representações imaginárias e fictícias [N.T.].

que sob a *pressuposição* da cesura relativa ao conhecimento sua existência provém de sua essência, mas não ao inverso, sua essência de sua existência.

Já com isso ainda não conquistamos todos, mas alguns materiais essenciais para a determinação do objeto da filosofia. Podemos dizer: *segundo sua essência, a filosofia é uma intelecção rigorosamente evidente, impassível de ser aumentada ou diminuída por indução, válida* a priori *para todo existente casual de todas as essencialidades e conexões essenciais dos entes acessíveis para nós por meio de exemplos, e, em verdade, na ordem e no reino dos graus, nos quais eles se encontram em relação com o absolutamente ente e com sua essência.*

O direcionamento do conhecimento para a esfera do *absoluto* ou a relação com a esfera do absoluto de todo ser objetivo possível e o direcionamento para a esfera da *essência* de todo ser objetivo possível em contraposição à sua esfera existencial casual - isso e isso apenas perfaz em primeiro lugar a natureza do conhecimento *filosófico*; e isso em rigorosa *diferença* ante as ciências que também têm a ver de maneira igualmente necessária com um ser da maneira mais múltipla possível ontologicamente *relativo* (e, em verdade, relativo tanto em termos da existência quanto em termos da essência) e que levam a termo todos os seus conhecimentos ou bem (certamente *em razão* dos assim chamados axiomas que fundam em conexões essenciais) junto ao ser intramental dos meros *ficta* (o que acontece com o conjunto da matemática) ou bem junto à existência casual e *à sua* conexão existencial.

Entretanto, já nessa determinação incompleta do objeto da filosofia, assim como em tudo o que foi dito antes sobre ela, vem à tona um conceito que até aqui parece ter sido admitido sem comprovação, mas que em face do traço em muito preponderante da filosofia moderna desde Descartes parece colocar *em questão* tudo o que foi dito. Esse conceito é aquele do conhecimento e de todos os conceitos que lhe são copertinentes. Temos de dizer que espécie de ser é o *ser do conhecimento* e estamos tanto mais comprometidos com isso, uma vez que não partimos na ordem do evidente ou dos estágios de dubitabilidade das intelecções, como Descartes, Locke, Kant e outros, do "conhecimento" ou do "pensamento" ou da "consciência" ou de algum tipo qualquer de "eu" ou do juízo etc., para conquistar com a sua ajuda os conceitos ônticos fundamentais. Sim, só poderemos erigir *definitivamente* a ordem de evidência até aqui alcançada de nossas três sentenças se não apenas refutarmos, sobre a base da nossa ordem de evidência, a ordem de evidência assumida pelos pesquisadores, mas se também mostrarmos *positivamente* o que é e o que significa afinal então o *conhecimento* mesmo em geral em um reino de coisas meramente essentes.

Com a discussão dessa questão que já se lança acentuadamente para além da determinação da essência da filosofia e da condição moral do conhecimento filosófico começarão as publicações sobre "o mundo e seu conhecimento" que pensamos apresentar ao público logo em seguida.

III
Problemas da religião

Sobre a renovação religiosa

Pontos de partida de uma renovação religiosa

Onde quer e por meio do que quer que o homem possa ser revolvido e tocado em sua profundeza derradeira - seja por meio de encanto ou de sofrimento -, tal hora não pode se evadir sem que o homem abra o seu olho espiritual interno para o eterno e o absoluto e sem que ele se torne ansioso por ele de maneira sonora ou silenciosa, secreta ou sob a forma de um grito, por mais desarticulado que esse se mostre. Pois no todo indiviso da pessoa e no cerne da pessoa humana - não como um outro âmbito cultural qualquer em uma das funções parciais, dos talentos parciais, das necessidades parciais da pessoa, nem nas camadas superficiais da corrente psíquica - repousa profundamente arraigado em nós aquele maravilhoso cabo de tensão que, constantemente, em circunstâncias regulares habituais, na maioria das vezes sem ser percebido e notado, trabalha para nos elevar ao divino acima de nós e para além de tudo o que é finito. Caso um tal evento que desperta o cerne da alma humana e desencadeia esse cabo de tensão em direção a uma atividade crescente não toque apenas a alma particular no velamento mudo de seus sofrimentos e lutas, mas sim a comunidade; caso ele toque até mesmo toda a comunidade mundial articulada em povos que não têm outra coisa acima de si além de seu Deus; caso ele a toque de um modo como nenhum outro evento da história até aqui jamais tocou toda a humanidade; e se o evento tiver sido, além disto, tão inimaginavelmente embebido em sofrimento, morte e lágrimas como esta guerra[1], então se tem o direito de esperar que o clamor por uma renovação religiosa ressoe com um poder e uma força através do mundo, tal como não vinha mais sendo o caso há séculos.

---

1. Max Scheler pensa aqui evidentemente na Primeira Guerra Mundial [N.T.].

Um caráter histórico único mantém hoje esse clamor por meio do fato de que aquele que é tocado em seu coração não é mais nem menos do que *toda a humanidade*: não mais, nem menos do que tal espécie planetária estranha em seu caráter indiviso, que é como um único homem, como um homem que, jogado na ilimitação de espaço e tempo e em uma natureza muda e sem compreensão, assim como solidariamente em seus membros, luta a sua batalha pela existência, assim como sua batalha pelo sentido de sua vida e por sua dignidade. No que concerne a tudo o que há na realidade efetiva para além dessa espécie – mundo animal e mundo vegetal, céu e estrelas –, o homem sabe que tudo se encontra *sob* si, sob si em termos de dignidade e valor, sim, sob si até mesmo em termos de força. Mas este ser que, portanto, sabe que tudo se acha sob si e que aprendeu a dominar tudo – o que ele saberia sem Deus acima de si para além das estrelas sem compaixão? Onde haveria, o que seria mais digno e mais vigoroso do que ele mesmo? Sofrimento infinito em termos numéricos em suas lutas com a natureza e entre as suas partes, lutas infinitas em termos numéricos já foram experimentadas no curso de sua história obscura, que só ilumina no meio e apenas de tempos e tempos. Mas como quer que estas vivências se pareçam, onde quer que elas ocorram – até o começo da guerra mundial, o sujeito que lutava e sofria, o povo e os povos tinham no mínimo uma coisa *acima* de si – acima de si em termos de dignidade e força; ele tinha algo acima de si, ao qual ele atribuía uma espécie de magistratura moral acima de si mesmo, algo em que ele podia ainda ao mesmo tempo depositar esperanças e confiar profundamente, e em cujo colo ele podia ao mesmo tempo se imaginar de algum modo acolhido. Este elemento uno era a *humanidade*. Havia um apelo da parte para o todo, havia uma esperança da parte por meio do todo. Todo sofrimento e todo desespero podiam dizer: o todo não sofre, o todo não se desespera. Esse apelo se perdeu hoje: pela primeira vez, até onde nosso pensamento alcança. Ninguém tem mais o direito de dizer: no *todo* da humanidade há ainda o futuro, a plenitude, a força não diminuída. Pois esta guerra, com razão denominada guerra mundial, foi a primeira vivência que a humanidade experimentou como a *sua* vivência conjunta. Trata-se de uma coisa, que não ocorre apenas em uma parte da humanidade, e que só se imporia como informação alheia ou como um relato sobre as outras partes da humanidade; nada, em relação ao que uns lutam e sofrem, os outros observam e se comportam apenas compassivamente ou se alegrando conjuntamente. De um tal tipo, porém, foram *todos* os acontecimentos históricos até aqui que se tornaram conhecidos por nós. A coisa própria à guerra mundial e à paz mundial é uma coisa comum à humanidade, que toca cada membro da espécie - sem levar em conta os diversos graus - diretamente no corpo, na vida, na alma.

Havia na Europa até ontem uma corrente de pensamento amplamente difundida - ela se chamava *positivismo* na filosofia e também se mostrava ativa na poesia e na arte. Essa corrente de pensamento despejou toda a veneração e amor, que o homem mais antigo tinha dedicado ao seu Deus, ao seu senhor invisível e criador, ao "grande ser" - como A. Comte o chamou -, à humanidade. "Deus foi meu primeiro, a razão meu segundo, o homem meu último pensamento" - foi assim que falou também na Alemanha nos anos de 1860 Ludwig Feuerbach. Aquilo que Comte, Feuerbach e Zola denominaram a grande essência da humanidade, portanto, foi aparafusado no céu e transformado em algo sagrado e estranho, do qual só seria possível se aproximar em uma veneração tímida. Em Friedrich Schiller encontra-se - sobretudo nos primórdios de sua criação - um *pathos* análogo, quase religioso, da humanidade. O grito dos ofendidos e de todos aqueles que se sentiram injustamente feridos e humilhados - quer eles tenham sido indivíduos ou povos inteiros - foi dirigido para a humanidade. Onde está, onde estava essa humanidade, que parecia estar até agora regendo acima de todos nós como o *Grand-Être*? A guerra não transcorreu mais - tal como aconteceu com todas as guerras da história até aqui - nela, não mais em uma de suas partes. Ela mesma - a humanidade - estava em guerra. Onde estava aquilo que de resto não sofria, mas que repousava sublime, enquanto povos sofriam? Foi ela mesma - a humanidade - que sofreu com a violência infligida por ela mesma. Onde estava a sede do mal, do que colocava em perigo, onde estava o demoníaco, o elemento parcial rebelde, que atacou um povo e o fez sofrer, para que a humanidade pudesse se armar contra esse elemento a fim de puni-lo? Por mais que os políticos procurem com lupa: ele não está em parte alguma. Pois ele está no próprio todo da humanidade e é a própria humanidade, que sofre sempre novamente os efeitos da violência infligida por ela mesma. Onde está o todo que, se uma parte pegasse a via errada, ainda poderia guiar, ensinar, educar essa parte? Em lugar algum! Pois a humanidade conseguiu dominar tudo o que se achava *sob* ela – luz do sol e todo tipo de energia, planta e animal – só *uma coisa* não: *a si mesma*. Onde está o *Grand-Être*, para o qual os povos olhavam com veneração? Ele se transformou em dor e sangue – e provavelmente não é mais nenhum "grande ser". Trata-se apenas de um pequeno ser, um ser completamente mínimo, que sofre. Pela primeira vez, a humanidade se sente no todo *sozinha*. Ela vê que seu adorado Deus, que ela mesma tinha sido, era um ídolo – o pior de todos os ídolos que jamais existiu – pior ainda do que os deuses feitos de madeira, de mármore e ouro.

Pois exatamente este é o elemento novo no clamor atual pela renovação religiosa, o fato de que a *própria humanidade* o repele e de que, por meio daí, aquele assim chamado Grande-*Être*, que escondeu durante tanto tempo Deus do olhar – do mesmo modo que uma nuvem encobre uma o sol –, é levado pelo vento. De uma maneira inaudita, a humanidade se tornou versada em sua fraqueza, em sua baixeza, em seu caráter torto como lenha (como Kant diz). Por isto, é difícil compreender como é que justamente agora, no momento em que o *Grand-Être* se tornou tão pequeno e – como a lagarta que, esticando sua cabeça sobre a folha, se movimenta – olha à sua volta impotente, à busca de um poder, que poderia ajudá-lo a sair das garras do mecanismo terrível no qual ele caiu, Alfred Loisy[2] consegue escrever um livro que – subestruturado com uma rica erudição em termos de história da religião – procura requentar a religião da humanidade de Comte. "Compromisso" moral – isto seria apenas o sentimento daquilo que devemos ao trabalho da humanidade do passado. *Nós* – devemos algo à humanidade do passado? Pois bem, o que quer que possamos dever a ela, ela – a humanidade do passado – *nos* deve toda a soma de sofrimento humano por parte da juventude experimentado na guerra mundial: ela deve essa soma a nós, uma vez que *ela* provocou a guerra mundial. Sem investigar de maneira mais exata a estranha apari-

2. LOISY, A. *La Religion*. Paris: Emile Nourry, 1917.

ção desse livro algo atrasado, poder-se-ia com certeza dizer: como um primeiro consolo falso para uma religião autêntica, esta *crença positivista na humanidade* entrou em colapso.

Ela precisou entrar em colapso justamente no momento em que a humanidade dividida em povos e Estados mostrou ao menos a *vontade séria* de se corporificar em um laço, que representasse *mais* do que uma mera soma de contratos entre os Estados: em um sujeito conjunto autônomo, que regesse sobre povos e Estados, um sujeito real e dotado com poder, um sujeito que, analogamente ao Estado em relação aos seus cidadãos, procurasse resolver de acordo com normas jurídicas que precisam ser reconhecidas universalmente e as leis jurídicas que lhe são correspondentes todas as contendas entre Estados e povos, obrigando, sob certas circunstâncias, essa ideia corporificada da justiça a entrar nessas leis jurídicas também entre as *partes* da humanidade. Pois justamente essa *corporificação* ético-jurídica realizada pela primeira vez, que o conceito de natureza deve encontrar em um assim chamado laço popular, exclui de maneira tanto mais aguda e enfática a divinização do objeto desse conceito. Somente enquanto a "humanidade" como unidade jurídico-moral se manteve uma mera *utopia* distante, uma imagem onírica e nebulosa iluminadora - no caso mais extremo, uma visão brilhante de um poeta e de um profeta - é que ela pôde se mostrar como este conteúdo onírico cintilante de certos grupos intelectuais como um "substitutivo" da ideia de Deus. A humanidade que se *realizou* na guerra mundial e na guerra da humanidade - a humanidade, que faz a primeira tentativa em sua história de controlar a si mesma e de dirigir segundo uma ordem jurídica suprapopular e supraestatal seus destinos em liberdade, não poderá mais ser vencida por essa ilusão. Já o começo da realização da visão arcaico-originária - sob milhares de obstruções, imperfeições e perturbações como *toda e qualquer* realização - dissipou também o valor religioso aparente da satisfação do conteúdo visionário. Ela dissipa o *Grand-Être* exatamente no mesmo sentido e segundo a mesma lei da alma, de acordo com a qual a concretização do socialismo começou já a afastar o valor aparente de satisfação religiosa da ideia messianicamente matizada do Estado do futuro - segundo o qual toda realização já do mais simples sonho de juventude, por mais perfeita que ela possa ser, afasta a força de iluminação maravilhosa do conteúdo onírico. Pois somente por meio do poder psíquico embelezador da nostalgia, poder esse que mergulha todo conteúdo em um meio indizível de luz e brilho, pode acontecer de, segundo sua essência, conteúdos finitos de nosso pensamento e de nossa intuição assumirem uma força também apenas aparente para preencher também a nostalgia *religiosa* de nosso ânimo e a exigência de nossa razão pela conclusão definitiva de nossa imagem de mundo. A desilusão também se abate sobre a realização completamente adequada do conteúdo das ideias, conteúdo esse que se encontra na nostalgia diante da alma. Pois uma coisa lhe falta como um conteúdo *realizado* em todos os casos: o brilho cintilante, que a própria *nostalgia* tinha difundido sobre ele.

A humanidade realizada, presente em um sujeito conjunto real e realmente efetivo, cessará *definitivamente* de se confundir com Deus. Precisamente essa humanidade, que não possui mais na esfera do direito terreno nada terreno acima de si, que se prepara para alijar até onde for possível o caráter cegamente aproximativo do destino e do acaso das relações entre suas partes, necessitará duplamente de uma visão de uma ordem *eterna* do bem e do justo, segundo a qual ela dará o primeiro grande passo em direção ao domínio verdadeiro sobre si mesma.

Para nós alemães, o positivismo e seu *pathos* religioso da humanidade nunca se mostrou como um poder considerável. Tanto mais ativamente produziram um efeito sobre os círculos dos eruditos aquelas formas múltiplas do *panteísmo*, que nos foram legadas pelo período clássico de nossa filosofia e de nossa arte poética. Em um modo atenuado, diluído, essas formas ressoam ainda entre nós – no fundo *contra* a sensação verdadeira e propriamente dita da vida e do mundo. Com certeza, porém, não se está dizendo muita coisa quando se afirma que este modo de pensar e esta forma de vida idealista-panteísta foram afetados da maneira mais dura possível pelas experiências *essenciais* encontradas na guerra mundial sobre o homem por todos os modos de pensamento, sim, que eles foram abalados até o cerne de suas raízes derradeiras.

Em seu dicionário sobre Spinoza, Pierre Bayle já levanta a questão irônica de saber se Deus não estaria por um acaso em guerra consigo mesmo quando há guerra. O quão mais profundamente, porém, não se estende o abalo do panteísmo do que é insinuado nessa questão! Esse abalo já tinha se preparado no desenvolvimento que o pensamento e o sentimento panteístas assumiram no decurso do século XIX e nas duas primeiras décadas do século XX.

O sistema de pensamentos e de sentimentos do panteísmo baseia-se de algum modo na equação Deus = mundo. Seu primeiro erro é já o pressuposto jamais colocado à prova de que a pluralidade das coisas, forças e relações, que envolvem a nós homens, é *um* mundo (não um número arbitrariamente grande de mundos, tal como nos ensinou desde Demócrito todo materialismo logicamente consequente), e de que eles constituem juntos, além disto, um *mundo* (não um *caos*), ou seja, um todo significativamente ordenado. Pois essa suposição já é ela mesma apoiada na unidade e na superioridade mundana de um *único* Deus criador. Não é apenas historicamente que é possível comprovar a verdade da sentença de Christoph von Sigwart[3], segundo a qual um fruto do monoteísmo filosófico teria sido não se visar mais a intuir regiões causalmente sem contato (do modo como tal apresentação corresponde a todo politeísmo autêntico), mas um único mundo na totalidade ordenado, universalmente coeso: também em termos objetivos e lógicos vale dizer que a suposição de uma unidade e unicidade do mundo só se *segue* a partir da suposição de um único Deus criador. (Também por isto, não é de maneira alguma tão fácil demonstrar a existência de Deus como uma mera causa suprema do "mundo", tal como comumente se supõe.) O mundo é mundo (e não caos) e o mundo só é *um* mundo, se e *porque* ele é mundo de Deus - se e porque *o mesmo* espírito e vontade infinitos se mostram como ativos e vigorosos em todos os entes. Exatamente como a unidade da natureza humana não repousa em primeira linha em características naturais apresentáveis do homem, mas em sua imagem e semelhança de Deus, e a humanidade como um todo só é uma humanidade se todas as pessoas e membros também estiverem ligados entre si jurídica e moralmente em virtude de sua articulação com Deus. Assim, o mundo só é *um* mundo em virtude da unidade

3. Cf. SIGWART, C. *Vermischte Schriften* [Escritos mistos]: "Sobre a finalidade".

de *Deus*. O panteísmo, que já estabelece o caráter de mundo do ente e a unicidade do mundo independentemente de Deus, comete apenas o mesmo erro de uma maneira mais tosca que aqueles que concluem a partir de uma unidade e unicidade já pressupostos de uma subsistência do mundo a existência de Deus. Por isto, compreendemos bem o fato de que o panteísmo, por toda parte onde ele entra em cena na história, nunca é um início, sempre um fim; nunca a aurora de um novo sol da fé, sempre apenas o crepúsculo de um tal sol perecendo. Ele baseia-se constantemente no fato de que se mantêm ainda as consequências de um modo de pensar religiosamente positivo para a consideração do mundo e para o sentimento do mundo, de cujos fundamentos e raízes se esqueceu. Por isto, ele é na maioria das vezes o modo de pensar de eras culturais maduras, sintéticas, concludentes, e pode ser, enquanto tal modo de pensar, dotado de uma generosidade maravilhosa e de uma grandeza harmônica maximamente serena. O Deus panteísta é sempre uma reluzência com frequência bela e quente de uma crença teísta - uma sentença que poucos conheceram de maneira tão profunda quanto Schopenhauer, que concebeu todo o panteísmo de sua época (de Fichte, de Schelling e de Hegel) como um resto de modos de crença teístas - naturalmente ridicularizando-o justamente por isto de maneira tão áspera. Em épocas de viradas históricas catastrofais e de renascimentos, o panteísmo não fracassa apenas diante da razão - diante da qual ele sempre fracassou -, mas também fracassa como forma de satisfação de necessidades religiosas. Em épocas assim constituídas, ele também fracassa em virtude de seu anseio por equilíbrio e harmonização, que não abre nenhum espaço para o ou-ou moral, que tais épocas têm por forma vivencial.

O panteísmo pode conquistar a sua equação de Deus e mundo a partir de uma ideia de mundo anteriormente *dada* ou a partir de uma ideia de Deus previamente dada. A nova compreensão mais profunda da filosofia spinozista, que tinha começado a se conformar pela primeira vez na contenda de Jacobi com Lessing sobre Spinoza e que tinha ficado clara e amadurecido já na sentença de Novalis sobre o "Spinoza embriagado com Deus", ganhou uma formulação plena na afirmação de Hegel de que a doutrina de Spinoza não era de maneira alguma "ateísmo" (como o século XVIII tinha pensado juntamente com Frederico, o grande), mas de que essa doutrina representava muito mais uma espécie de *acosmismo*. Embriagado de Deus, o apóstata judeu desconsiderou o próprio direito, o próprio poder, a existência substancial do mundo. Sua identificação é a identificação do mundo com Deus, não de Deus com o mundo. E a mesma direção do pensamento e do sentimento panteístas borbulhou em meio aos sonhos arrojados de Giordano Bruno e se manteve no fundo também no panteísmo racional determinado dinâmica e historicamente da escola especulativa alemã. Hegel e a "direita" hegeliana, que seguiu de maneira exata o "mestre", por exemplo, não pensou em negar a divindade de Cristo - no sentido de Renan, Strauss, Feuerbach e a "teologia liberal" posterior. Eles mantiveram muito mais a intuição e o conteúdo sentimental da doutrina da encarnação e do princípio da consubstancialidade, mas degradaram Cristo (praticamente) a um mero *mestre*, que reconheceu em si pela primeira vez uma relação com Deus que advém à alma humana. Em lugar do ato redentor pessoal de Cristo, portanto, entra em cena um mero conhecimento; em lugar da doutrina das duas naturezas e do caráter divinamente sublime de Cristo acima de todos os homens entra em cena a negação da natureza humana autônoma e a (suposta) elevação de todo homem ao nível justamente da mesma filiação de Deus, que Cristo teria apenas reconhecido pela primeira vez. Assim, a religião cristã transformou-se para eles apenas na "autoconsciência consumada de Deus no homem".

Por mais fundamentalmente falso que o panteísmo possa ser em *cada uma* de suas formas, no interior dos panteísmos é preciso distinguir de qualquer modo uma forma *nobre* e uma *vulgar*. E essas formas coincidem com a forma essencialmente acosmística e com a forma direcionada de maneira essencialmente ateísta. Essa distinção é em primeiro lugar uma distinção do direcionamento dinâmico do movimento, por meio do qual o espírito alcança a equação mundo = Deus. Caso façamos essa distinção, então vem à tona para o direcionamento do desdobramento do panteísmo até o começo da guerra mundial o seguinte: *o panteísmo tende cada vez mais a passar de sua forma nobre para a sua forma vulgar, do acosmismo para o ateísmo*. De maneira totalmente manifesta, isto é válido para o assim chamado monismo (de Haeckel, de Ostwald etc.) e para seus adeptos. Não precisamos perder nenhuma palavra com isto. Mas a sentença também é válida (ainda que menos facilmente visível e menos toscamente) para os sistemas de crenças e de pensamentos filosóficos constituídos de maneira mais elevada, que se formaram depois da era do materialismo. Portanto, também vale para sistemas de ideias como aqueles de Fechner, Paulsen, W. Wundt – e até mesmo para o fio derradeiramente puído do pensamento panteísta de Deus que, com uma roupagem idealisticamente elegante, assume nas múltiplas doutrinas de nossa filosofia acadêmica sobre a subsistência ou (em outros) sobre a mera "validade" e pressuposto mundano de uma assim chamada "consciência em geral". Também as doutrinas, que – historicamente – remontam à teoria kantiana da razão, em particular à sua doutrina da apercepção sintética transcendental (também o panteísmo de J.G. Fichte em seu período de juventude e o sistema de pensamento de Hegel tinham partido dela), possuem a característica segura do panteísmo: a individualidade espiritual do homem é ou bem transposta, como em Averróis, para a restrição que o corpo estabelece para o sujeito idêntico cognoscente em todos os homens, ou bem ela é transposta para o mero *conteúdo* fenomenal casual da consciência empírica.

Esta direção de desenvolvimento do panteísmo não pode nos surpreender. O panteísmo podia – para além de atrelamentos particulares – por assim dizer expressar a formulação religiosa da substância da cultura alemã, enquanto a vida espiritual da nação estava voltada de maneira unilateral e como que perdida em sonhos para um mundo espiritual ideal tomado como a verdadeira terra natal do alemão confundido com o "homem" – enquanto a nação se soube e se sentiu em primeiro lugar como nação cultural; enquanto, além disto, havia ainda uma "arte e uma ciência", das quais ainda se podia achar com algum *sentido* que quem as possuísse possuiria já religião, e que só quem se achasse excluído da aristocracia cultural teria que se sujeitar, segundo a famosa sentença de Goethe, ao ditado: "Quem não possui as duas (a arte e a ciência / M.S.), que tenha religião!" Pois assim como essa arte era uma arte de ideias em si pouco diferenciadas, essa "ciência" era uma ciência *cultural* sintética com um matiz fortemente teológico (a maioria dos filósofos especulativos alemães também era composta por teólogos protestantes mais antigos). Dizer algo semelhante da arte e da ciência *do trabalho e da pesquisa* de nosso tempo, uma ciência diferenciada ao extremo, não seria apenas falso - o que também é a sentença de Goethe: seria absurdo e ridículo. Portanto, se estas tradições panteístas alemãs descerem ao *nosso* mundo, elas precisarão se transformar como que por si mesmas em uma *mentira* coloridamente viva - em uma forma de escapar de toda realidade de maneira ilusionista.

Já a partir da copertinência interna dos panteísmos idealista e acosmista alemães com um nível cultural em todos os aspectos superado do povo alemão, é possível mensurar o fato de que as múltiplas tentativas de restauração deste sistema de pensamentos no interior de nossa filosofia acadêmica não se mostrariam como auspiciosas como um fomento autêntico e uma fundamentação firme nem da *filosofia*, nem da *religião*. É completamente indiferente saber se essas tentativas são feitas em relação a Fichte, a Hegel ou a Schelling. Um novo contato intuitivo e pensante vivo com os fatos e objetos da filosofia - com as constantes essenciais do universo, com sua ordem e seu nexo - é por princípio impedido por tal tradicionalismo, assim como uma aplicação na religião do conteúdo essencial desvelado na história da humanidade desde esta época, da experiência de mundo. Além disto, este tipo de filosofia artificialmente restauradora acaba necessariamente bloqueando a pesquisa filosófica na sua relação com toda a colaboração dos filósofos de povos diversos. Pois a vinculação nacionalmente alemã encontra-se profundamente encravada na natureza dessa filosofia como um construto histórico. Mas a vinculação nacional se encontra, por outro lado, na essência do panteísmo como uma religião *cultural* enquanto tal - sem levar em conta se esse panteísmo *pretende* ser nacional ou não. E a forma sociológica das "escolas filosóficas" como lugar de sua aparição possível não reside menos na essência desses panteísmos como *filosofias sistemáticas* fechadas. O sistema filosófico como ideal de uma filosofia no sentido em que era aspirado pelos pensadores da especulação alemã, porém, foi imediatamente abandonado por nós, quando alcançamos na teoria do conhecimento a negação da asserção, segundo a qual a própria razão (como quintessência de todo *a priori* do ato) constituía um sistema fechado; quando afirmamos inversamente que haveria uma *funcionalização* dos conteúdos da intuição das essências e, com isto, um *crescimento* verdadeiro do espírito humano junto à e na sua história - um crescimento, que é fundamentalmente diverso de todo acúmulo de fatos empíricos contingentes em um nível a cada vez *dado* das estruturas de atos *a priori* objetivamente dotados de sentido desse espírito. Esta, porém, é nossa afirmação - que, em um outro lugar, deve receber uma fundamentação mais exata[4]. O "sistema" como forma é ele mesmo uma consequência do subjetivismo transcendental de todos esses sistemas diversos em termos de conteúdo. Nesta medida, já a forma de sistema - que exclui no fundo toda cooperação no solo da filosofia, a cooperação das gerações no tempo tanto quanto a cooperação dos grupos de pensamento - é a consequência de uma afirmação de conteúdo dessas filosofias, que se encontra conjuntamente à base delas. Se o espírito humano não cresce, em verdade, entremeado enquanto tal - portanto, não apenas como a reunião de suas invenções e realizações - mas *na história* de seus diversos portadores reais, a saber, no descerramento de um número cada vez maior de novas intuições essenciais, e se *este* tipo de crescimento é independente da eventual constância biológica ou da transformação do gênero natural humano, então uma filosofia idealmente verdadeira como *sistema* não tem como ser em geral esperada. Sim, se tem o direito de dizer, então, que uma filosofia sistemática já é falsa *enquanto* filosofia sistemática, respectivamente com base nessa forma - independentemente de como seria seu conteúdo; ou que ela é uma "vontade de mentira", como Nietzsche disse certa vez de maneira muito feliz.

Mas o pensamento panteísta também aponta ainda para uma outra direção do desenvolvimento muito característica. Para manter, apesar da torrente imensurável das novas realidades da própria história em seu transcurso e não menos das realidades, que a ciência da natureza e a ciência histórica descobriram e investigaram,

---

4. Em relação à "funcionalização" e ao crescimento do espírito, cf. na seção 2 em seguida o capítulo "Crescimento e decréscimo do conhecimento natural de Deus".

a relação mundo = Deus contra o teísmo e o ateísmo, foi preciso assumir na ideia do fundamento panteísta do mundo uma série sempre crescente de fatores *irracionais*, não divinos, sim, por fim, *anti*divinos. Já em Hegel - o romântico da lógica - movimento e contradição, devir e desenvolvimento (ainda que ele não tenha querido dar expressão a isto) foram acolhidos concomitantemente na ideia de Deus, se é que a história do mundo devia poder ser apresentada como processo da explicação da ideia de Deus, um processo como o qual esse panteísta histórico a concebe[5]. Depois do fracasso da revolução de 1848 e das desilusões do período restaurador subsequente, que a obra de Schopenhauer, em um primeiro momento completamente desconsiderada, ajudou a introduzir nas massas dos eruditos, o panteísmo - sob a conservação do erro fundamental *monista* - se tornou até mesmo *en passant* um pandemonismo. Pois a "vontade" de Schopenhauer não é um Deus - nem tampouco um Deus panteísta -, mas um demônio sombrio. Ele permaneceu de qualquer modo, porém, ainda um pandemonismo sob pressupostos *valorativos cristãos* ou ao menos semelhantes à ética cristã; isto é: o fundamento do mundo afirmado por Schopenhauer - aquela "inclinação" cega, eternamente inquieta para o ser e para a vida, que ele denomina "vontade" - foi considerado pelo pensador solitário, que se encontrava com uma perna ainda na *velha* Alemanha humanista, mas com a outra já na nova Alemanha realista, ainda como algo ruim, selvagem, terrível, ou seja, como algo a ser superado por meio da *negação* da vontade de vida em meio à ascese e à visão. Somente Nietzsche e, apenas de uma forma algo atenuada e gálica, Henri Bergson ousaram não se queixar de maneira pessimista do fundamento do mundo, tolerando-o resignadamente ou fugindo dele asceticamente como Schopenhauer; e justamente *do mesmo modo* que Schopenhauer já tinha vivenciado e visualizado como o *seu* fundamento do mundo - aquele poder estimulante, ávido, demoníaco, trazendo à tona figuras cada vez mais novas e cada vez mais coloridas da existên-

---

5. Por outro lado, o erro e o mal precisaram denegar sua verdadeira natureza e se satisfazer em se deixar reconstruir como um estímulo *necessário* sempre novo para a realização do bem e do verdadeiro, por mais que a mera *história do mundo* devesse conter em si o juízo final.

cia. Ao contrário, eles afirmaram, louvaram e exigiram do homem que ele se precipitasse integralmente nesse poder - que desse um salto de cabeça como em uma corrente caudalosa. Para tanto, o *sistema valorativo* precisava ser naturalmente alterado de maneira fundamental, ou seja, toda a moral cristã tanto quanto toda a moral humanitária precisavam ser fundamentalmente negadas. É este novo estabelecimento de valores - não a concepção metafísica enquanto tal - que distingue Nietzsche de Schopenhauer. Nietzsche designou certa vez o "pessimismo dionisíaco" - presente em termos estéticos e históricos, mas de maneira suave e aprática também em Jakob Burckhardt e no amigo de Nietzsche Erwin Rohde como concepção da história - como o seu *ipsissimum*. Justamente aquilo que Schopenhauer lastimava de modo cristão, Nietzsche elogia agora dionisiacamente. Como a expressão filosófica mais exata do *esprit nouveau* da juventude francesa antes da guerra[6], o "élan vital" de Bergson e seu "desenvolvimento criador" - no fundo apenas uma contradição lógica, uma vez que desenvolvimento e criação são termos essencialmente diversos - é no mínimo muito semelhante a esse pessimismo dionisíaco - não apenas como panteísmo irracional, mas também no novo acento valorativo positivo, que as duas ideias possuem. Por fim, Eduard von Hartmann, que formulou da maneira mais profunda e mais abrangente possível - mas sem originalidade metafísica - o pensamento panteísta a partir do ponto de vista lógico e que mensurou esse pensamento a partir da plenitude e da extensão, na qual toda a história da visão de mundo e da filosofia é elaborada nele, precisou acolher já antes da aparição de Nietzsche e de Bergson um fator *dinâmico* absolutamente *cego* em sua ideia de Deus despida dos traços característicos da consciência do amor, da bondade, a fim de manter a equação panteísta-monoteísta contra o teísmo e o ateísmo. Mas a obra do pensador sincrético por demais erudito nunca se tornou propriamente viva e efetiva e pode ser aqui deixada de lado - aqui onde seus méritos puramente filosóficos muito significativos não têm como ser louvados em outras áreas.

Se não considerarmos apenas as correntes filosóficas de pensamento com vistas ao seu valor de verdade, mas também como índice

6. Cf. CURTIUS, E.R. "O preparador do caminho literário da nova França", 1919. Kiepenheuer.

de um desenvolvimento histórico da vida, então poderemos experimentar muitas coisas a partir desta direção de desenvolvimento do pensamento panteísta. Em primeiro lugar, vê-se o quanto o Deus panteísta permite que se fale com Ele - mais do que cabe a um deus. Ele se acomoda às correntes alternantes da vida histórica - tal como o são os "homens cultos", os portadores desta "religião cultural"; Ele faz uma cara ora rigidamente geométrica, ora feliz e embriagada pelo devir, ora uma cara tristemente sofredora e macerada pela paixão, ora uma dionisiacamente marcada pelo júbilo no sofrimento e na entrega à paixão. Toda dignidade e todo caráter sublime acima do tempo e da moda, que advêm mesmo aos deuses politeístas, falta a este Proteus eternamente em mudança. Vemos, além disto, como neste processo o pensamento panteísta, a postura psíquica panteísta se dispõe a por assim dizer se autoconsumir. O panteísmo do século XIX não é apenas um Proteus, ele também é sua própria autodissolução. Panteísmo, pandemonismo, pansatanismo - e autoimolação nas chamas da guerra mundial: este é o seu curso.

Foi com razão que o historiador da literatura Walzel constatou há algum tempo o fato de, nessa literatura - neste grito ora nobre, ora vulgar de uma juventude aniquilada, enojada - o *sentimento* panteísta do mundo ter perdido todo tipo de significado. Nesta medida, nós alemães de hoje - apesar de todas as tentativas de restauração literária, tal como toda guerra sempre traz consigo como uma elevação desejada da continuidade cultural do povo - alcançamos o *maior* distanciamento de nossos clássicos - filósofos e poetas - que jamais foi alcançado. Como forma da consciência religiosa, o panteísmo em todas as suas formas também é - abstraindo-se de seus erros - tão desprovido de futuro quanto a crença positivista na humanidade. Sim, ele é a forma mais esvaziada entre todas as formas de consciência religiosa da Europa. Segundo os seus dogmas e conteúdos de pensamento, assim como segundo sua forma sociológica essencial, ele é a religião de uma aristocracia cultural nacional consciente, que se coloca contra o "povo". Mesmo a onda democrático-sentimental do tempo o levaria para o túmulo - se ele mesmo já não tivesse se enterrado.

Se estes dois mundos de ideias, o positivista e o panteísta, não conseguem dar *nenhuma* resposta ao clamor por uma renovação religiosa, então o que esse clamor significa então? Ele pode significar muitas coisas, mas também pode ser passageiro como o pedido de ajuda de um homem que, exposto ao mais extremo perigo de vida por afogamento, permanece *sem* resposta. Pois por mais violentos que possam ser uma inclinação, uma necessidade, uma falha profundamente sentida, um vazio no coração que gostaria de ser preenchido: a própria inclinação, a própria necessidade *não* possuem a força para apresentar os meios de sua satisfação. Quis-se transformar a necessidade, a falta, a indigência em elemento criador da cultura e da civilização técnica[7]. O grande fisiólogo A. Pflüger chegou mesmo a tentar demonstrar para a vida do organismo corporal o princípio de que toda necessidade seria por fim a causa de sua própria satisfação. Lamarck constrói sobre um princípio semelhante toda a sua teoria do desenvolvimento. Diz-se também: "A necessidade ensina a orar"; e, em particular junto aos alemães, adora-se tradicionalmente por demais acreditar na e apelar para a força criativa da necessidade "sagrada". Em *nenhum* âmbito dos valores humanos, contudo, esse princípio é verdadeiro no sentido em que se costuma tê-lo em vista. E é no solo da religião que ele é *menos* verdadeiro.

No que concerne à cultura superior, as criações livres do espírito, a filosofia e a arte, nunca vêm à tona a partir da indigência, da falta, mas sim a partir do ócio livre. Isto é algo que os antigos já sabiam. Mesmo a formação dos instrumentos técnicos, para os quais a indigência e a falta significam consideravelmente mais, a indigência só é capaz de evocar algo no sentido de que a escolha da direção da *atividade inventiva* do espírito – que, porém, já sempre precisa estar ela mesma presente – é por ela dirigida. Mesmo neste caso, no entanto, as próprias assim chamadas "necessidades", que são satisfeitas por meio do instrumento ou por meio da máquina, *surgiram historicamente* – e, em verdade, elas surgiram por meio de adaptação da vida pulsional aos tipos de bens, que já se achavam presentes enquanto tipos antes delas; que, portanto, já tinham sido formadas antes de a respectiva necessidade se fazer presente;

---

7. Cf. a crítica a todos os tipos de "teoria da indigência e da necessidade" em *Der Formalismus in der Ethik und die materiale Wertethik* [O formalismo na ética e a ética material dos valores], seção V. 4 ed., 1954, p. 326s.)

junto a bens que, por fim, *não* provieram de necessidades, mas da força criativa positiva e livre do espírito. Quase tudo o que se mostra hoje como uma necessidade das massas foi outrora um luxo para poucos.

Quanto mais elevadamente ascendemos a partir dos valores utilitários no interior do reino dos valores, tanto mais *equivocada* se mostra em relação a essa ascensão aquele princípio. Por isto, justamente onde o que está em questão são os bens *mais elevados*, os bens *religiosos, verdadeiramente sagrados*, é justamente aí que ele mais induz em erro. Com certeza: a indigência ensina a orar. Mas o ato fundamental do ânimo, por meio do qual abrimos os olhos pela primeira vez para o Eterno, para podermos orar pela primeira vez para Ele, o ato do *louvor*, e, mais ainda, os atos da veneração e da entrega - não são ensinados pela indigência. E, contudo, não há absolutamente nenhuma oração sem um louvor precedente: nem a oração na qual fazemos pedidos, nem a oração na qual agradecemos, nem em qualquer outro tipo de oração. Mas o que a pura indigência, o vazio e a falta menos nos dizem é algo sobre aquilo *que* louvamos, para o que e o que devemos louvar e de que maneira. Há na África tribos de negros, que moram em torno de lagos ricos em peixes e que, apesar disso, acabam morrendo em grande número na mais pesada indigência e fome, uma vez que a pesada indigência não conseguiu estimular a invenção de uma vara de pescar. É muito mais fácil pensar antes que essa necessidade violenta por renovação religiosa permaneceria *sem* uma consequência positiva. Este grito de socorro só poderá significar muito se ele conseguir colocar em movimento e em atividade as correntes fontais religiosas positivas no homem, se ele trouxer nossa razão na direção da ideia de Deus para uma nova vivacidade e abrir nosso olho espiritual para os bens positivos da revelação e da graça, que já *estão presentes* no mundo e para os quais quantidades tão grandes de homens estavam como que cegas. É isto que pode, é isto que deve realizar a indigência, o vazio do coração, a falta; e, nesta medida, eles são sinais violentos das chamas que conclamam nossa alma a buscar. *Mais*, porém, eles não conseguem realizar. Pois é assim que esse mundo e a natureza humana se encontram por toda parte constituídos: as forças pulsionais de tipo natural respectivamente mais baixas podem certamente desencadear atividades de um tipo mais elevado, mas não criá-las; conclamar a buscar, mas não *necessariamente* deixar encontrar. O criador, aquele que encontra é sempre uma força espiritual mais elevada, que atua segundo a sua própria lei interna e que não toma de empréstimo nada em termos de meta, lei, conteúdo ou ideia daquilo que ele apenas coloca em movimento.

Assim, o "entendimento" que opera nas ciências exatas e que repensa radicalmente ou que busca repensar radicalmente da maneira mais abrangente possível os fenômenos do mundo interno e externo, transformando-os em funções dependentes de um mecanismo de movimento, é determinado inteiramente ainda pelo valor fundamental de um ser vivo em geral para visar à maior dominabilidade e dirigibilidade possíveis das coisas por meio do querer e do agir desse ser vivo. Ao mesmo tempo, porém, ele também é restrito e limitado por meio daí. O "entendimento" ainda se encontra a serviço do grande estado de indigência vital. Não o mundo, apenas o *mundo circundante* do homem é seu objeto. Pois só na medida em que o mundo possui o mesmo modo de ser que um mecanismo perfeito, o mundo circundante se deixa guiar e dominar por atos possíveis do movimento de um ser vivo, ou, indo além, por meio de instrumentos, máquinas – em suma, por meio da técnica. Por isto, porém, o mundo não *seria* mais do que um jogo de bilhar muito intrincado? De modo algum. Já a *razão*, que forma a nossa imagem de mundo *filosófica* e que se liberta desta posição de serviço em relação ao grande estado de indigência vital, que não poderia mais fornecer uma imagem do mundo para o *domínio* das coisas, mas apenas para o seu *conhecimento adequado*, que não visualiza o mundo a partir de baixo, mas também a partir de cima, consegue nos mostrar que todos os mecanismos possíveis e, com isto, também todo o mecanismo do mundo se encontram a serviço de atividades *que concretizam formas, metas e valores*, por meio das quais atua um nexo de ideias. Forças ainda mais elevadas do que a razão, contudo – *revelação* e *graça* –, lançam luz pela primeira vez para nós sobre a essência interna de Deus e trazem força para nós a partir dessa luz: uma luz e uma força que não são visualizadas pela razão e que nós não ganhamos. A razão consegue mostrar ainda para nós a sua necessidade essencial, seus critérios, *se* algo universalmente válido, onipotente e onisciente já se acha comprovado no fundo das coisas. O conteúdo da revelação, no entanto, reside acima da envergadura da razão. Nós temos de acolhê-lo no ato livre da crença. Assim, a grande indigência vital desencadeia a atividade do entendimento e dá para ela sua meta e a direção de seus questionamentos. Assim, a obra do entendimento desencadeia a atividade da razão e apresenta ao mesmo tempo para ela a questão, para cujas *metas* este mecanismo está presente; que ideias e valores eternos e que sistema de tais ideias e valores se realizam nela. E, assim, a própria razão, concernida em *seus* limites essenciais - não, por exemplo, apenas no limite de suas obras até aqui - desencadeia o olhar para uma manifestação possível e conclama nosso coração a buscar tal manifestação. Nesta riqueza gradual, que corresponde à própria essência do homem, o inferior tem de se submeter *livremente* ao superior, uma vez que a submissão acontece a partir da intelecção positiva rigorosa de seus próprios limites; e é somente na medida em que ele *serve livremente* ao que se mostra a cada vez como superior, que ele mesmo consegue conservar toda a *sua* liberdade plena no interior de *sua* esfera. Em contrapartida, onde procura ultrapassar essa esfera, onde procura dominar o mais elevado, ao invés de servir livremente a ele, ele se torna o escravo forçado do inferior.

Com o que foi dito já está insinuado aquilo que o clamor pela renovação religiosa não pode significar de modo *nenhum*: a saber, um clamor pela renovação ou pela inovação da religião a partir da pura indigência. Buscar a religião, não no sentido meramente da castidade ou do atrelamento interno a uma religião positiva dada, mas no sentido de novas ideias de crença sobre o próprio âmbito positivo dos objetos, é uma postura que desconhece completamente a situação mundial do homem atual. A ideia falsa da força inventiva, criadora ou mesmo descobridora da indigência levou infelizmente uma grande quantidade de homens atualmente à opinião de que a guerra mundial precisaria gerar por si uma espécie de *nova religião* ou mesmo uma nova fase de desenvolvimento da religião, uma palavra por assim dizer maravilhosa e estalando de nova como resposta à questão inicialmente descrita da humanidade sofredora.

Esta representação é normalmente alimentada por certas reflexões sobre o cristianismo.

O cristianismo em geral, dizem uns, entrou em falência; ao menos as igrejas cristãs, dizem os outros; esta e aquela igreja, diz um terceiro grupo – teses que já tinham sido apresentadas antes e muito tempo antes da guerra. Só *uma* voz mais antiga falta hoje quase completamente: a voz que afirma que a própria religião teria entrado em falência, que ela é um atavismo do desenvolvimento histórico. A falta dessa voz mostra que temos de esperar por uma era extremamente *viva* em termos religiosos, uma era de lutas espirituais de um tipo completamente novo em torno da religião. Justamente por isto, contudo, ela também será uma era, na qual toda religião e toda igreja positivas dadas precisarão deixar de ser apenas um castelo de gelo para antigas verdades – como se expressou recentemente um teólogo suíço. Nenhuma posição eclesiasticamente religiosa – caso ela não queira abdicar completamente de si mesma – poderá se satisfazer em querer apenas se afirmar; todas precisarão muito mais se empenhar em mostrar e em conservar o seu valor predominante também positivamente para o mundo. Essa com certeza é uma situação nova, que ninguém tem o direito de ocultar para si: quem quiser hoje apenas *conservar* a sua posição religiosa, no máximo defendendo-a; quem não ousar ver nela o recurso positivo para a humanidade sofredora e procurar em um amor feliz doar a ela esse recurso, também *não* alcançará esta meta mais modesta da autoconservação. Sua tarefa desaparecerá do solo da terra – segundo todo o cálculo humano. Pois é assim que as coisas se encontram: a indiferença de massas mais numerosas e das mais numerosas massas, mesmo a incredulidade e a heresia, a superstição e a crendice nunca foram um perigo real – derradeiro para a existência de uma religião e de uma igreja positiva. Antes o contrário: nada apoiou e manteve de maneira tão poderosa precisamente o elemento apodrecido, o efetivamente caduco, aquilo com o que só se estava habituado e que se seguia à inércia na esfera eclesiasticamente religiosa como, por exemplo, a indiferença e a descrença, em particular dos eruditos. Para uma religião positiva, só há um verdadeiro perigo possível para a sua existência: trata-se do entusiasmo maior e da força de fé mais profunda dos portadores de uma *outra religião*. Justamente esta indiferença cética e esta descrença possibilitaram também que as igrejas tivessem podido experimentar antes da guerra uma situação proporcionalmente tão confortável e tão satisfeita para se "conservar". Em uma situação temporal, contudo, na qual a negação infrutífera da descrença e a cansada pseudotolerância do indiferentismo terão cessado, na qual a religião será reconhecida e tomada uma vez mais por todos os lados como aquilo que ela é - como o assunto principal do homem -, esse conforto deixará de se fazer presente. E, com ele, interrompe-se a mera postura da proteção penosa dos limites dos próprios valores e ideias, do autoencapsular-se mais hermético e rígido possível na cápsula de organizações e espaços de isolamento fechados. Só uma alternativa continua vigendo então: ou bem se abrir e *entregar*, doar e distribuir com braços abertos e auxiliadores algo à humanidade, curando a ferida aberta de seu coração, ou esperar que o mundo que anseia de maneira febril por religião suponha que não se tem nada a dar, que as pessoas não se sabem mais completamente em meio ao elemento verdadeiro, justo, bom - em suma, em meio à posse verdadeira das verdades divinas. No último caso, contudo, é preciso esperar também que esta convicção dissolutora também penetre nas próprias fileiras e que a mera política de conservação - este gesto de um espírito orgulhoso - também permita que se aniquile aquilo que se queria conservar. Uma religião positiva, que não se coloca hoje em uma posição missionária neste sentido e não presta de qualquer maneira um testemunho novo e vivo em favor de uma coisa, está com certeza condenada ao fracasso nas lutas espirituais pelas quais temos de esperar. Cada um precisa - não no sentido da força e do poder externos, mas no sentido das demonstrações "do espírito e da força" - vencer *ou* sucumbir. Uma terceira opção não é mais possível. Quem não tem *nada* a dar *neste* evento mundial, também perderá aquilo que até aqui possuía.

Duas outras coisas ainda podem contribuir para a característica da nova situação.

Disse que também se gostava de falar de "*falência do cristianismo*" nos mesmos círculos em que se compreende a renovação religiosa no sentido da exigência de uma nova religião. Caso a cisão do ato subjetivo da fé se torne confusa por conta dos bens objetivos de fé do cristianismo e caso não se consiga penetrar na confusão das mais profundas causas do fogo que tomou conta do mundo, então este juízo não é tão incompreensível. Em *um* ponto parcial de seu princípio plurissignificativo obscuro, eles têm até mesmo razão. Caso as coisas estivessem tão boas e primorosas em relação ao cristianismo no sentido da crença subjetiva e em relação à administração humana das formações eclesiásticas nas quais ele vive, tal como nos foi assegurado tão frequentemente por alguns crentes, poder-se-ia dizer sinceramente que a civilização europeia moderna dos últimos séculos teria sido uma civilização *cristã* em suas raízes vitais universais - mas quem conseguiria, então, ousar seriamente abalar o princípio aniquilador da religião cristã acerca da falência do cristianismo mesmo como um conteúdo objetivo de sentido? Isto é de qualquer modo claro como o sol: caso a doutrina do cristianismo efetivamente *imperasse* no tempo, nos povos, em meio às suas instituições e costumes, que geraram esta guerra, ou caso ele fosse neles ainda o poder vital espiritual *condutor*, então - até onde a razão consegue ver - o *cristianismo* também seria condenado *como religião positiva*. O cristianismo autêntico só é e só pode ser verdadeiro e divino na medida em que não dominava neste tempo, mas se mostrava aí como *velado* e *reprimido*. Reconhecer sua verdade e divindade também encerra, portanto, a demonstração concomitantemente negativa de que as causas veladas do fogo que tomou conta do mundo possuem sua sede justamente lá onde o cristianismo foi repelido ou alijado como crença subjetiva - em suma, não na Europa cristã, mas na Europa extracristã, na Europa *anticristã*. E isto também implica a admissão das igrejas de que elas eram internamente muito mais fracas do que tinham pensado antigamente - seja por sua própria culpa ou por uma culpa alheia ou pelos dois juntos. Portanto, é completamente impossível demonstrar as duas coisas: que a Europa antes da guerra teria sido um *círculo cultural* verdadeiramente cristão e que o cristianismo *não* teria entrado em falência; que as igrejas ou ao menos as verdadeiras igrejas em sua associação teriam estado internamente em um estado ainda que apenas medianamente normal e externamente no estado de uma fonte plena de poder que garantia sua dignidade e que o cristianismo *não* entrou em falência. Ao contrário, vale o seguinte: se as igrejas estavam em um estado tão bom, então o cristianismo *entrou* em falência e, com ele, também a Igreja, que se deriva da dignidade e autoridade de Cristo com um direito derradeiro.

Assim, o clamor acerca da falência do cristianismo contém certamente uma contraexplicação justificada em relação a tantos falsos guardiões de Sião, que não puderam descrever de maneira suficientemente otimista o estado da Igreja e a existência da consciência cristã na Europa - na maioria das vezes naturalmente apenas com gestos nacionalmente farisaicos naqueles países e povos, dos quais eles mesmos faziam parte. Foi em virtude do poder, do qual eles se acostumaram a participar, que eles inventaram todo um sistema de entorpecimento de sua consciência moral cristã, e não em virtude das eternas pretensões cristãs. Foi para conservar seu poder e viver agora como antes de maneira confortável, que eles declaram a Europa - ou de qualquer modo seu país - como um círculo que continuava sendo cristão - em seu "cerne". Portanto, caso os guardiões de Sião tivessem razão em seus enunciados - então o cristianismo *teria* entrado em falência. Quer as paixões nacionais, o espírito capitalista da burguesia europeia e das massas trabalhadoras; quer o sistema da desconfiança mútua radical e a febre armamentista aí fundada que dominou a política real dos Estados europeus até o começo da guerra e mesmo as teorias sobre o Estado e a sociedade, febre essa que ainda se mostra agora como dominante; quer a impertinência ateia do discurso do imperialismo sobre a "distribuição da superfície terrestre", sem levar em consideração a solidariedade da Europa e os direitos do mundo dos povos extraeuropeus e extra-americanos à existência - quer todas essas forças essenciais da Europa moderna que conduziram à guerra mundial sejam compatíveis com o espírito cristão, quer elas sejam apenas "excrescências" de aspirações vigorosas e justificadas, mas não *reversões e escárnios amaldiçoáveis* do cristianismo que descem até o cerne da existência europeia, então o cristianismo terá entrado em falência. Ou bem se admite uma *decadência* ampla e profunda da *Europa em relação ao cristianismo*, reconhecendo a fraqueza de seus representantes e, respectivamente, a sua adaptação religiosamente maldita ao espírito anticristão, ou se admite a falência do cristianismo! É preciso *escolher* uma dessas duas alternativas. Este julgamento também é completamente independente da *questão da culpa* dos partidos envolvidos na guerra. Esse julgamento não se acha a favor, não se acha contra a Alemanha, não é pró, nem contra a França ou a Inglaterra etc. O que me importa *quem,* que pessoa em uma família, da qual já vejo a distância que ela se encontra como um todo internamente apodrecida e corrompida, que seu estado conjunto está degradado, que abre um rosto largo de um ódio palpável e de uma perturbação brutal em minha direção em todas as paredes e cadeiras, em todas as imagens e armários – o que me importa neste caso *quem* tem a assim chamada culpa! Ninguém e todos, todos dirão, na medida em que olharem profundamente para o interior das almas e das relações dessa família. Na superfície, a culpa é sempre unilateral – na profundidade sempre mútua; assim como o mundo teoricamente na superfície sempre se mostra apenas como uma relação unidimensional de causa e efeito, na profundidade como ação alternante pluridimensional.

Há um grau de degradação dos estados humanos conjuntos, no qual a ponderação da culpa individual se torna uma criancice. Strindberg – tão grande no espírito quanto brutal e feio na alma; exatamente por isto, porém, o expoente poético mais puro de seu tempo, um dos resumos mais perfeitos dos instintos fundamentais da Europa moderna, e, justamente *por isto,* graças à tragédia do poeta de um tempo maldito que se vê conclamado a ser a expressão desse tempo, necessariamente tão feio e brutal – escreveu uma peça com o título *Scheiterhaufen* (Fogueira): uma família do tipo da que descrevi anteriormente mergulha em chamas juntamente com sua casa. Aquele de seus filhos, que mais sofre com a degradação, para a qual ele se sabe arrastado juntamente com sua vida e como que sufocado por ela, é quem coloca fogo na casa, para excluir do mundo toda a degradação indivisível e única dessa casa – e, com isto, aniquilar ainda sua própria vida e seu próprio nojo. Tal como um símbolo plástico, os espectadores dessa peça tão encenada no período da guerra viram no destino esquiliano dessa casa o destino da Europa retratado. Exatamente este é o juízo do japonês que fala do haraquiri da Europa.

Naturalmente, é falso e tolo confundir e misturar as *situações do olhar* com os eventos. O político precisa pensar de maneira diversa do homem religioso e do homem que exige uma transformação dos sentidos. O político pode discutir a "culpa" pela guerra mundial no sentido da culpa partidária. Ele precisa até mesmo fazê-lo. Eu não o impeço de fazer isto. Não se deve confundir da maneira mais ridícula possível a questão acerca da situação religiosa e moral da Europa como um todo com coisas de uma ordem de grandeza e de uma ordem valorativa totalmente diversas, com questões da reordenação política de suas partes. Não se deve falar como um religioso, onde o político é que deve falar. Alguns entre nós, que só veem de maneira por demais unilateral a culpa alemã, onde está presente em verdade uma culpa europeia conjunta, confundiram essas coisas. Mas se este comportamento é ridículo e de mau gosto, se ele presta um testemunho sobre uma estrutura interna falha da personalidade, sobre uma falta ao mesmo tempo de pureza e de clareza também de seus pensamentos e de seus sentimentos morais e religiosos, então a incapacidade orgânica de se elevar acima de toda a *esfera* do meramente político e de ver a situação europeia, sim, a situação da humanidade a partir do olhar solar do *logos* do Cristo, é lastimável e filisteia.

Não há nada que seja tão certo quanto isto: o fato de somente a elevação conjunta paulatina do juízo e do espírito europeu a este nível, a este olhar solar, o fato de somente a visão clara da *culpa conjunta* mutuamente impassível de ser cindida e radicalmente entrelaçada da Europa, sim, de todo o mundo nesta guerra conseguir formar o *começo* de toda e qualquer renovação religiosa. É preciso gritar para todos os homens: levantai-vos! Subis a montanha sagrada de vossa consciência (com a ajuda de Cristo), de cujo pico iluminado pelo sol vós podereis olhar para baixo, para a confusão da culpa conjunta da Europa, assim como para um vale do que há de terrível, para o vale dos pecadores, das lágrimas! Olhai exatamente como Moisés – avançando para o vale silenciosamente e ainda embriagado de Deus – viu os judeus dançando em torno do bezerro de ouro, olhai a partir do pico da consciência, submerso na oração, em seu brilho e em sua humildade, para a Europa dançando em torno de seus ídolos ridículos, estúpidos! Só quem *não* participa da dança na profundidade de sua alma pode vislumbrar a dança. Quem toma parte na dança até o fundo de sua alma não consegue vislumbrá-la. Quem de maneira farisaica só vê os homens a cada vez diversos dançando não a vislumbra. Quem não vê sua sombra, sua capa grotesca e sua figura desfigurada, quem não vê a *si mesmo* tomando parte nessa dança dos mortos, consciente de sua própria culpa - não vislumbra a dança.

Uma primeira intelecção da *culpa conjunta* dessa guerra neste sentido pode nos permitir reconquistar como que junto a um *exemplo* único da história o princípio religioso e moral que se encontra esfacelado através da modernidade europeia, o princípio da *solidariedade* em geral, da bilateralidade de todas as ações e valores no reino dos espíritos finitos e *de todos* os seus grupos; a solidariedade pode nos ensinar uma vez mais a olhar e sentir que todo este mundo sempre ascende a cada hora como *um* todo indivisível, como uma massa moral até Deus e cai de Deus, que nesse mundo todos são concomitantemente responsáveis por todos e todos são concomitantemente responsáveis pelo todo diante do juiz supremo. E somente a mesma intelecção da culpa conjunta pode chamar para que desperte em nós o grande *pathos* do perdão mútuo possível, da fidelidade conjunta possível, da expiação conjunta da culpa (da vontade de reconciliação que hoje ainda treme como que envergonhada)[8].

Aqui também é aconselhável naturalmente a cautela de não esperar muita coisa deste movimento conjunto do ânimo que já embriaga completamente a juventude dos povos. Sem dúvida alguma! Ele é o primeiro dos pontos de partida necessários para uma renovação religiosa possível. Mas ele não é essa renovação mesma. Ele é o ponto de partida unicamente *comum* de todos aqueles que sentem em geral a necessidade de uma renovação religiosa - independentemente do quão fundamentalmente diverso pode ser o *conteúdo* da religião, que se tenha em vista com isto. Mas só se, a partir destas correntes sentimentais que comovem as almas e os

---

8. Cf. o princípio da solidariedade entre outras coisas em *Formalismus in der Ethik und die materiale Wertethik* [O formalismo na ética e a ética material dos valores], seção VI B 4, ad 4 [cf. índice conceitual da 4. ed., de 1954].

corações e que já preenchem hoje o conjunto da poesia juvenil – que preenchem de tal modo essa poesia que ela chega até mesmo às raias da anarquia sentimental –, vier à tona uma nostalgia da conquista de convicções *positivas* e uma nova *vontade formal* religiosa e ética, será possível esperar por uma verdadeira renovação religiosa. Em esferas amplas das nações combatentes, esse novo *pathos* já se mostra agora poderoso, sim, quase predominante. Um ímpeto inaudito se apossou dos corações, principalmente da juventude, um ímpeto para se abrir, para se articular mutuamente para além das fronteiras dos países, para por assim dizer se aquecer para além do frio polar do tempo – assim como no *Senhor e escravo* de Tolstoi os corpos do senhor e do escravo, em vias de congelamento, procuram se aquecer mutuamente no campo de neve; e temos ainda um ímpeto não menos intenso para se sacrificar tudo mutuamente, para se perdoar mutuamente tudo, para arrepender-se de tudo uns com os outros, para se atirar aos braços e dizer: irmãos, irmãos! O movimento psíquico indicado com essas palavras é sem dúvida alguma o estimulante mais intenso mesmo de todas as tentativas poéticas e artísticas novas, que foram geradas pelo tempo da guerra mundial. Um democratismo sentimental místico – totalmente diverso de uma democracia política e social, mas também um reservatório de alimentos subterrâneos para as tendências universais destas aspirações – atravessa como uma torrente irresistível as gerações mais jovens de todos os povos. Ele faz com que a arte se dirija uma vez mais para as grandes figuras *típicas*, para os sofrimentos, para os destinos da humanidade, para as *essencialidades* das situações dessa existência humana enigmática. "O" homem é seu objeto! "Os" homens, o indivíduo, se tornaram desinteressantes. Algo esquiliano na estrutura conceptiva e configuradora da vida, mas com o conteúdo das realidades efetivas presentes, perpassa essa arte selvagem da expressão. Um sentimento universal que se desfaz misticamente ora em termos mais cristãos, ora em termos mais matizados demoniacamente, que está mais dirigido para a mera plenitude e poder de emoções infinitamente nuançadas do que para a pureza, a figura, a profundidade do sentimento e da ideia; um modo de pensar e de sentir, que parece procurar deixar todas as estruturas, ordens e formas da existência humana firmes, marcadas pela cultura histórica, se afogar ou ao menos se banhar e se deixar purificar na corrente efervescente das nostalgias originárias do coração humano, nostalgias essas que se acumularam de um modo tão terrível por meio do estado de guerra, mas que irrompem agora com um poder mil vezes maior – uma vez que se fazem presentes aí o amor de todos os tipos, a ternura, a capacidade de se alegrar com o outro e a compaixão: tudo isto compõe o novo e em muito o mais significativo *fermento* em termos de visão de mundo que a guerra gerou até aqui por ela mesma.

A existência dessa corrente psíquica é em todo caso de um significado que só muito dificilmente tem como ser superestimado para a nova situação religiosa. O gelo das almas tornou-se fluido e, como pedaços de gelo estranhamente formados em um lago semidescongelado, impele as ruínas da visão de mundo característica de grupos de ideias tradicionais, na maioria das vezes apenas parcialmente compreendidas e com frequência incompreendidas, a girar em torno da espuma. *Não* se pode negar que uma fluidificação assim constituída, que um amolecimento, que um tal processo de redução da organização da alma europeia que se tornou forte demais são necessários, na medida em que uma renovação religiosa deve ser possível. Mas não se pode menos ainda desconsiderar o fato de que esta embriaguez orgiástica do sentimento não passou até aqui de uma *confusão indeslindável,* na qual o mais elevado se achava ao lado do mais baixo, a obscuridade da embriaguez ao lado da luz da intelecção, o demoníaco ao lado do divino, o ímpeto niilista de se precipitar no abismo do próprio coração ao lado da atitude voltada para Deus e edificante. E o que menos se pode desconsiderar é o fato de que todo este movimento não é outra coisa *senão material bruto* para os *verdadeiros mestres de obra* da renovação religiosa e ética. Pois o quanto não há em todo brotar de um mero cansaço e resolução da tensão, o quanto uma vez mais de uma irrupção de potências sentimentais que rapidamente se apaga, potências essas que foram reprimidas por meio de longos estancamentos, o quanto de uma negação meramente desprovida de talento e hostil a formas, que apenas se esconde por detrás de belos nomes! O que é aí a dissolução definitiva da enfermidade e da morte, o que a *solução* maravilhosa da alma, que se antecipa a todo renascimento, a toda mudança de sentido, a toda conversão?

Esta é uma questão enigmática muito obscura para aquele que a apreende plenamente - ninguém pôde respondê-la até agora.

Em sua configuração e em sua expressão até aqui, o novo poder anímico descrito - até onde consigo ver - é apenas a preparação psíquica da fidelidade conjunta e, por assim dizer, o meio psíquico e a cama para a sua corrente salutar. Ela ainda não é este remorso mesmo.

Na situação em que foi descrita aqui, a *filosofia* também tem uma tarefa nova e particular - até o ponto em que ela se ocupa com a religião. Essa tarefa não é a mais elevada entre as tarefas, que há para a renovação da consciência religiosa. Pois essa tarefa maximamente elevada sempre caberá ao próprio *homo religiosus*, ao homem divinamente poderoso e íntimo de Deus, que transforma com sua *figura espiritual* as próprias almas e consegue inculcar a palavra divina de uma maneira nova em espíritos e corações que se tornaram fluidos e maleáveis. No entanto, uma vez que o ser e a aparição de tais homens mesmos é a mais maravilhosa das graças, que pode ser concedida à humanidade, não apenas o querer produzir tais homens, mas já a busca por eles e a expectativa de sua aparição é algo em si absurdo. Só a prontidão de ouvi-los - caso eles devessem se revelar - e a arte de vê-los, quando eles e onde eles se mostram, são coisas que podem ser submetidas à formação e ao *cuidado*. Esta capacidade de acolhimento religioso, porém, é em uma medida elevada dependente também dos pensamentos, que surgem sobre a *essência da religião, as formas da fundamentação* das verdades supremas derradeiras, a posição e a situação da religião no interior da estrutura conjunta da razão humana, assim como dos pensamentos que, além disto, são feitos sobre as leis da origem de toda religião autêntica e sobre a estrutura e a ordem das fontes do conhecimento religioso e da vida religiosa.

Este círculo de questões comporá em seguida nosso objeto. Tratar de maneira rigorosamente sistemática as questões aqui tocadas precisa continuar sendo algo reservado a uma obra que se encontra crescendo há muitos anos em minha escrivaninha e que o caráter impropício dos tempos me impediram até aqui de concluir[9].

9. Cf. acima p. 8s.

Tem de ser suficiente aqui desenvolver as ideias diretrizes que, na obra citada, devem dar à religião uma fundamentação mais geral e mais rigorosa, de uma forma que não pode pretender aquele tipo de precisão que paira diante de mim como ideal e que deve deixar de lado um material histórico e psicológico mais completo. Isto é válido sobretudo em relação aos modos de comprovação e demonstração das verdades religiosas principais, que não são apresentadas aqui sistematicamente, exatamente como em relação à crítica das provas da existência de Deus até aqui.

1 Religião e filosofia

No que concerne à questão de saber se e em que medida os objetos da crença religiosa – existência e essência de Deus, imortalidade da alma etc. – e em que medida a crença e o posicionamento da existência desses objetos também seriam objetos do conhecimento filosófico, as opiniões dos filósofos e teólogos estavam e continuam estando divididas. É preciso contatar que, em oposição às doutrinas que imperaram desde o século XIII até o final do século XVIII de maneira bastante uniforme sobre os espíritos na Europa, o século XIX expôs uma profusão só muito dificilmente abarcável de "pontos de vista" em relação a essa questão, "pontos de vista" que não se lançaram para além de uma suposição em círculos escolares mais restritos; "pontos de vista" que se combateram entre si até os dias de hoje – até aqui sem uma perspectiva de imposição de qualquer um deles. O fenômeno não se encontra apenas fundamentado na problemática na qual o desdobramento da cultura moderna inseriu a *religião*: ele não se encontra menos fundamentado na insegurança crescente em relação à essência e à tarefa da *filosofia*. Onde não apenas *uma* das coisas, cuja relação essencial é preciso conhecer, se tornou indeterminada e insegura, mas *as duas* coisas ao mesmo tempo, aí o conhecimento se torna dez vezes mais difícil. A suposição otimista de que este estado espiritual atestaria ao menos uma vida e uma luta profundas e fortes, múltiplas e ricas dos espíritos em torno dessas coisas, pode não ter sido totalmente incorreta para épocas muito estreitamente delimitadas em campos de jogo muito restritos de movimentos espirituais nacionais. Ela pode ao menos pretender possuir uma aparência de validade para a cultura alemã desde a morte de Lessing e desde o aparecimento da *Crítica da razão pura* de Kant até o fim da assim chamada "especulação clássica". Para o presente, ela seria totalmente absurda. Pois esses "pontos de vista" encontram-se há muito tempo, cada um isolado dos outros, uns ao lado dos outros, presos e fixados - sim, estofados e enrijecidos - na "organização" de círculos escolares restritos, que não serão ouvidos pelo mundo da *cultura* europeia em geral; entre si, eles quase não chegam mesmo a se escutar seriamente e quase nunca chegam a uma confrontação viva e fecunda mútua. Não foi "a vida e a luta dos espíritos", mas o mais insípido tradicionalismo com a máxima *Quieta non movere* que se tornou o resultado final da pluralidade dos "pontos de vista". Como os "pontos de vista" se baseiam em sua maioria em tentativas tradicionais de requentar novamente sistemas filosóficos de pensamento mais antigos - no caso extremo com pequenas divergências e com as assim chamadas "admissões" em relação aos "adversários" -, então quase não há como esperar uma primeira vontade de entendimento entre os "representantes" do ponto de vista. Pois tal entendimento só seria possível, caso se buscasse tomar uma vez mais de modo novo e puro no instante de sua aparição, sem nenhum olhar prévio para meras tradições, os próprios fatos - a fim de só posteriormente ligar os resultados assim conquistados com tradições vivas ou mortas. Somente um ramo subordinado, muito problemático em sua própria tipificação, dos tipos de conhecimento e das ciências, que têm algo em comum com religião, fez isto: a assim chamada psicologia da religião, da qual falaremos mais tarde; psicologia essa que, porém, se encontra incessantemente contraposta de maneira totalmente impotente a todos os tipos de fundamentação e de justificação da religião. Na *filosofia* da religião, em contrapartida, continuam imperando agora como antes os "sistemas" cultivados tradicionalisticamente em círculos escolares os mais restritos, por exemplo, o sistema do tomismo e do neotomismo, as escolas filosóficas e teológicas kantiana e positivista, a hegeliana e a neo-hegeliana. A jovem filosofia da religião pragmática também é apenas uma formulação mais consciente de tradições escolares antiquíssimas inglesas. Enquanto esses "pontos de vista" tradicionalisticamente cultivados em círculos escolares restritos - já aí eles provêm de grandes espíritos - podem introduzir ao menos uma coisa a seu favor: o fato de seus "representantes" tratarem as questões com algum rigor metodológico e em seu significado atemporal - encontra-se - completamente cindido deles, mas no fundo efetivos apenas nos círculos de formação cultural - uma filosofia popular conscientemente atual que, já por causa de sua ausência de método e da seriedade que lhe falta para o significado eterno das questões, não possui não apenas historicamente, mas também objetivamente *nenhum* tipo de ligação e continuidade com os ápices histórico-mundiais das formulações dos problemas nessas questões. Quer esse tipo de filosofia popular e de literatura edificante moderna seja cultivado por pesquisadores das ciências naturais como Haeckel e Ostwald, que ampliam sem levarem em conta os limites de suas "disciplinas" as categorias artesanais valiosas para a sua disciplina, transformando-as em conceitos de mundo; quer elas sejam levadas a termo por pedagogos como Fr. W. Förster, por "escritores" como Nietzsche, por pregadores e reformadores da vida como Johannes Müller, entre outros: essa "filosofia" da transgressão dos limites ou, de qualquer modo, dos "bons *insights*" e aforismos oriundos de observações acolhidas de maneira completamente desprovida de criticidade não tem como levantar a pretensão séria a uma solução definitiva dos problemas de uma forma universalmente válida e doutrinal. Ela não consegue fazer isto, por mais valiosa que ela de resto possa ser e por mais que ela possa introduzir a seu favor que ela seria o único pão efetivamente real da vida de uma época espiritualmente tão profundamente afundada quanto a nossa.

A tentativa de conquistar a partir da essência da filosofia e da religião uma *determinação relacional* apropriada entre as duas precisa ser introduzida por uma pequena exposição das típicas soluções que essa questão encontrou até aqui. Articulando-me com essa tipologia, gostaria de desenvolver a ideia de uma *doutrina filosófica das essências* (eidologia) do *objeto e do ato religioso*. Ela tem o direito de levantar a pretensão de se mostrar como a disciplina filosófica fundamental, na qual não apenas todas as ocupações diversas filosóficas com a religião (teoria do conhecimento e teoria da valoração do ato religioso, metafísica da religião, filosofia da história da religião), mas também toda *ciência* da religião (ou seja, psicologia da religião, história da religião, e, por fim, as múltiplas disciplinas da teologia) têm de se estabelecer construtivamente como em seu fundamento comum.

Tipificação das intuições até aqui

O tipo da identidade parcial e da identidade total

As doutrinas sobre a relação entre religião e filosofia dividem-se entre aquelas que afirmam possuir uma *identidade* essencial total e parcial com a religião e com uma parte da filosofia que, desde Aristóteles, foi chamada de "filosofia primeira", mais tarde metafísica - e aquelas que afirmam possuir uma *diversidade* essencial em relação à religião e à filosofia.

Somente neste último caso faz sentido falar de uma assim chamada "filosofia da religião". Pois somente nesse caso, o objeto da religião não é Deus, mas a própria religião se mostra como objeto da filosofia. A expressão "filosofia da religião" também é, afinal, bem recente. Para o conjunto da literatura filosófica até Kant e Schleiermacher, ela é desconhecida, e mesmo a teologia não conhece nenhuma disciplina com esse nome. O próprio nome já contém também por si mesmo uma teoria particular sobre a relação entre religião e filosofia em si: a ideia justamente de que a filosofia não tem de se ocupar diretamente com Deus, mas - se é que ele se ocupa efetivamente com Deus - com Deus apenas *através* da religião. Enquanto se tomou um ramo particular da metafísica, que tinha imediatamente a essência e a existência de Deus como objeto do conhecimento, não se falou em parte alguma de "filosofia da religião". Esta teologia natural era considerada como parte *comum* de toda a teologia e da metafísica filosófica. A teologia positiva ou teologia da revelação, com suas fontes essencialmente novas de conhecimento (autocomunicação de Deus para pessoas e tradição, e, além disto, posicionamento dogmático), construiu-se, assim, direta e imediatamente por meio de uma assim chamada filosofia da religião com vistas à teologia natural.

1) Este *sistema de identidade parcial* entre religião e filosofia (metafísica) é o tipo de determinação relacional das duas, que vigeu na Europa da maneira mais longa possível e que encontrou a mais forte difusão, em particular, nas escolas eclesiásticas. Desde Tomás de Aquino esse sistema imperou também no mínimo sobre o traço principal das tradições escolásticas da Igreja na filosofia e na teologia até os dias de hoje. Ele é defendido energicamente pelos sustentadores dessa tradição tanto contra todas as doutrinas que procuram encontrar para a religião (mesmo para a religião natural) uma fonte de conhecimento diversa das fontes de conhecimento da filosofia (fideísmo) quanto contra os sistemas de identidade total (gnose e tradicionalismo) que, de uma forma qualquer, seja em favor de uma parte, seja em favor da outra, suspendem a cisão entre uma religião natural e uma positivamente revelada – uma cisão que possui um valor de vigência dogmática para a Igreja Católica com base na célebre sentença de Paulo. O homem pode conquistar um saber acerca da existência de Deus com o auxílio da razão filosofante, mas só penetra na essência interna de Deus (respectivamente em sua essência sem a sua relação exterior com o mundo) com o auxílio da assunção crente do conteúdo da revelação em Cristo, exposta na teologia positiva. O "saber seguro" é considerado neste caso desde o renascimento do tomismo por meio de Leão XIII como um saber mediatizado, respectivamente como um saber tal que é exclusivamente conquistado por meio de conclusões, que se constroem com vistas à existência e à constituição fundamental do mundo. A doutrina, que remonta à tradição agostiniana, domiciliada nos círculos dos oratorianos de Port Royal, a doutrina acerca de um saber natural *i*mediato sobre Deus ou de qualquer modo sobre o divino, assim como a assim chamada prova ontológica da existência de Deus que lhe é próxima, é – na maioria das vezes sem uma diferenciação mais profunda das formas bastante diversas que essa doutrina pode assumir e assumiu na história – muito frequentemente recusada de modo curto e grosso como "ontologismo".

2) Podemos dividir os *sistemas de identidade total* nos sistemas gnósticos e nos tradicionalistas, de acordo sempre como se o conjunto da teologia deve ser absorvido aqui na filosofia (ao menos como metafísica) ou se a filosofia deve imergir completamente na teologia (positiva).

A essência dos sistemas de identidade *gnósticos* consiste no fato de a religião (tanto a positiva quanto a natural) só ser considerada como um *nível inferior de conhecimento* em relação ao conhecimento metafísico. De acordo com esta concepção, portanto, a religião seria no fundo ela mesma uma metafísica, mas uma metafísica apenas de segunda classe, uma metafísica em "imagens e símbolos", uma metafísica através do "povo" e para o "povo". De acordo com a representação gnóstica, portanto, a religião é uma tentativa de, sem um pensamento metodológico e sem uma conexão com a ciência, mas com a essência segundo modos idênticos de operação do espírito humano e sem outras fontes materiais essencialmente diversas da intuição e da experiência, tal como a filosofia também as tem à disposição, conhecer os mesmos objetos, tratar das mesmas questões, satisfazer as mesmas necessidades fundamentais do ânimo humano, que também são investigadas, resolvidas e satisfeitas pela metafísica – só que de tal modo que a religião procede de maneira incompleta, simbólico-imagética e cedendo muito mais às necessidades do coração humano em sua formação a cada vez historicamente existente, em contraposição à qual a metafísica avança de forma completa, sistemática e racional--conceitual, em uma conexão estreita com a ciência. Esta diferença explica-se para a concepção gnóstica em primeira linha sociologicamente, na medida em que a metafísica é a religião dos *pensadores*, enquanto a religião, porém, é a metafísica das *massas*. Por isto, a oposição característica entre exoterismo e esoterismo é essencial para este ponto de vista. A interpretação alegórico-simbólica dos escritos que são considerados pela religião como "sagrados" é, então, na maioria das vezes, o meio de superar assim essa oposição, de tal modo que os resultados da especulação conquistados na metafísica gnóstica são buscados por detrás das palavras sagradas como o "sentido propriamente dito". *Não* há, de acordo com isto, o grupo de objetos e de valores especificamente religiosos, que só seriam acessíveis em uma classe essencial particular de atos (os atos religiosos como a crença, a adoração, a veneração, o se saber dependente ou salvo etc.). Do mesmo modo, também não há um bem e uma meta particular do homem (salvação), que só poderia ser alcançada por meio da religião e não por meio da metafísica. Além disto, de acordo com a concepção gnóstica, não há nenhuma autocomunicação positiva particular de Deus sobre si mesmo a pessoas particulares como fonte material para a religião, isto é, não há nenhuma revelação; ao menos nenhuma revelação tal que seria diversa das fontes filosóficas naturais do conhecimento da razão e da experiência do mundo, de si mesmo e do outro nas elevações supremas de sua atividade (p. ex., como a assim chamada inspiração filosófica, artística).

Historicamente, nós encontramos essa concepção extremamente difundida no budismo, no neoplatonismo, nas seitas gnósticas; nós a encontramos uma vez mais em uma parte da mística alemã medieval em Spinoza; e nós a encontramos sobretudo como o pressuposto expresso ou mais tácito junto aos filósofos alemães da assim chamada especulação "clássica", em J.G. Fichte, Hegel, Schelling – também de maneira completamente expressa em A. Schopenhauer e E. von Hartmann. Hegel expressa essa concepção ao definir a filosofia como "saber absoluto sob a forma do conceito", religião como "saber absoluto sob a forma da representação". Schopenhauer não se cansa de assegurar que a religião seria uma "metafísica para o povo" e que todas as igrejas seriam monumentos da "necessidade metafísica" do homem. E. von Hartmann e seu aluno A. Drews, porém, desenvolveram claramente uma nova dogmática, que corresponde aos resultados de sua metafísica e que estaria conclamada a substituir a dogmática cristã positiva. Se A. Drews buscou escorar a afirmação já feita por E. von Hartmann de que não Jesus Cristo, mas Paulo teria sido o fundador da Igreja cristã, por meio de uma negação da existência de Jesus e, além disto, por meio da tentativa de comprovar que o conteúdo ideológico da dogmática cristã só seria um testemunho confuso das massas vindo de elementos múltiplos da história da religião, então ele já tinha sido guiado metodologicamente neste caso pelo pressuposto gnóstico de que a religião seria aquela forma subordinada de satisfação de conceitos metafísicos.

De maneira totalmente determinada, concepções que lhe são *essencialmente* pertinentes da religião e de tudo aquilo que pertence à religião estão articuladas com o ponto de vista gnóstico: a) A religião não tem sua medida originária e sua figura originária mais perfeita no ser e na essência de uma *pessoa* sagrada, cujos enunciados sobre Deus valem como verdadeiros, porque é *ela* que os enuncia, mas em um *sistema de ideias* destacado de todas as pessoas, que precisaria ser julgado segundo as normas objetivas puras extrapessoais. O "santo" não produz, com isto, nem uma nova relação do homem com Deus, nem é ele mesmo o mediador de um ato e de uma efetividade divinos, por meio dos quais surgiria tal relação. Ele é apenas uma subespécie do *professor*, respectivamente de um homem, que conheceu mais profundamente como *metafísico* e que enunciou o conhecido; b) De acordo com isto, a forma sociológica, na qual se sabe de Deus, não é a igreja, mas uma espécie de *escola*; a forma religiosa da instrução não é a representação de bens de fé sagrados para a suposição conforme o dever na fé, mas a *aula* em uma teoria metafísica; c) O ato de fé é um ato incompleto do saber sobre algo, um ato que, por meio de uma *imagem* ou um *símbolo* apreendido pela metafísica, apreende aquilo que o metafísico assenta em conceitos de uma forma adequada; d) No lugar da revelação, além disto, como um saber comunicado, entra em cena um saber adquirido espontaneamente pelo homem; e) Como finalmente uma *pessoa* não é passível de ser conhecida espontaneamente e sem o seu consentimento livre segundo a existência e a essência - nós o mostraremos ainda de maneira mais exata, o ponto de vista gnóstico precisa, já apenas segundo o seu método, negar a forma pessoal do ser do divino. O divino é para ele uma substância, uma coisa, uma ordem, um sujeito lógico - de maneira alguma uma pessoa concreta. Ainda se nos mostrará o quão rica em consequências é essa posição.

Observemos de maneira breve em relação a isto o seguinte: nenhuma das intuições possíveis sobre a relação entre religião e filosofia é tão equivocada e insuficiente quanto esta. Nenhuma colide, além disto, tão direta e inexoravelmente com tudo aquilo que sabemos hoje sobre a essência e a história da religião, e, além disto, sobre a psicologia da vida religiosa. Nada é talvez hoje - onde de resto as tomadas de posição religiosas divergem de maneira mais profunda do que nunca - mais uniforme e mais seguro, levando em conta inclusive aqueles que se ocupam de maneira bastante compreensível com a religião, do que isto: do que o fato de a religião ter uma origem no espírito humano *fundamental e essencialmente diversa* da filosofia e da metafísica, de os fundadores da religião - os grandes *homines religiosi* - terem sido tipos espirituais totalmente diversos dos metafísicos e dos filósofos; de, além disto, suas grandes transformações históricas nunca terem acontecido em lugar algum *graças* a uma nova metafísica, mas sempre e por toda parte de uma maneira fundamentalmente diversa. Portanto, mesmo se houver uma metafísica - um conhecimento consonante com a razão sobre os fundamentos do ser e da essência do mundo -, tanto o impulso que conduz a ela quanto, além disto, seu método de procedimento, sua meta e seu objeto serão fundamentalmente diversos do impulso, do método, da meta e do objeto da religião. Eu pessoalmente considero como filósofo *inteiramente* possível uma metafísica. Toda e qualquer doutrina, contudo, que veja na metafísica, mesmo que ela seja pensada de modo consumado e universalmente válido, um substitutivo qualquer ou mesmo a meta mais elevada do desenvolvimento da religião, não permanece, por isto, menos fundamentalmente equivocada.

O Deus da religião e o fundamento do mundo da metafísica podem ser *realmente idênticos*; como objetos intencionais, porém, eles são *essencialmente diversos*. O Deus da consciência religiosa "é" e vive exclusivamente no ato religioso, não no pensamento metafísico sobre componentes e realidades efetivas extrarreligiosas. A meta da religião não é um conhecimento racional do fundamento do mundo, mas a *salvação do homem* por meio da comunidade vital com Deus - deificação. O sujeito religioso não é o "pensador solitário". Ao contrário, de maneira igualmente originária, como o indivíduo carente de salvação e em busca de salvação, ele contém o *ser-um-com-o-outro* do grupo, em última instância da humanidade. *O Deus religioso é o Deus das pessoas santas e do povo de Deus, não o Deus do saber dos "eruditos"*. A fonte de toda verdade religiosa não é a discussão científica, mas a *crença* nos enunciados do *homo religiosus*, do "santo", respectivamente de um tipo humano, que tem as seguintes características: 1) Ele possui como uma pessoa *total e indivisa* uma *qualidade carismática* que se apropria como nenhum outro tipo humano daquilo que se mostra como mais significativo em termos humanos - por exemplo, como nenhum gênio, como nenhum herói -, uma qualidade em virtude da qual ele encontra a crença somente porque é *ele* - o portador dessa qualidade - que fala, age, se manifesta; 2) Ele vivencia uma relação particular, que só para ele mesmo se mostra como viva e real, com o divino como o fundamento eterno da salvação, relação essa na qual ele apoia seus enunciados e instruções, sua autoridade, seus atos. Seus enunciados contam com a crença daqueles que o seguem em virtude de sua qualidade carismática como enunciados subjetiva e objetivamente verdadeiros. Seu enunciado, sua verdade e seu direito nunca são medidos, tal como acontece com o gênio, o herói etc., a partir de uma norma objetiva que se encontra *fora* dele: normas morais, lógicas e éticas só são reconhecidas por causa dele, porque sua palavra, sua ação, sua obra estão em acordo com essas normas. Inversamente, como *pessoa, ele* é a norma de seus enunciados, que se acham exclusivamente apoiados sobre relação com Deus[10].

Mas não induz menos em erro a *segunda* determinação relacional, para a qual se encontram inclinados alguns Padres da Igreja, com os quais nos deparamos, além disto, recentemente de maneira muito mais evidente junto aos assim chamados *tradicionalistas* (de Maistre, Lamennais). Essa segunda determinação procura fazer com que a filosofia - ao menos como *metafísica* - seja completamente absorvida na *religião* como doutrina da revelação. O tradicionalista utiliza conceitos e pensamentos de uma proveniência faticamente metafísica, a fim de racionalizar, sistematizar, formalizar um conteúdo de fé de uma origem efetivamente religiosa. Assim, os grandes padres e mestres da Igreja cristã utilizaram os dois maiores sistemas filosóficos dos gregos, o platonismo e, em segundo lugar, o aristotelismo, a fim de penetrar e de iluminar racionalmente a verdade da fé cristã. Para uma filosofia *autônoma* não restou aqui espaço algum. Mas também certas correntes da teologia protestante se aproximam deste tipo de solução. Já Lutero tinha procurado abalar a filosofia e colocar a teologia positiva diante dela como totalmente autônoma e independente. Nos últimos tempos, a teologia bastante exitosa de Albrecht Ritschl só permitiu que continuasse vigendo como base filosófica da teologia uma teoria do conhecimento negativa, limitadora do conhecimento

10. Cf. a publicação *póstuma* "Exemplos e líderes". Op. cit.

humano; ela *negou* completamente a metafísica e a teologia, ora se apoiando mais em Kant, ora se apoiando mais no positivismo agnóstico, e, assim, absorvendo a metafísica na *religião*.

Mesmo essa determinação relacional é seguramente uma determinação equivocada. Assim como a primeira não fazia jus à originariedade da religião, essa segunda forma não faz jus às doutrinas da identidade total da filosofia, em particular da *metafísica* filosófica, com a sua *origem metafísica no espírito humano*, com seu *objeto e meta particulares*.

Com certa aparência de direito naturalmente, o representante dessa opinião tradicionalista pode se reportar aos fatos históricos de que os sistemas metafísicos, que encontramos previamente dados, mostram todos conjuntamente certas *semelhanças estruturais* com as visões de mundo positivo-religiosas, de cuja violência espiritualmente vinculadora os criadores destes sistemas emergiram. Assim, na filosofia grega, por exemplo – que entra em cena de qualquer modo de maneira muito mais agudamente isolada da religião grega do que, por exemplo, a filosofia indiana do brahmanismo –, apesar dos resultados e métodos fundamentalmente diversos de seus sistemas particulares, reencontrar-se-á certos traços profundos da religião grega. A pluralidade da justaposição relativa e do caráter livremente pairante das "ideias" de Platão – somente Agostinho concebeu conscientemente as ideias como "pensamentos de Deus" – tem uma certa semelhança formal e estrutural com o *politeísmo grego*. Malebranche pensava sobre as enteléquias, as forças formais autônomas de Aristóteles, em termos históricos talvez não completamente equivocado, que elas não seriam outra coisa senão os deuses naturais gregos "pagãos" racionalizados. A concepção de A. Comte da "era metafísica" o seguiu neste ponto. O quão profundamente ressoam na doutrina das almas de quase todos os filósofos gregos as representações anímicas religiosas da Ásia, sim, *formam* diretamente essa doutrina: eis algo que Erwin Rohde nos mostrou em seu *Psyche*. A visão de mundo organológica de Platão e de Aristóteles, que também quer conceber categorialmente todos os processos na natureza morta, assim como a alma e o todo do mundo, que foram encontrados sem dúvida alguma pela primeira vez no *ser vivo organizado*, tem tal semelhança com a religião do mesmo modo organologicamente delimitada dos gregos. Por isto, a falta de um pensamento sobre o criador na filosofia *e* na religião dos gregos não é casual. Uma concepção espacial estática (ou seja, não temporal) de toda a existência e uma concepção de toda a vida espiritual por analogia com o sentido visual (*idein ton ideon*) e da posição mundana preponderantemente intelectual-contemplativa que lhe cabe encontram-se aqui e lá. Quantas coisas semelhantes ainda poderiam ser enumeradas aqui – muito para além dos efeitos positivamente comprováveis que, por exemplo, as religiões gregas e asiáticas exerceram sobre o platonismo e a escola pitagórica.

Além disto, se se está cada vez mais inclinado na filosofia cristã tardia até a Alta Escolástica a assumir que, com os mesmos meios de pensamento da filosofia aristotélica, se conseguiria demonstrar rigorosamente de maneira racional e sem recurso à revelação princípios, de cuja suposição Aristóteles estava muito distante, por exemplo, a criação do mundo, a personalidade de Deus, a imortalidade individual etc. – princípios que se encontram em uma contradição essencial comprovável com esses meios de pensamento –, então pode-se compreender por que é que muitos pesquisadores consideram que ocorrem aqui sub-repções a partir da religião na filosofia, que o pensamento previamente dado de maneira puramente racional, portanto, que pretende demonstrar algo assim, já é alimentado secreta e inconscientemente pela tradição religiosa. E, de maneira totalmente análoga, pode-se encontrar na doutrina kantiana – apesar de sua oposição essencial múltipla ao luteranismo tanto quanto ao calvinismo – muitas semelhanças estruturais com essas formas do antigo protestantismo.

Quem retira de fatos deste *tipo* – pois o dito só deve figurar como exemplo para uma quantidade quase imensurável de tais fatos – a conclusão de que a autonomia da filosofia – até o ponto em que ela é mais do que lógica e doutrina da ciência – só seria uma pretensa autonomia; de que seria a metafísica que teria vivido secretamente da religião ou de qualquer modo de sub-repções de ingredientes da crença religiosa em formas racionais, respectivamente em formas para as quais uma *origem* racional dos pensamentos só seria imputada de maneira totalmente falsa, teria tido, visto de modo puramente histórico, um material para demonstração não propriamente pequeno em mãos. O positivismo hostil à fé tanto quanto o tradicionalismo amistoso em relação à fé - que têm efetivamente a mesma teoria do conhecimento sensualista por base - também aduziram suficientemente esse material. Para Augusto Comte, por exemplo, todo o "período metafísico" do pensamento humano e das instituições humanas é no fundo apenas um *período religioso trivializado e pseudorracional*, um período que se acha amplamente aquém em sua dignidade conjunta, em termos de significação e de valor, tanto do período religioso-personalista quanto do período positivo que se encontra em movimento de gênese[11].

A concepção tradicionalista da relação entre filosofia e religião emergiu em seus primeiros representantes (Joseph de Maistre, de Bonald, Lamennais) como uma reação unilateral consciente contra a filosofia do Esclarecimento do século XVIII, contra sua teologia "natural" revolucionária, que nega toda religião positiva, e contra seu direito natural revolucionário. Assim, ela porta todos os traços de uma *filosofia da reação* unilateral. Ela é ao mesmo tempo o romantismo em solo essencial e católico. Ela tende a remeter o pensamento e a razão à linguagem e as categorias lógicas às categorias gramaticais. A própria linguagem, porém, a reconduz à revelação divina originária. Assim como o sensualismo toma a sensação e a percepção sensível como a fonte derradeira de todo conhecimento, mas busca reconduzir os conteúdos da lembrança e da tradição à sensação - como resíduos esmaecidos das sensações -, os tradicionalistas procuravam comprovar na lembrança, e, em verdade, na *lembrança conjunta da humanidade*, a fonte mais originária, derradeira do conhecimento. A percepção experimenta por meio da tradição dada uma transformação tão profunda que ela nunca está completamente "purificada" dessa tradição e não pode ser considerada senão como um preenchimento casual das categorias tradicionais do pensamento, não como fonte material nova do conhecimento. Essa memória e essa tradição mesmas, contudo, não são dedutíveis do contato vivencial direto anterior

---

11. Cf. em relação à crítica da lei dos três estágios de Comte o ensaio "Sobre a filosofia da história positivista do saber" (1921). Índice bibliográfico n. 19 (1) - Obra completa, vol. 6.

do espírito humano com o próprio mundo – tal como supunha o sensualismo –, mas remonta à Palavra de Deus na revelação originária.

Teve um grande significado o fato de o tradicionalismo ter destacado de maneira nova e intensa *um lado comum* essencial para a religião e para a filosofia contra o individualismo religioso das formas protestantes de religião. Lamennais elevou esses pensamentos ao extremo fundamentalmente equivocado, na medida em que buscou transformar a assim chamada prova da existência de Deus, a partir do *consensus gentium*, na primeira e mais fundamental prova da existência de Deus – no próprio *consensus*, no entanto, ele achava possível encontrar um critério supremo de verdade. O fato, porém, de ele ter *abandonado* justamente por meio daí a ideia verdadeiramente universal religiosa de comunidade, na medida em que a restringiu a grupos, que compartilham de uma tradição comum, e o fato de ele ter entrado, além disto, em conflito com a doutrina criacionista da alma humana e com a doutrina do valor absoluto de toda e qualquer alma humana pessoal: eis algo para o que ele não atentou.

Nos últimos tempos, o tradicionalismo foi uma vez mais renovado em meio a todo tipo de modificações por homens como Brunetière e Maurice Barrès na França, assim como por James Balfour na Inglaterra. Filosoficamente e sobretudo epistemologicamente, Henri Bergson também se encontra próximo dele, na medida em que reconduz a razão a uma *memória originária*, cujo conteúdo não deve remontar à percepção sensível.

O tradicionalismo é um sistema de pensamento que eleva a *autonomia* da religião a uma espécie de *domínio solitário* da religião, domínio esse que não corresponde nem à filosofia, nem à essência da religião.

A primeira coisa que ele desconhece é *o enraizamento autônomo da metafísica* no espírito humano: o enraizamento da metafísica como necessidade, como problema, como objeto e como método do conhecimento.

A assim chamada necessidade metafísica é diversa dos motores psíquicos, que conduzem à religião. A fonte, que nutre toda ocupação com a metafísica, é o *espanto com o fato de que em geral algo é e não antes não é*. Trata-se de uma *emoção* totalmente *determinada*, que desencadeia esta questão-limite peculiar a todas as questões especulativas no homem, esta questão que nós denominamos a questão metafísica – sim, em certo sentido, ela é a raiz dessa questão. Esse espanto condensa-se na questão acerca da determinação essencial daquilo *que* é – independentemente de toda organização humana e de toda interpretação humana – e o que ele é suporta, determina, efetiva no interior desse ente em si subsistente todos os outros entes. A questão acerca da essência do mundo em si subsistente e do fundamento originário que o condiciona: essa é a questão metafísica por excelência.

Em oposição a isto, a religião está fundada no amor de Deus e na exigência de uma *salvação* definitiva do próprio homem e de todas as coisas. Religião, portanto, é em primeiríssimo lugar um *caminho de salvação*. O *summum bonum*, não o absolutamente real e efetivo e sua essência, é que se mostra como o objeto intencional *primeiro* do ato religioso.

Esta diversidade essencial da fonte duradoura e essencialmente subjetiva da metafísica e da religião não exclui um nexo estabelecido na essência dos *objetos* intencionais dos dois lados – um nexo das intenções dos dois lados no espírito humano e dos dois objetos intencionais em uma e mesma realidade – possível. Pois isto se acha *a priori* claro: que a peculiaridade essencial do absolutamente real e efetivo, isto é, do efetivamente real que se encontra à base de tudo o que é efetivamente real, que a salvação ou a desgraça de todas as coisas – inclusive do homem – é que precisa decidir; que ele é por assim dizer uma instância derradeira para essa salvação e essa desgraça. E isto também se acha *a priori* claro, que o absolutamente sagrado e divino, que pode satisfazer segundo a sua essência a exigência das coisas, só consegue fazer isto realmente, se ele também se mostrar ainda, além disto, como o absolutamente real e efetivo, do qual todo o resto depende. Mas esse nexo coisal interior do *objeto* intencional da metafísica e da religião não exclui a *intenção essencial* fundamentalmente diversa e a diversidade que se baseia nessa diversidade das leis de desenvolvimento e dos decursos de desenvolvimento da religião e da metafísica. A questão da salvação permanece secundária para o metafísico; o conhecimento do absolutamente real e efetivo, secundário para o religioso. A salvação e o amor em relação à salvação de todas as coisas permanecem categorias originárias autônomas da religião; o ente, tal como ele é em si, permanece a categoria originária autônoma da metafísica. A ideia do que institui a salvação como o absolutamente sagrado = divino, que se encontra como meta derradeira diante de toda busca religiosa - sim, que confere a ela a unidade da busca *religiosa* -, pode ser deduzida analiticamente da ideia do absolutamente real. Nunca também, inversamente, essa última ideia a partir da primeira. Só isto se acha definido: que metafísica e religião precisam conduzir a algo *identicamente* real - caso elas pretendam alcançar sua meta -, a algo real que dá aos dois objetos intencionais essencialmente diversos o seu significado real derradeiro.

Nesta medida, há com certeza um *elemento parcial idêntico* mesmo nos objetos intencionais da religião e da metafísica, elemento esse no qual se baseia em primeira linha seu nexo necessário mesmo no espírito humano. Esse elemento parcial é o objeto do conceito: *ens a se* - caso o *ens* seja concebido no conceito de tal modo que ele se mostre ainda como *indiferente* tanto em relação ao conceito do absolutamente real quanto em relação ao conceito do bem absolutamente sagrado. Mas seria equivocado dizer que a religião assumiria a ideia do *ens a se a partir* da metafísica, assim como seria falso estabelecer uma suposição oposta. O *ens a se*, portanto, também é o sujeito *lógico* derradeiro de toda predicação metafísica e religiosa. O modo, porém, como ele é intencionalmente concebido, e o aspecto essencial, no qual ele se apresenta ao saber metafísico e religioso, o modo também como ele é colocado em relação e em conexão com todo *ens ab alio*, permanece *diverso* na metafísica e na religião. O caminho da religião, por um lado, parte sempre do conteúdo de algo *absolutamente sagrado* e capaz de salvação, em relação ao qual se mostra secundariamente que esse *ens a se* seria *também* o fundamento absoluto da realidade efetiva das coisas. O caminho da metafísica, por outro, parte sempre de uma determinação essencial do *absolutamente efetivo e real*, do qual secundariamente é mostrado, que a unidade pessoal com ele conduziria *também* o homem (ou a conformidade das coisas com ele conduziria também as coisas) à sua salvação.

A questão, portanto, sobre até que ponto o caminho metafísico em direção ao fundamento do mundo também fundamentaria concomitantemente aquilo que estaria contido na ideia de Deus próprio da vivência religiosa, *pre*ssupõe manifestamente o conhecimento do conteúdo essencial da vivência religiosa. Constantemente, esse conteúdo precisa de uma investigação particular. A crença em Deus (no Deus da religião) vive – também como crença religiosa *natural* – não das graças da metafísica, assim como o conhecimento do fundamento do mundo também não vive das graças da crença religiosa. Os dois *entia intentionalia* (entes intencionais) também *podem*, por isto, de fato, divergir amplamente, *apesar* de sua certa identidade real necessária *a priori*. Pois essa *identidade real* ou a intelecção dela não se baseiam em uma identidade *de conteúdo* previamente encontrada dos dois *entia* – mas trata-se de uma sentença *a priori* que afirma que essa identidade subsiste. A base dessa sentença é a *unidade do espírito humano* e a necessária ausência de contradição de todos os seus posicionamentos. Justamente por isto, a razão (subjetiva) e os atos religiosos (como formas de concepção de toda revelação, das naturais e das sobrenaturais) conduzem a fatores de conteúdo do *ens a se* com certeza muito diversos – sem que por meio daí a identidade real do fundamento do mundo da metafísica e do Deus da religião seja colocado em dúvida.

Toda uma profusão de perigos para a fundamentação da religião só é evitada por meio de nossa concepção:

1) O perigo do racionalismo excessivo, que gostaria de deduzir mesmo conteúdos da revelação (p. ex., o amor e a misericórdia de Deus, a sua paciência e bondade no sentido moral, não no sentido da mera perfeição ontológica) já a partir do *ens a se* – sem *novas* fontes materiais da intuição e da assunção de valores; e que tornaria por fim supérflua a revelação, se ele entrasse em cena *consequentemente*.

2) O outro perigo - caso este erro seja evitado e sejam estabelecidos limites casuais à dedução racional, por exemplo, lá onde impera a autoridade da Igreja: o perigo de que seja oferecido ao desenvolvimento lógico de maneira *arbitrária* e sem uma razão objetiva apoiada na coisa um apoio repentino. Este é o procedimento de muitos neoescolásticos, que estabelecem, em verdade, barreiras como membros crentes da Igreja ao método racionalmente construtivo, lá onde começa o conteúdo revelado patente, mas que, em virtude de seu próprio método, não conseguem de maneira alguma *fundamentar* por que é que eles só o fazem *agora* e não primeiro antes ou depois.

3) O perigo de desconsiderar as diferenças de conteúdo *necessárias* entre o Deus metafísico e religioso e seus atributos. Por exemplo: o Deus intencional da religião conhece fúria, vingança, amor, e, em verdade, em estados alternantes. O Deus metafísico é um *ens* absolutamente imutável - *sem* esses predicados possíveis. O "Deus" religioso volta seu olhar para mim ou para todos os povos (na oração de modo mais intenso do que nunca); Ele é ora amistoso comigo, ora se enfurece com meus pecados. O Deus metafísico não pode ser nada disto. O Deus da religião bate nos pecadores com novos pecados, distribui suas graças e desgraças segundo uma medição livre, imperscrutável - o Deus metafísico é um *ens* rígido, no qual tudo é eterno (supratemporal) e necessário. O Deus religioso é um "Deus vivo" - com o que está dito tudo o que é essencial.

A intelecção *a priori* da *identidade real* do Deus da metafísica e da religião exige uma resolução *verdadeira e efetivamente real* destas contradições aparentes. E isto significa algo completamente diferente do que "desconsiderar" as contradições. Resolução é, além disto, algo completamente diverso de um comportamento marcado pela sub-repção constante, por meio da qual ou bem se inseriria de fora conteúdos e traços do Deus (intencional) da oração e da fé na ideia metafísica, acreditando tê-los encontrado (analiticamente), ou bem, inversamente, se imiscuiriam atributos metafísicos no Deus da intenção religiosa. Essas contradições *podem* ser resolvidas. Elas são principalmente resolvidas por meio do fato de, sempre de acordo com a respectiva alternância e transformação de pontos de vista meramente diversos do ser finito, se reconduzir ulteriormente a Deus o elemento aparentemente alternante, mutável, que pertence *essencialmente* ao Deus (intencional) da oração, assim como suas determinações aparentemente "antropopáticas" (fúria etc.); ou, no que diz respeito ao elemento aparentemente antropopático, reconduzi-los a analogias que, em verdade, tocam em algo *essencial em Deus*, que *não* pode ser dado pelo pensamento racional de Deus - analogias que, porém, só podem ser consideradas como *analogias*, não como determinações adequadas de Deus.

4) Além disto, evita-se que, por meio do reconhecimento dessas "contradições aparentes", tanto a "aparência necessária" da "doutrina e da rigidez do Deus metafísico" quanto a "aparência necessária" da antropatia do Deus religioso - sejam plenamente concebidas. Pois mesmo o Deus metafísico - não apenas o religioso - se torna, enquanto objeto intencional, um Deus necessariamente *incompleto*. Deus não é de fato sempiterno (um ente que sempre é), mas eterno (supratemporal). Precisamente a eternidade de Deus não apenas possibilita, mas até mesmo exige que, para um ser finito, cujo conteúdo vital se desenrola no tempo, o ser eterno e supratemporal *apareça* em sua comunidade vital com ele não como sempiterno, isto é, preenchendo todo o tempo, mas como *mutável*; e isto apesar de Deus não *ser* mutável e apesar de a eternidade *também* conter em si o ser e o ser-essencialmente-idêntico do eterno em cada uma de suas partes do tempo. Mas essa sempiternidade não *esgota* a eternidade. O eterno contém em si também os *conteúdos* de toda transformação possível - apenas sem a forma da transformação. Se a metafísica representa a forma temporal do ser do eterno, isto é, a sempiternidade, então a religião representa a *plenitude* do eterno como algo sublime que se encontra acima de toda transformação e duração constantes. Só a metafísica e a religião juntas produzem uma imagem (inadequada), uma impressão (inadequada) do eterno.

5) Precisamos perceber, portanto, que a posse mais adequada de Deus, a participação máxima de nosso ser em seu ser, só pode ser visada por meio da *visão conjunta* desprovida de contendas e de contradições do Deus religioso e do "fundamento" metafísico "do mundo". Ela não pode ser buscada, portanto, nem pelo fato de o "Deus" metafísico, nem pelo fato de o Deus religioso se tornarem a medida do objeto intencional a cada vez diverso, seja completamente ou em parte.

Tomar a primeira opção é o erro fundamental de toda e qualquer corrente de pensamento, que afirme que a *teologia* natural (não a religião natural) seria um pressuposto *objetivo* para a teologia experimental da revelação. Pois mesmo a religião natural é *religião* (não uma mera conclusão imperfeita, desprovida de metodicidade). Ela vive em atos religiosos. A revelação natural de Deus em sua obra, tal como o apóstolo tem em vista, baseia-se em uma *relação expressiva e simbólica* de Deus na natureza e na alma, no "espelho" de si que se encontra na natureza, em um aceno, em um apontar das *próprias coisas* e de seu *sentido* (objetivo) para Deus como o sentido fundamental do mundo – que só o ato religioso concebe e pode conceber na contemplação (casta) da natureza e da alma, mas não a razão que conclui segundo o *princípio causal* nas ciências da natureza e na psicologia. Seguir a segunda opção é o erro fundamental do fideísmo e do tradicionalismo (que podem ser encontrados preponderantemente junto aos protestantes), de uma corrente de pensamento, que nega a metafísica e a teologia natural em geral e que necessariamente precisa particularizar a ideia de Deus e que também sepulta, por fim, o universalismo da religião. Aqui é válido muito mais o seguinte:

O Deus *verdadeiro* não é tão vazio e rígido quanto o Deus da metafísica.

O Deus *verdadeiro* não é tão estreito e vivo quanto o Deus da mera fé.

6) A simplicidade e indivisibilidade de Deus exige que evitemos rigorosamente introduzir os diversos *caminhos* até o *ens a se*, que como "diversos" são constitutivos de um ser espiritual finitamente

divisível, na essência do próprio Deus. No entanto, se o Deus da metafísica e da religião ou se um desses *entia intentionalia* da razão e da fé se tornam de algum modo algum dia a medida do outro, então este erro intrínseco à inserção se torna claramente necessário.

Tipos dualistas da crença e do saber

As três determinações até aqui consideradas da relação entre religião e metafísica pressupõem a existência e a possibilidade de uma metafísica. Tentativas completamente novas de determinar essa relação precisariam se iniciar de maneira totalmente diversa, se - como aconteceu em correntes de pensamento muito difundidas - a possibilidade e o direito à metafísica fossem *contestados*. Para todos aqueles, que tinham identificado parcial ou totalmente a religião com a metafísica, a religião precisaria ser simplesmente *destruída concomitantemente* em suas bases por meio daí. Como, no entanto, a religião está muito mais profundamente enraizada no ser e na vida dos povos, então precisamente esse abandono de uma metafísica nas múltiplas formas do *agnosticismo metafísico* forneceu o impulso para que se cindisse completamente a religião da metafísica e se tentasse emprestar à religião uma nova base diversa. Essa base precisaria ser em todos os casos ateórica no sentido de que não se buscaria mais no conhecimento do *ser* em geral nenhum fundamento da religião, mas antes em uma estrutura legal qualquer de atos ateóricos, seja (como em Kant) de tais atos oriundos da ordem da moral e da vida prática, seja de tais atos religiosos particulares e específicos (em primeiro lugar Schleiermacher). Os dois sistemas de uma teologia moral exclusiva e do assim chamado fideísmo provieram daí[12].

As correntes metafisicamente agnósticas da filosofia, contudo, chegaram a uma rejeição da metafísica teórica a partir de razões totalmente diversas. Apontemos aqui apenas para uma diferencialidade, que foi com frequência desconsiderada e que, contudo, pos-

12. Cf. quanto a isto na segunda seção o último capítulo: "Sobre algumas tentativas mais recentes etc."

sui um grande significado para a relação das filosofias agnósticas com a religião. O agnosticismo positivista-sensualista não volta a ponta de sua lança apenas contra todas as possíveis *respostas e soluções* de questões e problemas metafísicos, mas também contra o sentido e a legitimidade dessas *questões* mesmas. Essa é a sua principal diferença em relação às escolas agnósticas kantianas, que deixam subsistir o sentido e a legitimidade de questões e problemas metafísicos e que apenas negam que, com operações do *entendimento humano*, seria algum dia possível encontrar uma solução para essas questões pela via teórica. Assim, para Kant, as "ideias da razão" tais como a ideia da alma, do mundo e de Deus são, enquanto ideias ligadas à totalidade das respectivas condições de tudo o que é anímico, físico e ôntico em geral, tão pouco recondutíveis a sensações quanto as formas categoriais do entendimento e as formas da intuição pura. Elas são "ideias", que a razão produz de maneira necessária e espontânea como seus problemas eternos, cujo objeto, porém, também é da mesma maneira necessariamente incognoscível; e isto de tal modo que não lhes cabe para a teoria nenhum significado constitutivo, mas apenas o significado regulativo de unificar o uso do entendimento na busca de relações legítimas de acordo com a possibilidade. Para o uso prático da razão, contudo, as mesmas "ideias" delimitam por assim dizer um âmbito determinadamente circunscrito, só teoricamente vazio em termos de conhecimento, de objetos possíveis, que é em seguida preenchido pelos "postulados" racionalmente necessários da teologia moral natural.

Em oposição a isto, o positivismo procede segundo a máxima de E. Mach que corresponde exatamente à sua doutrina sensualista do conhecimento de que questões ou bem podem ser resolvidas, ou bem sua ausência de sentido precisaria poder ser apresentada. Se formularmos uma questão, cuja decisão não pode ser indicada por nenhuma combinação de um material sensível observacional, então essa questão mesma é uma questão sem sentido, ou, respectivamente, os conceitos nela contidos são ilegítimos, ou, de qualquer modo, sua articulação no estado de questão é absurdo. Assim, o positivismo sensualista afirma muito mais do que a impossibilidade de responder questões metafísicas; ele afirma sua *absurdidade*.

Isto é de uma amplitude enorme para a concepção histórica da metafísica e da religião. O positivismo chega a partir daí à visão fundamental de que a problemática religiosa tanto quanto a metafísica da existência não seria para o homem em geral nenhuma problemática estabelecida em sua *essência* espiritual (ou seja, também não uma problemática historicamente duradoura), mas de que ela seria apenas uma "categoria" histórica para um estado determinado da história e da sociedade do homem, ou seja, que precisaria ser e seria um dia abandonada no futuro. Em um ajuste cada vez maior ao universo, o homem não formulará mais um dia as *questões* metafísicas e religiosas em geral, uma vez que terá compreendido sua absurdidade. Em contrapartida, para o agnosticismo de Kant e de sua escola, as questões metafísicas e religiosas permanecem de maneira duradoura como plenamente dotadas de sentido e validamente legítimas, só que de maneira igualmente duradoura teoricamente insolúveis.

Também se acha claro agora, por que é que apenas o agnosticismo teórico do segundo tipo pode assumir uma relação essencial entre filosofia e religião. O agnosticismo positivista só pode, ante a religião e a metafísica, reconhecer *uma* tarefa teórica: a tarefa de sua descrição como fenômenos psíquicos da vida humana e como a explicação psicológica, histórica e sociológica desses fenômenos. No caso extremo, ele pode apresentar a sua *utilidade* biológica e sociológica para certas eras.

As formas da fundamentação da religião, que provêm do outro tipo de agnosticismo, são muito múltiplas e não podem ser acompanhadas aqui em suas modulações particulares[13]. Para uma *teoria do conhecimento religiosa* e para uma *doutrina da valoração,* contudo, permanece em todos os casos espaço livre. Elas teriam de descobrir em todos os casos no espírito humano as raízes duradouras da religião e determinar a relação de fundação da estrutura dos atos, nos quais se apresentam e se realizam os objetos religiosos. Aquilo que transcende, porém, esta filosofia e esta psicologia trans-

---

13. Nem o agnosticismo positivista, nem o agnosticismo metafísico kantiano são sustentáveis. Ao contrário, há uma tarefa (eterna) claramente circunscrita da metafísica e uma exposição epistemológica segura de sua possibilidade com meios puramente teóricos do espírito.

cendental da religião caberia, então, imediatamente à filosofia da história como a apresentação dos níveis e do caminho, nos quais a disposição transcendental originária do espírito racional se realizou na história.

Esta última determinação da relação entre filosofia e religião apresenta um esquema, ao qual pertence uma quantidade significativa de tentativas de fundamentação da religião, que devemos em parte aos filósofos modernos, em parte aos teólogos protestantes. Citemos aqui as tentativas de Ritschl e de seus alunos Kaftan e Herrmann, que colocaram fora de ação da maneira mais resoluta possível a metafísica (o primeiro dos que mencionamos por último sobre uma base positivista, o outro sobre uma base neokantiana); além disto, Ernst Troeltsch que, apesar das diversas concessões feitas a uma metafísica orientada por Hegel e por Eucken, vislumbrou de qualquer modo, em uma renovação filosófico-transcendental das raízes filosóficas da religião levada a termo a partir da ideia de sua possibilidade, a doutrina essencial à fundamentação da religião; além disto, Wobermin, que procurou destacar na "psicologia transcendental" da religião as formas do ato religioso a partir do material vital empiricamente religioso, nos quais o objeto religioso se apresenta; por fim, também Rudolf Otto que, apesar dos princípios fenomenológicos diversamente constituídos para a determinação essencial do sagrado, recai, ao final de seu livro profundo e belo *O sagrado*[14], de qualquer forma, uma vez mais em uma concepção orientada por Kant e Fries desse sagrado como uma categoria subjetiva da razão, que seria "cunhada" sobre o material dado do sentido (ou seja, não como determinação previamente encontrada do objeto).

Também consideramos estas determinações dualistas da relação entre filosofia e religião como *conflitantes* com a *essência da religião e da filosofia.*

Toda uma série de princípios fundamentais, que a religião também estabelece como verdadeiros a partir da lógica de sentido dos *próprios* atos religiosos, pode ser *além disto* comprovada filosoficamente com o auxílio da metafísica. Contabilizo aí (apenas à guisa

14. OTTO, R. *O sagrado*. Breslau, 1917.

de exemplo) a existência de um ente, que só tem seu ser-aí a partir de sua própria essência; a existência desse *ens a se* como *prima causa* de todo ente que é contingentemente aí (como setor da quintessência do essencialmente possível desenvolvido na eidologia); a espiritualidade e a racionalidade desse *ens a se* e de sua natureza como *summum bonum* e meta derradeira de toda atividade do mundo; sua infinitude. De modo algum, porém, contabilizo aí a sua *personalidade fática*. Ao filosoficamente cognoscível pertence, além disto, a espiritualidade e a racionalidade específicas da alma humana, sua pertinência essencial a um corpo e, não obstante, sua separabilidade real de sua existência; as *ideias* essenciais de espíritos mais elevados e mais puros, tal como essas ideias representam as almas humanas espirituais; a perduração pessoal das almas humanas para além da morte (não, porém, sua imortalidade em geral); além disto, a existência de uma liberdade do espírito e especialmente do querer, liberdade essa que se estende *especificamente* para além de todos os tipos de estruturas legais do ser e do acontecimento subespirituais no próprio homem, assim como para além de toda a natureza restante.

No entanto, o que também nego da maneira mais determinada possível, porém, em uma oposição completamente consciente ao sistema parcial de identidade entre religião e metafísica, é a afirmação de que a religião *fundaria* seus próprios artigos fundamentais (ou seja, também os naturais) de algum modo em princípios metafísicos no sentido de que esses artigos seriam desprovidos de evidência, infundados e falsos, caso não nos reportássemos à metafísica.

Na medida em que algumas das teorias denominadas aqui "dualistas" não fazem outra coisa senão afirmar a autonomia da religião (mesmo em relação à metafísica), nós antes as aplaudimos. Só rejeitamos o modo com o qual elas fundamentam essa autonomia. Mas ainda falaremos disso mais tarde.

A tese da autonomia e do estar fundada em si mesma da religião (mesmo da religião natural) não exclui uma determinação da relação de sua essência com a metafísica, que denomino o *sistema da conformidade entre religião e metafísica* e que eu oporia tanto aos sistemas da identidade total e parcial quanto aos sistemas dualistas, que foram citados acima.

O sistema da conformidade

A primeira coisa que o sistema da conformidade realiza está incluída no fato de que ele permite reter verdadeiramente - sem separar um do outro, tal como os sistemas dualistas, crença e saber e sem ferir o grande princípio: *Gratia perficit naturam, non negat*[15] - tanto a *unidade da religião* quanto a *unidade da metafísica*[16].

1) Religião, portanto, em cada uma de suas figuras, é religião e não metafísica. Já a distinção importante e imprescindível entre religião natural e revelada é uma distinção *no interior* da própria religião. Além disto, ela não representa nenhuma cisão, que seria de algum modo alcançada no âmbito de objetos e na consistência veritativa da própria religião. Não há nenhum deus natural e um Deus da revelação, mas apenas um Deus. Mesmo em um *ato* religioso vivo, não há nenhuma função parcial que corresponderia a essa distinção. O que pode estar sendo visado com a distinção não é outra coisa senão uma diferença nas *fontes do conhecimento,* por meio da qual atributos determinados de Deus (e de outros objetos religiosos) são ulteriormente fundamentados e assegurados diante da consciência racional (teológica). Caso essa relação não seja rigorosamente considerada, então a *unidade da verdade religiosa e ainda mais da vida religiosa* é imediatamente colocada em grande perigo. Já existe, então, o perigo de que a religião natural se autonomize, tal como aconteceu (desde Herbert von Cherbury) na religião natural e racional do século XVIII. A "religião natural" não se mostra, neste caso, como um mero nível de fundamentação de uma religião verdadeira e em si indivisa, mas se arvora como norma e critério de medida da religião positiva. E esse perigo cresce significativamente, quando - tal como acontece no sistema da identidade parcial - a "religião natural" já é equiparada a um gênero essencial de saber totalmente diverso - qual seja, ao saber metafísico. Até mesmo o conceito da "crença na existência de Deus" torna-se, então, evidentemente sem sentido, uma vez que não podemos ter de acordo com isto absolutamente

15. Em latim no original: "A graça aperfeiçoa a natureza, não a destrói" [N.T.].

16. Cf. tb. exposições precedentes p. 172, p. 177-184.

nenhuma crença, mas apenas um saber sobre a existência de Deus. Caso se considere, além disto, a coisa historicamente, então poder-se-ia mostrar sem grandes dificuldades como o enorme equívoco do século XVIII em relação à religião racional e o deísmo teve sua origem e seu solo alimentício precisamente no sistema, que tínhamos chamado de sistema da identidade parcial. Em cada uma das formas de sua riqueza de conteúdo, a religião flui sempre a partir de uma única fonte: objetivamente, a partir da "*revelação*" (ela mesma gradual e rica em níveis) de Deus; subjetivamente, a partir da *fé*. Neste contexto, compreendo por "revelação" não aquilo que os teólogos positivos chamam "*a* revelação", nem tampouco uma verdadeira revelação (para não falar de uma revelação "positiva"), mas apenas o *modo* específico *de dação de todo e qualquer* tipo de dados intuitivos e vivenciais de um objeto dotado da essência do divino e do sagrado, a saber, o modo de dação específica do *ter recebido um comunicado* ou do ser comunicado – seja de maneira imediata, seja de maneira mediada. A essência desse modo de conhecimento encontra-se em uma oposição em relação a *todos os tipos espontâneos de conhecimento*; e não se trata de uma mera distinção objetiva do tipo causal, distinção essa por meio da qual o saber no homem chegaria a termo, mas se trata antes de um tipo fundamentalmente diverso, estabelecido ele mesmo no processo de conhecimento vivenciável, de formação possível da evidência. Todo saber *religioso* sobre Deus é um saber também *por meio de Deus no sentido do tipo de recepção do próprio saber*. Este princípio antigo e grandioso sozinho entrega à religião aquela *unidade* derradeira, da qual ela precisa. A diferença necessária entre religião da revelação natural e religião da revelação positiva também não tem como suspender esse princípio. Ela precisa se deixar e se deixa efetivamente reduzir à diferença entre "revelação natural" e "revelação positiva", ou, respectivamente, a uma doutrina ampliada da articulação e dos níveis da revelação (naquele sentido maximamente formal e filosófico-religioso).

2) Mas mesmo a autonomia e toda a plenitude de conteúdo possível da *metafísica* só se conservam sobre o solo do sistema da conformidade. Se a metafísica, ou, de qualquer modo, a sua

parte mais central, devesse se mostrar como a *doutrina acerca do fundamento do mundo*, enquanto a teologia natural se manteria ao mesmo tempo como a base necessária da teologia positiva, então - mesmo com a maior das boas vontades para cindir de *fide* princípios válidos da fé e a pesquisa racional livre - não haveria nenhuma outra possibilidade senão afirmar que uma série de resultados de uma metafísica histórica determinada, sim, por fim um método totalmente determinado de sua descoberta e uma escola totalmente determinada, na qual esse método se tornou válido, assumiriam eles mesmos o caráter de uma suposta *verdade da fé*. Querer colocar sob uma sanção não apenas determinados resultados, mas, além disto, um método racional totalmente determinado de sua descoberta, que reconduz o fundamento de seu direito à revelação positiva, é objetivamente absurdo. Com toda a razão, a revelação pode determinar os limites de sua validade na relação com a atividade racional espontânea do próprio homem e a partir de si, tal como também acontece efetivamente em princípio por meio das palavras de Paulo sobre o conhecimento natural do mestre da obra divina a partir da consideração de sua obra. Quanto ao *método* positivo, contudo, segundo o qual esse conhecimento precisaria ser encontrado, *não* há como se atribuir, porém, à administração dos bens de fé positivos um juízo *autorizado* com validade dogmática. Caso se pretenda, no entanto, estar de posse de um tal juízo, então isto significa o mesmo que dogmatizar uma determinada *escola da metafísica* - indiretamente também de toda uma filosofia - e fazer dela uma doutrina da fé. Isto, todavia, tem repercussões realmente calamitosas para a própria fé, que é estabelecida por meio daí sobre um suposto fundamento, que é menos duradouro segundo a sua *essência* do que a fé - e essas repercussões não são menos calamitosas para a metafísica. Pois aquela parte da metafísica (que deve se mostrar como um fundamento da fé) é por assim dizer *arrancada* por meio daí do *todo* da filosofia e se torna tão anquilosada, que não pode ser nem colocada à prova, nem mais desenvolvida por meio do pensamento vivo. Portanto, trata-se de uma reação bastante compreensível de todos aqueles que não toleram a crença positiva, cujo "fundamento" deve ser essa parte da metafísica, supor que essa *metafísica racional* supostamente *livre e espontânea* seria já erigida intencionalmente de tal modo que pudesse servir à crença positiva como "fundamento". A consequência é que eles consideram justamente por isto essa metafísica com uma desconfiança a princípio tão profunda que eles desconsideram também sua verdade ou seus elementos verdadeiros eternos, sim, que eles já não querem mais nem mesmo investigar as questões que aquela metafísica responde. Um estado espiritual de tal modo paradoxal já se concretizou também há muito tempo. Pois há alguma coisa mais paradoxal do que o fato de precisamente aquela parte da teologia e da fundamentação da religião que, independentemente do conteúdo positivo da fé e, com isto, de toda confissão, fundamenta as verdades supremas e mais essenciais da religião, fornecendo, assim, uma *plataforma comum* para todo tipo de confrontação ulterior religiosa e eclesiástica, realizar e promover exatamente o contrário daquilo que ela *deve* promover e realizar: o fato de ser precisamente ela que cinde da maneira *mais aguda* possível os espíritos? Mas se aquilo que deve ser compreendido racionalmente for de fato uma fé tradicional imposta e se isto cinde da maneira mais intensa possível o que estava determinado a produzir o mínimo de unidade entre os sustentadores das diversas religiões positivas, então o sentido de toda a teologia natural também está *invertido e transformado em seu oposto direto*.

O sistema da conformidade exclui este estado; e ele o exclui de tal modo que os resultados da metafísica – em uma nova comprovação – não precisam ser necessariamente alterados, tampouco quanto um princípio qualquer da teologia positiva, uma vez que só o "fundamento" previamente dado é efetivamente alijado em favor de uma conformidade.

3) O sistema da conformidade não é menos incisivo para a *configuração e para o significado da metafísica*. A metafísica só possui o valor pleno que ela pode conquistar como conhecimento, se ela estiver fundada de acordo com o objeto, de maneira profunda e ampla, em toda a multiplicidade da existência e do mundo, e se ela – segundo sua origem – florescer a partir da raiz da vida espiritual conjunta de seu autor e como fenômeno histórico conjunto a partir de sua época mundial. O "fundamento do mundo" só é o seu objeto derradeiro e supremo – em verdade, não o seu

objeto primeiro e único. Ele é e deve ser para ela a versão pensante do ponto de corte de todos os fios inumeráveis que conduzem, com base na essência e nos nexos essenciais vislumbrados (que podem ser apresentados e encontrados no ser objetivamente real, contingente, empiricamente dado da ciência positiva), para além dos limites desse elemento empiricamente dado da realidade objetiva em *direção* ao *absolutamente real.* O sentido com isto designado e a essência de uma metafísica como configuração do conhecimento são ainda completamente dependentes de sua verdade e falsidade. Neste sentido, os sistemas metafísicos, por exemplo, de Aristóteles, Leibniz, Hegel, Schelling, Fechner, Schopenhauer, Hartmann e Bergson são sistemas "autenticamente" metafísicos – deixando de lado completamente sua eventual falsidade. Suas ideias particulares sobre o fundamento do mundo são apenas as formulações conclusivas, sintéticas dos pontos finais... x y z, que encontram para esses pensadores os fios de todo tipo de coisas e de dações do mundo, quando elas são perseguidas para além da esfera da existência objetivamente real, mas *relativa* ao ser-aí na ligação com o suprassensível, com o absoluto do efetivamente real, até o seu enraizamento comum no absolutamente existente. Nenhum desses metafísicos limita-se a encontrar fixações formais e abstratas meramente sobre o *fundamento do mundo,* sem levar em conta a consistência positiva do saber do tempo e de seu autor – sem levar minimamente em conta o mundo e sua riqueza de conteúdo. Cada um desses metafísicos está efetivamente grávido de "mundo" e de um conteúdo espiritual da experiência, procurando mostrar como esse mundo está enraizado no "fundamento do mundo". No entanto, na medida em que suas verdades derradeiras e supremas equivalem em parte aos princípios fundamentais da consciência religiosa (desenvolvida), eles *ancoram* essas verdades – sem formar, contudo, o seu "fundamento" religioso – no *conteúdo pleno da experiência do mundo e de si mesmo* de um modo tal como a religião não o conseguiria fazer sozinha. Pois a religião parte imediatamente daquela determinação fundamental do absolutamente real e efetivo – do *ens a se* –, no qual a metafísica sozinha não consegue penetrar: ela parte da *personalidade* de Deus, personalidade essa que revela sua existência – na medida em que se revela. Tanto mais, porém, a metafísica consegue demonstrar em relação ao *ens a se* que aquilo, que também se mostra como condição objetiva para que algo pessoal possa ser configurado, não é senão uma determinação sua: assim, sobretudo, a *racionalidade* e a *espiritualidade* do fundamento do mundo. A personalidade de Deus, porém, subtrai-se a todo e qualquer tipo de conhecimento racional *espontâneo* por parte de seres finitos - não por causa dos assim chamados limites da força do conhecimento, mas porque está estabelecido na essência objetual de uma pessoa *puramente* espiritual *mesma*, que sua existência - *se* ela se faz presente - só pode ser conhecida por meio da autocomunicação (revelação).

Justamente essa ancoragem autônoma e livre dos princípios religiosos fundamentais, porém, *não* pode ser realizada pela metafísica, se ela já for concebida *como* fundamento e meio de fundamentação da crença religiosa e se esse ser fundamento tiver de ser classificado como uma verdade *da fé*.

Todo crescimento a partir da plenitude do conhecimento essencial da região objetiva do existente (e a partir dos conhecimentos científico-positivos a cada vez aí pertinentes) está, então, vedado à metafísica; e não menos vedado está também o fato de ela emergir do todo da vida espiritual. Ela se torna, com isto, uma soma de proposições formais petrificadas - proposições que são já naturalmente por demais ricas em termos de conteúdo, para poderem ser deduzidas do conceito do *ens a se* de maneira puramente analítica e sem novos dados da intuição, tal como se pensa; uma tradição escolástica vazia de espírito que, não sem razões mais profundas, não é honrada com uma atenção particular por aqueles que não pertencem a essa tradição. Em contrapartida, de acordo com o sistema da conformidade, religião e metafísica estendem mutuamente as mãos *de maneira livre*, sem que uma mão já obrigue a outra a se aproximar de si. Não obstante, porém, cada uma delas levanta a pretensão de ter acolhido a outra livremente.

Não é nossa tarefa, contudo, mostrar aqui *in extenso* como é que essa metafísica seria possível - para não falar de desenvolver plenamente seu conteúdo.

4) Mas há ainda uma razão decisiva para recusar a metafísica como fundamento da teologia e da religião naturais. Só dois princípios da metafísica - *os mais formais que a metafísica do ser conhece* - possuem uma evidência cognitiva absoluta: o princípio de que haveria um *ens a se* diverso da totalidade de todas as coisas, eventos e realidades contingentes - ou seja, da totalidade do "mundo" -, respectivamente um existente cuja existência se seguiria à sua essência; e o princípio de que esse *ens a se* seria a causa primeira (*prima causa*) e o fundamento originário de que, a partir dos mundos essencialmente possíveis, este mundo uno e contingente seja efetivamente real. (A ideia da criação ainda não se acha presente aí, uma vez que a "criação" pressupõe a personalidade de Deus, que só é acessível à religião.) Todas as outras determinações do fundamento do mundo possuem duas propriedades, que se encontram em contradição radical em relação à natureza da evidência religiosa, da evidência da fé: os juízos, que elas exprimem, são *hipóteses* duradouras e nunca rigorosamente verificáveis. Do mesmo modo, uma vez que elas *também* precisam se apoiar de maneira constante e necessária, para além de seus pontos de apoio em conhecimentos da essência e do nexo essencial, nos juízos indutivos reais das ciências positivas reais, elas nunca possuem senão a evidência de uma suposição, ou seja, elas não são senão *prováveis* - segundo a regra lógica de que "a conclusão se segue das premissas mais fracas". Pois todos os juízos oriundos de uma ciência positiva real são, segundo sua *natureza*, prováveis e nunca evidentemente verdadeiros. Cada um desses juízos pode perder uma vez mais sua validade por meio do progresso da observação. Pois - como Husserl mostrou de maneira pertinente - toda e qualquer coisa e evento real, por menor e por mais parco que ele possa ser em relação a outros eventos, é essencialmente *inesgotável* em termos de um conteúdo puramente indutivo e, de acordo com sua essência, só é determinável em um processo de definição infinito. Só os conhecimentos evidentes da essência são coesos ante o saber indutivo e cortam em cada ponto - dito em termos imagéticos - o processo infinito, no qual a pesquisa e a determinação indutivas transcorrem. Mas esses conhecimentos livres da existência *sozinhos* também não fornecem jamais um saber metafísico, que se mostre segundo a sua natureza efetivamente como um saber real.

Com isto, porém, está ao mesmo tempo excluído que um juízo religioso (respectivamente um juízo de fé) possua as propriedades, que cabem a todo e qualquer juízo metafísico que estabeleça, para além das duas propriedades - do *ens a se* e da *prima causa* -, determinações atributivas ao fundamento do mundo. Crença no sentido religioso é ou bem evidente, ou bem uma crença cega (então jamais uma crença equivocada, uma superstição ou uma crendice).

Não há nenhuma crença provável; não há nenhuma crença hipotética. A "certeza firme como uma rocha" que se constrói sobre a evidência da fé é fundamentalmente diversa de todo saber suposto. Só a liberdade do ato de fé em sua diferença em relação ao ato do entendimento puramente articulado com a coisa torna a evidência da fé e a "certeza firme como a rocha" possíveis. Fé é uma *inserção* livre *da pessoa* e de seu cerne em nome do conteúdo da fé e do bem da fé - *o juízo* de fé não é senão o juízo sobre o conteúdo dado no ato de fé. Não há nenhum lugar na fé e no objeto de fé para hipóteses e probabilidades - respectivamente para meras suposições e assunções.

A consequência clara disto é o fato de nenhum princípio metafísico, que atribua ao fundamento do mundo uma determinação atributiva, poder se mostrar como um fundamento suficiente para a suposição de uma verdade da fé religiosa, respectivamente para uma verdade da fé. Pois como é que algo apenas hipoteticamente verdadeiro pode fundamentar algo absolutamente verdadeiro? Como é que uma suposição pode fundamentar um saber evidente (tal como o é subjetivamente o saber de fé)? Como é que uma probabilidade pode "fundamentar" uma verdade? Só se pode falar aqui de uma "ratificação" (por uma outra via), não de uma "fundamentação".

A partir desta distinção essencial entre o saber próprio à fé e o saber natural no que concerne à evidência, se segue, então, porém, um princípio bastante significativo sobre a relação fundamental dos bens de fé e dos bens característicos do saber natural (também dos bens metafísicos no sentido material) com a *história*. Segundo sua essência e seu sentido, os conteúdos de fé e os bens de fé (assim como os "dogmas" que eles formulam) são bens e verdades *eternos* - os bens do saber metafísico são necessariamente membros do processo da história, da história da pesquisa metafísica. O que significa, portanto: deixar que a fé seja fundamentada em princípios materiais metafísicos? Significa ou bem inserir os bens e verdades de fé "eternos" no fluxo, que pertence necessariamente ao saber metafísico como um conhecimento espontâneo e provável, ou dogmatização de certos princípios racionais metafísicos (desses ou daqueles), e, respectivamente, desconhecimento do caráter provável do saber metafísico e falsa elevação desses princípios ao nível da evidência absoluta. Aqui tem lugar a calcificação e a morte para a pesquisa racional livre. O primeiro caminho é o caminho da gnose, o segundo era com frequência o caminho de uma extensão exagerada e falsa do conceito de autoridade eclesiástica. Os dois caminhos são igualmente pérfidos e nocivos tanto para a religião quanto para a filosofia.

A *autonomia* da metafísica em relação à religião, autonomia essa que é fixada com o que foi dito, não pode, com isto, ser confundida com a questão de saber se e em que medida toda metafísica possível (ou seja, mesmo toda metafísica histórica dada) seria independente da religião em sua *gênese* e *origem* (possíveis) no espírito do homem. Pois, nessa autonomia, o que está em questão é a *intenção* do filósofo, e, respectivamente, a *liberdade* religiosa intencional em relação a *pressupostos* de sua pesquisa e de seu saber investigativo. No último caso trata-se, em contrapartida, da origem do conhecimento metafísico *com a* inclusão dessa intenção que lhe é pertinente. E a resposta a esta última questão precisa ser uma resposta diversa, sempre de acordo com o modo como se precisa decidir a questão: é o conhecimento religioso ou o conhecimento metafísico, conhecimentos que pertencem os dois ao espírito do homem, que se mostra em sua atualização como o mais originário? Não me parece haver nenhuma dúvida de que o *religioso* é o *mais originário* - e de maneira alguma apenas no sentido empírico psicogenético, mas no sentido da ordem originária essencial dos dois tipos de conhecimento a partir do espírito do homem.

O "homem" já sempre possui uma suposição, na qual crê, sobre o seu *caminho de salvação* e sobre o *caminho de salvação* do mundo, logo que ele assume a postura espiritual metafísica - e a possui "necessariamente"; independentemente de saber se ele quer ou não quer, independentemente de saber se leva essa suposição a um saber reflexivo. Pois o ato religioso é, na ordem da origem que não consegue demonstrar ou refutar nenhuma experiência histórica do *matter-of-fact, mais originário* do que o ato do conhecimento filosófico. O fato histórico, comprovável até o cerne do particular, segundo o qual todas as metafísicas que já existiram permaneceram no *campo de jogo* das categorias fundamentais religiosas, com as quais a religião marcou a metafísica e que não conseguem explodir esse *campo*, é apenas uma *satisfação* (não uma demonstração) dessa ordem da origem da ratificação do conhecimento e do comportamento religioso e metafísico.

Os inúmeros sistemas metafísicos dos indianos, dos gregos, das épocas cristãs – representam famílias de sistemas metafísicos, que sempre conservam, apesar da grande diversidade de suas partes entre si, *um* caráter conjunto característico. E trata-se, por fim, da diversidade essencial das religiões, a cujo campo de domínio eles pertencem e que lhes confere esses caracteres comuns.

Por mais que precisemos rejeitar a princípio os "sistemas dualistas", o trabalho espiritual que foi realizado para a sua construção não se perdeu totalmente. Eles incorreram em erro na medida em que contestaram a possibilidade de uma metafísica e a unidade orgânica de metafísica e religião; eles incorreram em erro na medida em que estabeleceram um critério de medida falso também para as realizações históricas da metafísica (Kant, p. ex., estabeleceu o critério de medida da evidência matemática; os representantes da metafísica "indutiva", o *tipo* de progresso e o nível de certeza da ciência real positiva). Neste caso, porém, também por razões históricas, eles precisaram rejeitar a metafísica "inconsistente". Pois não é em virtude de uma pretensão supostamente justificada a uma verdade objetiva adequada que a matemática possui a evidência própria aos seus resultados, mas graças à sua recusa mais profunda aos posicionamentos reais e em virtude de sua satisfação à "correção" meramente lógica, além de sua máxima economia; e não é em virtude de sua verdade adequada à coisa que a ciência positiva real se mostra como prosseguindo de maneira muito mais rápida e contínua do que a metafísica, mas em virtude de sua recusa relativa a tal verdade coisal – dito positivamente: porque ela se restringe a tanta verdade coisal quanto o torna necessário a meta vitalmente condicionada de um domínio e direção práticos possíveis do mundo; além disso, também porque ela decompõe todo o trabalho do conhecimento em "disciplinas" ou na pluralidade essencial das ciências segundo pontos de vista - uma decomposição - que, uma vez que ela não é fomentada pelos objetos mesmos, mas apenas pelo princípio social e econômico da divisão do trabalho - faz com que a verdade "científica" perca tanta verdade coisal *concreta* quanto ela conquista na capacidade do progresso. Pois não há nenhum "mundo" mecânico, físico, químico, biológico, psíquico, espiritual, histórico, mas apenas a realidade efetiva do mundo uno concreto, que é enquanto tal e como um todo um decurso único do acontecimento - sem retorno do "mesmo". É só nas faculdades da abstração a partir dessa realidade efetiva mundana de objetos destacados das (já definidas) ciências *específicas* que há uma ratificação possível do pressuposto da regularidade. É, porém, de toda essa realidade efetiva mundana *concreta*, que procura se aproximar, até onde for possível, à metafísica por meio da visão conjunta e do pensamento conjunto integrativos dos resultados das ciências positivas - de acordo com contextos essenciais autolegislados.

Por mais falsa, porém, que seja a teoria do conhecimento que se encontra à base dos sistemas dualistas, timidamente metafísicos; e por mais falso que seja também esse tipo de medição da metafísica - esses sistemas possuem de qualquer modo *um* mérito, que não lhes pode ser contestado: *eles reconheceram a autonomia e a autarquia das formações religiosas* e a independência da evidência da crença religiosa em relação à evidência do saber teórico em geral. Foi isto - mas também foi isto apenas que eles tiveram *de antemão* em relação aos sistemas de identidade. Isto, porém, eles também só tiveram em relação a um lado da religião, em relação ao lado *subjetivo* - em relação ao reconhecimento da irredutibilidade e da consistência essencial do *ato religioso*. Ou seja, todos esses sistemas - mesmo ainda a tentativa profunda e reformadora de Otto, que se encontra aqui ao menos em um caminho melhor - portam de alguma forma a constante *universal* do erro da filosofia "moderna" em geral em sua essência: o subjetivismo epistemológico ou o princípio fundamental de que um campo ôntico de objetos poderia ser determinado exclusivamente pela natureza dos atos e da operação espiritual – se não mesmo criado ou "gerado" –, por meio dos quais apenas ele é acessível para o homem. Não é a sua afirmação da autonomia e autarquia da religião – como se pensa com frequência de maneira falsa –, mas sim essa *concepção* subjetivista de sua autonomia que nos dá o direito e nos compromete ao mesmo tempo a lhes aduzir o título reprovável do "*fideísmo*", respectivamente da doutrina de uma crença sem bem de fé e sem um bem de salvação objetivo como uma posse solidária da humanidade.

Não é a doutrina, segundo a qual a parte natural deste bem de fé precisaria estar fundada na metafísica e em conclusões racionais, que se mostra – tal como se pensa equivocadamente em muitos aspectos – como a verdadeira doutrina oposta a esse erro fundamental, mas antes uma investigação essencial fundada no solo da autonomia da religião sobre o caráter próprio aos *objetos* da fé e aos *valores da fé* em geral – uma investigação que só se ocupa, então, secundariamente – uma vez que por toda parte o ser antecede ao conhecimento, o valor à apreensão do valor, determinando a particularidade dos atos – com a essência também dos *atos* religiosos.

Só possuímos, contudo, tal teoria do objeto religioso e tal fenomenologia da essência religiosa em alguns poucos momentos iniciais, na maioria das vezes não sistemáticos; do mesmo modo, também não possuímos uma teoria universal filosófico-religiosa dos tipos fundamentais de revelação, teoria essa que teria de se afastar completamente de todas as questões teológicas sobre uma revelação falsa e verdadeira, autêntica e inautêntica, uma vez que ela só se ocupa com os tipos de dação e modos de acolhimento essencialmente diversos, nos quais objetos do tipo dos objetos religiosos se apresentam à consciência vivencial.

Além disto, a doutrina dos atos própria à filosofia da religião – que acabou seguindo, não antecipando a doutrina da ontologia essencial do divino – precisa ser cindida da maneira mais aguda possível da assim chamada *psicologia da religião*. Pois a doutrina dos atos não é uma "psicologia da religião", mas uma *noética* religiosa. Como as doutrinas até aqui surgidas do solo subjetivista e individualista do protestantismo moderno, doutrinas acerca da "autonomia da religião", não conheciam uma tal *ontologia* essencial dos objetos religiosos, elas sempre recaíram mais ou menos em uma mera psicologia da religião. Em todo caso, elas pretendiam poder descrever a essência do ato religioso (e de seus tipos) com meios e métodos conceituais, que – como não estavam orientados objetivamente –, seja consciente, seja – o que era ainda pior – inconscientemente, precisavam pedir empréstimo à esfera da psicologia. A melhor prova são os questionamentos fundamentalmente falsos – pois já enquanto tais, não apenas como respostas, essas teorias se encontram em um caminho falso; por exemplo, saber se o ato religioso seria primariamente um "sentimento" (p. ex., o sentimento de Schleiermacher da dependência pura e simples), ou, como de acordo com A. Ritschl, um comportamento pertencente à esfera da vontade, ou ainda, como a escola antiga e o racionalismo religioso afirmam, um pensamento; além disto, se a "experiência religiosa" é mediada ou não pelo "subconsciente" de nossa vida anímica. Todas essas distinções passam completamente ao largo, contudo, da essência do ato religioso, porque sua unidade conceitual é a unidade de uma *unidade operacional objetivamente direcionada* do espírito – portanto, absolutamente nada que pudesse ser de algum modo alcançado com conceitos psicológicos. O que ocorre, por exemplo, psicologicamente – ou seja, considerado segundo uma percepção e observação internas possíveis – em alguém que ora e como isto ocorre, é algo tão indiferente para a essência do ato de orar quanto o peso no estômago ou as imagens fantasiosas de um matemático, que reflete sobre um problema numérico, para a noética do pensamento numérico. O ato da oração só pode ser determinado a partir do *sentido* da oração; e o modo como os materiais psíquicos, que são empregues ou usados nesse ato, são compostos psicologicamente – o modo como eles se compõem, por exemplo, a partir de sensações, sentimentos, representações, atos significativos, palavras, manifestações expressivas e ações –, é algo que não importa nada para a noética religiosa.

Portanto, se a doutrina até aqui sobre a autonomia da religião tiver sido articulada rigorosamente com o assim chamado sentimento religioso, com a teologia sentimental ou com o voluntarismo moral[17], este foi naturalmente um caminho equivocado - mas um caminho equivocado historicamente casual, não um estabelecido na essência dessa doutrina. Mesmo o pensamento, que se acha incluído no ato religioso - que, de fato, segundo o nosso ponto de vista, é levado a termo nesse ato -, já tinha sido abarcado pela unidade operacional espiritual do ato religioso; ele possui um objeto, que só o pensamento religioso possui e nenhum outro pensamento. Sim, ainda muito mais: já é falso subordinar o ato religioso em uma medida mais elevada ao assim chamado *mundo interior* do que ao *mundo exterior*. Pois, sem o considerarmos com vistas ao seu *sentido* de ato, mas segundo o modo de sua realização por meio do homem, o ato religioso em geral não é nenhum ato que se apresenta de maneira puramente psíquica, mas um ato que se apresenta de modo psicofísico. Ele se apresenta de maneira igualmente originária, por exemplo, como ato externo do culto e como processo interno na alma do homem - e isto de maneira totalmente contínua e sem uma decomposição possível em um fora e um dentro, em algo corporal e em algo psíquico. A toda oração, por exemplo, pertence uma ação expressiva - ora uma ação individual e ocasional, ora uma ação geral dotada da forma fixa relativa ao modo externo de orar. Também neste sentido, o conceito do ato religioso não possui nada em comum com um conceito psicológico.

A psicologia da religião hoje tão dileta e enormemente superestimada, porém, também precisa ser reconduzida metodologicamente aos limites aos quais ela pertence[18].

No que há de essencial, a moderna psicologia da religião surgiu historicamente do espírito das correntes de pensamento filosóficas positivistas. Em primeiro lugar, foi David Hume quem a fundou na história moderna. E isto não aconteceu naturalmente por acaso. Pois justamente porque se *rejeitou* aqui mais ou menos a pretensão de verdade da religião, a religião se tornou para os positivistas um mero grupo de fenômenos psíquicos, que se teria

---

17. Cf. acima p. 184s.

18. Trataremos mais adiante neste ensaio da teoria e da psicologia pragmáticas da religião. Cf. p. 390s.

de descrever, de explicar de maneira causal e, no caso extremo, conceber também teleologicamente (no sentido biológico) como um determinado estágio no processo da adaptação do homem a seu meio ambiente. Abstraindo-se desta origem histórica da moderna psicologia da religião, também seria uma apresentação equivocada, caso se argumentasse da seguinte maneira hoje tão dileta, a fim de fundamentar o sentido e a tarefa de uma psicologia da religião: "Como quer que se venha a pensar sobre o valor de verdade da religião - afirmando-o ou recusando-o -, qualquer que seja a religião à qual alguém se vincule no primeiro caso, a religião é *em todos os casos* um grupo de vivências e fenômenos anímicos e, enquanto tal, um objeto duvidoso da psicologia. Este ramo da psicologia se chama psicologia da religião e essa psicologia da religião é uma ciência, que pode ser levada adiante tanto por ateus quanto por crentes, tanto por cristãos quanto por maometanos etc. Ela é, portanto, completamente *desprovida de preconceitos* e *intraconfessional*". Esta argumentação é um puro *sofisma* e não possui nenhum tipo de significado.

Quem se serve dela, não conquistou ainda uma clareza quanto a sob que condições em geral *uma coisa qualquer* se torna objeto da psicologia explicativa e com que pressupostos objetivos todo ramo da psicologia explicativa precisa operar.

Pertence à essência da psicologia - ou melhor, à essência do modo de percepção e da forma de dação, na qual o estado de fato "algo psíquico" pode ser dado a uma consciência cognoscente em geral - duas coisas: algo psíquico é *primariamente* sempre objeto de uma percepção *alheia*, nunca de uma percepção própria; e algo psíquico é primariamente sempre aquilo que se considera um erro, uma ilusão ou, de qualquer modo, algo de alguma forma *contrário à norma*. Mesmo a percepção própria interior e, além disto, toda a assim chamada auto-observação não precisaram, em verdade, se conformar de maneira necessariamente genética sob a influência de uma percepção alheia já exercitada; de qualquer modo, porém, segundo a sua essência (como *tipo* de ato e *tipo* de posicionamento), ela é uma percepção alheia, à qual só casualmente é atribuído o objeto adequado a essa percepção, a saber, o "alheio" e os "outros" em um exemplar qualquer e que normalmente só possui as modificações egoicas próprias como objeto. Também podemos dizer: "psicologicamente" comportar-se em relação a si mesmo é se comportar de tal modo, *como se não se fosse senão algo alheio e um outro.*

Além disto: mesmo em relação ao "outro", um comportamento psicológico só é possível lá onde se abdicou das relações naturais fundamentais entre sujeitos espirituais - a relação da *vivência* intencional de uns com os outros *dos mesmos* objetos, valores etc. e a relação da *compreensão* - por uma razão qualquer. Somente onde a personalidade do outro desapareceu ou aparece (da forma mais clara possível no desvario), ou onde nos abstraímos de seu ser em uma abstração artificial, e, além disso, do conteúdo intencional de suas intenções (e, com isso, dessas intenções mesmas), o outro é dado como objeto de uma psicologia possível. E de maneira totalmente análoga, preciso me abstrair também de minha própria pessoa livre e de suas intenções, suspendendo-a ficticiamente, caso queira acolher em mim a postura da assim chamada autopercepção.

E, finalmente: caso alguém julgue que 2 x 2 = 4, então a exigência de uma explicação psicológica para o fato de 2 x 2 = 4 é uma exigência absurda. Só é possível perguntar de maneira plenamente significativa por que é que, por exemplo, ele julga agora assim, neste contexto e não naquele. Caso alguém julgue, porém, que 2 x 2 = 5, então também o conteúdo de seu juízo, não apenas o ser agora julgado desse conteúdo, se mostra como objeto possível de uma explicação psicológica.

A psicologia, portanto, é sempre primariamente psicologia do *outro esvaziado de sua pessoa e de seu espírito* e psicologia daquilo que se considera, de acordo com a intenção que visa, como isento de sentido ou falso.

Esta origem noética da psicologia explicativa (no sentido moderno da palavra), porém, também possui algum significado para a assim chamada psicologia da religião. Religião não é certamente - como acha aquela argumentação - "em todos os casos" um fenômeno psíquico. Ela só se mostra como tal fenômeno se e na medida em que ela se baseia em ilusão e erro ou já é considerada de qualquer modo como tal ilusão. Quem, portanto, investiga a religião como objeto da psicologia já se esvaziou da intenção desse sentido - ainda que isto aconteça apenas ficticiamente e por assim dizer à guisa de experiência para fins de pesquisa. Quem recusa, contudo, à religião toda e qualquer verdade possível, não deveria dizer que continuaria podendo empreender de qualquer forma, então, uma psicologia da religião. Ele deveria dizer: "Não há nada do que se chamou até aqui de religião; há apenas um grupo de fenômenos psíquicos em relação aos quais se tomou a 'religião' equivocadamente como a quintessência particular de seus atos objetivamente vinculados, e são esses fenômenos doentios da alma humana que quero estudar". Este é um modo de expressão dotado plenamente de sentido, em comparação com o qual o outro se mostra como sem sentido.

Por isto, se a moderna psicologia explicativa da religião privilegia *evidentemente* os fenômenos *patológicos*, anormais da vida religiosa, então esta não é nenhuma inclinação casual, mas se baseia em sua origem e em sua própria essência.

Metodologicamente, não é menos equivocado considerar como possível uma psicologia da religião religiosa e confessionalmente *desprovida de pressupostos*, uma psicologia da religião mais do que *descritiva*.

Pois a psicologia explicativa já pressupõe em *cada uma* de suas partes a realidade do campo de objetos, cujo efeito e reação vivenciados ela investiga. Assim, toda e qualquer psicologia explicativa do sentido pressupõe necessariamente por um lado o conceito de estímulo, ou seja, uma relação causal real entre os corpos e os tipos de energia e o organismo. Toda psicologia descritiva do sentido, por outro lado, pressupõe ao menos determinações objetivas fixas de cores, sons etc. Caso apliquemos este princípio ao nosso âmbito, então obteremos o seguinte: objetos religiosos reais determinados já precisam ser pressupostos, caso se faça a tentativa de investigar seu efeito sobre a alma do homem.

Como é, no entanto, que esse pressuposto pode ocorrer? É a resposta a *esta* pergunta que é decisiva para a impossibilidade de uma psicologia da religião interconfessional. E essa resposta diz: como um objeto religioso, segundo sua essência, só consegue apresentar a sua realidade possível por meio de e em um ato de *fé*, para todos aqueles que não possuem a crença a cada vez concernida em uma realidade efetiva religiosa, não se realiza de maneira alguma o *pressuposto*, sob o qual um efeito vivenciável do objeto religioso sobre a alma poder ser observado e reconhecido.

Está claro, por exemplo: ninguém pode querer nem mesmo *descrever* de algum modo as vivências anímicas, que são desencadeadas pela presença em uma missa sagrada, caso não possua a *fé* na presença real de Cristo na ceia. Ele não pode ter tal experiência, assim como aquele que é totalmente cego não poderia descrever a sensação e o efeito afetivo de cores vivamente percebidas. Uma investigação psicológica desse objeto, portanto, só pode ocorrer junto àqueles que acreditam neste dogma, mas não entre aqueles que por um lado acreditam e, por outro lado, não acreditam. Esta é justamente a relação totalmente peculiar que se encontra na psicologia da religião, o fato de só na fé poder ser dada a realidade do objeto, de cuja repercussão anímica se trata aqui. Mesmo a assim chamada empatia com o ato de fé do outro - sobre a qual já se falou multiplamente - não substitui de maneira alguma a realização do ato de fé. Pois é só a *realidade*, vivenciável na fé realmente efetiva e autêntica, do objeto e do conteúdo religiosos, *realidade* essa que falta - e falta necessariamente - ao objeto da fé meramente empática, que consegue produzir o estado de fato a ser observado como este e nenhum outro.

Assim, a psicologia descritiva da religião, em comparação com a explicativa - que só é possível sobre o solo da descrença -, mantém, em verdade, o seu direito bem demarcado. Mas mesmo essa psicologia da religião só é plenamente dotada de sentido e possível no interior *de uma* comunidade de fé, não, portanto, também entre comunidades de fé diversas e membros diversos dessas comunidades - ao menos não em relação ao efeito anímico provado por tais objetos, que são tocados pela diversidade dos pontos de vista da fé. Há, portanto, tantas psicologias da religião quantas forem as *comunidades de fé*. Pois só sob o efeito de metafísicas e de dogmáticas a cada vez diversas *renasce* o estado de fato anímico a ser aqui "psicologicamente" investigado - as vivências anímicas, que se inserem na concepção dos objetos religiosos.

Com certeza, ao lado da psicologia da religião assim chamada explicativa (ateia) e ao lado da psicologia descritiva da religião, há ainda uma direção totalmente diversa da investigação, que designaremos da melhor maneira possível como: fenomenologia *concreta* dos objetos e atos religiosos. Naturalmente, ela é fundamentalmente diversa de toda fenomenologia eidológica que parte em direção à "essência" ou de toda fenomenologia *essencial* do objeto e do ato religioso. Pois ela parte ou visa à compreensão mais completa possível do conteúdo de sentido de uma ou mais formações religiosas positivas, e, além disto, a reconstrução compreensiva dos atos nos quais esses conteúdos de sentido foram ou são dados. Assim, tenho como descrever o mundo dos deuses gregos - tal como ele correspondia a uma determinada fase da religião grega - *ele mesmo* - ou seja, não meramente as representações que os gregos tinham *dele* - em seu conteúdo, investigando sua ordem hierárquica sistemática e mostrando sua relação com o mundo e com a vida dos homens. E posso fazer o mesmo com os atos do culto, com suas formas e seus tipos, nos quais o grego deste tempo se voltava para os seus deuses, venerava-os, orava para eles etc. Não se fala aqui em momento algum de psicologia, uma vez que não destaco senão o material intencional concreto, assim como o material do ato concreto em sua relação intencional com o conteúdo positivo de sentido de seus objetos a partir do todo do "mundo espiritual" dos gregos dessa época - abstraindo-se da realidade desses objetos. A repercussão anímica dos deuses, no sentido psicológico descritivo (como efeito vivenciado), sobre a vida da alma dos gregos permanece aqui efetivamente fora de questão; e obviamente permanece fora de questão o efeito desses deuses no sentido de um efeito objetivamente real, uma vez que esses "deuses" (segundo as nossas intuições religiosas) não existem de maneira alguma realmente.

Essa fenomenologia concreta da religião é uma disciplina fundamental para a ciência positiva, sistemática da religião e um *pressuposto* ao mesmo tempo para toda a história da religião voltada para a *gênese* das religiões, que precisa ser distinto da ciência sistemática da religião, que investiga de maneira comparativa e descritiva a construção e a divisão do mundo dos objetos religiosos da humanidade *mesma*; e isto exatamente do mesmo modo que, como o jurista já está há muito tempo acostumado, é preciso cindir de maneira rigorosa uma investigação, por exemplo, sobre a sistemática e a dogmática do direito romano (em um momento determinado da história romana) de uma *história* do direito, que tem de perseguir essa formação do direito em sua gênese a partir do conjunto das forças culturais do tempo precedente[19].

De todas as disciplinas religiosas citadas, porém, o *conhecimento filosófico da essência da religião* é agora *fundamentalmente* diverso.

Ele não é nem metafísica, nem teologia natural, nem teoria do conhecimento, nem psicologia explicativa e descritiva, nem fenomenologia concreta da religião. Ao contrário, ele é o último *fundamento filosófico* para *toda* e *qualquer* outra ocupação filosófica e científica com a religião. Só a sua consumação permite que se conheça claramente a *autonomia* por nós afirmada *da religião*: e isto tanto segundo o campo do *ser* e do *objeto* religioso quanto segundo o campo do *ato* religioso. Na medida em que mostra essa autonomia, no entanto, ele também realiza uma segunda coisa: por meio de uma visão da essência, ele desenvolve ao mesmo tempo junto aos objetos religiosos, que encontramos previamente dados na ciência positiva da religião como objetos nos quais se acredita, as essencialidades, os nexos essenciais e as estruturas essenciais, que são preenchidos em toda realidade efetiva religiosa previamente dada de uma religião positiva. Ao mesmo tempo, ele desenvolve aquilo que gostaríamos de denominar a lógica do sentido dos atos religiosos, isto é, as leis dos atos, leis essas que são imanentes à razão *religiosa*. Essas leis não são em si "normas", mas leis construtivas e leis conclusivas essenciais dos atos religiosos mesmos entre si e uns para além dos outros. Mas elas *se tornam* normas para o sujeito empírico "homem". No entanto, como todos os conhecimentos religiosos possuem sua fonte derradeira em um tipo qualquer de revelação – no sentido literal anteriormente designa-

---

19. Com razão, Utitz (*Grundlegung der allgemeinen Kunstwissenschaft* [Fundamentação da ciência geral da arte]) distingue no mesmo sentido uma ciência sistemática da arte e uma história da arte.

do –, a lógica de sentido religiosa conjunta tem apenas um significado: ela indica o modo legítimo, segundo o qual a razão religiosa no homem coloca em prontidão para acolher a luz da revelação, e, em verdade, a luz da revelação a partir dos diversos tipos fundamentais gradativamente construídos da revelação. Mesmo o cumprimento dessas "normas" conduz, portanto, apenas para o *umbral* do acolhimento da revelação, cujo conteúdo, então, precisa ser apreendido no ato de fé e evidentemente apreendido na fé evidente; ele não conduz a um conhecimento espontâneo de Deus ou mesmo (como parece em muitas pessoas) a uma *e*lucubração e construção dos objetos religiosos.

2 A fenomenologia da essência da religião

Classificação

A fenomenologia da essência da religião tem três metas: 1) O estudo ôntico da essência do "divino"; 2) A doutrina das formas de revelação, nas quais o divino se apresenta e se mostra ao homem; 3) A doutrina do ato religioso, por meio do qual o homem se prepara para o acolhimento do conteúdo da revelação e por meio do qual ele o apreende na fé.

Até o ponto em que o divino se apresenta e se expõe ao homem nas coisas, nos eventos, nas ordens que pertencem à realidade efetiva natural acessível em princípio a qualquer um, à realidade efetiva anímica e historicamente social, falamos de uma *revelação natural,* cujo correlato subjetivo é a *religião natural.* Em contrapartida, até o ponto em que ele se apresenta ou se anuncia por intermédio da palavra ou de pessoas (os *homines religiosi* no sentido mais eminente do termo), fala-se de uma revelação *positiva.* Até o ponto em que o "divino" é um ser que assume a forma da *personalidade,* ele só consegue se manifestar sob essa última forma - sob a forma positiva - de revelação; e somente até o ponto em que a forma do ser da pessoa ainda *não* é pensada nele - até o ponto em que ele só é determinado como *ens a se,* ser infinito, razão eterna, espírito etc. -, ele também pode se apresentar sob a forma da revelação natural. Há, além disto, uma doutrina da essência sobre os níveis da revelação natural e uma doutrina da essência sobre os níveis da revelação positiva. Pois se o divino também se manifesta de algum modo em todos os níveis do ser, então ele manifesta de qualquer modo nesses níveis diversos determinações essenciais diversas de si mesmo, revelando-se de maneira mais ou menos adequada. Ele se manifesta de outro modo e como algo diverso em um caso da essência da existência contingente *em geral*: na natureza morta, na natureza viva, na alma do homem e em sociedade e na história. E nos atos religiosos diversamente constituídos, essas suas formas fenomênicas diversas são apreendidas. Por meio da *palavra*, contudo, o divino só consegue se manifestar, na medida em que e até o ponto em que ele mesmo é *pessoa* e na medida em que e até o ponto em que ele se revela em pessoas. Essas formas positivas de revelação também possuem, porém, níveis essenciais, na medida em que o divino só revela algo de si - um conteúdo espiritual, um conteúdo de saber, um conteúdo de pensamento, um conteúdo volitivo - ou, então, a sua essência pessoal e o seu ser mesmo: revelação da função e revelação de si mesmo.

Às formas diversas da autocomunicação do divino às pessoas e por meio das pessoas correspondem, além disto, os *tipos essenciais* diversos *dos homines religiosi*. Conhecer esses tipos é, por sua vez, um grande e importante campo de pesquisa da fenomenologia da essência da religião. Esses tipos começam junto às formas mais inferiores e alcançam até as mais elevadas que se podem pensar. O mágico, o mago, o vidente, o mestre sagrado, o profeta, o salvador, o redentor, o mediador, o messias e, por fim, a ideia da forma mais elevada possível, a *ideia da essência da pessoa*, para a qual Deus comunica sua própria essência e ser pessoais mesmos, são exemplos cuja essência e ordem hierárquica precisam ser estudados de maneira mais detida. A diferença essencial do *homo religiosus* ("o santo") como tipo pessoal valorativo e os tipos pessoais valorativos do gênio, do herói etc. precisa ser primeiramente conquistada aí em uma investigação incisiva sobre a essência desses tipos; e ela serve como base de sua peça doutrinária[20]. Além disto, é preciso expor de maneira clara a diferença essencial entre

20. Cf., quanto a isso, o vol. 2 desta obra (cf. acima p. 10s.).

o assim chamado fundador de religião (do originariamente santo) e dos *homines religiosi* apenas derivados (p. ex., do apóstolo, do santo subsequente, do padre da igreja, do mestre da igreja, do "reformador", da "testemunha").

Também a *doutrina da essência das formas estruturais sociológicas* das comunidades, para as quais a revelação se anuncia como revelação conjunta (diferentemente da iluminação individual e da graça) por meio de um "representante", precisa ser acolhida junto à natureza essencialmente *social* da religião na fenomenologia da essência da religião. A essa peça doutrinária correspondem tanto as determinações ônticas da essência do divino como senhor, protetor, chefe supremo, legislador, juiz, rei das comunidades (do povo, da família, das profissões e de outras funções sociais, da Igreja etc.), quanto os atos religiosos conjuntos do culto, da liturgia, da oração comunitária, das formas de louvor e de veneração.

Por fim, a fenomenologia da essência da religião tem ainda de submeter a ordem *historicamente* sucessiva das formas naturais e positivas de revelação do divino a uma investigação das essências - uma peça doutrinária, que forma a base para toda a filosofia da história da religião, assim como a anterior formava a base para toda doutrina das comunidades religiosas (Igreja, seita, escola, ordens etc.).

Não é nosso intuito desconstruir neste ponto toda a fenomenologia da religião. No essencial, nós nos restringiremos a tratar do *ato religioso*. Pois é nele e em suas leis de sentido que fica claro da maneira mais intensa possível como é que se chega a uma evidência de fé religiosa baseada em si e como é que a religião se desdobra, se forma continuamente e se desenvolve de maneira cada vez mais elevada segundo suas leis autônomas.

Mas já para mantermos a sequência dos problemas - como nós os determinamos anteriormente[21] - temos de dizer primeiro algumas coisas sobre as *determinações ônticas da essência* do divino.

21. Cf. p. 200s.

O divino

Determinações fundamentais do divino

Tal como acontece em todas as outras regiões do conhecimento, nas quais o ser e o objeto se dão anteriormente ao homem do que o conhecimento do ser e, com maior razão, do que o modo *como* esse conhecimento procede, também os objetos relativos à essência do "*divino*" - Deus ou os deuses - pertencem de início ao *originariamente dado* da consciência humana. Graças aos atos religiosos naturais, o homem vê, pensa e sente a princípio em tudo e por meio de tudo o que lhe é de resto dado como existindo e como sendo, assim, um ente que se abre para ele (que se "revela" para ele) e que possui no mínimo duas determinações essenciais: *ele é absoluto e ele é sagrado*. Por mais que esse ente sagrado e absoluto seja determinado de outro modo em religiões primitivas e desenvolvidas - ele porta em *todos* os casos *essas* determinações. Ele sempre é dado ao homem como um "ente absoluto", isto é, como um ente, que é pura e simplesmente superior a todos os outros entes (inclusive o próprio eu que o pensa) em termos de capacidade de "ser", e do qual, por isto, o homem é dependente em sua existência conjunta, assim como todo o resto. Não é por uma dependência a princípio consciente ou pura e simplesmente sentida (essa dependência poderia continuar se baseando sempre na fraqueza do homem em questão, na formação pessoal ou historicamente parca demais de suas capacidades etc.) que o "ente absoluto" é construído, descerrado ou imaginado. Ele é muito mais a determinação positiva da *superioridade total* de um ser ele mesmo (derivadamente, também de suas determinações dinâmicas, do poder, da potência etc.), que se torna intuitiva para o homem em um ente qualquer. E não é apenas ele mesmo que é dado para si como um ente "pura e simplesmente" dependente, mas também todos os outros entes - sem que se percorra previamente todos os entes indutivamente com vistas ao seu ser e à sua qualidade; ele mesmo, mas apenas como parte desse ente casual.

Precisamente esta autovinculação pura e simples à esfera do ente que é relativamente - essa autovinculação mesma até o mais derradeiro ponto do eu que se possa pensar - é a atitude mais característica para a apreensão religiosa desta primeira determinação fundamental do divino. Mesmo uma cisão qualquer no homem entre alma e corpo, espírito e corpo vivo, eu e tu etc. não é levada a termo neste caso. A dependência pura e simples o concerne como um *todo indiviso* - como uma parte simples deste "mundo" - na medida em que ele apreende todo ente relativo em sua totalidade como "mundo". Não se fala nem de uma "conclusão", nem de uma intelecção teórica, filosófica - como a que se encontra à base da assim chamada prova da contingência - na apreensão *religiosa* deste primeiro conteúdo essencial do divino. E não se fala já porque justamente esse ente relativo, que possui a função de indicação a cada vez *primária* para o ser absoluto de um ente, poderia ser o ponto de partida de tal conclusão, enquanto esse ente mesmo só conquista o seu significado religioso particular no olhar retrospectivo reflexivo sobre o fato de que ele *teria* "indicado" a equação o ente absoluto = o divino. "Revelar" também significa aqui, contudo, tal como acontece por toda parte, o contrário de todo ser elucubrado, desvendado, abstraído. Ele significa que, na medida em que o ser absoluto de um objeto "divinamente" qualificado se torna "reluzente" e "nos olha" por si *e a partir de si* junto a um objeto empírico dotado de um ser relativo, ele também destaca pela primeira vez por meio dessa reluzência e dessa percepção o objeto em questão entre todos os outros objetos da existência relativa. Assim como a janela de uma casa se destaca do resto da série de janelas por meio do fato de que um homem vê através dela, o objeto finito só se torna um objeto "particular" e "sagrado" por meio do fato de que simboliza o ente que é absolutamente.

Portanto, a ideia metafísica do *ens a se* pode ser logicamente equivalente à primeira determinação religiosa do divino. O caminho do conhecimento que é próprio às duas, contudo, é fundamentalmente diverso. O ato religioso correlato *acolhe algo que se revela*, algo que se apresenta (em um outro); o ato do conhecimento metafísico vai *ao seu encontro* espontaneamente por causa de suas operações lógicas. A relação, que se encontra presente no "tornar-se manifesto", é uma relação que pertence à classe das relações simbólicas e intuitivas: do *ser* (objetivamente) sinal de algo, do apontar *de um objeto* para um outro objeto, eventualmente e em meio a formas mais elevadas de revelação, do anunciar-se, comunicar-se, expressar-se. Não se fala aqui nem de *conceitos* relacionais, nem tampouco de operações interpretativas ou apreendedoras de significados por parte do pensamento. O ponto de partida da relação simbólica do apresentar-se também não é aqui de maneira nenhuma um conteúdo do espírito humano – tal como se apresenta na palavra o significado da palavra –, mas o *objeto* do próprio ente que é relativamente, junto ao qual e no qual se apresenta o portador do ser absoluto, no qual ele "se descortina". Trata-se, portanto, de uma *relação ontológica* e, contudo, não de uma objetivamente lógica – como igualdade, semelhança – ou mesmo causal, mas antes de uma relação simbólica e *intuitiva* de caso para caso. O espírito a vislumbra apenas no ato religioso. Por isto é que se tem até mesmo a diferença imensurável própria ao fato de que o processo de pensamento que conduz ao conceito do *ens a se* pode se iniciar de maneira totalmente indiferente junto a *todo e qualquer* existente casual e relativo, sendo que, em contrapartida, na apreensão religiosa desta determinação fundamental do divino, o divino se descortina em e junto a *coisas, acontecimentos* sempre *concretos* completamente determinados e *únicos*, ou, de qualquer modo, firmemente circunscritos segundo o seu tipo – eventualmente *também* vivências psíquicas. Toda a outra determinação de conteúdo dos "deuses" ou de "Deus" para além das categorias da essência do divino em geral é, então, incessantemente codeterminada pelo conteúdo essencial dessas coisas e acontecimentos de um modo múltiplo.

Mesmo a "*dependência*" do mundo em relação ao ser absoluto, que se revelou, só é dada no ato religioso; ela não é nenhuma dependência logicamente objetiva ou objetivamente causal, tal como corresponde às relações de fundamento e consequência, de causa e efeito. Ela baseia-se muito mais na atividade intuitiva do "*atuar*", que penetra como estado de fato fenomenal irredutível em todas as relações causais concretas que percebemos; atividade essa que, porém, é distinta neste caso pelo fato de Deus = *ens a se* vir à tona como o *pura e simplesmente* efetivo, vigoroso e poderoso, enquanto todo o resto se mostra como o pura e simplesmente sofredor e provocado, e, além disto, como algo provocado, no qual se apresenta o efetivo, por sua vez, de maneira *dinâmica* e *simbólica*. Na relação causal meramente objetiva de dois eventos ou coisas (por intermédio de suas atividades), a causa não se apresenta de maneira alguma *no* efeito; não se pode ver, olhando apenas para o efeito, qual é a sua causa; precisa ocorrer anteriormente uma experiência indutiva de ligação de C e E, caso se queira concluir do E para a C e caso a C deve ser mais do que uma causa "qualquer". As coisas se dão de maneira diversa no caso do ato religioso, que apreende o ente finito e casual como "*criatura*" do divino superpoderoso ou (no caso do monoteísmo) do divino "onipotente". Aqui, o caráter de criatura da criatura aparece desde o princípio como um *traço fenomenal*; ele aponta, por isto, em uma relação simbólica, para o criador e o "reflete" de uma maneira a cada vez unilateral, inadequada. Com certeza, portanto, as relações de fundamento e consequência, causa e efeito, também se imiscuem no conteúdo da vivência religiosa. Mas elas são relações *vivenciadas*, não pensadas, e elas são relações, que são sempre ao mesmo tempo relações *simbólicas*. Por isto, não se pode falar *aqui* de conclusões metafísicas. De uma maneira diversa - que sempre corresponde em parte à altitude e à pureza da religião, em parte aos diversos atributos de Deus -, "Deus se expressa" nos acontecimentos da natureza, sim, toda a natureza é seu *campo de expressão* - assim como a alegria e a tristeza se expressam em uma face humana em sorrisos ou lágrimas - ou Ele se anuncia aí, se revela aí como poderoso e efetivo. Por toda parte se acha ainda aqui presente na e ao lado da articulação causal intuitiva uma relação simbólica, que não vigora *entre* a mera causalidade. O fato de um determinado ácido colorir um papel de tornassol de azul ou vermelho é algo que não podemos deduzir simplesmente dos ácidos - por mais exatamente que conheçamos seus componentes. Ainda menos, por outro lado, é possível deduzir do ser azul a causa. Só o pressuposto da regularidade nos permite, depois de muitas induções, chegar aqui a uma conclusão. O conteúdo do efeito não está contido analiticamente no conteúdo ou na causa. Caso não haja - como aqui, onde o que está em questão não são muitos deuses e muitos mundos, mas a relação causal concreta *de um mundo* com *um Deus* - efetivamente nenhuma "regularidade", então não conseguiríamos enunciar absolutamente nada sobre o *quid* da causa do mundo a partir da *mera* causalidade. As coisas se mostram de maneira totalmente diversa, porém, no que concerne à relação da obra de arte com o espírito do artista e com a natureza individual desse espírito. Com certeza, o artista *também* é causa de sua obra. Para além disto, contudo, a obra também contém *fenomenalmente* algo da essência individual espiritual do artista; ela o reflete, seu espírito vive nela e está presente para nós na obra. Também o conteúdo do efeito aponta aqui por si para a essência do mestre que criou a obra – e sem um conhecimento prévio desse mestre da obra. A obra é, por isto, um "Rembrandt", um "Grünewald" etc. Já em um produto artesanal, este não é mais o caso. Pois aqui um mestre que fez a obra apenas cobriu uma forma tradicional com matéria-prima (p. ex., uma forma de mesa com madeira). Não obstante, concluímos a causa da mesa tal como a causa de um evento natural. Pois o estado de fato de que a mesa é uma "obra humana", respectivamente de que razão e trabalho na obra estiveram presentes em sua produção, é algo que vemos na *própria* mesa, logo que conhecemos o mestre que a produziu. Um estar presente de Deus na criatura, analogamente *como o artista está presente na obra*, torna-se visível e passível de ser sentido no ato religioso.

Correspondem a estas duas determinações fundamentais do divino, do *ens a se* e da efetividade superpoderosa ou onipotente, exatamente duas *reações* vivenciadas do *divino apreendido como se revelando* no ato religioso sobre a vivência humana: a vivência da *nulidade* parcial e da incapacidade de todo ser *relativo* e a vivência do *caráter de criatura* de todo *ser relativo* e do próprio ser como uma parte ou um elo desse ser relativo.

As duas vivências só podem vir à tona, *se* as duas determinações fundamentais do divino já tiverem *sido* apreendidas no ato religioso – ou, de qualquer modo, na medida em que elas são e em que elas estão presentes para o espírito. Elas não são, portanto, de maneira alguma vivências naturais psíquicas, a partir das quais se precisaria ou se poderia descobrir pela primeira Deus. Pois só em face de *Deus* como o *ens a se* acontece aquela "inversão" absolutamente característica do fenômeno da existência na vivência imediata, a "inversão" que permite ao que é dado *antes* da realização do ato religioso como existindo apenas positivamente se mostrar como relativamente não sendo, sim, como algo relativamente nulo. Essa *inversão da consideração* pode ser concretizada plasticamente em si mesma em sua essência por qualquer um que *passe* vivencialmente de um estado fora da esfera do ato religioso para um estado no interior dessa esfera. Não é diante do conceito apenas pensado do *ens a se*, mas só diante do *ens a se* que se revela naturalmente no ato religioso junto a um objeto qualquer, que *todos* os outros existentes alcançam de maneira mais ou menos intensa o *caráter da nulidade*. "Eu nada - tu tudo" é a expressão mais primitiva da consciência religiosa em cada *primeiro* estágio de sua gênese. Somente em meio a um olhar retrospectivo para o ente que é positivamente, que cada coisa ainda *é* e que nós mesmos ainda somos como homens - abstraindo-se desse não ser parcial e daquela nulidade, que vem à tona para nós *pela primeira vez* em face de Deus -, a segunda vivência do *ter sido criador* e do *caráter de criatura* pode entrar em cena. Nela penetram as duas coisas: a nulidade vivenciada na entrega a Deus e a ipseidade positiva apreendida no ato da autoafirmação do ente "ainda" positivamente junto a nós. "Eu não sou pura e simplesmente nada, mas uma criatura de Deus": este é o conteúdo de sentido da segunda vivência.

Também se trata aqui de uma *vivência de efetividade*, não de uma conclusão do efeito para a causa. Essa vivência *antecede*, portanto, a vivência do *ter sido criado* propriamente dito, que já pressupõe a analogia com a efetividade do querer pessoal do homem, e isto significa: a concepção espiritual e personalista do divino. Pois *criar* é algo diverso do mero ser causa e já contém a personalidade espiritual da causa, que pode vir a estar em questão. Assim, é só sobre o solo religioso teísta que a vivência da efetividade se torna a vivência do ter sido criado. A metafísica também pode com certeza mostrar, por sua parte, que (1) reside na essência da existência casual do objeto precisar de uma esfera essencial *qualquer* predeterminada, de uma causa atuante para a sua existência e que (2) o fenômeno da realidade só é dado originariamente na *resistência* vivenciada de um conteúdo para um querer possível[22]; e

---

22. Cf. em relação às noções de realidade e de resistência em "*Formalismus*", seção III (4. ed., 1954, p. 154s.), no já citado ensaio "Conhecimento e trabalho", seção VI. Além disto, "Idealismo-Realismo", Índice bibliográfico, n. 25.

que, finalmente, (3) só no modo como nos é dado na realização de um projeto volitivo por meio da vontade e na vontade – sem levar de maneira alguma em consideração os *processos intermediários* de um organismo e de um mecanismo psicológicos – um *tornar-se* efetivo originário de algo apenas pensado, é que é dado *o* caráter de *um* tornar-se efetivo *possível* qualquer de um mero conteúdo modal *em geral*.

Todos os tipos de causalidade entre as coisas casualmente existentes *entre si* não dizem respeito, em oposição a esta causalidade originária, ao *ser efetivo e ao se tornar efetivo de algo casualmente existente em geral*, mas apenas à *disposição* das coisas casuais *em espaço e tempo*; eles são, por isto, derivados da ideia daquela primeira causalidade da existência de um ente *qualquer* graças a um *ens a se*.

Mas por mais que o ato religioso, no qual o caráter de ente criado do mundo e de nós mesmos nos é dado, esteja em conformidade com estas intelecções metafísicas e concordem no resultado com elas, as operações lógicas, por meio das quais essas intelecções metafísicas chegam a termo, *não* residem no ato religioso natural, por meio do qual a efetividade e o ter sido criado nos são dados. Pode-se ter essa vivência, portanto, *sem* pensar e concluir; e, com isto, também se pode pensar e concluir sem ter essa vivência. Mesmo uma conclusão de conteúdo como: a causa da razão humana e a causa da existência de formas de ser correspondentes às suas formas de pensamento – sim, graças à absolutização e infinitização formais de todos os atributos divinos por meio do *ens a se* – precisariam ser "absolutas e infinitamente racionais", é algo fundamentalmente diverso do reluzir vivenciado da razão infinita em meio à razão finita e de sua irradiação a partir das coisas. Essa reluzência vivenciada do atributo divino na luz da razão finita expressa a ideia de Santo Agostinho, segundo a qual apreendemos todas as coisas "*in lumine Dei*" na medida em que as percebemos, isto é, na medida em que as apreendemos do modo como elas são em si mesmas – sem intuirmos aí, porém, Deus mesmo.

Na ideia do divino, está necessária e essencialmente articulada sem mais na consciência religiosa com o *ens a se* e com a força atuante que a tudo penetra a modalidade *valorativa* do *sagrado* juntamente com todas as ricas qualidades valorativas que lhe são pertinentes.

A metafísica pode tentar expor essa articulação como uma articulação logicamente necessária por múltiplas vias da dedução e da prova. Assim, por exemplo, tentou-se colocar em série a partir da ideia do *ens a se* (como limite ideal) todos os modos de ser das coisas, que são de tal forma constituídas que as coisas são ordenadas nelas segundo a medida e o grau, nos quais elas são mais ou menos por meio de si mesmas ou não por meio de si mesmas, mas *ab alio*[23]. Neste sentido, o conceito do *grau* de ser é um conceito inteiramente dotado de sentido e justificado. O homem, por exemplo, como ser racional autônomo, é sem dúvida alguma por meio de si mesmo em um grau mais elevado do que o ser vivo irracional; esse ser vivo irracional, como algo que movimenta fenomenalmente a si mesmo, em um grau mais elevado do que o corpo morto, que se revela como morto justamente por meio do fato de que seus movimentos são determinados inequivocamente por meio dos outros *fora* dele. Na medida em que se pensava poder considerar esse grau da perfeição do ser como medida também da *perfeição valorativa do ente*, passou-se aparentemente de maneira rigorosamente *analítica* das determinações do ser para as determinações do valor do divino. Também por isto, o *ens a se* é, então, simplesmente o *ens perfectissimum*, porque seu *ser* é o mais perfeito de todos: enquanto tal o *summum bonum*, enquanto tal, porém, o absolutamente sagrado. Pode-se seguir além. Como há espiritualidade e liberdade (= poder ser causa em comparação com o ser efeito), que representam o grau mais elevado da perfeição do ser, a alma humana possui esse grau entre todos os seres *ab alio* em geral. Assim, também já parece estabelecido no conceito de um *ens a se* = *ens perfectissimum*, que – caso ele seja efetivamente real – também seria absolutamente espiritual, livre e racional.

Como quer que as coisas se mostrem em relação com a pretensão lógica de tais deduções – certo é que a consciência *religiosa não chega* por essa via à ideia do Deus sagrado. O fato de o pura e simplesmente valioso e só valioso *por meio* de si e *em* si também

23. Em latim no original: "a partir de um outro" [N.T.].

precisar possuir existência - não o fato de o ente absoluto também ser em si necessariamente valioso - é um axioma ôntico sintético para a consciência *religiosa* (neste caso, é indiferente saber o que é considerado a cada vez pelo povo ou pelos outros suportes da consciência religiosa *como* pura e simplesmente valioso). Por isto, o amor de Deus - *não* compreendido aqui como amor em relação a um Deus pressuposto como existente, mas como *caráter* qualitativo do ato de amor e de seu direcionamento essencial para *algo* da *modalidade valorativa* do sagrado - assim como o temor diante de Deus -, analogamente à *gênese* de toda consciência religiosa determinada mesma, são *anteriores* ao ato de fé, no qual é estabelecida a existência desse "divino" determinado. E, por sua vez, ele é um axioma ôntico sintético para a consciência religiosa de que o "pura e simplesmente" valioso e valioso apenas por meio de si mesmo possuiria *o tipo* valorativo do sagrado; um tipo valorativo que não tem como ser dissolvido em nenhum grupo diverso de valores - sejam esses valores cognitivos lógicos, valores axiológicos, morais, estéticos etc.

No interior da multiplicidade das religiões positivas, o tipo de valor do sagrado mesmo pode se apresentar em suas *qualidades e em sua composição particulares* como amplamente mutável. Como *tipo* valorativo, ele é uma grandeza absolutamente fixa, que não se "desenvolveu" em sentido algum a partir de algo diverso qualquer. É apenas isto que a história das avaliações humanas pode mostrar por toda parte: que muitos tipos e qualidades de valores, que foram acolhidos em cada estágio mais antigo de desenvolvimento no tipo valorativo "vigente" do sagrado - possuíam uma "sanção" religiosa -, foram paulatinamente saindo dele, ou seja, se transformaram em valores extrarreligiosos, profanos. De maneira igualmente axiomática, é válido o princípio de que o sagrado (isto é, aquilo que a cada vez vige como o sagrado) seria preferível a todos os outros valores e, por isto, teria o direito de exigir por si mesmo o *sacrifício* livre de todo bem de um outro tipo valorativo[24].

---

24. Cf. a minha divisão dos tipos valorativos no livro *Der Formalismus in der Ethik und die material Wertethik* [O formalismo na ética e a ética material dos valores], seção II B.

Este princípio fundamental é o *princípio* eterno *de articulação* entre religião e moral. O "sacrifício em nome do sagrado" - esta é a moral da própria religião, mas também a religião da própria moral.

Recentemente, um escritor extremamente meritoso da filosofia da religião explicitou com um refinamento e uma profundidade notáveis as qualidades do sagrado. Rudolf Otto distingue em seu livro *O sagrado*[25] uma multiplicidade de momentos naquilo que é estabelecido ainda como um excesso irracional no sagrado para além dos atributos do divino sintetizados por ele como "racionais". Otto dá a esses momentos nomes particulares em latim, a fim de distingui-los já na denominação ante os valores análogos, mas *extra*religiosos. Assim, ele reconduz ao *mysterium tremendum* o momento da *majestas*, o momento do "enérgico", o momento do "misterioso", do *fascinosum* (isto é, do atraente, cativante, que atua na direção contrária ao momento repulsivo do *tremendum*), o momento que garante proteção e expiação. Assim como não posso seguir a teoria do conhecimento religiosa de Otto, uma teoria do conhecimento que ele desenvolve nas últimas seções de seu livro, eu louvo na seção puramente *descritiva* de seu livro a tentativa levada a termo pela primeira vez de forma séria de apresentar pela via da discussão da essência fenomenológica as qualidades mais importantes da modalidade valorativa do sagrado - que é a determinação do objeto de toda religião. De maneira bastante correta e totalmente no sentido do método fenomenológico, Otto nos diz sobre o caminho de seu procedimento: "Uma vez que ela (isto é, a categoria do sagrado) é completamente *sui generis*, tal como todo e qualquer dado primário e elementar, ela não é definível em sentido estrito, mas apenas explicitável. Não se pode senão ajudar o leitor a chegar à sua compreensão na medida em que se busca conduzi-lo por meio da explicitação ao ponto de seu próprio ânimo, no qual ela precisa se movimentar, emergir e se tornar consciente para ele mesmo. Pode-se apoiar esse procedimento, indicando ou acrescentando o que é semelhante a ela ou mesmo o que se contrapõe caracteristicamente a ela, que ocorre em outras esferas do ânimo já conhecidas e familiares: 'Nosso X não *é* este, mas familiar

---

25. Cf. OTTO, R. *O sagrado* – Sobre o irracional na ideia do divino e sua relação com o racional. Breslau, 1917.

a ele, contraposto àquele. Será que ele não te ocorrerá *por si mesmo*?' Ou seja: nosso X não pode ser ensinado em sentido estrito, mas apenas estimulado, despertado – como tudo o que provém 'do espírito'" (p. 7).

Este método (mais negativo), que busca retirar sucessivamente as cascas daquilo que é familiar e contraposto a um fenômeno a ser apresentado (a ser "demonstrado") de um modo sensivelmente gradual, assim como expor as camadas daí resultantes do fenômeno e, por fim, estabelecer o fenômeno exposto em suas camadas diante do olhar espiritual, é o caminho que conduz à *visão fenomenológica das essências*. A indefinibilidade do X buscado (*per genus* e *per differentia specifica*) é claramente uma característica segura de que se trata de uma quididade autêntica, elementar, que funda conceitos derradeiros, mas que não pode ser justamente por isto "concebida". Pois "conceber" significa justamente reconduzir algo visado por um conceito a outros conceitos. Não é de se espantar que o filósofo racionalista repreenda na maioria das vezes esse método como infecundo. Na medida em que ele não se conscientiza de seu caráter como um procedimento espiritual marcado pelo despertar e pela indicação (na medida em que ele se insere no pensamento mediatizado em juízos e conclusões apenas como meio de conduzir o espírito até o umbral daquilo que precisa ser visualizado), ele se mantém apenas junto a esses juízos e conclusões e desconsidera o sentido e o centro nervoso do procedimento *como um todo*. Ele acha, então, juntamente com Wilhelm Wundt, que a fenomenologia seria uma coisa totalmente infecunda, uma vez que ela é constituída a partir de juízos negativos e, por fim, sempre termina com uma tautologia (p. ex., o sagrado é justamente o sagrado)[26]. O indizivelmente equivocado nesta deliciosa observação consiste no fato de que os juízos negativos, que neste procedimento não significam senão exigências espirituais para dirigir o espírito para o interior de uma direção alterada (para se aproximar do visado), são concebidos e lidos por Wundt como determinações

26. Cf. A crítica de W. Wundt às *Investigações lógicas*, de E. Husserl. (A crítica wundtiana às *Investigações lógicas*, de E. Husserl encontra-se em WUNDT, W. *Pequenos escritos*. Vol. 1. Leipzig, 1910, seção VI: "Psicologismo e logicismo".)

teoricamente racionais de uma *coisa*; e no fato de que a suposta "tautologia" não é assumida como uma intimação conclusiva para olhar agora para o *dado de maneira supraconceitual* e *só* vislumbrável, a fim de considerá-lo depois da "eliminação de suas cascas" em sua *própria* autodação, mas como uma determinação teórico-racional. Que ela seria absurda *enquanto* tal - disto não duvida naturalmente nenhum homem.

Para muitos, que aplicam esse método (seja em nossa, seja em alguma outra área), há muito pouca consciência de que ele (como método puro) não é no fundo nenhum outro senão aquele da assim chamada "teologia negativa". Pois o método da "teologia negativa" emergiu ele mesmo apenas do conhecimento profundo de que o *divino* e o sagrado enquanto tais se mostram como uma qualidade originariamente dada, que só por meio da eliminação do diverso e de analogia é lentamente apresentada; uma qualidade que é evocada para dar concretude a todos os conceitos do divino - positivos tanto quanto negativos -, mas que é ela mesma inconcebível. Sim, a fenomenologia em geral - no curso da história do plotinismo - foi aplicada pela primeira vez como posicionamento e como método no solo teológico. Mesmo a "teologia negativa" foi muito frequentemente exposta àquela incompreensão, como se ela tivesse querido determinar teoricamente o divino com suas negações e não inversamente evitar que ele fosse precipitadamente determinado em geral de maneira racional - *antes* da apreensão de sua essência. Não é preciso senão esclarecer *um* fato que sempre retorna em toda linguagem religiosa, para que se possa compreender o sentido da teologia negativa. Esse fato é a desproporção descomunal, que subsiste na expressão linguístico-racional e no anúncio da vivência religiosa de Deus entre aquilo que é dado própria e positivamente à intuição e aquilo que, com frequência, sim, na maioria das vezes, não passa de determinações negativas do dado. Otto ofereceu ele mesmo certa vez um exemplo bastante pertinente, sim, concludente (p. 36). "'Aquilo que nenhum olho viu, que nenhum ouvido escutou, que não chegou ao coração de nenhum homem' - quem não sentiria a alta ressonância dessas palavras e o que há de embriagante, dionisíaco nelas? O que é instrutivo nelas é o fato de em tais palavras, nas quais o sentimento gostaria dizer o que ele possui de mais elevado, todas as 'imagens' também se retraírem uma vez mais, o fato de o ânimo aqui 'vir das imagens' e se lançar no puro negativo. *E ainda mais instrutivo é o fato de, ao lermos e ouvirmos tais palavras, só notarmos nelas o negativo – não notarmos absolutamente nada*! Ah, que nos encantemos com as cadeias de tais negações como um todo, sim, que possamos nos embriagar com elas e que hinos que causam a mais profunda impressão em sua totalidade tenham sido compostos, nos quais não há propriamente nada: eis aí o espantoso! Isto é instrutivo para a circunstância de saber o quão independente de uma expressividade conceitual é o conteúdo *positivo*, o quão intensamente ele se abate sobre nós, o quão fundamentalmente ele pode ser 'compreendido', o quão profundamente ele pode ser honrado, puramente com, no e a partir do próprio sentimento". Ora, mas se a teologia negativa for malcompreendida em termos racionalistas, então o leitor ou ouvinte só manterão nas mãos as sentenças puramente negativas, ao invés de ficar com o positivamente dado, que procura isolar essas sentenças para nós do caos do finito, do não divino ou apenas analogamente semelhante, colocando-as diante do olhar do espírito. Do mesmo modo, também é válido dizer: se a teologia negativa que, segundo sua essência, é mais *techne* mística e arte do que teoria, for tomada por seus próprios representantes como teoria *racional*, então ela conduz necessariamente ao niilismo religioso – sim, até mesmo ao ateísmo. Pois um objeto com apenas determinações negativas não é – para além da determinação formal de objeto – "nada". Assim, por meio de tal incompreensão, entra no lugar da mais positiva e mais elevada plenitude do ser e do valor o seu contrário direto – o nada.

Caso, porém, a teologia negativa – ou melhor, o seu método – seja compreendido de maneira correta e conforme à coisa mesma, então é válido o princípio de que ela *é o fundamento para toda teologia positiva* – mas não essa teologia positiva o fundamento daquela; e válido de um modo tão certo quanto a fenomenologia eidética de cada grupo de objetos é o fundamento último para a ciência positiva, que se ocupa com esse grupo de objetos. Todas as determinações conceituais *positivas* de Deus não são, segundo sua essência – ou seja, como conceituais –, senão pseudodeterminações ou determinações *analógicas*. A medição de *até que ponto* essas determinações analógicas tocam ou não o visado não pode ser empreendida apenas por meio de uma prova do nexo racional transparente dessas determinações entre si - apesar de *mesmo* esse nexo ser uma exigência, cujo preenchimento pode conduzir mais adiante no conhecimento da fé. A *derradeira decisão*, porém, sobre o valor *cognitivo* de toda e qualquer analogia (e, com isto, de toda e qualquer determinação conceitual positiva) e sobre a medida a cada vez particular desse valor cognitivo toca de maneira autônoma, segundo suas próprias leis, a consciência religiosa em face das qualidades do divino (e de sua configuração a cada vez particular) *dadas por si mesmas* a ela e das qualidades apresentáveis como dadas por si mesmas por meio do método da teologia negativa.

Os atributos de Deus na religião natural

As três determinações: *ens a se* (infinitude)[27], omniefetividade e sacralidade são as determinações mais formais de um ser e de um objeto da *essência* do "divino". Enquanto tais, elas se acham entrelaçadas com os objetos intencionais de toda e qualquer religião - dos mais inferiores tanto quanto dos mais elevados e absolutos. Elas são as *únicas*, que constituem e delimitam de maneira incondicional o campo de objetos de um modo de consciência religioso - diferentemente de todos os outros objetos da consciência possível.

Por princípio, esses atributos podem ser manifestos para os atos religiosos pertinentes em todo e qualquer ente - como quer que ele seja constituído, quer ele pertença à natureza, à história ou à alma do homem. Eles não estão restritos a nenhuma região ontológica material. Mas eles também não "provêm" de nenhuma região ontológica no sentido de que eles seriam abstraídos de objetos da experiência *pré*-religiosa de uma maneira qualquer ou de que eles seriam conquistados por meio de uma idealização ou de uma analogia a partir deles. O objeto empírico extrarreli-

---

27. "Infinitude" = consequência essencial da asseidade de Deus (cf. p. 251s. e p. 254). A palavra - uma inclusão posterior no manuscrito - foi colocada entre parênteses nesta reimpressão.

gioso é sempre apenas de duas maneiras para eles: para o sujeito, a tábua de salto na qual o ato religioso se projeta para cima em direção a eles; para o elemento respectivamente real do divino, o objeto no qual e por meio do qual ele se torna manifesto.

Os atos religiosos e seu campo objetivo de elementos contrapostos tanto quanto seu campo ontológico representam um *todo fechado em si* igualmente *originário*, assim como, por exemplo, os atos da essência da percepção exterior representam o mundo exterior. Se os sondarmos segundo o seu conteúdo essencial, então essa investigação ainda não terá nada em comum com a questão de saber qual dos atos da essência dos atos religiosos são "*corretos*" ou "*falsos*" e quais dos objetos da essência dos objetos religiosos são "*efetivamente reais*" ou apenas "*imaginados*". Assim como nem toda representação astronômica, por exemplo, a de Tales sobre o sol, seria uma representação "correta", apesar de, como "astronômica", ser de qualquer modo essencialmente diversa de uma, por exemplo, psicológica, um objeto religioso - por exemplo, Apolo, Ártemis, o fetiche mais primitivo possível -, também não precisa corresponder já à verdadeira religião e ao seu deus: de qualquer forma, ele permanece, por isto, "*pertencente*" a uma *esfera de efetividade e de valor*, que subsiste, enquanto tal esfera, de maneira tão segura e inderivável desde o início originário quanto aquela esfera do céu de estrelas - por mais lenta e multiplamente que as *imagens e conceitos das duas* esferas se desenvolvam no curso da história humana.

O fato de o homem, portanto, independentemente de em que nível de seu *desenvolvimento religioso* ele se encontre, *sempre* olhar apenas *desde o princípio* para o interior de uma *região ontológica e valorativa* fundamentalmente diversa do conjunto do resto do mundo empírico, uma região que não é descerrada a partir desse mundo empírico, nem conquistada por meio de uma idealização junto a ele, mas que, além disto, só é *acessível* exclusivamente por meio do ato religioso: esta é a *primeira verdade segura* de toda fenomenologia da religião.

Todos os problemas genéticos, que dizem respeito à religião natural, assim como todas as questões acerca da religião verdadeira e falsa, ou seja, como todos os problemas de justificação, pressupõem essa sentença; eles não podem ser confundidos com essa questão.

Por mais rica e multiplamente que a religião possa se desdobrar e se desenvolver, esse desenvolvimento *conjunto* só acontece - até o ponto em que não é *perturbado e desviado* na realidade efetiva concreta por meio dos efeitos de potências culturais extrarreligiosas - *no interior* dessa esfera da região ontológica religiosa e do ato religioso, no qual a região é acessível.

Querer investigar um desenvolvimento do homem *para* a religião é, portanto, um problema absurdo.

Igualmente absurda é toda e qualquer questão acerca do surgimento do objeto religioso em geral a partir da alma do homem, assim como a questão acerca do surgimento da representação religiosa do objeto enquanto tal. A única coisa que pode ser perguntada de maneira plenamente dotada de sentido é: como se deu o surgimento da *determinação da matéria* de uma representação religiosa do objeto a partir de um outro? A religião - até o ponto em que se desenvolve - se desenvolve autogeneticamente, não heterogeneticamente; ou melhor: as religiões se transformam - abstraindo-se de certos feitos particulares de Deus - umas a partir das outras.

A tão adorada questão acerca da *origem* histórica da religião, portanto, é tão absurda quanto a questão acerca da origem histórica da linguagem e da razão. Assim como é a posse da palavra e da razão que transforma o homem pela primeira vez em homem[28] (e em um ser essencialmente diverso do animal), circunscrevendo, com isto, pela primeira vez, também todo o âmbito de uma experiência e de um conhecimento histórico *possível*, a ligação do homem com o divino por meio do ato religioso e por meio da revelação do divino também é constitutiva para a *essência do homem*. De maneira pertinente e plástica, Otto diz neste aspecto em relação a todas as tentativas (p. ex., a de Paul Natorp) de encontrar uma "religião no interior dos limites da razão pura" ou no

---

28. Cf. meu ensaio "Sobre a ideia do homem" em meus ensaios e conferências *Da reviravolta dos valores*.

interior da "humanidade" o seguinte: "E, aliás, este procedimento que busca construir uma 'humanidade' antes da e abstraindo-se da capacidade *mais poderosa* e mais central do homem, parece com o processo de formar para si um conceito normativo do corpo, depois de se ter cortado antes a sua cabeça"[29].

Não é menos absurda aquela questão de saber como o homem teria passado do conhecimento pré-religioso do mundo para o *divino em geral*. Pois todas as representações e ideias de algo efetivamente real, profano e finito (que só aparece no interior da zona cultural *teísta* como aquele *todo uno, ordenado,* que nós denominamos o "mundo") formaram-se por toda parte já sob a determinação de ideias religiosas *presentes*; elas já se fazem presentes mesmo lá onde se abstrai expressa e intencionalmente, na investigação desse algo efetivamente real, da consistência de algo divino ou onde se nega sua realidade. E a isto também corresponde o fato de todo conhecimento racional que se ocupa com a totalidade do mundo, com a sabedoria do mundo, se movimentar e ter se movimentado sempre nos *campos de jogo* de possibilidades, que lhe são prescritas pelas categorias formais particulares a cada vez dominantes da religião natural (não da religião revelada positivamente por meio de pessoas). E "prescritas" não no sentido de uma *lei de fundação* do espírito humano no exercício de suas capacidades de conhecimento segundo a ordem de seus tipos de conhecimento. O homem só pode - independentemente daquilo que ele arbitrariamente busque fazer - conhecer e pensar o mundo de tal modo que o mundo se mostre como um ser possível independente e como um efeito possível daquele algo efetivamente real, que ele considera primariamente como "divino" - como divino naturalmente apenas no espectro de variação dos assim chamados três elementos constituintes formais do divino. Assim, por exemplo, só a unidade de Deus garante a unidade possível do mundo[30].

29. Cf. op. cit., p. 40.

30. Cf. em *Formalismus in der Ethik und die materiale Wertethik* [Formalismo na ética e a ética material dos valores], seção VI A, cap. 3, d: "Micro e macrocosmos e a ideia de Deus".

As coisas se mostram de maneira diversa - e diversa por princípio - quando nos lançamos para além das três categorias formais do divino e dos objetos *possíveis* apreendidos por meio de sua essência (*essentia*) em direção a novos atributos do real dado como "divino" ou do real que se acha em questão. Pois a divisão essencial dos fatos finitos *do mundo* e valores mundanos, que se descortina para o homem junto à experiência do mundo como um todo e *segundo* a qual o homem concebe todo ente contingente, é *codeterminante* para todos os outros atributos.

É somente junto a esses atributos supraformais (p. ex., espírito, razão, vontade, amor, misericórdia, onisciência, bondade total, criador etc.) que se aplica inicialmente mesmo para o próprio ato religioso (não apenas para a metafísica) o método de pensar o portador real da essência do "divino" como constituído de tal modo que esse mundo seria sua *revelação essencial* natural possível e sua *obra*, ou seja, sua *criatura*. Isto é, só depois de já possuirmos o saber da fé de que ela *seria* Deus, de que ela *seria* o mundo e de que, segundo o seu conteúdo modal, o mundo seria uma revelação de Deus e que Ele seria, segundo sua realidade, sua criatura, é que o caminho da determinação atributiva ulterior de Deus passa do *conteúdo* essencial do mundo para esses atributos. Apesar de aqui também não ocorrer nenhuma conclusão, o procedimento do ato religioso pode assumir a *forma* de uma conclusão. Essa conclusão, porém, não é nenhuma conclusão causal, cujos elos precisam conter exclusivamente essencialidades e nexos essenciais vislumbráveis, que valem *a priori* para todo e qualquer mundo possível. *Conceitos empíricos* e *proposições factuais contingentes nunca podem, portanto,* entrar nessas *pseudoconclusões*. Não é o "fato de que" da causalidade de Deus que é encontrado na relação com o mundo, nem o "fato de que" de seu revelar-se. Ao contrário, o que é encontrado desta maneira é apenas aquilo que Deus precisa ser, para que aquele conteúdo de sua revelação natural e de sua efetividade total seja possível, aquele conteúdo que se desentranha no mundo. Não é porque Deus é a causa do mundo e porque seria válido o princípio de que o efeito não poderia ser mais perfeito do que sua causa, respectivamente de que a causa precisaria também conter em si a perfeição do efeito, que é necessário transpor as essencialidades do mundo para Deus (de uma forma absoluta e infinita). Pois este suposto princípio causal não é em si inteiramente seguro. Constantemente vemos como é que algo mais perfeito segundo regras fixas se forma a partir de algo mais imperfeito. Todas as teorias modernas da "evolução" consideram até mesmo este tipo de causalidade como aquele que impera fundamentalmente na realidade efetiva. Por isto, é muito mais porque Deus se torna *manifesto* no mundo e em sua construção essencial, porque Ele se reflete simbolicamente nele, porque suas unidades essenciais contêm "rastros" e significados, isto é, indicações de sua essência, que essa transposição é necessária. E só porque Deus também é a causa do *ser real* de algumas dessas essencialidades é que é válido com certeza também para essa causa o princípio causal acima. No entanto, ele não vale para Deus como mero "caso de aplicação" de um princípio causal universal. Portanto, é a relação *simbólica*, não a relação causal entre Deus e o mundo, que conduz a essa transposição.

Somente essa *transposição* transforma-se na base *de uma teologia natural que aduz atributos positivos a Deus*, diferentemente do método (corretamente compreendido) da teologia negativa, que é sempre o fundamento e base da teologia natural. O preço por assim dizer, com o qual essas determinações positivas do *ens a se* sagrado, infinito e efetivo por toda parte é pago, é, porém, sua *validade* meramente *inadequada, inexpressa e apenas analógica*.

Eles são por um lado *inadequados*. Isto é, já fica claro para nós na religião e na teologia natural que a essência de Deus *precisa* ser, para além das determinações formais de sua essência, infinitamente *mais rica* do que pode se tornar conhecido para nós homens por meio desse método. Pois ainda que as essencialidades e nexos essenciais passíveis de serem encontrados e que são encontrados junto a esse mundo fático valham para além do mero fato *desse* mundo - para todo e qualquer mundo *possível* - falta de qualquer modo uma quantidade infinita de elementos para que eles representem também a quintessência *de todas as* essencialidades em geral. Pois somente aquelas essencialidades que também são realizadas de alguma forma *nesse* mundo - ainda que seja apenas sob a forma de *ficta*[31] possíveis - podem ser encontradas por nós. Deus, porém, é, enquanto *ens a se*, a quintessência não apenas das *essencialidades* de algum modo realizadas nesse mundo, mas a *quintessência de todas as essencialidades possíveis*. Por isto, um saber natural sobre os seus atributos só pode nos ser dado, até o ponto em que ele se manifesta *nesse* mundo. Somente uma autorrevelação positiva em pessoas santas poderia e pode nos conduzir para além daí e nos ensinar sobre sua essência, tal como ela é - independentemente de seu *se tornar* manifesto nesse mundo. No ato religioso da *veneração* diante de Deus, essa inadequação de nosso conhecimento de Deus - esse seu fluir necessário e infinito para além do campo de visão mesmo daquele que conhece adequadamente todas as essencialidades do mundo -, se faz imediatamente presente[32]. Reconhecemos ainda o fato de que não o conhecemos, até o ponto em que ele não se reflete no caráter essencial *desse* mundo.

As determinações positivas não são, além disto, senão "atributos" *inexpressos* de Deus. Isto é, sabemos que não tocamos com expressões como espírito, razão, vontade etc. de Deus de maneira alguma *partes* - nem partes reais, nem partes abstratas - nele, mas apenas destacamos *similitudes* gradual e essencialmente matizadas, que algo completamente simples e indivisível possui com a essência em geral e com a essência a cada vez diversamente *constituída* do ser divisível e finito[33]. Ou também podemos dizer: como Deus é, segundo o seu ser, no fundo *transcendente* em relação à cisão do ente em ser substancial e atributivo (essa cisão, portanto, só pertence ao ser finito enquanto tal), todo ser atributo representa seu ser *todo* e cada conteúdo essencial atributivo, *toda* a plenitude de sua essencialidade simples e indivisível.

---

31. Em latim no original: "fantasias" [N.T.].

32. Cf. em relação à "veneração", o ensaio "Para reabilitação da verdade". In: *Da reviravolta dos valores*. Índice bibliográfico n. 3, OC, vol. 3.

33. Aqui, portanto, a similitude não se baseia em um *identitas partium* relativo, mas a quase identidade, que temos em vista em expressões como: Deus é espírito, razão, vontade etc. se baseia apenas na similitude de Deus com o conteúdo essência, que se encontra à base de conceitos como espírito, razão etc.

Análogas, porém, são as determinações positivas de Deus, uma vez que elas - seguindo a essência da forma de ser divina como ser absoluto e infinito - também são, por sua vez, absolutas e infinitas. Apesar da similitude essencial, que Deus "enquanto espírito" possui com a essência do espírito finito, "enquanto" vontade racional com a vontade racional finita etc., não subsiste, portanto, apenas na existência e no modo da existência uma diversidade de Deus enquanto razão infinita etc. em relação à razão finita, mas também subsiste uma *diversidade* essencial, que não exclui a similitude essencial (em todos os graus); pois só pode ser de maneira semelhante aquilo que em seu modo-de-ser é diverso.

Assim como a inadequação do conhecimento natural de Deus, esta *inexpressividade* e esta natureza *analógica* dos atributos divinos também se fazem valer nos atos *religiosos*. A inexpressividade, no fato de que Deus é considerado pelo homem casto que se acha ligado a Ele na oração e na meditação, na medida em que se dá sua aproximação, cada vez *mais* como *árreton*[34], ou seja, como algo que desperta o pudor de aplicar a ele as categorias de nosso pensamento e de nossa linguagem. Pois mesmo que haja categorias *autênticas* do "suprassensível" (a saber, as categorias puramente formais, tal como elas foram dadas anteriormente), as categorias *conjuntas* de nosso pensamento mundano e do ser mundano copertinente (as categorias do mundo exterior, tanto quanto as do mundo interior) são evidentemente insuficientes para alcançar o *ser* e a essência de Deus. Se temos as categorias da substância, da potência e da atividade, então precisamos dizer que a potência de Deus se *confunde* com a sua substância, enquanto sua potência, porém, se *confunde* com sua atividade. E as coisas se mostram de maneira semelhante em relação a outras categorias do ser finito[35]. A natureza analógica de nosso saber sobre os atributos positivos de Deus, porém, ganha expressão na grande *liberdade característica da plasticidade da linguagem religiosa*, sem que, na vivência religiosa mais séria possível, essas imagens venham a ser tomadas

---

34. Em grego no original: "inexprimível" [N.T.].

35. Obviamente também com a categoria da causa e do efeito, do fim e do meio. A *causa prima* não é apenas uma causa diversa de todas as outras causas conhecidas; o seu *ser* causa também é diverso de todo e qualquer outro *ser* causa.

algum dia como outra coisa senão como imagens. Nesta medida, a metodologia da linguagem religiosa mesma é na maioria das vezes muito mais *cuidadosa e delicada,* mas também muito mais adequada do que aquela da metafísica e da teologia. Pois essa metodologia consiste no fato de que, graças à consciência precedente, autenticamente *religiosa* de que Deus seria transcendente em suas determinações positivas em relação a todos os "conceitos" propriamente ditos, o ânimo casto se utiliza de uma grande quantidade de *imagens* com frequência inteiramente *concretas* em relação a Deus; e justamente para expressar aquilo que o próprio ato religioso tem presente de uma maneira *supraconceitual* em termos de conteúdo. O *direito* a esse procedimento da linguagem religiosa[36], porém, está fundamentado justamente nesta intelecção principial da natureza simetricamente apenas *analógica* de todas as determinações positivas de Deus. Não é menos claro o fato de que o conteúdo intuitivo suprassensível de Deus, que é dado nos próprios atos religiosos – e apenas em sua realização viva –, não é apenas "simples" na relação com a pluralidade das imagens, mas também na relação com a medida de sua plasticidade e no grau da semelhança, que existe entre a imagem simbólica e aquilo que é visado "propriamente" com ela[37]. Pois aquela "interferência das imagens", por meio da qual elas, atuando conjuntamente, deixam fluir nelas também conjuntamente o momento que fundamenta a cada vez a plasticidade em direção a *uma* impressão indivisa, extinguindo ao mesmo tempo, porém, tudo o que se desgasta mutuamente e se mostra à opinião, aquilo que "*só*" é "imagem" e "alegoria" nelas, só é possível por meio do fato de que a medida e o modo de ser do *preenchimento* das imagens particulares ainda são *notados* e por assim dizer *medidos* pelo espírito no objeto do ato religioso.

---

36. Para esclarecer completamente a metodologia interna da linguagem religiosa, precisaríamos de uma investigação particular, bastante detalhada a partir de exemplos, uma investigação que não temos como realizar aqui. Pensemos, por exemplo, na plenitude de determinações da mãe de Deus na liturgia lauretana.

37. De que outro modo seria possível que a semelhança maior ou menor das imagens e a segurança de ter atingido o alvo das alegorias e analogias se tornassem claras para a consciência se não fosse estabelecido no próprio dado do ato religioso uma *medida* para essa semelhança e segurança?

O erro profundo de todo agnosticismo, isto é, de toda tentativa de deixar a religião natural – se não a religião em geral – ser absorvida pela metafísica conceitual ou de considerar ao menos essa metafísica como uma forma "mais elevada" do conhecimento de Deus, é o fato de ele desconhecer a natureza de todas as determinações *positivas* de Deus. Essa natureza é, em termos essenciais, necessariamente apenas *análoga*. O agnosticismo transforma os predicados positivos categorialmente concebidos de Deus em partes "metafísicas" ou abstratas de Deus, ao invés de ver que elas são apenas preenchimentos relativos de analogias sobre a essência divina com algo semelhante por meio do ser indivisível e simples de Deus. A partir desse erro, fundamentado na falha *religiosa* da ausência de veneração diante de Deus, como se fosse possível "conceber" Deus de maneira adequada, expressa e diretamente sem imagens, a linguagem religiosa, com suas imagens com frequência intensamente concretas, se mostra, então, para o agnosticismo como "antropomórfica" ou apenas como "metafísica para o povo". Foi assim que, por exemplo, julgaram Spinoza, Hegel, Fichte, Hartmann e outros. De fato, porém, a coisa se mostra exatamente do modo *inverso*. O *antropomorfismo* se acha aqui junto ao senhor metafísico, que desconhece a transcendência *principial* de Deus perante todas as categorias finitas do entendimento e a diversidade essencial de todos os atributos positivos de Deus em relação aos atributos homônimos dos homens (tal como os panteístas alemães, p. ex., identificam razão divina e razão humana), ou seja, que não reconhece senão uma diferença qualitativa (infinito e finito) entre eles, e, de resto, estabelece uma *identidade essencial*. O homem religioso (mesmo o mais inculto) sabe, em contrapartida, muito bem que todas as mil imagens e os mil nomes, que ele dá a Deus, são justamente "apenas" imagens e que a única coisa que está em questão junto a essas imagens é a clarificação e eventualmente o despertar (nos outros) do *conteúdo* completamente *simples*, que está presente para ele em seu próprio ato religioso de maneira inadequada. Ninguém que chame Deus de pai ao rezar o Pai-nosso considera o "pai" como mais do que uma analogia: Deus se comporta em relação ao homem como o pai em relação ao filho – e mesmo isto somente até o ponto em que a *essência* da paternidade e do caráter filial se encontra em questão, não o elemento empiricamente comum em todos os pais e filhos fáticos. E, por isto, a religião não é "metafísica para o povo". Ao contrário, é este tipo de metafísica (gnóstica) que é apenas uma *pseudo*rreligião oriunda de um *estado* ruim e *impertinente* dos eruditos. Pois aquilo que tem ainda valor verdadeiramente religioso nestes conceitos gnósticos de Deus desenvolvidos por esses metafísicos panteístas emergiu ele mesmo apenas por meio de uma filtragem erudita da linguagem religiosa legada pela tradição e não se distingue por meio da característica do conceber direto em relação ao visar indireto, imagético, mas apenas por meio da *astenia e do caráter exangue* de suas imagens.

Os atributos naturais positivos de Deus são – como eu disse – deduzidos do conteúdo essencial do mundo. Logo que pergunto quais são esses atributos (diferentemente daqueles que denominamos os atributos formais e diferentemente daqueles que só podem vir a ser graças à autorrevelação positiva de Deus em pessoas santas), o que pergunto é como eles são deduzidos do mundo na esfera da *religião natural*.

Apesar de a ideia de Deus do homem se revelar *aqui* como dependente de sua *imagem* da essência do mundo (e isto em oposição às determinações formais[38], das quais, como vimos, a imagem do *mundo* já é, por sua parte, inversamente dependente), não é, contudo, de modo algum da forma filosófica refletida da imagem do mundo que dependem as determinações positivas da ideia de Deus na religião natural. Só a *teologia* natural, não a religião natural (como conteúdo parcial de toda religião concreta), depende da filosofia e de seu modo de conhecimento essencial metodológico. A

---

38. Para a determinação formal, portanto, vale o princípio de que existência e essência do mundo já são sempre conhecidas "à luz" de um divino – cuja concepção subjetiva é ela mesma naturalmente variável, por sua vez, de maneira histórica e sociológica. Para as determinações materiais dos atributos naturais de Deus, em contrapartida, vale o fato de que só os reconhecemos à luz de nossa intelecção essencial da essência do mundo; que não conhecemos aqui o mundo à luz de Deus, mas Deus *no espelho do mundo*. Sem levarmos em consideração a variabilidade qualitativa da concepção mesmo do formalmente divino, a variabilidade da concepção dos atributos positivos de Deus não é de qualquer forma apenas quantitativamente maior, mas de uma dimensão de grandeza mais elevada totalmente diversa.

religião natural em todas as religiões depende muito mais da *forma de intuição histórico-natural*[39], da visão de mundo do homem, respectivamente das comunidades e das épocas do homem, de que se trata a cada vez.

É a estrutura e a divisão conjuntas do ser intencional do mundo que fundam por meio da ordem hierárquica dominante o valor (o *ethos*[40]), diante do qual espíritos de um grupo se encontram, que determinam a ideia viva e positiva de Deus nesse mundo. Esta forma da visão de mundo, porém, é sempre diversa de acordo com a raça, o círculo cultural, a nação, a profissão[41] - ainda que no interior dos limites das formas da visão de mundo natural do homem em geral. Ela pode divergir amplamente das fórmulas *doutrinárias* de um sistema de crenças legado pela tradição, sim, se encontrar mesmo - sem que isto precise se achar consciente para os membros do grupo - na mais tosca oposição a esse sistema. Os homens podem, por exemplo, na esfera de julgamento de sua consciência, estar firmemente convencidos de que estão prestando honras ao conceito cristão de Deus com todos os seus atributos tradicionais da espiritualidade, do amor, da bondade, da misericórdia e da justiça. Neste caso, porém, de acordo com a sua forma de visão de mundo factual, eles podem ser *dominados* por uma ideia totalmente diversa de Deus. Pois uma estrutura de consciência natural religiosa só *pode* conter em si, por exemplo, a *espiritualidade* de Deus, caso corresponda à forma da visão de mundo dominante, isto é, se os homens vivenciarem o *espírito* como o dominante, diretriz, dirigente também em seu ponto central - mas não vivenciarem assim coisas totalmente diversas: por exemplo, a expansão econômica, o poder etc. Portanto, também não diz nada sobre o conteúdo de fé natural verdadeiro de um grupo saber se seus representantes

---

39. Cf. a definição do conceito de visão de mundo e de “forma da visão de mundo” no ensaio “Da essência da filosofia” neste volume.

40. Cf. sobre o *ethos* e a ordem hierárquica valorativa absoluta *Formalismus in der Ethik und die materiale Wertethik* [Formalismo na ética e a ética material dos valores], seção V, cap. 6.

41. Cf. quanto a isto as características da visão de mundo que dei em meu livro *Der Genius des Krieges* [O gênio da guerra] para diversos grupos, em particular no capítulo “A unidade espiritual da Europa”.

intelectuais (seus filósofos e teólogos) *ensinam* o conceito cristão de Deus nas escolas e se eles, por exemplo, rejeitam teoricamente a doutrina do poder de Nietzsche. A visão de mundo e a religião naturais desse grupo, sim, seus representantes intelectuais mesmos podem, neste caso, ser de fato mobilizados por um conceito de Deus totalmente diverso, por exemplo, pelo conteúdo das ideias e dos valores, que corresponde à "vontade de poder" de Nietzsche. A Alemanha antes de 1914, por exemplo, era expressamente materialista em sua forma dominante de visão de mundo e de valoração do mundo e sua "religião" era a vontade de poder por meio de uma expansão econômica e militar. As fórmulas metafísicas de Nietzsche eram mais ou menos adequadas para a sua visão de mundo fática. Nesta medida, ela não tinha como ser de maneira alguma - vista como um todo - mobilizada por uma religião natural, que correspondesse à sentença: "Deus é espírito". Isto, porém, não excluía de maneira alguma que o princípio doutrinário "Deus é espírito" fosse ensinado em todas as escolas, que a maioria dos filósofos e teólogos nas instituições de nível superior ensinassem esse princípio e procurassem demonstrá-lo; que só houvesse seguidores conscientes da metafísica de Nietzsche em grupos muito pequenos. A teologia natural pode divergir justamente da religião natural dominante em *toda e qualquer* medida. Por isto, contudo, o aceno para uma tal difusão da "doutrina correta" também não possui significado algum, caso ele deva demonstrar que a visão de mundo alemã teria sido mais cristã do que correspondente às fórmulas de Nietzsche. Ao contrário, é até mesmo muito mais a regra que as formas da visão de mundo dominantes - se é que elas são expressas - só sejam expressas por uma *minoria* totalmente parca, enquanto a maioria preponderante compartilha, em verdade, a mesma visão de mundo, mas articula em sua esfera judicativa convicções que são legadas e que *não* se adequam a essa visão de mundo que se mostra nela preponderante. O objeto do ato de fé vivo pode divergir enormemente do *juízo* de fé. Em sua particularidade, as formas de visão de mundo só são conhecidas, quando se *alteram*. Enquanto elas imperam, elas têm o caráter de fé da obviedade e não são - como a pressão do ar - sentidas e notadas.

Reconhecer e descrever a forma da visão de mundo histórico-natural e a forma do *ethos* de um grupo – e, além disto, sua religião – é, por isto, da maior dificuldade. Pois é importante ver *por detrás* dos juízos e fórmulas, que são enunciados – sim, por detrás de toda a esfera da reflexão – o elemento intuitivo velado que paira no ar e que *mobiliza e domina* espiritualmente o grupo para além do juízo e da linguagem. A identidade da linguagem religiosa e das *fórmulas* de fé em diversas épocas, em diversas nações ou profissões, por exemplo, em camponeses e em trabalhadores industriais, abre ainda o mais amplo campo de jogo possível para a fé natural em relação ao *conteúdo da ideia de Deus que paira diante* do ato dessa fé. E somente esse elemento que paira diante dos homens e aquilo que dirige e domina os movimentos do pensamento e do querer – e não opiniões teóricas, eruditas ou fórmulas tradicionais repetidas – pertencem à consistência da própria religião natural e à sua respectiva configuração.

Em contrapartida, o recurso à construção essencial do mundo por intermédio do conhecimento *filosófico* da essência é o caminho que a *teologia* natural tem de percorrer como método de determinação positiva a fim de encontrar os atributos positivos de Deus.

Se o saber religioso – independentemente das conclusões a partir da consistência e da essência do mundo – está certo de que haveria um *ens a se* absolutamente sagrado e infinito e se o ato religioso apreende e vivencia todo *ens ab alio* finito (neste sentido formal) como pura e simplesmente dependente de Deus e, até o ponto em que se trata de um ser real, por Ele estabelecido, suportado e conservado, então todo o saber religioso ulterior em torno de Deus, que provenha da consideração do mundo, só pode dizer respeito agora às *constituições*, que cabem ao *ens a se*.

O atributo (analógico) positivo mais fundamental e primeiro, contudo, é o atributo da *espiritualidade*.

Portanto, é preciso caracterizar em sua origem e em seu sentido religiosos o fato de que aquilo *que* se manifesta e se anuncia neste mundo de Deus como o seu fundamento *seria espírito* – não apenas uma oni*potência* cega, não apenas um *poder* impulsionador, não apenas uma *alma* total, não apenas uma *vida* total, e, com maior razão, não um ser material ou corporal. Ou seja, é preciso caracterizar em sua origem e em seu sentido *religiosos* este saber religioso equivalente a uma conclusão sobre o modo de ser, não a uma conclusão sobre a existência a partir do mundo.

Com a palavra *espírito*, designa-se algo que o homem só encontra ou, de qualquer modo, só pode encontrar, de acordo com a sua experiência, no e junto ao mundo; e, em verdade, junto à parte do mundo, *que ele mesmo é*. Como é, porém, que o homem chega a dotar Deus enquanto o fundamento de todo o mundo (que não é de qualquer forma apenas espírito, mas contém, além de espírito, grupos totalmente diversos de fatos e *tipos* totalmente diversos de *causas*) com um atributo positivo, que só é encontrado em uma parte tão *pequena* do mundo, tal como o é a espécie humana – uma espécie neste pequeno planeta, cosmicamente isolado? Como a espiritualidade de Deus não pode ser de maneira alguma desenvolvida analiticamente a partir do conceito do *ens a se* ou a partir da sacralidade, só existe um fundamento plenamente dotado de sentido de tal suposição (tanto em um aspecto objetivo quanto com vistas à motivação plenamente dotada de sentido) no caso único de que o homem – totalmente independente ainda da pressuposição da existência de Deus – não intua e vivencie apenas a si mesmo, mas também todo o mundo como *inteiramente espiritualizado*. Só se a quintessência encontrada pelo homem de atos e correlatos de atos plenamente dotados de sentido, que ele chama "espírito", for *mais* e, ao mesmo tempo, algo diverso de um mero "pedaço" ou uma "parte" do mundo, é possível atribuir a Deus analogicamente *espiritualidade*.

As leis do sentido, segundo as quais o ato religioso apreende Deus como espírito – leis que ele "segue", sem precisar saber delas na reflexão – são, então, no fundo, *por toda parte de um tipo simples*.

A primeira condição para tanto é o fato de o homem, que realiza esse ato religioso, vivenciar seu cerne – sua posição egoica – por si mesmo no centro do ato de seus atos *espirituais*, ou seja, não primariamente em seu corpo, não em seus estados anímicos perceptíveis. Atos espirituais não são internamente perceptíveis, observáveis: eles só o *são como* realizáveis e só existem em sua *performance*[42]. O modo, porém, *como* o homem é dado a si mesmo, assim como aquilo como *o que* ele é dado a si mesmo, pode mudar em um largo espectro de possibilidades. Em um outro lugar, descrevi os dois fenômenos fundamentais, nos quais o homem vivencia por um lado o centro espiritual de seu ato como o seu *cerne*, como o senhor de suas mobilizações impulsivas e como *o condutor e o guia* de suas funções sensíveis, indo além, como o *elemento constante*, junto ao qual as mobilizações impulsivas e as sensações por assim dizer fluem de modo transiente - e o outro fenômeno polarmente oposto, no qual ele tem a posição de seu cerne e de seu eu no *corpo*; todo o resto, contudo, que há nele em termos de atos espirituais, é dado para ele apenas como cápsula e como fenômeno concomitantemente fugidio em relação a esse corpo constante[43]. A partir desses dois tipos polares de essência da *autodação*, o segundo exclui, na medida em que se realiza, a execução do ato religioso próprio ao saber da fé sobre o fato de "que Deus seria espírito". O primeiro tipo, portanto, é em todos os casos uma *condição* fundamental para a sua realização. Somente até o ponto em que e na medida em que o homem *vive* por si mesmo em *espírito* e não pelo estômago (como diz o apóstolo), ele consegue reconhecer no ato religioso *Deus como espírito*. Há aqui uma vez mais uma diferença fundamental entre o saber metafísico e o saber religioso. Pois a *verdade* sobre o fato de que o fundamento do mundo é de um tipo espiritual também pode ser conhecida pela metafísica *sem* esta condição pessoal-moral da "vida no espírito", do *ter-sua-substância* no espírito. Esse conhecimento, no entanto, que se mantém apenas na esfera de juízo da consciência, não significa *em termos religiosos absolutamente nada*. Um homem, que realiza esse juízo, não consegue, entretanto, vivenciar e se aperceber de seu eu, de seu centro, no centro espiritual do ato, mas apenas em seu estômago. Ele não tem, então, nenhum conhecimento *religioso* de Deus como espírito. Também

---

42. Ou em um movimento do ato, que indica a consciência específica do "poder" (deste tipo de ato), isto é, a potência do ato.

43. Cf. isto em *Formalismus in der Ethik und die materiale Wertethik* [Formalismo na ética e a ética material dos valores], seção VI A, capítulo 3s., aquilo que é dito sobre corpo e pessoa.

o inverso não está excluído: o fato de alguém ser naturalista ou materialista em termos teórico-metafísicos (por meio de tradição e da atuação em seu meio) e, de qualquer modo, ser preenchida essa *condição prévia* de conhecer religiosamente Deus como espírito. Sua metafísica e sua consciência religiosa, então, são certamente contraditórias e incompatíveis. Religiosamente, porém, ele se encontra mais próximo da verdade do que o metafísico espiritualista, que vive em sua barriga.

Caso o homem se encontre nesta constituição essencial, então ele também não pode, contudo, evitar se aperceber de uma maneira totalmente imediata de uma *relação do mundo com os atos do espírito*, relação essa que, portanto, precisa ser descrita na linguagem da consciência filosófica: o *ser* e o *modo* de ser do mundo (de todo e qualquer objeto do mundo exterior e do mundo interior) são evidentemente *in*dependentes da *existência hic et nunc* de qualquer ato que apreenda esse ser como objeto e de qualquer indivíduo. Quer o ente entre ou não em uma das relações ontológicas quaisquer com um espírito humano, relações essas que se chamam aí: conhecimento - ser intencional, amor -, ter valor, querer, ser uma resistência à vontade, isto nem *posiciona* o seu ser, nem *suspende* o seu ser. Essa verdade nos é dada de maneira evidente em *todo* ato de conhecimento, sim, em todo ato espiritual em geral. Uma comparação de uma pluralidade de atos ou daquilo que é identificável com eles não é necessária, assim como tampouco é necessária uma consideração das relações e da ordem dos objetos essentes. Tudo isto pode ser importante para a determinação do tipo e da forma do ser e para a sua subordinação em relação à quididade e ao modo de ser anteriormente já determinado. Mas não estamos falando disto aqui.

Não *menos* evidente, porém, apesar da independência da essência e da transcendência da essência de todo ente em relação ao ato realizado *hic et nunc* e em relação ao ato, na medida em que ele é realizado por este ou por aquele indivíduo, é o fato de que, não obstante, todo ente extraespiritual possível *se encontra em uma dependência (recíproca)* de um *ente espiritual possível.* Esta é a relação essencial entre o ato como um ser apenas realizável e o objeto como um ser existente (os dois tomados segundo a sua essência), relação que também desenvolvi em um outro lugar como uma das intelecções mais fundamentais da filosofia[44].

O que é válido, porém, para a essência do ato espiritual e do objeto espiritual enquanto tal, também precisa ser válido para todo *ente* particular *contingente*, que corresponda a essa e àquela essência.

A ideia de um ser *em geral* incognoscível, portanto, com base neste nexo essencial e no princípio de não contradição, é contraditória. Ela não é, contudo, analiticamente contraditória[45], isto é, *apenas* segundo o princípio de não contradição. Igualmente contraditória é, por *essa* razão, a ideia de uma *intenção cognitiva* qualquer previamente encontrada, que não corresponderia a nenhum existente.

Todavia, apesar de ser encontrada no espírito do homem, sim, de poder ser encontrada naquele ato do espírito humano, essa intelecção fundamental é totalmente independente *desse* espírito e do homem. Ela também não tem por meta de maneira alguma os atributos particulares, que o espírito possui como espírito humano, mas antes a *essência eterna de um espírito* em geral. Ela visa apenas a uma relação essencial constitutiva entre espírito e mundo enquanto tal, para a qual é totalmente contingente o fato de essa relação ser encontrada previamente *junto* ao homem e seu mundo empírico casual. Portanto, ela é igualmente válida independentemente da existência desse mundo contingente, vale inversamente para *todo e qualquer mundo possível em geral.*

São, porém, as *duas* intelecções fundamentais tomadas *em conjunto* e vistas ao mesmo tempo que trazem à tona a intuição fundamental religiosa em si simples do homem de "Deus como espírito", isto é, do *ens a se* sagrado como espírito: a radical dependência da existência do mundo, respectivamente sua transcendência evidente dada (em cada um de seus objetos) perante tudo aqui-

---

44. Cf. *Formalismus in der Ethik und die materiale Wertethik* [Formalismo na ética e a ética material dos valores], seção VI A, cap. 3.

45. É isto que acredita de maneira equivocada o idealismo subjetivo da consciência, que equipara *esse = percipi*, com o que seria naturalmente contraditória em termos analíticos a *ideia* de um ser não perceptível.

lo que pode se tornar imanente à consciência desse mundo para o espírito humano, *assim como* sua *dependência* essencial evidente que, não obstante, subsiste em relação a um espírito *em geral*, isto é, de algo que a *essência da espiritualidade* tem em comum com o homem. Pois justamente daí se segue o fato de o mesmo ente que é dado ao espírito humano como sendo independentemente dele e como transcendente em relação a ele em cada objeto, isto é, que é dado como predominante sobre *sua* consciência, precisar ter, contudo, já em virtude de seu ser *apenas*[46], um *poder espiritual* por correlato - um poder espiritual, que se encontra em uma relação análoga com o mundo (tal como ele é nele mesmo), tal como o homem enquanto sujeito espiritual com o *seu* mundo circundante. Em uma relação análoga, não em uma relação igual. Pois precisamente a primeira das duas intelecções, a intelecção da independência de todo ente ante o espírito do homem e da transcendência de todo ente como objeto para além de toda e qualquer consciência humana desse ente, já aponta efetivamente para a diversidade das duas relações e exclui, com isto, todo antropomorfismo. O ser, que "é" independente do ser do espírito humano, exige ao mesmo tempo, justamente com base na dependência essencial em relação ao ser de um espírito em geral, a independência pura e simples do ser de um espírito X, que não pode ser por essência o espírito humano; o ser do objeto, que transcende evidentemente a consciência humana, exige de um espírito que ele seja completamente *imanente*, algo que, por essência, é *impossível* que o espírito humano seja.

Nós nos encontramos, portanto, na situação peculiar de vislumbrar junto à relação do espírito humano com o mundo uma dependência essencial entre mundo e espírito em geral, dependência essa diante da qual se torna ao mesmo tempo claro como o sol que o espírito existente, que corresponde ao mundo existente de acordo com essa lei essencial, não é de maneira alguma o espírito humano, sim, não *pode* ser absolutamente um espírito dotado da essência do espírito humano. Pois o fato de esse mundo existir *independentemente* do ser-aí e do modo de ser do espírito humano - é algo tão evidente quanto esta dependência mútua vislumbrada entre espírito e mundo

---

46. Não, portanto, apenas em virtude de sua constituição, como legalidade, ordem, construção teleológica.

em geral. Aquilo que é independente da existência (o mundo existente em relação ao espírito humano existente) é ao mesmo tempo *qua mundo e espírito* em geral dependente da essência.

O que foi dito pode ser colocado sob a *forma* de um silogismo. Suas partes são:

1) Este mundo é em seu ser dependente da existência de *meu* ato espiritual e da existência *de todo* ato dotado da mesma essência; cada um de seus objetos é apenas *parcial* e inadequadamente (possivelmente) imanente a tais atos espirituais.

2) Não obstante, pertence ao ser de todo mundo possível o ser de um espírito possível e, a todo objeto, a *plena imanência possível* desse objeto nesse espírito.

3) Portanto, pertence também ao mundo um espírito que – *quando* posiciono o mundo – é necessariamente coposicionado e que (com base na primeira premissa) não pode ser o espírito humano – nem segundo sua existência, nem segundo seu ser.

Por outro lado, contudo, não é essa conclusão que é retirada pelo homem no ato religioso, por meio do qual ele se torna certo de que Deus é espírito. Só se pode dizer que o ato religioso mesmo, *de acordo* com as proposições desenvolvidas, se tornaria ativo de maneira significativa: que ele – na medida em que apreende no espírito humano um arquétipo do espírito e, na relação do espírito humano com o mundo, uma relação essencial do espírito e do mundo em geral – transporia imediatamente *a ideia* dessa imagem originária para o *ens a se*, que já estava certo para ele anteriormente como existente[47].

---

47. Há filosofias teóricas que, naturalmente – se elas fossem verdadeiras –, destruiriam essa lei do sentido do ato religioso. Assim, temos o "idealismo" epistemológico, que crê poder rebaixar todo ente ao conteúdo de uma consciência possível e que, ao mesmo tempo, desconhece tanto o sentido do conceito "ser" quanto a essência da transcendência do objeto e da consciência da transcendência (Berkeley, Fichte). Pois é somente na *con*tenda claramente vivenciada e vista e na *tensão* entre a transcendência real do mundo perante a consciência humana e a relação essencial, não obstante o fato de ser encontrada junto ao mundo, do mundo com um espírito em geral, que se encontra o *tema* significativo para a perspectiva do

Apresentar de maneira exata a essência desse processo religioso do ato mesmo, deixar ver essa essência, é algo associado com tão grandes dificuldades, que sinto neste momento mais do que nunca o caráter completamente insuficiente da linguagem humana. Tudo se passa como em um drama misterioso e inaudito na profundida mais abissal da alma humana. Por meio daí recai sobre nós o conhecimento *religioso* de que o *ens a se* precisaria ser de uma *natureza sagrada*, precisaria ser "espírito". O homem precisa apreender de modo claro e vivo - até o cerne de toda e qualquer percepção, de todo sentimento do mundo, de toda ação junto ao mundo ou junto a qualquer um de seus objetos - a *indiferença* consumada de seu eu e de sua consciência em relação à existência do mundo e toda a sua *impotência* espiritual perante a sua profusão - sim, perante todo e qualquer elemento de sua profusão. Em termos sentimentais, o que lhe auxilia como gênio bom é em primeiro lugar a virtude da *humildade do espírito*, por meio da qual ele já se acha preparado em função de seu saber formal sobre Deus como o *ens a se* sagrado e sobre sua própria nulidade. Ele precisa ter se apercebido de maneira totalmente clara e distinta, não apenas saber o quão sublimemente *indiferente* é para o sol se ele é percebido, pensado, valorado ou não pelo homem e por seus iguais. Em um segundo momento, o que o auxilia como gênio bom é a virtude da *veneração*, que já designei em um outro lugar como saber concomitante sentimental sobre a insuficiência *essencial* de nosso saber acerca de todo e qualquer objeto, sim, até mesmo do *saber* evidente de nosso parcial não-poder-saber[48]. Ela fornece apenas claramente e sob a forma do "sentimento" a evidência ime-

---

espírito divino. Não menos, porém, o ontologismo absoluto também precisa dissolver a lei de sentido do ato religioso. (Ele também é, p. ex., um pressuposto do materialismo e do naturalismo de todos os tipos.) Pois nele é desconhecida - em oposição ao idealismo epistemológico - a relação essencial entre ato e objeto, espírito e mundo, que, apesar da dependência evidente da realidade do mundo ante a existência e a natureza contingente do espírito humano, também, apesar da transcendência do objeto para o espírito humano, exige um espírito *em geral*, de cuja essência e existência o mundo é dependente e do qual o objeto pode ser completamente imanente.

48. Cf. em meus ensaios e conferências reunidos sob o título *Da reviravolta dos valores* o ensaio "Para a reabilitação da virtude".

diata objetiva, que acompanha todo ato intencional, por exemplo, o ato da percepção, todo ato da representação e do pensamento: o fato de que não apenas todo e qualquer conteúdo intencional é inapropriado para o todo do objeto, mas de que até mesmo uma *soma infinita* de tais conteúdos seria inapropriada, uma vez que, com cada passo do conhecimento, o objeto apresenta, de maneira proporcional ao avanço do conhecimento, um número cada vez mais *plural* de lados e características "desconhecidos", mas, de qualquer modo, dados como cognoscíveis e já a cada vez pré-intencionados em sua essência universal.

No entanto, com essa consciência da "indiferença consumada" de seu "pensamento" e do "pensamento" de seus iguais para a consistência e a configuração das coisas, precisa estar associada da maneira mais íntima possível a visão imediata da *relação essencial* de *todo e qualquer* ser objetivo e existência possíveis em geral com uma coisa dotada da *essência do espírito*. É possível que "este" e "aquele" ato só se encontrem *casualmente* com "este" ou "aquele" objeto: o laço entre a essência do ato intencional e a essência do objeto existente (respectivamente da resistência, do valor) é um *laço essencial eternamente indestrutível*[49]. Esta *dignidade e este caráter sublime* do espírito *qua espírito*, graças aos quais ele pode de qualquer modo - como o espírito real e efetivo humano, ele é apenas um pedaço e uma parte do mundo - ser não *apenas* um pedaço do mundo, mas ser *ao mesmo tempo* necessariamente aquele algo, no qual todo ser das coisas se torna um ser-um-*com-o-outro* e um ser-um-*para*-o-outro, aquele algo, por meio do qual uma participação *ideal* de um ente no ser de toda e qualquer outra coisa se torna possível, aquele algo, no qual a pluralidade de todas as coisas se sintetizam a cada vez na unidade, *sem* a transformação do modo de ser das coisas - sentir essa *dignidade e esse caráter sublime eternos* do espírito e senti-los de maneira vital *em e com* a fragilidade, a caducidade e a instabilidade indizíveis do espírito humano *existente* como o *exemplo*, que só por nós é conhecido e imediata-

49. Esse laço essencial consiste em primeira e em absoluta evidência apenas para a essência do ato espiritual e para a essência de um existente ele mesmo - em sua nudez e em sua pureza. Todas as formas dos objetos (formas ontológicas) e todas as formas e funções dos atos espirituais ainda não são, com isto, vinculadas.

mente dado, de uma coisa dotada da essência do espírito em geral: este é o *segundo* ato daquele drama misterioso, no qual se realiza o conhecimento religioso *de Deus como espírito*. O terceiro e o último ato é o ato da adução do atributo essencial "espírito" ao *ens a se* sagrado já certo e à vivência da reluzência (tornar-se manifesto) da razão infinita em meio a toda ativação correta da razão finita, respectivamente das ideias e valores juntamente com sua ordem, que se encontram como correlatos diante do ato da razão infinita, em meio aos *objetos do mundo e seu significado*[50].

---

50. Talvez o pensamento de nenhum homem tenha girado tão intensa e profundamente em torno desse drama interior quanto o pensamento de Blaise Pascal. Descartes tinha tornado consciente para ele de uma forma insuficiente a dignidade e o caráter sublime do espírito: *cogito ergo sum*. Pascal apreendeu ao mesmo tempo a fragilidade do espírito humano. De maneira bela e profunda, E. von Hartmann apresenta com as seguintes palavras o comportamento correto do espírito humano em relação à natureza e a Deus – na medida em que ele fustiga ao mesmo tempo as concepções falsas do naturalismo e do idealismo da consciência: "Do ponto de vista do *naturalismo*, no qual a natureza é algo derradeiro, não mais ultrapassável em termos indutivos, as forças naturais e as leis da natureza precisam se mostrar como algo *que não veio a ser*, ou seja, algo eterno e imutável. Neste caso, o *respeito* do espírito consciência diante deles quase não tem como *ser grande o suficiente*; a consciência individual emergente, que logo desaparece uma vez mais, tem de se curvar em sinal de humildade diante da onipotência da natureza eterna, cujo produto fugidio apenas ela mesma o é. O espírito encontra-se *de maneira impotente* sob o sentimento de sua pequenez e nulidade diante da grandeza imensurável da natureza em um aspecto temporal, espacial e dinâmico. Pois a terra é mesmo apenas uma poeirinha no edifício do mundo, e, de qualquer modo, a menor partezinha da terra pode esmagar o homem sob a grandeza de uma pedra e suspender sua consciência. A atmosfera consonante com o naturalismo é o *arrepio* diante da grandeza da natureza e o *horror* diante de seu poder e da inexorabilidade de sua engrenagem legal que a tudo tritura (Livro do ano prussiano, vol. 101, caderno 2, p. 228-236). A partir do ponto de vista do *idealismo transcendental*, em contrapartida, a natureza é *mera aparência*, que o espírito consciente simula para si mesmo. Sua grandeza, seu poder e infinitude aparente lhe é apenas conferida por empréstimo pelo espírito, e, assim como aquele que sonha para de se atemorizar com as imagens aterrorizantes do seu sonho, quando alvorece para ele o fato de ele estar apenas sonhando, também desaparece para o idealista transcendental todo respeito pela natureza, logo que ele reflete sobre o fato de que ela é *apenas sua criatura*, uma *ilusão*, que ele é obrigado a imaginar para si. O respeito diante da grandeza da natureza, diante do poder de suas forças e da inviolabilidade de suas leis se converte, então, no respeito pela grandeza e pelo poder do próprio espírito e da inviolabilidade de suas leis psicológicas. De acordo com o seu arbítrio soberano, o espírito poderia brincar com sua natureza se as leis psicológicas de sua natureza não estabelecessem barreiras para esse arbítrio. Ele sempre permanece, porém, o *próprio*, e sua natureza se mantém incessantemente a *propriedade* de sua consciência. O estado de humor que se mostra como conforme ao idealismo transcendental é *a depreciação* da natureza e a *arrogância* do espírito consciente (Fichte, Stirner, Nietzsche). O *realismo transcendental* alija aquilo que é incorreto nos dois pontos de vista e articula sinteticamente aquilo que neles é correto. Ele não tem como compartilhar o respeito do naturalismo diante da natureza; pois ela é considerada por ele como um produto do espírito, que é sua causa eminente. O espírito a posicionou diante do tempo finito e a retomará segundo um tempo finito; ela não é eterna, mas não foi um dia e não será um dia novamente. Eterno é apenas o espírito, que pode posicioná-la e suspendê-la. Inalterável são suas leis apenas para a duração finita do processo do mundo, com o qual essas leis começam e terminam. *Diante do espírito, que posicionou a natureza* e que continua sempre posicionando-a, diante de seu poder e grandeza, o espírito consciente *se curva* em sinal de *veneração, não diante de suas obras*. Pois o homem sabe que ele mesmo é espírito daquele espírito, que ele se encontra muito mais próximo dele do que a natureza, que aquele espírito chegou nele a si mesmo e que a natureza nele preencheu sua meta mais imediata, para a qual ela foi criada. A grandeza espacial da natureza *não tem mais como se impor* àquele que sabe que o que importa não é de modo algum ela, mas a interioridade do espírito, que não tem nada em comum com a extensão espacial. A duração imensurável do processo natural se encolhe e se transforma em um nada em comparação com a eternidade do espírito, do qual o espírito humano participa com sua essência, se não mesmo com sua consciência. A violência tosca das forças naturais pode esmagar o corpo do homem, porque ele é uma parte da natureza; mas ela se quebra impotente, quando ela destrói também com o corpo a condição de sua consciência individual. O espírito é infinitamente mais *poderoso* do que o conjunto da natureza; todas as suas forças mecânicas não passam de qualquer modo de estilhaços diante do poder do espírito criador da natureza. Mas se a natureza cessa de se importar ao realista transcendental, então ele *não* olha, por isto, de qualquer modo *com menosprezo* para ela. Pois ele sabe que, tanto sob a forma de seu próprio corpo quanto também sob a forma do mundo exterior que consome sua vida, a natureza é uma condição imprescindível e um fator essencialmente coatuante para o surgimento e o prosseguimento de sua vida espiritual, mas apenas como condição irreal, meramente ilusória e imaginada, assim como aquele que sonha considera com razão a sustentabilidade da ponte com a qual ele sonha como condição para que ele não precise sonhar que está despencando e caindo na água; quando emerge para ele a consciência de que está sonhando, então ele também não teme mais o despencar, por mais que a ponte onírica seja por demais insegura. Só para os realistas ingênuos e transcendentais é que a natureza se mostra como uma condição *real* do espírito consciente, só por eles ela pode ser avaliada como a verdade enquanto tal e cultivada compreensivelmente como tal.

Os atributos formais da *absolutidade e da infinitude*, e, além disto, duas referências, que já estão estabelecidas na relação do *ens a se* absolutamente sagrado com as coisas contingentes - como dissemos -, passam, porém, com essa adução, imediatamente para *Deus como espírito*.

O primeiro diz que o espírito divino como atributo do *ens a se* sagrado também precisa ser compreendido, por seu lado, como *espírito absoluto*, isto é, como *fundado exclusivamente em si mesmo*. Isto, porém, significa para a espiritualidade de Deus o mesmo que a *liberdade absoluta* ou a *autodeterminação do espírito divino* - um predicado que só agora é aduzido, na medida em que *Deus* é reconhecido *como espírito*, ao conceito do *ens a se*. O *ens a se* só se torna por meio daí *ens per se*. E só com isto o tipo de sua atuação e de sua ob-tenção pode ser compreendido como aná-

---

Tal como acontece em relação com a avaliação da natureza, o realismo transcendental também mantém em relação à avaliação do espírito *consciente* a *posição média* entre o naturalismo e o idealismo transcendental. Se o primeiro considera o espírito consciente como uma aparência inexplicável, de modo algum dotado de uma justificativa para a sua existência propriamente dita, junto à natureza e, comparado com ela, como uma inteira nulidade; se, em contrapartida, o segundo o insufla à condição de criador onipotente do céu e da terra, então o realismo transcendental não o vê nem num, nem no outro, mas o vê como *um produto da ação conjunta do espírito inconsciente e da natureza*. Diante do espírito absoluto inconsciente que o produz em parte imediatamente por meio de funções categoriais sintéticas, em parte mediatizadamente por meio da ação concomitante da natureza, o espírito consciente limitado sente sua impotência e nulidade e se conforma na humildade. Diante da natureza, em contrapartida, ele se sente com razão como o incomparavelmente *mais elevado*, como a finalidade, para a qual ela serve apenas como meio, como aquele que se encontra mais próximo do espírito absoluto e que sabe de sua unidade com ele e que serve às suas finalidades com consciência e vontade. Em sua essência espiritual elevada acima do espaço e do tempo, ele tem uma vida eterna na unidade com o espírito eterno e pode, *olhando para baixo com um sorriso nos lábios*, ver a extensão temporal do processo da natureza, que permanece igualmente distante e oposto à eternidade em cada ponto do tempo. Aqui não há mais nem um horror e um tremor tolos diante da natureza, nem uma petulância exagerada sobre ela e as manias de grandeza da consciência, mas *subordinação das duas* esferas de fenômenos do mundo à esfera metafísica e *anteposição* da esfera ideal subjetiva sobre a objetivamente real" (HARTMANN, E. *System der Philosophie im Grundriss* [Sistema da filosofia em esboço], vol. II, p. 12-15).

logo ao querer, assim como sua onicausalidade como a causalidade do tipo espiritual da *liberdade do criador e do poder do criador.*

Trata-se, por sua vez, de uma vivência totalmente particular da essência, que *reside à base da ideia do criador.* Em primeiro lugar, toda a casualidade sem restos da realidade do mundo precisa - caso se deva chegar a essa ideia - ser apreendida na relação com mundos, que seriam igualmente possíveis em termos essenciais, isto é, obedientes e submetidos a todos os nexos essenciais tal como o mundo real. Dado, porém, é o ser real de todo e qualquer objeto real na *resistência* vivenciada, que o objeto intencionado realiza para o querer (espiritual) e para o não querer do sujeito vivencial[51]. Sem todos os tipos de relação volitiva com o mundo não se chegaria de modo algum a uma consciência da realidade em geral. O ponto de partida daquilo que resiste é dado como *centro da atividade* - sempre segundo o seu modo particular enquanto centro de força (mundo morto), centro vital (mundo da vida), centro dos impulsos (próprio corpo), centro da vontade alheia (o homem ao nosso lado). A aplicação do princípio da razão suficiente, que exige de toda existência contingente (seja ela real ou irreal) um fundamento (para o fato de que ela é mais do que não é), conduz ao princípio, segundo o qual toda existência real seria obtida em uma *atividade.* Pois bem, no interior de toda a profusão de nossa experiência do mundo, conhecemos *um* caso, *uma* dação vivencial, na qual uma existência casual não é alterada, modificada, reconfigurada por meio da atuação de um outro, mas criada: trata-se da forma, da figura, da ideia respectiva, que o ato volitivo originariamente "criador" cunha sobre uma matéria dada. E, no mesmo caso, só nos é dada a consistência essencial, segundo a qual vemos algo ideal (o conteúdo do projeto volitivo) "se tornar" real. Esta intelecção da essências é totalmente independente da questão de saber como isto acontece, isto é, de todas as questões relativas à causalidade psicofísica da vontade. *O fato* de este artefato, este quadro, ser uma obra do querer espiritual, o fato de ele ser posicionado e efetuado por tal querer, é evidente,

---

51. Demonstrações pormenorizadas desta sentença são fornecidas pela minha teoria do conhecimento que será lançada em seguida *Die Welt als Erkenntnis* [O mundo como conhecimento]. Cf. acima p. 99s.

independentemente da obscuridade que possa dizer respeito aos caminhos, nos quais essa efetuação de meu querer chega a termo nos membros do corpo. Pois vejo imediatamente no processo de toda formação e criação que a matéria se assemelha cada vez mais ao estado ideal do projeto, vejo o "crescimento" da matéria em meio à ideia do projeto e sei ao mesmo tempo que isto acontece "por meu intermédio". Daí, porém, também fica claro que a realização *de todo existente e de todo ser real contingentes* até o ponto em que seu ser real em geral entra em questão, não apenas seu ser real aqui e lá, seu ser efetuado de um modo ou de outro, seu ser real aqui e agora, precisaria ser efetuada, ou seja, criada, por meio de um *querer.*

No ato religioso estas conclusões não são retiradas, assim como os níveis da intelecção também não são dados da maneira aqui desenvolvida. O ato religioso atua muito mais segundo e em conformidade com os nexos essenciais expostos quando, onde e como quer que conduza efetivamente à ideia do criador.

Além disto, o espírito divino também obtém, por sua vez, graças ao fato de que ele significa a espiritualidade de um ser infinito (de uma *consequência do ens a se*), o atributo do *espírito infinito.* E somente como espírito infinito - ainda não como *ens a se* - é que Deus precisa obter predicados essenciais que posicionam a infinitude qualitativa de seu ser (*qua ser*) em uma relação diversa com os modos formais de ordenação, que pertencem à essência das coisas finitas como correlatos possíveis do espírito finito. Os principais modos são *número, tempo, espaço e grandeza.*

Em relação a toda a multiplicidade *quantitativa e numérica* possível, Deus é segundo sua essência desprovido de determinação quantitativa e, já por isto, um ser *incontável,* isto é, o ser a cuja essência pertence ser o caso único de seu gênero. Isto significa: Deus é Deus como o *absolutamente único.* À unidade absoluta e à simplicidade absoluta de Deus também se liga, com isto, a sua *unicidade* absoluta. Ela exclui enquanto tal toda e qualquer determinação numérica - naturalmente também a determinação numérica por meio do número um. "O" único pura e simplesmente não é um, mas incontável segundo a sua essência.

Na relação com o *tempo*, o espírito infinito significa o *eterno* (*aeternum*). Ou seja, não tanto como aquele que preenche todo tempo ou o que dura pura e simplesmente (*sempiternum*) - um predicado que teria pouco sentido atribuir à *matéria e à energia*. Ele expressa muito mais o fato de que Deus, enquanto "*supratemporal*", também *pode* ser intratemporal de uma maneira totalmente arbitrária, que Ele pode preencher todo e qualquer período de tempo e todo e qualquer ponto do tempo de um modo e segundo uma ordem que Ele escolhe para si mesmo e que *não* é prescrita por meio de nenhuma ordem do tempo (por meio das leis essenciais que são válidas para essa ordem). Justamente *por força* de sua eternidade, por isto, Deus também pode entrar de maneira simples e indivisa em *todo e qualquer* ponto do tempo da história irrepetível, sem que sua eternidade seja ferida por meio daí.

Na relação com o *espaço*, o espírito infinito aponta para a participação na *ubiquidade*; ou seja, Deus consegue no mesmo ato - justamente porque Ele é pura e simplesmente superior ao tempo - estar e atuar por toda parte, sem que seu ser participe, por isto, da divisibilidade e das leis do espaço ou seu ser aqui e seu ser lá estejam submetidos aos princípios da geometria e da cinemática[52]. Deste modo, a ubiquidade é diversa do *estar por toda parte* (isto é, estar em cada ponto do espaço), tanto quanto a eternidade de Deus é diversa da *sempiternidade*. Ela significa que Deus também pode

52. Deixo de lado aqui a tarefa de caracterizar os atos religiosos que correspondem à apreensão desse atributo de Deus. Isto é com certeza possível. Todo amor a um indivíduo (fático) único é uma analogia com o matiz particular do amor de Deus, no qual apreendemos de maneira particularmente clara em termos religiosos a absoluta *unicidade* de Deus. Todos os atos do espírito humano, nos quais ele sintetiza uma profusão de experiências e conhecimentos acessíveis para ele uns depois dos outros no tempo em meio à unidade *de uma* efetividade da obra e da ação indivisa, respectivamente em meio à unidade *de uma* intuição, são uma analogia para a eternidade do espírito. "História" - não considerada como saber histórico, mas como historicidade da vida - é um ímpeto para a eternização natural. (Cf. minha concepção teórica da lembrança no *Formalismus in der Ethik und die materiale Wertethik* [O formalismo na ética e a ética material dos valores]. Cf. "A teoria da lembrança". Op. cit., seção VI, A3, cap. G.) Toda superação da vinculação aos animais, que nos é pertinente, por meio do pensamento no curso do desenvolvimento da civilização é uma imagem analógica progressiva da ubiquidade de Deus.

ser e atuar, enquanto ser supraespacial, de maneira total e indivisa (uma vez que Ele é simples) *em todo e qualquer ponto arbitrário do espaço.*

Por fim, a infinitude do ser de Deus em relação a tudo aquilo que participa da forma ontológica e da forma de pensamento correspondente da *grandeza* aponta para a *imensurabilidade*. Isto não significa que Deus teria, em verdade, uma grandeza, mas uma *infinita*, e que, por isto, sua grandeza não teria como ser medida. Significa muito mais que Deus, como um ser *absolutamente* simples, não participaria da categoria da *grandeza* divisível em geral e só seria imensurável, uma vez que tudo aquilo que é mensurável *pressupõe grandeza*. Por isto, em tudo aquilo que possui grandeza e que possui uma grandeza qualquer, Deus pode *ser e atuar de maneira total e indivisa.*

Portanto, Deus, que já enquanto *ens a se* é infinito, uno e simples, também é, em sua determinação atributiva enquanto *espírito, único, eterno, dotado do modo de ser da ubiquidade e imensurável.*

Por fim, Deus é *onipresente*: a "immanentia *Dei in mundo*"[53] faz parte da essência de Deus. Deus é em todo existente, até o ponto em que Ele *é*. Todo existente participa de seu ser e só é *por meio* dessa participação *um* mundo. A onipresença não se esgota no fato de que Deus efetua (cria e mantém) tudo, detém um poder sobre tudo e sabe tudo. Ao contrário, ela se encontra à base de sua onipotência acima de tudo e de sua onisciência como *condição*. O saber de algo, assim como o poder sobre algo, não são senão modos específicos da participação de um ser em um outro. Deus *é* em tudo segundo sua essência e existência mesmas, e é apenas por isto que Ele *consegue* saber tudo e ter poder sobre tudo. Não é válido, porém, dizer que tudo seria nele (panteísmo e panteísmo acósmico), não é válida uma *Immanentia Mundi in Deo*[54]. Pois o mundo é diferente de Deus segundo a realidade, e só porque Deus é espírito infinito, Deus consegue ser, não obstante, em tudo.

---

53. Em latim no original: "a imanência de *Deus no mundo*" [N.T.].

54. Em latim no original: "a imanência do mundo em Deus" [N.T.].

Assim como a infinitude do ser de Deus (seguindo-se de sua determinação originária como um *ens a se*), concebida sob a determinação analógica do espírito, se diferencia, também se diferencia do mesmo modo a relação de Deus com o mundo real, quando nós o apreendemos analogicamente como *espírito*.

A causalidade de tudo – tal como era dada no ato religioso maximamente formal *vivenciado* – transforma-se, em meio à apreensão da espiritualidade de Deus, em "*criação*", e, no mesmo ato, seu tornar-se manifesto nas coisas finitas se torna uma *revelação*, isto é, a consequência de um *revelar-se*.

Mas são os seres espirituais enquanto tais – qualquer que seja a ordem hierárquica que haja para eles – que são, por isto, tanto as primeiras *criaturas de Deus* quanto os primeiros *receptores* de sua *autorrevelação* como espírito infinito. Eles são dados a si mesmos como tais cópias sapientes e tais imagens especulares da divindade.

Por isto, mesmo o espírito humano é vivenciado no ato religioso da crença em Deus em uma relação *ambígua* com o espírito divino: como uma *obra efetuada e mantida constantemente por* Deus e, segundo o seu modo de ser, como a primeira *revelação* natural *de Deus* como *espírito* infinito. O que está em questão aqui não é, portanto, meramente uma relação-objetivo-causal entre uma razão infinita e uma razão finita – relação que seria apenas julgada. Ao contrário, o espírito humano *vivencia*-se como *primeira* criatura no pano de fundo da consciência já precedente de todas as coisas finitas e, ao mesmo tempo, se enraizando e se "fundando" nela, assim como movimentado por ela na realização de seus atos[55]. O mero juízo causal, com isto, não significaria absolutamente nada para a relação religiosa do espírito humano com o divino – por mais importante que ele possa ser para a metafísica. E, de maneira análoga, a concepção religiosa do espírito humano como uma primeira revelação natural não significa apenas que o espírito humano "se *assemelharia*" ao espírito divino como uma imagem em miniatura desse espírito. No ato religioso trata-se muito mais de

---

55. A pessoa, portanto, é ela mesma uma revelação natural de Deus e a mais elevada revelação natural.

um juízo relacional. Trata-se de uma vivência relacional, da vivência do fato de o espírito humano ser um reflexo e uma imagem especular viva em relação com o divino. Não apenas *"per" lumen Dei cognoscismus omnia*, mas ao mesmo tempo *"in" lumine Dei*[56]. O religioso apreende[57] de maneira vivencial - não apenas por meio do juízo - o fato de o espírito humano não ser senão um reflexo, o primeiro rastro do criador de todas as coisas finitas, um rastro marcado pela imagem e semelhança. Ou: na junção religiosa e no autoaprofundamento, o religioso alcança as raízes de sua essência espiritual até, por fim, a *proximidade* sensível de uma posição, na qual ele intui imediatamente o seu espírito como "cercado" e "nutrido" pelo espírito de Deus, como "nele fundado" e "por ele sustentado" - sem que, por isto, ele perceba *por si mesmo* concomitantemente, ainda que apenas de maneira maximamente distante, o elo religioso "espírito divino". A imagem e semelhança com Deus está ela mesma *inscrita* no espírito humano - sem que ele precise perceber o próprio arquétipo de uma maneira natural para a constatação da imagem e semelhança -, e, em verdade, em seu *ser*. E esse *ser* é ele mesmo - como junto aos atos do espírito em oposição aos estados e acontecimentos psíquicos - já um saber sobre si, ainda que apenas um saber potencial. Pois mesmo o centro do ato do espírito humano - a alma espiritual - também já se mostra sempre efetivamente, diferentemente do *actus purus*, como um *centro da potência do ato*.

Este fenômeno fundamental bastante peculiar, no qual o espírito humano "sabe" de uma maneira religiosa do espírito divino e só possui completamente a si mesmo neste saber - ou seja, no qual ele também precisa possuir Deus, caso queira possuir a si mesmo plenamente e se apoderar totalmente de si -, pode ser tratado facilmente de maneira equivocada na caracterização - e não é mesmo

---

56. Em latim no original: "Não é apenas *por* meio da luz de Deus que conhecemos tudo, mas ao mesmo tempo *na* luz de Deus" [N.T.].

57. Mesmo esse saber que se está enraizando, que está movendo, que se está fundado não é de maneira alguma um mero caso particular da causalidade do assim chamado *concursus Dei* universal, que precisa ser suposto para *toda e qualquer* atuação das coisas umas sobre as outras (no interior das assim chamadas *causae secundae*).

de se espantar que os maiores espíritos tenham por séculos lutado com a linguagem, a fim de expressá-lo de maneira pertinente.

Uma concepção completamente tosca da relação, concepção essa que joga com analogias sensíveis, é a concepção *panteísta*. Ela não apenas faz com que a luz total do espírito divino reluza no homem de uma maneira misteriosa, mas também transforma o próprio espírito humano em uma *parte*, em um *raio*, em uma *função* do espírito divino. Averróis, Spinoza, Fichte, Hegel e Von Hartmann - por mais diversamente que eles tenham configurado esse pensamento - estão de acordo quanto a ele. Eles não notam que, justamente na medida em que acreditam elevar a relação da semelhança ao nível da identidade, eles aniquilam a própria semelhança. Pois caso o espírito humano deva ser mesmo apenas *semelhante* ao espírito divino, então ele precisa ser igual ao espírito divino no que concerne à *autonomia* do ser e à *liberdade e espontaneidade* da ação. As determinações do espírito, porém, desparecem imediatamente, quando não é o *próprio* homem quem pensa, mas apenas "Deus é que pensa nele". Ou caso - como dizem Hegel e Hartmann - Deus se conscientize de si mesmo no homem. Além disto, eles não notam que, precisamente na participação aparentemente mais íntima que eles pretendem dar ao espírito humano no espírito de Deus por meio dessa doutrina da identidade, eles abrem um fosso terrível entre Deus e o homem. Pois se o erro, a culpa e o pecado não são uma consequência de uma *livre divergência* do espírito humano em relação às leis eternas que brilham nele e que são relativas ao espírito divino, então eles podem ser talvez uma consequência do fato de que não é *todo* o espírito de Deus que atua em cada homem, mas apenas uma parte, uma função; isto significa suspender a simplicidade de Deus. Ou eles poderiam ser uma consequência do fato de que o espírito divino experimenta uma articulação com o *corpo* finito; neste caso, erro, pecado e culpa seriam *necessária e essencialmente* atributos do homem, para os quais não *pode* haver nem superação ativa, nem redenção por meio de Deus. Justamente neste caso, então, existiria um fosso *essencial* entre o homem necessariamente errante, culpado e pecaminoso e o espírito da verdade e do bem. Uma aproximação interior de Deus por meio da salvação de si seria, então, impossível. O mal e o pecado seriam, com isto, transpostos já para o estado de fato do movimento impulsivo corporal. Assim, todo e qualquer suposto *mais* torna-se imediatamente pouco demais. Todo o fervor do movimento do amor a Deus é partido aqui desde o início, na medida em que entra em seu lugar o mero saber suposto de que se *seria* já uma função de Deus ou uma parte de Deus. Deus não desceu ao homem em Cristo em um ato redentor - por meio da comunicação de sua essência -, mas Cristo apenas *reconheceu* a humanidade de Deus pela primeira vez em si. O milagre da unificação mística de Deus, essa dissolução sempre nova da tensão entre distância e proximidade do homem em relação a Deus, transforma-se - na medida em que a distância é completamente retirada da relação - na "fusão" naturalista chã, pensada no sentido material. O mistério de todo amor entre os homens consiste na força contestadora de todas as imagens naturalistas, na que pessoas livres e autonomamente reais possuem enquanto seres espirituais: a força de se acolherem em si mutuamente em seu cerne essencial individual e de se afirmarem a cada vez em si mesmos emocionalmente - *sem*, de qualquer modo, perder aí sua realidade autônoma, mas, ao contrário, *conquistando* aí pela primeira vez completamente a si mesmo. No panteísmo, em contrapartida, o amor é despido de sua atividade moral e de seu sentido de ser a unificação de *dois*; pois ele se torna mero *conhecimento* de que não haveria absolutamente nenhuma *pluralidade* verdadeira *de espíritos individuais autônomos* - a mera suspensão da ilusão da duplicidade; sim, só haveria um egoísta infinito, que goza de si mesmo através das criaturas, por mais que as criaturas achem que elas não gozam de si, mas se *amam*, e por mais que elas acreditem que *se* amam - e não amam a Deus. Um reino do amor articulado com centros reais e efetivos autônomos se funde aqui na imagem vaga de uma massa indiferenciada[58]. A veneração diante do espírito divino - sem a qual não pode haver uma relação

---

58. Cf. minha análise fenomenológica do amor e da compaixão no livro *Zur Phänomenologie und Theorie der Sympathiegefühle* [Para a fenomenologia e teoria dos sentimentos simpáticos]. Cf. op. cit., parte A VI. Nas edições ampliadas posteriores do livro sobre a *simpatia*, cf. parte A IV, cap. 3) e a rejeição da sentença: "Amor alheio das partes é amor de si mesmo do todo". Essa sentença encontra-se à base de todas as teorias panteístas do amor.

religiosa com ele – também não é menos suspensa por meio dessa identificação parcial.

Não menos do que o panteísmo, porém, se perde de vista a relação quando se supõe apenas uma relação causal, *deduzida* segundo o princípio da causalidade, entre o espírito divino e o espírito humano. Já mostramos isto.

Na fundamentação até aqui da sentença "Deus é espírito" não falamos da constituição e do estabelecimento do *mundo* – ao menos do mundo, abstraindo-se do espírito humano. E também não falamos de maneira alguma até aqui das diferentes *correntes* do espírito humano, suas formas de atos, suas qualidades de atos como pensamento, conhecimento, amor, querer etc.

O conhecimento do mundo sem a tomada de conhecimento da espiritualidade da alma como a primeira obra da criação, obra essa a mais imediata e mais adequada ao seu criador, jamais seria suficiente para tornar Deus *cognoscível para nós como espírito*; no entanto, essa espiritualidade é suficiente *sem* o posicionamento do mundo extraespiritual. Uma alma, portanto, seria suficiente para tornar Deus cognoscível como espírito. O mundo *não* seria suficiente para tanto. Mesmo se possuíssemos o conceito de espírito, uma força ordenadora ou uma divinização da "ordem" seriam suficientes, para tornar a existência do mundo compreensível para nós. Este conceito, porém, encontra-se muito abaixo do conceito do Deus pessoal, que é espírito e não apenas razão; isto é, uma unidade concreta de todas as correntes espirituais do espírito (portanto, também do amor, da consciência valorativa etc.). Somente a intelecção a ser dada no conjunto da noética (teoria do conhecimento e ontologia da essência, teoria da valoração e axiologia essencial, teoria da vontade e teleologia essencial ôntica etc.) das relações essenciais das formas e das leis funcionais do espírito humano (segundo sua *essência*) pode nos *levar para além* no conhecimento natural da espiritualidade de Deus até as formas do ser objetivo, do sentido, do ser valorativo, do ser-meio-para-um-fim. No entanto, isto *não* consegue ser empreendido por um *estudo direto do mundo factual e de sua instalação*. Para o nosso conhecimento (ainda que não em si), portanto, não há nenhum nexo direto entre a espiritualidade de

Deus e o mundo, mas só há um nexo por meio da *mediação* do conhecimento *da essência* do espírito humano e de *seu* nexo com a constituição essencial objetiva do mundo. Como o mundo se encontra em uma relação essencial com as formas fundamentais do espírito humano, mas o espírito é o espelho mais originário de seu criador, e, em verdade, um espelho autoconsciente desse seu ser especular, *o mundo também precisa* (qualquer que seja a sua constituição) ser a obra de uma causa espiritual. O mundo extraespiritual, tomado por si, nos conduziria para a suposição de uma força diretriz segundo as leis da razão e sempre coatuante, que seria ativa junto à origem e ao progresso do mundo, mas não para a suposição de um agente, que atuaria a partir das leis da razão[59]; ele não excluiria o fato de, ao lado e para além dessa força superpotente (ainda que não necessariamente onipotente e infinita), encontrar-se ainda à sua base um segundo princípio fundamental, igualmente originário (uma energia cega ou uma matéria existente eternamente e de maneira cooriginária com Deus); ou seja, o dualismo (p. ex., tal como ele foi ensinado pela religião antiga dos persas e dos maniqueus) não seria excluído, mas, ao contrário, ele seria provável[60]. O pensamento da criação, no qual a omnicausalidade do *ens a se* e a espiritualidade estão ligadas na unidade de uma *ideia*, pressupõe que a força ao menos relativamente criadora do espírito humano tenha sido anteriormente vivenciada e dada no querer formador de obras (como o *único* lugar, no qual não apenas uma transformação, mas uma formação livre, não apenas uma autoprocriação e um crescimento, mas uma verdadeira "criação" em geral se encontra) - a fim de, então, ser transposto de maneira *formalmente absoluta e infinita* para Deus.

Por isto, permanece correta em princípio a doutrina de Agostinho de que o conhecimento religioso de Deus como espírito não é dependente nem de um posicionamento precedente da existência, nem tampouco de um conhecimento da constituição do mundo extraespiritual;

---

59. Cf. quanto a isto: EHRENFELS, C. *Kosmogonie* [Cosmogonia]. Iena: E. Diederichs, 1916.

60. Uma certa renovação do maniqueísmo está presente nas doutrinas metafísicas do primeiro Schelling e de E. Hartmann, que se articula com ele.

de que, portanto, nós não conhecemos Deus como espírito *in lumine mundi*, mas, ao contrário, o mundo *in lumine Dei* [61].

Por esta razão, é metodologicamente válida a sentença, segundo a qual o mundo e seus destinos têm de ser conhecidos e pensados de tal modo, que o princípio da espiritualidade de seu autor divino, um princípio verdadeiro e válido independente de seu posicionamento existencial e do conhecimento de sua constituição, permanece em todos os casos *verdadeiro*. Mesmo a confiança plena na força de apreensão dos nexos essenciais materiais e formais em si evidentes por meio de nossa razão, com base na qual exercitamos todos os conhecimentos do mundo - sim, já o posicionamento de um mundo transcendente à consciência -, *pre*ssupõe que nós saibamos a nossa razão finita como se enraizando em uma razão infinita e que nós a vivenciemos nessa razão, da qual provém a razão finita tanto quanto seu objeto.

Só com isto é que nossa convicção da espiritualidade de Deus em geral se torna tão independente de todos os abalos possíveis de nossa imagem de mundo, que nenhum desses abalos jamais nos induz em erro em relação a essa convicção ou pode nos arrastar para o interior de um ceticismo puro e simples no que concerne à cognoscibilidade do mundo por meio do espírito humano. Todo e qualquer abalo - mesmo o mais profundo - pode se nos tornar, então, muito mais um motivo para criar para nós uma imagem de mundo mais apropriada.

Por isto, se a constituição essencial do mundo extraespiritual deve nos ensinar algo sobre a espiritualidade de Deus, então ela não pode nos ensinar algo sobre essa espiritualidade mesma, mas apenas sobre o *modo de ser* da espiritualidade de Deus. E mesmo isto só é possível se a divisão essencial ôntica do universo for sempre considerada em conexão com a divisão essencial do espírito humano, divisão essa conforme aos atos.

Logo que me volto para esta determinação dos atributos do espírito divino, algumas coisas devem ser ditas sobre o modo do crescimento de nosso conhecimento da espiritualidade de Deus.

---

61. Em latim no original: "Nós não conhecemos Deus como espírito à luz do mundo, mas, ao contrário, o mundo à luz de Deus" [N.T.].

Crescimento e diminuição do conhecimento natural de Deus

Nosso espírito não possui nem ideias *unigênitas,* nem ideias *inatas.* Mesmo a *ideia de Deus* não é unigênita. Até mesmo a ideia do *ens a se* pressupõe o conhecimento de algum ente qualquer contingente e só é vislumbrável junto a tal exemplo como condição evidente de todo e qualquer ser contingente. O fato de a alma espiritual ser uma cópia e um espelho da espiritualidade de Deus não implica de modo algum que a *ideia* de um espírito infinito seria para ela inata. Mesmo um saber sobre aquele caráter de cópia não é para ela inata. Ela só o conquista da maneira indicada por meio da reflexão sobre sua essência e por meio do ato religioso descrito da apreensão de Deus como espírito no qual ela se funda. Não por meio de uma ideia, mas por meio de seu *ser* e de sua vida mesma é que ela é enraizada em Deus. E somente porque todo *ser* do *espírito qua* espírito é sempre também um saber potencial sobre si mesmo - não porque ela possuiria uma ideia inata de Deus - é que também é estabelecida potencialmente com a sua semelhança um saber-se semelhante imediato. Só a potência de atos *religiosos* como uma classe particular de atos, por meio da qual ela *pode adquirir* para si um saber religioso, está coimplicada com o seu próprio ser.

É somente porque *não* há nenhuma ideia inata de Deus, que há em princípio um *crescimento ilimitado do conhecimento natural de Deus* nos atos de aquisição sempre novos da história do espírito humano. Por meio das condições particulares dessa aquisição (em particular por meio do modo de ser peculiar dos portadores dos atos aquisitivos segundo a determinação do povo, da raça, da nacionalidade, da história e do círculo particular de experiência deles) surgem também, contudo, resultados bastante diversos do conhecimento natural de Deus, ou seja, uma multiplicidade de religiões naturais.

Assim como não há ideias inatas, também não há formas funcionais e leis funcionais sintéticas originárias do espírito humano ("categorias" no sentido de Kant), por meio das quais as determinações formais objetivas seriam cunhadas pela primeira vez sobre uma "matéria" do dado livre de toda ordem (segundo Kant, "sensações" e impulsos extáticos). Nosso pensamento e nosso conhecimento não conseguem "criar" nada, "produzir" nada, "formar" nada - a não ser fantasias e sinais. Tanto a matéria sensorial desprovida de ordem, de figura e de forma, assim como as funções, que não são passíveis de serem encontradas previamente em parte alguma, de uma síntese legal (funções categoriais) são puras invenções de Kant, que se condicionam mutuamente. As unidades formais, que Kant apresenta como exemplos de suas "categorias", assim como ainda muitas outras unidades, que ele não apresenta, são muito mais *determinações objetivas,* que pertencem ao próprio "dado": assim, substância e causalidade, as relações, as figuras etc. Nosso conteúdo intuitivo dado é incomparavelmente *mais rico* do que o conteúdo parcial que corresponderia a um puro sentir (isto é, meramente condicionado por estímulos), e, no seu interior, às diversas modalidades do sentir. E mesmo esse "conteúdo parcial" nunca é uma parte real do dado, mas um produto fictício da comparação de atos intencionais perceptivos a cada vez unos, cujos componentes funcionais variam, quando os estímulos são mantidos constantes.

A conclusão, que é preciso retirar dos dois princípios (dação mesmo das formas e codação de conteúdos possíveis das sensações só até o ponto e no interior dos limites em que elas conseguem dar preenchimento e cumprimento à intenção perceptiva una), é a seguinte: que nosso espírito se encontra com as coisas em um contato, que é em si *imediato* por conta da organização sensível de nosso corpo e que, diante da pluralidade das funções sensíveis, é originário e *uno.* Os sentidos apenas *decompõem* de maneira múltipla esse contato de nosso espírito. Eles não são criadores, mas apenas analistas da intuição total espiritual una da dação do mundo, e, em verdade, analistas conforme o valor do estímulo biológico das coisas, estímulo esse por meio do qual elas conseguem introduzir reações motoras úteis e nocivas à vida daquele organismo, que pertence à pessoa humana como o sujeito da intuição[62]. Em contrapartida, o pressuposto da teoria do conhecimento de

---

62. Cf. a crítica ao conceito sensualista de sensação em *Formalismus in der Ethik und die materiale Wertethik* [Formalismo na ética e a ética material dos valores], seções II e III. 4. ed., 1954, p. 75ss., 167ss.). Cf., além disto, em *Erkenntnis und Arbeit* [Conhecimento e trabalho], seção V.

Kant e de seus sucessores, de que seria preciso que tudo aquilo no dado da experiência que se lança *para além* do conteúdo "anteriormente dado" da sensação (a objetividade, o ser, o ser real, as formas da unidade da substância e a causalidade, as dações intuitivas da multiplicidade, o espaço, o tempo, a grandeza, a quantidade, o número, tudo isto se encontra à base, as relações, figuras, os valores etc.), tenha sido produzido e inserido primeiro pela *atividade* do espírito humano, é totalmente infundado. Ele é precisamente o *próton pseudos* de sua filosofia. O espírito humano não possui de maneira alguma essa força construtiva do mundo, que Kant lhe atribui. Essa representação o confunde com o espírito divino. Mesmo o querer e o agir, que são as únicas coisas que conseguem ser produzidas, não têm mais de maneira alguma como ser vistas em seu *verdadeiro* significado, se não se atribui ao conhecimento e ao pensamento uma força criadora[63].

Mas por mais falsas que essas duas formas da antiga doutrina do *a priori* sejam - a doutrina das ideias inatas e unigênitas e a doutrina das funções categoriais sintéticas - é preciso manter de qualquer modo de uma forma totalmente *diversa* a grande distinção entre *a priori* e *a posteriori*: como uma distinção no conteúdo do próprio dado[64].

No dado da intuição, o *a priori* é tudo aquilo que pertence à *pura esfera do quid e da essência*, isto é, a quintessência de todas as determinações do *modo de ser* dos objetos conquistadas por alijamento, determinações essas que são indefiníveis como modo de ser e que, portanto, toda tentativa de definição já pressupõe. Essas

63. Se considerarmos mais atentamente nossos kantianos, fichtianos etc., em suma, todos aqueles que fazem com que o conhecimento "forme", "produza", "configure", então notaremos rapidamente que precisamente para eles falta completamente na maioria das vezes todo contato mundano prático. Não é de se espantar! O que eles precisam querer para agir, para formar, para configurar, uma vez que eles já podem, sim, que eles acreditam precisar realizar por meio do conhecimento aquilo que é questão exclusivamente do querer e do agir! Seu voluntarismo epistemológico suspende todo querer.

64. Cf. em *Formalismus in der Ethik und die materiale Wertethik* [Formalismo na ética e a ética material dos valores], seção II A, "*A priori* e formal em geral", a doutrina do autor sobre o *a priori* como conteúdo material e a crítica ao apriorismo kantiano.

essencialidades, por isto, são apenas "intuíveis". *A posteriori*, em contrapartida, são todos os outros dados da intuição possível.

E é válido, então, o princípio que regula a *relação* entre os fatos essenciais e os fatos contingentes, o princípio de que tudo aquilo que é verdadeiro e que vale para a essência de um objeto, também *vale pura e simplesmente* para todos os objetos possíveis dessa mesma essência - sem que uma indução junto a esses objetos tivesse de nos assegurar primeiro dessa mesma essência[65]. As formas categoriais são, então, apenas aqueles fatos essenciais, que decompõem o ser real dos objetos em *tipos fundamentais* do ser real (ou do vir a ser real). Eles formam, portanto, *apenas* uma parte, mas *também* uma parte do *a priori* - a parte *formal*, e, em verdade, a parte formal que concerne não aos objetos em geral, mas aos tipos do ser real dos objetos. Em contrapartida a eles, encontram-se as verdades formais absolutas da pura doutrina dos objetos, isto é, aquelas verdades que valem para tudo, na medida em que possui a essência da objetividade; além disto, as *verdades materiais a priori*, que são válidas para as determinações do *quid* e do conteúdo dos objetos reais.

O *saber sobre* um conteúdo *a priori* da dação não é, então, nem inato, nem tampouco, segundo o seu conteúdo, um puro produto do espírito, mas ele é em si tanto *receptio* quanto todo e qualquer saber de um dado. O saber em torno do *a priori* não é, portanto, ele mesmo de maneira alguma também um *saber a priori*. Muito ao contrário, porém, ele é um saber que, apesar de *a posteriori*, mas, não por isto, indutivamente conquistado, se mostra *válido a priori* para todos os objetos (mesmo para aqueles que me são agora ou em um nível qualquer de meu saber empírico desconhecidos, sim, eventualmente incognoscíveis), na medida apenas em que eles são *objetos de tal essência*. Com isto, temos aqui uma intelecção evidente de tudo aquilo que é *a priori* essencial (quer se trate de essencialidades particulares, de nexos essenciais ou de estruturas essenciais) e que não pode ser nem demonstrado, nem destruído ou refutado pela experiência.

---

65. O *a priori* dado não é independente da experiência e da intuição dos objetos, mas apenas da quantidade da experiência.

Daí provém a primeira propriedade importante de todo conhecimento da essência: o fato de, uma vez conquistado na história, ele não poder ser mais colocado em questão e modificado por nenhuma experiência subsequente - diferentemente de todo conhecimento de fatos contingentes, e, com isto, também de relações legais entre fatos casuais. Só o enriquecimento e o crescimento do conhecimento das essências (isto é, sempre uma nova adição de um conhecimento das essências a conhecimentos da essência antigos) e sempre uma nova articulação dos conhecimentos das essências entre si é que são possíveis. Além disto, é possível que um conhecimento das essências conquistado na história se perca uma vez mais e, assim, que ele seja de novo descoberto.

Com isto se liga uma segunda propriedade, que pertence às propriedades menos vislumbradas dos conhecimentos da essência: *o conhecimento das essências se funcionaliza em uma lei da mera "aplicação" do entendimento dirigido para os fatos contingentes, do entendimento que concebe, decompõe, intui, julga o mundo de fatos contingentes de maneira "determinada" "segundo" nexos essenciais.* Aquilo que era anteriormente uma coisa *se transforma* em forma de pensamento sobre as coisas; aquilo que era objeto do amor se transforma na forma do amor, na qual, então, um número ilimitado de objetos pode ser amado; aquilo que era objeto da vontade se torna forma da vontade etc. Onde quer que, por exemplo, tenhamos concluído *segundo* uma lei das conclusões, sem concluirmos "a partir" dela; onde quer que tenhamos obedecido a uma regra estética (tal como o artista criador), sem termos no espírito essa regra, mesmo que ainda da maneira mais esmaecida possível, sob a forma de um princípio formulado, intelecções essenciais entram "em função" - sem que elas mesmas se encontrem aí explicitamente diante dos olhos para o espírito. Só junto à vivência da incorreção, da divergência em relação a uma lei que não temos aí conscientemente no espírito enquanto lei, é que chegamos então à consciência alvorecente de que uma intelecção nos conduz e nos guia; tal como também ocorre, por exemplo, junto a todos os movimentos da consciência moral, que apresenta mais objeções ao que é falso do que aponta por si para o bem - movimentos por detrás dos quais, porém, se encontra uma intelecção positiva do bem e de um ideal positivo de nossa vida individual e universal-humana[66]. Na medida em que intelecções da essência, portanto, se deixam "*funcionalizar*", tem lugar uma espécie de *verdadeiro crescimento do espírito humano* tanto na vida particular quanto no curso da história (por meio da mediação não da herança, mas da tradição), que é *essencialmente diverso* de todas as capacidades meramente adquiridas e, por exemplo, herdadas por meio do efeito sobre o organismo humano e suas zonas sensíveis, e, além disto, de toda gênese meramente psicológico-compreensiva (segundo leis de associação, leis dos exercícios, leis psíquicas vitais).

Um *devir e um crescimento* da razão *mesma*, isto é, de sua posse em termos de leis *a priori* de escolha e função, tornam-se compreensíveis para nós por meio da *funcionalização da intelecção das essências*. E se torna com isto ao mesmo tempo compreensível para nós a *ilusão*, que seduziu Kant à celebre suposição de que a razão humana possuiria leis funcionais pura e simplesmente originárias, pura e simplesmente imutáveis, que não poderiam ter nem um número maior, nem um menor (funções categoriais, princípios etc.), leis por meio das quais ela construiria pela primeira vez de maneira sintética a partir de um caos de dados o mundo conectivo da experiência, enquanto uma "coisa em si" pura e simplesmente incognoscível permaneceria por detrás dessa construção fenomênica. Em contraposição a isto, afirmamos que todas as leis funcionais remontam a uma experiência originária de objetos, mas a uma experiência das *essências* e, respectivamente, a uma visão das essências que, contudo, é essencial e fundamentalmente diversa de toda "experiência" de fatos contingentes - que é sempre também experiência sensível em termos das leis das essências. Por isto, também *contestamos* o princípio kantiano da *identidade lógica*[67] do espírito racional em todos os grupos humanos (raças,

---

66. Quanto à consciência moral e à intelecção ética em geral, cf. *Formalismus in der Ethik und die materiale Wertethik* [Formalismo na ética e a ética material dos valores], seção V, cap. 7.

67. Ainda mais agudamente rejeitamos a doutrina que se formou através de J.G. Fichte e que se encontra em Hegel de maneira totalmente distinta de uma identidade real da razão (razão do mundo) em todos os homens, uma doutrina, por meio da qual o averroísmo panteísta já estabelecido em Kant se tornou completo.

círculos culturais, povos etc.), até o ponto em que ele vai além das funções puramente formais do espírito, e, respectivamente de suas leis, cuja identidade só é, além disto, concebível a partir da identidade das mesmas essências formais do objeto, que dizem respeito às intelecções originárias e maximamente simples das essências. Pois como o círculo de fatos do *matters of fact* são diversos para todos os homens e grupos, os *grupos das intelecções das essências de sujeitos diversos* (povos, raças etc.) também podem ser - sem prejuízo do caráter *a priori*, da evidência e da indestrutibilidade em termos de validade das intelecções conquistadas das essências - *diferentes*. O valor de sua validade não se torna em nada menor por meio daí, seu *tipo* de validade *a priori* não é em nada ferido, seu caráter rigorosamente objetivo não é reduzido[68]. Pois justamente se existe um *reino das essências*, que forja a constituição para todos os mundos possíveis e realidades efetivas de *matters of fact* (não apenas para o nosso mundo do meio possível de homens), então é até mesmo de se esperar - uma vez que o acesso a esse reino a partir de fatos casuais para todo homem, em particular, porém, para os grandes grupos da humanidade, é um acesso *diverso* - que também as funções espirituais e suas leis, que se formaram por meio da funcionalização das intelecções das essências, sejam diversamente configuradas em tudo aquilo que ultrapassa as determinações fundamentais meramente formais dos objetos enquanto tais. Não menos do que a identidade lógica (ou mesmo real) das funções espirituais da razão em todos os grandes grupos coetâneos da humanidade, nós também *contestamos* a *estabilidade* por assim dizer *eterna* da razão humana (que só cabe verdadeiramente à razão divina), que Kant pressupõe em sua tentativa de *esgotar* essa razão (de início teórica) por meio das doutrinas da estética transcendental e da analítica transcendental (tábua das categorias e doutrina da dedução dos princípios). Não é

Nós contrapomos muito mais a essas doutrinas uma intuição pluralista também das posses originárias do espírito racional humano.

68. Cf. em *Formalismus in der Ethik und die materiale Wertethik* [Formalismo na ética e a ética material dos valores], seção VI B 4, ad. 4, as exposições do autor sobre a objetividade dos valores (ordem hierárquica dos valores) e cooperação ética dos indivíduos e, respectivamente, dos indivíduos coletivos.

apenas todo o âmbito da experiência contingente que é concebido como em crescimento incessante, mas também o *próprio espírito* humanamente racional como quintessência de todas as funções racionais que valem *a priori* – naturalmente de tal modo que seus estágios de crescimento cada vez mais antigos não são de maneira alguma a cada vez desvalorizados por meio do novo estágio. Pois essa desvalorização só ocorreria se esse crescimento não acontecesse por meio de uma aquisição sempre nova de conhecimentos das essências e de funcionalização desses conhecimentos com base em uma direção originária, que advém ao espírito enquanto tal, para o eterno e divino, mas por meio de uma mera "adaptação" alternante ao meio natural e ao meio histórico positivo do homem (assim, p. ex., em H. Spencer).

Como o espírito humano – *in individuo* tanto quanto na espécie – não cresce, portanto, apenas em seus conhecimentos, mas também em suas *funções* e forças para reunir conhecimentos, não apenas em suas obras e realizações, por exemplo, na arte e em uma práxis moral da vida, mas também em suas *capacidades* artísticas e morais, então o espírito humano racional não está *completo* em nenhum ponto da história, mas precisa ser sempre apenas muito mais determinado filosoficamente *de maneira incompleta* – em *todas* as regiões da noética. Além disto, o crescimento aqui visado do próprio espírito racional – por meio da funcionalização de intelecções originárias das essências – não é de maneira alguma condicionado por uma transformação da *organização natural do homem* como organismo corporal (inclusive da organização cerebral e nervosa), por exemplo, tal como Albert Lange e Herbert Spencer (sob o pressuposto da hereditariedade de capacidades adquiridas) tinham em mente. Ao contrário, é possível mostrar (o que não deverá acontecer aqui), que uma causa *desencadeadora* para o desdobramento autárquico e autônomo do espírito humano = razão enquanto tal (diferentemente de toda existência psíquica corporalmente condicionada de maneira imediata) é justamente a *fixidez biológica* eminente da organização vital humana enquanto a mais diferenciada de todas. Justamente porque o homem é a "espécie animal mais fixada" em termos de desenvolvimento histórico de acordo com as leis biológicas do decréscimo da capacidade de desenvolvimento (mesmo da capacidade de restituição) junto a uma organização mais elevada, ele também foi subjetivamente impelido a deixar que entrasse em jogo também faticamente a capacidade de desdobramento objetivo ilimitado de seu espírito racional por meio da funcionalização de suas intelecções das essências. Por meio do tipo e da direção biológica fundamentalmente diversa de seu desenvolvimento enquanto ser espiritual, ele equilibra de uma maneira muito mais sublime aquilo que se perdeu na capacidade natural de desenvolvimento e no desenvolvimento fático como ser vivo terreno natural, preço pago por sua organização mais elevada[69].

Quase não precisa ser dito o quão fundamentalmente a visão fundamental aqui defendida do desenvolvimento do homem se distingue não apenas - como acabamos de mostrar - da doutrina kantiana da identidade e da constância da razão humana, mas também de tais teorias que rejeitam tal constância e, portanto, defendem uma teoria do devir e do crescimento da razão humana. Tais doutrinas são, por exemplo, as doutrinas respectivas de Herbert Spencer e de sua escola sobre o solo da teoria do conhecimento sensualista-*positivista*; além disto, sobre o solo de uma doutrina da razão e do espírito construtivo-*racionalista* extravagante *aos extremos*, as doutrinas correspondentes de Hegel.

Spencer percebeu muito bem que nem a antiga doutrina das ideias imediatamente inseridas no homem por Deus em seu nascimento estavam em condições de satisfazer a nossa necessidade de questionamento, nem o empirismo individualista comum, que fazia com que todos os princípios e formas de pensamento fossem conquistados pelo particular com base em induções (quer essas induções se formassem de maneira mecânico-associativa, quer elas se formassem de maneira conscientemente metodológica), nem finalmente a doutrina kantiana que abdicava de toda teoria acerca da gênese da razão seriam aplicáveis. No entanto, como Spencer

---

69. Cf. em *Formalismus in der Ethik und die materiale Wertethik* [Formalismo na ética e a ética material dos valores], seção V, cap. 7. Cf. tb. *A posição do homem no cosmos*.

não conhecia uma distinção entre uma experiência de sentido contingente e uma intuição das essências, e, indo além, entre os fatos contingentes e as essencialidades eternas; como ele só reconheceu uma diferença gradual, onde havia uma diferença qualitativa, ele permaneceu preso à antiga identificação falsa entre saber *a priori* e saber (potencialmente) inato. Para o indivíduo, deveria ser inato aquilo que foi lentamente adquirido pela espécie – e os processos da gênese da razão deveriam se tornar compreensíveis sob o conceito aqui inapropriado da "adaptação do organismo ao meio ambiente". Ele nem percebeu que já *pressupunha* como tendo vindo a ser e como válidos a razão e seus princípios supremos – em todos os âmbitos, mesmo no ético-prático – na medida em que ele já pensava o objeto, no qual essa adaptação deve ocorrer *segundo* esses princípios, nem atentou para o fato de que podemos pensar uma adaptação idealmente perfeita das reações e do comportamento prático do organismo humano em relação ao seu meio ambiente, sem que precise ocorrer nem mesmo um rastro de *conhecimento* do objeto da adaptação; e que, inversamente, um *mero* conhecimento (assim como a mera bondade ética da pessoa e da vontade) não é de nenhuma utilidade para a medida da adaptação.

Em uma direção quase oposta, Hegel desconheceu que a aquisição de uma intelecção das essências não é menos uma questão de intuição e de experiência (só que de um *tipo* fundamentalmente diverso da experiência sensível e da experiência indutiva); que, portanto, não se pode falar aqui seriamente de um processo uno de desdobramento da "ideia" por meio das formas humanas da consciência e só de acordo com uma lei dialética, segundo a qual só é desdobrado e desenvolvido aquilo que já está estabelecido na ideia "em si".

Nos dois, não há nenhum processo racionalmente configurador e originariamente diverso próprio à intuição das essências; nos dois, não há nenhum crescimento verdadeiro (respectivamente, nenhum verdadeiro decréscimo) do próprio espírito racional (não apenas de sua aplicação e exercício no conhecimento do mundo). E esta é concomitantemente uma razão para que os dois permaneçam inteiramente presos em sua doutrina histórico-filosófica e sociológica, isto é, na aplicação dessa teoria do espírito, no interior dos limites mais estreitos daquilo que chamei em um outro lugar de "europeísmo"[70].

Em oposição a essas intuições, afirmamos uma gênese da razão por meio da funcionalização de uma intuição das essências, e, em verdade, uma constituída de tal modo que conduziu para além do conteúdo maximamente formal dessas intuições das essências no interior dos diversos grandes *grupos* da humanidade dividida em diversas configurações racionais; uma gênese que, além disto, pode conduzir e conduziu de fato a um verdadeiro crescimento e (a um verdadeiro decréscimo) das forças espirituais mais elevadas e maximamente elevadas do homem. Como - para falar por imagens - o espírito humano não olhou apenas para o interior das diversas partes do mundo uno casual "efetivamente real" e formou e configurou essas partes, mas naturalmente olhou para as partes diversas do mundo uno das essências, suas formas *a priori* corretamente válidas (por meio de funcionalização do contemplado) também são diversamente constituídas - o que não exclui de qualquer modo de maneira alguma que cada uma dessas visões e percepções da esfera das essências sejam evidentes, verdadeiras e legitimamente válidas. A única coisa que se segue daí é que as grandes culturas e nexos cognitivos humanos - já no nível do saber *a priori* - são mutuamente *irrepresentáveis e insubstituíveis* e que, portanto, o fato de só uma *convivência* do conhecimento, uma *cooperação* da humanidade em todas as atividades espirituais mais elevadas (mesmo na correção de sua aplicação) conseguir realizar um conhecimento *completo* do mundo das essências não está fundado no acaso histórico, no acaso do sangue e das disposições raciais - para não falar da mera divisão do trabalho -, mas na essência da razão e do conhecimento *mesmos*. Pois por mais que os povos, as raças e outros grupos (por fim, os indivíduos) consigam se substituir em princípio mutuamente em toda aplicação do mesmo saber *a priori* ao conhecimento da realidade efetiva casual desse mundo, e por mais que, nessa esfera, os assim chamados "talentos" e "disposições" extremamente diversos (isto é,

---

70. Cf. a seção "A unidade espiritual da Europa" no livro *Der Genius des Krieges* [O gênio da guerra]. Cf. tb. GOMPERZ, H. *Weltanschauungslehre* [Doutrina da visão de mundo]. Iena: E. Diederichs, 1905.

as particularidades psicofísicas), e, além disto, uma acessibilidade diversa a certas partes do mundo real e efetivo tornem necessário uma intimação ao complemento mútuo de seus conhecimentos (é preciso acrescentar ainda que a fecundidade puramente técnica da divisão do trabalho faz com que pareça indicado tal cooperação e complemento) - as coisas se acham *completamente diversas* no que concerne à esfera das essências: aqui, a *in*substituibilidade do homem por meio do homem é um princípio absoluto - não um relativo - e, justamente por isto, a cooperação e o complemento se transformam em uma oferta objetiva pura absoluta - uma oferta objetiva que se encontra estabelecida na essência desse tipo fundamental do próprio conhecimento.

Além disto, segue-se de nossa doutrina do espírito o reconhecimento de uma gênese e de um crescimento possíveis verdadeiros, assim como de uma involução e de um decréscimo verdadeiros do espírito humano racional na *história* - coisas que se mostram como fundamentalmente diversas do desenvolvimento e do desdobramento de um conteúdo positivo das ideias (respectivamente, de uma pluralidade de tais conteúdos), ou mesmo da mera adaptação, exercício, diferenciação etc. Pois não é apenas o saber "sobre" o mundo das essências que pode crescer e diminuir (respectivamente, a funcionalização desse saber), mas toda e qualquer posição do fluxo concreto único do mundo está por natureza em condições de se tornar a tábua de salto também para as intelecções das essências, para as quais nenhuma outra posição do processo do mundo pode se mostrar como a tábua de salto. Isto, porém, significa que mesmo o *próprio* espírito humano, puro e racional, e, independentemente de todas as induções e de toda a matéria dos sentidos que possa se acrescentar a ele, consegue, portanto, crescer e respectivamente diminuir por meio da funcionalização de intelecções essenciais adquiridas (respectivamente crescer nessas suas funções essenciais e diminuir naquelas). E segue-se daí também que as épocas e eras da história do homem (como parte da história do universo), no que concerne ao conhecimento das essências que são passíveis de serem adquiridos através delas, são tão *insubstituíveis* quanto os indivíduos (respectivamente, todos os outros grupos) e povos que vivem a cada vez em um mesmo tempo. Não é apenas uma reunião crescente de material indutivo e uma elevação da elaboração lógica desse material (tal como o positivismo o afirma e tal como ele apresenta regrais gerais para o tipo dessa reunião) que se realiza na história do conhecimento humano; e, do mesmo modo, essa história (como Hegel, Hermann Cohen e sua escola ensinam) também não forma um processo de desdobramento lógico, no qual acontecem "fundamentações" sempre novas do saber empírico: mas o espírito racional mesmo como quintessência dos atos, funções e forças *cresce e diminui*; "vem a ser" e "involui" por meio da funcionalização dessas intelecções das essências articuladas com cada posição determinada do processo concreto do mundo e só aqui possível. O progresso (e retrocesso) nas dimensões da reunião meramente indutiva e da dedução lógica (respectivamente redução) diz respeito, em contrapartida, ao mundo real contingente. Ele só ocorre, além disto, lá onde o conhecimento do mundo contingentemente real se transformou no objeto principal do conhecimento (isto é, de fato, sobretudo na Europa), e ele só ocorre sob a forma de um processo contínuo, sempre no trecho histórico no interior de uma era constante em seu sistema de inteleções das essências (e no "sistema racional" que lhe é pertinente).

Pode muito bem acontecer de (isto é, a doutrina geral do espírito o admite[71]), portanto, uma era da humanidade ou uma de suas partes ter lançado olhares cognitivos para o interior do reino das essências, que *nenhuma* outra era jamais pode ser chamada a lançar, e de, por isto, as eras seguintes estarem *comprometidas* a partir da essência do conhecimento humano e de seu *objeto* mesmo (não, portanto, a partir de pontos de vista como talento, disposição, divisão do trabalho etc.) a *conservar* aquele reino das essências como um tesouro cognitivo eternamente válido, sendo que, para conhecer por si mesmas esse reino, faltam-lhes as forças do espírito; no que elas conservam o tesouro, elas só teriam que *empregá-lo* na realidade efetiva contingente. A *cooperação* da humanidade, que se sucede temporalmente por intermédio da tradição daquilo que nenhuma "razão" do respectivo tempo subsequente pode encontrar

---

71. A decisão sobre se essa possibilidade é realizável tem de oferecer a investigação positiva do material histórico.

(mesmo junto a um emprego idealmente perfeito), pertence, por isto, ela mesma à *natureza* deste tipo de conhecimento (*a priori*) e de sua funcionalização; pois a funcionalização possível depende da posse, possível neste caso *apenas* por meio da tradição, dos próprios *conteúdos* do conhecimento. Pois não se trata aqui de dizer que todos os que vêm depois se encontram sobre os ombros de seus antecessores - equipados com as *mesmas* forças espirituais para conhecer e para ver como os antecessores -, mas se trata do estado de coisas completamente diverso de que eles não possuem justamente por si mesmos essas *forças* (ou de qualquer modo partes delas), que o antecessor possuía. Portanto, já em meio a *toda e qualquer* questão de uma observância efetivamente filosófica (isto é, em meio às intelecções das essências) - não apenas em meio às questões mais elevadas da filosofia - todos os filósofos de toda a história do mundo têm de discutir por assim dizer juntos (isto é, no ato específico do pesquisar e do conhecer uns com os outros) - em uma diferença maximamente clara e patente em relação a toda ciência "positiva", na qual só os antecessores imediatos (por mais que eles tenham simplesmente esquecido ou não tenham honrado aquilo que já tinha sido encontrado) conseguem despertar interesse. Todos eles "juntos" (não uns contra os outros ou se apoiando apenas nos "resultados" tal como nas ciências positivas) têm de construir o edifício da *"philosophia perennis" una* - levando sempre em conta também as regras históricas de distribuição das *próprias forças cognitivas*. Conhecer essas forças é uma tarefa parcial extremamente importante de uma teoria do conhecimento que trate de maneira verdadeiramente exaustiva as forças cognitivas do espírito humano[72]. Como o filósofo se apoia nesta teoria - que brota para ele mesmo por intelecção, não por

---

72. Ou seja, em uma diferença maximamente rigorosa e em uma oposição consciente em relação a um método epistemológico como aquele de Kant, que procurou não apenas determinar a essência da razão humana, mas até mesmo determiná-las de maneira completa (ou seja, mesmo os seus "limites") por meio apenas da resposta à questão de saber como a ciência especificamente europeia e aqui uma vez mais moderna, sim, de modo ainda mais restrito, como a ciência natural matemática - sim, de modo ainda *muito mais* restrito, a ciência natural matemática de Newton (que já se mostra hoje de outro modo não apenas em seus resultados, mas mesmo em seus *princípios* por meio da teoria da relatividade e da teoria quântica) seria "possível".

tradição –, ele não se acha de maneira alguma obrigado a acolher sem prova conteúdos tradicionais, nos quais podem estar presentes visões das essências oriundas de outras eras, em seu conteúdo essencial. Com certeza, porém, ele precisa contar constantemente com a possibilidade de não apenas não ver de fato, mas também não *poder* ver o que outras eras viram.

Portanto, encontra-se mesmo na essência do reino das essências e no modo do acesso humano a esse reino que a filosofia em todos os casos e que mesmo o conhecimento reflexivo da apreensão da essência de algo divino dada no ato religioso só é efetivamente possível por meio da *união* dos *povos e tempos* no negócio filosófico – como quer que possam ser formuladas as regras positivas particulares, segundo as quais a razão se tornou factual ou involuiu na esfera terrena dos homens, cresceu e diminuiu. Retornaremos a essas regras mesmas mais tarde; assim como às forças e fatores impulsionadores reais da história do homem que, superposta de início em suas regras particulares àquelas regras positivas, nos faz compreender a história fática da filosofia e da religião natural. Aqui, o que é importante é apenas aquilo que já provém do que foi dito para o *conhecimento natural de Deus* em termos de consequências[73].

Precisamente para esse conhecimento por assim dizer *maximamente agudo e intensificado*, vale o seguinte: quanto mais perfeito é o conteúdo essencial de uma essencialidade, tanto mais distante ele se encontra da apreensibilidade adequada por meio do espírito humano em geral (enquanto humano), tanto mais elevado é o grau no qual a cooperação dupla do conhecimento (da qual falamos) é necessária para o seu conhecimento mais adequado. Por isto, esse grau é o mais elevado possível junto à essência de todas as essências, junto a Deus.

Se nós (apenas por analogia, como vimos) devemos e podemos atribuir a Deus a espiritualidade racional, então, de acordo

---

73. Cf. a última seção: "Por que nenhuma nova religião?" Esta lição de uma "sociologia pura e de uma filosofia da história pura do conhecimento" deve, em seguida, ser tratada em um tratado particular em um contexto sistemático. • A publicação planejada nunca chegou a ser lançada [N.T.].

com o que foi dito, não se pode esperar outra coisa senão que a profusão de sua espiritualidade só possa ser acessível a cada homem, a cada grupo, a cada povo *parcialmente*, uma vez que a capacidade cognitiva metafísica espontânea de cada um desses sujeitos do conhecimento é sempre diversa de acordo com o tipo da funcionalização da intelecção das essências por ele adquirida ou a ele legada. Por isto, se as *ideias* de Deus das religiões positivas tomam e concebem essa espiritualidade de maneira bastante diversa, e, além disto, misturam e ordenam as funções espirituais (vontade, entendimento, amor, poder, sabedoria etc.) de maneira muito diferente em sua ideia de Deus; por fim, se essa ideia de Deus como "espírito" raramente permite que sintamos a falta dos traços que cabem à configuração espiritual desses grupos e pessoas, então talvez não se possa esperar outra coisa segundo o que foi dito. O fato de isto se mostrar assim poderia estar baseado - mas não precisaria de maneira alguma estar apenas baseado - na restrição a cada vez particular de um *espírito padrão* racional único (com leis funcionais *a priori* unas) por meio de disposições naturais, paixões e história - daquele espírito padrão racional único de Kant e dos racionalistas, que nós contestamos justamente em sua existência. As diversas ideias do espírito em relação ao espírito de Deus também podem, porém, ser todas *verdadeiras* - e inadequadas apenas em um *sentido* a cada vez diverso. O fato de que isto seja assim não se deve necessariamente à restrição dos homens - também poderia se dever à *plenitude* inexprimível e à perfeição infinita, mesmo qualitativa do espírito divino.

Essa é a única coisa que se segue, então, com necessidade: o fato de já estar estabelecido na essência da religião natural e do conhecimento natural de Deus tanto quanto no louvor a Deus e na veneração de Deus que, diferentemente de todo conhecimento da ciência positiva, esse conhecimento *precisa ser um conhecimento comunitário-cooperativo*. Nesta medida, a ideia da Igreja como um conhecimento e uma veneração de Deus comuns de algum modo organizados, e, além disto, sob o pressuposto monoteísta, a ideia de uma igreja de abrangência mundial não é de início um conteúdo doutrinário que se baseia na experiência positiva, mas já um postulado que se segue a partir da natureza justamente do conhecimento de *Deus*. Como conhecimento e apreensão do *espírito* divino, o conhecimento de Deus é aquele conhecimento que já *precisa* permanecer como conhecimento natural necessariamente incompleto (incompleto mesmo nos limites do que é em geral acessível ao homem aqui), até que *todos* os grupos humanos em geral diferenciáveis - sim, até que todos os indivíduos tenham realizado a *sua* contribuição, isto é, a contribuição possível para eles, e enquanto justamente essa contribuição não for coapreendida também por todos os outros grupos e indivíduos e vinculada na própria relação com Deus, tornando-se fecunda para ela. Singularismo religioso, portanto, é algo em si absurdo, uma vez que ele contesta a conexão essencial, que subsiste eternamente entre o conhecimento de Deus e o conhecimento comunitário. E é precisamente - por mais paradoxal que possa soar - o individualismo essencial do conhecimento de Deus, isto é, a insubstituibilidade duradoura de todos os indivíduos coletivos e de todos os indivíduos particulares com o comprometimento geral com esse conhecimento, aquilo que torna *necessário* aqui a forma comunitária do conhecimento em um sentido, tal como ele não é necessário em nenhum outro conhecimento[74].

Tão necessária, porém, é a *historicidade* já do conhecimento natural de Deus - um axioma que toda a teologia racional no sentido radical da filosofia e da teologia do Esclarecimento, tanto quanto I. Kant desconheceu completamente. Na medida em que há uma *gênese* para toda a organização racional específica (por meio da funcionalização das intelecções essenciais em relação às leis funcionais), e, além disto, um crescimento (e um decréscimo), então vale dizer que o sentido crescentemente mais pleno e puro do princípio válido por analogia de que "Deus é espírito" só pode ser descortinado no crescimento histórico do espírito racional junto às

74. Por meio do princípio do primado do amor em relação ao conhecimento, esse princípio puramente teórico-sociológico-cognitivo é ainda especificado com vistas ao fato de que o amor a Deus como condição de seu conhecimento envolve *necessariamente* em si amor aos "irmãos" ligados unanimemente a Deus - e, em verdade, em primeiro lugar um amor solidário da *salvação* pelos "irmãos". Portanto, quem não chega por esta *via* ao seu conhecimento de Deus como espírito, *erra necessariamente*. Este é o fundamento para o conceito essencial de "heresia".

constelações do mundo que de fato nunca retornam. Esse axioma da historicidade necessária do conhecimento de Deus só é falso e fundamentalmente falso se ele quiser dizer que o espírito de Deus *produziria seus efeitos* de maneira puramente objetiva e diferente nos estágios diversos da história do mundo tal como uma potência que se descarrega, que cada era, portanto, precisaria ter também uma ideia particular do espírito de Deus. Isto seria pensado de maneira panteísta e hegeliana. Não apenas a filosofia, mas também a teologia natural seria, então, apenas o "espírito do tempo expresso em pensamentos e conceitos" – uma afirmação fundamentalmente errada e relativista. Deus não é potência, que só se realiza temporalmente na história ou que tem de se explicitar nela, mas um ser absolutamente atual. É somente o esgotamento conforme ao conhecimento de sua plenitude espiritual que está articulado com o processo histórico – com certeza, por intermédio de um outro crescimento da própria razão finita, não apenas, portanto, por meio de um crescimento do conhecimento do espírito finito como cópia incompleta, finita, analógica do espírito divino. E é justamente a arte da compreensão histórica não apenas das *obras* do espírito, mas também a arte da compreensão das *estruturas* a cada vez "atuais" divergentes *do espírito* (do sistema categorial da razão, que se tornou a cada vez subjetivo) que torna possível para nós superarmos as unilateralidades do nível a cada vez atual da gênese finita da razão, integrando em nós todos esses níveis, ou seja, transformando em uma força racional única conjunta aquilo que o curso da história diferenciou. *Não* precisamos, portanto, a fim de, com uma adequação crescente, esgotar a plenitude do espírito de Deus – ainda que apenas analogicamente – de maneira cognitiva e vivencial, apenas seguir a estrutura racional *de nossa* era (nenhuma "filosofia do tempo" pode requerer ser configurada), mas precisamos acolher concomitantemente em nossa ideia do espírito divino também aquilo que outras eras apreenderam e enunciaram com base em sua estrutura espiritual do "espírito". Assim como Deus – tal como ensinava o panteísmo de Hegel – não é o "espírito do mundo", só o conhece (naturalmente) de modo completo todo *o espírito humano completo* como a quintessência de todas as estruturas racionais, que algum dia se formaram e se formarão por meio da funcionalização e da desfuncionalização. Por outro lado, a construção já do conhecimento natural do conteúdo divino do espírito na plenitude negada em geral ao homem está *necessariamente* ligada, portanto, à *cooperação* dos grupos humanos mesmo em sua *sequência temporal* com base na tradição. Sim - caso houvesse outras razões para supor que constelações insignes particulares da história tenham estado dispostas também de maneira particular em termos de conteúdo para o crescimento do conhecimento de Deus ou que as funções específicas do espírito humano, que entram em jogo em meio ao conhecimento justamente desse objeto (isto é, de Deus), teriam experimentado mais no todo do decurso histórico a decadência em um retrocesso do que participado de um movimento de progresso contínuo e de crescimento, então o dever de conservação daquilo que foi outrora conhecido de maneira mais adequada, para nós apenas atingível de maneira mais inadequada, seria a única coisa a ser oferecida para nós.

É preciso explicitar de maneira mais exata aquilo que compreendo por *"funcionalização" da visão das essências.*

1) Ver a essência *enquanto essência* é algo diverso de conhecer (perceber, julgar etc.) *fatos contingentes* de acordo com a condução e a direção por meio de essências anteriormente vislumbradas. Nesta última ação, não chegamos a uma consciência particular das essências. O saber das essências *funciona* aqui apenas - e, em verdade, como procedimento seletivo, não como fazer sintético, não como ligação, articulação -, sem ser dado a nós mesmos. Ele torna tudo aquilo, que concorda com a essência vislumbrada, supraliminar para o conhecimento da existência contingente, fazendo, respectivamente, com que se mostre como um caso possível de aplicação para os nexos essenciais e as estruturas essenciais. O *a priori* ontológico originário *transforma-se* por meio daí em um *a priori* subjetivo, o pensado se torna "forma" do pensar, o amado se torna "forma" e modo do amar.

2) A visão primária das essências não é evidentemente nenhuma visão reflexiva, nem nenhuma visão sobre a qual se constrói um *juízo,* no qual a "ideia" correspondente à essência, e,

respectivamente, o nexo de ideias correspondente ao nexo das essências é apreendido como verdade.

3) Todo *a priori* subjetivo no sentido "transcendental" de Kant - isto é, todas as leis da experiência, que também são as leis dos objetos da experiência, porque elas são leis do experimentar - não é nada originário, mas algo que veio a ser - a cada vez de maneira diversa para os portadores do experimentar. A realização desse *a priori* subjetivo em todas as áreas do espírito não é nunca e em parte alguma uma ligação, uma articulação espontâneas (segundo uma regra originária) de dações originariamente cindidas e elas mesmas amorfas (segundo Kant, "sensações"), nenhuma "edificação", nenhuma "construção", nenhuma "formação" positivas, mas exatamente o contrário: uma negação, uma repressão, um deixar sem atenção todo o conteúdo acessível do mundo, que não exerce nenhuma função de preenchimento e de ratificação em relação à essência e aos nexos essenciais vislumbrados, todos eles regulados determinadamente de acordo com a essência e os nexos essenciais anteriormente vislumbrados. O *a priori* subjetivo não produz, portanto, mas reprime, destrói, deforma - para o conhecimento possível do mundo - todas as partes, todos os lados do mundo, que não possuem nenhuma relação de aplicação e de preenchimento com a essência e com as estruturas essenciais previamente dadas. Todo o *a priori* subjetivo é, portanto, um tipo determinado não de formação, articulação, mas de escolha. A relação não é, segundo sua essência mais universal (abstraindo-se, portanto, do tipo de relação como unidade, semelhança, causalidade etc.), nada positivo, que nosso espírito acrescentaria a algo dado livre de relações (um "laço" espiritual, que cresceria por meio de síntese, de ligação), mas é apenas o resíduo que emerge da falta de atenção determinadamente ordenada em relação ao conteúdo do mundo formado universalmente positivo, configurado e formado em si. Ela é por toda parte o resultado de desdobramentos determinadamente ordenados da percepção, do pensamento (como relação intuitiva e pensada). A relação, portanto, é de natureza essen-

cialmente negativa, não positiva. Ela é o resíduo da análise – aquilo que é a cada vez alijado na posse do dado, não a obra de uma síntese. É estranho que, em meio a tantos pensadores, essas duas ideias mutuamente excludentes se interpenetrem com frequência de maneira tão peculiar na caracterização da essência e da realização do *a priori* subjetivo. Da maneira mais intensa possível, por exemplo, em Windelband[75].

Com certeza, aquilo que Kant denomina a relação transcendental, a experiência e o objeto da experiência, está em certo sentido presente nas duas intuições mutuamente opostas da essência do *a priori* subjetivo. Nas duas vezes, o objeto precisa se "orientar" pelas leis do espírito cognoscente, respectivamente por suas funções, sem levar em consideração se a função específica do conhecimento se baseia em uma construção, síntese, formação ordenadas do objeto a partir da matéria sensorial "dada", ou se ela se baseia em uma seleção ordenada, isto é, em uma repressão, em um não atentar, em um abstrair que se institui diante de algo em si configurado, conformado. Pois se a ordem seletiva, segundo a qual ocorre a plenitude do mundo, tal como ele subsiste e é em si, para o homem (ou para um determinado tipo de homem, p. ex., para uma unidade racial, para uma unidade cultural), é de tal modo regulada que um objeto da essência B só é dado quando um objeto da essência A já se acha dado (ou seja, se A possui uma prioridade em termos de dação em relação a B na ordem do tempo – não necessariamente na sucessão), então é preciso, caso o objeto X seja ao mesmo tempo da essência A e B, que tudo aquilo que é verdadeiro e que vale para A seja necessariamente válido para ele – mas não o contrário. Por exemplo, a geometria – se a espacialidade e a extensividade possuírem uma rigorosa prioridade de dação em relação a todas as determinações essenciais da matéria e da corporeidade – é válida para todos os corpos possíveis. O mesmo princípio, porém – a aplicabilidade sem exceções da geometria ao mundo dos corpos –, também seria válido se a doutrina kantiana, que nega às coisas mesmas extensividade e espacialidade e interpreta a forma espacial como mera forma da intuição do dado, fosse válida. A validade transcendental do assim chamado *a priori* mesmo para os objetos da experiência existiria,

---

75. Cf. *Einleitung in die Philosophie* [Introdução à filosofia], 1914, p. 235ss.

portanto, nos dois casos, de tal modo que não possuímos mais a partir dela *nenhum* critério que seja correto para as duas *hipóteses*: a doutrina de um acréscimo sintético da forma por parte do espírito espontâneo ou a hipótese da seleção ordenada de acordo com a essência visualizada.

Não obstante, as duas teorias do *a priori subjetivo* permanecem separadas como que por um abismo - tanto em si mesmas quanto em suas consequências para o conhecimento metafísico do mundo.

De acordo com a nossa hipótese, aquilo que é encoberto no dado pela essência da consistência do mundo também é em si configurado, formado. Da plenitude dessas formas e figuras que são em si e que estão ligadas de maneira inequívoca com o seu conteúdo a cada vez específico, nosso espírito, segundo uma ordem determinada da escolha, retira apenas algumas, na medida em que ele por assim dizer nega e reprime as outras. Ele analisa o mundo segundo uma ordem determinada, previamente determinada pela história do conhecimento, e, em verdade, do conhecimento das essências. A escultura da experiência está presente ela mesma no mundo, assim como a estátua pode ser pensada como presente no mármore, enquanto o escultor, porém, não pode senão libertá-la e trazê-la à luz por meio do movimento correspondente do martelo recortando o mármore. Segundo a doutrina kantiana, em contrapartida, o espírito é uma força de articulação sintética segundo leis e modelos, que lhe são próprios originariamente, que não suportam nenhuma derivação ou explicação - que lhe são inerentes como destino.

Atributos do espírito divino

Os atributos do espírito divino são encontrados - quando o ser de Deus e a espiritualidade de Deus já são suficientemente conhecidos por outras razões - por meio de dois métodos, que tomam o seu curso independentemente um do outro; mas que, com base no princípio do nexo essencial entre o tipo de ato e o tipo de objeto, precisam *levar* aos mesmos resultados, se é que eles são corretamente aplicados. O primeiro método parte da construção essencial, que é concretizada no mundo *real e efetivo* e à qual precisam corresponder *os* atributos do espírito divino, que *podem* ser manifestos para nós a partir da relação de Deus com o mundo em geral; sempre pressupondo que Deus seria a causa (como espírito pessoal e como criador) do mundo. O segundo método parte da estrutura essencial do espírito humano (não, portanto, de fatos empíricos da psicologia), na medida em que ele atribui à espiritualidade de Deus *per analogiam os* traços fundamentais (em uma forma absoluta e infinita) e *a* construção essencial, isto é, a ordem fundacional dos tipos de ato do espírito, que são encontrados no estudo essencial do espírito humano. No último caso, isto tem de acontecer por meio de conceitos-limite, que podemos formar para nós da espiritualidade na alma do homem, uma vez que colocamos à prova aquilo que permanece no espírito humano, quando ele é considerado na direção dos graus de dependência decrescente do corpo e de suas modificações (graus, que encontramos previamente na própria experiência). Nós conquistamos neste modo de consideração ao menos as direções das linhas que, pensadas até o ponto-limite ideal de uma independência absoluta do corpo, intermedeiam para nós os conceitos-limite de um espírito livre do corpo, o único que podemos atribuir a Deus (ainda que apenas *per analogiam*). Sim, nós conquistamos desta maneira uma sequência das ideias de tipos possíveis de espíritos, que não portam em si nenhuma contradição e, contudo, correspondem à legitimidade material do espírito humano; essa sequência encontra no espírito de Deus apenas a sua mais elevada conclusão, seu coroamento e seu ápice.

A filosofia da Idade Média privilegiou o primeiro método (ao menos da era da Alta Escolástica), a filosofia moderna (onde ela se achava no caminho correto), o segundo. De fato, os *dois* métodos são necessários e indicados, uma vez que tanto o nexo ideal-objetivo do universo como a obra da criação mais elevada e como o espelho mais imediato de Deus quanto as almas espirituais dos homens apontam de maneira uniforme para os atributos da espiritualidade de Deus.

Além disto, os dois métodos conduzem apenas a determinações *analógicas*. Isto já se segue da transposição necessária do atributo da *simplicidade* e da *imediatidade* de Deus também para o espírito divino. O espírito divino não possui nenhuma "faculdade" particular (entendimento, vontade, capacidade de amar); e não apenas porque tudo aquilo, que ele é, é ato (e o ato, tal como Aristóteles já tinha reconhecido, antecede necessariamente por toda parte a potência), mas também porque toda separação "real" e mesmo toda capacidade de atuação apenas relativamente autônoma de faculdades e funções, tal como as encontramos no espírito humano, já é um *sinal da imperfeição*. Já consideramos a alma dos homens como relativamente mais perfeita, alma essa que aparece em todo ato ao menos como algo relativamente *simples* e como um *todo* – de tal modo que entendimento, vontade, amor, todo tipo de sentimento "de" algo etc. aparecem como que nutridos a partir de *uma* corrente indivisível do ato. Deus, porém, é absolutamente simples. As determinações atributivas do espírito divino em geral como amor, vontade, razão etc. possuem, contudo, um *sentido* bom e justificado, na medida em que só se dispõem a enunciar o fato de que o espírito divino também precisaria conter em si de fato forças *desse* tipo essencial e *dessa* direção essencial, sem que conheçamos e possamos indicar naturalmente os *níveis intermediários contínuos*, que reúnem no espírito divino essas forças em uma efetividade absolutamente una e simples. Os enunciados atributivos possuem, portanto, o sentido de que eles não atribuem nem partes reais, nem as assim chamadas abstratas ao espírito divino, mas apenas dizem: o espírito de Deus *se assemelha* neste e naquele aspecto àquilo que denominamos no espírito humano respectivamente amor, vontade, entendimento etc.

O mesmo vale para a ordem fundacional entre entendimento, vontade, amor etc., que, do mesmo modo, encontramos no espírito humano como legitimidade interior de um espírito em geral. Sem inserir o pressuposto dessa ordem – as faculdades diversas entre si, ainda que funcionando de maneira una – na ideia mesma de Deus, precisamos acolher de qualquer modo uma *analogia* também com essa ordem na espiritualidade de Deus. Portanto, se a investigação do espírito humano conduz, por exemplo, à doutrina do primado do entendimento em relação à vontade, mas, ao mesmo tempo, a uma intelecção fundamental, segundo a qual o amor possui o primado supremo diante do entendimento e da vontade[76], então também precisamos supor em Deus uma analogia em relação a essa ordem fundacional.

Uma série de sistemas metafísicos (Plotino, Spinoza, Hegel, entre outros) se equivocaram neste ponto, na medida em que compreenderam o espírito de Deus exclusiva e unilateralmente apenas segundo o seu lado lógico. Na medida em que a filosofia apresenta para nós junto ao exemplo desse mundo real e efetivo as essencialidades e as estruturas essenciais, que se encontram em qualquer mundo possível e cujas verdades correlatas são válidas em todo e qualquer mundo, então a filosofia já se ergue por sua própria força para além do encanto desse mundo. Puramente a partir de si, porém, ela não teria nenhuma ocasião para sair da esfera do *logos* imanente ao mundo como a quintessência de todas as essencialidades e suas conexões, se a essência formal e a existência de Deus não se achassem anteriormente fixadas. Visto a partir da ideia de Deus, contudo, aquele *logos* ainda puramente objetivo alcança um sujeito pessoal vivo, um sujeito que intui e pensa segundo essa essencialidade - de tal modo que as faculdades separadamente em funcionamento no espírito corpóreo, as faculdades da intuição e do pensamento, formam uma unidade viva, uma unidade de elementos que se penetram sem restos. Pois já a teoria do conhecimento humano acha que os sentidos corporalmente condicionados não fornecem o conteúdo positivo da intuição do mundo, mas, em conformidade com certas metas, o escolhem apenas a serviço do organismo. É por isto que a *intuição* pertence tão essencialmente ao *logos* de Deus, quanto o assim chamado pensamento racional. Por outro lado, o pensamento humano, com a sua forma de articulação de conceito, juízo e conclusão, assim como com a sua natureza discursiva, até o ponto em que pensamento = ter algo conforme ao significado, pode ser transposto analogicamente para o espírito de Deus, mas não na medida em que ele possui essa forma de articulação e se desdobra em uma sucessão. Pois exatamente como

---

76. Cf. quanto ao caráter *a priori* do amor (respectivamente do ódio) em relação a todos os outros *a priori Der Formalismus in der Ethik und die materiale Wertethik* [O formalismo na ética e a ética material dos valores]. Cf. na 4. ed., de 1954, o índice conceitual.

a percepção do sentido não é ela mesma a intuição, mas apenas um modo de aproveitamento econômico da intuição a serviço do organismo, a formação conceitual, o julgamento e a conclusão só são uma forma de aproveitamento biológica e socialmente condicionada da pura posse do significado a serviço de finalidades humanas. Mas mesmo a cisão entre a intuição e a própria posse do significado é uma forma ainda humanamente condicionada do conhecimento, uma forma que, além disto, por toda parte onde o conhecimento alcança sua meta suprema, o conhecimento da coisa mesma (na unidade evidente da equiparação entre intuído e significado), é uma vez mais dissolvida. Intuição é apenas conhecimento espiritual com vistas a algo valioso em termos individuais e singulares; o pensar, por sua vez, é apenas o mesmo conhecimento espiritual com vistas a algo valioso em termos gerais e coletivos. Portanto, a intuição não é de maneira alguma, como o racionalismo platônico supôs, um pensar sensivelmente turvado, confuso, mas tão pura e originariamente "espiritual" como o pensamento no sentido da posse de significado. Do mesmo modo, o pensamento também não é – como supunham o sensualismo inglês, Mach, Avenarius etc. – apenas uma economia da intuição ou mesmo apenas da intuição sensível, um meio técnico de fazer uma economia com a intuição. Ao contrário, os dois, intuição e pensamento, são duas formas diversamente dirigidas de aproveitamento do espírito cognoscivo originariamente uno, que não nesta separação, mas apenas em sua "unidade" originária como "entendimento intuitivo", ou seja, como "intuição intelectual", podem ser transpostos para o espírito divino na forma infinita de seu modo de ser. Só a vivência da "confluência" entre intuição e significado no conhecimento evidente da coisa mesma nos dá, portanto, o fenômeno fundamental, a partir do qual temos de formar para nós a ideia de um "entendimento divino" como o correlato do ato na unidade da essência concretizada no mundo.

Mas o espírito divino não é apenas entendimento intuitivo, como os pensadores citados acima pensavam. Ele também é originariamente *volitivo*.

Nós conhecemos o caráter volitivo do espírito divino a partir de um caráter fundamental do mundo, que nos obriga a assumir, no nexo com uma série de intelecções das essências, esse caráter volitivo. O mundo não é *apenas* a quintessência de essencialidades em um nexo peculiar: além disto, ele se faz presente como mundo, isto é, ele também possui como um todo o caráter da realidade casual. O fato de ele ser "um" mundo real (e não um mero mundo das essências) é ele mesmo ainda uma peculiaridade da essência desse mundo e precisa ser ainda cindido da contingência positiva de seu conteúdo real; apesar de "um" mundo real atrair para si necessariamente a contingência de seu conteúdo[77]. Ora, mas todo ser real de "algo" exige um atuar e um atuante, "por meio" do qual ele "é" mais do que não é; além disto (no campo de jogo das leis essenciais de seu modo de ser), um atuar em virtude do qual ele é constituído mais desse modo do que de outro. Só esse princípio merece ser chamado de *princípio causal geral* – em uma diferença aguda em relação aos princípios *especiais*, que já representam aplicações mais ou menos mediatizadas do princípio causal sobre determinadas formas existenciais do universo. Tais princípios são, por exemplo, o princípio segundo o qual toda e qualquer dação (mesmo única) ou transformação seriam a consequência de uma atuação de uma coisa A sobre uma coisa B, um princípio que só representa o princípio causal sob a forma do ser e do devir do *tempo*; o princípio segundo o qual todo efeito é efeito alternante (A só atua sobre B, na medida em que B atua ao mesmo tempo sobre A), um princípio que só diz respeito àquilo que é *espacialmente coetâneo*. E princípios ainda mais especiais são aqueles segundo os quais, no caso de fatos que retornam (respectivamente ocorrem) de maneira *idêntica* no tempo e no espaço, isto é, sob o pressuposto da *uniformidade da existência* e do acontecimento, uma e mesma coisa também produzem uma vez mais uma e mesma coisa – princípios que não contêm, para além do princípio causal, menos do que as seguintes condições particulares especiais de sua aplicação: 1) Existência espacial; 2) O fato da uniformidade do ser e do acontecer no espaço e no tempo; 3) O princípio: mesmas causas possuem os mesmos efeitos – uma proposição consecutiva e um princípio

77. Todo o real é contingente; não obstante, não o contrário. Contingência = modo de ser casual também se encontra na esfera do irreal, por exemplo, das construções matemáticas.

de identidade ampliado; 4) O princípio restrito às multiplicidades matemáticas da dependência mútua de todas as variações de objetos em geral, isto é, o princípio que torna a teoria das funções a unidade de uma ciência. Nenhuma dessas quatro condições está contida no *princípio causal mais geral*; obviamente, também não, por isto, o princípio espaçotemporal do contato da causalidade, princípio esse que – como se precisa mostrar – já se acha concomitantemente contido nas quatro sentenças *conjuntamente* e que exclui tanto os efeitos distantes no espaço quanto todas as causas ativas em termos de meta e finalidade no tempo. Esse último princípio se encontra – como não temos como mostrar aqui – já *fora* de validade para a causalidade biológica intramundana e, com maior razão (de um outro modo qualquer), para a causalidade psíquica e histórica. O princípio causal geral também não contém em si um rastro qualquer das diferenças, que são designadas com os conceitos de *causa efficiens* e de *causa finalis* (respectivamente de causação determinada com vistas a metas e finalidades) ou com os outros conceitos da *causa immanens* e da *causa transiens*.

Com base *apenas* nesse princípio causal maximamente geral, o mundo como mundo real e, por isto, contingente, exige de início uma atuação e um elemento atuante, que o posicione realmente (que tanto o chame, ou respectivamente o "chama" eternamente do não ser para o ser, quanto o mantenha aí). Ainda não se está falando com isto de maneira alguma de uma causa temporalmente "primeira", de tal modo que a exigência de uma causa do mundo de acordo com a sua existência não valeria menos se o mundo "sempre" tivesse sido e sempre durasse, isto é, se ele fosse sempiterno. Neste caso também, o mundo *não* seria "eterno", uma vez que um ente, cuja existência não se segue de sua essência – quando ele existe –, nunca pode ser "eterno".

Não obstante, o princípio causal por si só – sem uma outra base – também não nos conduz para uma causa suprema (no sentido atemporal), uma vez que mesmo a causa sem dúvida alguma exigida "de um" mundo real poderia ter por causa um segundo mundo real e esse, por sua vez, um terceiro. O regresso que continua sendo sempre infinito não neste sentido temporal, ou seja, o regresso que o princípio causal ofereceria enquanto tal, só é suspenso, quando já *sabemos*, que haveria também *realiter* um *ens a se et per se*, que teria o direito de ser interpelado como a causa do mundo; e quando posicionamos, além disto, a unidade e a unicidade do mundo, que é "um" mundo real. É somente para o *ens a se* - não para o mundo - que a unicidade e a unidade - *quando* ele é - são *a priori* certas. E, do mesmo modo, a intelecção do caráter não imanente, mas transcendente da "causa do mundo", pressupõe a intelecção de que haveria um *ens a se* e uma dependência de todo existente casual em relação a ele. O mero princípio causal também poderia ser satisfeito por um panteísmo dinâmico (não, em contrapartida, por um panteísmo apenas lógico, tal como o panteísmo de Spinoza e de Hegel).

Pois bem, agora sabemos não apenas que há um *ens a se* e uma dependência total em relação a ele, mas também que possuímos um direito de denominar esse *ens a se* analogicamente "espiritual". Somente a partir daí temos, então, também o direito lógico de concluir que a causa do ser real do mundo seria 1) Uma causa única e suprema (que ele se segue do *ens a se* "como" causa); 2) Uma causa volitiva. Pois o querer é o único "caso" que nos é dado de uma função espiritual por meio da qual *transmitimos* um mero *quid* determinado em termos ideais para um ser real, o vemos "se transformar" em algo real.

Caso deixemos de lado as duas questões a serem agudamente cindidas: o que é a essência do ser real e sob que circunstâncias, em meio à dação de que critérios um objeto intencional pode e deve ser chamado real, isto é, pode e deve ser julgado como um preenchimento da essência "real", então restam ainda as outras duas questões: Em que atos é "*dado*" algo da essência do ser real, e como é que o "*devir*" de um ser real precisa ser compreendido? *Dois nexos essenciais*, porém, respondem a essas questões, nexos esses que nos conduzem, juntamente com o princípio causal, com a constatação de que o mundo seria "um" mundo real, e juntamente com os pressupostos sobre Deus (que ele seria um *ens a se* e espírito), necessariamente para o axioma segundo o qual o mundo foi criado e é mantido *pela* vontade de Deus. É somente por meio desse axioma que *outras* célebres doutrinas metafísicas sobre Deus e o mundo se mostram como rigorosamente refutáveis: por exemplo, que o mundo seria eterno, que o mundo teria provindo ou provém *necessariamente* de Deus - ainda que seja do modo como o pensa Spinoza ou Plotino e Hegel, isto é, de modo emanentista; ou que a realidade do mundo seria uma aparência subjetiva, uma vez que ela seria uma mera ligação desejável de conteúdos "originariamente" irreais (Buda); ou que o mundo (como gênese duradoura do mundo) seria o "desenvolvimento" e o "crescimento" criadores de um Deus que "liberta" a si mesmo, de um *dieu qui se fait*[78] (Bergson).

Esses nexos essenciais são: o *ser real de algo* permaneceria necessariamente cerrado para um ser espiritual, que não fosse senão *logos* ou mesmo apenas *logos* e amor; esse ser real é dado na vivência intencional da *re*sistência possível de um objeto a uma função espiritual do tipo do querer *qua* querer (portanto, não, p. ex., do "querer fazer" ou mesmo do fazer, e, naturalmente, abstraindo-se de toda corporeidade do que quer e da relação do querer com o corpo e do corpo com o mundo corporal)[79]. Um mundo absoluto de delícias, no qual sempre estaria presente com o querer de algo aquilo que queremos, por mais que "fosse" sempre real - seu ser real nunca poderia ser *dado* para nós: não haveria "para nós" nenhuma diferença essencial entre o objeto ideal e o objeto real (por mais independentemente da consciência e, além disto, transcendente em relação à consciência que esse objeto pudesse ser e que ele pudesse ser dado aí). A resistência, porém, não pode ser "apreendida" de outro modo senão como um *exercer* uma resistência à nossa vontade; nós não vivenciamos aí (tal como esse pensamento é com frequência desfigurado de modo psicologista) um assim chamado "sentimento" de resistência, mas percebemos concomitantemente na resistência vivenciada de "algo" (que pode ser restrito ao X, respectivamente à "resistência do mundo" pura e simplesmente) a *atuação* de algo, que resiste - de modo em nada diverso de como vivenciamos concomitantemente em toda e qualquer percepção maximamente elementar um objeto da percepção e uma "proveniência" do conteúdo imagético da percepção "a partir

---

78. Em francês no original: "um deus que se faz" [N.T.].

79. Cf. acima p. 217s.

dele". Caso se extraia *essa* atuação e a atuação interpretada de acordo com ela das coisas entre si de uma dação consciente do mundo, então todas as sequências temporais e, além disto, todas as dependências do ser e do devir que se encontram à base do princípio da razão suficiente, e, por fim, todas as estruturas legais da natureza e da alma nessa dação podem subsistir para a dação consciente do mundo: o acento real do mundo, a realidade efetiva mundana desaparece como dação.

O *segundo* nexo essencial, porém, é o nexo entre o tornar-se real *originário* e o ser-querido *originário*. Toda e qualquer outra "gênese" dada empiricamente na natureza, na alma, na história - por mais diversos que sejam seus tipos -, os tipos de movimento do movimento matemático, os tipos de movimento do movimento inanimado, do movimento vital, as transformações, mudanças e processos alternantes de todo tipo, o crescimento e o desdobrar-se etc., nunca nos mostram, se eles são estudados fenomenologicamente, o tornar-se real de algo *originariamente pura e simplesmente irreal*, mas apenas todos os tipos possíveis de conversão de algo real em algo diverso dele em termos de conteúdo, ora algo que permanece idêntico junto a uma plenitude intuitiva e imagética, ora que cresce verdadeiramente. Somente na vivência da equivalência entre algo querido, a realização do querido e o ser real final - caso destaquemos essa vivência intensamente de toda a causalidade psicofísica e físico-vital da ação volitiva de um espírito corporalmente restrito - nos é dado "por meio do" querer um "caso", no qual vemos *se tornar* verdadeiramente *real* algo originariamente não real (o "projeto" dado no querer) "lá fora" no mundo (ou "aqui dentro", na alma, em um ato de vontade "interior"). Obviamente, a evidência do "fato de que" próprio a esse fenômeno originário é completamente independente de questões do tipo: Será que exerce um efeito e "como" exerce um efeito o meu querer sobre o corpo vivo e sobre o corpo físico? Por meio de que mediações psicológicas e anatômico-psicológicas? O próprio fenômeno originário precisa ser "conservado" em cada uma das hipóteses e teorias que respondem aqui no sentido do *sódzein ta phainómena*[80] de Demócrito. Em termos de evidência, ele se en-

80. Em grego no original: "proteger os fenômenos" [N.T.].

contra infinitamente *acima* de todas as hipóteses como tais de uma ação volitiva psicofísica. E, apesar disto, um querer empiricamente humano não pode "criar" nada em sentido absoluto, mas sempre se mostra atuante junto a algo já dado "como" real. Assim, não é o querer enquanto "querer" no querer humano, mas é o poder da resistência restritiva dos *conteúdos* possíveis da vontade - por fim, metas, planos, propósitos -, resistência essa que cresce e desponta para o querer a partir do querer fazer, do fazer, por fim, a partir da resistência do próprio corpo vivo, do corpo físico e do mundo exterior natural e histórico por meio de uma *experiência*, que restringe a intenção da criação contida originariamente em todo querer a uma mera transformação fática do mundo[81]. O homem também quer originariamente o "impossível"; ele nunca deduz os seus conteúdos volitivos *meramente* da experiência do ente e do que foi. Movimentos impulsivos de todo tipo são apenas ocasiões para o querer *aqui e agora*, e, ao mesmo tempo, restrições para os campos de jogo originários de escolha de seu querer - não coisas que determinam inequivocamente em termos de conteúdo o projeto volitivo positivo em seu ser assim.

Somente assim é possível compreender o fato de haver uma direção da gradação em todo querer humano, na qual ele se aproxima cada vez mais da "*criação*" a partir do polo do mero "*trabalho*", sem jamais alcançar essa criação plenamente[82]. (Somente a criação permanece essencialmente recusada ao querer humano, não enquanto humano, mas como querer "finito" em geral.) Pois "criar" é tanto mais uma realização da vontade, uma vez que, no conteúdo da vontade e no conteúdo da obra, a matéria, na qual esses conteúdos aparecem, *se retrai* para o conteúdo do sentido, do valor e do significado do todo, e quanto mais original (por isto também imprevisível, indedutível do anteriormente dado) a matéria é; quanto maior é a adequação total entre projeto e obra. Na aparição típica essencial entra em cena o querer que mais se apro-

81. Cf. quanto ao papel da experiência no desenvolvimento individual e geral em *Der Formalismus in der Ethik und die materiale Wertethik* [O formalismo na ética e a ética material dos valores], seção III. 4. ed., p. 143ss.)

82. Cf. quanto ao "criar" e ao "trabalhar" também o antigo escrito do autor *Arbeit und Ethik* [Trabalho e ética], 1899. Bibliografia n. 2 e 19 (3b). OC, vol. 1.

xima do criar no homem quase "santo", que não cria "a si mesmo" em nenhum outro meio senão naquele que sempre lhe é dado, que lhe é constantemente acessível, o meio da *própria alma* - só secundariamente e por meio de exemplos e da sucessão em todas as outras almas; o homem santo, que cria "a si mesmo" como o "bem mais perfeito" possível segundo uma imagem essencial valorativa, que veio a ser para ele no ato do amor em relação a si "em Deus". O "*santo*" é o indivíduo maximamente independente da matéria dada de modo alheio, na medida em que sua "obra" é justamente "ele mesmo", respectivamente a alma humana alheia, que sempre reproduz em si novamente o conteúdo valorativo ideal e o conteúdo de sentido de sua obra, isto é, da própria figura espiritual, em uma sucessão livre. Segue-se como o segundo nível de aproximação em relação ao fenômeno da criação a criação do *gênio*, que cria um original único a partir de uma matéria dada de modo alheio e sem modelo. Em terceiro lugar, temos o homem *heroico*, que não cunha mais também a sua essência pessoal valorativa nas "obras" por ele desencadeadas no ambiente de si mesmo e das almas, mas, muito mais dependente da matéria-prima das comunidades e dos grupos (povos, Estados etc.) já previamente marcada de maneira *histórica*, conduz essas comunidades e grupos mais para além, para o interior dos limites de suas possibilidades *dadas* de desdobramento por meio de feitos insubstituíveis (que, porém, de maneira oposta ao gênio, também são *pensáveis* como podendo ser realizadas por um outro agente)[83].

De acordo com os nexos essenciais dados, já ficou claro que a resistência do mundo, na qual o ser real do mundo nos é "dado" (e na qual "a" produção de um efeito, que "resiste", nos é concomitantemente dada), só é pura e simplesmente compreensível de maneira definitiva por meio de um querer do mundo por Deus - não, portanto, por meio de meras "forças" naturais, que supomos atuantes entre substâncias, lá onde elas atuam em conformidade com as leis. O fenômeno da resistência ainda indiferenciada do

---

83. No que concerne aos tipos pessoais valorativos citados, cf. *Der Formalismus in der Ethik und die materiale Wertethik* [O formalismo na ética e a ética material dos valores], seção VI B4 ad 6b, e a publicação póstuma já muitas vezes citada "Modelos e líderes".

mundo *enquanto* tal nos é dado de maneira muito mais originária do que todo singular, todo particular, que resiste ou não resista a nós – exatamente como no pensamento o pertencimento ao *mundo* de todo e qualquer objeto é concomitantemente dado no objeto a cada vez particular, na percepção sensível, porém, o ser do mundo circundante e a estrutura do mundo *antes* de todo e qualquer objeto perceptível particular; exatamente do mesmo modo que nos é concomitantemente dado na apreensão de um processo interno o todo vago da unidade e da multiplicidade de almas, em cujos limites ele emerge, no ser anímico particular, contudo, o tipo de grupos e o caráter de grupos dos grupos, aos quais o ser anímico "pertence". Por isto, os outros agentes dinâmicos, que posicionamos *no* mundo (as "forças", as "energias", impulsos, forças voltadas para metas etc.) como atuantes, como as assim chamadas *causae secundae*, não apenas substantivamente, mas também com vistas ao seu tornar-se compreensível, já pressupõem a compreensão da resistência do mundo e de sua realidade como um *todo*, e, em verdade, segundo a única imagem padrão que nos é acessível para o tornar-se real de algo irreal em geral, isto é, por meio de algo volitivamente espiritual. A mera "soma" das *causae secundae* seria tampouco capaz de tornar compreensível para nós o *fenômeno originário da resistência do mundo* quanto a suposição de *uma* força mundana ou de uma energia do mundo.

Se considerarmos, porém, ao mesmo tempo a *escala hierárquica* dos fenômenos, nos quais o homem se aproxima da criação como um ser volitivo – que possuímos em todo caso claramente como "ideia" firmemente transcrita e como rigorosamente distante de todas as ideias de outras gêneses de algo real, tal como movimento, transformação, crescimento, geração etc.; se virmos, além disto, as razões restritivas para o fato de nunca nos ser dada uma "criação perfeita", então só precisamos eliminar por meio do pensamento as razões restritivas, para encontrarmos de início a ideia de uma "criação perfeita". A ideia da criação perfeita consiste na ideia de um querer espiritual, para o qual a "matéria", na qual ele cunha seu projeto, seria por assim dizer pura e simplesmente obediente, sem toda e qualquer resistência conforme a leis próprias – isto, contudo, não retira dela o que se imiscui em seu projeto. Portanto, um "deus perfeitamente criador" ainda seria, porém, um demiurgo, mas não o Deus teísta. Ele ainda seria um construtor finito do mundo; não um conservador e um governante do mundo, mas apenas um formador e um líder do mundo - só um deus artista e genial, não o Deus dos santos. Pois só se colocarmos a ideia fundamentalmente diversa de uma "*produção criativa*" em relação com a ideia da "criação perfeita" assim obtida, ascendendo a um tipo de querer de um ser espiritual infinito a se e per se, nos aproximaremos *per analogiam* da relação fundamental real de Deus e do mundo. Ser produzido criativamente aponta para o vir a ser de algo real por meio de um querer, que cria sem *qualquer* matéria que lhe seria dada (seja a partir de si, seja não a partir de si), "a partir do nada" - um modo de falar análogo, no qual se anuncia a consideração dos limites, que se mostra como a origem da doutrina teísta.

O caminho do conhecimento, que leva ao Deus criador, ainda não está, com isto, completamente consumado. Pois do pensamento do Deus criador não é constitutiva apenas a afirmação de que um espírito infinito posiciona o mundo na existência (por uma vez ou de maneira duradoura), mas também a afirmação de que aquilo que posiciona na existência seria uma vontade, sim, de que essa vontade seria uma *personalidade livre*. Somente com isto são excluídas as ideias 1) De uma *vontade eternamente necessária* como causa do mundo; 2) De uma produção necessária do mundo a partir de Deus; 3) De um impulso volitivo cego absolutamente casual, que evoca a ideia do mundo à existência; 4) De um mundo pensado de maneira puramente temporal, que se desdobra criativamente a partir de uma divindade, que se autoproduz (*Dieu qui se fait*).

Um Deus, que *só* fosse *uma vontade eternamente necessária a partir de si* e nada diverso (como amor, *logos*), ou que só fosse *tal* vontade *primariamente* ou em uma primeira posição (de tal modo que mesmo os nexos essenciais e as ideias, que são visualizáveis no mundo, se baseariam em suas resoluções volitivas eternamente necessárias), não seria distinguível de um *poder destinamental universal*. A Heimarmene grega, a doutrina maometana de Deus e os erros aviltantes de Calvino se aproximam com frequência dessa extensão excessiva do poder volitivo soberano em Deus. A vontade de Deus não é necessária "por si", mas necessária apenas, na medida em que segue livremente a lei essencial de que uma intelecção valorativa evidente determina necessariamente os conteúdos do querer e de que só o *querer* desses conteúdos assim determinados "liberta", no sentido de uma realização valorativa máxima. Somente o querer desse máximo valorativo é absolutamente "livre", não os conteúdos do querer, que já são *necessariamente* determinados *antes* do querer por meio do amor, da bondade e da sabedoria.

Toda e qualquer doutrina acerca de um primado da vontade em Deus é, portanto, tão falsa e equivocada quanto qualquer doutrina de um primado da vontade no espírito humano. E não menos falsa é toda e qualquer doutrina, que atribua a Deus apenas os atributos espirituais da vontade e do entendimento, mas que lhe neguem a bondade, o amor, a sabedoria (tal como, p. ex., a doutrina de Eduard von Hartmann). Caso consideremos de maneira algo mais exata a fundação analógica dos tipos de atos espirituais, tal como temos de transportá-los do estudo do espírito humano também para Deus, então essa raiz maximamente originária de todo "espírito", tanto do espírito que conhece quanto do espírito que quer, em Deus, assim como no homem, é o *amor*[84]. Só ele se mostra como aquilo que institui a unidade entre vontade e entendimento, que se dissociariam sem ele.

A primeira coisa que já é derivada do amor de Deus é a sua *bondade ontológica*, que temos de cindir de sua bondade volitiva, que é uma consequência de sua bondade ontológica. Deus é *summum bonum*, que é ao mesmo tempo, enquanto pessoa, bondade ontológica. Em termos de conteúdo, porém, essa bondade ontológica, segundo os axiomas éticos valorativos de acordo com os quais cabe ao amor o mais elevado valor como ato, não é outra coisa senão amor. A bondade volitiva já é consequência do fato de que a vontade de Deus é eternamente una e se acha em consonância com aquilo que ela ama. Deus não ama o que quer e porque Ele

84. Cf., quanto a isto, meu ensaio sobre "Amor e conhecimento" no livro *Krieg und Aufbau* [Guerra e construção]. Cf., além disso, o vol. 3 desta obra. Cf. a observação acima, p. 10.

o quer, mas Ele quer eternamente o que ama e, amando, o afirma como valor.

Não apenas o amor, porém, mas também o entendimento de Deus é preordenado em relação à sua vontade, de tal modo que Ele julga e dirige o querer. "No início" não era o ato, mas o *logos* acompanhado pelo amor. O entendimento não é imediatamente preordenado em relação à vontade como omnisciência, mas como *sabedoria total.* Sabedoria, porém, é um saber em torno das unidades valorativas e das qualidades valorativas na ordem objetiva que lhes cabe. E uma vez que não podemos apreender nada por meio do conhecimento do ser, que já não tivesse sido dado originariamente como unidade essencial, então a sabedoria total de Deus é anterior à sua omnisciência. No caso do querer, contudo, as duas lhe antecedem, tanto a sabedoria total *quanto* a omnisciência dela dependente. Sabedoria não é um emprego ulterior de um saber dado sobre o ente para as metas valorativas mais elevadas. Ela é muito mais uma capacidade da concepção e da ordenação originárias daquilo que precisa ser criado; e isto de tal modo que um saber possível sobre ele poderia ser um saber digno de ser adquirido. Assim, a sabedoria encontra-se entre o amor e a intuição pensante das ideias a serem realizadas por meio do querer. Mesmo a ideia de um Deus criador pressupõe como cerne do espírito divino o amor – não o saber. A ideia de deus de Aristóteles também não possui, por isto, o traço característico da ideia cristã de Deus que é a força criadora, porque falta o atributo do amor ao objeto dessa ideia. Só o amor de Deus torna, além disto, compreensível o fato de Deus realizar ativamente seu querer no sentido de uma criação e não se manter eternamente fechado em si, em repouso. E como é que os predicados específica e positivamente cristãos de Deus, enquanto um Deus que se comunica por meio da revelação e que se curva e se rebaixa no devir do homem até o homem, só encontram uma articulação compreensível em uma ideia do espírito divino, na qual o amor, não o entendimento e não o poder da vontade, é estabelecido como o atributo fundamental, isto é algo que já foi mostrado por mim em um outro lugar[85].

85. Cf. ensaios e artigos *Da reviravolta dos valores,* em particular o artigo "O ressentimento na construção das morais".

Assim como o ato e o objeto coincidem no ser de Deus, a determinação de Deus como *summum bonum* (um bem valorativo sagrado, absoluto, positivo, infinito) e de Deus como *ato* do amor infinito também se mostra como uma e a mesma. É só por esta razão que o amor de Deus místico e contemplativo "em relação a" Deus como o bem supremo precisa conduzir de maneira essencialmente necessária para o acompanhamento e a correalização do *ato* infinito do amor de Deus em relação a si mesmo e em relação às suas criaturas - de tal modo que nós homens nos comportamos em relação à criatura ao nosso lado de maneira análoga ao modo como Deus se comporta em relação aos homens; e isto assim como, por outro lado, o amor "*em*" Deus, isto é, a entrega ativa do *centro* espiritual da pessoa ao cerne da pessoa total divina e o amor conjunto de todas as coisas com o amor de Deus, precisa retornar por si mesmo uma vez mais a Deus como o objeto maximamente elevado do amor e se consumar, com isto, de maneira místico-contemplativa no *Amare Deum in Deo*. Só deixar que um desses movimentos amorosos de nosso coração, movimentos esses que se encontram dirigidos diversamente, se faça valer, é algo que conduz a equívocos profundos. Foi o que aconteceu com a religiosidade grega, por exemplo, que só realizou de maneira unilateral o primeiro movimento, assim como com a religiosidade luterana que realizou de maneira antimística e unilateral o segundo. O poder livre da vontade de Deus - uma vez que Deus também posiciona a sua própria existência de acordo com a sua essência como sendo ela mesma eterna e necessária - está, portanto, inserido nos limites de seu ser espiritual eterno. Deus é, "de maneira necessária segundo sua essência", livre e quer a si mesmo, isto é, Ele quer a sua *essência* como algo eternamente necessário.

Não menos equivocada do que uma doutrina, que deixa aquilo que corresponde no espírito de Deus à razão e ao amor ser completamente tragado por sua quase "*vontade*", é aquela doutrina, que vem retornando desde Plotino de múltiplas formas e que foi defendida da maneira mais eficaz possível por Spinoza e Hegel: a doutrina segundo a qual o mundo proviria *necessariamente* da essência de Deus (seja de uma maneira lógica e atemporal, seja sob a forma dinâmica de uma gênese atemporal ou até mesmo sob a forma de uma gênese temporal). Em conformidade com a lei da essência, essa doutrina está ligada com um *intelectualismo* extremo na doutrina do espírito (mesmo do espírito humano) e, constantemente, com uma forma qualquer do *panteísmo*. E, em verdade, esse panteísmo é sempre um panteísmo acósmico, isto é, uma doutrina que desconhece no primeiro lugar a contingência e o ser real do mundo, assim como a indedutibilidade de suas coisas e processos a partir de relações essenciais e de unidades essenciais realizadas nela. Só quem não vê a *realidade* desse mundo pode tolerar essa visão. E só quem desconhece o nexo essencial entre ser real e ser querido poderia, apesar de ver a realidade do mundo, reconduzir sua existência para um *puro* espírito intelectivo. Se Deus se relacionasse com o mundo (de maneira panteísta) do modo como o todo se relaciona com as suas partes, ou a essência com a sua aparência, ou a substância com os modos de seus atributos essenciais, então também só restaria aos espíritos finitos *uma* tarefa: pensar o mundo corretamente e conhecê-lo verdadeiramente – mas não também a tarefa de *configurá*-lo concomitantemente de modo *livre*, segundo um *plano* e sob o domínio de ideias de valores e normas (que não são abstraídos de sua existência), em um mundo melhor. A tarefa *ética* da vida dissolve-se aqui completamente em meio à tarefa contemplativa. Conclui-se a partir daí o quão necessariamente a não assunção da vivência *da vontade* do homem no mundo em meio à concepção filosófica do mundo e à experiência que acontece nele de uma resistência do mundo e da realidade atrai para si também os erros mais profundos no que concerne à ideia de Deus. O mundo só exige uma *causa* volitiva lá onde ele e na medida em que ele é um mundo real e contingente; como os nexos essenciais encerram, em verdade, no interior de limites, as suas "possibilidades" ideais, mas não determinam de maneira inequívoca o efetivamente real. Apesar de a liberdade de Deus não poder ser nenhuma liberdade independentemente de sua essência ou mesmo contra a sua essência eterna, mas estar incluída em sua essência, é de qualquer modo justamente a *liberdade*, que também está incluída em sua *essência*.

Epistemologicamente, por isto, está ligado com aquela doutrina necessariamente um falso platonismo hiper-realista. Todo o reino dos "fatos contingentes", das *causae secundae*, assim como o direito dos métodos empírico-indutivos no campo de todo o conteúdo extraessencial do mundo, é, então, desconsiderado. As ciências positivas dissolvem-se neste caso na filosofia, mas também a religião se dissolve na gnose, enquanto a religião positiva se dissolve na religião natural. Caso se desconheça em Deus como espírito a essência da personalidade e da liberdade, então também é preciso negar ao ser finito personalidade e liberdade. Eles se tornam meros modos de um atributo da essência divina "pensamento" ou apenas pontos de travessia de um processo lógico ou dinâmico – na melhor das hipóteses meras unidades funcionais do espírito divino. Erro e pecado aparecem sob esse pressuposto já necessariamente como provindo da finitude e da corporeidade em geral – não a partir de atos livres da vontade pessoal espiritual; ou, tal como no panteísmo historicizante de Hegel, eles são estímulos necessários do desenvolvimento histórico – subcasos da doutrina "dialética" fundamentalmente falsa sobre a força criadora da negação (*omnis determinatio est negativo*), de uma intuição, que se tornou já desde Nicolau de Cusa um dos elementos mais questionáveis do espírito popular alemão. Entre o devir do mundo e o processo do mundo (respectivamente conservação e direção do mundo) apaga-se toda e qualquer diferença. O mundo torna-se eterno como o próprio Deus, uma vez que ele ou bem se mostra, sim, como uma consequência necessária de seu ser eterno (Spinoza), ou bem ele se torna Deus (como em Hegel) mesmo inserido no devir.

Essa doutrina *não* se equivoca pelo fato de ensinar a *Immanentia Dei in mundo*, a onipresença de Deus em todo ente, o efeito conjunto de Deus (*concursus Dei*) em toda atuação das *causae secundae*, a necessária determinação modal da vontade divina por meio de *ideias* que antecedem ao querer como não estando ligados meramente a conteúdos particulares, mas ao mundo enquanto um ser mundo mesmo; também não pelo fato de ela fazer sentir (aparentemente) de maneira mais profunda a dependência "pura e simples" da alma em relação a Deus e de ver na vida contemplativa um nível hierarquicamente mais elevado da vida do que na atuação prática. No interior da filosofia protestante do norte da Alemanha, juntamente com o seu falso supranaturalismo religioso rigorosamente correlato (cf. a falsa interpretação da sentença de Cristo "Meu reino não é deste mundo" no sentido de que se trataria, com isto, de um reino fora do mundo ou apenas "acima" do mundo), a crítica ao panteísmo intelectual por parte da filosofia da vontade, da força, do trabalho e da assim chamada filosofia da "*cultura*" já sempre tinha errado o alvo, atirando *muito acima* da meta. Ela chegou a erros, que seguramente não são menos profundos do que os aqui rejeitados. O panteísmo contém ante o teísmo protestante uma profunda *verdade*. Ele sempre *atuou em contraposição* ao perigo do teísmo de decair no henoteísmo. Reside aí inversamente o erro de já ver na *substância do mundo* o próprio Deus, ou seja, de se ensinar propriamente a *Immanentia Mundi in Deo*, não a *Immanentia Dei in mundo*; de a onipresença de Deus em todo ente - que também se mostra para nós como algo totalmente diverso da mera *onisciência e onipotência de Deus* em relação a esse ente, sim, até mesmo mais do que a *condição* da onisciência e da onipotência - ser invertida e transformada em uma morada sensivelmente apreensível de Deus no ente finito; o erro de exagerar o *concursus Dei* em toda atuação finita das *causae secundae*, tornando-o uma exclusão e uma negação da força efetiva das *causae secundae* e ensinando a *oni*causalidade divina; de não ser afirmada apenas a determinação *modal* necessária do querer por meio de ideias, mas também uma determinação "fática" do querer por meio de ideias (e *sem* mediação por meio de uma intelecção valorativa = sabedoria); o de tomar o amor necessariamente indicado e bem justificado pelo mundo "em" Deus, e, em virtude de seu criador divino e de sua meta suprema, como se ele mesmo já devesse ser já amor "por" Deus; o de assumir o *Amare Deum in Deo*, porém, como o estágio mais elevado do amor que abarca em si necessariamente o amor ao mundo tanto quanto a Deus. A filosofia da vontade protestante rejeita, além disto, a posição hierárquica mais elevada da vida contemplativa. No entanto, a posição hierárquica mais elevada da vida contemplativa acima da vida prática em si não é nenhuma aberração. Apesar de tudo aquilo que se pode dizer contra isto, essa doutrina não é de maneira alguma apenas "intelectualismo cristão"; ela é uma das verdades *eternas*, que a filosofia cristã encontrou. Só não atentar já para os fatos essenciais da vida da vontade e para a dissolução aqui tentada da vontade em fatos do entendimento (no homem tanto quanto em Deus) é que conduz para o interior do falso intelectualismo. Pois é somente *por meio daí* que a necessidade essencial pedagógica do conhecimento ético e da vida prático-moral é em princípio mal-interpretada como estágio prévio para a contemplação filosófica extraética da essência, e, então, que se desconhece naturalmente com ainda maior razão o fato de a contemplação filosófica dessa contemplação filosófica da essência, sem levar em conta o seu valor próprio, *também* se mostrar como um estágio prévio para a intimidade divina *puramente religiosa* no *Amare Deum in Deo*.

Por fim, o *primado* funcional *do amor* ante o conhecimento (que acompanha da maneira mais exata possível a doutrina aqui afirmada do primado valorativo do entendimento ante a vontade) é abafado completamente no panteísmo intelectualista. O *Amor Dei intellectualis*[86] de Spinoza, por exemplo, não é um ato originariamente dirigido, que se mostraria como a condição do conhecimento evidente e plenamente adequado, mas deve se mostrar apenas como o *fim* do processo de conhecimento: "a unificação completa com a coisa mesma", respectivamente o mero efeito do sentimento dessa unificação. O pensamento de que em particular o amor de Deus seria condição, não consequência, de um conhecimento de Deus (livre do amor), é, portanto, invertido e transformado em seu contrário. A teoria panteísta do amor fundamentalmente equivocada em seus pontos de partida fenomenológicos (de Spinoza até Schopenhauer, Hegel e Hartmann), teoria essa de acordo com a qual o próprio amor de A por B só deve ser um tipo de conhecimento (obscuro) para a *unidade* do fundamento do mundo e para a não existência pessoal dos amantes enquanto *pessoas* (isto é, de seu modo de existência meramente modal ou funcional perante Deus), esse ponto de partida metafísico derradeiro de todo *comunismo sociológico* falso, também é, do mesmo modo, uma consequência essencialmente necessária do ponto de partida panteísta equivocado. Todo amor "autêntico" afirma o seu objeto na direção do devir que leva até o *seu* ser dotado de um valor idealista peculiar; e isto *apesar de* sua separação existencial da existência do amante e apesar de sua alteridade, sim, em e durante a clara dação

86. Em latim no original: "amor intelectual em relação a Deus" [N.T.].

dessa diversidade existencial e dessa alteridade. Se eu só "amasse" a Deus, porque sou um modo, uma função de Deus, e só amasse, então, os outros seres, porque eles também o são - ou seja, porque eles não são substancialmente diversos de mim - então não importa o que eu viesse a fazer, isto não poderia ser de maneira alguma "amor". Ele não passaria de um pequeno egoísmo, que não seria senão parte do grande omniegoísmo, no qual Deus (do mesmo modo sem uma diversidade pessoal autêntica em si) ama de maneira infecunda a si mesmo. E é assim que as coisas devem se mostrar também para Spinoza: nosso amor a Deus seria - tal como pensa Spinoza - apenas uma *parte* do amor, com o qual Deus ama a si mesmo. Por isto, também a dependência da alma de Deus não é finalmente nenhuma dependência *religiosa*. Se a alma vem à tona necessariamente a partir de Deus como função do espírito divino, de tal modo que ela permanece aí ao mesmo tempo totalmente imanente; ou se ela é apenas a "ideia de uma ideia do pensamento divino" (Spinoza), então também falta juntamente com a *configuração* moral e livre da dependência todo o valor e sentido religiosos, que essa dependência pode ter. Ela não é a dependência da quase criança em relação ao pai, mas a dependência do escravo em relação ao seu senhor. Assim, no *Tratado teológico-político*, Spinoza também pode de fato dizer: "Nós somos servos, sim, escravos de Deus". Se Deus mesmo pensa em nós, quer em nós etc., se a religião é apenas a autoconsciência de Deus *no homem* (Hegel), ou sua conscientização (Hartmann), então não há nem mesmo *obediência* em relação à vontade divina (para não falar em amor livre em relação a ela), uma vez que a própria obediência[87] é um ato positivo autônomo da pessoa humana (diferentemente da sugestão impositiva, na qual falta a consciência da vontade alheia que comanda como uma vontade alheia)[88]. Há ainda menos *velle in Deo*

87. Contra as objeções do panteísmo em relação ao teísmo, comparar meu ensaio "Para a ideia do homem", nos ensaios e conferências *Da reviravolta dos valores*. O fato de o conceito kantiano de autonomia da razão (não da pessoa, tal como se vê constantemente citado de maneira falsa) conduzir do mesmo modo ao panteísmo da razão (Fichte e Hegel) foi indicado no mesmo lugar.

88. Em relação a obediência e autonomia, cf. em *Der Formalismus in der Ethik und die materiale Wertethik* [O formalismo na ética e a ética material dos valores], seção VI B, 3, "Autonomia da pessoa".

como um “querer” livre. Com certeza, porém, somos “escravos” naquele sentido de todos o mais estrito de Aristóteles: “A vontade do escravo está *em* dominar”.

Certos metafísicos modernos apresentaram afirmações peculiares sobre a relação do mundo real e efetivo com os mundos possíveis no que concerne à *bondade e ruindade do mundo*. Leibniz afirmou que podia comprovar o fato de o mundo não ser apenas bom e perfeito, mas de ele – tal como ele é originariamente produzido a partir das mãos do criador – ser o melhor e o mais perfeito de todos os mundos possíveis. Schopenhauer tentou provar, ao contrário, que ele era o pior dos mundos possíveis e que, caso ele tivesse sido só um pouco pior, ele não teria sido possível, respectivamente suas partes não teriam sido compossíveis. E. von Hartmann afirmou que a existência de todo e qualquer mundo enquanto tal seria ruim e um contrassenso, mas que, entre os mundos passíveis de existência, o mundo efetivamente real seria o relativamente mais racional e melhor.

Mas essas doutrinas desconsideram a liberdade da vontade criadora divina. Elas desconhecem, além disto, que as essencialidades e as estruturas essenciais positivas, que nós conhecemos, em verdade, na filosofia como possibilidades ideais para todo e qualquer mundo real e efetivo, também se mostram válidas para todos os outros mundos possivelmente reais e efetivos; que não podemos conhecer, contudo, todas as essencialidades possíveis elas mesmas, que são pensadas por Deus, mas apenas aquelas que são concretizadas em nosso mundo real e efetivo. Esse mundo, porém, precisamos conhecer, a fim de ousar uma afirmação desse tipo.

Tanto mais importante, no entanto, é para nós a questão de saber como é que, de acordo com o que foi dito até aqui, ou seja, de acordo com a doutrina dada de Deus, é preciso compreender a *origem do mal e do malévolo*.

Na medida em que não desvelamos a existência e a essência de Deus a partir da existência e da constituição do mundo, mas só depois do conhecimento autônomo da existência e da essência de Deus *e* do conhecimento da existência do mundo é que podemos concluir que Deus seria a *prima causa* do mundo, temos o direito e o dever de formular a questão de saber como o mundo real e efetivo, conhecido empiricamente por nós, se relacionaria com *o* mundo, que temos de esperar como a criação de um Deus sumamente amoroso e bom. Uma vez que só podemos esperar sem dúvida alguma um mundo completamente bom e dotado de sentido como criação de um criador dotado com os atributos do amor e da razão infinita, mas nos deparamos em nosso mundo com imperfeição, maldade, crueldade na mais extensa realidade, então é incerta para nós (de maneira completamente independente da revelação) a conclusão racional de que o mundo tinha caído por meio de uma causa espiritual livre depois de sua criação em uma constituição completamente diversa daquela em que ele imediatamente se encontrava, quando ele proveio das mãos do criador. O mundo que é efetivamente conhecido por nós é muito pior do que corresponde ao seu fundamento. Assim, o ato livre de um espírito superior ao poder humano em geral, por meio do qual o mundo decai naquela constituição, se torna uma verdade mais segura da razão. A assim chamada "queda" é, contudo, uma verdade da razão inextrincável pelo teísmo (e não meramente um axioma da revelação).

Foi um progresso decisivo no interior da filosofia alemã em relação ao panteísmo da razão dos kantianos clássicos, quando Schelling e Schopenhauer visualizaram novamente a profundidade e a verdade da doutrina cristã da "queda". Schopenhauer em particular viu nas doutrinas da queda e do pecado original as "mais profundas verdades do cristianismo". Mas ele também transforma equivocadamente essas verdades em sua própria filosofia, na medida em que vê na própria existência e no querer que estabelece a existência já a "culpa originária".

Qual é o fundamento filosófico mais profundo, que conduz Schopenhauer ao seu princípio? São sobretudo dois fundamentos:

1) Schopenhauer não acolhe os três atributos "*razão*", "*amor*" e "*bondade*" em seu "fundamento do mundo". Ele não conhece a "razão" como capacidade de uma intelecção das essências; para ele, a razão se esgota em uma atividade comunicável do entendimento em meio à formação indutiva dos conceitos, do estabeleci-

mento de consequências e de conclusões – que, com certeza, sem a intelecção imediata das essências (sem uma razão contemplativa), acabaria se tornando necessariamente uma presa, um meio meramente técnico para a satisfação de impulsos vitais obscuros. No entanto, uma origem desse entendimento técnico a partir de uma vontade cega de vida permaneceria por si só incompreensível (o impulso vital cego não tem como acender nenhuma "centelha"; pois onde estaria a luz, para que pudéssemos ver o valor da centelha?). Entendimento é apenas compreensível como servo de uma razão contemplativa. Schopenhauer reconduz de maneira falsa o amor à compaixão, assim como a compaixão, porém, a uma contaminação sentimental, respectivamente a um conhecimento instintivo obscuro do uno-total[89]. Ele não conhece a bondade, porque ele não conhece nenhuma "boa vontade".

2) Schopenhauer também aduz com razão ao fundamento do mundo o atributo do "querer". Mas *esse* querer é apenas a quintessência do ímpeto impulsivo obscuro ilimitado da "vontade de viver", não um querer racional amorosamente dirigido, que vai ao encontro, a partir de seu centro, dos impulsos pulsionais. Então, uma vez que ele reconhece corretamente que *realidade, realidade efetiva*, não são nenhuma categoria lógica, mas uma categoria volitiva, mas não reconhece uma vontade dirigida pelo amor e pelas ideias, o mundo enquanto *realidade efetiva* é para ele apenas *objeto de um desejo cego*. A consequência é que, para ele, o *ser real* do conteúdo de ideias concretizados no mundo enquanto *tal* é já cego e ruim. (Ele e Schelling tomaram essa visão dos indianos e E. von Hartmann os seguiu neste ponto.) O *sentido* da vida só pode consistir, por isto, de acordo com essa doutrina, em uma *irrealização* sistemática do mundo – isto é, na tentativa de torná-lo uma imagem objetiva: no "não" à vontade de vida, que é o mesmo impulso cego em todas as coisas. Esse "não" deve ser a origem comum para todas as figuras da humanidade suprema (gênio, filósofo, santo).

89. Cf., para a crítica das doutrinas de Schopenhauer e de E. Hartmann, *Essência e formas da simpatia*, seção VI, Parte A. Na edição anterior do livro (1913), cf. anexo II, Índice bibliográfico, n. 6 e 8. OC, vol. 1 e 7.

Totalmente intangível, porém, permanece aquilo *que* estaria em nós, aquilo que diz *"não" à vida*, se nós somos até as raízes de nossa existência vida impulsiva totalmente embrutecida. O mero "não" não tem como produzir, além disto, nada positivamente valioso. E em virtude de que bem mais elevado dizemos "não" à vida? Também paz, tranquilidade, descanso psíquico na intuição estética dos conteúdos do todo já são estados positivos do ânimo, não meramente ausência do ímpeto para a vida. Em Schopenhauer, contudo, o bem mais elevado deve emergir exclusivamente por meio da negação do inferior. A consequência é uma ascese negativa do ressentimento. A metafísica de Schopenhauer é falsa, uma vez que ela não pode mostrar a origem do bem, da luz, da *razão*, do *amor*, do *sacrifício*, da autêntica compaixão e da justiça no mundo.

Mas também isto é em Schopenhauer um erro: o fato de ele transformar o ímpeto *vital* em algo "cego", "mau", "precário". O mal tem a sua sede no *espírito*, no ódio e no querer - não na vida pulsional. O ímpeto vital não é, em verdade, eticamente bom, mas também não é mau e cego. Ele é *conforme a meta* em cada uma de suas emoções - ainda que sem intelecção e conceito - e não está dirigida para a conservação, mas para o desdobramento (geração, crescimento, formação de uma organização cada vez mais elevada). Com certeza, ele não é guiado puramente por si pelo amor, pela razão; por isto, ele é *demoníaco*, mas não mau. Só a afirmação espiritual de suas direções, até o ponto em que elas se encontram em uma oposição que se tornou consciente em relação a um bem conhecido e amado, é má.

Enquanto Schopenhauer rejeita a ideia de Deus (no sentido panteísta e teísta) e deixa a religião imergir em uma técnica de salvação que mostra como se pode chegar à negação da vontade de vida, E. von Hartmann e o Schelling tardio retêm a ideia de Deus. Eles mantêm, além disto, uma razão mundana, mas transpõem a origem do que é ruim e mau para a *origem das próprias coisas*, e, em verdade, para o fato de que Deus *não apenas pensou o mundo*, mas, além disto, o *realizou*. Como esse "querer" de Deus é em si mesmo uma veleidade cega, absolutamente casual, ainda que (em Hartmann) nos *limites de sua racionalidade*, de tal modo que, se Deus quis o mundo, Ele precisou querer o mundo relativamente mais racional, então o ser real e efetivo do mundo e todo e qualquer *mundo possível* se mostram *em todos os casos como ruins.* Assim, criação e queda quase coincidem aqui. Justamente *o fato de ele* ter se tornado real representa *a "queda"* da mera ideia do mundo, que é em si bom e racional - a "queda" na realidade efetiva. Aqui também, o caminho da salvação é a autorredenção dessa realidade efetiva - o caminho de sua irrealização. Para Schopenhauer, essa inversão acontece de repente e esporadicamente no grande indivíduo particular; em Hartmann, ela acontece por meio do caminho da salvação da história do homem. Mas essa "redenção" é *auto*rredenção e, em segunda linha, redenção divina por meio do homem que conhece, do homem ético, que quer e forma artisticamente. Na medida em que Deus se torna cada vez mais claramente *consciente* no homem de seu *mau ato* cego, ou seja, de ter realizado o mundo - ao invés de meramente pensá-lo -, esse ato volitivo cego e sem meta deve ser por fim retirado da história e o mundo deve *retornar* uma vez mais para o estado bom e bem-aventurado da *irrealidade,* do *mero ser pensamento e imagem.*

De início, essas doutrinas são historicamente muito compreensíveis. Elas formam em primeiro lugar uma reação bastante significativa ao *panteísmo otimista* infantil da época fichtiana e hegeliana. Caso o panteísmo deva efetivamente se fazer presente, não o teísmo, então o mal e o perverso também precisam ser transpostos de maneira logicamente consequente para o *próprio* fundamento do mundo. (É isto que comprova toda a história do panteísmo). Só o teísmo pode tornar compreensível o mal - sem transpô-lo para o fundamento do mundo. Pois é um contrassenso imputar o mal e o perverso apenas ao nosso conhecimento fragmentário e faltante do mundo (Spinoza) - como se tudo se reunisse por detrás dos fragmentos que conhecemos em uma totalidade ordenada harmoniosa e plenamente dotada de sentido. E é um contrassenso, sim, no fundo um crime, ver com Hegel em tudo aquilo que é moralmente moral apenas o sal estimulante de *novos desenvolvimentos positivos,* a assim chamada "negação criadora". Não há nenhuma negação criadora. A sentença: *omnis determinatio est negativo* é falsa e equivocada. Ela tem sua base no falso sentimento de vida romântico: "contradições tornam frutífero".

No entanto, essas doutrinas não são menos uma reação plenamente dotada de sentido contra aquilo que denomino o "teísmo sem queda" - seja porque a queda é em geral negada, seja porque ela é transformada em uma mera doutrina positiva da revelação. Vimos anteriormente: a contenda gritante entre um mundo criado por Deus como *bom* e *este* mundo efetivamente real nos conduz *necessariamente* para a suposição da queda. Ainda quando se admite a queda, *então não é já suficiente para a* teologia *natural que ela* seja *admitida apenas para o homem*. A "queda" do homem exclusivamente a partir de seu querer livre - sem tentação por meio de um elemento mau mais elevado e mais poderoso acima dele - é impensável para o homem *criado por Deus* e feito à imagem e semelhança de Deus, ainda que a autêntica liberdade pessoal e a autêntica liberdade de escolha lhe sejam atribuídas. O bem em si positivo da liberdade é de qualquer modo *ceteris paribus* mais liberdade para o bem do que para o mal. A atualização da liberdade em relação à escolha efetivamente real do mal carece, portanto, de um estímulo que venha de fora e de cima do homem. Uma metafísica valorativa correta precisa, além disto, manter o princípio de que mesmo tudo o que há de *maléfico no mundo* se funda em um poder concentrado do *mal*; e isto uma vez que o "mal" só pode ser um atributo essencial de uma pessoa, de uma pessoa má. O mal não é algo meramente maléfico ou algo que emerge necessariamente de algo maléfico, tal como dizem as doutrinas naturalistas, que o consideram apenas como "imperfeição" natural, como "inibição ao desenvolvimento", como "atavismo" ou como doença (Leibniz, Spencer, entre outros)[90]. Ele é por natureza a partir do predicado dos atos espirituais livres; portanto, ele é um levante livre e consciente contra um poder e uma realidade concebidos claramente como bons. Malevolosidade, aversão a metas, é e só pode ser a sua *consequência* para toda intuição, que assume em geral um fundamento *espiritual* do mundo. Caso se retenha, porém, essa sentença: *o mal é a origem também do malévolo* como a quintessência de valores extramorais negativos em geral, na medida em que eles

---

90. Cf., quanto a isto, *Der Formalismus in der Ethik und die materiale Wertethik* [O formalismo na ética e a ética material dos valores], onde essas doutrinas são detalhadamente refutadas.

cabem a objetos extraespirituais (p. ex., doença, morte), então é impossível deixar *a malevolosidade do mundo* que nos é conhecida emergir exclusivamente do mal do *homem*. Pois a malevolosidade do mundo é para o mundo que nos é empiricamente conhecido um constituinte necessário: ela *também* está *ligada com o bem do mundo* necessariamente em uma *causalidade* transparente própria da lei da natureza. Sim, o fundamento de toda malevolosidade particular é precisamente essa articulação necessária, dada para nós com a impressão do inexoravelmente *trágico*, entre o bem e o malévolo, sim, mesmo entre bem e mal na natureza humana. O fato de ser verdadeiro que todos têm as virtudes de seus erros e os erros de suas virtudes, que emergem de todas as pessoas a partir do mesmo fundamento de caráter erros e virtudes, e de todo povo, erros e virtudes, fluindo daí claramente: isto constitui o *caráter trágico da existência*[91]. O fenômeno do trágico é ele mesmo uma demonstração de que panteísmo e "teísmo sem queda", assim como, porém, a transposição do fundamento do mal e da malevolosidade para o fundamento do mundo, são falsos. É a necessidade *trágica* na ligação entre malevolosidade e bem, entre o mal e o bem no mundo por nós conhecido, que exclui buscar apenas no mal humano a origem da malevolosidade. Essa articulação trágica é ela mesma a *maior malevolosidade*. A grande infantilidade de todo liberalismo e de suas placentas espirituais é transpor o caráter constitutivamente fragmentário de tudo o que é positivamente valoroso nesse mundo para o interior do mero "estágio de baixo desenvolvimento" do mundo, é considerá-lo superável pelos assim chamados avanços. O homem é efetivamente - como Kant observa de maneira profunda - "feito de uma madeira torta demais, para que se pudesse algum dia construir algo totalmente reto com eles". A *malevolosidade do mundo* é, em verdade, objetivamente a consequência de um mal em geral, uma vez que ela só pode ser uma tal consequência - *se* o espírito guia o mundo; não obstante, ela *antecede* de qualquer modo o mal humano e a grande tentação duradoura em relação ao ser mau e ao comportamento do homem.

---

91. Cf., quanto a isto, meu ensaio "Sobre o fenômeno do trágico, em meus ensaios e conferências *Da reviravolta dos valores*.

A metafísica não consegue *contar* nenhuma *história*, nenhum acontecimento nos reinos das pessoas, que se encontre no meio entre Deus e o homem. De qualquer modo, porém, ela consegue ainda concluir a partir desse estado de fato, vendo-o juntamente com os estados de fato das citadas verdades essenciais[92]: a origem do *mal, que é o último fundamento* desse mundo e, com isto, também a causa dos estímulos imediatos tentadores para o humanamente mal não pode residir nem no próprio fundamento do mundo, nem apenas no homem. Ele precisa ter seu lugar em uma esfera metafísica intermediária entre os dois, em um levante livre contra Deus por meio de uma pessoa, que tem poder sobre o mundo. Pela mesma razão, contudo, a *carência de redenção* do mundo e do homem em primeiro lugar (isto é, do microcosmo, no qual todos os elementos e forças do mundo são solidários) é também uma verdade metafísica. O homem não pode se salvar por si, a não ser *por meio de redenção*. Somente o *fato da redenção é enraizado de maneira teologicamente positiva* em um ato livre da vontade de Deus, não essa necessidade hipotética. Na medida em que se precisa dizer com Newmann: "O mundo decaiu de seu criador: ele não se encontra constitutivamente em consonância com ele. Essa é uma verdade, *tão segura quanto a minha existência e a existência de Deus*". Ele necessita da redenção e aspira à *redenção*. Totalmente contrassensual, em contrapartida, uma *contradictio in adjecto*, é o conceito da "autorredenção". O que nós mesmos podemos alcançar espontaneamente não é justamente nenhuma redenção. Ainda muito mais contrassensual é a ideia de uma "*redenção de Deus por meio do homem*" (Von Hartmann). Pois:

1) Não é nenhuma vivência religiosa plenamente dotada de sentido que se encontra em sua base, mas uma coisa retificada por meio do pensamento de maneira puramente dialética.

2) Mas também é um contrassenso o fato de o *derivado* dever redimir *o fundamento*, de o homem, no qual não *pode* haver nada em termos de forças positivas, que já não tenha a mesma origem que ele e que seu espírito, dever redimir essa origem.

---

92. Cf. NEWMANN, J.H. "Apologia pro vita sua".

Isto é tanto um contrassenso quanto a negação da vontade de vida, se é que não há nada originariamente no homem como uma vontade cega.

Uma outra razão para aquela doutrina, que transpõe a origem do mal e do malévolo para o fundamento do mundo, é a *posição* unilateralmente *estética* ou só *especulativa* em relação à *existência* e à *vida*, que também proveio do mesmo modo do Romantismo. Em Schopenhauer e em Schelling, é mais a posição estética, em Hartmann, a posição unilateralmente especulativa, que conduz a *ver* no *querer* e em seu *correlato*, na realidade, o *mal em si*. Também para Jacob Burckhardt - fortemente influenciado por Schopenhauer - vale a mesma coisa, quando ele denomina o "poder em si como mau". Para Schopenhauer, o "sofrimento" e a "realidade efetiva" são uma e a mesma sensação vital, um e o mesmo pensamento, e só a *fuga da realidade efetiva* para o interior da *tranquilidade*, que clarifica o mundo em uma imagem *estética*, se mostra para ele como o *bem* em si. Para Hartmann, a vida já é no *plano das ideias* o bem em si.

Nessa postura unilateralmente estética em relação à existência, porém, também se desconhece precisamente a própria postura e a região valorativa estética que lhe é correlata - e, por fim, o sentido metafísico do fenômeno estético e da arte. A postura estética não é esgotada por meio do estado de coisas negativo "de uma intuição desinteressada e sem conceito" ou mesmo - como Schopenhauer o interpreta - por meio do silêncio, da tranquilidade, da paz, tal como eles acompanham a interrupção do ímpeto vital. Ela também é guiada por uma espécie de amor positivo em relação ao essencial segundo o seu lado puramente intuitivo, e pelo gozo feliz ligado a ela que não se mostra apenas como paz, mas também como bem-aventurança positiva. Arte, porém, não é - como Schopenhauer o interpreta - um meio para a fuga contemplativa da realidade efetiva, mas uma penetração espiritualmente conquistadora no conteúdo intuitivo dos valores do mundo por meio do *processo* de apresentação[93], sim, ela é a tentativa de uma recriação

93. Cf. no âmbito do volume *póstumo* já tantas vezes citado (1933) as exposições do autor sobre o tipo do valor pessoal do artista (Anexo, p. 428ss.). Além disto,

da "imagem" de um mundo, tal como ele tinha reluzido antes da "queda" diante dos olhos divinos; uma tentativa de restituir para o mundo, sob a imagem do fresco e virginal, a perfeição que ele tinha perdido por meio da queda. Ela é mais uma promessa de uma redenção possível em relação às consequências da queda, do que uma mera fuga da realidade efetiva em geral.

Eu disse: a "queda" é uma verdade oriunda de uma ordem metafísica ou, de qualquer modo, ela é *também* uma tal verdade. Por isso, não se trata apenas de um acontecimento histórico, de uma consequência positiva singular de um ato positivo, mas de uma tendência presente sempre e por toda parte no ser do mundo e no acontecimento do mundo. Um mundo entregue a si mesmo diminuiria constantemente o seu valor positivo conjunto, à medida que ele fosse entregue a si mesmo. O mundo que nos é dado *qua* mundo "decai" sempre. Essa "queda" constante enquanto tendência constitui um traço de caráter tão profundo de sua existência, que ela penetra tudo aquilo que conhecemos, todas as regiões do que é efetivamente real - desde a natureza morta até os exemplares mais elevados da humanidade. Se não se concluísse a partir de nenhuma outra coisa senão a partir da teleologia imanente ao mundo a natureza de sua causa, então se chegaria à suposição certamente de um deus, mas de um deus, que perde constantemente de suas mãos as rédeas sobre a sua criatura - um deus que envelhece - e que um dia morrerá. É somente se não deduzirmos a existência e a essência de Deus a partir do mundo, no qual há o sofrimento e o mal, isto é, a partir do mundo decaído, que teremos o direito e deveremos acreditar e esperar que as metas de Deus se imponham a despeito dessa tendência universal em relação à queda e à diminuição de valor. Mas - somente por *um* meio: pela *redenção*. Em relação a toda força, que diminui na grande ordem das forças, precisa ser pensada uma força superior, que pode interferir livremente a partir de si, para interromper a queda imanente, e cujo ponto de partida mais elevado é a própria força de Deus. Não deixar acontecer, só os *atos* redentores sempre novos e positivos de Deus - segundo

---

as exposições sobre "Metafísica e arte", que foram publicadas a partir da obra póstuma na revista bimensal *Deutsche Beiträge* [N.T.].

uma ordem determinada da redenção – podem entregar, de acordo com a possibilidade, uma conclusão positivamente significativa e valiosa ao drama do mundo. Por isso, nem aqueles que negam totalmente uma teologia imanente, nem tampouco aqueles que atribuem a ela uma força de um crescimento valorativo imanente positivo – têm em vista, portanto, que o mundo conseguiria se "desenvolver" a partir das forças de seus elementos derradeiros próprios em formas de existência de um valor cada vez mais elevado. Os primeiros vivem tão profundamente no mundo decaído, e, em verdade, na tendência de sua queda, que eles não têm mais como apreender de maneira alguma a ideia do mundo não decaído; que eles deixam de ver, além disto, totalmente os focos positivos e as atividades positivas conforme a fins, que naturalmente são cada vez mais restritas em sua influência conjunta por meio dos focos negativos. Os outros – entre eles também, todos aqueles que tomam como base de sua explicação do mundo a metafísica de Aristóteles, isto é, a metafísica de um mundo que não carece de maneira alguma de redenção, em si já fechado e perfeito – não notam as forças que aspiram negativamente a uma meta e consideram um mundo metafisicamente decaído e, por isso, que decai cada vez mais fisicamente como aquele que foi originariamente criado por Deus. A carência constitutiva de redenção do mundo, porém, é desconhecida pelos dois. A religião cristã é uma religião que parte da carência de redenção do mundo – ela é a religião de um mundo, que em *cada um* de seus movimentos anseia por redenção. Não é possível estabelecer ainda a partir de fora a redenção em um mundo fechado em si e conforme à razão. O mundo precisa ser estabelecido fundamentalmente com vistas à redenção, isto é, com vistas a uma intervenção de uma força que não brota dele mesmo, mas de uma existência que lhe é supraordenada, caso o pensamento da redenção deva desdobrar seu ímpeto pleno e sua profundidade plena.

Um tipo amplamente difundido da assim chamada "demonstração teleológica" deixa de ver esse ponto central. Ele deixa de ver que poder e valor, duração e capacidade de subsistência em relação à forma "mais elevada" de existência se encontram no mundo entregue a si mesmo em uma proporção inversa. Ele deixa de ver que todo "progresso", todos os "desenvolvimentos mais elevados", todas as formas gerais do crescimento valorativo não passam de "processos intermediários", por assim dizer cenas trágico-irônicas no drama do processo do mundo, que não conseguem interromper aquela tendência fundamental constante e universal resultante da queda, a tendência para a diminuição dos valores.

O fato de o mundo possuir esse aspecto fundamental já não é difícil de ver em uma consideração superficial e também já foi demonstrado de maneira rigorosamente científica em muitas áreas particulares; falta apenas uma visão conjunta desses resultados da pesquisa moderna sob *um* ponto de vista metafísico[94].

1) A finitude do mundo segundo o espaço, o tempo, a massa, a energia era para Santo Tomás de Aquino uma verdade teológico-positiva. Pode-se dizer que ela se tornou hoje uma verdade *natural*. A teoria da relatividade refutou um dogma fundamental de todos os livres-pensadores e de todos os metafísicos otimistas. É em um sistema espaçotemporal finito, ainda que quadridimensional e ilimitado, que toda a realidade efetiva do mundo se encontra, segundo ela, assentado. Se o mundo pudesse ser "infinito" ao menos segundo as suas formas fundamentais - então ele não careceria de redenção segundo a sua essência. Todos os valores positivos, que não têm como ser encontrados em um tempo finito e em espaços finitos, poderiam ser, contudo, atribuídos a ele em um processo infinito; todos os valores dissonantes poderiam ser equilibrados no nexo infinito do mundo - em um painel plenamente dotado de sentido. Nada disso é verdadeiro. O mundo tem de trabalhar por toda parte com o finito, com coisas que se esgotam. Há a origem do mundo e o fim do mundo - a morte dos mundos. Um processo único, que transcorre como a areia na ampulheta - é o "mundo".

Se um mundo essencialmente finito tem uma causa divina, então é preciso concluir que a conservação de tal mundo não custa

94. Essa seção só pode encontrar sua fundamentação mais profunda por meio da publicação de minhas preleções sobre metafísica dadas nos últimos anos na Universidade de Colônia.

menos à causa do mundo do que sua criação, sua criação não mais do que sua conservação. Pois se o mundo pudesse existir ainda que *apenas* um instante a mais a partir de si do que ele a cada vez existiu, então ele também precisaria poder existir por si - *ceteris paribus* - através de um tempo *infinito*. Como ele não pode fazer isso, ele também não pode existir um único *instante* apenas por si mesmo. Ele recai no nada, caso ele não seja por assim dizer sempre novamente conservado por meio do ato positivo de Deus. Sua precipitação no nada precisa ser por assim dizer impedida sempre novamente por Deus.

2) No interior do mundo inorgânico impera a lei da dissipação constante do movimento. Um movimento molar, apto para a realização de um trabalho e duradouramente direcionado, se torna cada vez mais um movimento molecular e não direcionado, sem a capacidade de realização de um trabalho. Os tipos de energia, quando eles são ordenados segundo a sua capacidade de trabalho, passam cada vez mais, em meio à conservação da quantidade de energia, para o interior da energia mais desprovida de valor - em última instância, para o interior da energia do calor. A morte térmica é a meta, a qual o processo do mundo aspira de maneira assintótica. Abstraiamo-nos neste ponto da interpretação metafísica dessas três leis. A única coisa que nos importa aqui é mostrar que a lei de um decréscimo valorativo do universo também se confirma no campo inorgânico. Essas leis não permitem, contudo, prever nada que entrará em cena no futuro. Elas só são válidas sob o pressuposto incompatível com a verdade de que o mundo não conteria nada como inorgânico - isto é, em uma abstração consciente da vida, do espírito, de Deus. Caso a vida orgânica pudesse inverter, no sentido de Maxwell, a direção terrível do movimento do mundo morto, ou caso seu empenho pudesse trazer consigo uma vez mais a capacidade de trabalho da energia, que se perde constantemente de acordo com essas leis, então não caberia a elas um significado em termos de realidade efetiva. Se uma ação metafísica do fundamento do mundo retomasse a existência do mundo em geral antes de atingir esse estado final, então valeria o mesmo. Por meio das leis, portanto,

só são expressas tendências. Auerbach[95], Bergson[96], entre outros, deram uma grande importância à primeira circunstância citada, a fim de fundamentar uma metafísica otimista. Vida como "tendência para o improvável" trabalharia com sucesso ao encontro da tendência para o "estado mais provável de todos" da distribuição da energia (segundo a interpretação mecânica de Boltzmann do segundo teorema do calor). Mas se essa concepção do movimento orgânico também é correta, então não se mostra, com isso, de qualquer modo que a vida orgânica conseguiria realizar por si mais do que um adiamento, que aconteceria temporalmente sob a adaptação concomitante a diferenças de tensão cada vez menores da energia, daquela desvalorização da energia. Tanto essa adaptação, para a qual W. Stern dedicou sua atenção, quanto esse adiamento possuem limites restritos. Além disto, adaptação e adiamento trabalham tanto ao encontro um do outro que, quanto maior se avalia a atividade própria da vida para se adaptar à morte e quanto menos se tem de avaliar a capacidade de adaptação da vida a diferenças de tensão decrescentes, tanto maior é, em verdade, o adiamento do nivelamento da energia, assim como tanto mais, porém, é ameaçada a existência da vida em geral. Caso se avalie a capacidade de adaptação da vida tão elevadamente quanto W. Stern[97], que não considera de maneira alguma grandezas energéticas absolutas dos estímulos do meio ambiente como *conditiones sine quibus non* para a existência da vida orgânica, então também não se pode esperar por nenhum efeito inversor, sim, nem mesmo por um efeito de retardamento da vida sobre a tendência do mundo morto.

Nessa luta entre o vivo e o morto, portanto, abstraindo-se do espírito e de Deus, não é a vida, mas em todos os casos a morte que sai vitoriosa.

É somente visto a partir da natureza, que toda a vida universal das configurações orgânicas permanece um *processo interme-*

---

95. AUERBACH, F. *Die Weltherrin und ihr Schatten* [A senhora do mundo e sua sombra]. Iena, 1902.

96. BERGSON, H. *A evolução criadora*, 1908.

97. Cf. STERN, W. *Person und Sache* [Pessoa e coisa].

diário do acontecimento do mundo – uma festa embriagante no curso do mundo – mas também uma tentativa com meios inúteis.

Somente se a "vida", enquanto quintessência das forças formais e imagéticas não dissolvíveis em elementos e leis do inorgânico, ainda tivesse um "caminho" possível totalmente diferente do caminho da *luta com o morto*, com sua formação e com sua transformação real, abrir-se-iam perspectivas para ela, que conseguiriam se subtrair ao seu destino natural.

Há um tal caminho: *trata-se do caminho da espiritualização da vida*, isto é, a virada de seus fatores de força para os "atos" em si impotentes do espírito – por assim dizer, elevação, recolhimento, salvação da vida do turbilhão das forças e dos elementos inferiores, com os quais ela luta – em sua forma extrema como técnica da civilização – uma luta a princípio de qualquer modo sem resultado no trabalho, na ação, na reconfiguração do mundo morto por meio do homem.

Será que esse "caminho" é possível a partir das forças do próprio espírito humano? Com certeza, ele é possível! Assim como o caminho da vivificação do morto, porém, ele também não pode conduzir por si só a um sucesso definitivo. Seria impossível para o espírito humano entregue a si mesmo percorrer o caminho com sucesso. A vida sempre terá de empregar, mesmo no homem, a maior parte de sua força naquela luta em última instância inútil com o morto, na qual ela consegue se afirmar como existente em uma forma qualquer de organização que a agrilhoam ao mundo morto e que a compromete. Mesmo em uma aplicação plena da liberdade humana para a espiritualização da vida, a parte a ser espiritualizada de todas as forças vitais será sempre menor do que aquelas que não têm como ser espiritualizadas. Sim, ela será cada vez menor em meio à dificuldade, que cresce com uma elevação crescente da organização, inerente à luta do vivente com o morto; isto é, por fim, seria a vida, que "vence" o espírito, e toda atividade do espírito seria uma tentativa com *meios inúteis* de proteger a vida em seu cosmos espiritual diante dos tentáculos da natureza morta. Somente se o espírito do homem obtiver correntes de força sempre novas, esse movimento poderia se inverter.

Esse, portanto, é o aspecto de um mundo entregue a si mesmo: o morto se precipita no nada; o morto capaz de emprego, no desemprego; a vida, no morto; o espírito se precipita no turbilhão da vida - dominado pelo impulso e pela paixão.

Um movimento ininterrupto do mais elevado em termos valorativos para o valorativamente inferior impera como *tendência* sobre esse mundo decaído - como origem de algo cada vez mais malévolo e de uma sedução das naturezas espirituais cada vez mais intensa para o mal.

3) Será que o desdobramento imanente da vida em suas formas de organização nos ensina algo diverso? Somente na medida em que não se pergunta o que significaria, afinal, uma organização "superior", pode ser que as coisas se mostrem de maneira diversa. Somente na medida em que se considera apenas a ordem originária das formas, espécies e gêneros da vida, mas não a sua ordem do que é morto e moribundo, pode ser, além disto, que essa aparência seja apoiada por uma nova aparência. Já o grande fato de algo vivente pagar em geral como indivíduo e espécie o seu valor mais elevado em relação ao morto com aquela interrupção e desaparecimento absolutos, que as meras leis de conservação da natureza morta não conhecem, isto é, com o *morto* - já esse fato maximamente simples mostra que a capacidade para a duração e o nível valorativo são distribuídos, ao contrário, de maneira inversamente proporcional no mundo. Pode-se - tal como Karl Ernst von Bär - definir um ser vivo precisamente como uma "coisa que morre", como uma força, que se esgota efetivamente - portanto, que não se conserva, como todas as forças da natureza morta, que apenas se transformam.

Aquilo que é válido, contudo, para a vida universal como um todo em relação à natureza morta: o fato de ela ser um episódio no processo do mundo, uma coisa, que outrora não era e que um dia não será, é válido analogamente para a relação das organizações cada vez mais elevadas com as formações inferiores maximamente simples da vida. A existência das organizações superiores não é, por sua vez, senão um episódio no interior deste episódio do mundo da história da vida universal. Tendo vindo a ser por último, as organizações mais elevadas também decairão e sofrerão com a extinção das espécies tanto mais rapidamente na ordem do definhamento da vida universal quanto mais elevadas elas forem. A morte mesma precisa ser concebida, segundo a sua essência, como o preço que a vida paga (Minot) por sua organização diferenciada e integrada; ou como preço para a plenitude e multiplicidade crescentes do arranjo, que a vida firmou com a natureza inorgânica. A vida se enreda tanto mais nos instrumentos e nos sistemas de meios cada vez mais ricos, que ela forma para as suas metas, quanto *maior* se torna o seu *raio de ação* em meio a uma organização crescente. A medida da capacidade de desenvolvimento, da capacidade de reconstituição dos órgãos, da plasticidade decresce claramente de maneira contínua com a elevação da organização. Quanto maior e mais múltipla se torna a bagagem morta, com a qual o ser vivo se lança ao encontro do mundo circundante, tanto mais ameaçada se torna a sua existência. A grandeza crescente da duração da vida do indivíduo é em geral paga com o decréscimo da capacidade de duração da espécie. O evolucionismo do século XIX, na medida em que trouxe consigo uma perspectiva ilimitada de uma organização cada vez mais elevada perante o espírito humano, foi um grande erro. E não foi um erro menor a doutrina, segundo a qual a organização vitoriosa na luta com o resto do mundo vivo ou na adaptação ao mundo circundante morto seria a organização "mais elevada". Na assim chamada "luta pela existência" – em um princípio inteiramente arruinado, não criativo – perece a minoria das formas mais elevadas de organização em relação à maioria das inferiores. É a massa do pequeno e não o nobre que tem a vitória nessa "luta". Os traços da adaptação, porém, são fundamentalmente diversos dos traços da organização.

Se visualizarmos o sentido da evolução da vida, então a mesma imagem retorna: o todo é um experimento com meios inúteis – um empreendimento que, considerado em sua essência mais própria, medido apenas a partir de valores vitais, *não* teria valido a pena.

Somente como condição de realização, ou melhor: como condição de vinculação de forças *espirituais* da consciência *racional* a formas existenciais vitais, a evolução obtém uma vez mais um sentido por princípio positivo.

4) Mas o espírito humano – segundo a sua existência, o episódio no episódio do desenvolvimento animal que, visto a partir dos valores vitais, se mostra como uma doença, como aquela doença que torna natural designar o homem a partir do ponto de vista biológico como o animal adoecido – tem por si o poder de inverter a grande tendência para o descenso que atravessa o todo?

A resposta a essa pergunta é dada por certas leis da sociedade e da história humanas, que estão ancoradas na essência do homem.

A filosofia do século XIX nos preencheu profundamente com a crença no fato de que a história humana apresentaria um progresso constante e um crescimento ininterrupto de todos os tipos de bens espirituais e materiais produzidos pelo homem. Caso penetremos, porém, mais profundamente na questão de saber o que, afinal, deve progredir e segundo o estabelecimento de que valores fundamentais deve ser medido se algo "progride" ou não na história, então a imagem se altera. Desentranha-se para nós então uma lei, que demonstrei em um outro lugar de maneira mais exata[98] e que é dada com a própria essência da natureza humana que nos é conhecida. Ela diz: uma vez que o homem pode produzir de maneira tanto mais arbitrária e plenamente planejada os bens que ele produz e lega para as gerações seguintes quanto *mais baixa* é a modalidade de valor à qual eles pertencem; uma vez que, no entanto, ele precisa aguardar e esperar tanto mais pela graça de que eles lhe sejam presenteados sem a sua atividade quanto mais *elevada* é a modalidade valorativa, à qual os bens pertencem, então também vale o princípio do decréscimo do progresso constante em meio a uma elevação valorativa crescente dos bens produzidos. Aquilo que verdadeiramente progride de maneira constante é evidentemente o aparato para produzir coisas agradáveis e úteis, é aquilo que costumamos denominar o cosmos internacional da civilização

---

98. Cf. *Der Formalismus in der Ethik und die materiale Wertethik* [O formalismo na ética e a ética material dos valores]. Cf. lá o índice conceitual da 4. ed., de 1954, em "valor" II.

da sociedade humana. Nada semelhante é válido para os bens da cultura. Com certeza, seu estoque cresce – até o ponto em que ele não decai uma vez mais em meio à destruição causada por catástrofes naturais, guerras, barbáries temporárias. Todavia, não é de maneira alguma válido dizer que esses bens aumentariam constantemente o seu valor. Ainda menos se incrementa aqui a capacidade de produzir tais bens. A época criadora e o gênio que cria nessa época são presentes raros, que entram em cena meteoricamente. As forças que suportam tais épocas são internacionalmente distribuídas – elas se articulam com determinados instantes únicos da história de um povo único ou de uma classe única. No interior das formas humanas e dos bens humanos mais elevados – que pertencem à esfera do sagrado, do religioso – acredito ver ao menos uma tendência para o decréscimo natural constante das forças para poder ver e produzir esses bens, para poder perceber[99]. Por isto, foi o clamor "de volta à origem!" e não o clamor ao progresso que se mostrou em todos os tempos como a forma, na qual sublevações religiosas dignas de serem nomeadas se realizaram. Toda e qualquer forma do movimento religioso tem uma fase entusiasta, na maioria das vezes de curta duração, para decair em seguida em uma "adaptação" ampla, mais ordinariamente racionalizante, "ao mundo". Os grandes homens religiosos, de cuja aparição depende toda história da religião, são aqueles tipos humanos que menos podem ser produzidos por meio de educação, política, organização, em suma, por meio de tudo aquilo que se pode "fazer" sistematicamente, para produzir tipos humanos – eles quase não têm como ser "buscados". Sua existência é na maioria das vezes uma graça histórica, na menor parte dos casos uma obra histórica.

Em termos sociológicos, a história que conhecemos passa por toda parte da "comunidade" para a "sociedade" (Tönnies) – isto é, da solidariedade orgânica interior para a solidariedade mecânica exterior, seguindo, em última instância, na direção de uma massa humana que se equilibra cada vez mais nas qualidades. Essa massa humana, juntamente com as suas forças espirituais, está ocupada em uma dimensão cada vez mais imensa com as tarefas de satisfazer organizatoriamente as necessidades relativamente mais baixas,

---

99. Cf. a conclusão deste ensaio.

ou seja, ela acaba empregando cada vez menos essas forças para metas espirituais. Já as possibilidades do acontecimento na história também decrescem sucessivamente com as tensões raciais, que desaparecem cada vez mais por meio do equilíbrio sanguíneo[100]. O curso da história *se torna* mais uniforme e mais lento, assim como os campos de jogo da liberdade do espírito pessoal se reduzem em relação aos poderes coletivos automática e obrigatoriamente efetivos. O crescimento da humanidade não se ajusta ao crescimento da margem de manobra dos alimentos. Malthus, de qualquer modo, tem razão no essencial. Aquilo que a civilização técnica pode realizar por meio de uma desoneração do trabalho humano – cujas possibilidades mais distantes são, além disso, muito menores do que corresponde à crença geral – e por meio da descarga desse trabalho sobre as forças da natureza viva e morta para a liberação das forças espirituais mais elevadas, não é apenas equilibrado, mas sobrecompensado por meio do rápido crescimento da humanidade em termos numéricos. Considerada em seu todo, a civilização que se excede parece produzir mais doenças do que ela consegue eliminar por meio da arte e da profilaxia médicas.

Com certeza, aquilo que se mostra da maneira mais clara possível é o decréscimo e ainda mais a trivialização dos estados de felicidade humanos no transcurso da história. J.-J. Rousseau e I. Kant continuam tendo razão neste ponto. Os mesmos grandes impulsos revolucionários das massas, que conduzem por toda parte para a queda e para o soçobramento das minorias de sangue mais nobre, *trivializam* os estados da felicidade humana. O que Talleyrand disse sobre a Revolução Francesa: que ninguém, que tenha vivido depois de 1789, provou o caráter doce da vida – será que não se tem até certo ponto o direito de dizer o mesmo em relação ao ano de 1914? Os próximos séculos "democráticos" nunca poderão produzir mais artes e hábitos nobres plenamente formosos quanto os conheceram eras aristocráticas e formas de dominação princi-

100. Cf. *Der Formalismus in der Ethik und die materiale Wertethik* [O formalismo na ética e a ética material dos valores], seção VI B 4, ad I, "O ser da pessoa como valor de si mesmo na história e na comunidade". Além disto, *Probleme einer Soziologie des Wissens* [Problemas de uma sociologia do saber], parte I, e o ensaio "O homem na era do equilíbrio", Bibliografia, n. 26 e 27.

pescas. Está ligada com toda ampliação quantitativa do prazer das grandes massas e com todo descartar de seu mais tosco sofrimento uma trivialização dos sentimentos de felicidade e de sofrimento[101]. Essa trivialização, ao mesmo tempo, nunca mais pode ser anulada com certeza.

O saber mostra um destino análogo. O saber teórico do homem continua sempre mostrando o progresso mais contínuo que existe. Todavia, esse progresso é restrito àquele saber que é ao mesmo tempo tecnicamente praticável e que isola os pontos e as partes do universo dirigíveis pelo homem e por sua ação, reunindo-se em símbolos conceituais e leis. Todo esse saber, portanto, é ao mesmo tempo saber em torno dos objetos que são existencialmente relativos aos valores vitais - pois o domínio do mundo é um valor vital - e à organização dos homens. Quanto menos os objetos do saber são existencialmente relativos às diversas camadas da organização humana, tanto menos o saber mostra um progresso constante e internacional. Biologia e ciências humanas já se desdobram de maneira muito mais incoerente e muito mais dependente de um espírito pessoal e nacional do que as ciências do mecanismo mensurável. A metafísica, que quer mesmo a verdade para além do ser das coisas e que aspira a se libertar do simbolismo do pensamento, não permite que se note nada de um progresso constante. Só a penetração e o complemento das diversas tentativas metafísicas de todos os tempos parece nos levar aqui adiante. O sentido religioso, por fim, a capacidade da alma de entrar em um contato intuitivo e sentimental com a divindade, mostra no progresso da história antes um decréscimo do que um incremento.

A mesma imagem se mostra junto ao saber e à civilização prática: a humanidade parece se enredar em um contato cada vez mais confuso com a natureza e consigo mesma e se embrenhar de maneira cada vez mais profunda no cosmos dos meios, que ela consegue dominar cada vez menos e dirigir também cada vez menos segundo metas espirituais - um cosmos que a domina e

---

101. Quanto aos sentimentos profundos e superficiais, cf. *Der Formalismus in der Ethik und die materiale Wertethik* [O formalismo na ética e a ética material dos valores], seção V, cap. 7.

que domina a sua vida de maneira cada vez mais profunda. A obra torna-se cada vez mais a mestra do homem.

Essa tendência, porém, para a humanidade toda como um tipo, não é nenhuma outra tendência senão aquela que denominaríamos junto ao organismo particular envelhecimento e falecimento. Pois o lento domínio do organismo vivo por meio de sua conformidade particular a leis da matéria e das forças mortas, que ele formou para si como organização, está entre os fenômenos fundamentais do envelhecimento e da morte. Por mais que as partes diversas da humanidade, as raças, os povos, as culturas no interior desse processo possam se encontrar em estágios e fases diversos, a lei vital do envelhecimento e da morte também é válida para a humanidade como um todo.

Por isto, o pensamento do progresso ilimitado em todas as regiões valorativas precisaria ser substituído por pensamentos totalmente diversos. De início: o sentido da história não pode se basear em uma meta estabelecida no futuro, que a humanidade teria de alcançar. Ele baseia-se antes no painel total da múltipla humanidade, que a história delineia e pinta sob a forma temporal da ideia do homem. E se há uma ordem na modulação das imagens, que representam o homem e o humano a partir de aspectos sempre novos, então essa ordem não é certamente aquela de uma elevação constante do valor. O crescimento valorativo das áreas valorativas inferiores é compensado pelo decréscimo valorativo nas áreas valorativas superiores – segundo a tendência; e é apenas se atribuirmos à história como transcurso o sentido de que essa humanidade posterior, mais velha, mais inteligente tem apenas que cunhar de maneira nova e ao mesmo tempo manter na matéria frágil do mundo os valores que uma humanidade a cada vez mais antiga, mais jovem, mais espiritual viu e sentiu, o todo de seu sentido não se perde completamente.

Sobretudo, porém, o dito mostra o seguinte: o mundo não está voltado para o autodesenvolvimento no sentido de uma elevação valorativa constante por meio de suas próprias forças. Se ele não é elevado por meio da redenção, se forças a cada vez mais elevadas não descem livremente até ele, forças que sempre o elevam novamente, então ele cai no nada. O perigo constante da morte e o renascimento possível apenas por meio da redenção um constante cair de joelhos e "seguir" através de uma força elevadora que mergulha misericordiosamente e nos coloca sempre uma vez mais de pé: tudo isto aparece para nós como uma imagem mais pertinente do homem que se movimenta historicamente como a imagem do mensageiro corajoso, que corre em uma terra cada vez mais bela por suas próprias forças rumo ao ilimitado.

O ato religioso

Condição objetiva da demarcação de atos religiosos

Não é suficiente para destacar certas intenções espirituais a partir do espírito humano como um espírito "religioso", que elas sejam caracterizadas de maneira puramente imanente. Sua autorreferência a *Deus* é muito mais o primeiro traço essencial de sua unidade. Nessa medida, elas pressupõem necessariamente a *ideia de Deus*. Tentativas, portanto, tal como as que foram feitas, por exemplo, por Georg Simmel, de considerar a determinação "religiosa" da vida como um mero *tipo* de apreensão subjetivamente entusiástica de conteúdos *quaisquer* (quer se trate de Deus, da humanidade, da pátria, do próprio si mesmo etc.), de tal modo que a ideia de Deus seria apenas uma das possíveis assim chamadas "objetivações", a partir de cuja "configuração" a vivência religiosa sempre retornaria de qualquer modo uma vez mais a si mesma e ao seu curso - como se Deus fosse um desvio para a elevação da *vida* religiosa *em si mesma* - são tentativas completamente absurdas. Mesmo se aquele tipo de "filosofia da vida" - no sentido de Simmel[102] - fosse de resto correto; mesmo se todos os "objetos" afora Deus fossem meras "objetivações" perecíveis - contrapoderes momentâneos da vida que flui por si, contrapoderes junto aos quais a vida se diferencia e se eleva, para dissolvê-los e retomá-los sempre uma vez mais, depois que eles cumpriram o seu serviço em relação a ela, no *movimento* da própria vida - diante de *Deus* como a

---

102. Cf. SIMMEL, G. *Lebensanschaung – Vier metaphysische Kapitel* [Intuição vital - Quatro capítulos metafísicos], em particular o ensaio "A transcendência da vida". Munique, 1918.

realidade *absoluta*, essa "metafísica da vida" precisaria fracassar. No entanto, se Deus - como em Simmel, que leva aqui ao exagero doutrinas bergsonianas que foram refutadas por mim em um outro lugar[103] - é identificado com essa vida autocriadora, então o "desvio" por uma ideia de Deus de algum modo conformada, que também tem de transformar a vida religiosa como um processo imanente - o que também acontece, segundo Simmel, *necessariamente* -, não seria nem necessário, nem concebível. Se a vida religiosa enquanto determinação ontológica da alma repousa em si mesma e não possui seu último sentido e valor para além de seu movimento - justamente naquilo que ela acolhe em si de *Deus* -, mas em si mesma e em seus movimentos, então nem poderia ser concebível em que medida se gostaria de tomar a cada vez esse "desvio", nem como é mesmo que se poderia se afastar tanto da verdade que se considerasse o "desvio" como a meta. É justamente um contrassenso mesmo que apenas visar a Deus ao mesmo tempo *como* Deus *e* como "desvio" para algo diverso. Não se visa a Deus se não se tem em vista um "desvio"; não se pode visar a nenhum "desvio", mas apenas a uma meta absoluta, se é Deus que se tem em vista. Assim como um amor a A que só concebe A como "ponto de transição" para retornar uma vez mais em uma intenção definitiva ao eu do amante não tem como ser um amor autêntico - tal como o Deus de Spinoza -, uma *crença* em Deus também não seria uma crença em *Deus* se ela se voltasse uma vez mais para o ser do próprio si mesmo. Aqui teria lugar um autoerotismo, que só se cobriria com a *aparência* do amor alheio; lá um autolouvor, que só se cobriria sob a aparência do louvor a Deus. Mas só mencionamos essa visão um pouco peculiar de Simmel, para mostrar junto a essa forma com certeza a mais extrema do subjetivismo religioso o quão falso é *em geral* querer fundar de maneira puramente "imanente" o ato religioso. Já quando se posiciona - com Lutero - a *certeza* da fé e da salvação religiosas antes da *verdade* da fé e da salvação religiosas[104], começa um processo de pensamento que tem

---

103. Cf. "Tentativas de uma filosofia da vida". In: *Da reviravolta dos valores*. Bibliografia, n. 10, OC, 3.

104. Lutero fez pela religião aqui apenas o mesmo que Descartes tinha feito pela filosofia.

por meta transformar a fé, por fim, em seu próprio objeto. Trata-se evidentemente de um círculo, por exemplo, colocar a *verdade* da salvação que é alcançada para o peso do pecado de toda a humanidade por meio do sacrifício oriundo da morte de Cristo no ato da assunção individual crente da Palavra de Deus no Evangelho, para, então, vincular a certeza pessoal da salvação, a certeza de que Cristo teria morrido "por mim", uma vez mais apenas na fé firme, na *verdade* ela mesma já acreditada da salvação. Temos aqui uma fé na fé – uma reflexão, que pode ser arbitrariamente prosseguida. O acreditar na fé é tampouco uma fé quanto a veleidade do querer o querer de um conteúdo é um querer desse conteúdo.

Caracterização imanente do ato religioso segundo sua constituição

Não obstante, também se mostra como necessária uma caracterização *imanente* do ato religioso. Uma tal caracterização é *mais* do que psicológica, se é que o ato religioso não representa uma ligação casual de intenções extrarreligiosas (do sentir, querer, pensar), se é que ele tem muito mais um *ser* autêntico peculiar, que corresponde ao seu objeto como uma forma essencial de apreensão, e se é que ele não cabe de fato "a todos os homens", mas pertence à *constituição* da consciência humana, sim, de toda consciência finita – essa última ao menos segundo o seu caráter formal e segundo o seu sentido da opinião; e, além disto, se é que – como já afirmamos – cabe aos atos religiosos em sua construção e sequência uma *estrutura legal dotada de sentido* não dedutível de nenhuma outra estrutura legal dotada de sentido, e, também, condições rigorosas formuláveis de um preenchimento e de um não preenchimento *evidentes*.

Nossa tese é que as coisas se mostram assim no caso do ato religioso.

É preciso ter clareza quanto ao significado dessa questão! O homem possui mil tipos de desejos, necessidades, nostalgias por algo, cuja descoberta psicológica está o mais distante possível de fornecer uma *garantia* de que também precisaria existir uma coisa qualquer, que pudesse satisfazer esses desejos, necessidades e nostalgias. Por isso, toda teologia do desejo e da necessidade, assim como toda metafísica do desejo e da necessidade, é, assim, totalmente contrassensual.

Mas seria algo fundamentalmente diverso de tais fatos a posse humana de uma *classe essencial de atos*, para os quais se poderia mostrar o seguinte:

1) Esses atos pertencem em seu tipo essencial à consciência humana de maneira tão *constitutiva* quanto pensamento, juízo, percepção e lembrança.

2) Eles não pertencem a ela de maneira alguma, porque essa consciência é uma consciência humana no sentido dos traços indutivamente empíricos e do seu acontecimento psíquico, mas já porque ela é em geral uma consciência *finita*.

3) Por isto, os atos religiosos não podem ser quaisquer meros desejos, necessidades, nostalgias ou se assemelhar a eles, uma vez que eles apontam de maneira intencional para um *reino de essências* de objetos totalmente diverso daquele que diz respeito aos tipos de objeto empíricos e "ideais". Pois todos os assim chamados desejos, necessidades, nostalgias apontam inteiramente para *tipos* empíricos de objetos - ainda que, com frequência, também para tais tipos, que não existem ou que não podem de maneira alguma existir; mas que, não obstante, são construídos como todas as coisas fictícias a partir de tais objetos e seus traços característicos[105].

---

105. Caso se fale - rigorosamente - mesmo de necessidades, desejos, nostalgias "religiosos", então se tem com razão uma boa razão para falar disso. Pressupõe-se, então, porém, o *ato religioso*, por meio do qual a *ideia do bem* é dada, *segundo a qual* nós temos uma necessidade. "Religiosa" é a necessidade, quando ela é necessidade do objeto religioso. Isto é algo totalmente diverso de reconduzir inversamente o ato religioso a uma "necessidade", que ainda não é "religiosa", mas teria emergido de maneira análoga a todas as necessidades. (Cf. nota de pé de página acima p. 150s.).

4) Os atos religiosos não podem ser nem deduzidos de maneira psicológico-causal, *nem* são teleologicamente concebidos a partir de um tipo qualquer de conformidade a fins com vistas ao processo da vida; só se se assume a realidade dos *tipos* de objeto, para a qual eles apontam, é que é possível conceber sua existência. Eles mostram, portanto, o espírito humano adaptado, dirigido e ordenado com vistas a uma realidade efetiva *sobre*natural, que é *essencialmente* diversa em todos os casos da realidade efetiva empírico-natural - independentemente do modo como o conteúdo particular *assumido* pelos homens a cada vez como *efetivamente real* nos dois âmbitos se altere historicamente[106].

5) Os atos religiosos obedecem a uma *estrutura legal*, que é para eles *autônoma* e que, portanto, por mais que os atos só venham a despertar junto a certas constelações da vida anímica empírica e junto a situações empíricas exteriores, *não* têm como ser concebidos a partir de uma causalidade psíquica. Essa estrutura legal é de um tipo noético. Com isso, os atos religiosos também são *essencialmente* diversos de todas as necessidades humanas, que determinam a produção fantasiosa de coisas fictícias.

6) Assim como os atos religiosos não são processos psíquicos, que se formam e se decompõem em nós segundo leis psíquicas naturais - em meio à sua gênese e perecimento, obedecendo no máximo a uma conformidade a fins biológica ou sociológica -, eles também não são meras variedades ou combinações de *outros* grupos de atos noéticos intencionais: por exemplo, atos lógicos, éticos, estéticos etc. Com certeza, o conteúdo de sentido, que é "dado" nos atos religiosos, pode ser uma vez mais matéria para a formação lógica de conceitos, para o juízo, para a conclusão, e, além disto, para a tomada de valores, para as avaliações e para os juízos valorativos éticos e estéticos. Mas isso não significa que o conteúdo de sentido pleno dos atos religiosos "provieram" do conteúdo de

---

106. As visões dos homens sobre Deus talvez tenham sido significativamente menos diversas do que as visões dos homens sobre a terra e o sol.

sentido possível desses grupos de atos noéticos de um outro tipo. Esse conteúdo é para eles muito mais matéria "*dada*".

Se isso pode ser - como disse - comprovado, então também conquistamos para toda determinação religiosa da vida previamente encontrada de modo empírico uma *medida* e uma *norma*, que são criadas a partir da *essência* da própria religião, e não a partir de uma estrutura legal normativa fora da e para além da religião. Pois se compararmos as estruturas legais do ato dessa "consciência religiosa" pura, descolada dos entrelaçamentos com todas as outras ativações espirituais do ato e com o transcurso vital psicofísico do homem, com aquilo que é previamente dado de maneira empírica, então também podemos descobrir *leis do correto e do falso* - leis que, porém, são exclusivamente leis do correto e do falso *religioso*[107].

É isto, porém, que pode ser mostrado por meio da análise da essência do ato religioso - como acredito.

Portanto, no interior da doutrina da essência do ato religioso, não segue senão uma direção falsa aquele que busca em primeiro lugar uma assim chamada "faculdade da alma", à qual o ato religioso deveria ser subordinado: pensamento, sentimento, aspiração, querer etc. Pois a religião é tão originariamente conhecimento e pensamento religiosos, que ela também é um tipo particular do sentimento (valorativo), da expressão (regulada) (em uma linguagem religiosa, oração, culto) e do querer e do agir religiosos (a serviço de Deus e da moral religiosa). Quem procura partir aqui dos assim chamados fatos elementares psíquicos também acaba se equivocando. Ora, em todos os atos de natureza intencional - não apenas nos atos religiosos - é dada concomitante-

---

107. As leis da consciência religiosa "pura" funcionam, portanto, *ao mesmo tempo* como normas do correto e do falso para a consciência religiosa empírica, sem que elas fossem naturalmente tais "normas". Por meio da correção das realizações do ato religioso, contudo, ainda não se comprovou nada também para a verdade material e real do objeto da consciência intencional religiosa; assim como a verdade do pensado também não é comprovada pela correção do pensamento (p. ex., por meio da consequência lógico-conclusiva). A correção é nos dois casos apenas uma *conditio sine qua non* da evidência veritativa, não essa evidência mesma - para não falar da verdade.

mente uma pluralidade de fenômenos elementares diversos - em toda percepção normal, por exemplo, conteúdos das sensações, figuras, qualidades valorativas, um fator significativo e um fator da realidade efetiva, respectivamente, pelo lado do ato, sensação, sentimento, interesse e atenção, juízo etc. A *unidade* intencional é justamente enquanto unidade vivencial completamente *indiferente* em relação à cisão totalmente diversa do psíquico nos assim chamados "fenômenos elementares". A coisa é comparável com o estado de fato, segundo o qual mesmo nas unidades morfológicas ou nas unidades funcionais fisiológicas no organismo vivo podem ser encontrados componentes químicos, e, respectivamente, processos químicos elementares completamente diversos. E assim como alguém que só se aproximaria como químico do organismo não teria como encontrar as unidades morfológicas e funcionais do orgânico e de seu processo vital, aquele que buscava apenas elementos psíquicos também não tinha como encontrar jamais as unidades intencionais. O ato religioso, mais o seu correlato de sentido, que pertence a ele como "preenchimento", formam uma unidade em si mesma: por exemplo, a oração e a personalidade de Deus, o louvor e o *summum bonum*.

O ato religioso como um tipo essencial de atos e de atos não religiosos é, portanto, marcado enquanto divisão dos atos por todas as divisões que são tomadas a partir de uma consideração das assim chamadas faculdades da alma ou dos fenômenos psíquicos elementares. Não há menos a marca da divisão, que flui a partir da contraposição tão importante entre atos sociais e atos dirigidos para o si mesmo próprio (atos próprios)[108]. A autoimersão religiosa, a ponderação da própria "salvação", o remorso etc. são atos religiosos próprios. O pedido religioso, a gratidão, o prêmio, o louvor, a admiração, a veneração, a obediência à autoridade religiosa são atos sociais religiosos.

---

108. Cf., quanto a esta distinção, *Der Formalismus in der Ethik und die materiale Wertethik* [O formalismo na ética e a ética material dos valores] em "*formalismo*", índice conceitual à 4. ed.

Modo da autolegislação dos atos religiosos

Três traços característicos podem ser colocados no topo diante da investigação mais exata dos componentes essenciais do ato religioso. Três traços, que não esgotam o ato religioso, mas que possuem em todos os casos um valor *diagnóstico* para a sua diferenciação em relação a todos os outros tipos de ato: 1) A transcendência do mundo de sua *intenção*; 2) A possibilidade de que ele seja preenchido cabe apenas ao "*divino*"; 3) A possibilidade de preenchimento do ato só tem lugar por meio do acolhimento de um *ente auto*desvelador divino que *se oferece* ao homem, um ente dotado de caráter divino (revelação natural do divino). Vale, portanto, o princípio de todo conhecimento religioso: "todo saber sobre Deus é um saber *através* de Deus".

1) A primeira coisa que é peculiar a todo e qualquer ato religioso é o fato de, nele, não apenas as coisas e os fatos experimentados pela pessoa, mas todas as coisas de um tipo finito e contingente serem sintetizadas em um todo, inclusive a própria pessoa, e de tudo ser unificado na ideia do "mundo". A segunda coisa, que pertence ao próprio ato religioso, é o fato de, em sua intenção, esse mundo ser abarcado ou *transcendido*. Não se trata aí de maneira alguma apenas desse mundo único que existe contingentemente, mas de tudo aquilo que possui o modo de ser de um "mundo" em geral, isto é, de um mundo no qual a quintessência das mesmas verdades é concretizada desse modo ou de outro, tal como nesse mundo que me é conhecido. Transcendência em geral é uma peculiaridade, que cabe a toda e qualquer intenção da consciência, pois em toda e qualquer intenção o visar que se volta para fora e para além da própria consistência de suas vivências é dado, assim como a consciência coetânea de que o ser do objeto se estende para além do conteúdo intencional vivenciado. Mas somente onde o assim transcendido se mostra como o *mundo* enquanto uma totalidade (com a inclusão da própria pessoa), temos o direito de falar de um ato *religioso*. É possível que uma coisa particular, uma experiência e uma percepção particulares da vida cósmica desencadeiem de muitas e muitas formas aleatórias o ato religioso: é só quando essa experiência está ligada de uma maneira completamente particular

com o *todo* e o todo aparece nele simbolizado, que o ato religioso pode entrar em cena.

2) A característica diagnóstica mais aguda, apesar de apenas negativa, de um ato religioso, diferentemente de todos os outros atos espirituais, é, portanto, a intelecção dada concomitantemente nele de maneira imediata da *impossibilidade essencial de que ele seja preenchido* por meio de um objeto finito que pertença a um mundo ou que constitua o próprio mundo. Neste sentido, a sentença agostiniana *inquietum cor nostrum, donec requiescat in te*[109] é uma *fórmula fundamental* para todo ato religioso. Mesmo o panteísmo não contradiz essa lei essencial, mas a preenche. Pois ainda não houve jamais um panteísmo que tivesse ousado transformar um mundo *finito* no objeto do louvor religioso. Mas ele busca a consonância com essa lei essencial por meio do fato de afirmar o mundo *mesmo* como infinito.

Falei sobre a impossibilidade *percebida intelectivamente* de que o ato religioso seja preenchido; isto é, não é suficiente, para constituir um ato religioso, que o indivíduo diga para si que a intenção por ele realizada (seja ela teórica, seja ela um amor particularmente configurado, seja ela o anseio por felicidade e perfeição, seja ela agradecimento, esperança, veneração, medo) não encontrou *até aqui* nenhum preenchimento adequado com base na experiência limitada desse indivíduo ou dos povos e tempos, mas que seria, contudo, *possível*, que em algum momento esse preenchimento se desse. Talvez isso seja muito mais característico do ato religioso: o fato de imperar sobre ele a intelecção de que não poderia haver de maneira alguma *nenhuma* coisa de um tipo finito, nenhum bem de um tipo finito, nenhum objeto de amor de um tipo finito, que pudesse preencher a intenção que se acha presente nele. Todas as experiências que foram feitas não funcionam como provas negativas (sob a forma de conclusões indutivas) para a impreenchibilidade, mas apenas como exemplos para a conquista dessa intelecção essencial. A fantasia pode ajudar e expor essa

---

109. Em latim no original: "Nosso coração está inquieto enquanto não repousar em ti" [N.T.].

intelecção de uma maneira mais clara. De modo análogo ao modo como o teórico do conhecimento se assegura da natureza *a priori* de uma proposição, isto é, de sua indemonstrabilidade e insuperabilidade por meio de observações possíveis de um tipo qualquer, se perguntando se ele pode mesmo que apenas *imaginar* observações possíveis, que o determinariam a abandonar a sua proposição, pode-se tentar apresentar um bem finito imaginado, um estado do mundo imaginado, uma perfeição imaginada da sociedade ou da cultura da humanidade, da intenção do ato religioso. E é somente quando a *in*adequação evidente daquilo, que é apresentado aí, é clara e distintamente transformada na intenção do ato, que se trata de um *autêntico* ato religioso. No ato religioso pensamos um ser que é *diverso* de todo ser finito e de todo ser que não é finito apenas em um determinado modo de ser ou que é infinito (tempo infinito, espaço infinito, número infinito etc.); nós nos achamos dirigidos para algo, em cuja posição não pode entrar nenhum bem finito, como quer que ele possa se mostrar como digno de ser amado, uma vez que o amor religioso transcende a constituição essencial de tais bens. Buscamos no ato religioso uma felicidade, na qual sabemos ao mesmo tempo de maneira perfeitamente clara, que não pode haver nenhum progresso da humanidade, nenhum aperfeiçoamento da sociedade, assim como nenhum tipo de ampliação das causas interiores e exteriores da felicidade humana. Nós vivenciamos no ato religioso um temor e uma veneração, que não conseguimos articular com um perigo limitado determinado, perigo esse que também só nos seria conhecido segundo a essência, ou com algo ao mesmo tempo digno e ameaçador, para o qual podemos introduzir exemplos a partir de nossa experiência. O temor "religioso" é – em sua ligação a algo empírico – *sem fundamento e sem meta*. Na esperança religiosa, esperamos por algo que nunca *pudemos* experimentar; e nós nos vemos tomados pela expectativa daquilo pelo que esperamos, sem que esteja presente em nós uma confiança determinadamente fundamentada na entrada de ocorrências em nós, uma confiança que fluiria a partir de nosso cálculo de coisas terrenas ou que nos seria indicada naturalmente por meio da mera confiança da vida cega e instintiva. Na gratidão "religiosa" que brota em nós em face de uma visão particularmente significativa da natureza, de uma experiência, por meio da qual ganha corpo um bem particular ou um sucesso, agradecemos "por algo", em relação ao qual aquilo que possuímos é apenas um sinal, uma referência e um símbolo, mas não o objeto propriamente dito da gratidão; e agradecemos aí a um sujeito que dá e doa, para o qual não conseguimos introduzir mesmo na fantasia nenhum poder terreno, nenhuma pessoa, por maior, mais digna e mais poderosa que esse poder e essa pessoa possam ser. Quando nos comportamos religiosamente no ato do remorso, sabemos, em verdade, que é constitutivo da acusação uma "escuta", que acolhe a acusação, assim como é constitutivo de todo "judicar" uma lei, segundo a qual se judica, e um juiz que judica, e que, ao mesmo tempo, o perdão é próprio a um ser, que perdoa, e que esse ser só *pode* ser aquele que forneceu justamente *a* lei, de cujas consequências o perdão se desenlaça; mas, apesar de vivenciarmos todas essas intenções e todos esses preenchimentos de intenção, não encontramos *nada* na experiência conjunta do mundo finito que nos é conhecido, com o que pudéssemos colocar em ligação essas intenções. *Diante de quem* nos queixamos, afinal, uma vez que nossos lábios de qualquer modo silenciam? Segundo que lei judicamos, afinal, uma vez que não sabemos de fato se essa lei tem de ser conservada por outros homens ou por nós mesmos? E quem judica, afinal, quando nos sabemos efetivamente judicados, quando nos sentimos como aqueles para os quais o perdão é conferido? Nosso espírito olha à sua volta em todo o mundo que nos é conhecido e não é apenas nas partes que se tornaram conhecidas para nós, mas por toda parte, que possa se assemelhar a elas, que nós não encontramos *uma* resposta determinada qualquer para essas questões. Em cada um desses atos, portanto: elogio, gratidão, temor, esperança, amor, felicidade, anseio, anseio pela perfeição, acusação, julgamento, perdão, espanto, veneração, pedido, divinização, não é apenas isto ou aquilo que *ultrapassa* nosso espírito, mas a quintessência quididativa das coisas finitas.

Assim, o ato religioso é caracterizado *negativamente* sempre por meio do fato de ele ser *tão empiricamente infundado quanto desprovido de metas*, como quer que ele possa ser ocasionado empiricamente; e como quer que as ideias, que foram formadas ulteriormente sobre o seu objeto-alvo, possam ser matizadas por nossas experiências e ainda portem em si por assim dizer os rastros das lembranças subjetivas dos caminhos, nos quais elas foram encontradas. Com isso, também já está dito que tudo aquilo que podemos mesmo que apenas pensar como *produtível* por meio de nossa *força* ou da *força* unificada da humanidade em termos de bens, *jamais* pode conduzir originariamente na direção intencional de um tipo especificamente *religioso*. Por isso, também não se trata, por exemplo, de uma mera consumação ideal de tudo aquilo que encontramos previamente dado em nossa experiência de bens factuais e possíveis, para o que o ato religioso olha espiritualmente, mas trata-se antes da consciência determinada e completamente clara de que é o tipo essencial dos bens finitos e do ser finito *em geral* e não a sua constituição determinada de tal modo ou de outro ou o seu mero *grau* de perfeição, que forma o fundamento para a *impreenchibilidade* da intenção religiosa por meio deles. Espírito e coração, nosso ânimo tanto quanto a nossa vontade, encontram-se no ato religioso dirigidos para um ente e para algo valioso que, em relação a toda "experiência possível de mundo" paira diante de nosso espírito como o "totalmente outro", "incomparável em sua essência", de maneira alguma contível nele. Com certeza, essa caracterização não oferece ao ato religioso nenhum outro preenchimento senão um, ao que parece, apenas negativo. Apesar disso, o sentido desse tipo de negação precisa ser muito diverso de juízos teóricos meramente negativos, pois essas negações servem exclusivamente para demarcar o ato religioso em relação a todos os atos não religiosos. Esses preenchimentos não pretendem de maneira alguma restituir aquilo *que* é dado no ato religioso; na medida, porém, em que tentam, tal como se encontra insinuado nas palavras "indescritível", "inexprimível", "infinito", "imensurável" etc., dizer por eles mesmos aquilo que é dado no ato religioso, eles só possuem um significado negativo segundo a composição de palavras, mas não segundo o sentido. Um *conteúdo* religioso é sempre aquilo que *permanece dado no ato religioso*, quando realizamos essa negação assim caracterizada na esfera do juízo.

3) O ato religioso exige – diferentemente de todos os outros atos de conhecimento, mesmo daqueles da metafísica – uma res-

posta, *um antiato e um contra-ato* por parte justamente *do objeto*, ao qual *ele* visa. E, com isso, já está dito que só se pode falar de "religião" quando seu objeto porta uma *figura pessoal divina* e quando a revelação (no sentido mais amplo possível) desse elemento pessoal preenche o ato religioso e sua intenção. Enquanto para a metafísica o caráter pessoal do divino forma um limite nunca alcançável do conhecimento, essa *pessoalidade* se mostra para a religião o início e o fim. Onde ela não se encontra diante de nossos olhos, pensada, acreditada, apreendida intrinsecamente - não se pode falar de maneira alguma de religião em sentido estrito. Pois todos esses momentos são mesmo essencialmente impassíveis de serem cindidos uns dos outros. O ato religioso não consegue *construir* por si ou com o auxílio do pensamento aquilo, que paira diante do homem que o realiza, como ideia, intuição, pensamento de objetos. Ele precisa *acolher* de algum modo a verdade a que ele visa, a salvação e a felicidade que ele "busca" - e ele precisa *acolhê*-los precisamente por meio justamente d*a* essência que ele busca. Nessa medida, ele já está dirigido e disposto em sua primeira intenção para um *acolhimento* possível - por mais multiplamente que uma *atividade* interior e exterior espontânea pressuponha também ter alcançado o limiar, no qual se inicia o acolhimento. Onde a alma - não importa o quão mediatizadamente - não toca Deus e não o toca por meio do fato de ela se saber e se sentir tocada *por* Deus, aí não existe nenhum comportamento *religioso* - nem tampouco nenhuma religião "natural". A religião positiva e a religião natural *não* são distintas pelo fato de a religião positiva se basear na revelação, enquanto a religião natural repousa no conhecimento racional espontâneo do homem - de maneira totalmente independente do ato religioso. Em geral, metafísica *não* é religião - nem tampouco "religião natural", por mais que possa conduzir a conteúdos hipotéticos parcialmente idênticos, para os quais a religião natural *também* conduz à sua maneira. A diferença essencial entre a religião natural e a positiva baseia-se muito mais no *modo* da revelação, isto é, em se a revelação é uma revelação geral, simbolicamente comunicada por meio dos fatos essenciais constantes do mundo interior e exterior, da história e da natureza, uma revelação *acessível a todo e qualquer* ato religioso por toda parte e a qualquer momento, se ela acontece e é dada por meio da ligação particular sublime de determinadas *pessoas* com Deus, pessoas cujo ser, realização, doutrina, enunciado (e a tradição desse enunciado); e, então, comunicada pela crença "nessa" pessoa. Portanto, assim como o conhecimento *necessário e universalmente válido* não coincide com um conhecimento racional e sensível espontâneo, e uma vez que, inversamente, um tal conhecimento também pode ser dado por meio da revelação natural para toda revelação acessível por toda parte e sempre - contanto que ele se aproxime do mundo em meio à postura do ato religioso -, a revelação em geral também não pode ser equiparada em geral com a revelação "positiva" e legada por uma *pessoa. Revelação enquanto tal - no sentido mais amplo da palavra - é apenas o modo de dação rigorosamente correlato da essência do ato religioso de algo real dotado da essência do divino em geral*; e ela também abarca nessa medida toda a oposição diversa entre *uma religião verdadeira e falsa*.

Pois isso deveria ser óbvio: exatamente como nos encontramos submetidos na percepção exterior e interior às fontes mais múltiplas da ilusão e, nas conclusões construídas sobre essas percepções, às fontes não menos múltiplas do erro, também podemos decair aqui do mesmo modo - sim, em uma medida ainda mais elevada - em ilusões e erros. As fontes particulares da ilusão religiosa carecem de uma investigação particular. No entanto, assim como não se tem o direito de, por causa dessas possibilidades, rejeitar a percepção do mundo exterior e interior como fonte do conhecimento, também não se tem o direito de colocar em questão a revelação como resposta legitimamente essencial ao ato religioso.

É possível *deduzir* da existência de atos religiosos (respectivamente das assim chamadas "disposições religiosas" do homem) *a existência de Deus*?

Se o divino e tudo aquilo que se encontra em relação essencial com ele só é "dado" em atos dotados da essência dos atos religiosos, então a exposição da existência de uma esfera do ser supranatural não pode ser alcançada por meio de "provas", que partem de fatos de uma experiência extrarreligiosa, mas apenas por meio do acordar e do despertar dos atos religiosos no próprio espírito humano; além disso, se esse acordar acontece, então ele acontece por meio de uma "*apresentação*" originária, respectiva - na qual a apresentação originária já se deu -, do conteúdo essencial da intuição, que é dado *nos* atos religiosos.

Dois preconceitos tenazes de natureza filosófica mantêm muitos homens ainda hoje distantes dessa intelecção.

O *primeiro* preconceito é, enquanto "dado", e, em verdade, enquanto originariamente dado só pode viger aquilo que se baseia na experiência (se possível até mesmo apenas na experiência sensível). Não é menos válida, porém, a sentença segundo a qual, para tudo aquilo que é originariamente dado e que pode ser encontrado, também precisa haver um tipo e um modo de experiência, por meio dos quais esse dado é dado. Tudo aquilo que "é" precisa se comprovar diante da experiência. Mas também: tudo o que é experimentado ergue a pretensão a *um* posicionamento existencial qualquer. E não é menos fatídico para toda a teoria do conhecimento apresentar no início do procedimento metodológico um *conceito estreito demais, fechado* de "experiência", equiparando um modo particular de experiência (e o posicionamento espiritual que conduz a ela) com a totalidade da experiência e, então, não reconhecendo como "originariamente dado" tudo aquilo que não pode ser comprovado por meio *desse* tipo de experiência. Aquilo que pode se mostrar como idêntico junto ao dado empírico em geral por meio de fenômenos sensíveis e quais são as funções sensíveis, respectivamente os órgãos sensíveis, que precisam ser supostos ou buscados, a fim de tornar compreensível os fenômenos sensíveis dados, aponta, porém, para um complexo de questões, que só se torna plenamente significativo *depois* de uma fixação e de uma análise do em geral dado.

O *segundo* preconceito é uma falta de intelecção dos limites do saber e do conhecimento *demonstráveis*. Com certeza, todo juízo exige uma justificação e uma prestação de contas sobre com que direitos ele é admitido. Mas é só em limites a serem determinados exatamente que essa justificação possível é uma "prova". Diversos da prova são outros tipos de justificação, por exemplo, a mostração (propriamente uma *demonstratio*), e, além disso, a comprovação, a construção, a verificação etc.

No que concerne ao primeiro preconceito, *sabemos* hoje por meio das pesquisas conjuntas da fenomenologia, da teoria do conhecimento e da psicologia experimental[110], que não há praticamente nada tão seguro quanto o seguinte: *o dado é infinitamente mais rico* do que a parte do dado, que corresponde no sentido mais rigoroso possível à assim chamada experiência sensível. E, além disso: experiência sensível não é nem a única experiência que há, nem é, na ordem da origem, isto é, na ordem temporal da experiência, a experiência mais originária. O conteúdo estrutural de seu mundo circundante é "dado" a todo e qualquer ser vivo, assim como os conteúdos estruturais de seu mundo são "dados" a todo ser espiritual muito mais *antes* de toda "sensação", e só aquilo, que pode tornar "vivo" o mundo circundante de um ser vivo e as formas de unidade e os tipos de ordem que lhe são pertinentes, pode *se transformar* em uma sensação possível. Por isso, nenhum princípio fundamental se encontra hoje tão *refutado* quanto o antigo princípio filosófico: *nihil est intellectu, quod non fuerit in sensu*[111]. A sensação e todo o aparato sensorial de um organismo têm exclusivamente o significado de um sistema de sinais e de signos para as reações do organismo em relação ao seu mundo circundante[112]. Uma autêntica função *cognitiva* não lhes cabe de modo algum. Eles não produzem intuição e experiência, eles as *analisam* apenas, e, em verdade, meramente segundo *um* ponto de vista: o ponto de vista daquilo que é praticamente profícuo e nocivo para os seres particulares (em contraposição à espécie).

Com a profusão das novas intelecções, que correspondem a esses princípios universais e que não podemos aqui nem mesmo indicar de maneira alusiva, consideramos como fundamentalmente

---

110. Uma visão conjunta e uma elaboração teórica do que é aqui constatado pela psicologia experimental são dadas pelo livro de Wolfgang Köhler, *Die psyschischen Gestalten in Ruhe und im stationären Zustand* [As figuras psíquicas em repouso e no estado estacionário]. Braunschweig, 1920.

111. Em latim no original: "Nada há no intelecto que não tenha estado antes nos sentidos" [N.T.].

112. Cf. observação acima p. 115s. Cf. tb. o índice conceitual no anexo à 4. ed. de *Der Formalismus in der Ethik und die materiale Wertethik* [O formalismo na ética e a ética material dos valores], 1954.

refutados dois tipos de filosofia teórica, que se nos apresentam como os mais fortes obstáculos a uma filosofia da religião: o empirismo e o positivismo sensualistas, por um lado, e, por outro lado, o sistema de Immanuel Kant. Os primeiros empreenderam a tarefa totalmente impossível – só pensável antes de uma fenomenologia mesmo que apenas primitiva do dado – de reconduzir todos os conteúdos da experiência geneticamente a conteúdos de sentido e a derivados de tais conteúdos, exigindo (de maneira correspondente a essa doutrina) em sua lógica para todos os juízos, que não constatam conteúdos sensíveis, uma prova indutiva. Kant, em contrapartida, que assumiu dos sensualistas ingleses e franceses sem perceber e de maneira acrítica o preconceito sensualista de que só a sensação seria "dada" (o assim chamado "caos das sensações"), concluiu que todo conteúdo assensual, hipersensual da experiência em geral não seria "dado" originariamente, mas precisaria ser considerado como uma realização de uma atividade sintética dotada de leis próprias por parte do entendimento e da razão. Hoje sabemos que dações como a relação, a ordem, o modo de ser da substância, a atuação, o movimento, as figuras, as formas, o ser real, a materialidade, o espaço, o tempo, o número e o caráter multifacetado, as qualidades valorativas, a unidade do ego, a unidade do mundo, a unidade do mundo circundante etc., são dações autênticas e verdadeiras e não são nada construído, produzido, trazido à tona pelo entendimento (nem consciente, nem inconscientemente), mas que, no entanto, não são menos dações assensuais e, além disso, dações que são a cada vez independentes em seu modo de ser particular e que estão presentes *antes* das "sensações" dos sentidos de um ser.

Portanto, *se* devesse haver também dações originárias religiosas, *se* o divino e toda a esfera de sua essência (seja em um tipo primitivo isolado ou desenvolvido, seja como algo efetivamente ou apenas aparentemente divino) devessem pertencer a essas dações originárias, então isso não seria, *no quadro de uma filosofia fenomenologicamente fundada*, nada espantoso. A constatação e o conhecimento daquilo que seria mesmo real e efetivo em uma esfera derivável do ser do dado (respectivamente, de que proposições sobre coisas reais seriam verdadeiras) é sempre uma constatação ulterior, submetida a um desenvolvimento cognitivo mais rico. Ela não pode jamais ser anteposta à comprovação da existência autônoma e da natureza autêntica essencial de uma esfera material do ser. Assim, não é a existência de um mundo exterior, nem tampouco o fato de que "algo real" estaria em cada posição do mundo exterior para a qual eu olho, que precisaria ser considerada como hipótese de pensamento, como suposição logicamente exigida. Ao contrário, a hipótese é apenas aquilo que a cada vez seria real e efetivo, e, respectivamente, saber se corresponderia a esse ou àquele conteúdo fenomenal particular na esfera do mundo exterior algo efetivamente real. Algo análogo vale em relação ao eu como forma una do assim chamado "mundo interior" etc.

Exatamente no mesmo sentido que o mundo exterior, o eu, o mundo, o mundo circundante e o mundo compartilhado (mundo interior compartilhado e mundo exterior compartilhado), porém, a esfera dos fenômenos, que se abrem no ato religioso para o espírito, assim como a *esfera do divino* e de algo efetivamente real nessa esfera também se mostram como algo *originariamente dado* e não derivável de nada.

E tão originariamente quanto "a" consciência em sua determinação essencial finita sempre tem como correlato as esferas do "mundo exterior", do "eu", do "nós" - sem que uma das dações dessas esferas sejam recondutíveis às outras - tão originariamente ela olha por meio do ato religioso também para a esfera dos fenômenos e fatos divinos, suprassensíveis. O fato de ser possível se enganar e se equivocar aí nos posicionamentos reais, que são empreendidos em uma ou outra dessas esferas, é óbvio, mas não coloca em questão a existência originária da *esfera*.

Por isso, não há como falar de uma "prova" da existência de toda a esfera religiosa a partir de outros fatos mundanos por meio de conclusões; assim como não se pode falar de uma "prova" da existência do mundo exterior, do eu ou dos homens ao nosso lado[113]. Desconhece-se de maneira principial o poder de suporta-

113. Cf., em relação à suposição da existência do homem ao nosso lado, a crítica a essa doutrina e a doutrina positiva do autor no anexo ao livro sobre a *Simpatia* (1913). Nas edições posteriores ampliadas do livro, cf. Parte C.

ção e os limites das assim chamadas "provas", quando se exige algo assim.

Constatemos alguns de tais limites das provas, na medida em que eles devem comprovar a existência de algo. Pois somente se tivermos reconhecido que não ocorreria junto aos objetos religiosos nenhum caso especial, que a área de conhecimento religioso também se ajustaria aos princípios universais sobre algo demonstrável e indemonstrável, não exigiremos em relação à existência de Deus aquilo que não vem à mente exigir a alguém com vistas a uma outra região da existência.

"Demonstrar" a realidade ou a existência mesma é um contrassenso. Só *proposições* são demonstráveis, não o próprio real. O fato de "algo" real em geral se encontrar à base dos fenômenos, o fato de também se encontrar à base das esferas essencialmente diversas de fenômenos algo real diverso, é um saber que *ante*cede a todas as provas possíveis da existência. Somente a articulação de um determinado *quid* particular com o predicado "real", que só encontra ele mesmo preenchimento no conteúdo da vivência da realidade, cuja extração constitui uma tarefa da análise fenomenológica da consciência, pode ser objeto de uma prova. Para além disso vale, no que diz respeito à relação entre a prova e a verdade, o princípio: somente algo *verdadeiro* é demonstrável. A esse princípio não corresponde a inversão: somente o demonstrável é verdadeiro – nem se pode dizer tampouco que a verdade de uma proposição consistiria em sua demonstrabilidade. Ao contrário, o que é claro é o fato de que a mesma proposição e a mesma proposição verdadeira podem ser demonstradas de maneira totalmente diversa, por exemplo, de maneira direta e indireta, simples e complexa etc. Seu ser verdadeiro assume tantos modos de ser quantos forem os tipos de provas que houver para ele. A prova, contudo, sempre se apoia em outras proposições verdadeiras que não são demonstráveis, mas que são "elucidativas" de uma outra forma. No caso de demonstrações da existência de um objeto determinado, dado já em seu *quid*, sempre se pressupõe, além disso, o seguinte: 1) Uma outra existência determinada da mesma esfera existencial material; 2) Princípios fora daqueles axiomas da lógica formal, que regulam a prova em geral (p. ex., a lei da silogística) e que restituem exclusivamente os nexos consonantes com a essência da esfera da existência a cada vez determinada. Assim, nunca poderíamos concluir e "demonstrar", por exemplo, a partir do conhecimento e da explicação consumada do mundo morto, a existência de um ser vivo, mesmo que ele fosse o mais simples e o mais primitivo possível. Só se pressupusermos o saber em torno da essência do vivente, e, além disso, os nexos essenciais válidos no mundo do vivente, poderíamos demonstrar a partir da existência de determinados seres vivos e de determinados fenômenos da vida a existência de outros seres vivos, respectivamente a existência de outros fenômenos vitais. Nunca e em parte alguma, porém, há uma transição puramente analítica de uma esfera essencial para a outra, nem segundo a existência, nem segundo a essência de um objeto determinado. Como é que se poderia esperar seriamente que fosse possível demonstrar não apenas a existência de um objeto religioso determinado a partir do posicionamento existencial de outros objetos religiosos segundo leis essenciais exclusivas do ser religioso e da consciência religiosa, mas também a existência do próprio objeto religioso? A existência de Deus - é o que se exige - deveria poder ser "demonstrada" sem qualquer intuição materialmente doadora sobre o divino, simplesmente a partir dos âmbitos da existência e da essência de um tipo totalmente diverso, sem a introdução de leis de sentido religiosas, mas somente com os meios da lógica formal. Em contrapartida, não se pode demonstrar a existência de um ser vivo, se não se vislumbrou ao menos em um ser vivo a essência da forma vivente, do movimento vivente etc. Justamente aí onde o salto de um tipo de essência para o outro é o maior possível, deveria acontecer aquilo que não acontece quando ele é o menor possível?

Demonstrável, além disso, é apenas um princípio que já tenha sido *encontrado*. Isso é válido por toda parte onde o objeto a ser "demonstrado" não emerge apenas no próprio procedimento dedutivo e não surge de maneira consonante com a lei, tal como, por exemplo, nas amplas regiões da matemática. Aqui com certeza, mas também *apenas* aqui, o curso dedutivo da assim chamada prova coincide com a construção do objeto, isto é, com a sua gênese ideal. Nada, porém, é mais claro do que o fato de esse caso da coincidência entre a construção e a prova ter a *menor* validade *possível* no interior da esfera do conhecimento religioso. Nem Deus mesmo, nem a ideia de Deus podem ser "construídas". O poder espiritual da construção é tanto maior quanto mais o objeto for *existencialmente relativo* à consciência humana. Ele é, portanto, *nulo* ante o absolutamente ente, ante aquilo que não é ele mesmo dependente de nada e do que todo o resto é dependente. Ensinar a *encontrar* Deus, no entanto, é algo fundamentalmente diverso e mais elevado do que demonstrar a sua existência. Somente aquele que *encontrou* Deus pode sentir uma necessidade de uma prova de sua existência. Mesmo a lógica da invenção (*logique de l'invention, ars inveniendi et investigandi*) é uma lógica diversa da lógica da demonstração (*logique de la démonstration, ars demonstrandi*). A patrística cristã – Agostinho em sua ponta – ensinava ainda a "encontrar" Deus. Suas provas da existência de Deus são em essência ainda indicações do modo como a consciência religiosa *procede*, quando ela se encontra no caminho até Deus, e do modo *como* ela alcança sua meta por essa via. Com certeza, essa tarefa de descobrir o curso legal da consciência religiosa, por assim dizer a "lógica do sentido do ato religioso", não é a única tarefa de uma teologia natural. O encadeamento lógico das verdades religiosas (falamos aqui como sempre apenas das verdades naturais) com as verdades sobre o mundo e suas partes não é menos necessário. Mas ele é sempre em primeiro lugar uma *tarefa secundária, ulterior*, e, em segundo lugar e sobretudo, não pode ser considerado como um substituto do primeiro encadeamento. Esse encadeamento lógico tanto das verdades religiosas naturais entre si quanto das verdades religiosas com as verdades sobre o mundo não é justamente nenhuma "prova" de verdades religiosas. No caso mais extremo, ele é uma mera "verificação" no sentido com que os matemáticos distinguem de maneira aguda "prova" e "verificação".

Por "*comprovação*" compreende-se, diferentemente de uma "prova", o ensinar a reencontrar algo que foi encontrado. Por "*mostração*" ou "descoberta" compreende-se uma indicação pela primeira vez de algo que ainda não foi encontrado. A comprovação pressupõe, portanto, a mostração. Uma mostração, nesse caso, pode ser constituída inteiramente de tal modo que, por sua parte, ela contenha em seu curso um pensamento mediatizante, mesmo algumas conclusões. O todo do processo, porém, que se denomina "mostração", não tem de qualquer modo senão o mesmo significado que uma placa indicadora, com a qual apontamos para algo, tornamos algo visível para que outro o veja melhor ou para que ele efetivamente o veja.

Na teologia natural, a mostração tem de *ante*ceder a demonstração e a demonstração tem de *ante*ceder as verificações das verdades religiosas.

A essência e a existência de Deus são capazes de uma *mostração e de uma comprovação*, mas não de uma demonstração no sentido rigoroso do termo a partir de verdades, que só são verdades sobre o mundo.

Depois dessas observações prévias, retomemos a questão de saber até que ponto é possível *deduzir* da existência de atos religiosos no espírito do homem a *existência de Deus*. Se não investigarmos os atos religiosos apenas segundo a sua essência livre de existência e segundo a sua legalidade interna em termos de sentido, mas se partirmos da existência de tais atos no homem, então não poderemos apenas perguntar sobre os objetos desses atos (nos quais a consciência religiosa vive ingenuamente como em seu meio), mas também precisará surgir a questão acerca de sua causa, de acordo com a sua existência. A essa pergunta, porém, só há uma única resposta significativa: só um ente real com o caráter essencial do divino pode ser a causa da disposição religiosa do homem, isto é, da disposição para a realização efetiva daquela classe de atos, cujos atos não são passíveis de serem preenchidos pela experiência finita e que, não obstante, exigem preenchimento. *O objeto dos atos religiosos* é ao mesmo tempo a *causa de sua existência*. Ou: todo saber sobre Deus é necessariamente e ao mesmo tempo um saber por meio de Deus.

Com frequência se censurou essa conclusão pelo erro da demonstração circular. Com injustiça, ao que nos parece. Com certeza, ocorre em dois casos um círculo. Ele ocorre quando, por exemplo, juntamente com Descartes, não se parte de atos religiosos particulares e não se mostra de maneira exata os seus traços essenciais, mas só se deduz a confiança em encontrar por meio da razão em geral a verdade, isto é, em não se manter preso à ilusão sistemática da *Veracitas Dei*, como a causa da razão finita, construindo de qualquer modo ao mesmo tempo sobre os mesmos atos da razão, que operam nas ciências do finito, a verdade religiosa originária. Esse, porém, é o conhecido erro de Descartes e de muitos "ontologistas". O que há de correto nesse caso é o fato de que a crença no todo sistemático da razão (*com* todas as suas verdades compreensivas), ou seja, a crença em que, no homem, estaria ativo um princípio espiritual, que só seria determinado e só poderia se deixar determinar a partir do objeto e não a partir de causas corpóreas e psíquicas no homem, pressupõe a crença em Deus como a causa da razão finita. Nessa medida vale o seguinte: só se Deus existir, há uma verdade alcançável[114]. Pois por mais evidente que uma intelecção da razão possa ser, ela só é de qualquer modo evidente *diante* da razão, que sempre poderia continuar fornecendo ainda como um *todo* apenas uma ilusão consonante com a finalidade, por exemplo, uma ilusão biologicamente consonante com a finalidade. Friedrich Nietzsche tinha razão ao considerar a suposição da ideia de verdade como ligada à crença em Deus e ao precisar sacrificar ao seu ateísmo até mesmo a ideia de verdade. Caso estipulemos o caso de que um princípio racional se encontra à base da existência do mundo e de sua essência, então a razão também não pode ser aquilo que a humanidade considera que ela é. A evidência tanto de um bem objetivo quanto de algo objetivamente verdadeiro encontra-se, segundo a sua *possibilidade*, em uma conexão essencial com um princípio bom e racional do mundo. Um crítico arguto[115] contestou isso diante de mim; e, de início, com vistas à ideia do bem. Ele acreditava que seria possível dizer mais ou menos o seguinte: contanto que eu perceba o que é o bem, reconhecerei e desejarei esse bem, como quer que o fundamento do mundo seja constituído. Indiferentemente do fato de ele decompor ou não a mim e à minha vontade e enlamear o bem

---

114. Esse princípio também é válido para o caso especial: a validade ontológica do princípio causal.

115. Cf. KERLER, D.H. *Max Scheler und die impersonalistische Lebensanschauung* [Max Scheler e a visão de vida impersonalista], 1917.

para sempre (o meu e o de qualquer outro). Nesse caso, eu direi: pior para o fundamento do mundo! Não o reconhecerei, independentemente do quão infinitamente poderoso ele possa ser. Eu me postarei aí por assim dizer em um derradeiro consolo metafísico, apoiado sobre a minha evidência moral, e lhe dedicarei todo o desprezo possível. E, de maneira totalmente análoga, também seria possível se arrogar como tendo o direito de fixar a evidência teórica da verdade contra a cegueira do fundamento do mundo. Este ponto de vista aparece para aquele escritor engenhoso como marcado por um caráter sublime e por uma grandeza quase comoventes. Mas quanto mais profundamente tenho que me imiscuir nele, tanto mais insustentável ele se mostra para mim. Por mais que admita que não se tem o direito de reconduzir nem o bem, nem o verdadeiro, nem as intelecções lógicas, nem as éticas ao mero *fiat*-poder da vontade divina, por mais que reconheça uma evidência racional autônoma e independente como base, não como consequência da crença em Deus, não é menos elucidativa a sentença: se o fundamento do mundo fosse cego e mau, então aquela suposta evidência em relação ao bem e ao verdadeiro também não seria senão uma consequência bastante distanciada e derivada do fundamento cego e mau do mundo – e *não* poderia ser *aquilo* que ele se arroga ser. A retenção do bem e do verdadeiro como estrela-guia de minha vida seria uma veleidade cega, um impulso sem sentido contra o caráter da própria existência. A verdade de uma natureza ôntica não pode ficar aquém em relação àquilo que a teoria do conhecimento e a doutrina das valorações nos dão em termos de algo compreensivo.

O que era falso no pensamento cartesiano era o fato de Descartes pensar a existência de Deus como cognoscível sem atos religiosos particulares; e isso por meio das mesmas operações, para as quais ele queria criar a confiança necessária primeiramente a partir da existência de Deus e da *Veracitas Dei*. Os atos religiosos, porém, *ante*cedem aos outros atos racionais finitos; esses atos enraízam-se nos primeiros como os atos mais imediatos e mais profundos da pessoa.

Além disso, disse-se: a disposição religiosa do homem, isto é, a sua posse de atos do pensamento, do sentimento, do querer, que são evidentemente inadequados ao meio das coisas finitas e que não encontram nenhum preenchimento em uma experiência possível finita de todo e qualquer tipo – ela também não poderia ser, então, caso ela pertença à essência do homem, ou seja, caso ela seja mais do que um fenômeno histórico, ilusória? Somente se já soubermos por outros fundamentos racionais que Deus existe e que, então, Ele também é com certeza a causa daquela disposição, teríamos suspendido uma tal dúvida.

Se essa dúvida se volta contra a teologia do carecimento, então ela é completamente justa. O homem pode possuir *desejos, nostalgias, carecimentos* de um número arbitrariamente grande, para os quais não há nenhum preenchimento, nenhum terreno e nenhum supraterreno.

Mas será que estamos falando, afinal, dessas coisas, quando falamos de atos religiosos? Desejos, nostalgias, carecimentos são ou bem religiosos ou extrarreligiosos, talvez e seguramente com frequência também tais desejos, nostalgias e carecimentos extrarreligiosos, que penduram a sua volta uma manta religiosa. Quaisquer que eles sejam, eles sempre exigem por si mesmos uma explicação, e, em verdade, uma explicação que precisa pressupor a essência ou a classe essencial de objetos, para os quais os desejos, as nostalgias, os carecimentos apontam. Por mais que eles sejam empiricamente por demais impassíveis de serem preenchidos, eles exigem essa explicação. Nós, porém, não partimos de uma disposição estendida por toda parte em direção a carecimentos, desejos etc. práticos, mas antes de uma *classe essencial de atos espirituais* e de seus correlatos, em relação aos quais é em si indiferente saber se eles se encontram em todos ou apenas em um único homem. E só em segunda linha encontramos também por meio de indução uma disposição universalmente difundida em relação a atos de tal tipo. É óbvio que mesmo os "carecimentos" especificamente religiosos só podiam despertar junto a objetos religiosos já dados e junto ao seu conhecimento. Portanto, que eles não poderiam explicar os próprios objetos religiosos. Os objetos religiosos, com isso, já precisam ser dados pelos atos religiosos e nesses atos, a fim de deixar despertar os carecimentos por se ocupar com eles, os desejos e nostalgias justamente de um tipo religioso. Carecimentos são sempre objetos de uma explicação; eles mesmos não podem ser explicados[116].

Mas se o conceito do ato religioso intencional intuitivamente doador for corretamente apreendido e não for confundido com coisas tão derivadas como os carecimentos religiosos, então a afirmação de que a existência de Deus teria sido "primeiro" reconhecida - por exemplo, por meio de conclusões a partir da existência e da constituição do mundo -, antes de que se precisasse atribuir aos atos religiosos uma significação mais do que fictícia, seria totalmente infundada. Como é que, então, Deus, segundo justamente a sua essência, só seria dado nesses atos e por meio deles e, ao mesmo tempo, se encontraria em uma vivência fundamental indilacerável também como a causa eficaz da realização desse movimento do próprio ato? Nesse caso, essa exigência significaria, por exemplo, o mesmo que requerer que se precisaria primeiro ter demonstrado racionalmente a existência de cores, antes de vê-las; de sons, antes de ouvi-los.

Tudo gira, portanto, em torno da característica essencial adequada dos atos religiosos. Caso consigamos mostrar de maneira aguda e exata que o espírito humano realiza atos intencionais, que exigem necessariamente um correlato em conteúdos essenciais determinados, que são diversos de todas as sínteses possíveis de uma experiência finita do mundo, então também se estaria indicando com isso que o espírito humano *não* é apenas articulado ordenadamente com o mundo de coisas finitas - que ele possui um *excesso* de forças e capacidades que não teriam como encontrar um emprego no conhecimento do mundo e no trabalho mundano, assim como não podem ser *explicados* por meio da experiência do mundo e da adequação ao mundo. O sistema desses atos demonstra, portanto, claramente, que a alma tem uma determinação, que aponta infinitamente para além dessa vida; que ela, originariamente, *participa* de um âmbito do ser e do valor suprassensível, âmbito esse cujos conteúdos e objetos não podem provir da experiência de

---

116. Cf. meu livro *Der Formalismus in der Ethik und die materiale Wertethik* [O formalismo na ética e a ética material dos valores], onde isso também é indicado, p. ex., para necessidades econômicas. Cf. observação à p. 150s.

coisas finitas. Uma *força* que sobrepuja toda aplicação terrena possível, um *excedente* intangível pelo ponto de vista mesmo da mais plena adaptação pensável ao mundo tanto de forças espirituais quanto de exigências espirituais, requer, portanto, compreensão e explicação. Que, porém, haveria tudo isso *sem* um reino real de objetos copertinentes, no qual é plenamente preenchível o que só veladamente pode ser visado, querido, esperado, temido, amado e pensado por meio do peso e da gravidade opressora dos impulsos vitais na vida, esse é ou seria um fato completamente irracional. É preciso em todos os casos tornar a religião compreensível. Se a experiência religiosa é intencional e geneticamente compreensível a partir de fatos extra ou pré-religiosos – se o seu objeto se mostra como ficção, e, respectivamente, como síntese de transformações fantásticas da experiência de mundo, então a verdade da religião precisa ser abandonada. Se isso não se dá assim, então precisamos supor com exatamente o mesmo direito um âmbito de realidade para o sistema de atos religiosos, com o qual posicionamos o mundo exterior, o mundo interior e a consciência alheia como esferas da existência.

Mesmo a partir da classe de atos religiosos, portanto, a existência de Deus e de um Reino de Deus se nos torna certa. Se a existência de Deus não demonstrasse outra coisa senão isso, então isso tornaria impossível deduzir a disposição religiosa de uma outra coisa qualquer senão de Deus, que torna a si mesmo cognoscível de maneira natural por meio dela para o homem.

Lado interior e exterior, lado individual e social do ato religioso

Observamos de maneira breve que reside na essência do ato religioso não permanecer cerrado no interior do homem, mas se manifestar para o exterior por meio da mediação do corpo: em ações orientadas pela finalidade e em movimentos expressivos. Por isso, pertence necessariamente a toda e qualquer religião uma forma por ela determinada do *ethos* e uma práxis vital moral, e uma autoapresentação de algum modo regulada da consciência religiosa no *culto*.

As tentativas de Schleiermacher de dar uma determinação essencial à religião caíram em equívocos profundos, uma vez que, de acordo com elas, uma moral determinada só deve estar ligada casualmente com uma religião determinada, mas o religioso deve se esgotar no culto em meio à *expressão* exterior. Não se equivocam menos, porém, aqueles que articulam unilateralmente a religião com valores morais e que só veem na veneração do divino que é própria ao culto um ornamento acidental ou algo que simboliza para fora algo presente internamente de maneira já pronta, tornando-o passível de ser conhecido por outros.

Uma vez que o ato de um conhecimento ético do mundo (de Deus como o Bem) entra em todo e qualquer ato religioso, na medida em que é imediato e determinado[117], um *modelo* ético concreto maximamente elevado também é estabelecido concomitantemente com toda e qualquer cunhagem determinadamente concreta desse bem supremo; e isso para o querer que antecede e determina até mesmo a tudo aquilo que se chama regra moral, lei etc. Mas não apenas isso. O querer e o agir moralmente bons segundo a *imagem* que paira a cada vez diante de nós do divino *dispõe* necessariamente e como *conditio sine qua non* mesmo todo e qualquer progresso do espírito na penetração, na profundeza e na plenitude da divindade - segundo o conhecimento de Deus. O conhecimento de Deus é aquele conhecimento, que está maximamente ligado por todo conhecimento possível a um progresso moral[118]. O querer e o agir morais, portanto, não são uma mera *consequência* da crença religiosa - como pensava Lutero. Ao contrário, está inserido em todo e qualquer ato religioso e em todo e qualquer ato moral um componente idêntico de conhecimento do mundo, de tal modo que, em cada ato religioso, também é coexercitado parcialmente um ato moral, e, em todo ato moral, também um ato religioso. Tal como a meditação autêntica (boa tanto quanto má) só se documenta na prontidão para a ação, sem receber de qualquer modo

---

117. Cf. a demonstração desse axioma socrático em meu livro *Der Formalismus in der Ethik etc.* [O formalismo na ética etc. Cf. observação acima referente à p. 105, nota de pé de página 3.

118. Cf. o ensaio "Sobre a essência da filosofia" neste volume.

apenas por meio da ação o seu valor[119], a autenticidade da fé também se documenta na prontidão para realizar efetivamente o *ethos* religioso incluído em toda religião. A boa vontade e a boa ação só são restituídas pela consciência religiosa: é ela que *amplia e aprofunda* mesmo o conhecimento concreto de Deus a cada passo. Trata-se de uma penetração verdadeira no lado volitivo do divino, uma *participação* intensificada da pessoa em sua dinâmica interior mesmo lá onde isso transcorre sem a consciência reflexiva de que ele seria algo desse gênero. E como o conhecimento valorativo funda o conhecimento do ser, esse tipo de penetração também é o *pressuposto* para o conhecimento do ser de Deus.

Algo análogo, porém, é válido para o culto e para a liturgia. O conhecimento religioso é um conhecimento, que não está presente e pronto *antes* da expressão do culto, expressão essa que tem inversamente o culto como um *veículo* essencialmente necessário de seu crescimento espiritual. Por isso, o ato religioso é, em verdade, em sua raiz, um ato espiritual. Em seu efeito uno, porém, ele é constantemente de natureza psicofísica, não unilateralmente psíquica. Nesse ponto, o ato religioso de conhecimento se assemelha muito mais ao conhecimento artístico do mundo do que àquele da ciência e da metafísica. O artista não conhece - até o ponto em que ele conhece - *antes* do processo de apresentação, mas, tal como Fiedler o viu pela primeira vez[120], no próprio transcurso do processo da apresentação. Apresentar - esse é o *modo* - completamente insubstituível pela ciência - de o artista *penetrar no mundo*[121]. Tudo se dá como se o olhar espiritual estivesse preso firmemente na ponta do lápis de desenho ou do pincel de pintar, que só apreende *a princípio* aquilo que o lápis e o pincel estão em vistas de apresentar. De maneira análoga, mesmo a vivência religiosa só se torna plena e só é formada em uma expressão de culto e da apresentação do vivenciar religioso que é própria ao culto. Por isso, para todo conhecimento histórico da religião, vale a lei rigorosa das essências, segundo a qual o culto e as ideias dos

119. Cf. observação acima referente à p. 105, nota de pé de página 3.

120. Cf. FIEDLER, C. *Der Ursprung der künstlerischen Tätigkeit* [A origem da atividade artística], 1887.

121. Cf. obs. acima p. 312s.

objetos religiosos se alternam em uma dependência mútua uns em relação aos outros. É, por exemplo, impossível que o romano, que cobre seus olhos em oração e se encontra mais ensimesmado do que expandido, tenha nesse ato a mesma *ideia* concreta de deus que tinha o grego, uma vez que ele estende de olhos bem abertos os seus braços para a divindade. A história da religião apenas comprova - tal como Usener já mostrou de maneira penetrante - essa lei por toda parte; ela não a demonstra. Quem ora de joelhos, ora com uma ideia de Deus matizada de uma maneira diversa daquele que ora em pé. Uma vez que religião é tanto exercício quanto conhecimento, e uma vez que os dois - exercício e conhecimento - não são de maneira alguma cindíveis -, seria um absurdo dizer a um homem, que tivesse se aproximado de uma determinada religião ou de uma determinada igreja: enquanto tu não tiveres reconhecido todas as sentenças que essa religião ensina sobre as coisas divinas, tu também não poderás levar a termo, em virtude de tua consciência, nenhum ato de culto prescrito por essa religião. Isso seria o mesmo que dizer a um pintor que ele deveria, *antes* de pintar, antes do processo de apresentação, ver uma paisagem *tal* como ele aprende lentamente a vê-la. Ao contrário, Pascal tem muito mais totalmente razão ao dizer: "Curva apenas teus joelhos, que tu te tornarás casto". Portanto, é preciso que se diga: procura realizar as ações morais e relativas ao culto, que são prescritas por essa religião, e observa, então, se e como se amplia nesse caso o teu conhecimento religioso.

Por fim, todo ato religioso sempre é um ato ao mesmo tempo *individual* e *social*. *Unus Christianus - nullus Christianus*[122] é uma sentença que vale em um sentido mais amplo para toda religião. Em termos de leis essenciais, está completamente excluída a possibilidade de pensar em *Deus* sem pensar em Deus como ligado a todos os homens com o mesmo sentimento que o liga a si mesmo. O pensamento de Deus sempre conduz necessariamente para o pensamento da *comunidade* - mesmo ainda no mais solitário anacoreta do deserto. É possível criar puramente "por si" uma obra de arte, desfrutá-la puramente por si, reconhecer algo puramente por si, sem pensar em um "para" alguém em geral, e, além disso,

122. Em latim no original: "Um cristão sozinho não é cristão algum" [N.T.].

sem pressentir qualquer necessidade de comunicação. Não é no mesmo sentido que se pode acreditar puramente "por si" em Deus ou orar para Ele. Se *todos* os motivos da vida conjunta e da consideração, mesmo que apenas espiritual, de seus próximos tivesse se extinguido em um homem - só o ato religioso que o conduz a Deus o levaria uma vez mais ao menos *espiritualmente* para junto de seus irmãos. Em um outro lugar[123], no que diz respeito à "prova sociológica da existência de Deus", mostrei o fato de que já a ideia de uma comunidade humana possível qualquer exige puramente por si a ideia do Reino de Deus como condição e, por assim dizer, como pano de fundo - e, com isso, a ideia do próprio Deus. O fato de cada um não se encontrar por si, mas também se mostrar como *membro* de um todo inabarcável de naturezas espirituais, esse é um saber que não se dá por meio de uma experiência casual, mas é antes um saber estabelecido na essência do próprio espírito[124].

Mas ainda mais: no conhecimento de Deus - como pensado de maneira idealmente adequada -, nenhum homem e nenhum grupo de homens é *substituível* por um outro homem ou um outro grupo. Justamente porque o ato religioso é o ato mais pessoal e mais individual de todos, ele é necessariamente um ato, que só conduz *completamente* a um objeto sob a forma da "convivência" conjunta. A forma da *comunidade do amor e da graça*, portanto, é *constitutiva* do conhecimento religioso em oposição a todo e qualquer outro modo de conhecimento. Uma vez que toda e qualquer alma espiritual é uma ideia *única* de Deus e nunca meramente um exemplar de uma ideia, então ela também tem um conhecimento único na plenitude do divino em relação à sua determinação. Por isso, também pertence necessariamente a toda e qualquer religião positiva uma ideia positiva de comunidade, que se encontra em conexão com a ideia de seu objeto supremo - um princípio, que possui um caráter *a priori* para o estudo histórico da religião.

---

123. Cf. o ensaio sobre a ideia do amor e da comunidade cristãos nesse volume.

124. Assim encontramos formulado também por J. Volkelt em seu livro sobre *Das ästhetische Bewusstsein* [A consciência estética]. Munique, 1920.

O ato religioso é necessariamente realizado por todo homem

Uma vez que o ato religioso é um dote essencialmente necessário da alma humana espiritual, não faz sentido algum a questão de saber se ele é ou não realizado por um homem. O que faz sentido é a questão sobre se ele encontra o objeto que lhe é *adequado*, o correlato ideal, ao qual ele *pertence* essencialmente, ou se ele tem em vista um objeto como sagrado e divino, como bem valorativo absoluto, que *contesta* sua essência, uma vez que ela pertence à esfera dos bens finitos, contingentes.

Subsiste a lei essencial: todo espírito finito acredita ou bem em Deus, ou bem em um ídolo. E dessa lei se segue a regra pedagógico-religiosa: o caminho, no qual é preciso afastar a assim chamada descrença, não é uma condução extrínseca do homem à ideia e à realidade de Deus (seja por meio das assim chamadas demonstrações ou por meio de convencimentos), mas é a comprovação possível e segura junto à vida particular de todo homem e de toda classe de tal homem de que ele posicionou no lugar de Deus, isto é, de que ele posicionou na esfera absoluta de seu âmbito de objetos, que lhe é "dada" *como* esfera em todos os casos, um bem finito – de que ele "idolatrou" um tal bem, como nos disporíamos a dizer, que ele se "embasbacou" nele (como diziam os antigos místicos). Portanto, na medida em que levamos um homem à *decepção* em relação ao seu ídolo, depois de termos desmascarado para ele, por meio de uma análise de sua vida, "seu" ídolo, nós o levamos *por si mesmo* para a ideia e para a realidade de Deus. Assim, o caminho único e primeiro, o caminho que cria pela primeira vez as disposições para todo e qualquer devir religioso da pessoalidade, é o caminho que denominei "esmagamento dos ídolos". Pois não a crença a Deus, não o estar dirigido do cerne da pessoalidade humana espiritual para o ser e o bem infinitos na fé, no amor, na esperança etc., é que tem uma causa positiva na história anímica do homem; mas a descrença em Deus, melhor, a ilusão que se tornou duradoura de posicionar um bem finito (seja ele o Estado, uma mulher, o dinheiro, o saber etc.) no lugar de Deus, ou, então, tratá-lo "como se ele fosse" Deus, tem sempre uma causa particular na vida do homem. Se essa causa é descoberta, se o *véu* que por assim dizer encobre para a alma humana a ideia de Deus é arrancado do homem, se o ídolo é esmagado para ele, o ídolo que ele *colocara por assim dizer entre Deus e si mesmo*, se são reproduzidas a ordem do ente perante a razão, ordem essa de algum modo revirada e confusa, e a ordem dos valores perante o coração, então o ato religioso disperso volta "por si mesmo" para o objeto que lhe é adequado da ideia de Deus.

O despertar do ato religioso para a vitalidade e a condução para um ser e um bem valorativo a ele apropriado - não "demonstrações" - são o caminho, que é próprio a toda instrução religiosa, assim como o caminho que todo e qualquer tipo de instrução, que tenha algo em comum com religião, tem de percorrer. Essa sentença se segue rigorosamente de nossa teoria da própria religião.

Denomino aqui algumas consequências importantes da ideia de que pertence à essência da consciência finita ter uma esfera absoluta - uma esfera ao mesmo tempo do ser e dos valores - e preencher essa esfera com um conteúdo qualquer. Esse conteúdo é o bem formal de fé do homem respectivamente em questão. Esse conteúdo encontra-se com tal homem em uma relação totalmente particular, que é posicionada pelo ato espiritual, que nós denominamos "*acreditar em algo*" (*belief*)[125]. Esse ato é um ato *sui generis* e não pode ser nem inserido na esfera dos atos do entendimento, nem na esfera dos atos volitivos. Caso eu deva descrevê-lo, então precisa ser distinto nele o ato doador de conteúdo e o ato dirigido para esse conteúdo da retenção incondicionada, da manutenção do bem de fé. O primeiro ato é um ato, segundo a sua essência, carente e capaz do preenchimento pleno por meio de intuição, um ato do "ver encoberto". O segundo ato é descrito da melhor forma possível, quando pensamos naquilo que denominamos "identificar-se com uma coisa". A pessoalidade se sente e se vivencia (o cerne de sua existência e de seu valor), portanto, como vinculada ao seu bem de fé, de tal modo que ela se "empenha" por ele, se identifica com ele - como se diz. "Só devo e só quero estar aí e ter valor, enquanto tu, bem de fé, estiveres presente e tiver valor", "nós dois estamos juntos e coincidimos" - essa é, em

---

125. O manuscrito de filosofia da religião já citado contém uma investigação fenomenológica sobre *faith* e *believe* como tipos de ato.

uma formulação vocabular, a relação vivenciada, na qual a pessoa se encontra voltada para o seu bem de fé. Essencial para o ato de fé é a in-condicionalidade do autoempenho pelo mesmo, empenho esse que se encontra em uma conexão essencial com a posição e a situação do bem de fé na esfera absoluta do ser e dos bens.

Nesse sentido, todo homem tem *necessariamente* um "bem de fé" e cada um realiza o ato de fé. Cada um *possui* um algo particular, um conteúdo marcado pelo acento do valor supremo (para ele), daquilo de que ele se acha consciente, ou, de qualquer modo, em relação ao que ele, em seu comportamento prático ingenuamente valorativo, posiciona em seguida todo conteúdo diverso. Para a minoria dirigente da era capitalista, por exemplo, essa é a maior aquisição possível de bens econômicos e, respectivamente, de seu critério de medida, o dinheiro (mamonismo). Para o nacionalista, isso é sua nação; para o tipo do Fausto, o saber infinito; para o tipo de Don Juan, o domínio sempre novo da mulher. Em princípio, todo bem finito pode entrar na atmosfera absoluta do ser e dos valores de uma consciência e será, então, aspirado com um "anseio infinito". Sempre ocorre, então, uma idolatria do bem. O bem finito é arrancado da construção harmônica do mundo das mercadorias (bens), ele é amado e ansiado com uma incondicionalidade que não é apropriada ao seu significado objetivo; o homem aparece atado magicamente ao seu ídolo e o trata "como se" ele fosse Deus.

Não há escolha alguma entre ter e não ter um tal bem. Só há a escolha entre ter Deus em sua esfera absoluta, isto é, o bem *apropriado* ao ato religioso, *ou* um ídolo.

Esse princípio também é válido ainda para os grupos humanos, que se denominam os religiosamente indiferentes, e, respectivamente, para o assim chamado agnóstico teórico e religioso.

O assim chamado *agnosticismo* religioso não é nenhum fato psicológico, ele é uma autoilusão. O agnóstico pretende poder prescindir do ato de fé, ele pretende não acreditar. Se ele investigasse, porém, mais exatamente o seu estado de consciência, então ele observaria que se engana. Também ele *possui* uma esfera absoluta de sua consciência preenchida com um fenômeno positivo - mas ele não possui em geral nenhuma esfera tal ou uma completamente vazia. Esse fenômeno positivo, contudo, é o fenômeno do "*nada*", respectivamente da nulidade (valorativa). O agnóstico não é de fato um não crente, mas ele é aquele que crê *no* nada - ele é um niilista metafísico. Crer no "nada" - é algo totalmente diferente de não crer. Trata-se - como já o atesta o efeito poderoso do sentimento, que o pensamento do "nada" exerce sobre nossa alma - de um estado extremamente positivo do espírito. O nada absoluto precisa ser distinto agudamente enquanto fenômeno de todo nada apenas relativo. O nada absoluto é o não ser algo e o não existir ao mesmo tempo, em uma unicidade[126] e em uma simplicidade pura e simples. Ele é a oposição contrária - não contraditória - a Deus, isto é, Àquele que É o que ele é ("Eu Sou Aquele que Eu Sou"). Mesmo na alma do niilista religioso há o impulso de algo que deixa essa alma buscar secreta e hesitantemente o *ens a se*: o ente mesmo acima e por detrás das imagens ontológicas alternantes, seus ímpetos e repulsões sobre o nosso ser. Não se trata de uma mera não realização do ato religioso que se encontra à base dessa mentalidade, mas sim de uma *resistência ativa* positiva da vontade contra esse saber prévio secreto e essa busca do *ens a se*, uma resistência que já não deixa chegar à questão conscientemente judicativa do espírito acerca de Deus. Corresponde a essa resistência ativa um agarrar-se artificial ao lado fenomênico das coisas, às suas superfícies. Os dois modos de comportamento interno exigem e se apoiam mutuamente. A *angústia* metafísica, o *tremor* religioso diante do nada absoluto, que preenche aqui a esfera absoluta, intensifica e estabiliza a energia do agarrar-se artificial à multiplicidade colorida das aparições. No entanto, o agarrar-se, ou seja, o amor mundano vão, sempre traz à tona novamente, por sua vez, o fenômeno do nada absoluto no interior da esfera absoluta da consciência. Esse é o curso circular trágico da consciência religiosamente indiferente.

---

126. Isso diferencia o nada absoluto da ideia budista do Nirvana, que não é senão liberdade ante a realidade efetiva e redenção da realidade efetiva, sem que o conteúdo positivo da ideia e do valor do ente seja tocado por meio daí. (Cf., sobre a ideia budista do Nirvana, o ensaio "Sobre o sentido do sofrimento". Ampliado e reeditado em *Moralia*.) Cf. Índice bibliográfico, n. 11 e 19 (1).

É só até esse ponto que quero levar a análise da essência do ato religioso aqui. Ela só conquistará o seu peso pleno se nós nos dispusermos a analisar de maneira exata os atos religiosos mais importantes, a fim de confirmar diante deles o que foi dito. Isso, contudo, não se acha aqui em nossos planos[127].

O caminho, que foi tomado até aqui para a fundamentação da religião, se apresentou em alguns pontos como divergente em relação aos caminhos que costumam ser percorridos atualmente pela filosofia e pela teologia. Por isso, dirigimos nosso olhar, então, para alguns *tipos de fundamentação da religião,* que ainda possuem atualmente em nosso país e no círculo cultural europeu e americano um grande número de seguidores, a fim de ver como é que se comportam as intuições aqui defendidas em relação a esses tipos.

Sobre algumas tentativas mais recentes de uma fundamentação natural da religião

A afirmação da consistência e da legitimidade de um *conhecimento natural de Deus* não coincide com a suposição da prova racional da existência de Deus - de uma suposição, que também é considerada ainda hoje por muitos como a base de toda teologia. Mesmo a doutrina defendida em muitos aspectos na história desde *Agostinho,* a doutrina acerca de um fator *imediato* no conhecimento de Deus, isto é, de um fator do conhecimento de Deus que não se baseia em conclusão e demonstração, não se encontra em contradição alguma com a suposição de um conhecimento natural de Deus. Mesmo um ponto de vista, que diverge desses dois métodos da teologia natural e que eu explicitei aqui, pode pretender reter *o conhecimento natural de Deus* em contraposição ao conhecimento que se baseia na revelação positiva.

Precisamos distinguir entre *religião natural* e *teologia natural.* A religião natural é aquele conhecimento ingênuo de Deus,

127. Gostaria de dedicar a essa tarefa ensaios particulares, que devem aparecer separadamente como "análises fenomenológico-religiosas". • Os ditos ensaios não chegaram a ser escritos [N.T.].

que todo homem dotado de razão pode adquirir – de maneira totalmente independente do tipo e do grau de sua formação metodológico-científica; e, em verdade, adquirir de tal modo que, em meio à reflexão, ele não se conscientiza necessariamente do caminho no qual ele adquiriu esse conhecimento. Mesmo o representante de uma teologia natural fundada nas provas comunicáveis da existência de Deus precisa admitir que os homens, que não sabem nada sobre as provas metodológicas sobre a existência de Deus, não possuem seu conhecimento de Deus *meramente* com base na tradição e na revelação. Naturalmente: *sua* teoria particular dessa religião natural exige a suposição de que mesmo esse conhecimento religioso-natural de Deus, próprio do não teólogo, também repousa de qualquer modo uma vez mais sobre as mesmas conclusões, que ele retira científica e metodologicamente como teólogo natural. Ele só pode dizer que essas conclusões, por exemplo, a conclusão causal que conduz à suposição de uma causa suprema e eterna do mundo, seriam realizadas pelo homem ingênuo em relação à "prova da existência de Deus" sem consciência e sem uma metodologia regularmente correta. Sou da opinião, por outro lado, de que tal suposição de "*conclusões inconscientes*" não possui de modo algum a sua razão de ser em nenhuma área do questionamento filosófico. Sob as formas, que Schopenhauer e (uma vez mais de maneira diversa) Helmholtz tinham dado a essa doutrina para o problema da percepção, essa suposição induziu totalmente em erro. Ela não induziu menos em erro, lá onde ela deveria sustentar a suposição da existência de um mundo exterior independente da consciência e a justificação de nossa suposição natural de sujeitos conscientes alheios[128]. Imputar aos homens religiosamente ingênuos tais conclusões inconscientes não é algo que se acha menos justificado do que no caso das questões citadas. E é duplamente injustificado, quando essa conclusão, mesmo quando ela é realizada de maneira legítima e metódica, não alcança de maneira alguma aquilo que ela pretensamente deveria alcançar: uma causa do mundo una, suprema e criadora.

---

128. Cf., quanto a isso, o anexo de meu livro *Zur Phänomenologie und Theorie der Sympathiegefühle* [Sobre a fenomenologia e a teoria dos sentimentos simpáticos]. Nas edições posteriores ampliadas do livro sobre a *Simpatia,* cf. Parte C.

No entanto, não há como ver em que medida a religião natural deveria ser apenas uma teologia irrefletida ou gradualmente apenas pouco refletida e metodológica - uma vez que ela, de qualquer modo, *qua* religião, não representa em geral nenhum *tipo de ciência,* assim como nenhuma ciência ou teologia primitivas.

Se há a região autônoma do ato do conhecimento religioso, então temos muito mais de supor que mesmo a teologia natural enquanto um saber racional em torno de Deus tem de se *apoiar* sobre a religião natural, isto é, sobre uma *fonte peculiar essencial da intuição e da vivência do divino* - por mais que ela se sinta autorizada mais tarde enquanto ciência a submeter esses conteúdos intuitivos e essas fontes doadoras de matéria-prima a uma purificação, a uma crítica, e, além disso, seus dados a uma elaboração sistemática por meio do pensamento.

Isto é: a teologia natural tem de se apoiar em primeiro lugar inicialmente sobre a religião natural, assim como toda ciência mundana tem de se apoiar sobre as categorias, isto é, sobre as formas ontológicas da intuição natural do mundo.

A religião natural, porém, precisa ser estudada em primeiríssimo lugar fenomenologicamente em seus atos e objetos conformes às leis essenciais. Se isso acontece, então a teologia natural pode e deve em seguida articular o conteúdo essencial assim conquistado da intuição religiosa natural com o saber mundano, de início com a metafísica filosófica enquanto a sua conclusão suprema; e isso de maneira tão racional, que venha à tona uma teoria determinadamente configurada da existência de Deus e de sua relação com o mundo.

Assim, também conquistamos um conhecimento natural de Deus e permanecemos em uma concordância maximamente rigorosa com a *palavra de Paulo,* segundo a qual podemos conhecer o mestre da obra por sua obra, uma palavra que só um tempo muito posterior encurtou e transformou na afirmação de um conhecimento cientificamente racional de Deus e só um tempo ainda muito posterior - como se sabe - na afirmação totalmente especial de que haveria conclusões causais absolutamente evidentes de Deus[129]. Pois

129. Quanto ao fato de essas doutrinas faltarem na patrística, cf. MÖHLER. *Die Einheit in der Kirche* [A unidade na Igreja]. Tübingen, 1825.

a afirmação de que, por exemplo, o conjunto da natureza portaria em si "rastros" de seu criador divino, "indicações de Deus", de que ela apresentaria por toda parte o caráter de "obra" de um espírito racional em seus construtos, de que se "expressaria" e "anunciaria" por toda parte em suas ocorrências um poder espiritual, de que a existência e o modo de ser *de todo e qualquer* construto natural e processo da natureza em geral - diferentemente de seu mero estar aqui agora e de seu mero ser diverso - nunca poderia ser explicável por meio de um ser contingente diverso; de que "se trata" muito mais do selo da proveniência a partir de um ente, que "é" por si e com base em sua essência - tudo isso é uma afirmação indubitável da própria religião natural. Mas dizer que a equiparação só se estabelece exclusivamente em meio às matérias intuitivas que acrescentam a concepção de mundo aos fatos dos fenômenos extrarreligiosos como fenômenos positivos totalmente novos não é senão uma afirmação. E essa é uma afirmação, que é totalmente incompreendida quando, no lugar das relações intuitivas, que são visadas em geral nos termos "rastro", "indicação", "caráter de obra", "expressão", "anúncio", "ter atuado", se imputa uma pretensa conclusão causal a partir de fatos *pré-religiosos* de uma *consideração profana do mundo* e de um conhecimento do mundo.

Não é em toda e qualquer consideração da natureza que esses fenômenos e essas relações simbólicas intuitivas entre as coisas naturais apontam para Deus e emergem para o homem, mas justamente apenas na consideração *religiosa* da natureza, que também é naturalmente (em termos históricos) a mais originária e "a mais natural". Em comparação com essa consideração religiosa, toda consideração "científica" da natureza é artificial, uma vez que ela priva pedaço por pedaço de sua dação natural originária *os* fenômenos, que não possuem nenhum significado para a finalidade particular de produzir uma imagem de mundo útil para uma direção possível da natureza. *É assim, contudo, que são em primeira linha aqueles fenômenos oriundos da consideração naturalmente religiosa.* A ciência da natureza não pode e não deve tampouco se interessar de modo algum, por exemplo, pelo fator do resultado da atuação (caráter de criatura) e pela essência, isto é, pelo puro *quid* de um construto natural (ideia), uma vez que essas duas coisas são nelas mesmas em todos os casos *a priori* imutáveis e não possuem nenhum significado para toda direção da natureza - elas são constantes metafísicas e religiosas, que não dizem minimamente respeito à ciência. De maneira análoga, pelas mesmas razões de sua constituição, ela terá de abstrair artificialmente das determinações e metas dos construtos naturais, de seus valores, e, por fim, na medida do possível, até mesmo de suas qualidades. E como ela se restringe a apreender os construtos naturais apenas, na medida em que esses são determinados uns pelos outros de maneira inequívoca, ela faz metodologicamente bem em - até onde for possível - abstrair do criador, do senhor e do governante supremo da natureza.

No entanto, o quão fundamentalmente falso precisa se mostrar para nós levar a termo em primeiro lugar aquela diminuição do conteúdo intuitivo de uma natureza, aquela abstração artificial das relações simbólico-naturais de seus construtos com Deus - e levar a termo *com* a ciência e, então, apesar disso, achar ainda que se poderia desvelar a existência de Deus com base em conclusões causais puramente lógico-objetivas. Ou seja, pulverizar de início a natureza, transformando-a em cadáver, a fim de se deparar, então, pela primeira vez com a sua vida secreta.

O erro *fundamental* da teologia natural tradicional é aqui por toda parte o mesmo. Pensa-se equivocadamente desvelar aquilo que já se possui segundo o *quid* a partir de uma fonte de conhecimento totalmente diversa. Conclui-se *no interior* do mundo intuitivo religioso - e isso com razão -, mas se acredita equivocadamente que se desvelam suas matérias-primas a partir de estados de fato pré-religiosos. Trata-se de um erro análogo, de acordo com o qual muitos achavam que se poderia "desvelar" para si, a partir de um puro presente, uma realidade das correntes vivenciais do passado, de que se poderia "vislumbrar" a partir de um conteúdo puro da consciência um mundo exterior real, de uma dação corpórea alheia, um sujeito consciente alheio - erros que eu refutei em um outro lugar[130]. O que se pode efetivamente desvelar de uma

130. Cf. acima p. 343s. Com vistas à teoria rejeitada da conclusão da realidade a partir da esfera do passado, cf. em *Formalismus*, seção VI, A 3, g.

maneira imediata é – depois que já se possuem essas esferas de uma "vida passada", de um "mundo exterior", depois que já se possuem essas esferas de um mundo de espíritos alheios –, no caso extremo, a determinação e a constituição particulares das realidades dessas esferas.

Tomemos como exemplo a célebre "*conclusão causal*", que deve supostamente suportar sozinha a teologia natural. Ela tem um sentido plenamente justificado quando se apoia já sobre dois nexos essenciais intuitivos completamente impassíveis de serem desvelados, que estão contidos necessariamente em toda consideração religiosa do mundo: 1) Sobre a intuição concomitante de um ser absoluto necessário a partir de sua essência, intuição essa que se acha concomitantemente dada junto com toda apreensão do momento casual e contingente de um construto *qualquer* da natureza ou da alma; 2) Sobre o caráter de obra ou sobre o caráter de criatura de todo construto natural, assim como sobre o "significado" simbólico, estabelecido na coisa mesma, isto é, sobre a "indicação", que ela leva a termo com vistas ao seu produtor; indicação essa na qual, ao segui-la, sou conduzido ao *ens a se,* que eu já tenho e sei antes dessa indicação. Esse caráter de obra, esse fator da determinação enquanto criatura, vem à tona imediata e necessariamente em todo e qualquer construto natural, que eu projeto espiritualmente de maneira direta sobre o *ser de um mundo contingente em geral* como "caso" e que eu contemplo, então, com vistas ao seu *puro quid.* Agora ele se acha presente – esta árvore, por exemplo, por assim dizer arrancada de todas as suas relações contingentes de um tipo ideal e real em meio à pura solidão de seu "fato de que" e de seu *quid* – como se não houvesse outra coisa senão ele mesmo. E, *enquanto tal,* ele conquista, então, a linguagem secreta, que narra sem ser questionada aquele que o efetuou, aquilo que faz com que ele seja e não seja, e com que ele seja o que ele é, e não apenas um tal ou um outro. Esse ter sido efetuado, esse caráter de obra, não é ele mesmo desvelado, mas é um momento intuitivo nele, assim como – em uma consideração extrarreligiosa – não reconheço esta mesa apenas por meio de uma conclusão como uma "obra" de um mundo, como obra humana, mas vejo nela mesma que ela seria um artefato. Com certeza, esse momento pode desempenhar muito bem um papel em uma conclusão causal, mas não de um modo diverso daquele no qual ele é acolhido na premissa material da conclusão. *Se* construtos naturais mostram esse caráter de obra, *se* eu sei que há um *ens a se*, então posso concluir que esse construto natural seria uma obra do *ens a se*.

O caráter de obra, o próprio caráter de criatura, pode ser analisado de maneira mais exata. Acho, então, que o desenrolar, que o processo da "realização" de um mero conteúdo quididativo só me é dado em sua essência em *uma* posição de minha experiência conjunta do mundo, a saber, lá onde eu vislumbro intuitivamente como é que um construto, que anteriormente eu só representava, emerge sob o efeito vivenciado de meu querer - quando eu, por exemplo, pinto um quadro, realizo um movimento qualquer de meus braços e mãos do modo como e por que eu os quero realizar. Olho em cada um desses casos de uma vez por todas as relações essenciais: efetivamente, algo só é por meio da efetuação que o promove; e só um efetuar imediato, que não é ele mesmo efetuado, é uma efetuação *volitiva* "livre". Não se está falando aqui de modo algum de que eu só transporia analogicamente uma experiência casual, humana de efetuação para a realização e o ter sido efetuado de algo extra-humano; portanto, não se está falando de modo algum que mesmo este construto natural não teria sido explicado senão de maneira "antropomorfa". Ao contrário, essa minha experiência humana do querer e do efetuar é muito mais o *único* lugar na totalidade de toda experiência possível do cosmos, no qual eu apreendo a essência do ser real (= ser uma resistência volitiva possível), de um tornar-se real (= ser realizado no querer e por meio do querer), e a essência de toda efetuação originária e imediata junto a um fato casual. E, por isso, não preciso "transpor" nada aqui, projetar nada do homem para as coisas, mas vejo as coisas desde o princípio nessas formas essenciais do *ter sido querido e do ter sido efetuado por meio de um querer criador*, vejo-as como obra e como criatura - na medida em que só as considero religiosamente, isto é, não em sua dependência mútua no alinhamento dos esquemas espaçotemporais, mas como pura e simplesmente *existindo e sendo algo*.

Portanto, se a linguagem religiosa deixa que "atribuamos honras às obras do eterno", se ela "expressa", se ela encontra "anunciada" uma vontade criadora, uma razão e uma bondade eterna etc. nas construções da natureza, se ela acha apresentados os rastros de Deus e suas pegadas em tudo, então ela não reproduz senão uma "língua" por assim dizer objetiva das coisas mesmas, um apontar para além de si das coisas, que visa e significa algo transcendente em relação ao seu ser casual – um "visar" e um "significar", que lhes – às coisas – é fenomenalmente inerente e pelo qual o homem se sente humilhado, pois ele sabe que só consegue escutar, compreender e repetir essa língua grandiosa com o espírito em fragmentos precários; a língua, portanto, e o sentido das "palavras divinas" nas coisas seria infinitamente mais rico, maior e mais multifacetado do que a medida da *compreensão* possível e de uma repetição qualquer por parte do homem. O que os conceitos, as intenções e os conteúdos significativos escolhem a partir desse sentido das coisas para *a sua* finalidade é apenas uma parte mínima do sentido conjunto – daquela parte, por meio da qual eles apontam tão amplamente uns para os outros, que eles se mostram como substituíveis uns pelos outros para as mesmas metas técnicas possíveis: para movê-las e transformá-las.

Mas assim como essa língua é objetiva, suas "significações" se encontram longe de serem projetadas pelo homem para o interior das coisas – uma vez que elas ainda são dadas muito mais até mesmo de maneira evidente, indo para além de *toda* compreensão humana – e toda apreensão possível dessa *língua, dessa narrativa grandiosa das obras por parte de seu criador*, já *pres*supõe a *forma de consideração religiosa* da natureza; e é evidentemente sem sentido querer aceder apenas por meio de processos lógicos e a partir de um outro modo de posicionamento e de apreensão ao modo religioso de posicionamento e de apreensão.

A razão pela qual tantas pessoas se escandalizam com essa tese e se veem repelidos para a teologia racional (naturalista) tradicional, porém, é para mim muito compreensível. Elas não atentam para duas coisas.

Eles não percebem, em primeiro lugar, a diferença *histórica essencial* da época, da qual provém a teologia racional, em relação à nossa no que concerne ao "caráter óbvio" e "ao caráter *nada* óbvio" de uma consideração religiosa do mundo. E eles acham que, com a afirmação de que haveria uma forma de consideração religiosa particular diferente da forma de consideração científica, já estaria dada a afirmação metafísica ulterior de que a primeira afirmação não seria "senão" *subjetiva*, enquanto a segunda, em contrapartida, seria *objetiva e materialmente válida*.

O que se tem em vista com a primeira proposição é claro. O homem, até o ponto em que ele respira normalmente e o ar se mantém calmo, não sabe nada sobre a atmosfera, na qual ele vive. Somente em meio à tempestade, somente quando ele nota em montanhas elevadas o caráter rarefeito do ar, é que ele vê o fato de que ele também vivia antes nessa atmosfera. A teologia racional concludente pôde surgir de uma maneira tradicional e se fazer valer em uma época, para a qual a consideração religiosa do mundo era tão *óbvia* que essa consideração não lhe era *dada* de maneira alguma "enquanto" religiosa, *não se distinguia para ele de maneira alguma intensamente das outras formas de consideração*. Pois assim como as essencialidades das formas de consideração do mundo enquanto formas de um espírito finito em geral são "eternas" e imutáveis, também é diverso o *peso vital* de fato, que elas possuem relativamente uma frente às outras no espírito dos tempos. E sempre é a cada vez *uma* a que porta o primado da "obviedade" - do que é aparentemente natural apenas. Para a era capitalista da burguesia, que é ao mesmo tempo a era de um racionalismo sistemático, mas que desconheceu a condicionalidade *estreita da classe, do devir e da vontade*, e que tomou os seus *planos técnicos de urbanização do mundo* como uma metafísica verdadeira, a consideração religiosa do mundo não é "óbvia". Por mais que isso possa se mostrar como razão para queixas em termos religiosos - ele possui *um* primado para o conhecimento da religião: ele nos faz compreender de maneira mais profunda a forma de consideração religiosa e o *modo de ser* essencial dos atos cognitivos religiosos, nos mostrando também nessa área o *limite* interno *dos modos racionais de conclusão*.

Pois os representantes da forma tradicional de teologia natural precisaram se colocar *uma* questão sob todas as circunstâncias - como quer que eles tenham pensado sobre a validade lógica de suas provas da existência de Deus: a questão de saber de onde poderia advir o fato de essas provas, que não são de qualquer modo, em verdade, intrincadas e difíceis – a prova pitagórica é significativamente mais difícil e intrincada – não *possuírem nenhuma força de convencimento* para o homem moderno, que não possui já de antemão por meio de tradição, crença ou outros modos quaisquer religiosos de conhecimento a crença na existência de Deus. Se essas provas tão simples (prova do movimento, conclusão com vistas a uma causa suprema do mundo etc.) são tão claras, tão evidentes, tão certas, quanto elas se arrogam – com certeza também em contradição com autoridades tão grandes quanto, por exemplo, Newmann, que nunca silenciou a sua profunda desconfiança em relação a esse tipo de "teologia natural" – como é que elas encontram, então, a recusa universal junto a todos os homens modernos, melhor dizendo, junto a todos aqueles que não foram educados nessa tradição teológica? Não se trata de uma estranha contradição o fato de que provas tão simples, que devem se voltar a uma razão que advém igualmente a todos os homens, não completamente livre de preconceitos em termos religiosos, só atuem de fato psicologicamente *graças à tradição* de uma escola restrita? Uma pretensão racional e uma forma de atuação puramente racionalista! E justamente aquele tradicionalismo, mesmo segundo o nosso ponto de vista fundamentalmente falso, não deve ser evitado precisamente por meio da teologia "natural"?

Só conheço uma resposta que os representantes da teologia natural podem dar. É completamente insuficiente a resposta, segundo a qual se precisaria separar a gênese psicogenética da convicção religiosa justamente de sua justificação lógica. Com isso, atribuímos às provas algo que elas não devem de modo algum conter. Pois essa distinção precisa ser feita em relação a *todos* os juízos e convicções – mesmo aos juízos e convicções matemáticos, científico-naturais etc. E, contudo, as provas também convencem os homens nessas esferas do saber no sentido psicológico. Essa cisão também tem efetivamente um limite totalmente determinado, que não se pode desconsiderar completamente para além da alegria de tê-la feito. "De acordo" com as leis evidentes, que vigem como objetos, meramente porque são objetos, é e se realiza tudo no mundo: o ser da pedra e sua queda correspondem à lei da identidade e às leis do princípio da razão suficiente, assim como o pensamento humano - e, com efeito, tanto o pensamento verdadeiro quanto o equivocado. Em relação ao espírito humano, porém, as leis ainda possuem de qualquer modo uma outra significação, que "também" é de alguma forma psicológica. Elas determinam e movimentam também seu pensamento - quando ele pensa corretamente. Em sua validade ideal, elas não são apenas concretizadas no homem, tal como elas são concretizadas na pedra cadente - de tal modo que essa queda pode ser considerada como uma conclusão, cuja premissa maior é a lei da queda livre, a premissa menor, sua distância da terra, sua conclusão, a queda da pedra -, mas também de tal modo que elas são atentadas e preenchidas em seu pensamento por meio da queda. E como acontece, então, de esse tipo de realização no pensamento faltar no caso das provas de Deus? Em que medida fracassa a *força* de pensamento de fato não completamente pequena do homem enredado tradicionalisticamente de nossa época diante dessas provas - diante de provas tão simples?

Plenamente dotada de sentido é apenas uma resposta, e os representantes consequentes desse tipo de teologia natural também a fornecem. Ela diz: as provas são simples, completamente claras e evidentes; mas a *vontade* do homem moderno - a vontade "pecaminosa", a vontade cujo interesse aponta para a não existência de Deus, ou, de qualquer modo, para a não subsistência de um saber seguro em torno dessa existência, se opõe à suposição da luz plena e clara dessas provas. Estou muito distante de desconhecer a força desse argumento e desenvolvi seu significado para a compreensão, por exemplo, das autoilusões éticas mesmas de maneira ampla[131]. Aqui, porém, sua força parece fracassar totalmente. Pois, em primeiro lugar, não é de maneira alguma verdade que essas provas só seriam desprovidas de força de convencimento para ânimos, que já estejam inclinados para o ateísmo e para o panteísmo ou junto aos quais é possível comprovar de algum modo esse interesse negativo. Elas também o são muito mais do mesmo modo desprovidas de força de convencimento para tais ânimos, que são preenchidos pelo mais profundo amor a Deus e que também acreditam do mesmo modo na existência de Deus, assim como na possibilidade

131. Cf. em *Da reviravolta dos valores* o ensaio *Ídolos do conhecimento de si.*

de um "saber seguro" sobre essa existência. Por isso, precisamos ser cautelosos em relação a esse argumento perigoso e totalmente duvidoso em termos morais - em relação a esse argumento *ad hominem*, que é apropriado para encurtar a amplitude da catolicidade à tradição de uma escola estreita. A censura a uma vontade de ateísmo pecaminosa - onde ela não se apoia em fatos conhecidos e comprováveis e é transformada em geral em uma questão, que é exclusivamente coisa da razão - não está muito distante do caráter de uma difamação leviana. Mesmo aí onde essa censura, como a explicação psicológica exigida da ineficácia de provas logicamente simples e evidentes, não é feita aos indivíduos enquanto tais, mas essa força de convencimento faltante é transposta para uma tradição de pensamento moderna equivocada, em cujo *início* só se encontra a vontade pecaminosa e na qual cresceu sem culpa *pessoalmente* o homem moderno - mesmo aí onde ela é transposta para uma espécie, portanto, de pecado original parcial -, não lhe cabe nenhuma justificação. Pois por mais correta que seja essa explicação para o interesse faltante pela teologia natural em geral na filosofia "científica" da segunda metade do século XIX - na mais patente oposição à filosofia muito mais autêntica e "científica" no bom sentido, por exemplo, dos séculos XVII e XVIII -, ela é de qualquer maneira falsa para a força de convencimento faltante nessa *forma* de teologia natural.

Portanto, o difícil enigma permanece. Por que é que essas provas, apesar de todos os métodos de justificação e fundamentação, não possuem mesmo nenhuma eficácia para justificar e fundamentar - além daí, onde ela torna desnecessária a tradição?

Não respondo a essa pergunta tal como Kant já o tinha feito, que - sem razão - colocou em questão a validade ontológica do princípio de causalidade e, de maneira falsa, como não procurarei mostrar aqui, achou ter refutado logicamente a prova da existência de Deus. Essas provas mantêm muito mais diante de Kant o seu pleno direito e seu *sentido profundo*; e isso lá onde o que está em questão são os *atributos* de Deus. O princípio de causalidade - confundido por Kant com o princípio da conformidade a *leis* dos fenômenos segundo uma regra da sequência temporal - é um princípio universalmente válido e *compreensível*, ontologicamente válido para o devir (mesmo para o devir livre do tempo) de tudo o que é real, daquilo cuja existência não se *segue* (objetivamente) de sua essência[132]. Só afirmo que o ser e a validade dessas provas ainda *pressupõem* algo diverso das leis formais da lógica, do princípio causal e dos *fatos da experiência* no sentido indutivo: a extensão essencial desse pensamento demonstrativo por meio da *forma de consideração religiosa* do mundo e os fatos essenciais tanto quanto os nexos essenciais de fatos particulares, que são "dados" sob essa forma de consideração e *apenas* nela. Sim, afirmo de maneira totalmente geral: para toda e qualquer região essencial do ser, há nexos materiais essenciais compreensíveis (*a priori*) ante toda experiência indutivo-positiva e uma classe de atos legalmente essencial que pertence à sua intuição possível, por meio de cujo acréscimo às leis da lógica pura é pela primeira vez consumada a lógica e a ontologia material da região ontológica em questão. Portanto, também há axiomas e categorias ontologicamente válidos e compreensíveis sob a forma do conhecimento e da intuição religiosos - que, porém, só podem ser compreensíveis para nós se realizarmos em nós a essência eterna desse modo de intuição - se despertarmos o "*ato religioso*" e nos exercitarmos na apreensão religiosa do mundo. Há, portanto, nessa medida, uma lógica do ser do pensamento religioso que, em verdade, como toda e qualquer lógica, contém em si a lógica e a teoria do objeto puras e formais, que, porém, se baseiam concomitantemente, para além dos princípios dessas intelecções ônticas das essências da esfera do ser e do objeto religiosos, em intelecções que nunca podem ser conquistadas em uma esfera ontológica extrarreligiosa. Portanto, se um construto natural é, por exemplo, apreendido "como" caso de uma existência contingente em geral, "como" existindo e sendo algo em geral, como algo real originariamente efetuado (como "criatura"), como significando algo, que não imerge em suas relações significa-

---

132. Totalmente impossível é a posição daqueles neoescolásticos, que procuram demonstrar o princípio causal como um princípio imediata e mediatamente (demonstrável) "necessário em termos de pensamento", reconduzindo a validade dos princípios necessários em termos de pensamento para o *ente* extramental ao fato de que Deus erigiu pensar e ser um para o outro (sistema de pré-formação), mas, *contudo*, querem demonstrar a existência de Deus a partir do princípio causal. Não deveria ser necessário dizer que reside aqui uma *circularidade evidente na prova*.

tivas meramente relativas seja para nós homens, seja para outros construtos contingentes, mas que vem à tona como ligado à sua própria "determinação" e à "determinação" do mundo, então só vêm à luz os fenômenos que representam perante as leis lógicas apenas formais e as verdades ônticas em geral as premissas essenciais *materiais*, as leis de sentido e de pensamento especificamente *religiosas*, entre as quais apenas aquelas demonstrações se tornam pela primeira vez significativas e conquistam uma força de convencimento. E não é a falta da força de pensamento, não é a "vontade pecaminosa", não é o hábito histórico que erige para o homem, fora daquela escola teológica estreita, essa estranha barreira entre as provas da existência de Deus e sua razão, mas a completa desconsideração de *toda a* região da *ontologia da essência* do sagrado e do ser absoluto – uma região, que só é formada pelo *elo mediador* entre religião e um outro conhecimento racional e que se mostra como fundamento para todo conhecimento religioso.

Daí também se segue, porém, uma proposição pedagógica simples sobre a possível força de convencimento das "provas da existência de Deus". Condição dessa força de convicção é 1) O poder de tornar visíveis os *fenômenos* religiosos *originários*, que não são dedutíveis de nenhuma de suas classes de fenômenos; 2) O exercício consciente do homem moderno na apreensão do mundo que pertence essencialmente à consciência e que não se acha senão intensamente obscurecido para o mundo moderno – segundo a mais exata demarcação dos tipos religiosos de atos, por meio dos quais essa intuição do mundo se realiza e pode apenas se realizar. Somente esse método promete afastar, segundo a minha experiência, as barreiras que se abrem entre o conhecimento de Deus e o mundo da formação moderno. E somente essa teoria acerca da essência da religião explica ao mesmo tempo – apesar de ela não ter sido buscada e encontrada em virtude dessa explicação – *psicologicamente* a ineficácia da forma até aqui de fundamentação religiosa.

É estranho para além de todas as medidas o fato de uma tal figura nova da teologia natural, uma figura que se coloca em relação com a própria religião natural e não pensa conceber essa religião como uma teologia natural meramente "ingênua", ser considerada por tantos homens, que seguem a antiga tradição da escola, como um "fundamento vacilante" do conhecimento de Deus e da certeza de Deus. Será que a religião - mesmo subjetivamente a mais enraizadamente profunda de todas as disposições e potências do espírito humano - pode, afinal, se encontrar em uma base mais firme do que - *sobre si mesma, sobre sua essência*? Todo conhecimento religioso particular deve se estabelecer sobre a base da essência justamente do conhecimento *religioso* e de nenhum outro? Já trouxemos para a filosofia a prova[133] de o quão absurdo em termos essenciais *e* de o quão disparatado historicamente é contá-la - a rainha das ciências - *entre* as "ciências". E por que é que a religião não deve se encontrar - justamente assentada sobre a religião no sentido de sua essência eterna? O quão estranha, porém, é a desconfiança no próprio poder, na própria evidência da consciência religiosa, que se anuncia no fato de que seus primeiros e mais evidentes enunciados devem ser "estabelecidos" sobre algo diverso do conteúdo essencial dos objetos justamente dessa consciência mesma? Deve o mais fundamental ser assentado sobre algo menos fundamental? Não é essa tentativa, que já parte da desconfiança na religião e de um desconhecimento de sua essência, que nos é necessária, mas a comprovação histórica e psicológica (que corresponde também subjetivamente apenas à verdadeira posição da religião no espírito do homem) de que todas as transformações *primárias* de visões de mundo humana, de direcionamentos filosóficos, de sistemas vitais e de trabalho, mesmo as transformações de todo sistema existencial ético, político, econômico estão fundadas em modificações precedentes de modificações religiosas ou religiosamente empreendidas (seja na direção do verdadeiro ou do falso). Justamente na medida em que os atos religiosos são os atos fundamentais mais profundamente enraizados, mais simples, mais pessoais, mais indiferenciados do espírito humano - seu *ser divino*, porém, é o *fundamento* de todo ser restante -, variações nesse centro do homem também precisam inserir para todas as outras formas humanas de conhecimento, de cultura e de trabalho ao menos um *campo de jogo com vistas a tudo o que é* a cada vez "possível" sob esse modo religioso de intuição das assim chamadas coisas extrarreligiosas.

---

133. Cf. o ensaio "Da essência da filosofia", no presente volume.

Assim, concebemos uma vez mais muito bem que podia parecer aos líderes espirituais da Igreja do século XIII que a teologia racional desenvolvida por eles forneceria à religião natural um fundamento seguro.

Esta era do racionalismo burguês que aspirava à ascensão exigiu uma justificação da religião natural diante dessa *casta* recém-desperta e *autoestendida para o trabalho no mundo*, a casta da burguesia urbana europeia. Não é por meio da razão apenas, nem "mesmo" para a razão somente que as últimas bases de nosso saber sobre Deus deveriam ser demonstradas de início como válidas. A Igreja curva-se na nova teologia do tomismo diante da nova forma espiritual de consciência de uma nova era, da era da burguesia jovem, ascendente; ela se curva sob a *forma* tomista, uma forma nova em relação à patrística da cisão entre *razão e graça, ordem natural e ordem revelada*. (Pois a cisão mesma pertence à consistência essencial da Igreja cristã e também estava presente no tempo da patrística.) Ela pôde com certeza se curvar: pois o racionalismo burguês e o *ethos* do cidadão ainda se achavam completamente assentados sobre o *tipo* de consideração religiosa do mundo em geral e ainda profundamente sobre as forças nutritivas de uma tradição cristã excelente, universal. Mas o quão *fundamentalmente diversa não é* atualmente a situação! Esse estar assentado – esse assentamento duplo – falta ao conjunto do mundo moderno. E, com isso, o tipo de homem que correspondia a essa forma da consciência, assim como os ideais que lhe são correspondentes, as formas de vida, as instituições, não se elevam, mas *experimentam lentamente uma mortificação*. Justamente isso se tornou óbvio para nós – quase um hábito automático: aquilo que outrora, no tempo da educação racional dos povos da Europa, era algo *novo* para o homem, algo que precisava ser primeiro exercitado: boa conclusão, demonstração, pensamento mediado, cálculo. Justamente isso, porém, que era outrora óbvio, foi se tornando cada vez mais distante para nós: a consideração religiosa, sim, a consideração absoluta da existência e do valor em geral e a validade e a existência de uma ordem ontológica e valorativa compreensível. Não é porque o homem moderno teria muito pouca força de pensamento e de conclusão que não se iluminam para ele as provas da existência de Deus sob a forma tradicional: mas elas não se iluminam tanto para ele, porque ele coloca à prova exigências mais sutis do que elas são preenchidas aqui e porque lhe faltam as *matérias* e as formas intuitivas, nas quais se apoiam - secretamente - essas provas.

Mas ainda há - como eu disse acima - uma segunda razão principal para a tomada de posição daqueles que insistem no modo tradicional da teologia natural. Eles já consideram a suposição de uma classe particular de essências de atos religiosos de conhecimento e de uma forma religiosa de consideração do mundo como a admissão de *subjetivismo* e concluem a partir daí que uma teologia natural, que se constrói com vistas a uma teoria desses atos e de suas matérias essenciais, precisaria ser incerta e indeterminada, de que suas proposições e suas teses perderiam o caráter rigorosamente fundado na *coisa mesma*.

Essa suposição seria, então, a princípio correta e irrefutável, caso a pressuposição que é feita aí secretamente fosse verdadeira - a pressuposição de que o ato religioso seria em todos os seus tipos e formas específicos apenas um acontecimento que se daria do lado do sujeito e que não corresponderia a ele uma matéria originária do ato e um círculo de objetos autônomo, absolutamente independente do sujeito - sim, até mesmo o objeto único, de maneira alguma relativo em sua presença à existência do sujeito, mas um *objeto absoluto em termos de sua presença e de seu valor* perante o sujeito. Exatamente isso, porém, é o que afirmamos. As consistências essenciais, que advêm a todo e qualquer *objeto* de um ato religioso, consistências essas a partir das quais se constrói esse objeto, não são de maneira alguma contidas "antes" na região de toda e qualquer outra "experiência". Elas não são por assim dizer "retiradas" de algum modo daí, "abstraídas" ou construídas por meio de uma elaboração e de sínteses particulares a partir dos elementos da experiência extrarreligiosa. Não se trata, portanto, de uma *forma* de consideração ou de conhecimento no sentido de que a mesma matéria ou os mesmos fenômenos originários também poderiam imergir em uma *outra* forma de consideração - uma forma de consideração que, portanto, não é a forma religiosa -, de que elas só poderiam mudar por assim dizer em meio a um conteúdo idêntico à *forma* da consideração; ou mesmo que as matérias dos atos religiosos seriam de algum modo deduzidas do conteúdo de formas pré-religiosas de consideração. Ao contrário, o mais primitivo dos atos da essência do ato religioso já abrem para o homem uma visão de uma camada ontológica *objetiva* e de matérias intuitivas essenciais, que cabem a essa camada e apenas a ela, matérias essas que são de resto totalmente veladas para o homem, e necessariamente veladas – assim como para um ser que não participasse da função do ver e do ouvir, a essência da cor e do som permaneceria velada, e, com isso, do mesmo modo, o mundo aparente das cores e dos sons como o mundo totalmente "real e efetivo". Subsiste, portanto, uma *conexão* essencialmente legítima entre *ato religioso* e *esfera do objeto religioso*; não no sentido de uma dependência ou de algum tipo de dependência (dependência ontológica ou de validade) do objeto em relação ao ato religioso, mas apenas um nexo de copertinência entre os seres específicos e um objeto religioso. Nexos desse tipo ainda não formam, porém, nenhuma "exceção", mas imperam inteiramente – como a filosofia fenomenológica o mostrou – sobre a região de nosso conhecimento, de nosso sentimento e de nosso querer como um todo com os correlatos de objetos que lhe são correspondentes. Abstraindo-se completamente, por exemplo, de todas as instituições positivas de sentido do homem e de animais quaisquer, pertence à essência da *cor* ser dada na função do *ver* – mesmo da cor representada –, do som no ouvir, mas também de um perigo no temer, de um valor no sentir algo etc. E a conclusão de uma dependência da *existência* do dado em relação ao ato, por meio do qual ele é dado, é em todos esses casos tanto quanto em casos análogos igualmente equivocada. Assim, portanto, o ser absoluto de um objeto ou seu enraizamento na esfera absoluta da existência, e, além disso, do valor do "sagrado" com todos os seus ricos subtipos e momentos, só é dado exclusivamente no ato religioso e só nele nos é oferecido.

Mas não é apenas equivocado associar com o pensamento de uma forma de consideração religiosa o pensamento de uma dependência da existência do objeto religioso; ao contrário, é muito mais especificamente peculiar ao ato religioso – e até mesmo em última linha exclusivamente peculiar ao ato cognitivo religioso (e a nenhum outro tipo de conhecimento) – só ser satisfeito por meio de um ser e de um valor (isto é, ser "preenchível" segundo a sua intenção essencial), um ser e um valor que existem sem dependerem de nenhum outro ente ou elemento valoroso e dos quais todo o resto, mesmo ainda a existência do sujeito cognoscente como o suporte do ato religioso mesmo, é "dependente". Há múltiplos níveis da relatividade existencial do objeto cognoscível com vistas à organização particular do sujeito cognoscente - não menos, mas mais do que Kant supôs, ao separar os objetos nas três camadas do ser objeto, da realidade fenomênica objetiva e da coisa em si. A teoria do conhecimento tem de cindi-los de maneira exata, e uma de suas tarefas mais importantes é fazer isso *corretamente*. A esfera de absolutidade da existência possível, porém, é *exclusivamente* a esfera do ato religioso. A classe do ato religioso é, portanto, a única classe essencial de atos, na qual uma realização de um ato também se mostra ainda como dependente e se sabe dependente do objeto *por ele intencionado*. "*Todo saber em torno de Deus é um saber por meio de Deus*" - esse é um axioma essencial do ato religioso.

Já por essas razões, portanto, esse perigo do "*subjetivismo*" se acha aqui completamente alijado. Ele representaria uma ameaça muito mais profunda e muito mais penetrante se o que estivesse em questão em meio ao saber em torno de Deus fosse o *arbítrio* final de determinar se *conclusões* particulares podem ser levadas a termo ou não.

Como é que este estado de fato poderia ser desconhecido? Ele pôde e *só* pôde ser desconhecido - de maneira plenamente significativa - por meio do fato de os filósofos e teólogos, que forneceram no decurso do século XIX teorias do ato religioso como fonte específica de experiência e de conhecimento, terem desenvolvido seus pensamentos sob a roupagem de uma *filosofia já subjetivista em geral*, e de se ter confundido essa roupagem ou seu ponto de vista *filosófico*, que, de maneira totalmente geral - e não apenas para a religião, mas também para *todo* conhecimento -, é completamente falso, com o cerne relativo da verdade de suas doutrinas para a religião em particular.

Este *subjetivismo* geral é um filho - visto historicamente - do protestantismo; de maneira alguma, porém, isso é válido para a doutrina do ato *religioso* como fonte particular para os componentes materiais de um conhecimento religioso natural. Ao contrário, encontramos essa doutrina - sem os equívocos do subjetivismo moderno - exposta de maneira ampla e rica já em um grande número de Padres da Igreja, em particular nos *padres gregos* sob o nome do "sentido religioso", pelo que se compreende que haveria, sem uma revelação positiva, um órgão particular de manifestação e de concepção da alma humana, por meio do qual ela se encontra em um contato vivo - e, sob condições apropriadas da vida, ela também poderia se *saber* reflexivamente como assentada nesse contato - com Deus. E é só ulteriormente que ela elabora o dado nesse contato vivo com o *entendimento*, a fim de alcançar certos *juízos* sobre a existência de Deus e seus atributos. Em um tempo mais recente, o meritosíssimo oratoriano francês Gratry reuniu essas passagens dos Padres Gregos[134]. De maneira bastante detida, a mesma doutrina se encontra tratada na grande obra teológica do insigne Thomassin, em cuja grande erudição se apoia nesse caso mesmo Gratry aqui. Mesmo o direcionamento agostiniano conjunto da filosofia e teologia medievais e modernas até Newmann - que se encontra nessas questões completamente do seu lado - reteve constantemente o princípio de que a alma, na medida em que pode conhecer e amar tudo *in lumine Dei*, possuiria um contato direto e imediato com a luz total, contato esse do qual ela poderia se conscientizar. Foi somente Tomás de Aquino que se decidiu a transformar esse *in lumine* em um *per lumen* visado de maneira apenas objetivamente causal e que, por meio daí, preparou o direcionamento atual da prova da existência de Deus na teologia natural.

Nós desenvolveremos de maneira exata em outra passagem essas doutrinas muito diversas em suas configurações e nós as desenvolveremos em termos de sua gênese e de seu sentido históricos. E também esperamos poder mostrar que mesmo em Tomás de Aquino ainda estão presentes rastros de admissões desse direcionamento do conhecimento de Deus em uma quantidade muito maior do que a moderna escola tomista está inclinada a admitir. A única coisa que pode estar em questão para nós aqui é mostrar que

134. Cf. o primeiro volume de sua obra digna de ser lida *La connaissance de l'Âme* (1857).

mesmo uma teologia natural em nosso sentido pode se apoiar com toda a razão sobre uma corrente verdadeiramente não desprezível de uma grande tradição espiritual.

No entanto, de um modo totalmente significativo, as coisas se encontram de uma maneira diversa junto às tentativas surgidas da filosofia *moderna* de comprovar uma fonte intuitiva particular e fornecedora de material para o conhecimento de Deus. Como elas - no essencial - aconteceram em um solo cultural protestante e foram empreendidas pelos filósofos e teólogos protestantes, elas também aconteceram em meio aos restos de pensamento da *filosofia subjetivista* que cresceu mais ou menos sobre o solo protestante.

E aqui não há ninguém a nomear que - apesar de outros grandes méritos filosóficos - tenha *colocado* tão profundamente *em descrédito* essa doutrina (e a prática apologética e missionária que lhe são correspondentes), em particular para o mundo católico, mas também, como achamos, em seu sentido e em seus valores *verdadeiros* em geral, quanto *Schleiermacher* e todas aquelas correntes dependentes dele, que se misturam mais tarde intensamente com pressupostos kantianos.

Não é aqui o lugar de fazer uma crítica geral de sua teoria da religião - tal como ele a desenvolveu primeiro nos discursos, e, mais tarde, em seus escritos dogmáticos[135]. Seria suficiente comprovar os erros centrais que pertencem a esse contexto, erros com os quais ele entrelaçou de maneira tão infeliz as suas teses em seu cerne justificadas e verdadeiras da *autonomia* da religião tanto em relação à moral quanto em relação à ciência e à filosofia.

1) O primeiro e mais profundo erro de Schleiermacher consiste no fato de ele não conseguir oferecer para a fonte de seu conhecimento, "intuição e sentimento" em relação ao eterno, nenhum outro *objeto* senão "*o universo*" - o universo que, tomado como totalidade no homem, produziu um "*sentimento de depen-*

---

135. SCHLEIERMACHER, F.E.D. *Sobre a religião* – Discursos aos eruditos entre os seus desprezadores. Berlim, 1799. • *Der christliche Glaube* [A fé cristã]. 2 vols. Berlim, 1821-1822.

dência pura e simples". A região material do ser e do objeto da consciência religiosa, porém, é desde o princípio e já nas religiões primitivas algo *próprio e autônomo*, essencialmente diverso do "universo" e de seu conteúdo conjunto: a região do ser e do valor do *divino e do sagrado*, que nunca é trazido senão *secundariamente* sob uma forma qualquer da ligação *causal* ou simbólica com o mundo. A *intelecção das essências* não escolar, realizável em todo e qualquer caso particular de um ente contingente, a intelecção de que também haveria um *ens a se* = *ens a nihilo*, e, além disso, um existente, cuja existência se segue de sua essência, e de que esse existente é *diverso* do mundo – é aqui desde o princípio tão desconsiderada quanto o tipo específico de valor do "sagrado" e sua não recondutibilidade a todos os tipos de outros valores. Já com isso a teoria de Schleiermacher é entrelaçada de maneira tão equivocada com o panteísmo (divinização do mundo) quanto com o subjetivismo – na medida em que não há aqui uma região ôntica originária (Deus), mas ela *apenas* aparece como uma forma de consideração subjetiva justamente *dos mesmos* estados de fato (do "universo"), que também são objetos de um conhecimento extrarreligioso.

2) O segundo erro é o fato de que o objeto da religião não é articulado com o assim chamado "sentimento de dependência pura e simples" de uma maneira *intencional, cognitiva*, mas de uma maneira apenas *causal*. É de um modo bastante correto que Rudolph Otto julga as coisas em seu livro extremamente significativo para todas as questões da teologia natural e profundo em sua parte descritiva, *O sagrado*[136]: "O outro erro da definição de Schleiermacher é o fato de ele só descobrir em geral a categoria de uma *auto*avaliação religiosa (a saber, a *depreciação*) e querer determinar a partir dela o *conteúdo* propriamente dito do sentimento religioso. De maneira imediata e em um aspecto primeiro, o sentimento religioso seria, segundo ele, um sentimento de si, um sentimento de uma determinação peculiar de mim mesmo, a saber, de minha dependência. Somente por meio de uma *conclusão*, a

---

136. Cf. p. 10 da 1. ed. Breslau, 1917.

saber, na medida em que penso o acréscimo de uma *causa* além de mim a essa dependência, nós nos depararíamos, de acordo com Schleiermacher, com o divino ele mesmo. Isso, por sua vez, é completamente *contrário ao estado de fato psicológico*. O sentimento da criatura é muito mais ele mesmo apenas um momento paralelo subjetivo e um efeito de um outro momento do sentimento, *que se remete por si mesmo, sem dúvida alguma, como algo primeiro e imediato, a um objeto fora de mim*". Com essas palavras, Rudolph Otto tocou inteiramente em *um* nervo do subjetivismo falso de Schleiermacher. Ao lermos pela primeira vez o seu livro profundo, belo e que requisita uma leitura séria com os problemas da fenomenologia da religião - uma vez mais depois de anos -, vivenciamos com espanto como é que investigações empreendidas de maneira completamente independente - as suas e as minhas - chegam a resultados rigorosamente *análogos*, contanto que elas se entreguem apenas de modo ingênuo e despreocupado em relação a teorias escolásticas tradicionais à condução por meio da *coisa* mesma. Só a partir do capítulo 19, no qual Otto se empenha por demonstrar o "sagrado" como categoria *a priori* no sentido que deu ao conceito de categorias, é que ele sobrecarrega as suas belas investigações com uma teoria, que nós mesmos consideramos falsa e refutada - não apenas nessa região, mas *onde quer* que ela entre em cena para a explicação aparente de dados extra e suprassensíveis no campo dos objetos da percepção e da intuição. Mesmo abstraindo-se desse posicionamento de seus resultados em meio a uma filosofia falsa, que se arroga ter acrescentado por meio de uma atividade sintética da consciência, aos dados da "sensação", tudo aquilo que ela não encontra no conteúdo da assim chamada "sensação", Otto insiste no erro metodológico de Schleiermacher de querer isolar mesmo em *concreto* os fenômenos originários intuitivos da consciência religiosa, que fornecem para toda teologia construtiva e para todo e qualquer tipo de especulação religiosa a matéria indedutível, mas também *apenas* a matéria - a saber, isolada das consistências que se imiscuem com todas as outras *atividades* e conteúdos do espírito. Schleiermacher também acreditava que a religião poderia ser uma vez mais articulada com "intuições", "visões", "vivências sentimentais" a cada vez isoladas nos "castos" - sem levar em conta o *caráter* essencialmente coletivo e *comunitário* da experiência religiosa –, acabando por considerar, com isso, todo sistema, sim, todo dogma, todo tipo de fixação pensante, como um "deslocamento" daquelas *consistências originárias*. De maneira análoga, Otto também acha, em face dos "conteúdos intuitivos" por ele decompostos que se encontram à base dos dogmas cristológicos, em particular da intuição do "elemento mediador encobridor e expiador" em Cristo, o seguinte: "O que é preciso censurar não é o fato de que tais intuições ocorram em uma doutrina cristã da fé em geral e tenham uma posição central – elas não podem se dar absolutamente de outro modo –, mas antes o fato de que se desconhece o seu caráter como o caráter de intuições livres a partir da adivinhação, o fato de que se as dogmatiza, teoriza e deduz de necessidades dogmáticas, o fato de se as desconhecer como aquilo que elas são: manifestações e tentativas de expressão do sentimento, que pairam livremente; e de que se empresta a elas uma ênfase, que as coloca injustamente no ponto central do interesse religioso, ponto central que só pode ser assumido por uma coisa: a própria vivência de Deus" (p. 179). Aqui, um mundo nos separa uma vez mais de Otto, e quase não conseguimos entender como ele, depois de um conhecimento tão claro dos equívocos do subjetivismo schleiermacheriano, pode falar aqui uma vez mais de "manifestações que pairam livremente e de tentativas de expressão do sentimento" – como se não fossem *caracteres ônticos* fixos *de uma sacralidade junto à pessoa mesma de Cristo* que essas intuições apenas encontram, descobrem – mas não configuram e constroem. E, do mesmo modo, também não concebemos em que medida essas "intuições", que só comunicam o puro conteúdo da intuição da religião, não devem estar submetidas exatamente da mesma forma à elaboração *racional* e *sistemática*, ou seja, também à "dogmatização" e "teorização", tal como *todos* os conteúdos intuitivos, por exemplo, nas outras "ciências". O que Otto diria da exigência, por exemplo, feita à astronomia, de que ela deveria romper uma vez mais a imagem mental sistemática de um edifício fundado segundo leis rigorosas e sobre constantes fixas, edifício que ela criou no curso dos séculos, em favor dos conteúdos observacionais isolados no céu e nos instrumentos de medição, que foram necessários como matéria para a criação dessa imagem? Ele diria: que absurdo! Otto cai aqui no mesmo erro que Schleiermacher (sem levar em consideração outros erros que não apresento aqui): ele faz de seu resultado de uma tentativa *teórica* de se apoderar dos conteúdos mais originários na ordem das dações, dos objetos religiosos intuitivos (aqui dos positivamente cristãos), por meio de um processo de redução que parte dos dogmas – um processo que é empreendido junto aos dogmas já sempre configurados que ocorrem teorizadamente –, uma religião concreta, que deve existir por si. Além disso, ele acredita que aquilo que, segundo a sua opinião, é o geneticamente anterior (o cristianismo primitivo) também precisaria ser o mais elevado e melhor, mais perfeito; e ele transforma os conteúdos *intuitivos* (não intuídos) materiais, pré-lógicos dos dogmas, que são enquanto tais inteiramente *componentes objetivos, bens materiais de fé* para a comunidade religiosa, em reações meramente subjetivas da consciência de indivíduos – em reações, das quais não se consegue mais nem mesmo indicar ao que elas propriamente reagem e por que elas reagem assim e não de outro modo. Pois o bem de fé – é efetivamente eliminado nele; aquele elemento objetivo, em relação ao qual apenas essas reações podem ocorrer, na medida em que – supostamente – ele só deve ser deduzido dessas reações como a sua meta ainda vazia X.

3) O terceiro erro de Schleiermacher (visto no todo também de Otto) é o fato de o *ato religioso* ser determinado por ele de maneira totalmente unilateral e preponderante como *sentimento* – sim, até mesmo como um sentimento situacional, sempre e a cada vez provocado pelo universo. Por meio daí, os atos incluídos no ato religioso que chegam até mesmo a *dirigi-lo*, atos de uma razão imediatamente intuitiva, são *excluídos* em favor dos atos afetivos instituidores de valores – que o ato religioso contém *do mesmo modo* in concreto – como estando em contradição com o conteúdo material verdadeiro; e isso sob o pressuposto filosófico falso de que não haveria senão uma razão capaz de estabelecer conclusões e não também uma razão *que intui imediatamente as essências* – tal como Aristóteles já a tinha corretamente ensinado, ainda que com uma fundamentação incompleta. A ideia de razão de *ser infinito* – tal como ela é já coposicionada no *ens a se* – não chega por meio daí ao seu direito. Sim, toda a teologia natural

construída sobre essa doutrina obtém por meio daí uma marca falsa, "irracionalista" ou de qualquer modo *arracional*. Também isso precisa ser compreendido historicamente. Como Schleiermacher se volta - nesse ponto em sintonia com o Romantismo - sobretudo contra a teoria da religião do *Esclarecimento*, acompanhando, contudo, os racionalistas do Esclarecimento justamente na medida em que ele não conhece toda a esfera de um pensamento imediato e da *intuitio* e equipara todo pensamento a um pensamento mediato e concludente, ele precisou chegar ao ponto em que acabou por desconhecer o enraizamento primário da consciência religiosa na razão livre ainda do estabelecimento técnico de metas que é característico da "ciência".

4) Com esse erro, porém, se acha simplesmente ligado o outro erro, segundo o qual os atos importantes do ânimo, atos valorativo-cognitivos, em sua ligação originária e *intencional* (ou seja, não causal) com o lado valorativo do divino - com o sagrado -, são equiparados com os "sentimentos" (ou, de qualquer modo, com um tipo particular de "sentimento"), isto é, com *estados* de consciência do sujeito, que não possuem segundo a sua essência nem uma natureza de ato, nem um significado cognitivo (cognoscente)[137]. O fato de todos os "sentimentos" religiosos só serem *reações* ulteriores, que foram desencadeadas pelo contato vivo com as *esferas objetivas de objetos essentes* da religião, tal como eles se corporificam por fim no dogma como *fides quae creditur*[138] - essa visão fundamental verdadeira maximamente importante do objetivismo religioso não foi apenas desconhecida por esse equívoco, sua verdade foi até mesmo invertida e transformada em seu oposto, no contrário, que se exprime no erro bastante pesado de Schleiermacher, de acordo com o qual os dogmas da religião em geral seriam apenas "*descrições*" ulteriores de "*estados de ânimo castos*". Em contrapartida, não há nada que saibamos de maneira mais segura

---

137. Quanto ao caráter cognitivo-valorativo dos atos emocionais ("atos do ânimo") e distinção entre "sentir" intencional e "sentimento", cf. *Formalismus*, seção VI A 3, g.

138. Em latim no original: "A fé pela qual se chega à crença" [N.T.].

do que o fato de a *reflexão* sobre "sentimentos castos" não ter nada em comum com uma religião viva[139]; do que o fato de, além disso, mesmo os sentimentos ingênuos, simplesmente vivenciados como castos, só florescerem e poderem crescer na profundidade do homem por meio do alimento originário e por meio de um despertar sempre novo, que eles obtêm em um trânsito extremamente movimentado do conhecimento e da oração com a esfera objetiva dos bens de fé e da graça. Mesmo os atos emocionais especificamente religiosos, em cuja realização objetivamente direcionada se descerra e se abre o lado valorativo do divino, são essencialmente diversos de tudo aquilo que Schleiermacher denomina "sentimentos castos". Esses atos emocionais não são menos essencialmente diversos de todo *querer* e de toda *aspiração*, com os quais a psicologia aí muito retrógrada em termos psicológicos e teórico-avaliativos dos neotomistas ainda os confunde. Amor a Deus, veneração, castidade sagrada, temor a Deus etc. não são sentimentos, que seriam despertos apenas causalmente por meio da ideia de Deus (ou mesmo como pensa Schleiermacher, do "universo"). Ao contrário, eles são atos do ânimo, nos quais algo divino e sagrado é apreendido e *dado* – se revela para nós –, algo que não pode nos ser dado sem esses atos do ânimo, assim como as cores não têm como ser dadas para os cegos; isso, porém, só pode conduzir no sujeito secundariamente a "sentimentos castos".

Com razão, por isso, esse direcionamento schleiermacheriano da fundamentação da religião é chamado "teologia sentimental" e, por conseguinte, foi por princípio recusado por todos os representantes do *objetivismo* filosófico e *teológico*. Mas quão grande não seria a ilusão, caso se quisesse reconduzir aos erros dessa "teologia sentimental" e de seu subjetivismo (de origem pietista e sóbria) *todo e qualquer* tipo de doutrina, que acreditasse necessitar ainda de algo diverso para uma teologia natural, algo como uma "conclusão causal" a partir da existência do mundo: uma intuição doadora de material qualquer para o *objeto* da religião – por meio de uma razão intuitiva imediata e por meio de atos intencionais emocionais.

---

139. Uma reflexão cuidadosa sobre os sentimentos religiosos embota os sentimentos, sim, os mata com o tempo.

5) O último erro fundamental de Schleiermacher a fazer parte do presente contexto é o fato de ele – aqui preso em uma reação igualmente unilateral ao *falso moralismo de Kant*, tal como ele se encontrava como teólogo sentimental em relação à teologia racional do Esclarecimento – ter desconhecido o lado ativo da consciência religiosa, em particular a possibilidade de uma unificação mediata e imediata da *vontade* humana com a vontade de Deus com base nos atos cognitivos religiosos e nos atos amorosos, *cindindo*, por meio daí – de maneira semelhante a Lutero –, *religião e moral de uma maneira funesta*. Também neste caso, a falsa consciência "romântica" da superioridade sobre a moral e o direito – ao lado das reações exageradas contra o moralismo de fato filisteico de Kant – estava ativa nele. Foi uma tentativa insustentável de I. Kant fundar a existência de Deus – cuja essência ele considerava, diferentemente de Schleiermacher, ainda como uma ideia pura da razão – em um *postulado* da *razão prática*, postulado esse que, com base em uma lei moral anteriormente já dada e válida, conduziria no fundo apenas – contanto que ele mesmo fosse justificado como "postulado" – para uma essência X, que se equilibraria entre bem-aventurança e virtude, ou seja, para uma *garantia de retribuição e de direito*[140]. Com base em sua forma de descoberta, não caberia a essa essência nem *onipotência*, nem sabedoria absoluta e onisciência, nem bondade absoluta, nem amor incondicional. Por meio de Schleiermacher – até o ponto em que a religião natural está em questão – ele só foi substituído por um *Deus onipotente puramente panteísta* como o correlato do sentimento emergido de modo bastante unilateral da "dependência pura e simples". Todos os outros atributos positivos de Deus só devem emergir, segundo Schleiermacher, junto à experiência histórica da pessoa de Cristo. Nos *dois casos*, portanto, em Kant e em Schleiermacher, não há nenhuma menção a uma doutrina de Deus universal, capaz de produzir estabilidade no equilíbrio correto e na ordem sequencial correta. Mesmo a personalidade essencial de Deus (que ainda não encerra nada enquanto tal sobre a pessoalidade una e tripla) como objeto já da teologia natural não é constituída nas duas teorias da religião. Pois nem é de algum modo essencialmente racional

---

140. Cf. a crítica a essa tentativa de Kant em *Formalismus*, seção II A.

que uma justiça apenas "retributiva" seja também *pessoal* (uma vez que, quanto a isso, mesmo uma lei metafísica do mundo, uma "ordem" meramente "moral do mundo" seria igualmente suficiente, no caso da doutrina de juventude de J.G. Fichte, doutrina essa orientada por Kant, essa ordem deveria ser também manifestamente suficiente), nem o sentimento puro e simples de dependência exige um Deus *pessoal* como correlato necessário. Só a comprovação de que (1) a forma ontológica pessoal é a forma essencial para um ser espiritual *concreto* (e só algo concreto pode ser "real"), e de que (2) o *valor pessoal* é evidentemente (e ainda independentemente de toda religião) mais elevado do que todo valor material, valor de ato, valor situacional etc., conduziriam às consequências de que um *ens a se* diverso do mundo, um *ens a se* como espírito, também precisaria ser pessoalidade, de que, além disso, um *summum bonum* (como intelecção das essências a partir da doutrina valorativa objetiva), não precisaria ser nenhum bem material, mas um *valor pessoal*, sim, *uma pessoa valorativa*[141].

A doutrina do ato religioso e da autonomia da religião, portanto, como tudo isso nos mostra, só conduz, então, para o subjetivismo e para a insegurança, quando não lhe corresponde uma *ontologia da essência do divino*, e quando não se parte na construção das duas peças doutrinárias (como pressuposto da teologia natural enquanto conhecimento real de Deus) da *ontologia da essência*. Deus, em sua essência natural, é o *primeiro* objeto de todos os conhecimentos naturais de Deus; nossa relação com Ele, ou seja, mesmo os tipos de ato, por meio dos quais algo divino é apreensível, cognoscível - juntamente com toda a doutrina do ato *religioso* e da forma religiosa de consciência -, é a relação *segunda*. Fonte do conhecimento para essa peça doutrinária é a reflexão essencial evidente sobre os modos e as formas da participação de nosso ser humano no ser de Deus, dos quais mesmo o *conhecimento* de Deus é apenas *um* tipo.

Se, então, por essa via, a teologia natural for efetivamente construída - aqui oferecemos apenas uma indicação do caminho

---

141. As duas proposições foram fundamentadas por mim de maneira detida em *Formalismus in der Ethik und die materiale Wertethik* [O formalismo na ética e a ética material dos valores].

para tanto –, então a doutrina de uma fonte *material* do conhecimento para a teologia natural, de uma fonte, portanto, para além das meras conclusões e dos meros dados indutivos da experiência a partir de um mundo empírico pré-religioso, é completamente liberto dos equívocos *gerais* de uma filosofia subjetivista. Não é um erro *especialmente* de filosofia da religião que se encontra em Schleiermacher. Ao contrário, o princípio em geral é que é antes totalmente falso, é ele que é refutado pela fenomenologia: o princípio de que seria preciso ou bem "reconduzir" tudo aquilo que se sobressai em relação aos assim chamados dados sensoriais (de um conceito, além disso, falsamente determinado de "sensação") junto ao dado da intuição, da percepção e da experiência, a derivados da sensação, ou a um ingrediente construtivo, um resultado da síntese do espírito humano; *não pode haver, portanto, de maneira alguma* um "dado" assensorial, respectivamente suprassensorial e ao mesmo tempo algo originariamente dado, assim como *não pode haver absolutamente* consistências essenciais e estruturas essenciais desse dado, que se elevem acima de todo existente contingente *hic et nunc* e do âmbito da possibilidade ôntica desse existente contingente. Ora, mas esse antigo preconceito não é válido – como sabemos hoje – nem mesmo para os fatos da percepção natural, para a assim chamada percepção do sentido. Ele não é válido para o momento da significação, para o caráter de realidade efetiva, para as figuras e para os outros momentos formais, para os fenômenos de ligação com a coisa, os caracteres valorativos, os modos de aparição das qualidades sensíveis incluídos nelas, a coisidade (e suas partes construtivas essenciais), a materialidade e a referência (eventual) a um efeito sobre uma outra coisa percebida e sobre nós (p. ex., o fenômeno "sensação", que não é ele mesmo sentido); além disso, ele não é válido para a espacialidade, temporalidade e para o momento da pluralidade; não para os fenômenos mais simples possíveis do movimento, da transformação, da mudança etc. Tudo aquilo que preenche intuitivamente a significação dessas palavras é essencialmente *extrassensual* e, não obstante, autenticamente "*dado*", mas não "produzido" ou "acrescentado" pelo nosso espírito. O que impede, então, afinal, de maneira tão sincera e desprovida de preconceitos (em relação a todas as teorias genéticas e a todas as outras teorias "epistemológicas") quanto as pessoas se acostumaram finalmente a perguntar junto às coisas citadas, também perguntar sobre as dações essenciais fundamentais da consciência religiosa natural e sobre os momentos ônticos da essência desse dado? Fica, portanto, do lado da esfera do não sensível e do dado extrassensorialmente o que é dado *supra*ssensivelmente (como o fundamento mesmo do "sobrenatural") enquanto o objeto de estudo da fenomenologia das essências.

Mas – talvez as pessoas se perguntem – não resulta daí uma quantidade ilimitada de fenômenos a serem estudados, que mais confundem do que elucidam o nosso olhar espiritual? Ora, de fato: há um direcionamento filosófico-religioso, no qual esse risco se faz presente. Penso aqui na conhecida obra de William James, que também se acha traduzida sob o título *A multiplicidade da experiência religiosa* e que exerceu uma grande influência entre nós alemães, e, além disso, em tentativas análogas, tais como aquelas de Starbucks, entre outros. Por mais valiosas que sejam as descrições vivas de estados religiosos de consciência, em particular nas obras de James, esse empreendimento não possui, de qualquer modo, nada em comum com a tentativa aqui esboçada de um aprimoramento da teologia natural. Pois nosso olhar não está dirigido para as contingências caóticas de uma experiência religiosa individual, mas para *essências e estruturas essenciais em primeiro lugar de seus objetos*, e, somente então, para as formas religiosas de atos que lhes pertencem. Só podemos utilizar *descrições* desse tipo para as nossas metas no sentido do experimento intuitivamente concretizador (tal como ele é usual também na matemática e na mecânica), não no sentido de uma generalização e de uma abstração indutivas. Além disso, essa "filosofia da religião" não possui nenhum princípio de uma *evidência* teórico religiosa, por meio da qual seria possível transformar, em meio ao caos dos "casos" por ela apresentados, diferenças segundo os direcionamentos "fundados no ser" e "ilusórios", "autênticos-inautênticos", "normais (no sentido ideal e típico da palavra) e anormais", "perfeitos-imperfeitos". Ela busca *substituir muito mais* um tal princípio pelo princípio totalmente carunchoso e pragmático-biologista das *consequências favoráveis das convicções para a vida prática*. Nesse caso, não estou falando aqui – onde essa direção não se encontra em geral numa posição de crítica - de maneira alguma de suas outras falhas fundamentais: o não atentar para a ontologia da essência do divino, que tem de anteceder toda doutrina do conhecimento religioso, o conhecimento quase completo da forma coletiva essencialmente peculiar precisamente para o conhecimento religioso, a forma de convivência dos atos religiosos, a predileção curiosa pelo caso patológico ou mesmo toscamente sensacional.

Mas - perguntar-se-ia - há, afinal, para uma teologia natural em nosso sentido, uma tal evidência, e, além disso, normas religiosas de verdade e de valor que emergem dela? Nós também não precisaríamos ou bem aproximar dela o princípio de uma proposição fundamental válida fora da religião, a fim de medir junto a essa proposição as suas formas naturais segundo as noções de verdadeiro e falso etc.? - Uma série de proposições lógicas e ontológicas fundamentais, tal como as possui a antiga teologia natural, teologia natural essa puramente racional (princípio causal); ou uma norma que antecedesse à religião, com vistas a cuja força de concretização a religião seria colocada à prova (Kant); ou sua capacidade (e os pressupostos apenas "transcendentais" de suas teses materiais) de levar a termo a maior unificação e o maior desdobramento possíveis da cultura espiritual conjunta e a realização de seus valores fundamentais? Sou da opinião de que todas essas tentativas de encontrar por si mesmo critérios fora da religião, critérios a partir dos quais se poderia medir a *verdade da religião*, se encontram em uma via *por princípio falsa*. Mesmo tudo aquilo que a religião significa para valores extrarreligiosos (ciência, moral, Estado, direito, arte), ela só pode significar para eles, se ela *não* for reconhecida e exercitada *em virtude dessa significação*, mas a partir daquilo que se acha estabelecido *nela mesma* em termos de evidência e de segurança. O fato de que nenhuma tese religiosa poderia *contestar* princípios ontológicos, lógicos, morais e estéticos evidentes é nesse caso óbvio. Mas daí não se segue que, para além do "não falso", também poderia ser justificada, portanto, a verdade *positiva* da religião. O critério para a verdade e para todos os outros valores cognitivos da religião, por isso, só podem ser encontrados a partir de sua essência - eles não podem ser aduzidos a ela senão a partir de sua essência. Isso também não é nada que seria válido apenas para a religião. Mesmo o conjunto da ética, o conjunto da estética, sem uma "evidência" incapaz de ser reconduzida a qualquer outra coisa que não seja ética e estética, isto é, sem uma "evidência" na qual a autodação dos valores em questão são anunciados no sentido mais rigoroso possível, não passariam de palha molhada, ainda que se pressupusesse um número qualquer de induções e toda a axiomática puramente lógica e ôntica[142].

A religião também possui, portanto, na autodação do objeto, para o qual o ato religioso está dirigido - em última instância para Deus -, e na evidência, na qual se revela essa autodação para a consciência, o seu critério derradeiro e supremo de conhecimento; e significaria apenas estabelecer o que há de mais firme sobre algo menos firme, caso se achasse isso "insuficiente". Todos os juízos "críticos", todas as assim chamadas questões de direito sobre também poder julgar aquilo que se visualizaria nesse sentido do termo ou apenas se "acredita", são aqui tanto quanto por toda parte, segundo a expressão pertinente de Meinong[143], "pós-juízos", são, além disso, juízos, que têm de se apoiar, por sua vez, eles mesmos uma vez mais sobre *evidência*. Nossa intenção aqui não é elaborar a essência do ato de fé como um ato fundamental de toda religião (mesmo da religião natural) em suas diferenças em relação ao saber extrarreligioso, à suposição e à opinião, a todos os meros atos de vontade e à "visualização" do objeto religioso. Evidente é apenas o fato de que toda "crença" - materialmente - está fundamentada em uma "visão" - digo *materialmente*, ou seja, não de tal modo como se os dois atos precisassem pertencer ao mesmo indivíduo e à mesma consciência. Assim, toda fé cristã está fundamentada em última instância sobre aquilo que estava dado para o Cristo sobre Deus e sobre si mesmo - não sob a forma da crença, mas da visão - respectivamente sobre aquilo que Ele tomou por bem comunicar à sua Igreja sobre isso.

Daí não se segue, porém, que aquilo que é em si evidente em termos de um ser e de um modo de ser em um ato visual possível

---

142. Cf. sobre a Ética, *Formalismus*, sobretudo seção II A.

143. Cf. MEINONG, A. "Über Möglichkeit und Wahrscheinlichkeit" [Sobre possibilidade e probabilidade]. Leipzig, A. Barth, 1915.

dirigido para *esse ser e para esse modo de ser*, também deveria alcançar a certeza para nós em virtude dessa evidência. O princípio originário de todo conhecimento religioso, o princípio da autodação evidente, encontra-se geneticamente no *fim*, não no início *do processo de conhecimento religioso*, e, por isso, pode ser muito bem necessário uma estrutura rica do pensamento mediato, para que nós nos aproximemos dessa evidência. De início, a aplicação desse princípio acontece, com isso, de tal modo que a *axiomática essencial* conjunta, extraordinariamente rica – ainda hoje muito pouco atacada –, a *axiomática essencial* ôntica e axiológica *do objeto religioso*, é desenvolvida junto à essência do divino. Nessa axiomática essencial temos um primeiro critério de medida ideal, que advém ao âmbito ontológico religioso enquanto tal, para todas as configurações fáticas da religião – mesmo da religião fática –, um critério especificamente religioso que, portanto, *é acrescentado* como critério religioso positivo do conhecimento às intelecções em geral estéticas, éticas, lógicas, ontológicas que constituem apenas critérios de falsidade, não critérios de verdade, intelecções às quais uma tese religiosa só não pode contestar.

Não obstante, não se precisa apenas reconhecer o significado eminente desse critério, também é preciso reconhecer de maneira exata os seus limites.

Ele é – como evidência em geral e em todas as áreas – um critério de medida para o valor cognitivo dos fatores a cada vez pré-lógicos de nosso conhecimento. Critério de "verdade" nunca se mostra em parte alguma como evidência senão na medida em que aquele *verum* que se encontra *nas próprias coisas* é considerado, um *verum* que é visado na antiga sentença: *omne ens est verum* – aquele "verdadeiro", que temos em vista, quando falamos, por exemplo, de "ouro verdadeiro" em contraposição a ouro aparente, de "Deus verdadeiro" etc. Por outro lado, uma vez que estão em questão aquele "verdadeiro" e "falso", que só cabem a *proposições e juízos*, a evidência não é nenhum critério de medida do verdadeiro. É preciso distinguir exatamente essas duas coisas. Verdadeiro (ou "autêntico", quando o valor do objeto está coincluído) significa que um objeto seria justamente aquilo que ele "significa" (não aquilo que "temos em vista" em nossas intenções significativas junto a ele ou dele). Em contraposição a esse "verdadeiro", portanto, *não* se encontra o falso (que só há efetivamente na esfera de juízos e proposições), mas o *aparente* (e seu suporte, o fantasma), que se acha por toda parte em que um objeto não é aquilo que ele significa (o que corresponde à exigência significativa imanente a ele mesmo). Ao aparente *não* corresponde do lado dos atos do sujeito o erro, que só corresponde ao falso da esfera do juízo, mas a *ilusão* que, portanto, do mesmo modo, reside na esfera *pré*-lógica do conhecimento e que *nunca* pode ser superada por meio da verdade do juízo (concordância do juízo com os dados intuitivos visados por ele) e da correção do juízo (imanência do predicado no sujeito)[144]. O caminho do aparente para o correto e verdadeiro é sempre a desilusão, uma forma, que desempenha um papel muito maior e mais profundo precisamente no caminho da alma cognoscente rumo ao "Deus verdadeiro" do que toda verdade e correção do juízo. O caminho rumo ao Deus verdadeiro passa diretamente pela desilusão, pela desilusão quanto aos mil tipos de pseudodivindades ou ídolos.

Por isso, a verdade plena e total de um juízo (mesmo de um juízo religioso) não se encontra apenas por toda parte articulada com a concordância do juízo com o seu objeto intuitivamente dado, assim como com a correção do juízo (respectivamente de uma correção da conclusão, se é que os juízos são descerrados dedutivamente a partir de outros juízos), mas também com o fato de que aquilo com o que o juízo concorda seria ao mesmo tempo algo *verdadeiro e autêntico*, não um pseudo-objeto ou um fantasma religioso. E é essa esfera pré-lógica de intelecção e ilusão, verdadeira e aparente em todos os *objetos religiosos eles mesmos* (não só nos juízos sobre eles e nos sistemas desses juízos), que temos de requisitar como sendo o princípio da evidência religiosa e como a axiomática particular do âmbito do ser e do valor religioso.

Daí se segue o quão fundamental seria, caso se – como o faz um método dogmático unilateral que sempre se mostra ao mesmo tempo como um método unilateralmente racionalista – transfor-

---

144. Cf. meu ensaio sobre "Ídolos do autoconhecimento" em: *Da reviravolta dos valores*. Ensaios e conferências conjuntas.

masse o caráter sistemático maximamente uniforme e desprovido de contradições das proposições e dos juízos religiosos ou teológicos em um critério de verdade dessas proposições. A concordância interna entre as proposições, por maior que seja essa concordância, sua máxima derivabilidade de poucos princípios fundamentais, fornece uma garantia de que também cabe ao todo desse sistema verdade no primeiro sentido. Mesmo no âmbito de meros fantasmas seria *possível* um tal *sistema fechado em si*. Por isso, a teologia natural (não menos do que a teologia positiva) não tem de colocar à prova novamente as suas proposições junto aos conteúdos vivenciais e *intuitivos* religiosos que a fundam; ao contrário, ela tem de colocar sempre uma vez mais à prova esses conteúdos segundo a *autenticidade* e o caráter aparente de seus objetos. Se uma teologia natural desconsidera (é só disso que devemos tratar aqui) essas diferenças entre os critérios de conhecimento para o religiosamente verdadeiro e valioso, na medida em que reduz esses critérios aos critérios de medida válidos apenas para a *esfera judicativa* religiosa e teológica, então ela não deve nos espantar, se ela permanecer sem eco e sem efeito, lá onde esse eco e esse efeito seriam sobretudo desejáveis, e só seja ouvida lá onde ela é desnecessária.

Somente se as bases intuitivamente evidentes dos juízos e conclusões da teologia natural na elaboração dos *fenômenos originários religiosos* e das essencialidades desses fenômenos originários juntamente com seus nexos essenciais estiverem plenamente asseguradas, a *verdade judicativa racional* sobre o objeto religioso terá um significado maximamente decisivo. No entanto, se essas bases forem asseguradas, então também seria totalmente *falso fugir de um nexo racional dessas verdades*. Mesmo as provas tradicionais da existência de Deus como bases de uma construção muito mais refinada e diferenciada, da qual elas são capazes, recebem imediatamente o seu bom sentido e o seu pleno direito, quando elas já se apoiam sobre a axiomática religiosa das essências; e se elas não pretendem construir pela primeiríssima vez os fenômenos religiosos originários e deduzi-los de fatos e de constatações factuais pré-religiosas (*per analogiam*), mas se contentam em produzir uma unidade sistemática racional entre eles, ou sob os juízos sobre eles, assim como uma unidade sistemática racional desses juízos com o saber extrarreligioso a cada vez dado sobre a realidade mundana.

E não é "a" assim chamada ciência (que *não* há; pois só há as cientifici*dades*)[145] que precisa produzir aqui com os seus princípios uma unidade racional da teologia natural com os objetos religiosos, mas é a *filosofia e, em primeiro lugar, a metafísica,* que tem de fundar pela primeira vez a si mesma uma vez mais; e isso (1) com vistas aos nexos essenciais compreensível entre as ideias essenciais da realidade efetiva casual do mundo, (2) com vistas aos respectivos resultados das ciências positivas. Tal como a *filosofia* é a única mediadora legítima entre a *teologia* e as *ciências,* ou seja, não pertence a um trânsito imediato entre teologia e ciência sem essa mediação das duas partes, a *teologia natural* é, a partir do lado teológico, o que a *metafísica* filosófica é como o conhecimento filosófico do fundamento real do mundo (do lado filosófico): o *elo de ligação entre um saber do mundo e um saber de Deus.* O conhecimento filosófico fundamental, a eidética ontológica de toda dação do mundo (do mundo interior e do mundo exterior), libera o Λόγος eterno realizado dinamicamente nessa realidade efetiva casual do mundo como a quintessência de todas as essencialidades e de todas as estruturas e nexos essenciais. Portanto, ele fornece uma série de verdades que, apesar de encontradas junto a essa realidade efetiva casual do mundo, não vigoram apenas para essa realidade efetiva mundana, mas para toda e qualquer realidade efetiva mundana possível: portanto, mesmo para aquela parte da realidade efetiva mundana, que *ultrapassa* os limites de toda experiência possível da essência da experiência apenas contingente e indutiva. Essas verdades ou as capacidades para o seu conhecimento não são nem "inatas", nem são apenas a expressão de leis funcionais subjetivas de nosso espírito, que seriam válidas para os objetos da experiência, porque elas são válidas para a sua experiência (Kant). Elas são encontradas junto ao objeto contingente do conhecimento por meio da visão das essências das ideias e dos nexos ideais nele contidas; elas são válidas, porém, para *todos os* objetos *contingentes* da experiência da mesma essência. Pois *aquilo que* é válido *para as essencialidades dos objetos* também é válido *para todos*

145. Cf. o ensaio "Da essência da filosofia" no presente volume.

os objetos da mesma essência a priori – independentemente de se esses objetos *são ou não* objetos de *nossa experiência contingente*. Nessa quintessência do material *a priori* como a quintessência de todas as essencialidades ônticas elas mesmas e de sua reunião em um mundo de essências é que a metafísica tem os seus esteios fundamentais – por assim dizer sua premissa maior primeira e suprema. Em contraposição aos princípios da lógica formal, essas proposições em conjunto são verdades sintéticas *a priori* (na medida em que não se compreende por "sintético": "aquilo que veio a ser por meio dos atos da síntese", mas aquilo que vai além de tudo aquilo que se segue dos princípios da identidade e da contradição lógica). Pois elas se apoiam na intuição evidente da pura quididade dos próprios objetos, não na percepção e na observação casuais que, segundo a sua natureza, estão tão inconclusas para todo e qualquer objeto quanto a intuição evidente está pronta e concluída – sem levar em conta o fato de que, naturalmente, também ela pode se iludir e ter diversos graus da adequação. Por isso, o metafísico sabe *a priori* e de maneira evidente que mesmo em todas as partes da realidade efetiva mundana (inclusive no fundamento real do mundo), que não se encontram em nenhuma articulação causal direta ou indireta com os portadores reais de nossa organização humana psicofísica, se realizam as mesmas essencialidades, se efetivam como válidos os mesmos nexos essenciais, a mesma construção do mundo das essências (mesmo dos valores essenciais), que é concretizada na parte da realidade efetiva acessível a nós por meio de uma percepção e de uma observação possíveis. Portanto, ainda posso muito bem reconhecer a essência de uma realidade efetiva acessível, que eu mesmo não conheço como realidade efetiva – sim, não posso conhecer (com base nos limites de minha organização). E justamente aqui se baseia a *possibilidade de uma metafísica*. Pois uma vez que sabemos, por um lado, que só uma parte do contingente real e efetivo se encontra em uma articulação causal com a nossa organização (diretamente apenas aquela parte que toca nossos sentidos e que é "importante" para nossas ações fomentadoras ou bloqueadoras da vida), mas, por outro lado, os axiomas da dependência universal do ser de todos os objetos e de suas variações entre si e o axioma da própria causalidade se baseiam nas intelecções das essências, que vigem para além do que é real e efetivo e nos é dado contingentemente e para tudo o que é possível desse modo de existir - assim, também temos o bom direito de, com base naquilo que a ciência positiva a cada vez constata em seu progresso - essencialmente infinito - em termos do que há de contingentemente real e efetivo (como premissa menor) e com aquelas intelecções das essências, fazer para nós uma imagem do mundo real e efetivo *em geral* e de seu fundamento existencial[146]. Todavia, não se pode desconsiderar o fato de tal metafísica não manter constantemente um caráter hipotético em virtude de sua primeira premissa, mas em virtude de sua segunda premissa, e, além disso, só mediar um saber provável. Já apenas por essa razão, ela não consegue - mesmo em sua construção pensada de maneira idealmente consumada - nem mesmo substituir a religião natural e a teologia natural conquistada junto a ela. Pois pertence à essência de toda e qualquer convicção religiosa, que ela saiba o seu conteúdo de maneira legitimamente absoluta, não relativamente certa. Por isso e por isso apenas, precisa entrar em cena na religião a *crença* e seu "risco", lá onde falta a visão do objeto religioso.

Portanto, se é preciso reter esse princípio da diversidade essencial mesmo da metafísica e da teologia natural (com maior razão da religião) até o cerne das bases últimas da teologia e se é

---

146. Todas as essencialidades e os nexos essenciais, que são encontrados na realidade efetiva contingente acessível à nossa organização, precisam ser tomados como - de algum modo - concretizados na realidade efetiva mundana acessível a nós, se estiver comprovado que não poderíamos constatar sua realidade efetiva contingente se ela existisse. E só é possível afirmar legitimamente a irrealizabilidade de uma essencialidade no âmbito do contingentemente real e efetivo em geral, se estiver comprovado que a constatação dessa realidade precisaria ser acessível a nós (com base nos limites de nossa organização) - se também fosse efetivamente real algo visado efetivamente como real e efetivo. Trata-se, portanto (com base em primeira linha no princípio de que, no *ens a se*, como o fundamento do mundo, a existência se segue de sua própria essência), da afirmação da *não* realidade de uma essência de resto conhecida - para além dos casos que nos são conhecidos de sua realização -, uma essência que sustenta o peso da demonstração; não é a afirmação de sua realidade que suporta esse peso. Não reside, contudo, nessas teses a afirmação de que *só* as essencialidades seriam realizadas na parte que nos é sensivelmente incognoscível da realidade efetiva casual do mundo, essencialidades essas que nos são apreensíveis junto à parte que nos é conhecida desse elemento real e efetivo.

preciso, por conseguinte, rejeitar a doutrina de que os princípios supremos da metafísica seriam ao mesmo tempo doutrinas fundamentais da teologia, então não se deve desconhecer de qualquer modo que faltariam a uma religião e a uma teologia *sem* metafísica todos os pontos de articulação e mediações com o saber do mundo e com a condução mundana da vida, pontos de articulação e mediações das quais elas necessitam para a sua própria existência e para a sua própria vida. O ceticismo falso, infundado em relação à metafísica, que cultivou a doutrina do conhecimento positivista e sensualista e (apenas sob uma outra forma) a teoria do conhecimento de Kant, mostraram-se para toda uma escola da teologia protestante – sem uma investigação mais profunda das questões epistemológicas – como o meio bem-vindo para erigir por intermédio de uma suposta estabilização de um *dualismo* perfeito *de crença e saber* um irracionalismo da crença, que restituiria, segundo a opinião desses teólogos, à crença e à religião pela primeira vez a sua verdadeira liberdade e autonomia. Nesse sentido, a teologia neoluterana da Escola de Albrecht Ritschl não apenas rejeitou toda metafísica como uma impossibilidade epistemológica (com um recurso epigonal seja a um positivismo sensualista[147], seja a Kant[148]), mas também como *uma erva daninha* para a religião. A renúncia à razão e ao conhecimento (à "prostituta razão", como costumava dizer Lutero) acabou liberando "juízos de fé" subjetivos maciços tanto mais indiferentes, assim como "juízos valorativos" religiosos, que, então, deveriam dirigir da maneira mais imediata possível por meio do mundo, da natureza, do desenvolvimento histórico da religião e das regiões culturais, para a pessoa isolada de Cristo. Não falarei aqui do caráter descomunalmente inverídico, ao qual conduziu essa cisão de regiões entre crença e saber, que sempre se mostra ao mesmo tempo como uma cisão entre a práxis daquele que cuida das almas e a ciência teológica. A única coisa que é essencial aqui é a intelecção de que toda *unidade* e *harmonia* da existência espiritual e pessoal do homem *foi* dessa maneira

---

147. Assim, em particular, J. Kaftan em sua *Philosophie des Protestantismus* [Filosofia do protestantismo]. Tübingen, 1917.

148. Assim, em particular, HERMANN, W. *Der Verkehr des Christen mit Gott* [O trânsito do cristão com Deus].

rompida de maneira desesperançosa. Um verme que se arrasta para aí com vistas a tudo o que é mundano (saber mundano, práxis mundana) (aprisionado na estreiteza de sua organização e de seu meio ambiente imediato) deve transpor-se de maneira imediata e repentina por meio do *fiat* de um juízo de fé para a profundeza da divindade: essa é a imagem do homem, que gera essa estranha teologia. Isso é impossível, isso é um contrassenso – já em termos de bom gosto, para não falar de lógica. Um homem, que não acolhe já as coisas em um saber mundano e em uma vida mundana com aquele sentido de eternidade, com aquele amor platônico em relação ao que é ideal e essencial, amor esse que constitui um tema eterno da filosofia e cujo movimento infatigável lhe pode *abrir* os olhos do espírito para o Λόγος concretizado no mundo, um tal homem afilosófico e nada afeito às musas não possui e não pode de modo algum possuir a *predisposição da postura espiritual,* na qual apenas pode imergir para ele o reino dos objetos religiosos.

Se a metafísica também não é lógica e materialmente necessária para a fundamentação da religião, então ela também não é de qualquer modo, em termos de uma pedagogia da religião (abstraindo-se completamente de seu direito teórico interno autônomo), um *estágio prévio* casual, mas sim um *essencialmente necessário* mesmo para todo conhecimento religioso e para toda autoconsumação. Pois não corresponde aos níveis históricos de desenvolvimento ou às assim chamadas "épocas" – como A. Comte achava – a meta e o tema religiosos, metafísicos e científico-positivos, mas a uma *constituição duradoura* do espírito humano e a uma construção totalmente determinada dessa constituição, em virtude da qual o mais baixo se transforma no estágio prévio para o mais elevado – isto é, em um trampolim pelo qual não podemos saltar sem que se erre em geral o salto.

Toda uma cultura como uma *formação singular-humana sem metafísica, portanto, também é uma impossibilidade religiosa.* A tentativa de erigi-la tem apenas por consequência o estado deplorável de *pretensões metafísicas* das ciências particulares – ou seja, de uma metafísica ruim, não uniforme e anárquica. Pois o tema metafísico promete *necessariamente* libertação – de maneira exatamente tão *necessária* quanto o tema da fé. E assim como esse último tema é apenas a escolha alternativa para o homem entre "Deus" e os "ídolos", o tema metafísico só deixa para ele a *escolha* entre uma metafísica consciente com uma visão panorâmica sobre o mundo *todo* (como construção de ideias e de essências) e uma *hipostasia* metafísica inconsciente e semiconsciente de um conceito artesanal técnico de uma ciência particular qualquer. "Cientificismo" (de neokantianos), energética, monismo em termos de sensação, o assim chamado pampsiquismo, o materialismo histórico, o paganismo filológico, biologismo etc. etc. são tais *pseudometafísicas*, que correspondem de maneira precisa, por exemplo, aos serviços idolátricos religiosos, por exemplo, do mamonismo, do fetichismo estatal, do nacionalismo etc. A imagem sociológica que pertence essencialmente a isso, a imagem de uma sociedade, na qual falta a metafísica como uma função cultural e uma função de formação social, consiste em uma *especialização* irrestrita, desenfreada e anárquica de uma formação e de um saber, que se perdeu em relação a toda e qualquer universalidade da formação espiritual (portanto, mesmo em relação à instituição pedagógica que lhe é pertinente, em relação à "universidade"), e que poderia transformar os seus interesses especializados, os seus conceitos especializados em *chaves* para o mistério do mundo[149]. O mundo - ele é respectivamente o X, o suposto "cadeado", para o qual o especialista fabrica para si uma chave: ele é sempre, dependendo da situação, "no fundo", "vida", "alma", "energia", "sensação", "economia" etc. etc. Para quem nega a possibilidade da metafísica, é preciso mostrar em primeiro lugar - antes de se refutar teoricamente essa sentença - e mostrar com a certeza absoluta do sucesso, que ele *teria* uma metafísica, isto é, que ele *teria* em sua consciência ideias, representações, juízos sobre a esfera metafísica do ser e que esses juízos só seriam juízos parciais, ruins, unilaterais. Acontece aqui, portanto, exatamente o mesmo que com a pedagógica religiosa. Para quem nega Deus, é preciso mostrar - antes da justificação de sua existência - de início ao menos uma vez a partir de estados de fato de sua

149. O fato de o especialista excepcional também poder pensar de maneira diversa é algo que me foi indicado pelo livro *Das Weltgeheimnis* [O segredo do mundo], de Karl Jellinek (Stuttgart, 1921), no qual esse defensor da química física empreende de uma maneira admirável uma síntese autenticamente filosófica de nosso estado atual de saber.

vida, que ele *teria* e *possuiria* um bem, uma coisa, que ele trataria de fato "tal como um deus" - como uma coisa dotada da essência do divino - em cada momento de sua vida; ele deveria elevar essa coisa ao nível de uma consciência clara e vê-la através *do caminho da salvação da desilusão* de que essa coisa seria um ídolo.

Assim como a metafísica, portanto, possibilita sociologicamente, ao invés de uma soma de especialidades particulares, *a unidade da formação espiritual*, então ela também fornece - e somente ela o faz - a *plataforma espiritual conjunta* e a atmosfera, na qual os membros de *diversas* religiões e igrejas *positivas* entre si, juntamente com os negadores de uma religião positiva, podem se colocar acima das mais elevadas ocasiões da existência e do saber em meio ao comportamento, tentando conquistar a parte a cada vez diversa mesmo para a sua questão religiosa. Assim, já a aspiração indispensável, exigida por um mandamento absoluto da razão e dos hábitos para *uma* igreja de Deus[150] a partir da subsistência de diversas religiões e "igrejas" positivas, é pura e simplesmente dependente da existência e do reconhecimento de uma metafísica. Se ela é negada, então isso precisa necessariamente conduzir para um *encapsulamento* das igrejas e das outras comunidades religiosas, encapsulamento esse avesso à religião e aos hábitos, que contesta o princípio da solidariedade da graça e o mandamento do amor mesmo em relação à graça do irmão. O fato de esse encapsulamento também colocar pesadamente em risco a unidade do espírito e as metas da vontade do povo em questão ou da nação em jogo, conduzindo à anarquia de todas as aspirações a fins - que não podem ser reconquistadas por meio de nenhuma cooperação nas avaliações e metas volitivas apenas técnicas e utilitárias e que são transformados por essas avaliações e metas muito mais em algo mais terrível e perigoso - foi algo que mostrei a partir do exemplo do povo alemão[151].

---

150. O fato de a ideia da Igreja como instituto para a solidariedade da graça ser evidentemente essencial e, com base na indivisibilidade do valor da graça, *una* foi algo que mostrei em *Formalismus in der Ethik* [Formalismo na ética], II Parte. Cf. op. cit., seção VI B, cap. 3, ad 4.

151. Cf. a conferência "A ideia de amor cristão" nesse volume. Cf., além disso, meu ensaio: "A paz entre as confissões", 1920. O ensaio foi publicado pela primeira vez na revista mensal *Hochland*, Índice bibliográfico, n. 19. OC, vol. 6.

Por fim, a metafísica também é o meio necessário, por meio do qual as *nações* se compreendem em termos de questões relativas ao saber como nações. Pois a metafísica, como a mais profunda concreção de todos os valores teóricos relativos ao saber (não dos valores tecnicamente empregues e restritos), é, segundo a meta de validade sociológica, positivamente *cosmológica* - não "intencionalmente" como a ciência; e, segundo a sua raiz anímica, ela é nacional-espiritual - não apenas geralmente humana como as ciências[152]. Somente na ação recíproca de ideias metafísicas, em sua frutificação, em seu aprofundamento mútuo, desenrola-se o *elevado diálogo dos tipos nacionais de espírito*. A religião e a Igreja são desde o princípio superiores às nações e delas dependentes. Ao contrário, as ciências estão enquanto ciências *abaixo* do nível do espírito nacional e, por isso, podem representar para si seus jovens de uma maneira a princípio nacionalmente ilimitada, de tal modo que o nacional e os valores *culturais* específicos e puros do saber não venha à tona nelas de modo essencialmente necessário. Se a metafísica cai, portanto, então também se acha impedido o mais elevado *trânsito espiritual das nações* em uma plataforma conjunta em relação às questões derradeiras do saber. Com isso, a unidade da cultura espiritual da humanidade também é abandonada nessa direção. Mesmo a autoridade religiosa e eclesiástica que prepondera originariamente por natureza sobre todas as nações, porém, não consegue mais exercer um efeito sobre nações, que se entregaram a uma região espiritual de pergunta e resposta conjunta e a metas do saber que lhe são comuns enquanto nações, de tal modo que essa região e essas metas se lhes torne compreensível conjuntamente. Desse modo, a eliminação da metafísica até mesmo no direcionamento para a eficácia supranacional também acaba produzindo um dano indiretamente na própria religião.

Não obstante e apesar dessa significação indireta eminente, que a metafísica possui para a religião e que ela sempre possuirá por razões que se encontram estabelecidas na construção essencial da própria natureza humana, a religião precisa, não apenas como religião *positiva* da revelação, mas já como religião *natural* enquanto a

152. Cf., quanto a isso, *Problemas de uma sociologia do saber*. Op. cit. Cf. tb. o último trabalho do presente volume, última seção.

base racional necessária da religião revelada, afirmar a sua *autonomia*. O conhecimento religioso permanece cindido do conhecimento metafísico e não é - materialmente - dependente dele.

Mas não apenas não está excluído, mas é até mesmo necessário exigir que a verdade e o conhecimento religiosos - onde eles são conquistados - iluminem inteiramente o conhecimento metafísico e emprestem uma última *interpretação* religiosa a ele, uma interpretação da qual ele mesmo não é capaz.

Como é que isso acontece, é algo que foi *mostrado aqui em um ponto central*: na *interpretação religiosa da sistemática essencial do mundo*, que forma o *trampolim* para a metafísica como o conhecimento da realidade efetiva da existência contingente estabelecida para além de toda e qualquer experiência humana possível.

Se, em virtude da redução de todos os entes que nos são dados contingentemente à sua pura essencialidade e em virtude da redução de todos os atos vivenciados e levados a termo faticamente, atos por meio dos quais e nos quais esse ente nos é dado, à sua essencialidade e à sua construção essencial, nós desvelamos o Λόγος que impera sobre o todo, então não somos impelidos ou avalizados por *nenhum* conhecimento metafísico a dizer que essas essencialidades ainda precisariam ser ulteriormente deduzidas ou que seria preciso deixar que elas se tornassem inerentes a um sujeito real. Mesmo a metafísica e sua pressuposição, a fenomenologia essencial, é e continua sendo um modo de conhecimento autônomo, que *não* carrega consigo sua *evidência*, sua verdade e seu valor como uma dívida contraída junto à religião.

Ora, mas se conquistamos um conhecimento da essência de Deus em virtude da evidência interna e autônoma dos atos religiosos e se sua existência ou a existência de algo assim configurado afirma o ato de fé (natural), então a coisa *muda de figura*. A partir desse estágio alcançado de nossa fé, então, também podemos e devemos aduzir às essencialidades e aos nexos essenciais vislumbrados o sentido de um modelo ideal eterno, *segundo* o qual Deus - que, se Ele existe, não é apenas a causa *derradeira* e *una* do mundo, mas também seu *criador e mantenedor pessoal e livre* - criou e mantém o mundo. Pois por menos que uma conclusão causal conduza da existência do mundo para *Deus* como seu criador, nós podemos de qualquer modo estar certos - *se* nos é dada a *existência de Deus e a existência* do mundo - ao retirarmos a conclusão de que Deus seria a causa e o criador *livre* e pessoal do mundo. E, *a partir desse ponto de vista* apenas, é que as essencialidades conhecidas, então, também se tornam - é que o Λόγος articulado, que é imanente ao mundo, se torna - *ideias* de Deus, assim como os nexos entre as ideias se tornam as *veritates aeternae* (ou, de qualquer modo, o setor delas que nos é acessível), segundo as quais Deus criou e mantém o mundo real e efetivo.

Mesmo o sentido do *processo do conhecimento* da estrutura essencial do universo se altera com a sua *interpretação religiosa*. Reconhecemos, então, que - onde quer que tenhamos vislumbrado uma essencialidade - nós vislumbramos de maneira concomitante e inadequada algo da *própria* ideia, que *Deus tem dessa coisa* e de acordo com a qual Ele a produz de maneira criativa ou mantenedora (sem levarmos em conta a *causae secundae*, que só diz respeito ao seu *ser a cada vez um mesmo e um outro e o seu se tornar diverso referentes* à relação com o *hic et nunc*). O fato de nós - como Malebranche afirmou certa vez - reconhecermos todas as ideias "em Deus", não é, contudo, *de modo algum* o que estamos afirmando com essa tese. Deus não é o "lugar das ideias", isto é, o mero X, que seria sujeito das ideias[153]. Nós conhecemos as essências muito mais *nas e junto às coisas* mesmas; no entanto, a partir de um *estado religioso de fé*, que não conquistamos de maneira alguma, tal como Malebranche supôs - quando ele procura *definir* Deus apenas como "o lugar das ideias" - por uma via metafísica, nós podemos e devemos *interpretar ulteriormente* nosso conhecimento das *essencialidades* como conhecimento de uma *ideia divina das coisas*.

Mas mesmo o nosso conhecimento racional da estrutura essencial do próprio universo - não apenas o seu objeto - conquista sob a luz da crença religiosa um novo sentido, que ainda não está

---

153. Cf. MALEBRANCHE. *La recherche de la verité*. Vol. 1.

inteiramente estabelecido nesse próprio conhecimento. A evidência – a *iluminação da essência*, na qual essa essência se apresenta no sentido mais rigoroso do termo como dada *por si* – só conquista agora, então, o caráter de uma "*revelação natural de Deus*", por meio da qual Ele *instrui* ativamente o espírito cognoscente do homem sobre a essência e o sentido da obra de seu criador. As essencialidades e seus nexos transformam-se, agora, em "*palavras de uma língua natural de Deus*" junto ao homem e nas coisas, palavras essas por meio das quais Ele lhe oferece "resposta" às suas questões por meio da mediação da "luz natural". A *condição originária* dada – no estado pré-religioso – como amor espontâneo do espírito em relação ao essencial em todas as coisas, a *condição originária* de todo conhecimento filosófico, desvela-se em meio a essa interpretação religiosa do processo do conhecimento do mesmo modo como algo novo e diverso daquele como elas pareciam: como um *amor recíproco* em relação ao amor espontâneo e anterior de Deus, amor esse por meio do qual Deus *abre* ativamente para o homem a essência de sua obra criadora, na medida em que Ele a *deixa reluzir* no espírito do homem. Portanto, as coisas também não se mostram aqui de tal modo que a consistência e a validade de verdades eternas (e dos princípios de seu conhecimento) elas mesmas já trariam consigo uma "prova da existência *de Deus*". Não se pode identificar a verdade com Deus do modo como tentou Agostinho, sem abandonar a *ideia pessoal de Deus* em favor de um mero platonismo[154]. E tampouco se pode afirmar que já haveria na realização do ato do conhecimento essencial das coisas uma consciência paralela ou uma vivência evidente do fato de que esse ato mesmo seria causado pela razão eterna do modo como estaria estabelecido no sentido do *omnia cognoscere in lumine Dei*[155] agostiniano. Ao contrário, não se trata de uma vivência, mas de uma interpretação ulterior do ato de conhecimento, e

---

154. Cf. as confrontações claras e refinadas sobre essa "prova" agostiniana que se encontram em GRABMANN, M. *Grundgedanken des heiligen Augustinus über Gott und Seele* [Ideias fundamentais de Santo Agostinho sobre Deus e a alma]. Colônia, 1916.

155. Em latim no original: "Conhecer todas as coisas à luz de Deus" [N.T.].

não de uma interpretação, que nos conduziria pela primeira vez a um conhecimento de Deus, que nós ainda não possuímos. O direito interno dessa interpretação é suportado pelo ato intuitivo e pelo ato de fé a partir de sua evidência autônoma, e são eles que têm de se responsabilizar por tal direito. Essa evidência, por sua vez, *pressupõe* já uma *dação diversa da convicção* acerca da existência e da essência de Deus.

E, por fim, o *conhecimento* de toda verdade possível, que se mostra como um valor próprio absoluto para o conhecimento filosófico e científico (no último caso, em verdade, sob a restrição do estabelecimento de uma meta técnica possível, também já assume ele mesmo pela primeira vez um novo sentido axiológico. Ele se subordina, então, *ao* valor e *à* meta de um processo *ôntico*, de um *devir*, que prepondere ele mesmo acima de todo conhecimento: *ao* valor e *à* meta da imaginação da essência da *pessoalidade* humana em meio à pessoalidade divina; e, ao mesmo tempo, à condução a ser correalizada pelo ato de conhecimento (no conhecimento das coisas) – condução das coisas mesmas para a sua *determinação*: para a sua participação *ôntica* em Deus por meio da conquista de uma participação na *ideia* que Deus tem delas. Somente com isso o conhecimento *não é mais indiferente para as coisas*. Ao contrário, também se realiza algo para as coisas *por meio do conhecimento*, que o homem conquista delas. Sem ser realmente transformado (tal como tal transformação só é possível por meio do querer, do formar, do agir), sem ser mesmo construído primeiramente de maneira total ou parcial por meio do espírito humano (Kant) – sem primeiro conquistar seu tipo de determinação e seu conteúdo de determinação, seu tipo de determinação e seu conteúdo significativo por meio do ato cognitivo humano, que as coisas já possuíam muito mais de maneira *totalmente independente* do homem por meio das ideias que Deus possui delas – essa "determinação" e "significado" das coisas são *pela primeiríssima vez realizados* por meio do ato cognitivo por parte do homem. As coisas conquistam onticamente a parcela de sua determinação e de seu significado, que elas já possuíam de modo ideal: Elas são "conduzidas" a Deus como a raiz de todas as coisas, como o conceito da essência de todas as essências e, com isso, das suas essências, *levadas até Ele, re*conduzidas a Ele[156].

Todo conhecimento, portanto, já se apresenta sob a luz da fé natural como um mais e como algo mais elevado do que o mero conhecimento. Ele, que se encontrava até aqui em contraposição a todo ser e a todo devir e que, por isso, quando ele não foi mal-interpretado (pragmaticamente) como uma transformação real das coisas, respectivamente, como um mero *meio* para essa transformação ou (kantianamente) como construção, então ele foi facilmente mal-interpretado como mera *duplicação ideal* do ente e do deveniente (como uma duplicação, cujo sentido e cuja meta é no fundo compreensível), se torna agora ele mesmo apenas um processo *parcial* em um *processo ôntico do mundo*; processo esse que só é por assim dizer conduzido pelo homem cognoscente e que se serve do processo do conhecimento apenas para alcançar *sua* meta. Se esse processo deve obter um nome, então esse nome não pode ser nenhum outro senão a *redenção mútua de todas as coisas* no homem em relação a Deus.

A pessoa espiritual do homem, que estabelece em verdade para si como meta na filosofia um conhecimento da essência e da verdade como um valor material absoluto - sem se relacionar nesse caso intencionalmente com a *sua exigência* como pessoa -, *redime-se* de fato sob a luz da fé religiosa, na medida em que se entrega corretamente às essencialidades em uma intuição amorosa e conquista nessa entrega uma participação na luz divina. Ou melhor, e sintetizando o que acabamos de dizer: ela se sabe, na medida em que interpreta seu amor ao essencial como amor que responde e como amor recíproco em relação ao amor total de Deus e ao *ato revelador* natural motivado por esse amor, *redimindo-se* da estreiteza e da particularidade de sua organização psicofísica. Mas ela se sabe, então, ao mesmo tempo como *ativamente corredentora* das coisas elas mesmas - que ela conhece - ela se sabe como levando as coisas para o alto em direção ao *seu* significado e ao seu *ser determinado* eternos, como levando as coisas para Deus como sua *meta*.

---

156. Também se pode dizer: a realidade efetiva conscientiza-se no homem e por meio do homem de seu significado, de seu sentido e de seu valor.

Do mesmo modo que – como se nos mostrou – uma mera conclusão causal a partir de uma realidade mundana ainda não intuída religiosamente não pode conduzir a Deus como o único criador livre do mundo, a doutrina do conhecimento e das ideias também não nos conduz com meios *puramente* filosóficos até Deus como a omniluminosidade pessoal, que mantém no conhecimento um diálogo conosco. Nas duas vezes, porém, subsiste o direito seguro de interpretar religiosamente dessa maneira as relações dadas entre mundo e fundamento mundano, conhecimento e essência das coisas, *quando* a verdade religiosa autônoma da intuição e da fé já é apreendida. E só sob a aplicação desse direito é que a totalidade de nossa relação espiritual obtém a *sua derradeira unidade, a sua derradeira harmonia e o seu derradeiro sentido.*

Por meio do que dissemos, não pressupusemos *nada* sobre o conteúdo de uma metafísica correta. Essas questões estão sendo guardadas por mim para uma obra particular sobre a metafísica. Agora, só uma coisa está clara: como quer que esse conteúdo da metafísica se mostre – sabemos desde o princípio que a proposição *metafísica* (1) permanece duradouramente hipotética, (2) só pode possuir uma probabilidade (já em virtude da "segunda premissa", da qual essa proposição se segue concomitantemente, em virtude do conhecimento real positivo, que é inerente a ela, de fatos casuais). E nós sabemos ao mesmo tempo: quanto mais o conhecimento metafísico pertinente se aproxima, na escala gradativa dos níveis de relatividade da existência, desse ente absolutamente existente, tanto mais *se eleva* o valor hipotético e tanto mais *decresce* em valor a probabilidade do conhecimento. Junto ao próprio absolutamente existente, junto ao *ens a se*, ele alcança, para além das determinações ontológicas e axiológicas totalmente formais (um *ens a se* em geral, algo dotado de um valor maximamente elevado – não, portanto, algo bom – em geral), um valor em termos de probabilidades nulo. O que significa, porém: *não há de qualquer modo – apesar da metafísica – nenhuma metafísica material do existente absoluto.*

Nesse *limite* do conhecimento mesmo de toda metafísica bem justificada, o *ato religioso* e o seu objeto passível de ser dado nele e apenas nele iniciam-se de maneira totalmente autônoma. Há aqui uma certeza absoluta e dura como um rocha, aqui onde a probabilidade mesmo do saber metafísico-filosófico mais elevadamente alcançável se torna nula. E ele não se aproxima, tal como o ato de conhecimento metafísico com o auxílio da conclusão metafísica a partir de premissas essenciais e de um estabelecimento casual da existência (de nosso âmbito empírico), do absolutamente existente como o mero "fundamento do mundo": mas ele se transpõe como ato religioso de maneira imediata para o interior de uma esfera de existência e de valor acessível como o conteúdo positivo desse "fundamento" - em um conteúdo essencial *religioso* determinado, portanto, desse fundamento, a fim de compreender e apreender à luz desse saber de fé todo ente diverso.

Portanto, se o conhecimento religioso permanece em todos os casos independente e autônomo ante a metafísica, então essa proposição sobre a autonomia da religião ainda vale de maneira muito mais clara e muito mais fácil do que toda uma série de *tentativas* modernas - mesmo do que uma tentativa de abandonar uma metafísica bem justificada em seu sentido limitado - de estabelecer a *fundamentação da religião* com vistas a conhecimentos, valores e certezas *extrarreligiosos.*

Os valores éticos e a evidência ética, segundo os quais todo o ser da pessoa e do comportamento, do querer e do agir de pessoas é eticamente bom, contanto que seja realizado neles um valor a cada vez mais elevado (dado respectivamente na evidência preferencial como mais elevado do que um valor comparativo) do que o respectivo valor inicial do estado do mundo que tinha se feito presente *sem essa pessoa,* sem esse comportamento, esse querer, esse agir da pessoa, nos abre apenas, *então,* um acesso à esfera religiosa da existência e da vida; se é que o *valor* especificamente *religioso* do "sagrado", da salvação da pessoa e de seu correlato subjetivo, da bem-aventurança, é acolhido na *ordem valorativa objetiva* dos valores[157]. Se ele é acolhido, então ele também é o valor evidentemente *mais elevado,* e sua realização em uma pessoa também é, então, simplesmente o eticamente "melhor". Se ele

157. Cf. meu livro *Der Formalismus in der Ethik und die materiale Wertethik* [O formalismo na ética e a ética material dos valores].

não é acolhido, porém, então fica completamente excluído deduzir o valor do sagrado de outros valores, por exemplo, dos valores espirituais, ou construí-lo como "complemento necessário" desses valores diversos, por exemplo, dos valores espirituais, dos valores vitais, dos valores utilitários, dos valores de comodidade – ou como quer que se possa, de resto, cindir as modalidades valorativas. O fato de o valor do sagrado *não* imergir no bem eticamente mais perfeito, na onisciência etc. etc., mas ser algo simplesmente novo em termos de qualidade valorativa – foi algo que R. Otto demonstrou recentemente de uma maneira extraordinária. Nesse ponto, para mim, ele não fez outra coisa senão verificar de modo mais agudo aquilo que eu tinha afirmado em meu livro sobre o formalismo na ética. A sanção de um bem não religioso (p. ex., dos bens éticos como "sagrados", de um dever como "sagrado", de algo mal ou moralmente avesso à norma como "pecado") é naturalmente *possível* e religiosamente necessária; ela já sempre *pre*ssupõe, porém, a dação dos *valores* especificamente *religiosos*. Uma "lei moral" só se torna "sagrada" na medida em que mantém essa qualidade por meio da dignidade de seu legislador sagrado como uma *pessoa* perfeita – um pressuposto, que não tem como ser conquistado, como Kant pensa, a partir da dação de um imperativo categórico por meio de "postulados". O postulado de um legislador X dessa lei e de um ordenador ético X do mundo que preenche a requisição por retribuição fica solto do ar, se já não é *previamente dado* no lugar desse X uma ideia de Deus positiva e plena de conteúdo – e, em verdade, *religiosamente pleno de conteúdo* – e, além disso, a realidade de um objeto correspondente a essa ideia.

Em uma direção ainda mais central, porém, a determinação relacional que Kant estabeleceu entre religião e moral não é apenas falsa, mas também contrassensual. A proposição seguinte nos parece evidente: se há um Deus, então uma *autonomia absoluta* da razão prática é um *contrassenso* e, por isso, impossível. Por conseguinte, a *teonomia é óbvia*. Como é, contudo, que a suposição da existência de Deus pode ser construída sobre um pressuposto – a saber, um juízo de uma razão prática autônoma, cujo sentido, se é que ele é verdadeiro – não apenas inverte sua verdade, mas já transforma o seu mero sentido em um contrassenso? Se *há*

Deus, então uma razão prática só poderia ser autônoma se ela se confundisse com a razão divina. Os *sucessores* de Kant também percorrem de fato o caminho dessa identificação, sobretudo Fichte e Hegel. Isso, contudo, conduziu a uma *heteronomia* extremamente racional-panteísta da personalidade espiritual humana que, com base nessa suposição, não pôde ser considerada senão como função ou como ponto de passagem ou lugar de irradiação dessa razão originária autônoma[158]. No entanto - inversamente -, se a autonomia não for atribuída à razão *qua* razão, mas à *pessoa qua pessoa,* então essa autonomia não pode subsistir conjuntamente com a suposição de uma existência de Deus. Portanto, não se pode construir a suposição da existência de Deus sobre uma pressuposição, que é ou bem idêntica a essa suposição (racional-panteísmo), ou bem é evidentemente contrassensual, *se aquela* suposição é verdadeira. E as coisas se mostram de maneira totalmente análoga quando Kant esclarece que seria preciso comparar a ideia de Deus que alguém possui com o conteúdo da *lei moral autônoma,* para que se pudesse decidir se essa ideia seria a ideia de Deus e não ideia de algo diverso. Todavia, é evidente, que Deus - se Ele existe - não pode ser medido a partir de uma *lei moral humana,* que não pode ser de modo algum imposto a Ele o, por assim dizer, compromisso *a priori* de ou bem concordar com essa lei - ou não ser reconhecido. A proposição "Deus é bom" não seria por meio daí apenas analítica, mas consistiria mesmo em uma tautologia. Pois se Ele é definido e concebido originariamente apenas como "doador" da lei moral, então a concordância de sua vontade com essa lei também é óbvia. O fato de o "senhor" do ser (o *ens a se et per se* religiosamente formado), porém, ser *bom* - isso é tudo menos óbvio[159]; e ver o homem comprometê-lo já definitoriamente a,

---

158. Cf., quanto a isso, minhas análises detidas do conceito de autonomia no *Der Formalismus in de Ethik etc.* [O formalismo na ética etc.). II Parte, seção VI.

159. A proposição também não é analítica no sentido dos tomistas, que procuram dissolver o bem no grau do ser por meio do conceito médio da perfeição - de acordo com a proposição: *omne ens est bonum*. Cf. minha refutação dessa tentativa em *Formalismus etc.* (Cf. índice conceitual da 4. ed. de *Der Formalismus in der Ethik* em "Bem/Mal" - Doutrinas equivocadas). Atribuo evidência e verdade à proposição *omne ens est bonum,* contanto que *bonum* significa aqui o mesmo que "valoroso em geral", uma significação, na qual ela, porém, ainda não se mos-

por assim dizer, ser bom, recusando a Ele o reconhecimento como senhor do ser, se Ele *não* o for, isso é algo que também retira de sua bondade possível desde o princípio a liberdade e a autonomia, que, de qualquer modo, se é que pertence a alguma bondade, pertence essencialmente à bondade divina.

Com essa recusa da "teologia ética" kantiana não se está naturalmente nem de longe afirmando o outro elemento da alternativa, que é a única que Kant conhece: que seria preciso definir como bom aquilo que corresponde ao conteúdo da *vontade* divina (heteronomia). Pois é efetivamente falso determinar o bem como um conteúdo qualquer de um *querer* anteriormente dado - seja ele de Deus ou de uma razão prática. "Bom" é primariamente uma qualidade valorativa, eticamente bom, porém, uma qualidade pessoal, e qualquer querer - ou seja, mesmo aquele querer que teria de determinar supostamente pela primeira vez *que* algo *seria bom* e *o que* ele seria - já precisaria *ser* bom, para determiná-lo. Portanto, mesmo em relação a Deus, bom é um *predicado essencial* da *pessoa* divina *enquanto pessoa*[160].

Somente com essa compreensão se acha dado o pressuposto para escapar também da outra alternativa falsa, sob a qual se encontra a determinação kantiana da relação entre religião e moral: um querer moral precisaria acontecer ou bem sem toda e qualquer relação com Deus, *ou bem* ele seria *necessariamente* (heteronomamente) determinado por temor e esperança com vistas à punição e à retribuição. É essa *alternativa* que é falsa - não a proposição kantiana em si, ao contrário, mais correta, segundo a qual um querer e um agir não seriam em último sentido bons (perfeitos).

Um querer moral (perfeito) em uma consideração de Deus é em primeiro lugar uma impossibilidade *material* interna. Pois um querer moral maximamente perfeito é (segundo a própria ideia) o querer da pessoa, que incorpora o valor evidentemente mais ele-

---

tra como idêntico ao primeiro elo da oposição entre bom e ruim - para não falar de ele ser idêntico ao primeiro elo da oposição entre (eticamente) bom e mau.

160. Nesse ponto, nós concordamos com Santo Tomás de Aquino em sua contraposição aos escotistas. Kant também era, contudo, um "escotista". Cf. op. cit., 4. ed., p. 227.

vado de todos - a sacralidade - sob a forma do valor da pessoa (de maneira mais ou menos adequada). A pessoa sagrada, porém, é ao mesmo tempo a pessoa que se vivencia e sabe evidentemente - na medida e até o ponto em que ela é "sagrada" - em seu centro concreto do ato juntamente com o bem supremo, bem esse que é, enquanto "supremo", ele mesmo sagrado sob uma forma e uma *pessoa*[161] valorativa infinitas e absolutas, enquanto parcialmente "unificado", não de maneira real[162], mas com vistas à essência de seu centro do ato (portanto, também dos conteúdos de seu ato).

É válido do mesmo modo, porém, o seguinte: um comportamento religioso (perfeito) é - apesar de ele não ser definível por meio de um comportamento ético ou por meio de "demonstrações" ou "postulados" construídos sobre tal comportamento - *evidentemente impossível, sem* que ele abarque em si um comportamento moralmente perfeito. Pois um ser e um comportamento religiosos só são perfeitos se a pessoa humana tiver concomitantemente *diante dos olhos do espírito*, no ato cognoscente do primado valorativo *e* no ato volitivo da concretização do valor evidentemente preferencial, *também* o *summum bonum*, o que significa, contudo (segundo os nexos essenciais religiosos ôntica e axiologicamente válidos): o Deus pessoal absolutamente sagrado como o senhor do ser (no ato do privilégio); em suma, se, no ato da concretização, no entanto, o privilegiado quiser e realizar ele mesmo *a partir da vontade de Deus* (*velle in Deo*) - não obedecendo meramente a essa vontade de Deus com base em um comando ou em uma "lei".

Portanto, Kant só tem completamente razão no fato de os *axiomas valorativos materialmente evidentes da ética* não serem apenas válidos para a filosofia da religião, mas também, *ao mesmo tempo, um meio positivo de construção* de um *conceito* verdadeiro de Deus. O falso é o fato de ele não *conhecer* absolutamente

---

161. O valor pessoal é *evidentemente* mais elevado do que o valor material, o valor do ato, o valor funcional. Um *summum bonum*, portanto, não seria um *summum bonum*, se ele não fosse um valor pessoal, sim, uma pessoa valorativa. Cf., quanto a isso, *Formalismus*. Parte I. Cf. seção II B, cap. 4).

162. Unificação real, isto é, ser realmente parte ou ser função da pessoa humana com a pessoa divina é a afirmação *falsa* de uma mística extravagante e do panteísmo, por exemplo, de Spinoza, Fichte, Von Hartmann etc.

axiomas valorativos éticos materiais e *substancialmente* evidentes, mas (de maneira semelhante aos escotistas, substituindo apenas Deus pelo homem) só se dispor a definir o bem a partir de uma *vontade* previamente dada (como seu conteúdo), assim como o fato de ele, além disso, por essa razão, mas também por outras razões, não ter conseguido ver nem a peculiaridade do *valor* "sagrado" que se encontra à base mesmo da ética, nem a preferencialidade do *valor da pessoa ante* todos os valores funcionais e materiais (mesmo daqueles da razão e daqueles da "lei"). A axiomática valorativa religiosa e ética coincide justamente - apesar de independentemente encontrada e descoberta - *por si mesma* com a ideia do bom senhor do ser ao mesmo tempo sagrado e perfeito.

Com isso, um princípio fundamental sobre a relação entre religião e moralidade, princípio esse que pode ser de tal modo enunciado como supremo, é: *em seus estágios plenos, religiosidade e moralidade não são* essencialmente independentes, *mas essencialmente dependentes uma da outra*; isso não significa de maneira alguma que elas são idênticas - nem por parte da religião, como Lutero supunha de maneira equivocada, nem por parte da moralidade, como Kant supunha de maneira falsa. Elas só se tornam essencialmente *in*dependentes uma da outra se ou bem a moralidade, ou bem a religiosidade ou as duas são *imperfeitas*, e elas se tornam tanto mais independentes quanto maior for a sua perfeição. Aqui não é o lugar para expor os princípios, segundo os quais, nos estágios diversos da imperfeição das duas, as exigências morais e religiosas ao homem podem ser equilibradas.

Outros tipos de tentativas de colocar em questão a autonomia da evidência e da verdade religiosas foram feitas, por exemplo, por Wilhelm Windelband, Jonas Cohn, Paul Natorp[163]; a mais turva e mais equivocada de todas essas tentativas, porém, é a de William James e de seus discípulos pragmáticos - dos conscientes e do

---

163. Cf. WINDELBAND, W. *Das Heilige* [O sagrado]. In: *Praeludien* [Prelúdios]. • COHN, J. *Der Sinn der gegenwärtigen Kultur* [O sentido da cultura atual]. • NATORP, P. *Religion innerhalb der Grenzen der Humanität* [Religião no interior dos limites da humanidade]. Cf. tb. EUCKEN, R. *Der Wahrheitsgehalt der Religion* [O conteúdo de verdade da religião], que precisa ser inserido nessas tentativas.

número muito maior de discípulos semiconscientes ou de inconscientes. Forneço aqui apenas de maneira breve as ideias-diretrizes para a sua crítica.

"A consciência normal absoluta e real" de Windelband, que ele denomina "o sagrado" e que deve se tornar manifesta para nós na vivência do dever nas diversas áreas da legislação lógica, ética e estética, é uma hipostasia completamente injustificada segundo os próprios princípios primeiros, uma hipostasia do conceito, *além disso* absurdo *em termos de conteúdo, de uma "consciência em geral"*. Abstraindo-se da fundamentação em parte faltante, em parte falsa da *existência* de uma tal consciência normal, o erro fundamental em termos de teoria da religião cometido por essa tentativa é o fato de não ser reconhecida nem a peculiaridade da dimensão ontológica do "*divino*", nem a peculiaridade (material) da dimensão valorativa do *sagrado*, mas, ao contrário, se fazer a tentativa impossível de reconduzir a existência de Deus a um ser-*dever* (que é, aliás, confundido com o dever-ser); a tentativa impossível de reconduzir, porém, a modalidade valorativa material do sagrado à mera quintessência ou ao mero todo dos valores espirituais "bom", "belo", "verdadeiro".

1) Segundo os próprios princípios primeiros dessa filosofia, a tentativa de Windelband é impossível, porque não se pode extrair de maneira alguma - caso se tenha *cindido mutuamente*, ao modo dessa escola, de forma tão abissal e até o interior da esfera absoluta, dever e ser - do "dever" apenas uma vez mais uma existência real e efetiva, tal como supõe Windelband no caso da consciência religiosa. Se essa cisão fosse correta (temos além disso, ainda, a construção refutada por mim de modo rigoroso de uma *doutrina dos valores* sobre uma *doutrina da norma*[164]); mas se a consciência religiosa hipostasiasse, contudo, a quintessência desse "dever" que paira livremente e o transformasse em uma essência real, então a "consciência religiosa" seria justamente apenas uma *fonte de ilusão, de erro e de ficção*, e, além disso, a fonte mais perigosa que

164. Cf. *Formalismus in der Ethik* [Formalismo na ética]. Parte II, seção IV 2: "Valor e dever".

poderíamos pensar. Pois, por intermédio de nós, homens seriam transformados ficticiamente em algo a ser efetivado como concretizado; pois, desse modo, isso falsificaria para nós o sentido da tarefa apresentada a nós e nos subtrairia a força para a sua solução, a força para efetuar o "devido". A *luta* aguda contra a consciência religiosa e contra a religião em toda e qualquer forma possível seria a *consequência* prática e lógica unicamente correta *a partir desses pressupostos*. Segundo essa doutrina, seria preciso dizer com razão como Nietzsche: "*Se houvesse* deuses (ou Deus), então eu não teria nada que eu *devesse* fazer; portanto, não há nenhum deus". Mas esses pressupostos também são *fundamentalmente equivocados*. Tal como o mais perspicaz discípulo dessa escola neofichtiana já tinha percebido - o jovem e extraordinário investigador, que infelizmente tombou na Primeira Guerra Mundial, Emil Lask[165] - não se pode reconduzir de maneira alguma o conceito do valor ao conceito do dever ou da norma (nem mesmo do dever-ser ideal em contraposição ao dever fundado em um compromisso). Ao contrário, é preciso muito mais fundar todo dever em *valores* anteriormente dados; a ética normativa, em uma ética pura dos valores, a lógica normativa, em uma pura lógica dos objetos[166].

Além disso (o que Lask ainda não tinha percebido), há um conceito do "ser", que ainda concebe em si o *ser valoroso* (objetivo) e o *existir* (isento em termos valorativos) como espécies e que se encontra no conceito do *ens a se*. Nele, as duas esferas da *existência e do ser valoroso*, esferas essas que são estabelecidas segundo essa filosofia[167] na relação equivocada, de acordo com a qual o princípio da presença ou o princípio existencial devem ser reconduzidos à "validade" de um valor de verdade (respectivamente, o *juízo* de existência ao reconhecimento subjetivo dessa validade), à sua derradeira e mais elevada *unidade*. E essa é a unidade, que torna compreensível o fato de que há axiomas formais, que *regulam* a relação ôntica entre *existência e valor* entre si. Eles não são todos expos-

165. Cf. E. LASK. *Die Logik der Philosophie und die Kategorienlehre* [A lógica da filosofia e a doutrina das categorias]. Tübingen, 1911.

166. Cf. tb. HUSSERL, E. *Investigações lógicas*. Vol. I.

167. Cf., quanto ao que vem em seguida, RICKERT, H. *Der Gegenstand der Erkenntnis* [O objeto do conhecimento]. 3. ed. Tübingen, 1915.

tos aqui e levados a uma intelecção plena[168]. Não citaremos senão alguns axiomas desse tipo. Um deles é a proposição já conhecida pela Escolástica, mas aí falsamente interpretada: *omne ens est bonum* (isto é, algo *dotado efetivamente de valor*) - uma proposição, cuja verdade é totalmente independente de até que ponto podemos sentir e conceber como *homens* os valores do existente. Além dessa proposição, temos também as proposições já desenvolvidas por mim na ética: a existência (= *ser-aí*) de todo valor é ela mesma um valor (do valor positivo um valor positivo, da iniquidade uma iniquidade); a não existência de um valor positivo é uma iniquidade; a não existência de uma iniquidade é um valor positivo. Além dessa proposição, temos ainda a proposição: todo valor (como qualidade) é propriedade de um sujeito existente - quer esse sujeito seja conhecido ou não. Por menos que uma demonstração semelhante à demonstração ontológica possa se seguir dessas proposições (como se poderia achar), se segue de qualquer modo delas o fato de que - se há um valor "supremo" - também precisaria ser atribuída *existência* ao portador real (pensado), a ser evidentemente requisitado, desse valor, uma vez que, de outro modo, ele não seria o valor "supremo". E se segue daí, de mais a mais, o fato de que - se há um *ens a se* no sentido de uma existência, que se segue de sua própria essência, de um existente em geral - esse existente também precisaria ser portador de um *valor próprio absoluto*. (O valor do eticamente "bom" ainda não pode ser naturalmente pensado como acolhido nessas determinações formais axiológica e ontologicamente rigorosas.) E correspondem a esses axiomas ontológicos objetivos sobre valor e existência do lado do espírito e dos atos as leis de fundação dos atos, leis segundo as quais nenhum existente é originariamente cognoscível por uma consciência qualquer (seja por meio de intuição, seja por meio de pensamento), cujo objeto não tenha sido intencionado na *ordem* sequencial dos atos dados primeiramente em atos *interessados* como objeto valorativo de uma determinada qualidade valorativa (quer ele tenha sido amado, quer ele tenha sido odiado); e segundo as quais subsiste justamente *a mesma* sequência ordenada mesmo

---

168. Cf. *Formalismus in der Ethik* [Formalismo na ética]. Parte I (índice conceitual da 4. ed., "valor" II).

entre os atos interessados e os atos volitivos. Justamente isso é (como mostrei em outro lugar[169]) o maravilhoso do *ato amoroso* que não é recondutível nem ao conhecer, nem ao querer, o fato de ele captar seu objeto em um nível do "ser", no qual seu ser *assim* tanto quanto o seu *ser existencial* permanecem indeterminados segundo o seu *ser valorativo* - de tal modo que tanto o resultado inequívoco do ato adequado de conhecimento quanto o resultado possível de sua reconfiguração por meio do querer e do agir são *determináveis* ainda através dessa classe de atos. Esse nível do ser é uma *camada* do ser, na qual apenas o objeto finito ainda está ligado imediatamente com o *ens a se* sob a forma da dependência pura e simples. Por isso, para toda mera "existência" "pronta", que consideramos no interior da teoria pura das ciências do ser (com uma abstração principial e expressa dos valores que constante e necessariamente advêm ao existente), é preciso pensar em adendo um fator de amor, fator esse que codeterminou a existência *desse* ser assim ou o ser assim *desse* existente e sem o qual ele não *seria* o que ele é, respectivamente não seria aquilo que ele é. Do lado objetivo, esse fator é a afirmação universal de amor em relação à essência e à existência do objeto finito por parte de Deus; por meio dessa afirmação apenas é que o objeto *é* (por assim dizer salvo do mar infinito do que não é e da nulidade); do lado subjetivo, as emoções ligadas ao amor e ao ódio relativas ao sujeito cognoscente, que *decidem concomitantemente* a ocorrência e o conteúdo especial de um *conhecimento* intuitivo.

2) Além disso, o conceito da "*consciência em geral*" é, porém, abstraindo-se totalmente dos equívocos que acabaram de ser descobertos em meio à fundamentação windelbandiana da religião, é um conceito *em si absurdo*, conflitante com nexos essenciais. Caso se abstraia sucessivamente de todos os assim chamados conteúdos empíricos da consciência de algo (do conteúdo físico, do conteúdo psicofísico e do conteúdo puramente psíquico), então se retém ape-

169. Quando Max Scheler fala em "outro lugar", cf. *Formalismus* (índice conceitual da 4. ed., 1954) e no livro sobre *Simpatia* do autor em todas as edições, parte B, seção 1.

nas o *conceito* de um sujeito cognoscente, respectivamente (caso se cometa o erro de equiparar o conhecimento ao juízo e o erro ulterior de considerar juízos como reconhecimento ou abjudicação do assim chamado *valor* de verdade, mas se "reconduza" o "existir", porém, à validade de uma proposição verdadeira afirmativa sobre um objeto[170]) o conceito de um *sujeito avaliador em geral.* O fato de hipostasiar esse conceito, transformando-o em uma realidade, ser um disparate, é isso que percebe hoje em dia até mesmo a escola de filósofos que se deriva de Windelband. Pois bem - com isso, a tentativa de Windelband em termos de filosofia da religião já estaria condenada. Não obstante, temos de prosseguir e mostrar que esse conceito, em verdade, não é (sem o auxílio de axiomas lógicos materiais, ou seja, supraformais), contudo, "contraditório", mas com certeza é *contrassensual.* Se a palavra "sujeito" não é empregada de maneira tão significativa quanto no final do século XVIII enquanto palavra para um objeto em geral[171] (tal como ainda hoje o francês *sujet* e o latim *subjectum*), mas (segundo a terminologia mais recente) está voltada para o assim chamado "eu", então é válido o seguinte para todo e qualquer ente, sobre o qual esse conceito encontra um emprego possível: 1) *Todo e qualquer eu é* de maneira necessariamente essencial um *eu individual.* 2) Em face de todo ente, que é um eu, se encontra um tu possível. 3) Em face de todo ente, que é um eu, se encontra de maneira essencialmente necessária um *mundo exterior* que é independentemente dele e que também é dado assim. 4) Todo eu decompõe-se em um constante *hic et nunc* de um eu corpóreo dado com um *mundo exterior* e em um eu anímico com um transcurso de momentos vivenciais como correlato, de momentos vivenciais, que só são divisíveis secundariamente nas muitas direções, isto é, depois que eles são a cada vez dados como totalidades[172]. Cada uma des-

---

170. E, por isso, também uma apreensão judicativa *possível* dos estados de coisa positivos e negativos e a afirmação e negação desses estados de coisas que se seguem daí.

171. Cf. EUCKEN, R. *Geschichte der philosophischen Terminologie* [História da terminologia filosófica], 1879.

172. Em relação a essa exposição e às exposições seguintes, cf. em *Formalismus* sobretudo a seção VI A (índice conceitual, 4. ed., "eu" e "consciência).

sas proposições, porém, independentemente de uma experiência indutiva, já é contradita pelo mero conceito de uma "consciência em geral" no sentido de um "sujeito em geral"; elas não são primeiro refutadas, uma vez que o conceito ainda tinha sido de mais a mais hipostasiado, mas já são contraditas como *abstração legitimamente válida*. Pois se pode "abstrair" com todo direito de todos os traços de algo a cada vez contingentemente existente; mas não se pode, contudo, de maneira alguma abstrair também daquilo que - sem levar em consideração aquilo que a cada vez existe - pertence segundo a sua essência à coisa mesma. Pois isso já significaria suspender a coisa segundo a sua consistência *possível* de sentido e de significado, ou seja, fazer o contrário daquilo que se pode denominar: formar um *conceito* da coisa. Cada uma dessas proposições, no entanto, já é contradita por aquilo que é visado na expressão mesma sobre um "*sujeito em geral*". O sujeito ou a consciência em geral deve ser "supraindividual": um ferro de madeira! Pois há, em verdade, uma consciência conjunta supra-*singular* (p. ex., das pessoas conjuntas povo, Estado etc.), mas não "há" (já no sentido da possibilidade essencial, não apenas no sentido da consistência fática) nenhuma "consciência supraindividual". Além disso, não há - no mesmo sentido do "dá-se" - nenhum "*eu*" possível elevado para além da oposição possível entre um *eu e um tu*; pois a *articulação* em uma *comunidade possível* é *essencial* a todo "eu", não algo contingentemente próprio. A única coisa de que podemos nos abstrair, portanto, é da determinação particular do "tu", que se encontra contraposto àquilo que pode se chamar de "eu" - mas não um *tu* em geral. E, analogamente, podemos nos abstrair das determinações particulares, do conteúdo a cada vez particular da esfera do mundo exterior pertencente a todo e qualquer eu, mundo esse visado em contraposição a todo o seu conteúdo *possível* de consciência como "transcendente", mas não com a consistência dessa *esfera em geral* - caso não queiramos suspender a essência do eu. O corpo também não é de modo algum um grupo de meros *conteúdos* de consciência (dos conteúdos sensoriais externa e internamente associados de maneira fixa), mas uma esfera existencial cindida agudamente de todos os conteúdos possíveis, referidos de modo puramente psíquico ao mundo exterior, uma esfera dotada de um caráter formal, múltiplo, uno e dado específicos, uma esfera que permaneceria enquanto tal se também não nos "abstraíssemos" de todo e qualquer conteúdo particular das sensações orgânicas[173]. Pode haver dúvidas quanto ao conteúdo particular da experiência, quanto à *qual* dessas esferas ontológicas ela pertence (se à esfera puramente psíquica, se à corporal, se à esfera do mundo exterior); não há qualquer dúvida, porém, quanto à *diversidade essencial dessas esferas* mesmas. "Abstrair", "desconsiderar" mesmo essas esferas - não apenas seu conteúdo a cada vez particular -, não *pode*, portanto, levar a que *reste* ainda um assim chamado *"eu puro", mas significa suspender e destruir a essência do eu.*

Por fim, o processo de abstração, que deve conduzir a uma "consciência em geral", contém ainda um erro derradeiro. O ponto fenomenal de unidade na articulação da multiplicidade, que advém a tudo o que é puramente psíquico, não é um ato e um conteúdo determinados, mas apenas um valor *posicional*. Esse valor posicional pode ser preenchido por todos os atos possíveis, que conquistam, com isso, justa e respectivamente a "posição de eu" da consciência: mas não há um conteúdo e um ato egoico diversos de todos os conteúdos e de todos os outros atos da consciência, em contraposição aos quais *todo* o resto dado seria apenas conteúdo e (se julgado) objeto. Por isso, caso nos abstraiamos de *todos* os conteúdos de consciência e atos (puramente psíquicos) - tal como esse processo de pensamento o exige - então restará ainda, de qualquer modo, a forma e a figura fixas do ser puramente anímico construído constantemente segundo uma constituição monárquica, mas não o monarca ou um monarca, um assim chamado "eu". Já se encontra aqui, portanto, a hipostasia de uma "posição", do "ápice" mais elevado de uma forma de construção dos atos de consciência de algo, e a sua transformação em um ato ou um realizador do ato supostamente absolutos, idênticos em todas as consciências individuais. A tosca "consciência normal" de Windelband, que é posta de maneira ingênua e sincera como real e transformada em uma espécie de substituto de Deus, é apenas a forma mais escamoteada dessa hipostasia, que também funciona como uma carga paras as

---

173. Cf., em relação ao corpo e à dação corporal no *Formalismus*, seção VI A 3, sobretudo capítulos E e F (tb. o índice conceitual de 1954).

formas mais finas, nas quais essa doutrina ganhou expressão, por exemplo, em H. Rickert. A lei formal da consciência puramente psíquica, segundo a qual, em seu ser múltiplo, um ato precisa assumir a cada vez (que pode variar segundo todas as direções de variação dos atos) a *posição* de eu, uma vez que algo assim "pertence" à essência de uma consciência puramente psíquica, é hipostasiada aqui de maneira falsificadora e transformada na existência de um ato egoico absoluto determinado. E como isso acontece, é compreensível que se ache que, por meio de um procedimento de uma abstração sucessiva dos assim chamados conteúdos de consciência, seria possível reter um "sujeito epistemológico", um "eu em geral" idêntico em todos os eus individuais, ao qual é atribuída uma existência absoluta. Aquilo que se mantém, contudo, faticamente por meio desse método de abstrações sucessivas, não é um "sujeito absoluto", não é uma "consciência normal" – não um Deus –, mas o puro *nada* – ou um conceito que contesta leis das essências. O que senão o "nada" deveria, afinal, restar em meio a esse procedimento puramente negativo da "abstração" de todos os conteúdos essenciais? Toda abstração negativa pressupõe o fato de que eu já vislumbrei positivamente aquilo que procuro purificar por meio da abstração sucessiva do outro, com o qual ele está de algum modo ligado, e tornar *perceptível* para outros, que ainda não o perceberam. A abstração meramente negadora nunca é "criativa" para o conteúdo positivo de um conceito. E o que há *de mais equivocado* em todos os autoengodos, que se deixam de algum modo pensar, é certamente alimentar a estranha opinião de que, nesse procedimento da "abstração" de todo conteúdo empírico da consciência, só as restrições subjetivas, as obscuridades e as estreitezas, as ilusões e os erros dos sujeitos humanos cognoscentes se destacariam do conteúdo possível do mundo, ou seja, do conteúdo de consciência do eu "epistemológico" – mas que permaneceria, porém, em contraposição ao sujeito epistemológico que assim restaria em geral a totalidade do mundo em sua consistência mais pura, mais rica, mais objetiva como o seu correlato, de tal modo que um conhecimento verdadeiro e adequado de um objeto por meio de um homem significaria o mesmo que, diante do objeto, se tornar um "sujeito epistemológico", ou se tornar uma "consciência normal". Na medida em que nos *abstraímos* de todo "conteúdo" e em que essa abstração se eleva até o último limite, também nos "abstraímos" de toda aquela parte do conteúdo empírico, ao qual advém *valor cognitivo e verdade* - e aquilo que "resta" não é o ser e o conteúdo da plenitude mundana ainda intocada pelo sujeito individual, mas é o vazio absoluto, o nada.

Não se duvida de que, por detrás de tais equívocos profundos do pensamento, também se encontram modos de vida *falsos* por parte daqueles que defendem tais equívocos. Para inflar como Fichte o próprio "eu" adorado, transformando-o em uma consciência suposta do mundo e de Deus e para poder esquecer no instante da aplicação dessas sabedorias as finas - mas *materialmente* impossíveis - distinções que se fizeram no papel entre o seu adorado eu particular e a "consciência em geral" elevada acima de tudo - para tanto, aquela teoria foi mesmo bem propriamente *inventada.* A terrível lei interna desse modo de pensamento que, ao ter em mãos o supostamente "sagrado", alcança precisamente o máximo de vazio e de nadidade, também se confirma na leitura das obras dessa escola filosófica. Um eterno girar em torno de um eu que se torna cada vez mais vazio nesse processo de giro de pião que causa vertigem; o mais cansativo estereótipo na eterna repetição de um certo número pequeno e sempre o mesmo de ideias; total incapacidade de se entregar a qualquer ser, de imergir em uma coisa. Mesmo em relação àquela forma de vida, que acompanha essas ideias, mesmo em relação àquela soberania do "eu" vazia e insuflada, que nos faz pressentir a falta de toda e qualquer relação com a coisa e com a realidade, assim como toda humildade indicada ao homem diante do sagrado, é preciso apresentar a mais aguda condenação.

Portanto, a ideia de Deus e a intelecção de sua existência não se deixam construir sobre uma "consciência normal", sobre uma "consciência" ou sobre um "eu em geral". Ao contrário, o ser divino superior a *todo* eu tanto quanto as essências peculiares do sujeito e do portador mesmo de todas as normas universalmente válidas já precisam *ser dados* por uma via totalmente diferente se lhes deve ser atribuído o caráter de um legislador *lógico, estético e moral.*

3) O que, porém, é válido em relação à base universal dessa teoria da religião, não é menos válido para a autoilusão *especificamente* religiosa que está contida nela, autoilusão essa em virtude da qual tal teoria desconhece a *modalidade* particular de todos os valores pertencentes à esfera do *sagrado*. O livro primoroso de Otto sobre *O sagrado* pode ser considerado como francamente escrito, para refutar essa concepção de que o sagrado não seria outra coisa senão uma espécie de síntese do "bom, verdadeiro e belo". O livro procura justamente evidenciar os "elementos irracionais" no sagrado e, com isso, tudo aquilo em relação ao que o sagrado se encontra cindido desses "valores". O fato de que mesmo eles são "sancionados", santificados em um nível determinado da religião, e de que o seu reconhecimento e afirmação também são acolhidos sob os mandamentos religiosamente imperativos, não deve nos cegar para o caráter específico, totalmente incomparável do sagrado. O fato de essa "sanção" ser necessária e possível – isso é muito mais apenas uma nova prova do tipo especial de valor que é o "sagrado". Uma teoria verdadeira, porém, uma obra artística por mais divina que ela seja, uma ação por mais admirável que ela seja em termos morais, não despertam de maneira alguma puramente por si a impressão assim característica do *sagrado*. Tanto os atos emocionais, por meio dos quais o sagrado é apreendido como "*sagrado*", quanto os sentimentos de reação, que o desencadeiam, são cindidos por um abismo das sensações e sentimentos análogos, que pertencem à boa ação, ao conhecimento, à obra de arte ou ao belo natural. Já um objeto pertencente a essa esfera, que desempenha um papel no culto – uma imagem "sagrada", uma taça consagrada etc. – encontra-se diante da consciência com caracteres valorativos totalmente diversos da mais divina obra de arte. "Imagens taumaturgas não passam na maioria das vezes de maus quadros" – nos diz Goethe. Pudor sagrado, temor sagrado e veneração sagrada, a recusa vivenciada como incondicionada a todo contato por parte do próprio objeto (além daquele estabelecido com vistas ao seu uso no culto) – uma recusa, que é uma vez mais acompanhada por uma força de atração tão forte, que parte dele e que toca o ânimo –, não possuem nada que seja comparável com todo e qualquer tipo de sentimentos de agrado e de gozo *estéticos*. E justamente o mesmo é válido, quando buscamos o "sagrado" em sua forma de

existência mundana suprema, na pessoalidade do homem. O "sagrado" não é nenhuma elevação de algum modo pensável do gênio artístico, do sábio, do bom, do justo - do amigo do homem ou do grande legislador. Também um homem, que fosse tudo isso junto, *não despertaria* a impressão da sacralidade.

Por isso, também precisa ser rejeitada toda teoria da religião que, baseando-se nesses pressupostos falsos, queira ver no mundo de objetos da religião apenas um "complemento" dos *valores* e bens *culturais* espirituais (assim como acontece com Jonas Cohn), só considerando, porém, a religião como a consciência de unidade ainda indiferenciada da copertinência interna e da dependência mútua das forças espirituais, que criam cultura; toda teoria da religião que, então, se acha além disso inclinada, na medida em que uma religião prepara, fomenta e desdobra "cultura", a vislumbrar um critério para o seu valor de verdade[174].

A postura de defesa dos adeptos das religiões positivas contra os ataques à religião por parte dos círculos venturosos em termos "culturais" trouxe consigo o fato de que mesmo o pensamento dos religiosos também acolheu em si, por meio de uma *adaptação* consciente ou velada aos valores fundamentais dos irreligiosos, esse suposto método de *verificação* da religião; e isso lá onde não se queria ter voz ativa nessas questões em abstrato. Tende-se a transformar a filosofia da religião francamente em uma parte da assim chamada "filosofia da cultura"; mesmo a horrível expressão "cultura religiosa" tornou-se usual em círculos mais amplos. Frente a questões sobre o que a religião, e, além disso, sobre o que essa e aquela religião contribuíram para a "educação da humanidade", o que ela significa como *kit* espiritual e como força criadora para a formação de grupos[175], o que ela significa enquanto arma dos grupos na luta uns com os outros, o que ela significa e o que ela realizou para o Estado, para a estrutura da economia, para a arte e a economia, para a arte e a ciência, para a arte da educação etc. -

---

174. O caminho da fundamentação da religião que é a seguir recusado também foi percorrido por Rudolf Eucken. Cf. esp. *Der Wahrheitsgehalt der Religion* [O conteúdo de verdade da religião].

175. Assim, em particular, os "tradicionalistas franceses", cujo mais recente representante é Maurice Barrès.

questões sobre as quais aparecem ano a ano obras muito eruditas e com frequência valiosas –, *desaparece para a nossa época a pretensão autônoma de verdade das teses religiosas fundamentais de uma maneira que cresce de forma quase grotesca.* A preponderância desses questionamentos sobre a questão acerca da própria pretensão de verdade da religião é efetivamente o fator mais característico da postura da segunda metade do século XIX em relação à religião. E essa *práxis* do tratamento da religião talvez seja ainda mais perigosa para sua essência autêntica do que a teoria expressa, que gostaria de medir o valor de verdade da religião a partir de sua força de complementação para os valores culturais ou a partir de sua força para fomentá-los e mantê-los.

Ora, mas precisamos ter ao menos por um instante clareza quanto ao *contrassenso inerente à base*, sobre a qual é colocada toda discussão como essa, quando ela procura alcançar mais do que o fornecimento de meras descrições daquilo que se encontra historicamente presente; quando ela *procura afirmar* algo em favor da religião – ou mesmo contra ela – *a partir desses critérios.*

1) Se *há* um bem supremo e um ser eterno e elevado acima da existência de tudo o que é contingente, se *há* todo um "reino" de Deus, cuja posse pode e deve se encontrar como a mais central e mais elevada de todas as expectativas da alma do homem, então nada é mais claro do que o fato de que toda cultura humana possível – não apenas a real e efetiva – *desce ao nível* de uma questão *na periferia da existência.* Ligado à eternidade e à perfeição de Deus, as obras da cultura humana aparecem como um fluxo de construções inconstantes, fugidias – encerradas em um tempo estreitamente limitado. Tal como a irradiação do sol na onda fugidia do mar – refletem-se em suas obras por vezes de maneira imperfeita e sempre desfigurada *os valores eternos, que* são *efetivados em Deus em uma perfeição eterna e de maneira indivisa.* É impossível mesmo que apenas pensar em Deus, sem ver, *assim*, toda a cultura humana possível. E, então, o direito à suposição de que haveria um Deus, não obstante, deveria estar baseado no fato de que ela fomenta o desenvolvimento e o movimento embriagante e oscilatório para cima e para baixo das *culturas*! Com certeza!

Para o homem que, enredado e entretecido na seriedade e na paixão da vida temporal e das metas temporais, olha para os bens da cultura, para ele esses bens parecem se encontrar no *centro* de toda existência e de *todos* os valores. Pois mesmo a natureza que lhes é assim superior em termos de poder e de base existencial sólida, a natureza *fora* e no homem (aqui ativa como pulsão nunca em repouso para a conservação da existência e para a geração da existência) só se abriu no decurso da *história da cultura, da ciência, da técnica* diante do homem como o saber sobre ela e, como tal, dependente do reconhecimento por meio de *atos do espírito*, que são eles mesmos ainda atos culturais. Se o pensamento humano também fosse, segundo a sua existência psíquica, apenas um reluzir fugidio em uma engrenagem existencial violentamente superior à sua existência, engrenagem essa que, antes e depois dessa reluzência, atravessaria muda e obscuramente seu caminho, então, de acordo com o sentido e o conteúdo desse pensamento, essa engrenagem existencial mesma também seria ainda, de qualquer modo, uma *parte* mínima *no conteúdo de sentido desse pensamento reluzente*: só o *correlato* da parte pequena desse pensamento, que nós denominamos a "ciência da natureza" e que pertence ela mesma ainda à *cultura*. Assim, o homem *tem o direito* de se considerar de fato - enquanto ele não olha para Deus - como o ponto fontal, do qual parte toda criação cultural e a partir do qual toda criação cultural é sempre novamente alimentada; como algo, que é elevado também acima dos elementos e das forças da natureza, que tão frequentemente - como crianças brincando que, inconscientemente em relação ao que fazem, destroem um belo vaso - aniquilam suas *obras culturais* em meio à força devoradora do fogo, da água, da ferrugem e das traças.

Mas o *quão diversamente se mostram as coisas, quando o pensamento em Deus se apodera do espírito e do coração humanos!* Que o pensamento do homem continue "prescrevendo leis" a toda e qualquer outra existência por meio da ciência, que torna possível para ele captar essa existência - diante do ser absoluto e do bem eterno, o mero pensamento sobre isso é ao mesmo tempo uma absurdidade e um pecado. Que ideia mais impossível e contrária a todo sentido: *colocar o reconhecimento legítimo de*

Deus com vistas justamente àquilo que só poderia se encontrar no centro das coisas, se - Deus não existisse; e cujo lugar metafísico se volta imediatamente para a "periferia da existência" e, assim - comparativamente -, se mostra como nulo e fugidio, *se* Ele existe. Que tipo de "fundamento" é esse, que só se apruma e "funda", se não se apresenta aquilo que precisa ser fundado por ele, e que vacila e se mostra oscilante, quando esse apresenta? Aqui fica claro: o sentido da sentença "*há um Deus*", ele por si só já exclui radicalmente o caminho *de sua fundamentação* com vistas à possibilidade da cultura. Essa é uma relação totalmente peculiar que, de outro modo, nunca retorna, que subsiste aqui entre o conteúdo da tese a ser fundamentada e o caminho de sua fundamentação possível. Só se o ponto fontal da "cultura" se encontrasse no centro das coisas, poder-se-ia fundamentar a existência de Deus. Mas se *Deus* existe, então esse ponto fontal justamente *não* se encontra no centro. O fundamentado suspenderia aqui o próprio direito do fundamento. Este caminho é um caminho que só conduz a metas se ele *não* alcançar a meta - a existência de Deus. E ele seria desde o princípio um caminho falso *se* ele conduzisse à meta. Aquilo mesmo que precisa ser fundamentado desvaloriza aqui o fundamento - e, em verdade, já de acordo com a relação de sentido entre fundamento e fundamentado. Não é correto querer responder aqui com a diferenciação: Deus seria o fundamento da existência e o fundamento do valor da cultura e do ato culturalmente criador, enquanto esses dois seriam, porém, o fundamento do *conhecimento* e da crença na existência de Deus. Pois o *sentido* da sentença já é: "há um Deus" que torna *sem sentido* esse caminho da fundamentação da sentença, na medida em que ele apenas por si só desvaloriza o fundamento - mesmo como fundamento do conhecimento - sobre o qual a proposição existencial pertinente deve ser construída. Um Deus não apenas existindo em virtude da cultura, mas também já suposto enquanto ser em virtude dela, não seria nenhum Deus; o que se supõe aqui não poderia ser *Deus*. *Caso se tenha* Deus - então a fundamentação de sua existência com vistas à cultura - como valor e ato cultural - seria ridícula. Caso não se o tenha, então não se pode alcançá-lo assim, sem suspender o sentido e o valor da pressuposição, com vistas à qual se pretende julgá-lo como existente. O processo de vida religiosa e as leis do ânimo em sua reação essencial aos mais diversos bens excluem, portanto, esse caminho. Se o ânimo é verdadeiramente preenchido, ainda que apenas pelo conteúdo autêntico das *ideias* do bem supremo e eterno, então ele se encontra em uma esfera e em um cume, a partir do qual a cultura humana, na mesma medida que ela se preenche com ele, se apresenta como "vã", "nula", "fragmentária" - e se apresenta assim cada vez mais. Como é, então, que o ânimo não deveria afirmar ao mesmo tempo em virtude do próprio bem supremo a sua existência, mas em virtude daquilo que se parece tão "nulo" e "vão"? Ao descortinarmos esse caminho equívoco de fundamentação da religião - como se vê -, o que estava em questão não era apenas exatidão lógica. Tratava-se ao mesmo tempo também de sinceridade religiosa e da visão reta da coisa mesma da religião. Esse modo de fundamentação - tão caro ao nosso tempo - tem suas raízes em última instância em uma falha moral, na insinceridade e em uma espécie de vesguice religiosa do espírito. A rebelião do espírito e do ânimo em relação já à ideia de Deus não é levada a termo de maneira resoluta - a rebelião, que também prepara de qualquer modo ao mesmo tempo toda compreensão da cultura. Permanece-se preso aos bens culturais terrenos e também se mantém ainda uma avaliação desses bens na visão que o espírito tem de Deus, avaliação essa que só teria sentido se Deus *não* existisse; e, de qualquer forma, busca-se justificar, em virtude dessa avaliação, a existência de Deus. "Relações" e uma vez mais "relações" da religião com X, Y, Z sufocam aqui sua *essência* e fazem com que desconheçamos o simples "tudo ou nada", que, precisamente, sim, sozinho e completamente sozinho, reside na essência da tese religiosa. Pode-se estimar o relativo, mas não se pode estimar relativamente o absoluto. É preciso que se estime *absolutamente* o absoluto, e aquilo que se estima, quando não se estima de maneira absoluta, não é o absoluto. Por fim, esse modo de pensar aquilo que ele denomina "Deus" é apenas o ponto de vista, o X buscado e desconhecido de todas as "relações", que são chamadas aí: do Estado com X, da economia com X, da arte com X, da ciência com X etc. Mas esse é o conteúdo de X, em cuja plenitude vive a autêntica religião e de cuja autoapreensão e para cujo serviço também podem se tornar claras pela primeira vez todas aquelas relações.

2) Por isso, o que está em questão não é ver na religião apenas a *unidade* viva ainda *indiferenciada do espírito cultural,* ou no âmbito existencial de seus objetos e bens apenas um "complemento ideal" para o mundo dos valores culturais e dos bens culturais. O primeiro ponto já é falso, uma vez que a religião, se ela fosse apenas aquela unidade indiferenciada do espírito culturalmente criador, precisaria se decompor tanto mais quanto mais se desenvolvesse o processo de diferenciação do espírito e de seus mundos do trabalho e âmbitos valorativos. Não encontramos nada disso, contudo, na história. O que nós encontramos é muito mais o fato de que a religião mesma e os valores e bens religiosos também se diferenciam do mesmo modo que a arte, o Estado, a ciência, *por sua parte,* o fazem, e de que isso acontece sobre o solo específico justamente do mundo de bens religiosos enquanto tal, que é algo totalmente diverso de uma "síntese" ou de uma unidade indiferenciada dos outros mundos de bens. Caso ainda haja um tal nível relativamente indiferenciado de desenvolvimento do espírito humano e uma obra específica que lhe seja pertinente, então esse nível não é dado no ato religioso e na religião, mas no pensamento *mítico,* no sentimento e no mundo objetivo do mito. O mito - visto psicologicamente, o sonho acordado coletivo e o sonho semiconsciente dos povos[176] - não é em geral nenhuma vida do ato espiritual dirigida para uma região objetiva e valorativa particular, ele é apenas uma modalidade *psíquica* de dação e de consciência, que pode possuir atos espirituais de todos os tipos essenciais de modos de ser e atos pertencentes a todos os tipos de objetos e bens, e que os possui efetivamente em certos estágios de desenvolvimento. Ele é uma categoria psicológica, não uma categoria ética e gnosiológica. Um pensamento e uma avaliação, um apreço e uma preferência jurídicos, econômicos, artísticos, científicos, políticos, morais - e apenas *também* "religiosos" se mostram nesse nível do desenvolvimento como fortemente enredados no mito; e lá também onde, em meio a uma *lucidez* espiritual da consciência grupal, as regiões espirituais da vida e do objeto se destacam intensamente do mito e

---

176. O mito também está submetido às mesmas regularidades e às mesmas leis de formação que o sonhar acordado, o que não pode ser mostrado aqui mais detalhadamente.

se contrapõem a ele, ele permanece um poder matizador, codeterminante em termos anímicos. A religião leva a termo, porém, esse destacar-se do nível mítico de consciência de maneira exatamente tão enérgica quanto as diversas regiões culturais, e de uma maneira a princípio em nada diversa daquela. Equiparar a religião com o espírito cultural indiferenciado ou ainda pouco diferenciado significaria, portanto, confundi-la com o mito, e significaria, além disso, equiparar uma categoria noética com uma psicológica[177].

Com isto, não se está dizendo que não seria a religião que daria e que teria dado mesmo às atividades culturais uma derradeira unidade e um derradeiro sentido; apenas rejeitamos o fato de que ela não *seria* outra coisa senão aquela "*unidade*". Pois ela só *dá* aquela unidade justamente a partir de seu próprio ponto de vista fixo e *por força* de seus próprios bens e valores específicos e é apenas dessa maneira que ela pode realizar uma tal doação. E isso também é válido de maneira totalmente particular no sentido sociológico. O mito é articulado segundo povos e nações, e seu conteúdo se baseia nos momentos mais impressionantes, que penetraram a partir da história da juventude dos povos (uma vez que, de maneira semelhante à consciência do particular, a consciência dos povos em sua juventude também se mostra da maneira mais plástica, maleável e impressionável possível) em sua *tradição* e experimentaram aqui a mais múltipla elaboração por meio da consciência, que sonha acordada, dos povos. A religião, em contrapartida, só *utiliza* essa articulação histórico-natural humana segundo os povos, a fim de, emergindo de *si e de seus* valores, instituir comunidades especificamente religiosas e eclesiásticas, que não estão ancoradas nas figuras nebulosas e semiconscientes do mito, mas nos dogmas e nos bens de fé, e, além disso, no culto, que, por sua vez, não são transpostos *de geração em geração* para o interior da tradição e da contaminação sentimental, para o interior de um fazer conjunto movido pela imitação involuntária, mas por meio de uma *doutrina consciente* e de *educação*.

---

177. Essa confusão é particularmente usual no interior da filosofia da religião romântica (Fr. Schlegel, Schelling), assim como no interior do tradicionalismo.

3) As coisas mostram-se de maneira semelhante em relação à doutrina do "complemento" do mundo de bens culturais pelo lado objetivo da religião. Pergunto: *Para onde* e *em que direção* devemos, afinal, pensar esse "complemento" como sendo empreendido, se algo divino e algo sagrado já não forem *dados*, algo que indique o alvo desse "complemento", a "direção" desse "complemento", o tipo desse complemento? Se esse algo, porém, for dado – para que precisamos, então, do caminho do complemento, a fim de conquistarmos esse divino e esse sagrado? As coisas não se mostram em nada diferentes no caso dessa "doutrina" filosófico-religiosa "do complemento" (tal como, p. ex., Jonas Cohn procurou defender de maneira hábil) do que acontece com todas aquelas doutrinas filosóficas, que procuram fazer com que objetos conceituais emerjam de processos, sejam esses processos relativos ao *pensamento do limite*, à *idealização* ou mesmo ao *complemento*. Não tenho como pensar o objeto conceitual relativo às "retas" como conquistado de um tal modo que eu possa dizer: nós queremos nos abstrair da espessura dessas linhas delineadas, de suas cores, de seu comprimento factual, de suas curvaturas fáticas, em virtude dos quais elas (com base nas ondas de sentido e de atenção) continuam sendo sempre, por maiores que elas possam ser, apenas a parte da abrangência de círculos que podem ser arbitrariamente ampliados, ou seja, que não podem ser *rigorosamente* "retas". Pois esse procedimento de "abstração" não conduz às retas, mas ao *nada*, se eu não souber já de algum modo e se eu já não tiver vislumbrado de antemão quando e onde eu devo parar com essa abstração. Mesmo uma assim chamada "idealização" pressupõe a visão da *meta*, em direção à qual quero idealizar. "Complemento", por sua vez, pressupõe no mínimo o modelo de figura justamente do *todo* e *sua* dação, que me prescreve a regra e o tipo de complemento. A ideia de Deus, portanto, já é sempre pressuposta como sendo de outro modo *dada*, se é que se deve chegar a uma tal idealização e complemento.

4) Acrescenta-se ainda contra essa concepção o fato de que essa teoria do complemento não deixa que se compreenda nem a posição que a religião assume na história da humanidade, nem as formações sociológicas nas quais ela se apresenta. A religião é um

fenômeno que não está *ligado de modo algum* à *existência de uma cultura mais elevada*. Enquanto as culturas mais elevadas são um fenômeno muito raro na história dos povos, a religião é um fenômeno universal humano. Mesmo os povos naturais e os povos semiculturais possuem alguma forma de consciência religiosa que lhes é peculiar. Mesmo aí, porém, onde a cultura espiritual apresenta uma maturidade e uma perfeição mais elevada, a religião é tão pouco o seu "complemento", que ela lhe *antecede historicamente* por toda parte em sua forma a cada vez característica e costuma prescrever para a reconfiguração particular da cultura por toda parte a forma fundamental e a direção. Enquanto uma cultura em um primeiro momento independente da religião nunca conduziu por si a uma reconfiguração da consciência religiosa, muito frequentemente acontece de, em nome e em virtude da energia de uma nova consciência religiosa, ter se *destruído e dissolvido* uma cultura dada e com frequência muito elevadamente configurada e se estabelecido um reinício mesmo da criação cultural. Sim, em tempos de decomposição de uma cultura mais elevada, é sempre para a *consciência religiosa* que se remete o homem, a fim de encontrar em sua mão e sob a sua direção até mesmo uma nova forma cultural. As assim chamadas *religiões culturais* são semelhantes ao panteísmo (do qual elas obtêm na maioria das vezes a forma): elas são por toda parte formações espirituais *secundárias* e fracas, que não deduzem, além disso, da cultura aquilo que nelas ainda se mostra como religião, mas das formações *mais vigorosas,* mais intuitivas e mais originárias *das religiões populares positivas,* formações essas que lhes antecedem. Elas quase nunca encontraram a força para se libertarem completamente de suas tradições (tal como o demonstram, p. ex., a miríade de seitas religiosas do helenismo). Enquanto a *cultura espiritual* possui, além disso, a sua forma sociológica essencial na *nação* e na *nacionalidade,* toda religião aspira (ao menos segundo a sua pretensão) a formações sociológicas peculiares: das seitas, da Igreja, das ordens, das escolas etc., que se elevam *acima* das diferenças nacionais em sua missão[178]. Onde encontramos uma formação espiritual mais elevada, aí

---

178. Cf. *Probleme einer Soziologie des Wissens* [Problemas de uma sociologia do saber]. Op. cit. • *Formalismus*, seção VI B 4, ad 4.

ela sempre se mostra como uma questão de uma pequena *minoria cultural*, contra a qual a religião precisa se dar como o caminho para a salvação *de todos*, se é que ela levanta em geral a pretensão de falar ao homem sobre o sentido de sua existência.

5) Mas não é apenas em virtude da autonomia da essência e da fonte de verdade da religião, mas também em virtude da relativa *autonomia e peculiaridade dos valores culturais*, que se tem o direito de rejeitar essa teoria da religião. Caso se compreenda pela palavra "cultura" as obras culturais e os bens ligados à formação cultural que são empíricos e que se encontram a cada vez presentes – os estilos, os métodos etc. –, então essa "cultura" carece naturalmente e de maneira constante do mais múltiplo *complemento* – por mais completa que ela seja. Mas não há como se vislumbrar em que medida esse "complemento" deveria estar estabelecido na *religião* e não no interior da amplitude da cultura mesma, de início no interior do ideal de si mesmo, que toda e qualquer cultura fática porta em seu colo como uma aspiração duradoura às metas supremas que provêm de sua forma estrutural particular, no sentido mais amplo, porém, em todos os casos, no interior dos valores espirituais universalmente válidos, cuja reconfiguração característica toda e qualquer cultura representa em uma forma estrutural particular e em um mundo de bens culturais peculiares. O *complemento* de que a cultura necessita e que ela sempre busca sozinha a partir de si mesma *não* reside, portanto, sobre o solo da religião, mas, nesse sentido duplo, sobre o solo de sua própria *idealidade*. A ciência, por exemplo, é um processo infinito – estabelecido na *essência* dos atos de conhecimento da própria ciência – de determinação e ordem inequívoca das observações científicas que já se mostram como inconclusivas junto a uma única coisa percebida. Não há como vislumbrar quando e onde esse processo ilimitável teria de se aquietar, para dever se completar na dimensão totalmente diversa que é determinada pela *religião*. Algo análogo é válido para o crescimento da arte e da filosofia, da técnica e das instituições sociais e jurídicas. Os "complementos" estão prescritos aqui por toda parte por meio das intenções passíveis de serem reconhecidas ainda nas próprias obras empíricas presentes tanto

quanto por meio dos direcionamentos para metas ideais, que essas obras possuem para além de sua existência empírica fática; metas por detrás dos quais, portanto, esses complementos permanecem em uma medida diversa ou as quais eles podem alcançar; e isso sem que se precisasse aproximar deles de fora - a fim de chegar a constatar algo assim - valores, ideais, normas, critérios que não seriam deduzidos deles mesmos. Não se trata aqui, então, de nenhuma obra de arte que, além daquilo que há efetivamente para a consideração e para o gozo, não enunciasse ou revelasse também concomitantemente aquilo que *poderia e deveria haver*; portanto, que não revelasse também concomitantemente onde é que se ficou *para trás* desse *foco ideal* de suas *linhas valorativas.* Do "espírito" na pessoa, assim como da obra, é sempre e por toda parte própria essa transcendência de sua própria realidade efetiva, de tal modo que eles não mostram apenas sua criação empírica, mas neles também se restituem ainda as metas e as formas de meta, que eles não alcançaram, mas perderam de vista sob a pressão dos mil obstáculos, restrições, compromissos de sua autoapresentação - sim das quais eles se desviaram. Assim como não reconhecemos em cada pessoalidade, em cada povo, em cada grupo individual apenas a sua realidade efetiva espiritual como o "caráter", com o qual eles fundiram os acasos de sua história, mas também podemos reconhecer ainda sua *determinação*[179] (única e individual) e medir ainda esse caráter empírico a partir dessa determinação, em todo discurso e em toda proposição escrita, sim, não podemos apenas apreender em toda manifestação espiritual da vida o que é dito e feito, mas também o que *deveria* ter sido dito e feito no sentido da *intenção* que conduz o discurso e a manifestação - assim, todos os valores da cultura, na medida em que se dão como aquilo que eles *são,* delineiam ao mesmo tempo ainda uma imagem ideal de meta de si mesmo para além de sua existência empírica e expressam, com isso, a *imagem ideal de sua nostalgia.* E como nós *podemos apreender concomitantemente* em toda e qualquer posição da cultura histórica e de suas pessoas e obras (sejam eles institutos do direito ou obras de arte, ciências ou filosofemas) os ideais da

---

179. Cf. em relação à "determinação individual", "bens individuais" em *Formalismus,* seção VI B, cap. 2 e 4, ad. 3. Cf. tb. índice conceitual. 4. ed., 1954.

cultura nela estabelecidos ao lado e para além de sua existência empírica, então também não *necessitamos de nenhuma religião*, para reconhecermos as figuras normativas, segundo as quais tal posição é carente de um complemento.

O fato de, em um sentido diverso *toto coelo*[180], a religião fornecer um "complemento" a todo ser possível, mesmo ao ser cultural mais ideal e perfeito – isso não é naturalmente excluído com o que foi dito. Mas esse complemento acontece justamente *a partir da religião*, de seus próprios conhecimentos e intelecções, de suas próprias valorações e bens *eles mesmos*; sim, já a carência de complemento da cultura só se torna notável e visível a partir do solo da consciência religiosa *autônoma*. *Se*, no centro de meu espírito e de meu coração, impelem um amor tanto quanto um anseio e uma exigência construídos sobre ele, anseio e exigência esses que fornecem a cada obra da cultura idealmente mais perfeita a resposta elucidativa, obras que lhe são reservadas para o preenchimento: Não! Não é isso que pode me preencher, o que me preenche é algo *totalmente diferente*! E é somente *então* que a ideia da cultura mesma aparece para mim como *carente* de complemento; e somente então a consciência religiosa é ao mesmo tempo e no mesmo ato "aberta" para o acolhimento dos bens da *salvação*. Somente a partir do assim chamado pensamento em Deus a cultura se torna e aparece como "carente de complemento". E somente caso se tenha conquistado esse pensamento, por mais que o caminho mais enredado e obscuro da formação espiritual do homem e de toda a sua cultura possa aparecer para mim ulteriormente como uma série de *estágios*, nos quais o homem consegue ascender até o seu Deus. Mas esses estágios são estágios, que só se tornam cognoscíveis enquanto tais, se nos encontramos em cima, e, por isso, só se pode progredir nesses estágios até Deus no sentido *pedagógico*, não no sentido de uma fundamentação objetiva de nosso saber em torno de Deus.

6) Por fim, essa concepção da religião seria a menos indicada possível para satisfazer a nossa compreensão de toda *ética reli-*

180. Em latim no original: "Até onde o céu alcança" [N.T.].

giosa. A tentativa de querer deduzir os valores éticos, as normas e bens mesmos como componentes e meios de fomento objetivos da evolução cultural foi refutada por mim em um outro lugar de maneira detida[181]. Culturas elevadas e maximamente elevadas mostram-se na história ligadas a formas objetivamente muito pouco valorosas do *ethos* e, ainda mais, a uma moralidade de todas a mais falha; uma cultura baixa e imperfeita pode estar ligada a um *ethos* muito valoroso e a uma moralidade prática maximamente elevada. Caso se carecesse ainda de uma demonstração, a Primeira Guerra Mundial o teria fornecido – e de uma maneira grandiosa para além de todas as medidas. Formação cultural, mesmo a formação cultural ética, isto é, uma capacidade diferenciada de sentir e de sentir empaticamente as ricas qualidades do ético que é característica de valores mais significativos, é *muito* diversa do bem moral do ser e do querer do homem. Enquanto uma ética dos bens, além disso, toda ética cultural enquanto tal é falsa, assim como enquanto uma ética do sucesso[182]. Para os homens de culturas que pereceram (os egípcios, os babilônicos, os astecas), pareceria ridículo, caso se lhes tivesse dito, que eles deveriam ter freado, por exemplo, as suas paixões em nome da cultura europeia de hoje! Mas mesmo que nos abstraiamos dos outros erros e equívocos desse direcionamento ético, a tentativa de considerar mesmo a ética religiosa – isto é, a ética que, através dos séculos da história do homem, foi a única ética viva e ainda o é secretamente – como mero "complemento" de uma ética pré- ou extrarreligiosa, é em todos os casos um empreendimento fundamentalmente equivocado. Por mais que a religião só possa "sancionar" ulteriormente muitas prescrições morais e normas, que se acham vigentes, ela nunca faz em parte alguma *apenas* isso. Ao contrário, por toda parte onde a religião é efetiva, também vem à tona um *entrelaçamento próprio* com valores vigentes eticamente obrigatórios, normas, *ideais vitais a*

---

181. Cf. meu artigo "Ética", um relatório, no *Frischeisen-Köhlers Jahrbücher der Philosophie*, 2º ano. Além disso, *Der Formalismus in der Ethik und die materiale Wertethik* [O formalismo na ética e a ética material dos valores]. Cf. tb. o elemento extremamente pertinente em CATHREIN, V. *Moralphilosophie* [Filosofia moral].

182. Cf. a crítica à ética dos bens e à ética do sucesso em *Formalismus*, seções I e III.

partir dela mesma, entrelaçamento esse que se sobrepõe como o piso mais elevado dos valores de outro modo vigentes àqueles valores e normas, que a religião só sanciona ulteriormente. Ao menos, esses são os compromissos em relação a Deus e aos valores *da graça* do homem, em relação aos valores *singulares* e aos *valores da solidariedade da graça*, isto é, aqueles valores éticos, que só o homem consegue vislumbrar em geral com uma consciência religiosa aberta, isto é, que articula a si mesmo e ao seu destino com o fundamento do mundo e com a esfera absoluta do ser e do valor. Por mais que esses valores da graça - segundo a religião positiva dominante - possam mudar como sempre segundo o seu reconhecimento fático, eles sempre constituem de qualquer modo - ao menos segundo a intenção - um patamar próprio nas estruturas valorativas e normativas, sob as quais o homem viveu. E, por isso, através dos *valores da graça* e de seu caráter modal particular, uma moral natural e uma religião natural estão indissoluvelmente ligados. Eles não podem ser deduzidos nem a partir da classe de valores dos valores espirituais culturais, nem a partir da classe de valores dos valores vitais. Se eles são dados, então eles relativizam todos os outros tipos de valores que, portanto, só aparecem como os "mais elevados", na medida em que os valores da graça são dados. Privilegiá-los incondicionadamente em relação a todos os outros valores - onde eles são dados - e sacrificar todos os bens em nome de sua concretização, ou seja, todos os bens que não se submetem à ordem dos valores da graça, é um axioma valorativo compreensível que, segundo a intenção, nunca é ferido e nunca pode ser ferido - por mais que se possa agir *praticamente* com frequência contra esse axioma. Mas mesmo lá onde a religião não faz outra coisa senão *sancionar* ulteriormente valores éticos de uma proveniência extrarreligiosa, isso acontece a partir da avaliação autônoma da religião, e acontece tantas vezes que ela não o faz ou, então, contesta e combate em sua validade os valores e normas de resto vigentes como antirreligiosos. Se a religião enquanto *ethos* religioso não fosse senão um "complemento" da consciência ética ela mesma ainda não religiosa e religiosamente fundada, então isso seria incompreensível e mesmo sem sentido.

Portanto, se nos mostra com isso claramente o seguinte: mesmo essa forma de negação de um âmbito de objetos e de bens autônomos religiosos dados de maneira originária é insustentável e precisa ser também abandonada por toda filosofia da religião que pretenda ser ao menos plenamente dotada de sentido.

Essa exigência, porém, precisa ser colocada com uma insistência particular para o *presente*. Caso a religião deva se tornar uma vez mais a diretora e condutora da humanidade cultural, desdobrando aquelas forças mais profundas da unificação humana, que só ela possui e sem cuja eficácia concomitante todas as expectativas de unificação que partem desde "baixo" (a partir dos "interesses") - como expus em outro lugar[183] - precisariam permanecer insignificantes segundo as leis eternas[184], então a primeira condição para tanto é que ela se conscientize de sua *autonomia*, e que a consciência religiosa se liberte dos entretecimentos por demais espessos com os valores e bens que se tornaram por demais questionáveis por meio da Primeira Guerra Mundial, os valores e bens da assim chamada "cultura" extrarreligiosa. A *liberação* da religião de seu aprisionamento e da miríade das serviçalidades indignas, que ela foi a tal ponto chamada a realizar para a nação, o Estado e milhares de "organizações" extrarreligiosas como uma criada, que ela mesma se viu ameaçada de desaparecer entre essas serviçalidades, só é possível, porém, e não se acha fundada senão na coisa mesma, se essa *teoria do complemento* também desaparecer da doutrina fundamental da religião natural. Pois essa "teoria" não é de fato outra coisa senão uma formulação lógica daquele estado histórico-prático sob a forma mais pura pensável. Para ela, a religião não é mesmo outra coisa senão uma espécie de *ponto de corte* das energias culturais, respectivamente, dito em termos objetivos, uma mera unidade e síntese dos valores culturais mais elevados. Justamente essa, porém, é a fórmula para aquele pensamento, que faz, por fim, com que mesmo Deus seja considerado apenas como aquele X vazio de uma vontade cultural insatisfeita e que entrega esse vazio, então, ao preenchimento arbitrário por meio da fantasia de todo e qualquer particular e de todo e qualquer grupo, por exemplo, das nações. Como é, porém, que a religião deve vir ao

---

183. Cf. em meu livro *Krieg und Aufbau* [Guerra e construção], no ensaio sobre a "Reorientação sociológica e a tarefa dos católicos alemães depois da guerra".

184. Essas leis são desenvolvidas no *Formalismus in der Ethik etc.*, seção II, B3.

encontro do nacionalismo e, a partir daquele último universalismo da atitude que só pode ser dado pela visão comum dos homens em relação a Deus, mitigar e delimitar as paixões nacionalistas, se ela mesma não deve ser senão um complemento da cultura *nacionalmente* formada de maneira de qualquer modo essencial e necessária?

Aqui observamos uma estranha lei: a religião *só* consegue realizar os serviços sublimes dificilmente esgotáveis, que só podem ser realizados por meio dela e de suas próprias organizações, serviços esses que ela é convocada e determinada de fato a correalizar mesmo para toda cultura e civilização humanas, se ela não *funda* sua verdade e seu valor naquele serviço, mas, ao contrário, se baseia nesse caso exclusivamente *sobre si mesma* e sobre a sua própria evidência. Seu serviço é o *mais livre* de todos os serviços, que é pensável; e posicionar sua verdade e seu valor como dependentes desse serviço seria o mesmo que retirar dela essa liberdade e, com isso, toda possibilidade de serviços *verdadeiros e valiosos* para a cultura.

Portanto, em nosso sentido, isso significa afirmar a autonomia da religião e não, nem mesmo em sonho, querer *isolá-la* dos entretecimentos, que ela experimenta por si e por força da unidade e da penetração total de todos os elementos da vida histórica com as regiões da cultura. E não há dúvida de que o estado idealmente *perfeito não* é o de um *isolamento* tosco ou mesmo de uma inimizade cultural da religião, mas o de uma *harmonia* maximamente profunda e rica entre *religião e cultura espiritual*. Só que essa harmonia não pode ser nunca aspirada às *custas* da religião, tal como reside no espírito da teoria, que combatemos aqui. Épocas, que apresentam essa harmonia, tal como, por exemplo, para o cristianismo o século XII, ou o século XVII na França, realizaram a tal ponto esse estado ideal, que uma orientação por *suas* teorias da religião facilmente encobre a derradeira independência das *essências* dos dois grandes campos de interesse da humanidade. No entanto, é tanto mais perigoso transpor, com isso, tais teorias de maneira por demais imediata para outras épocas, que nos fazem *sentir a falta* de tal harmonia. Assim, torna-se um falso otimismo aquilo que um dia tinha sido plenamente dotado de sentido e compreensível. Todavia, não é possível encontrar senão poucas épocas na história, nas quais esse estado ideal estaria *menos* realizado efetivamente do que a *nossa*; nas quais os valores religiosos foram negados de maneira mais geral e indiferente pelas tendências culturais existentes do que na nossa; e nas quais o sentimento e o pressentimento de um *ponto de virada* da história da cultura, da necessidade de uma ruptura relativa do tradicional, sim, da necessidade de uma quebra radical com uma cultura em seu cerne hostil à religião tivesse sido difundida de maneira mais *poderosa* do que hoje. Não é de se espantar que a independência essencial que subsiste sempre e por toda parte no fundo da religião e da cultura também se torne aqui mais *patente* do que nos tempos de harmonia; e que só aquele ponto de apoio do espírito e do coração humanos, que só pode *durar* segundo a sua natureza, se os apoios da cultura tradicional tiverem se tornado podres e envelhecidos – o ponto de apoio em Deus –, pode fornecer esperança, vigor e força para, sobre o solo de um *tipo novo e diverso de formação* do homem, se aproximar uma vez mais de seu estado ideal. A teoria, que nós combatemos, precisou conduzir, portanto, a uma falsa adaptação a uma cultura que tinha se tornado epígona, precisamente em um tempo no qual essa adaptação é a mais perigosa possível para a pureza da consciência religiosa; e isso porque essa cultura cresceu preponderantemente de potências *hostis à religião* ou, ao menos, *indiferentes* em relação a ela. Pois a harmonia entre religião e cultura só se mostra como o estado mais perfeito da existência espiritual se e lá onde uma religião efetivamente considerada como uma questão tomada em primeiro lugar como *autônoma* e ao mesmo tempo como a questão *primeira e mais elevada* do homem também *inspira* em geral a cultura e todas as regiões – sem dominá-las por meio de intervenções arbitrárias e sem querer privá-las de suas leis próprias interiores e de seus valores próprios – de tal modo que o halo e o suspiro da vida eterna atravessa todo fazer criativo e todas as obras como que por si mesmas.

Com a nossa tese, também não se está negando de maneira alguma ou colocando em questão o fato de que o homem – e mesmo o homem do presente – possa alcançar por todas as vias mais diversas de seu desenvolvimento, por meio de uma ocupação interventora e profunda, a tal ponto o limiar da religião que ele precisa apreender os bens religiosos em um ato de crença que com certeza continua se mantendo sempre como um ato *livre e autônomo*.

Há *dois* caminhos diversos em termos típicos e ideais da "conversão", caminhos esses que possuem os dois o seu direito interno particular: o caminho imediato e o caminho mediato. O primeiro caminho mais pessoal consiste no movimento de chegar de maneira preponderantemente repentina ou, de qualquer modo, de maneira impulsivamente crescente, à intelecção de que a substância da pessoa só pode encontrar seu sentido existencial pleno e sua salvação e mais profunda purificação na entrega a Deus e na livre submissão ao poder divino. Vivências *pessoais* profundas são antes de tudo o veículo *desse* tipo de *conversão*. Sem atentar para os fenômenos consecutivos e para as vinculações infinitamente múltiplos, que a religião tanto quanto a irreligião trazem consigo, sem perseguir os fios que uma vida conjunta religiosa lança para o interior de regiões culturais, o indivíduo *salta* aqui por assim dizer em um impulso imediato de seu estado pré-religioso para o *centro* da religião. Essas são aquelas conversões que, por exemplo, o pietismo, o metodismo e outras colorações semelhantes da castidade procuraram antes de tudo desencadear – o salto característico de um estado de pecado profundo, que chega repentinamente a uma iluminação clara sob as asas aconchegantes de Cristo e sob a riqueza da graça[185]. *O caminho mediato é um caminho diverso*. Ele toma o seu ponto de partida no conteúdo da inspiração religiosa de uma região cultural qualquer – da arte, da filosofia e da ciência, da educação, da vida do Estado e da vida jurídica, dos hábitos. De início, o homem só se apodera aqui na maioria das vezes de uma forma paulatina – na medida em que persegue os fios dos valores da inspiração da região cultural – dos "pressupostos religiosos" particulares dessa região cultural, a fim de, só depois de ter encontrado esses "pressupostos", deixar que eles venham a ser *mais* para si do que meros pressupostos, a saber, as verdades e valores mais elevados de si mesmo e de si próprio. Os pressupostos tornam-se, então, os principais posicionamentos. Ao mesmo

---

185. Esse tipo de conversão foi descrito de maneira particularmente penetrante por William James em seu livro *A pluralidade da experiência religiosa*.

tempo, o *todo* concreto dos bens religiosos da graça, no qual ele tinha *lançado o olhar* originariamente apenas por assim dizer a partir de *um* ponto particular, se lhe oferece - se ele tiver chegado a esse ponto - em meio a *um* olhar do espírito. Assim, ele não fará mais a tentativa de entregar apenas as suas funções culturais particulares - como artista, educador etc. -, mas também a si mesmo em sua substância a esses bens da graça. Esse é um caminho que pode ter muitas estações, nas quais é possível para todas uma inércia temporal ou definitiva do desdobramento; e trata-se de um processo, que só costuma se realizar de maneira lenta e paulatina. No entanto, como quer que esse caminho se realize, sua descrição seria fundamentalmente falsa, caso se quisesse dizer, que o homem poderia alcançar em geral a religião, sem apreender a religião - ainda que essa apreensão só capte a sua essência junto a *um de seus* ápices - como muito mais do que como um *mero "pressuposto"* da possibilidade de uma função cultural. Para esse caminho, o que há de peculiar é muito mais o fato de que, para o homem no transcurso desse desenvolvimento, se desdobram e se apresentam *perspectivas sempre novas e sempre mais ricas* das coisas e das realidades, de valores e bens, que ele *não podia esperar* e - mesmo no caso mais ideal da previsão concludente - *prever*; perspectivas que, apesar de serem *também* os fins dos fios daquilo no divino, cujo caráter de inspiração ele perseguia, não podiam ser de qualquer modo vislumbradas em geral enquanto tais "fins", sem que ele visse ao mesmo tempo muito *mais* do que os pontos-limite dos "fins" - a saber, *toda a profusão do divino (natural)*. Esse curso interno da alma é comparável com o caminho de um viandante em viagem que, encantado por um estímulo inaparente da paisagem, toma uma direção determinada, caminho para o qual se abrem, porém, já *antes de ele ter alcançado essa* meta, que era para ele a meta originária, milagres totalmente novos, imprevisíveis da natureza, e que parecia já esquecer essa meta originariamente única sob a atração da imagem que se abria de maneira cada vez mais maravilhosa. Esse caminho pedagógico-religioso corretamente descrito, porém, se encontra em plena concordância com a teoria da autonomia material da religião, e ele não está tampouco em condições de ratificar a doutrina da religião como pressuposto cultural, que ele a contesta muito mais de modo contundente. Pois não é essa forma de um processo de desdobramento enriquecido incessantemente com um novo conteúdo religioso imprevisível, processo esse do espírito juntamente com a *inversão* crescente do valor do meio e de si mesmo do conteúdo religioso, que nos deixaria esperar pela teoria da religião como um pressuposto cultural, mas, no caso mais elevado, uma elevação meramente *analítica* do conteúdo religioso por meio de novos pontos de apoio no âmbito dos valores culturais.

Mas mesmo nessa área de uma mera *pedagogia da religião*, nós podemos e precisamos ainda cindir a *tipicidade dos caminhos subjetivos particulares*, nos quais homens tipicamente constituídos em geral e homens tipicamente constituídos de determinadas épocas alcançam a religião, e uma ordem independente ainda da subjetividade individual e típica alternante, uma ordem do *curso* das escalas de valor e de bens materiais mesmas, curso esse que se acha prescrito para toda a aspiração subjetiva possível do homem a Deus por meio da ordem do ser e do valor mesmos ao menos como campo de jogo.

Há por assim dizer um *curso de educação do homem* para Deus – diverso da fundamentação puramente material da ideia de Deus e da existência de Deus – que *se encontra, portanto, prelineada* na ordem objetiva do mundo dos bens e na perfeição e plenitude ontológica das coisas, de tal modo que se poderia denominar nessa consideração a ordem do mundo (de maneira totalmente independente do sujeito humano) uma *grande indicação* única *do mundo para Deus* – uma indicação, que se decompõe em muitas indicações subordinadas, que só podem se tornar completamente compreensíveis em sua referência *vista em conjunto* para o divinamente uno.

Se deixarmos de lado imagens e alegorias, então o que é visado com isso pode ser concebido em uma lei simples, da qual Goethe já estava seguindo o rastro, quando disse certa vez: "*Tudo aquilo que é perfeito em sua espécie também ultrapassa a sua espécie*". Ele desemboca em uma espécie *mais elevada* dos valores.

De fato: a formação a cada vez *perfeita* dos bens em cada espécie essencial fundamental de valores – nas modalidades valorativas e nos seus círculos de qualidades valorativas a cada vez subordinadas - conduz a uma lei da *continuidade dos bens valorativos*, que não suspende, contudo, de maneira alguma a discrição e a incoerência dos valores enquanto tais, alçando-os por si mesma até a espécie essencial fundamental - respectiva e qualitativamente - diversa mais elevada e modal.

E como os bens da graça são os bens modalmente mais elevados - como eles são os bens da espécie *valorativa* modalmente mais elevada - também é válido dizer de maneira objetiva e material que a persecução exata dessa continuidade de bens - quando ela, dentre os tipos de bens, atravessa os bens mais imediatamente vindouros a cada vez perfeitos ou, de qualquer modo, relativos à perfeição - precisa acabar por fim em Deus como o "bem" pura e simplesmente sagrado e, por isso, "supremo".

Somente essas duas leis valorativas dão ao caminho da conversão, que denominamos o caminho *mediato*, uma justificação mesmo material, que se lance para além do mero sucesso casual do atingimento da meta - da conquista de Deus -, uma vez que ele se apoia sobre os acenos e indicações objetivos para o divino, que não estão prelineados meramente na natureza do homem, mas na *ordem do mundo*.

A verdade das duas leis confirma-se em todas as regiões valorativas. Onde o exercício de uma obra artesanal, que ainda se encontra estabelecida enquanto tal nos limites da *útil conformidade a fins* - em um aspecto qualquer do útil -, alcança uma formação perfeita em seu tipo, ele alcança ao mesmo tempo *mais* do que algo meramente *útil* - uma pequena *obra de arte* livre de finalidades de uma "beleza" no mínimo "cativante". O útil mesmo é belo, lá onde sua utilidade é perfeita.

Se o pesquisador de uma ciência positiva particular ascende de volta àqueles fundamentos últimos e aos princípios mais profundos e, por isso, mais frutíferos de sua pesquisa, então ele alcança como que por si mesmo as regiões das questões-limite do gênero mais elevado do saber humano, que nós denominamos o saber filosófico ou o saber das essências. Seus "pressupostos" mais elevados *já* precisam ser sempre *também* verdades essenciais. Pois o objeto *já* é para o filósofo aquilo *no* conteúdo essencial dos conceitos fundamentais definitórios do pesquisador positivo, que se mostra para esse pesquisador mesmo *ainda* como um mero "pressuposto", por mais que derradeiro, de sua pesquisa. E de maneira igualmente certa, o filósofo também precisa - caso ele desenvolva de maneira plena e sem restos até mesmo as consequências de seu saber das essências - conquistar concomitantemente conteúdos de sentido dos "pressupostos" verdadeiros das ciências, sem, por isso, conquistá-los apenas "como" pressupostos, tal como é o hábito da má "filosofia", da "filosofia" não filosófica, da mera *ancilla scientiae*[186]. Apesar da configuração essencial fundamentalmente diversa do saber, que é aspirada pelo filósofo e pelo pesquisador positivo, filosofia e ciência precisam passar continuamente uma para o interior da outra, na medida em que as duas são *perfeitas*. Somente nos *baixios* imperfeitos do funcionamento bilateral é que filosofia e ciências experimentam divergência. Em tempos criadores e em homens criadores, elas se tocam sem divisórias. Somente em tempos e homens não criadores é que elas seguem um curso independente.

E um homem completamente heroico não se torna necessariamente e ao mesmo tempo um gênio, tal como acontece com Alexandre, Cesar, Napoleão, Frederico o Grande, o Príncipe Eugen - em contraposição aos pseudo-heróis, por exemplo, um Blücher? Quanto mais elevados são os valores, dos quais tratam as intenções pertinentes (como intenções apreendedoras de valores e concretizadoras de valores), tanto mais se apoiam e *se fomentam* mutuamente *as intenções*, sim, tanto mais elas se intensificam *mutuamente*. Será que um artista pode ser perfeito sem ser bom eticamente? Preciso negar essa possibilidade da maneira mais decidida possível, de modo naturalmente independente de eu não ser totalmente ignorante em relação aos "casos", que me podem ser contrapostos a partir da história e da vida. No entanto, quem não confunde técnica - nos *dois* lados, pois há também uma técnica da moral, não apenas uma técnica de toda arte - com um valor artístico e com bens tanto quanto quem usa mais essas proposições *intuitivamente* evidentes, para analisar *corretamente* as realidades efetivas da experiência (ou seja, para constatar primeiro os

186. Em latim no original: "Serva da ciência" [N.T.].

"fatos", que estão em questão) do que para medir as proposições a partir dessas realidades, esse fará facilmente frente àqueles assim chamados "fatos" e "casos".

É possível se tornar um "líder" pleno por uma outra via do que pelo fato de se ser *mais* do que um mero líder - a saber, mais do que uma figura espiritual livre de finalidades e de metas que, involuntariamente, sem que ela exercite as intenções de liderança, desperta sucessores como um paradigma - e que não é valorosa e não parece se mostrar em virtude apenas de sua liderança, mas por conta do fato de "um tal homem estar no mundo"?

Em virtude dessa lei compreendemos que está estabelecido na essência dos valores culturais o fato de o *homem* precisar poder alcançar, *por fim, a partir de toda e qualquer* esfera de bens (economia, direito, Estado, arte, ciência etc.), a postura religiosa e, nela, Deus. Mas essa lei inerente à pedagogia da religião não implica que se possa fundamentar a religião por meio da resposta à questão: *Como é que a cultura é possível?* A religião e seus bens são e continuam sendo uma região material e valorativa *supra*cultural que, naturalmente, caso seja apreendida no ato de conhecimento religioso, também fornece aos valores culturais pela primeira vez o seu sentido derradeiro e sua meta última, assim como permite que se perceba a produção de bens culturais reflexivamente como estágios na ascensão a Deus.

Assim, não podemos achar que essas tentativas mais recentes, oriundas na maior parte das vezes da esfera cultural filosófica do protestantismo, essas tentativas de dar à religião natural uma fundamentação, se encontram em um caminho que promete sucesso. Como é que algo particular também pode ser valoroso nesse caso: só o caminho anteriormente apontado parece abrigar para nós também esse elemento valoroso e nos deixar usá-lo corretamente.

Mas essa investigação não estaria completa se ela só se desse conta das tentativas de fundamentação de afirmações religiosas já vigentes. Há efetivamente hoje grandes círculos, que compreendem uma "renovação religiosa" no sentido de que se precisaria esperar a emergência de uma *nova religião* ou até mesmo inventar por assim dizer uma nova religião.

Como as coisas se comportam em relação às perspectivas de uma nova "religião", que não teria como ser "fundamentada", mas teria de ser por assim dizer inventada?

3 Por que nenhuma nova religião?

Não há nenhuma dúvida: é o hábito e não uma intelecção que movimenta a grande maioria dos homens crentes a conduzir sua vida de fé sob as formas tradicionais de crença e de cultura. Naturalmente, isso não significa muita coisa. Pois mesmo todas as formas possíveis da alienação da religião, sim, da negação de Deus ou da indiferença já cessaram há muito tempo de ser novas invenções e aquisições espirituais pessoais. Também elas se tornaram *tradicionais* para grandes círculos da população europeia e são arrastadas consigo por gerações por meio da lei da inércia do pensamento. O heroísmo, que antigamente era necessário, para fazer frente às igrejas, e que precisou puramente enquanto tal atrair mais do que repelir almas fortes, não convida mais nenhum nobre a um tal agir. Faz muito tempo que ele encontra um campo grato em solo político ou econômico. Antes do começo da Primeira Guerra Mundial, deixava-se que se defendesse em nossas universidades, por exemplo, toda e qualquer forma de ateísmo, mas um erudito não podia ser, por exemplo, marxista ou republicano. A "ausência de pressupostos" da economia política tornara-se mais importante do que a da filosofia. Não obstante, o fato do tradicionalismo religioso é um motivo precisamente para grupos religiosos vivos considerarem desejável a "renovação religiosa" no sentido de uma "nova religião". É justamente para tais grupos que o que se segue gostaria de se voltar.

Formulo uma questão raramente colocada da seguinte maneira:

Não há, por exemplo, abstraindo-se por um lado completamente de crenças pautadas pelo hábito ou pela tradição, *razões* estabelecidas na *essência* da religião e na essência da origem possível de religiões mesmas e acessíveis à intelecção rigorosa, para a assunção de que ou bem não haveria mais em geral uma "nova religião", ou bem não seria mais para se esperar na *Europa* por uma tal religião?

Se houvesse tais razões, que existem de maneira totalmente independente daquele motivo do hábito, o quão profundo seria, então, o erro daqueles que só contam com a possibilidade ou probabilidade de uma "nova religião" a partir da reação *contra* aquelas crenças pautadas pelo hábito ou contra aquelas ideias muito vagas sobre um "progresso" necessário de *tudo* aquilo que é e deve ser valioso para o homem? Na medida em que eles esperam "algo melhor" ou "algo mais perfeito", eles teriam alijado o pura e simplesmente bom. Se há, porém, tais razões, então nossa postura fundamental em relação à religião não poderia ser senão uma: a postura da *conservação* dos bens religiosos, que *possuímos*, e a preocupação de torná-los cada vez mais frutíferos, isto é, plenamente ativos e plenamente doadores para as almas dos homens.

No entanto, ao que me parece, há tais razões - e, em verdade, razões de uma natureza totalmente principial, sim, estabelecidas na essência da religião e em sua relação com a própria história; e achei com frequência estranho que - abstraindo-se de algumas exceções - as pessoas tenham feito muito pouco para expor claramente essas razões em seu nexo sistemático.

As razões são de um tipo diverso e de um peso diverso. Há 1) Razões metafísico-teológicas, que estão estabelecidas na essência da própria ideia de Deus; 2) Razões que residem na direção do desdobramento do espírito humano.

Essas razões são totalmente independentes do ponto de vista da fé e são tangíveis para a razão.

Somente se elas se fizerem valer e forem compreendidas, pode-se colocar as outras questões acerca da posição do cristianismo entre as religiões e acerca das razões que falam a favor e contra a sua assim chamada absolutidade, isto é, a favor ou contra a sua pretensão de não ser apenas a religião mais perfeita, mais elevada e mais pura até aqui, mas "a" religião pura e simplesmente verdadeira ou absoluta.

Contenda da ideia de um Deus pessoal e da expectativa de uma nova religião

A primeira razão reside na essência do divino mesmo, na medida em que ele é pensado de maneira pessoal - não, portanto, primeiramente no estabelecimento real de uma reconfiguração determinada de fé dessa essência.

Se tivermos o direito de intuir e pensar a ideia de Deus, sem acolher a ideia de uma forma essencial pessoal em seu conteúdo, portanto, sem pensá-la como a ideia de um espírito total não pessoal, de uma mera ordem do mundo, de uma vida total, de uma substância, coisa ou ideia livres da pessoa, então seria inteiramente *possível* a partir da essência de um objeto assim constituído e a ser conhecido que, no curso da história humana, entrassem em cena religiões sempre novas e concebidas até mesmo em um progresso constante do conhecimento de Deus. Por que isso não aconteceria? A astronomia, por exemplo, não progrediu dessa maneira na história do conhecimento, não apenas por meio de progressos particulares, mas também por meio da mudança dos "sistemas" da *concepção* do céu (p. ex., uma forma de concepção antigo-biomórfica e moderno-mecânica, heliocêntrica e geocêntrica)? Em todo e qualquer conhecimento e participação em uma coisa, algo análogo é possível, isto é, por toda parte em que conhecimento e participação de um ente na essência do outro ente ocorrem exclusivamente por meio dos atos *espontâneos* do espírito humano.

Também é válido para o fundamento divino do mundo esse princípio, porquanto e na medida em que esse fundamento do mundo é concebido de maneira impessoal. Também nesse campo do conhecimento espontâneo natural do fundamento divino do mundo segundo essência e existência, o trabalho do conhecimento humano *pode* se acumular no transcurso de sua história, de tal modo que todo sucessor se encontre sob os ombros de seus mestre.

Mas o quanto as coisas não se invertem, quando nós – seguindo o axioma valorativo deduzido da ética, o axioma segundo o qual valores pessoais são valores mais elevados do que todos os valores materiais – já precisamos incluir na ideia de um *summum bonum* a pessoalidade como traço essencial? Nesse caso, ainda estamos longe, em verdade, de saber por um ato espontâneo de conhecimento, que o fundamento do mundo comprovado pela razão como existente (com os predicados metafísicos que lhe são próprios) também seria efetivamente pessoal. Sim, sabemos precisamente nesse momento e justamente com base na intelecção da pessoalidade essencialmente necessária de um *summum bonum* muito mais de maneira rigorosamente compreensível algo diverso: o fato de que, *se* Deus possui uma pessoalidade de uma forma qualquer, também precisa estar estabelecido na *essência* de Deus, que Deus, *na medida em que* Ele é pessoal, evidentemente nunca pode ganhar o espaço de nosso conhecimento *apenas* por meio de nossos atos cognitivos espontâneos; que, ao contrário, o vir a termo desse conhecimento também apenas possível precisa começar com Ele mesmo, com *sua* inclinação livre e soberana para nós, em um ato qualquer, por meio do qual Ele se abre para nós, Ele se nos comunica e se desvela enquanto pessoa mesmo. Comunicação de tal tipo, porém, significa "revelação". Nós sabemos, portanto, que um Deus pessoal - se Ele está presente e até o ponto em que sua pessoalidade está em questão - só *poderia* ser cognoscível para o homem por meio de revelação (respectivamente graça, iluminação)[187].

Portanto, não se trata de falhas quaisquer de "nossa" faculdade cognitiva ou de "limites" dessa faculdade, mas se trata antes de uma consequência essencial do *objeto*, sobre o qual se encontra aqui em questão um conhecimento possível, o fato de que o *quid* pessoal de Deus - jamais nos poderia ser dado por meio de atos *espontâneos* de conhecimento, mas apenas por meio de um ato livre do autodescerramento da pessoa divina. Nessa medida, portanto, há até mesmo uma *intelecção* evidente *da indemonstrabilidade de Deus como pessoa existente* - caso se queira, uma "*prova da indemonstrabilidade de Deus enquanto pessoa*".

Pois deixemos claro para nós como é que podemos em geral trazer ao nosso conhecimento de maneira essencialmente possível a existência e o conteúdo de um objeto da essência da "pessoa". Percebo um homem com todas as impressões sensíveis que me são acessíveis da parte dele e com todos os conteúdos da intuição e da representação - e busco conhecê-lo, além disso, com todas as

187. Pois como quer que uma intelecção racional - sem a luz da revelação - consiga conhecer ainda de maneira clara a existência de um Deus no sentido das determinações: *ens a se, res infinita, summum bonum,* espiritualidade - por mais que ela consiga constatar que a pessoalidade pertenceria à essência de um bem maximamente elevado - se ele é - então resta de qualquer modo o princípio: "O Deus existente é pessoa" acima de *todo* conhecimento racional.

chaves que podem ser construídas sobre essas experiências. Por isso, caso ele não *ofereça* para mim *por si mesmo* livremente por meio do discurso, de uma manifestação de qualquer tipo, por meio da escrita etc., será que eu tenho como conhecer *o que* ele pensa, julga, quem ele ama, odeia? Não o consigo. *O homem pode silenciar. Só* uma *pessoa* pode "silenciar". Pois reside na essência da pessoa – diferentemente de um organismo apenas animado e dos processos vitais que vêm à tona e suas manifestações expressivas *automáticas* voltadas para fora – o fato de ela tornar o conhecimento daquilo que ela quer, pensa, julga por meio de um outro ser dependente de seus *atos e de suas avaliações livres.* Só uma pessoa espiritual pode "silenciar". Uma pessoa só é conhecida na medida em que se deixa conhecer, na medida em que se anuncia. Uma pessoa pode mentir, o animal, a planta, não o conseguem. Naturalmente: o homem, uma vez que ele, além disso, não é uma pessoa perfeita, mas apenas uma pessoa imperfeita, isto é, uma vez que ele só é uma pessoa, cujos atos, sim, cuja autorrealização constante de sua existência em atos, estão ligados aos órgãos e aos processos vitais de um corpo, *não* consegue, com base na copertinência essencial de vitalidade e espiritualidade, corporeidade e pessoalidade em sua natureza, encobrir a sua mera *existência* como pessoa. Pois se percebermos um *corpo* humano – ou mesmo qualquer um de seus rastros –, então vislumbraremos concomitantemente nesse corpo o seu ser pessoa sob o modo da covisualização. Nós o fazemos com base nesse nexo essencial intuitivo do corpo humano e da *pessoa*[188]. Se, portanto, a sua existência pessoal também não tem jamais como nos ser dada *intuitivamente* por si mesma, então, de qualquer modo, ela nos é dada sob o modo do ser concomitantemente visado – com base em um nexo vital, que se funda no puro conteúdo da corporeidade humana e da pessoalidade e que se mostra claramente para nós como válido – ao menos – com o auxílio de nossa autoexperiência; isto é, independentemente do número de casos, uma vez que o experimentamos.

---

188. Cf. o anexo de meu livro *Zur Phänomenologie und Theorie der Sympathiegefühle* [Para a fenomenologia e a teoria dos sentimentos de simpatia]. Cf., nas edições ampliadas do livro sobre a simpatia, *Wesen und Formen der Sympathie* [Essência e formas da simpatia]. Parte C III.

O *homem* só consegue, por isso, silenciar quanto àquilo *que* ele pensa, ama, julga enquanto pessoa; ele não consegue esconder sua *existência* pessoal ela mesma.

Como é que as coisas se encontram, porém, no que concerne a uma *pessoa sem corpo, invisível, perfeita, infinita e absolutamente livre*? É claro que sua essência não exclui o fato de que ela não apenas *poderia* esconder seu conteúdo espiritual, mas também silenciar sua *existência* mesma.

Poucos foram aqueles que o pensaram – a ideia-limite imensuravelmente profunda e atemorizante de um Deus, que está *presente*, que é pessoa e que, contudo, silencia, sim, que se silencia; que esconderia e resguardaria para si mesmo o que ele consegue – como pessoa; a ideia de um mundo, de uma história mundial de um ser racional finito, sobre o qual regeria em seu trono um Deus dirigente, que *não* se daria a conhecer; que *não* permitiria que o conhecêssemos; de um mundo, cujos moradores, não por falhas próprias ou por sua culpa, mas pelo fato de ser assim aprazível a Deus, não poderiam saber nada sobre a existência de Deus. E, no entanto, reside na essência de Deus enquanto pessoa perfeita, que duas histórias do mundo e dois mundos, nos quais em um haveria um Deus e no outro não haveria Deus algum, precisariam não ser diferentes em *nada* – para a faculdade cognitiva do homem; a não ser que Ele revelasse a si mesmo em um e que Ele *não* se revelasse no outro.

Está claro que, quanto maior é a distância entre dois seres espirituais em termos de perfeição e soberania, tanto mais o vir a termo de um conhecimento possível do mais perfeito está ligado de uma maneira crescente ao primeiro começo *espontâneo* do dar-se a conhecer por parte do mais perfeito.

Se essa ideia de um Deus, que silenciaria a si mesmo, só muito raramente foi pensada de maneira clara e pura, então a razão para tanto não pode estar senão no fato de que aquilo que Deus consegue realizar e pode fazer – enquanto pessoa absolutamente livre, soberana, infinita e perfeita –, já em virtude de sua *ideia*, ele também *não* pode ao mesmo tempo fazer de maneira essencialmente necessária, uma vez que Ele não pode empregar de maneira conforme à sua essência essa sua liberdade de fazê-lo, em virtude de seu *amor total* e de sua *bondade total,* assim como de sua *veracidade.* É somente porque o *amor, como* o valor *mais elevado* do ato, pertence de maneira igualmente necessária em termos essenciais à ideia de Deus tanto quanto a pessoalidade; sim, é porque é o amor, que funda ao mesmo tempo em todos os espíritos querer e conhecer, em Deus, porém, como mostramos, criação e sabedoria, que se desentranha para nós a ideia de um Deus que esconde a si mesmo e que se silencia, sim, que silencia a si mesmo e por si mesmo a sua existência como aquilo que ela é: como a ideia de um fantasma terrível, que *pode* não ter existência, uma vez que algo contrassensual também não pode existir.

Autorrevelação *livre,* um constante sussurrar nas profundezas do cerne pessoal de todo ser racional finito, uma iluminação duradoura e contínua por parte da luz eterna nos espíritos finitos, uma ligação de todos os espíritos na unidade desse amor e dessa luz em *um* todo solidário - isso pertence, portanto, à *essência e ao amor* já de um Deus possível, que possui entre os seus predicados também aqueles que precisariam advir a Ele com base nos axiomas *éticos* compreensíveis, absolutamente válidos.

Somente por meio daí, porém, a ignorância possível de Deus - se é que Deus existe enquanto pessoa - se transforma na *culpabilização* necessária do homem. Pois essa culpabilização consiste no fato de o homem não ouvir esse sussurrar, não acolher em si aquela luz, porque ele não consegue afrouxar os grilhões que o ligam aos objetos e imagens da finitude. A ignorância de um deus impessoal nunca poderia, em contrapartida, se mostrar como uma culpabilização - mas apenas como erro. Não é a falta, portanto, de um ato cognitivo espontâneo condizente com a coisa, mas o não abrir-se, o fechar-se contra a luz natural da revelação e da graça, os quais vêm antes de toda emoção espontânea, que constitui a essência dessa culpabilização - motivada, mas não determinada pela paixão subordinada por objetos particulares finitos da experiência.

Assim, portanto, reside na essência de um Deus pessoal o fato de que o conhecimento de sua existência só pode ser possível graças a esse *ato fundamental* do abrir-se, do deixar-se inundar e iluminar pelo todo do sentido do mundo centrado em Deus, sentido esse que chega até o nosso conhecimento por meio de seu amor total e da revelação fundada nesse amor.

No amor ao divino e ao sagrado - em um amor, que só se reconhece *no* movimento com vistas à sua meta enquanto o contra-amor em relação a um amor, que já *era antes* e que tinha como alvo essa alma -, estabelece-se a última engrenagem maximamente secreta, que coloca em movimento pela primeira vez todo conhecimento de Deus pensável como pessoa.

A partir do que foi dito, também se vislumbra, então, porém, um nexo inesperado da ideia de Deus mesma com a questão acerca de uma "nova" religião.

Pensemos por um instante em um Deus pessoal, que se aproximasse daquela ideia de um Deus que se silencia. Pensemos em um Deus que fosse aquele que - se é que há efetivamente um Deus - se mostra como o único a poder desempenhar o papel da meta final mais elevada de todas as criaturas racionais, a saber, da meta amá-lo e conhecê-lo. Pensemos que ele teria se ligado a uma assim chamada *lei do progresso* de um conhecimento possível de Deus na história; um Deus que, além disso, também tivesse articulado uma vez mais esse seu conhecimento e seu progresso com a existência e com os efeitos a cada vez presentes de uma *minoria culta* sobre os grupos dos espíritos livres, que se chamam aí povos: O que se deveria, afinal, pensar de um Deus tão "econômico", de um Deus tão "avaro" - econômico e avaro com o seu amor, econômico com a sua doação de conhecimento? Compreendo - sim, parece-me até mesmo necessário - que o panteísmo - sim, que todo tipo de ideia impessoal de Deus em geral - se contente com essa representação de um "progresso do conhecimento de Deus por meio de minorias cultas". Pois onde o conhecimento de Deus é *apenas* uma coisa ligada à espontaneidade humana e à gratidão humana que se acumula, aí os mais avançados povos, tempos, gerações e, ao mesmo tempo, os mais talentosos intelectualmente, os "sábios" e as camadas dotadas de "posses e de cultura", os "eruditos", também precisam ser aqueles que mais conhecem Deus. Nessa medida, o panteísmo é visto segundo a sua estrutura sociológica e histórica, uma concepção que precisa ser tanto *uma doutrina do progresso* religioso *quanto um aristocratismo dos eruditos.* Portanto, isso não é apenas um resultado rigoroso da indução histórica, que nos ensina – para *todos* os povos – que o panteísmo sempre foi uma assim chamada "religião cultural", que ele, juntamente com Spinoza, sempre cindiu por toda parte uma "religião das massas" e uma "religião dos pensadores". Por detrás dessa indução dormita muito mais o *nexo essencial* ideal entre panteísmo e aristocratismo cultural, que nos permite compreender pela primeira vez plenamente essa indução. Mas o que precisaríamos dizer de um Deus pessoal, que precisa se doar livremente por bondade e que só teria se dado apesar disso aos seus filhos, de tal modo que Ele tivesse articulado esse dar-se e esse dar-se-mais com o acaso de que um homem pertenceria a um povo de uma "fase mais avançada da história" a cada vez posterior; ou que teria se articulado com o fato de que esse homem preencheria todas as condições prévias complicadas, que pertencem à condição de não ser apenas um homem, mas também um erudito e um sábio? Já a questão mostra que essa ideia não pode ser verdadeira e não pode ter nenhum objeto real – uma vez que ela é absurda. Um tal "Deus pessoal" seria tudo – menos um Deus. Enquanto não se demonstrar que seria culpa de um homem ter chegado antes ao mundo do que um outro homem, também não pode se atribuir a uma falta de conhecimento de Deus aquilo que ela *precisa* ser junto a pressupostos teístas – a saber, culpada. Também esse é um nexo essencial entre o conteúdo da ideia de Deus e a história do conhecimento possível de Deus. *Pode*, afinal, um Deus que ama completamente prejudicar seus filhos, apenas porque eles chegaram cedo demais no mundo ou porque eles não pertencem aos círculos de "posses e cultura"?

Compreendemos bem demais o fato de que, em todas as regiões do conhecimento possível que não são – por mais significativas que elas possam ser para a cultura espiritual do homem, para todo e qualquer tipo de domínio sobre a natureza e a sociedade, para o bem-estar e a utilidade – necessárias para a *graça*, o grau e a perfeição de sua exigência e de sua conquista está ligada à regra do desenvolvimento e do progresso; e que, além disso, essa *exigência* está ligada com minorias dos povos (os pesquisadores e eruditos) – com homens que, com talentos especiais para essa atividade, também possuem as condições externas do ócio, que são o pressuposto para essa atividade. Um conhecimento, porém, que é necessário para o homem *enquanto homem apenas* e que é, além disso, necessário para a *graça* - um conhecimento que, de mais a mais, só pode ser assim, porque ele não diz respeito a objetos, que são de alguma maneira e em algum grau existencialmente relativos à organização humana e às metas da formação cultural e à finalidade da natureza humana, mas que dizem respeito muito mais à realidade absoluta e à meta derradeira e suprema coposicionada por ela do homem, sim, à *ratio* e ao sentido de sua essência e existência - um tal conhecimento não pode - se é que ele é efetivamente possível - se submeter *a priori* a *essas* condições. Ele só *pode* ser acessível a *todos* ou a *ninguém*. E, visto *a priori* a partir de seu objeto e de sua significação, seria antes de se esperar que ele tivesse sido o conhecimento historicamente mais primevo - um conhecimento que não teria como ser *desenvolvido*, mas cuja *conservação* seria a tarefa de todo homem futuro; e seria de se esperar que ele, além disso, lá onde ele se consumou - justamente para mostrar a sua diversidade essencial em relação a todos os outros conhecimentos -, não tenha se dirigido pela primeira vez aos *sábios*, mas aos *cândidos*, não aos eruditos, mas aos *ignorantes* e aos filhos do espírito; que eles não tenham nascido em um trono ou em uma cadeira em uma academia, mas - em um estábulo de jegues ou em algo semelhante.

Um mistério cristão maravilhoso da condescendência de Deus com a prisão obscura e abafada do corpo da mulher de um carpinteiro! O quanto esse mistério cristão da fé não se encontra em consonância com aquilo que nossa razão já tinha precisado esperar antes do mais profundo descerramento de Deus sobre a sua essência.

A doutrina cristã do estado originário de Adão, porém, que só perdeu em parte por meio da queda e da culpa o conhecimento completamente intuitivo de Deus e não o conservou, também precisaria corresponder à outra expectativa - se é que ela é efetivamente possível - que era a mais primeva.

Mas eu me abstraio aqui de todo cristianismo positivo e de religiões positivas em geral. Pois o primeiro erro daqueles que exigem uma "nova religião" não é um erro de fé, mas um erro racional quanto à essência da religião em geral e quanto ao conteúdo já da própria *ideia* de Deus. Eles não têm clareza quanto às condições de possibilidade para o homem, que residem na essência de um ser ao mesmo tempo absolutamente soberano, livre, onipotente e, de qualquer modo, completamente amante, dotado de uma forma de ser pessoal. Eles consideram Deus impessoal – portanto, como o mero *summum bonum* ou, caso Ele seja pessoal, como avaro ou "econômico".

Pois: caso eles possuíssem tal clareza, então eles também precisariam perceber imediatamente, que seu tipo de disposição para uma "nova religião", sua expectativa ou exigência de um tal posicionamento se encontraria na mais aguda contradição em relação àquele posicionamento que *todos* os grandes e eficazes *homines religiosi* tiveram na história. Pois esse posicionamento não jamais conteria, precisamente se esses homens "renovassem" verdadeiramente um conhecimento e uma vida religiosos, uma expectativa e uma exigência de "uma" "nova religião", mas exclusivamente a intenção de *reprodução* "da" religião – da religião una, absoluta, verdadeira. Precisamente para aquilo que talvez se possa denominar progresso religioso objetivo na história, vemos de maneira essencialmente necessária a intenção de um "*de volta para*" por parte daqueles que efetivam tal progresso.

O *homo rerum novarum* tem o seu direito bastante significativo em todas as regiões da atuação valorativa humana. É só na religião que ele se mostra – como um fenômeno essencialmente contrassensual. *Pois aqui o "de volta para" é a forma essencial da própria renovação religiosa.*

O *homo rerum novarum* na religião não é menos um fenômeno absurdo do que o tipo essencial do "herético", isto é, do homem "que é de outra opinião", ou do homem que esquece que a forma do conhecer um com o outro, do amar um com o outro, do crer um com o outro, do conhecimento de Deus – e do conhecimento de Deus no sentido mais rigoroso possível e em um grau maximamente elevado *apenas* – solidário, fundado no amor mútuo de todos os membros do mundo moral é essencial.

Nós estipulamos duas leis muito genéricas, que só podem encontrar sua plena demonstração em uma sociologia do conhecimento fundada epistemologicamente[189]. A primeira lei diz: Os conhecimentos são tão pouco capazes de um progresso contínuo quanto os seus objetos se aproximam da realidade existencial absoluta - e isso tanto mais, uma vez que, com vistas à organização do sujeito, eles dizem respeito a coisas mais relativas em termos existenciais; ao mesmo tempo tanto menos, uma vez que nosso espírito precisa se comportar de maneira acolhedora no conhecer - não "prescritiva" -, a fim de alcançar o conhecimento do objeto em questão; ao mesmo tempo tanto mais quanto mais baixo e imperfeito forem os objetos na ordem hierárquica dos valores e das perfeições: por exemplo, os valores culturais espirituais progridem *menos* e segundo leis totalmente diversas daquela que diz respeito aos valores civilizatórios. O segundo princípio diz: quanto mais perfeito e absoluto forem os objetos do conhecimento, tanto mais uma forma o mais intensiva e extensiva possível do *conhecer um com o outro* dos sujeitos cognoscentes se mostrará como a condição de um conhecimento adequado possível em geral; e os sujeitos cognoscentes precisam se enraizar em nexos histórico-sociais tanto mais amplos e profundos. Tanto mais vale o fato de que toda a verdade sobre o objeto só é apreensível por meio da cooperação para esse conhecimento de individualidades de grupos insubstituíveis e irrepresentáveis, ou seja, somente por meio de *toda* a humanidade. É fácil de ver o que se segue dessas leis para o conhecimento de Deus.

O *homo rerum novarum religioso*, assim como o herege, não se equivoca em primeiro lugar pelo fato de ele afirmar algo materialmente falso sobre Deus; ele precisa, ao contrário, afirmar algo religiosamente falso de maneira essencialmente necessária, porque seu posicionamento formal fundamental em relação a Deus *contesta* a essência do divino e, *por isso apenas*, também o seu conhecimento possível em geral. Mesmo onde ele parece ter materialmente direito - segundo a medida de nosso conhecimento racional -, ele ainda não tem razão. Um caminho falso *precisa* conduzir a falsas metas, mesmo que a meta pareça se aproximar depois dos primeiros passos.

---

189. Cf., em relação a esse ensaio, *Probleme einer Soziologie des Wissens* [Problemas de uma sociologia do saber] (índice conceitual, 1926, sob "progresso") e o que é dito pelo autor no *Formalismus* sobre a elevação valorativa e a realizabilidade.

Com a assunção da pessoalidade de Deus, porém, também já se acha determinado o modo, segundo o qual apenas pode acontecer uma comunicação divina (revelação) ao homem: a saber, pela mediação de *pessoas humanas*. A concepção fundamental de que toda religião em sua história só cresce e decresce, se eleva e cai, se purifica e degrada segundo a regra de um *paradigma e de uma sucessão, de um líder e de um séquito pessoais* - de que, portanto, nenhuma das grandes viradas da história da religião, quer elas fluam do mero "espírito dos povos", quer elas precisem ser medidas com base na explicação de "ideias" quaisquer segundo uma determinada regra de desenvolvimento (Hegel, Hartmann) - essa concepção fundamental é *essencial* a todo teísmo. E, do mesmo modo, ela também é igualmente essencial para o panteísmo, no qual o teísmo se torna histórico e dinâmico - em oposição ao panteísmo estático e "geométrico" de Spinoza, por exemplo - assim, então, vemos em Hegel e Von Hartmann, em Biedermann e A. Drews, a intuição oposta: o fato de um *desdobramento de ideias* formar o cerne de toda história da religião é em primeira linha o desdobramento da autoconscientização da ideia divina no próprio espírito humano - o que constitui de fato em Hegel e Hartmann entre outros a essência da religião. Portanto, quem exige uma "nova religião" deixa claro para si o nexo essencial, segundo o qual ele já se encontra com isso *por si só* em solo panteísta. Doutrina do progresso, concepção da coisa do divino (ou seja, não personalismo religioso) e aristocratismo cultural (respectivamente a falsa oposição entre religião "esotérica" e "exotérica") pertencem conjuntamente de maneira igualmente essencial a personalismo, doutrina da conservação e religião popular, respectivamente religião da humanidade universal (respectivamente Igreja como instituição objetiva). Essas não são proposições que se baseiam em observação e indução na história, mas trata-se de eternos *nexos de sentido* entre o conteúdo da ideia de Deus mesma e a forma histórica, respectivamente sociológica da fé humana que pertence a esse conteúdo. Trata-se de proposições, *segundo* as quais precisamos compreender a história positiva da religião, distinguir suas forças motrizes, cindir suas múltiplas misturas; que nós, contudo, não deduzimos delas.

Já com a suposição dessa mediação pessoal de toda revelação possível (que está dada juntamente com uma pessoa divina sumamente boa ela mesma pura e simplesmente como necessária), a representação de uma lei do progresso da verdade religiosa é posta de lado. Pois a pessoa é em seu cerne historicamente contingente e indedutível. Naturalmente, no caso do paradigma religioso, da sacralidade no seu entendimento eminente, isso ainda significa algo totalmente próprio, o que ele nunca pode significar junto a paradigmas extrarreligiosos. Pois: O que é, afinal, um *homo religiosus*, um *santo*, segundo a sua essência? Ele é - sempre sob pressupostos teístas, pois sob pressupostos panteístas há apenas *mestres da salvação* - uma pessoa, cuja figura espiritual nos apresenta, portanto, uma imagem, por mais inadequada que ela seja, da pessoa de Deus, de tal modo que todos os seus enunciados, manifestações expressivas e ações não são mais medidos por uma norma dotada de uma forma universalmente válida, que já reconheceríamos de antemão por força da razão, mas só são reconhecidos como divinos, sagrados, bons, verdadeiros e belos, porque "*Ele*" é que os enuncia, expressa, age[190]. Em todas as outras regiões dos valores - filosofia, ciência, arte, Estado, Direito - um tal procedimento seria radicalmente absurdo. Toda palavra e todo ato dos líderes precisam ser medidos a partir de normas universalmente válidas, que são reconhecidas por nossa razão. Em contrapartida, reside na essência da ideia de Deus pessoal, que sua "verdade" também precise se apresentar na figura espiritual do *ser* de uma pessoa, que "é" aqui justamente como pessoa a verdade - e que não a "diz" primariamente apenas; e que só diz a verdade, *porque* ela é a verdade. (Isso ao menos no caso mais perfeito que podemos pensar da sacralidade, que foi de fato requisitada historicamente *apenas* por Jesus.)

E isso também se segue daí, o fato de que todos os outros conhecimentos da verdade religiosa - no sentido da verdade material -, por parte de um mundo circundante historicamente social da pessoa sagrada, estão fundados a partir de então em uma *relação ontológica com a pessoa sagrada*, relação essa que se produz por meio de uma reconfiguração interna justamente de sua figura

---

190. Cf. a seção "O sagrado" na publicação oriunda da *obra póstuma* já tantas vezes citada: *Vorbilder und Führer* [Modelos e líderes].

pessoal, isto é, em uma "sequência" viva dessa pessoa. A autoconfiguração - um processo de gênese da vida espiritual - *segundo o* modelo do sagrado ou do portador daquela "qualidade carismática" fomentadora de crenças incondicionadas antecede aqui necessariamente a todo *conhecimento* positivamente religioso. A reprodução viva e contínua, alimentada em uma crença viva, da figura espiritual do sagrado junto ao material das almas subsequentes transforma-se necessariamente na última e na mais elevada fonte mesmo do *conhecimento* da fé, isto é, do conhecimento e da formulação racional de tudo aquilo que estava intuitivamente presente na consciência do sagrado de Deus e das coisas divinas. Todas as outras fontes do conhecimento de fé, como tais fontes temos a tradição viva, as "sagradas" escrituras, as definições dogmáticas de uma autoridade eclesiástica, que reconduz sua instituição ao originariamente sagrado, são, portanto, dependentes de algum modo dessa fonte *derradeira* e precisam ser concebidas, interpretadas, usadas no "espírito", que se forma sempre novamente na reprodução da figura ontológica espiritual do sagrado.

Mas isso é tão inviolavelmente verdadeiro, que a cadeia dos *homines religiosi*, isto é, daqueles santos derivados do originariamente sagrado que lhe seguem, é por assim dizer a alma viva de toda e qualquer história conexa do sentido de uma religião e de uma igreja; que as "épocas" mais essenciais e os rumos de tal história sempre são caracterizados por toda parte por meio da aparição de um tipo a cada vez *novo* desses homens íntimos de Deus e insignes - todavia, logo se segue daquilo que foi dito anteriormente sobre a forma histórico-sociológica de uma religião personalista uma outra coisa: segue-se a necessidade essencial de uma *instituição da salvação* objetiva e omniabrangente *com uma autoridade suprema infalível* para a conservação e a direção dos bens da graça ao homem. Lembremo-nos apenas das proposições, às quais tínhamos chegado ao final dessa discussão. Conhecimento e verdade, que dizem respeito a um Deus possível de uma forma ontológica pessoal, não podem ser inventados de acordo com leis essenciais por meio de atos espontâneos do homem, mas precisam ser dados por *Deus*. Nenhuma pessoa espiritual não corpórea pode ser conhecida *qua* pessoa, mesmo que apenas em sua existência, e, com maior razão ainda em sua essência particular, a não ser que ela se "revele" *livremente* para o homem. Nenhum deus pessoal universalmente válido, porém, pode permitir a revelação. Portanto, o "originariamente sagrado" (ao menos o sagrado do *tipo* essencial *mais elevado* possível, segundo o qual pode ocorrer a comunicação de Deus) também não precisa ser *em primeiro lugar* graças a ações e obras particulares, que ele faz (p. ex., eticamente modelares ou milagres), não graças a doutrinas, que ele oferece e que teriam de ser medidas ainda a partir de uma norma racional fora de si, e que se encontraria acima dele, não graças a profecias quaisquer etc., mas, em primeiro lugar, *exclusivamente* graças à sua *própria pessoa sagrada, à "autoridade" absoluta da fé e da salvação.* Ações, obras e profecias não "fundamentam" racionalmente a sua sacralidade originária e o ato de fé junto a ela, mas meramente *a comprovam* e *a atestam*; elas ocasionam e motivam com certeza o direcionamento espiritual do olhar. Nesse direcionamento, então, porém, precisa despontar para nós "por si mesmo" a essência de sua sacralidade e essa essência precisa ganhar a mais pura dação intuitiva.

Além disso: o sagrado originário, e, em verdade, o sagrado sob a *forma* essencialmente mais elevada *que se pode pensar* (a saber, o sagrado, junto ao qual a autocomunicação de Deus ocorre no sentido de uma penetração pessoal e substancial da essência de uma natureza divina e humana, diferentemente da mera comunicação da vontade ou do saber), também já é, segundo a sua *ideia,* o "único". Uma dúvida racional só pode subsistir quanto a se existe ou não algo real dessa ideia; além disso, quem é esse "único". Não pode subsistir uma dúvida racional quanto a se o único é, quando ele é. O originariamente sagrado no sentido de uma maioria, portanto, não pode *coexistir* e ser conjuntamente reconhecido de maneira essencial tal como algo derivadamente sagrado ou mesmo como gênios e heróis. Ao contrário, o que há nele precisa se excluir e se deslocar mutuamente. Quem não está "a seu favor" precisa estar "contra ele", e quem não é contra ele precisa ser a favor dele como o "único". Por isso, as verdades ensinadas pelo sagrado não são apenas absolutas no sentido de que todas elas são verdade enquanto verdades, mesmo aquelas sobre objetos quaisquer existencialmente relativos ou mesmo processos os mais fugidios possíveis; elas são muito mais absolutas em um sentido duplamente intensificado: elas também são verdades absolutas sobre o ser absoluto, e, em segundo lugar, "a" verdade (sobre Deus), isto é, a verdade *total consumada, impassível de ser ampliada e de ser diminuída*. Todo "desenvolvimento" não pode dizer respeito, portanto, senão ao desenvolvimento da *penetração* nessa *totalidade* da verdade conhecida, isto é, dada na esfera humana – não mais um desenvolvimento do conhecimento de Deus na esfera humana em geral. Por isso, mesmo a suposição espiritual de fé nessa verdade precisa se basear em uma autossubmissão livremente autônoma da razão; e isso naturalmente de tal modo que, em todas as coisas, que não tocam em questões relativas à graça, a razão não apenas mantém a sua autonomia plena, mas até mesmo leva a termo pela primeira vez completamente e concretiza plenamente por meio desse ato da autossubmissão a Deus essa autonomia ante o "mundo" todo.

Em terceiro lugar – vimos – reside na essência desse conhecimento e dessa verdade, que eles *possam* ser atribuídos a *todos* – independentemente de sua ligação a um povo, do nível cultural etc. Isso significa, porém, que precisaria estar estabelecido na essência de algo originariamente sagrado ele mesmo, encontrar uma tal instituição; que os bens de fé mais elevados sejam mantidos e administrados por meio dessa organização graças à sua autoridade e à sua transposição, que eles sejam acessíveis a todos e estejam voltados para todos. Essa instituição, a "autoridade eclesiástica" em questões relativas ao sagrado, é tão pouco conhecida em sua essência porque não se vê que ela já tem seu primeiro pressuposto na ideia de um Deus que ama a tudo e a todos e no princípio do primado do amor ante o conhecimento, da vontade de redenção divina ante a comunicação doutrinária. Caso Deus quisesse dirigir por amor *a todos* – pura e simplesmente – o conhecimento de todos o mais necessário para o homem – a saber, o conhecimento sobre sua própria essência e sobre a meta final do homem e de todas as coisas – e Ele precisou querer que as coisas fossem assim de acordo com a lei essencial, na medida em que Ele é pessoa e, ao mesmo tempo, universalmente válido – a todos, independentemente de suas formas de talento e de sua situação particular em termos de humanidade e de sociedade segundo raça, nação, classe etc., e caso esse conhecimento devesse ser absoluto no sentido acima designado: o sagrado originário, para o qual Deus entregou a "si" mesmo, ou seja, o seu si mesmo, também não precisaria encontrar, então, uma instituição para formular assim esse conhecimento, conservá-lo e doá-lo para todo o tempo subsequente possível, de tal modo que esse tempo fosse completamente salvo, permanecendo sem ser ferido por todas as correntes espirituais da história e por todas as suposições da razão oriundas de círculos particulares, por exemplo, dos eruditos? A *infalibilidade* de uma "igreja" omniabrangente enquanto igreja, em coisas ligadas à salvação, é, portanto, uma consequência do fato de que não é pensada, nem precisa ser pensada primariamente uma oni*sciência,* nem uma ordem justa, mas um *amor total e pessoal* a todos os homens no centro das coisas e no regimento do mundo. Onde quer que se trate de bens relativos, mesmo dos bens mais elevadamente relativos, os bens culturais *espirituais,* uma tal autoridade e infalibilidade seria *radicalmente absurda.* Mas não seria menos absurdo, ao contrário, a *falta* de uma autoridade infalível em questões da graça em um mundo, que foi criador e é dirigido por um Deus sumamente bom e verdadeiro. Apesar de todos os bens culturais espirituais, a suposição de uma verdade *mais plena,* de bens que devessem se irradiar a partir de um ser essencialmente *único* e que, por isso, precisariam ser pura e simplesmente conservados, seria totalmente absurda. Só o bem absoluto e a verdade necessária da graça é constituída de tal modo, que ela - em meio ao pressuposto de um Deus pessoal - precisaria ser acessível ou bem *a todos ou a ninguém.* De tal modo que ela sempre precisaria ser válida por toda parte para qualquer um absolutamente (não, portanto, apenas como uma verdade a cada vez "a mais elevada" até aqui) e, por isso, também para toda a história futura possível e para todos os povos, classes, estirpes etc., ou não mereceria em geral ser *de forma alguma* reconhecida. Essas alternativas essenciais do reconhecimento e da recusa não possuem nada de historicamente casual; elas se seguem da essência (não primeiramente da realidade efetiva) do próprio estado de coisas a ser reconhecido. Os *tipos* essenciais de doações, de reconhecimentos da fé, estão aqui justamente ligados de maneira necessária com a essência dos objetos, aos quais se dirigem aqueles atos da doação, do reconhecimento, da fé. Quem não crê *absolutamente*, também não crê no ser *absoluto*. Quem não crê na ideia do estabelecimento omniabrangente da graça e em sua posse duradoura da verdade, também não crê seriamente na *bondade suprema de Deus*. Quem não considera sua religião absolutamente verdadeira, mas apenas uma religião relativamente a mais perfeita (na história até aqui), também não tem como acreditar que aquilo em que ele crê seria *um* Deus e um *Deus* pessoal etc. Unidade e unicidade, suma bondade e autoridade absoluta da Igreja (já como *ideia* essencial de igreja) são, portanto, traços característicos legitimamente essenciais da ideia "igreja", como a Igreja *de um* Deus pessoal sumamente bom.

Além disso, é preciso acrescentar a sentença anteriormente encontrada de que o caminho possível para Deus e para o originariamente sagrado (de um tipo maximamente elevado) não pode ser o caminho da "alma solitária", mas apenas a *convivência* no conhecimento de Deus, na crença em Deus, no amor a Deus, na oração e na veneração de todos os homens e de todas as partes histórico-temporais e socioconcomitantes da humanidade. E como o amor antecede ao conhecimento, então o *amor recíproco* daqueles que conhecem Deus e daqueles que estão ligados de maneira consonante a Deus *entre si* também é condição e fundamento de todo *conhecimento* e fé possíveis sob a forma da convivência. O que, de outro modo, portanto, não é encontrado ao menos na intenção de uma responsabilidade na graça solidária e mútua e de uma responsabilidade na graça pelo conhecimento de Deus, pode ser tudo – só não pode ser um conhecimento verdadeiro de *Deus*. Somente a partir desse princípio – a partir desse princípio de todos o mais desconhecido entre aqueles que exigem a "nova religião" – é que vem à tona necessariamente a ideia do *bem* da graça, que a igreja enquanto igreja, isto é, enquanto instituição, não no sentido de uma soma de crentes particulares, tem de guardar e administrar, entregando às almas. Os atos no espírito do homem, nos quais se funda o ser da autoridade, sim, nos quais a autoridade se constitui, são amor e confiança, e, em verdade, uma confiança compreensivelmente fundada na intelecção mais elevada e mais profunda da autoridade, em virtude de sua *virtude sempre visível e passível de ser sentida.* Ela não possui essa "dignidade" por meio das qualidades individuais e pessoais de seus "administradores", mas em virtude de sua origem como instituição, e, com isso, em virtude de todas as suas "filiais", por meio do Deus sagrado. Pois essa confiança absoluta não é nenhuma outra coisa - essa confiança que torna essencialmente diversa a autoridade ante todos os outros tipos relativos de autoridade, por exemplo, do Estado - senão o *prosseguimento* da postura espiritual fundamental, que o fenômeno do originariamente sagrado, do *homo religiosus* perfeito, exige de todo mundo circundante já exclusivamente por meio de seu *ser e essência* - e só em segunda linha por meio de suas obras: a prontidão para acreditar, *só* porque Ele o disse, uma vez que Ele mesmo é *em pessoa* a verdade que se tornou carne. A transposição *dessa* posição fundamental para a sua instituição visível, cuja cabeça invisível continua sendo Ele e na qual Ele se faz presente de maneira mística, é a única coisa capaz de tornar compreensível e justificável o fato de que esta e somente esta dentre todas as autoridades possíveis também pode *pretender* ser a mais elevada e o sacrifício mais perfeito e mais nobre no sentido mais rigoroso possível, que o homem pode realizar: o *sacrifício* livre de seu entendimento individual, o assim chamado *sacrifizio del intellecto.*

Esse sacrifício ou mesmo já a ideia desse sacrifício é, então, porém, ao que me parece, uma das ideias mais desconsideradas há muito tempo no mundo moderno, dentre ideias que pertencem à esfera de pensamentos religiosos mais antigos. Tudo o que ocorre conosco a partir de nomes como a "autonomia da razão", "liberdade de consciência" - na maioria das vezes no mais vago discurso e sem um conceito claro, determinado - parece se construir contra isso, sim, gritar contra isso. E uma vez que se trata já de um problema extremamente interessante para o ético mundano, para o genealogista e para o historiador da moral, como é, afinal, *possível,* que toda a humanidade cristã mais antiga não tenha visto nesse "sacrifício", por exemplo, apenas uma ação arrancada de maneira contrafeita por meio da indigência, da angústia, do temor diante de consequências terrenas e punições eternas, sacrifícios que precisariam ser feitos eventualmente, a fim de evitar danos maiores para si mesmo e para o todo da comunidade, *não* um "mal necessário", mas muito mais o contrário, uma ação em si extremamente meritosa e divina, de maneira totalmente particular altamente valiosa aos olhos de Deus?! Isso, porém, é mais do que estranho! Como é, afinal, que aquilo que é no fundo considerado nos círculos da cultura europeia atual como "sentido de escravo ignominioso", como "submissão infantil", como "abandono desprezível da própria razão" e da própria consciência autônoma, pôde ser experimentado e vivenciado outrora como sendo precisamente o contrário de maneira efetiva e totalmente originária? Como é que essa subordinação do entendimento como sacrifício livre maximamente meritoso – pôde se encontrar na *mesma* linha que *todos os outros* "sacrifícios", por exemplo, da vida, da honra, da propriedade, dos quais mesmo o homem moderno não toma nenhuma distância, para confessar que eles precisariam ser sacrificados caso a caso em nome da própria convicção e de outros bens supremos? Somente como um tal sacrifício livre ainda *mais elevado* e, por isso, de um tipo mais plenamente meritoso? Como é que uma tal transvaloração radical de um comportamento humano foi possível?

Ora, mas a distância – ao que parece – entre a vivência e o sentimento efetivamente reais do homem moderno e do homem cristão mais antigo não é de modo algum tão grande assim. Pois de início é por detrás de uma série de *incompreensões* pesadas que se esconde o sentido desse modo de experimentar e dessa alta avaliação do *sacrifizio*, isto é, para o homem de hoje.

Em primeiro lugar, deveria ser um *sacrifício*, isto é, uma entrega *livre*, sim, feliz de algo, que se sente precisamente como detendo um *valor elevado* e *positivo*; sim, como um sacrifício supremo aparecia o ato, como mais elevado, por exemplo, do que o sacrifício da vida e da honra – que a razão e a convicção individuais já podem oferecer em virtude de sua autoconservação –, uma entrega livre justamente dessa *razão mesma* individual. Esse pensamento pressupõe, portanto, precisamente uma alta avaliação eminente justamente dessa razão individual enquanto o *lumen naturale*, enquanto a luz natural de Deus, irradiando em todas as almas, um puro e forte sentimento de posse nela e uma profunda confiança em sua força. Pois de que outro modo esse ato da entrega da razão individual à autoridade deveria se mostrar, afinal, como um *sacri-*

fício e, até mesmo, como um *sacrifício supremo*? Portanto, o que se encontrava à base da ideia e da valoração do *sacrifizio* não era justamente o menosprezo, um fraco sentimento de posse, uma desconfiança da razão ou uma imaturidade de sua formação, ou ainda, respectivamente, uma imaturidade da consciência de suas forças; não era ao mesmo tempo uma fácil docilidade e influenciabilidade que se seguia daí, nem tampouco um sentido de rebanho infantil - tal como os modernos supõem de maneira não examinada como totalmente "óbvio". Do mesmo modo, o ato não deveria expressar meramente uma superposição do todo da Igreja sobre o indivíduo. Pois precisamente o indivíduo, a pessoa individual e a alma enobrecem ao máximo a *si mesmos* nesse sacrifício de sua parte racional mais elevada. A conservação da unidade da fé é apenas uma consequência, não a finalidade subjetiva desse fazer nobre.

Em segundo lugar: o sacrifício não deve ser aqui - tal como os modernos supõem - uma transigência daqueles que obedecem à autoridade, que aconteceria apenas ocasionalmente e *ad hoc* e que emergeria do oportunismo, uma transigência que se daria às custas da própria consciência e da própria razão. Tal transigência só poderia se basear - psicologicamente - ou bem sobre o poder da sugestão por parte da autoridade, ou bem sobre a manutenção secreta dessa convicção, ligada com a confissão mendaz, com o enunciado mentiroso ou com o silêncio vergonhoso quanto às coisas mais elevadas e em meio a um saber melhor[191]. Com certeza, é preciso admitir que tal comportamento com frequência se refugiou sob o nobre nome do *sacrifizio*; e, com certeza, também é preciso admitir que membros da Igreja, que vivem em meio ao mundo moderno, por exemplo, em universidades, e que já portam em si o *ethos* moderno da autonomia, chegam facilmente a essa postura lastimável, sim, desprezível, quando entram em conflito com a autoridade. O *verdadeiro sacrifizio*, porém, é algo *completamente*

---

191. Cf. as exposições precisas de Josef Mausbach em seu pequeno ensaio "Akademische Lehrfreiheit und kirchliches Lehramt" [Liberdade de cátedra acadêmica e atividade de ensino eclesiástico], n. 11 e 12 da revista *Die Hochschule*. Esse ensaio está voltado contra algumas incompreensões de A. Messner em seu ensaio "Über akademische Lehr- und Lernfreiheit" [Sobre a liberdade de ensino e de aprendizado acadêmica], n. 7 da "Hochschule".

diverso e essencialmente diferente. Ele é uma *prontidão volitiva* à subordinação à autoridade que só é possível junto à mais poderosa autonomia da própria razão e da própria consciência com vistas a todas as questões valorativas que *não* tocam nas coisas relativas à graça, *prontidão essa* sistemática, isto é, que não diz respeito ao ato particular da razão *ad hoc*, mas à razão como um *todo*, uma *prontidão* livre, *levada a termo ela mesma ainda com base na autonomia da razão em relação ao mundo*. Trata-se aqui de uma *prontidão* livre da vontade para se submeter à pretensão da autoridade de interpretar e fixar as regras supremas da fé e da moral no sentido de seu instituidor. E essa prontidão autônoma e livre à subordinação e à obediência baseia-se uma vez mais sobre a mesma convicção ainda *conforme à razão*, sobre a convicção de que somente por meio de uma *convivência* da comunidade religiosa e eclesiástica (com base no primado do amor alternante de todos os seus filhos em Deus em relação ao conhecimento racional de Deus), e de que somente por meio do reconhecimento livre da instituição eclesiástica enquanto uma instituição solidária da graça seria possível conquistar um conhecimento das coisas divinas *em geral*. Não é, portanto, uma "consciência" fraca, transigente ou facilmente sugestionável, ou mesmo uma "razão" fraca, flexível, o que constitui o pressuposto desse ato, mas antes um outro *conteúdo* de consciência e de razão, que diz respeito à questão acerca dos *caminhos possíveis* até as coisas divinas – caso se queira, uma outra teoria do conhecimento religioso.

E, finalmente, *em terceiro lugar*: *não* são subordinados e sacrificados os *princípios ideias objetivos*, as formas e as ideias da razão – no sentido do Λόγος material-ideal, que forma inteiramente todas as coisas –, mas é subordinada a *faculdade* subjetiva, individual, humana, capaz de errar, a capacidade de assegurar para si esse Λόγος. A consciência constante dessa capacidade de errar, porém, contém por meio do reconhecimento da queda e do pecado original – reconhecimento *sem* o qual, como vimos, todo teísmo já se mostra claramente como um disparate diante da razão – necessariamente também uma consciência da *inclinação* para o erro e para a ilusão por parte do homem; e isso tanto mais quanto mais perfeitas e quanto "mais elevadamente" as coisas se encontram na escala hierárquica da ordem valorativa, as coisas que se encontram aqui essencialmente em questão.

A funcionalização histórico-mundial do espírito humano e uma "nova religião"

A expectativa e a exigência de uma "nova religião" foi rejeitada por mim até aqui por razões que já pressupõem o teísmo, mas que coposicionam, com isso, necessariamente a revelação. Pois um teísmo sem revelação é um *non-sens*, exatamente como um teísmo sem queda.

Mas - apesar de não considerarmos como possível a demonstração da existência de um Deus pessoal e de, contudo, tomarmos como perfeitamente possível a sentença segundo a qual Deus precisaria ser pessoa, se é que Deus se mostra como um *summum bonum* - uma sentença que torna necessária ao menos junto à cognoscibilidade natural da existência da divindade enquanto *summum bonum*, enquanto espírito e razão eterna etc., em geral um *posicionamento* em relação a uma possível revelação -, então, ainda há também séries totalmente diferentes de razões, que impelem a tornar, se não ilusória, de qualquer modo extremamente improvável a ideia de uma nova religião.

Uma primeira série reside em uma tendência de desdobramento do espírito humano, que se confirma para nós em todas as séries históricas de desenvolvimento da existência dos povos e que tem seu fundamento derradeiro naquilo que denomino o *envelhecimento da humanidade enquanto gênero*[192].

Nós possuímos até aqui apenas inícios muito módicos de uma teoria do conhecimento e de uma teoria da vivência daqueles objetos, que pertencem segundo o seu conceito conjunto à esfera do mundo do "sagrado". A maior parte de toda a teoria do conhecimento de nosso tempo é propriamente apenas uma teoria

---

192. O fato de também espécies (não apenas indivíduos) nascerem (nascimento de espécies), envelhecerem e morrerem (morte das espécies), e, em verdade, não por meio de catástrofes externas, mas por meio de causas imanentes, é talvez contestável. A sentença não pode ser comprovada aqui.

da ciência, que se considera, contudo, apesar disso, avalizada a determinar e esgotar por meio da questão de saber como a "ciência" seria "possível", o *todo* do espírito humano cognoscente. Além disso, na medida em que não se vislumbrou ao mesmo tempo a região do *a priori* no *logos* que vigora através do *ente* mesmo como a quintessência de todas as essencialidades e de todos os nexos essenciais, mas se interpretou essa região como estrutura fixa de uma "razão" subjetiva e de suas funções - de uma razão, que não admite nenhuma diversidade essencial entre os portadores dos grandes círculos culturais, nos quais a humanidade se decompõe, assim como não admite tampouco um desdobramento histórico verdadeiro, uma transformação, um desenvolvimento da faculdade subjetiva de conhecimento –, então já se torna sem sentido a *questão* de saber se, afinal, não haveria órgãos e funções de conhecimento subjetivos diversos e de tipos diversos, que se acham subordinados a esferas diversas de realidades possíveis; que não se deixam reduzir uns aos outros e que, apesar de uma imutabilidade do *logos* objetivo, também poderiam ser distribuídos de maneira diversa e em graus diversos pela humanidade: 1) Pelas diferentes raças humanas e pelos diferentes círculos culturais; 2) Pelas *fases* da vida das grandes culturas, em última linha de toda humanidade e de suas partes. Caso se abandone esse preconceito de um *a priori* subjetivo, então as forças cognitivas poderiam ser distribuídas de tal modo que sempre e a cada vez essas raças, esses círculos culturais e essas fases históricas também teriam de realizar sempre e a cada vez algo *específico* que só lhes caberia para o conhecimento de *toda* a realidade efetiva, algo para o que outros círculos e outras fases da história *não* poderiam ajudar. Os outros círculos e fases só estariam em condições e só teriam um compromisso de assumir e de conservar aquilo que foi um dia encontrado por *um* grupo. Se as coisas se mostrassem de tal modo que só a humanidade como um *todo* portaria em si ou conformaria em si sucessivamente no transcurso conjunto de sua história a plenitude das capacidades de conhecer exaustivamente *toda a realidade efetiva*, então também seria francamente absurdo, caso se quisesse transformar uma parte desse todo histórico-social no juiz definitivo sobre o todo. Isso seria válido ao menos para a *região* do conhecimento, até o ponto em que o que está em questão não é a legislação lógica sobre correção e falsidade (que a doutrina do conhecimento até aqui tomou de maneira tão unilateral por objeto), mas a matéria-prima e as fontes doadoras de matéria da intuição, da "experiência" - no sentido mais amplo, não sensualista da palavra. O apriorismo subjetivo da filosofia do Esclarecimento cristalizou por assim dizer a ideia do espírito humano, transformando-o em uma "razão" sempre igual. Caso suponhamos, porém, tal como fazemos, que justamente aquilo que se mostra hoje como uma lei funcional "rígida" do pensamento, como suma conceitual de "formas" do conhecimento, estava outrora em fluxo e só se formou em meio à atividade junto a campos *materiais* oriundos de uma função cognitiva ainda menos diferenciada, então não há nenhuma teoria do conhecimento, que não tivesse de encerrar em si ao mesmo tempo uma *teoria do desdobramento e* uma *doutrina estrutural sociológica* do espírito humano, ou, de qualquer modo, que não passasse imediatamente para ela por si mesma, contanto que a essência mais formal do "ato cognitivo" estivesse algum dia determinada. Quase não preciso dizer, nesse caso, que nós estamos muito distantes de recair nos erros que são peculiares ao empirismo tradicional e ao positivismo sensualista de Comte, Mill e Spencer. Pois seu erro é efetivamente a eliminação da diferença maximamente fundamental para toda a filosofia entre o que é essencialmente *a priori* e o que é contingentemente *a posteriori* (indutivo) em geral. Uma lei funcional espiritual nunca pode se formar por meio de uma "adaptação" qualquer "do espírito" a *fatos casuais*, isto é, a fatos tais que pertencem à esfera de uma observação e universalização indutivas. A conclusão de que uma tal lei funcional precisaria, por isso, ter pertencido ao *dote originário do espírito*, é, contudo, falsa. Pois ela também pode ter sido conquistada originariamente por meio de uma visão das essências - ou seja, do mesmo modo por meio de uma espécie de *recepção*; ela não precisa, portanto, seja por meio de uma produção espontânea (Kant), seja em virtude de uma espécie de inatismo (*idea innata*), advir ao espírito.

Caso apliquemos esses princípios de uma doutrina do conhecimento, que não tem como ser fundamentada aqui, para a nossa área, então precisaremos formular a questão de saber se as funções materiais e doadoras de conteúdo e os órgãos cognitivos para os objetos oriundos da esfera do *sagrado em geral* - nós nos abstraímos nesse caso de início completamente do verdadeiro e do falso - advêm ao espírito humano efetivamente de maneira homogênea e no mesmo grau em todos os tempos, como se está inclinado a pressupor. Sim, ainda mais: se não seria talvez em consequência dos mesmos processos que formaram o "entendimento" do homem, isto é, o órgão civilizatório propriamente dito para a organização e domínio do lado mecanicamente dirigível do universo exterior e interior, que órgãos do conhecimento e das vivências *configurados de outro modo* - mas não menos aptos para o descerramento de realidade e por assim dizer legitimamente "conclamados" - teriam decaído e experimentado *uma involução* paulatina.

Afastemos a princípio alguns preconceitos. O mero desejo de comprovar que todo e qualquer conhecimento se encontraria em um progresso incessante levou com frequência a que se restringisse desde o início a *esfera* do cognoscível a tudo aquilo que mostrou de fato um tal progresso constante em termos do conhecimento. Tanto as teorias positivistas da religião quanto todos os tipos dos assim chamados agnosticismos (mesmo o agnosticismo apenas teórico de Kant) são uma prova disso. A teoria positivista da religião (e a teoria do conhecimento em geral) não decaiu, em verdade, no erro da cristalização do espírito humano por meio da suposição de um *a priori* subjetivo "eternamente" válido. Sua doutrina do conhecimento encontra-se, por isso, na *mais estreita relação* com a sociologia e com a história do desenvolvimento da humanidade. *Esse é o seu mérito* em relação à teoria do conhecimento de Kant. No entanto, na medida em que a doutrina positivista do conhecimento - em consequência de seu ponto de partida sensualista - reduz a esfera do que é passível de ser sabido à esfera do saber continuamente progressivo, a disposição religiosa da humanidade torna-se para essa doutrina mesma - não apenas enquanto capacidade de preenchimento da nostalgia religiosa do homem por meio do conhecimento de Deus, mas já enquanto tal *nostalgia mesma*, sim, enquanto necessidade e aspiração por um saber derradeiro absoluto do fundamento do mundo - uma categoria apenas *histórica*, isto é, um atavismo para o "homem moderno" avançado da época "positivista" (diferentemente do homem da época teológica e metafísica)[193]. O erro fundamental do positivismo como filosofia da história do saber não se encontra simplesmente presente sem mais, lá onde seus inimigos frequentemente o procuraram: ele não consiste em sua suposição de que o "sentido religioso", o órgão do conhecimento religioso do homem (e não menos também o sentido completamente diverso desse órgão que também marca a admiração metafísica) no curso da história da humanidade - e, em particular, da humanidade europeia ocidental -, teria sido submetido a uma certa *involução*. Em limites que precisam ser traçados exatamente, essa suposição é correta. O erro mais importante consiste antes no fato de que se pressupõe em um primeiro momento mesmo a nostalgia religiosa (em última linha fundada no amor de Deus idealmente ainda indeterminado), a necessidade de questionamento religioso tanto quanto metafísico, assim como o problema religioso e metafísico como se eles estivessem submetidos a uma involução do mesmo modo que a capacidade positiva do homem de satisfazê-lo por meio do contato vivo e intuitivo com o ser transcendente; e no fato de que, a partir da involução *fática* dessa capacidade do conhecimento e da assunção de contato com o absoluto, se (a única coisa realmente decisiva!) retira a conclusão totalmente injustificada de que a tudo aquilo que uma humanidade mais primeva tinha encontrado em sua capacidade mais viva de uma abertura espontânea e cognitiva do transcendente não caberia nenhuma verdade *definitiva*, independentemente do lugar de descoberta e das transformações posteriores da estrutura espiritual do homem histórico, e nenhum valor cognitivo derradeiro. Pois justamente então não se poderia retirar, a partir da involução não equivocadamente vista pelo positivismo do órgão do conhecimento religioso no homem (europeu), simplesmente a conclusão da nulidade do conhecimento religioso, mas (se é que outras razões falam em favor do fato de que o conhecimento religioso tanto quanto o metafísico seria *em geral* possível e efetivamente real) a conclusão oposta: a humanidade mais antiga e posterior, na qual esse órgão decaiu cada vez mais sob o domínio de uma involução, tem de *preservar na crença* aquilo que outrora foi *visto* e *experimentado*

---

193. Texto: cf. a crítica a essas doutrinas positivistas no ensaio "Sobre a filosofia da história positivista do saber". Índice bibliográfico, n. 19 (1). OC, vol. 6.

pela humanidade mais primeva em termos de realidades transcendentes. E, além disso: a humanidade respectivamente mais velha, em função de sua posição e de sua adaptação sempre intensificadas do espírito aos níveis apenas relativos e mais relativos da existência (e da formação daí resultante dos órgãos espirituais da vontade compreensiva de direção e ordem do mundo), tem de assumir a tarefa por assim dizer mais *pedagógica e técnica*, com base em *seu* sentido particular de determinação, de *cunhar* verdadeiramente tudo isso que diz respeito a valores e verdades na realidade efetiva frágil desses níveis mais relativos da existência, o que a humanidade mais primeva, em função do mérito de *sua* disposição espiritual em relação ao ser absoluto, tinha *conquistado* e *vislumbrado* em termos de valores e verdades. A ideia *de uma conformidade a leis de uma divisão de funções histórico-mundiais no conhecer, querer e valorar da humanidade mais primeva e mais velha*, com base no sentido particular de determinação das grandes fases de desenvolvimento da humanidade em direção a *tipos* e modos de conhecimento específicos, e de uma divisão de funções do tipo particular, segundo o qual a cognoscibilidade subjetiva de todo existente em geral se movimentaria em meio ao envelhecimento da humanidade na direção que sairia do estágio existencial absoluto até chegar a estágios existenciais mais relativos – essa ideia não veio à mente do positivismo nem mesmo como hipótese possível. Movidos e determinados por uma *direção* totalmente particular *europeia*, sim, *europeia ocidental, do espírito*, direção essa na qual eles acolheram *toda e qualquer* realidade efetiva histórica, e, além disso, inseridos da maneira mais unilateral possível na parte que, mesmo se encontrando no interior dessa envergadura apenas, se mostra como *progressiva*; além disso, abstraindo-nos completamente daquilo que se acha encerrado no *ânimo* do homem mesmo em termos de funções cognoscentes ("cognitivas")[194] em relação aos outros atos cognoscentes que costumamos denominar o "entendimento", as pessoas não se perguntaram se *à direção* positiva *de desenvolvimento*, que apresenta *uma* parte das forças cognitivas (não apenas dos resultados que se acumulam) do homem, não poderia *corresponder* uma direção de *decadência* oposta ou

194. Texto: cf. acima, p. 386s.

uma direção de involução de uma outra parte das forças cognitivas humanas, de tal modo que progresso e decadência representariam eles mesmo apenas lados de um e *o mesmo* processo *peculiar de transformação* da totalidade do espírito humano.

Este dogma assumido sem comprovação do progresso da humanidade mesmo em relação à problemática da metafísica e da religião conduziu a filosofia positivista a toda uma série de concepções equivocadas, das quais só nomeio aqui algumas.

1) Caso se desconheça a peculiaridade do órgão do conhecimento especificamente religioso, então também se precisará desconhecer por princípio todo o mundo das categorias religiosas (revelação, iluminação, graça, vaticínio etc.) em toda a sua significação. Sim, precisar-se-á finalmente considerar a religião como uma espécie de explicação científica imperfeita, primitiva do mundo e da natureza, e, em consequência disso, que todo aperfeiçoamento e todo progresso da ciência precisaria eliminar a cada vez uma parte da consciência religiosa[195]. O fato de a religião se movimentar por natureza sempre em torno de *um* objeto, que está constitutivamente vedado para a ciência positiva e que, segundo o seu lado valorativo a cada vez *primariamente* dado, é demarcado pela categoria valorativa imutável do *sagrado*, e, segundo a sua existência, por meio da categoria do ser absoluto e infinito – um objeto, ao qual correspondem *posturas* do ânimo humano e da capacidade do conhecimento por parte do sujeito em relação à sua experiência possível, posturas que não são apropriadas para nenhuma coisa finita e que no máximo podem ser deduzidas por meio de coisas finitas como meios de apresentação e modos de vinculação do divino – foi completamente desconsiderado. E, assim, também se desconsiderou o *princípio* fundamental para toda a concepção da história da religião *da coesão e da autonomia da experiência religiosa e de seu objeto.*

2) O fato de que podemos fazer ainda experiências valorativas muito determinadas e características, ainda que as representações

---

195. Cf. COMTE, A. *Sociologia*, vol. I, cap. 6. Versão alemã de V. Dorn. Iena, 1907.

e os pensamentos sobre essas coisas nos faltem ou sejam indistintos e confusos em comparação com as impressões valorativas ainda distintas e claras; o fato de que, porém, em todos os casos, nossa relação emocional com o transcendente *precede* a todas as formações de ideias desse transcendente e rege e dirige essa formação – de que, ao mesmo tempo, nosso "ânimo" é por natureza mais ilimitado e mais abrangente na amplitude de sua *assunção valorativa* da existência do que nossa percepção e nosso entendimento – esse fato também foi do mesmo modo deixado sem consideração.

3) A construção positivista da história do desenvolvimento da religião, de acordo com a qual fetichismo, animismo, magia, xamanismo em geral teriam formado o início do desenvolvimento religioso, sendo que a partir deles, porém, as formas mais diversas do politeísmo e, finalmente, por meio de uma preponderância em autoconstrução de um dos deuses em que se acreditava, teriam se desenvolvido por diversas vias (p. ex., "animação" de regiões da natureza como um todo ou da veneração de antepassados) o henoteísmo e o monoteísmo, é algo que não é nem de longe induzido apenas pelos fatos históricos[196]. Trata-se quase exclusivamente de uma construção, que gostaria de inserir interpretativamente na história da religião o mesmo "esquema de progresso", que encontramos no interior da ciência exata europeia ocidental. Trata-se de uma construção, que se serve por toda parte do falso princípio de que uma visão de mundo cresceria a partir da conquista de impressões particulares em função de leis de associação (de que nem toda experiência particular ressurgiria por meio da análise de impressões totais originárias); assim como do princípio não menos falso de que estaria na dação do ente todo aquele ingrediente antropopático que se mostraria como preponderante para os elementos ainda sensíveis desse dado. Os dois princípios já são

196. A doutrina positivista é completamente abalada pelo nosso conhecimento atual dos primitivos alcançado por meio de ciência da religião, em particular dos povos pigmeus, conhecimento esse que remete, por sua vez, para um monoteísmo originário. Cf. LANG, A. *The Making of Religion*. Londres, 1898. • SCHMIDT, W. *Der Ursprung der Gottesidee* [A origem da ideia de Deus]. Münster, 1912.

falsos[197] para a percepção sensível natural mais simples. Eles transformam-se nas fontes de erros mais toscos, quando são aplicados à experiência religiosa. Mesmo o mais primitivo "fetiche" apresenta a essência indedutível do divino, por mais desajeitadamente que isso possa acontecer, como uma esfera total da existência absoluta, dotada com todos os traços característicos do sagrado. Esse fetiche é sempre apenas uma espécie de abertura, por meio da qual aquela *totalidade* da existência absoluta sagrada é visada na intenção religiosa e (como quer que isto aconteça) sentida e intuída - não uma coisa natural isolada, para a qual o homem que a contempla só teria "sentido empaticamente" ou "vivido" uma vitalidade anímica qualquer. Os mesmos "fatos" da pesquisa etnológica e histórico-religiosa assumem - tal como aqui não tem como ser mostrado - um sentido *toto coelo* diverso, mas em geral em um primeiro momento um *sentido* religioso, quando nós mesmos partimos junto a essas formações religiosas primitivas do pressuposto de que uma revelação total por assim dizer penetrante de todos os lados e por meio de todos os tipos de veículos no homem, uma revelação total natural e em si idêntica da realidade absoluta nos diversos tipos de associações humanas (povos, raças etc.) e indivíduos é acolhida, escolhida, articulada e ulteriormente unificada em um todo por meio de racionalização e sistematização das intuições religiosas isoladas com o conteúdo da consciência de resto ligada ao mundo e à alma. Os *níveis hierárquicos da revelação*, em particular o conhecimento do *conteúdo* da revelação como conteúdo interno da *revelação* de um Deus pessoal, conhecimento esse que só se iniciou com o Antigo Testamento no judaísmo, e a *verdade* específica dessa revelação diferentemente em primeiro lugar de uma revelação apenas "suposta" e, em segundo lugar, de um valor de salvação apenas

---

197. Para esse princípio é preciso introduzir o resultado conjunto concludente das investigações fenomenológico-experimentais e psicológico-experimentais voltadas para a percepção, que foram realizadas por Husserl e seus alunos, e, além deles, por Külpe, Bühler, Wertheimer, Köhler, Kofka, Grünbaum, Jaensch, Von Hornbostel etc. Uma primeira visão panorâmica sobre os principais resultados dessas pesquisas foi propiciada pela obra de A. Messer, *Einleitung in die Psychologie* [Introdução à psicologia] e na série de ensaios de Kofka sobre a *Psychologie der Wahrnehmung* [Psicologia da percepção] na revista *Die Geisteswissenschaften*, 1914.

relativo de outras revelações no mundo dos povos, não são colocados minimamente em questão por meio da suposição de uma *revelação natural universal.* Desde sempre a religião cristã precisou "relativizar" a revelação do Antigo Testamento, na medida em que ela precisou distinguir em primeiro lugar o puro conteúdo da revelação do Antigo Testamento do nível do saber mundano da natureza e da história que se encontra do mesmo modo nele[198], e, em segundo lugar, na medida em que vê dada a autorrevelação perfeita e intransponível de Deus apenas e exclusivamente em Cristo, como o *consumador* da história da graça. Além disto, a Igreja cristã possui no conceito da *revelação originária* uma categoria que, corretamente interpretada, conduz por si mesma à nossa concepção - contanto que o *novo material* descomunal da história da religião seja reconhecido, material esse que permaneceu velado em tempos mais antigos. Esta é apenas uma questão material da aplicação das categorias doutrinárias dadas, não uma nova categoria. A suposição de germes verdadeiros de revelação mesmo em outras religiões, que se encontram fora do nexo histórico religioso do desenvolvimento judaico-cristão, não refuta *nenhuma* ideia essencial da doutrina cristã eclesiástica e apenas fortalece a verdadeira "catolicidade" da Igreja, a cujos princípios pertence nunca rejeitar pura e simplesmente algo verdadeiro pelo fato de que ele é ou bem algo verdadeiro apenas *inadequadamente*, ou bem apenas verdadeiro em relação a objetos (p. ex., divindades populares) faticamente relativos à existência (mas ainda inconscientes para os homens em questão), ou bem mesmo porque o objeto determinado, para o qual vale a verdade em questão (é o que acontece, p. ex., quando a instauração divina, que se chama ordem moral do mundo, é man-

198. Para esta distinção vale como princípio supremo a unidade e a harmonia essencialmente necessária da revelação e da verdade da graça por um lado, e, por outro lado, a sabedoria racional do mundo. Esse princípio é empregado de maneira falsa (no sentido de um falso conservativismo), quando o saber mundano progressivo é simplesmente medido com aquilo que foi considerado até aqui como um saber da revelação não misturado, "puro". Pois precisamente para essa purificação da verdade da graça no livro sagrado das imiscuições do saber mundano em geral é que o saber mundano progressivo tem o significado *positivo* independente de seu próprio valor de verdade, o significado de um *meio de redução* de toda revelação meramente suposta ao seu conteúdo "puro".

tida para Deus mesmo, como no "céu" dos chineses), ainda não é claramente consciente. No entanto, é quando algo falso está misturado com algo verdadeiro, por exemplo, quando muitas coisas são assumidas como um conteúdo da revelação, que não possuem conteúdo algum revelado, que isto acontece menos; ou quando algumas coisas verdadeiramente consonantes com a revelação (segundo o seu valor em termos da graça) aparecem como assentadas em um conhecimento falso ou imperfeito do mundo. A especificidade e a "exclusividade" supranaturais da revelação judaico-cristã, que teólogos[199] liberais cristãos estão com frequência inclinados a tomar como um critério essencial duradouro de toda teologia positiva (da católica tanto quanto da protestante), são, segundo o espírito, apenas um traço característico da teologia protestante positiva de proveniência luterana e calvinista[200]. Até o ponto em que essa concepção também se mostra vez por outra como própria mesmo para a "ciência católica", ela não está fundada no conteúdo doutrinário imutável da Igreja, mas na estreiteza do *material* histórico-religioso, com o qual se trabalhou durante séculos.

4) Não é menor o erro do positivismo quanto à história do desenvolvimento do espírito humano (e, nessa história, da religião), que emerge da generalização falsa de determinadas tendências de desenvolvimento da *era capitalista* preferencialmente do *Oeste Europeu* em direção ao desenvolvimento passado e futuro de toda a humanidade. A teoria positivista da história é apenas a autoconcepção histórico-mundial da burguesia europeia ocidental, na qual o "espírito capitalista" também determinou por si os ideais do conhecimento e da moral. Ela não é apenas – tal como também o é a teoria da história de Hegel e de Hartmann – um "*europeísmo*" unilateral, isto é, uma avaliação e um julgamento da história universal do homem a partir de formas ideais e formas valorativas

199. P. ex., Ernst Troeltsch.

200. Isto fica maximamente visível junto à tomada de posição desta teologia em relação à sabedoria do mundo e à religião antigas. Essa é uma tomada de posição marcada pela inteira recusa e que nunca consegue compreender a sabedoria antiga que ganha voz com Orígenes e Clemente como *estágios prévios* pedagógicos para as verdades do cristianismo.

só válidas na Europa e por princípio perecíveis com a sua cultura; além disto, ela é ainda uma filosofia de *classes* característica do empreendedorismo burguês industrial moderno, que subordina ao desdobramento do poder econômico e apenas a esse desdobramento de poder todos os outros valores, um empreendedorismo com o qual ela nasceu e com cuja expulsão do papel de direção dos povos e dos Estados ela desaparecerá. O que não passa de uma *distração* meramente episódica e – dito em termos da história do mundo – momentânea do espírito (*apenas* do espírito europeu e humano) em relação à sua determinação religiosa, a saber, o direcionamento exclusivo desse espírito para o *savoir pour prévoir* (saber para prever) com fins da instituição e do controle técnico do mundo, foi considerado pela filosofia positivista como uma tendência de desenvolvimento própria a todos os homens, que se imporia cada vez mais no futuro.

Como as disposições espirituais para o conhecimento religioso dos poderes transcendentes decai historicamente por meio de uma diferenciação cada vez mais ampla das forças espirituais e por meio da conquista crescente *de domínio* por parte de um "entendimento" tecnicamente significativo, mesmo as condições e as formas de vida *sociais*, que condicionam necessária e concomitantemente a origem de novas religiões, foram cada vez mais dissolvidas precisamente em e por meio do "progresso da civilização". O caminho da comunidade vital até associações sociais voltadas para finalidades e para classes, caminho esse que – como F. Tönnies[201] mostrou de maneira tão profunda – foi tomado por todas as associações sociais humanas, já exclui os pressupostos sociológicos necessários, sob os quais uma nova religião poderia surgir. É por isso que todas as tentativas mais recentes de uma formação de dogmas religiosos e de uma instituição de autoridades religiosas, tal como essas tentativas foram empreendidas por A. Comte, Hegel, Von Hartmann, fracassaram tão *completamente*. Assim, mesmo aqui, não pode ser outra senão essa a tarefa de uma humanidade atual e futura: *conservar*, vivificar e reformar as grandes formas comunitárias abrangentes

---

201. Cf. TÖNNIES, F. *Gemeinschaft und Gesellschaft* [Comunidade e sociedade]. 2. ed.

que foram criadas pela religião em tempos mais antigos - uma vez que algo assim ainda era possível - e que só ela podia criar, e, no caso extremo, *ligá-las umas às outras* de maneira mais profunda e mais poderosa por meio de aspirações eclesiásticas de união.

Esses pensamentos sobre a improbabilidade das assim chamadas "novas religiões" no interior da história futura da humanidade, porém, só espantarão ou só encherão de humores pessimistas aquele que não conseguir tomar pé nas diferenças *essenciais* fixadas neste livro entre o conhecimento religioso, o conhecimento filosófico e o conhecimento científico positivo; aquele que ou bem queira transformar, tal como o positivismo, as disposições duradouras estabelecidas com o espírito humano mesmo para esses três tipos de conhecimento (que, com certeza, podem ser vez por outra reprimidos ou velados, mas nunca podem ser isolados uns dos outros ou substituídos uns pelos outros) em *fases de um desenvolvimento* histórico da humanidade, ou bem queira deixar a religião imergir (gnosticamente) na filosofia - sem levar em consideração o fato de que toda religião tem sua *origem* e sua media autônoma em *tipos essenciais* peculiares da humanidade pessoal (no *homo religiosus*).

Além disto, ficarão espantados e tristes aqueles que não se dispuserem a reconhecer a *divisão funcional da história mundial* do espírito humano entre a aquisição dos fundamentos religiosos da vida e a *construção técnica* das ideias fundamentais outrora adquiridas em meio à realidade efetiva terrena (com base na pesquisa compreensiva) do mundo.

Quem evitar esses erros terá para si a tarefa de *conservar* o capital em termos de bens religiosos, que existe de maneira vital entre nós, voltando-se, porém, de maneira mais pura, mais nobre e valorosa do que a falsa ideia de querer inventar aí onde a *única* coisa que se precisa e se poder dizer é:

> O verdadeiro já tinha sido há muito encontrado,
> Uma nobre espiritualidade articulado,
> O antigo verdadeiro o toca.
>
> Goethe

IV
A ideia cristã do amor e o mundo atual

Uma conferência

É inerente a todo espírito humano saudável a capacidade de considerar os mesmos acontecimentos do mundo a partir das alturas fundamentalmente diversas de sua perspectiva espiritual. Mesmo o violento espetáculo da guerra que se abateu de maneira feroz sobre nós encontra-se sob o domínio desta regra. A voz de nosso coração não nos deixou e não nos deixa nenhuma escolha quanto a decidir qual destes níveis elevados tínhamos de assumir quando a guerra começou, qual delas temos ainda hoje de assumir, na medida em que participamos ativamente de maneira direta ou indireta, no campo ou em casa, de sua dura condução. Nosso coração falou em primeiro lugar de maneira clara a palavra: *Alemanha*! Cheios de uma gratidão calorosa, que sempre brota novamente, por aquilo que nosso corpo e nossa alma deu e dá diariamente a esta terra amada, nós nos sentimos até as raízes mais profundas da existência como o construto de seu solo e de sua história. Com um sentido modesto, reconhecemos o bem assim como a restrição necessária ao fato de Deus ter entretecido imediatamente de modo indissolúvel as nossas almas criadas imediatamente por Ele mesmo na história desta terra e no destino da Alemanha. Assim, não pôde restar para nós nem tempo, nem tranquilidade, para assumir uma outra direção espiritual do olhar para os eventos mundiais do que aquela que designa a expressão "Alemanha". Para onde quer que a mais múltipla indigência tenha precisado dirigir dia a dia o olhar de cada um de nós, para o passar de nossos amores, de nossa família, de nossos amigos, parentes, companheiros de vilarejo, cidade, estirpe, para a indigência econômica própria e alheia do presente e do futuro - todos esses raios visuais particulares alternantes de um nível inferior permaneceram enlaçados por *uma* irradiação clara e firme de nosso espírito: Alemanha é a sua direção! E é assim que as coisas devem e precisam permanecer por um longo tempo, até que uma paz venerável seja digna de nós. Ainda não temos nenhum direito enquanto seres *práticos* ativos a fornecer ao nosso olhar um nível elevado que - abstraindo-se da mitigação do sofrimento individual com a guerra - lance o olhar para além das ameias vigentes do burgo ainda sempre, graças a Deus, intacto chamado "Alemanha". Ainda não temos nenhum direito de cuidarmos *praticamente* do mundo em um sentido qualquer.

Por mais verdadeiro que isto seja, porém, também podemos *pensar no mundo* naquelas horas silenciosas, uma vez que o cuidado prático com a Alemanha nos oferece o ócio: no *mundo*, para o interior de cuja totalidade e unidade o mesmo criador, que criou imediatamente o mundo e nossas almas, nos transpôs, para que pudéssemos amá-lo, louvá-lo e para nos mostrarmos obedientes a Ele. E nós não apenas podemos fazer isto, mas até mesmo devemos fazer isto. E não devemos apenas em virtude do próprio sangue *uno* de todos o mais sagrado, que confluiu para o pecado e a culpa solidários em relação a esse mundo uno, a aflição comum a todos os filhos de Adão, entretecida de maneira tão maravilhosa, sim, a todas as criaturas: nós devemos fazer isto mesmo que iluminemos nossas almas e pensamentos e os tornemos livres, e isto significa em última instância da maneira que agrada a Deus.

Hoje vos convido para um tal momento tranquilo de contemplação, para um momento de contemplação, no qual podemos ousar, no qual devemos ousar lançar o nosso olhar espiritual ainda para além da Alemanha em direção ao *mundo*.

Antes de adentrar na coisa mesma, permitam-me ainda uma palavra, que talvez venha a facilitar a nossa compreensão. Tentemos nos libertar ao menos uma vez por um breve espaço de tempo do modo de pensar e de sentir habitual e de todos os preconceitos, que foram plantados em nós com vistas à guerra mundial por meio da opinião partidária, da circulação e da imprensa cotidianos. Tentemos considerar com olhos humanos puramente ingênuos – como se esses olhos pertencessem a um ser humano, que por assim dizer tivesse chegado apenas como um hóspede em nosso século, vindo de um século da Europa há muito perdido e que olhasse admirado – o espetáculo à nossa volta. Lancemos um olhar para estas coisas, um olhar que seja exato, benevolente e sopesante, mas que seja ao mesmo tempo suficientemente religioso e metafísico, eu diria, *alienado*, para ver tudo aquilo que observamos à nossa volta não apenas como uma realidade efetiva particular, há muito habitual do dia – e talvez nossos olhos tenham se acostumado por demais até mesmo com esse matar e odiar –, mas sempre também veja tudo ao mesmo tempo como *símbolo* de um *status* conjunto peculiarmente moral da humanidade europeia atual.

No *ponto central* da direção ética da vida, que nós denominamos a direção cristã, encontra-se o mandamento violento: "Tu deves amar a Deus de todo o teu coração e com todo o ânimo e o teu próximo como a ti mesmo". Quem olha de maneira totalmente imediata através da história e através de uma interpretação desse mandamento a partir desta sentença com vistas à indigência do presente da Europa, sim, do mundo: Que sentimento e que pensamento não precisa lhe imbuir? Pois bem, o sentimento é chamado tanto mais de "desespero", uma vez que ele leva a sério o mandamento. E o pensamento se chama: "*falência do cristianismo*" ou - como também se disse - "destituição do Sermão da Montanha". Não nos espantemos nem um único instante pelo fato de este juízo não ser tomado como óbvio por japoneses, chineses, indianos (só bem recentemente, p. ex., pelo poeta indiano Tagore em sua conferência em muitos aspectos digna de ser lida proferida em Tóquio[1]), mas também por muitos europeus que se encontram em uma posição elevada, europeus de todas as nações. O quão diversamente não deveria soar o juízo de um sentido humano não corrupto? Se os senhores escreverem, em contrapartida, fólios inteiros, nos quais se faça valer tudo aquilo que precisa ser sem dúvida alguma empregado contra o juízo - todo homem ingênuo vos responderá: preto não é branco; tudo aquilo que tu me contas aí sobre o verdadeiro sentido do mandamento ou sobre que camadas europeias do homem suportam a assim chamada "culpa" pelo evento, tal como ele se preparou, tal como ele veio a ser, me é completamente indiferente. O que me importa tudo isto! Isto apenas confunde meu juízo - de acordo com a regra, segundo a qual claros enunciados valorativos são com muita frequência confundidos por um conhecimento por demais exatamente detalhado do transcurso causal das coisas a serem assim avaliadas. Fato é que a cultura europeia é enraizada de maneira cristã. Fato é que a Europa denomina a si mesma cristã e que ela pretende ter educado seus filhos por quase 2.000 anos segundo princípios cristãos. E fato é que um dos eventos, um dos frutos dessa educação cristã de quase 2.000 anos, é uma barbárie impelida com todos os meios do entendimento, da técnica, da indústria, da palavra, tal como o mundo nunca a viu. Este e apenas

1. Cf. no livro "Nacionalismo". Leipzig, 1919.

este é o fato que me interessa. É isto que denomino: "Destituição do Sermão da Montanha" - assim se mostra o enunciado do espectador isento. Mas nós nos comportamos afinal de maneira diversa desse espectador, quando nós entramos na casa e no local de moradia de uma família, lá onde a sujeira, a desordem, onde os modos baixos de falar das crianças, onde tudo o que percebemos revela o *estado conjunto* de uma decrepitude moral? Tal estado conjunto é de início um indivisível - sem levar em conta se ele veio a ser assim, sem levar em conta quem tem culpa nisto, se o pai, a mãe, o bisavô ou uma outra pessoa qualquer. Toda e qualquer experiência humana mais profunda ensina que uma tal culpa de grupo ou que uma tal culpa conjunta nunca pode ser distribuída completamente pela culpa dos particulares. Toda e qualquer experiência atenta ensina que precisamente toda e qualquer penetração *mais profunda* nas relações morais dos membros de uma tal família traz tanto mais à tona o caráter intangivelmente *mútuo* da culpabilização quanto mais profundamente uma tal penetração vai. O mundo de pensamentos cristão contém conceitos importantes de uma culpa conjunta ou original, e uma filosofia mais profunda está em condições de ratificá-la[2]. Como é que eles poderiam *não* apenas conhecer como os conceitos dogmáticos do pecado original e da culpa original, e não apenas com vistas a todo o gênero humano, mas também com vistas à era, a círculos culturais e aos povos! Assim, mesmo o Cristo terá de considerar a anarquia europeia desta guerra, ou melhor, dessa revolução da guerra, como baseada em uma culpa conjunta e em uma culpa hereditária dos últimos séculos de nossa história.

No entanto, tão certo quanto o fato de a censura por uma "falência do cristianismo ser compreensível é o seguinte: quem quer que, em meio à crença, tenha se comovido com a figura do Cristo e quem quer que o tenha considerado como o modelo mais sublime possível e como o paradigma de todo e qualquer coração humano - este, não obstante, *não está em condições* de reconhecer o discurso sobre a falência do cristianismo na Europa. O que deve fazer, portanto, um homem em tal situação?

---

2. Cf. *Der Formalismus in der Ethik und die materiale Wertethik* [O formalismo na ética e a ética material dos valores]. II Parte. Quanto à culpa conjunta, a culpa hereditária, cf. *Formalismus*, seção VI B 3.

Antes de tudo, ele *não* deve se satisfazer com uma informação rápida e barata - seja essa uma informação sobre a *descrença* ou sobre uma *aparência de crença* inautêntica. A descrença mais radical pensa, quando fala de falência do cristianismo, o seguinte: não foram os homens, não foram os portadores da crença cristã - quem decretou a falência foi a moral cristã, o próprio ideal de vida cristã. Esse ideal contradiz justamente a natureza do homem; ele exige aquilo que o homem não pode realizar; ele precisa ser substituído por um ideal diverso, mais sincero, mais praticável. Não subsiste sempre, afinal, por toda parte essa tensão profunda entre as exigências do Sermão da Montanha e a realidade histórica da política, dos negócios, dos estados sociais? Não é, na melhor das hipóteses, uma diferença quantitativa que separa o agora de todo ontem da história europeia? Portanto, não mudemos o homem; pois isto é impossível. Mas mudemos, ao contrário, os nossos *próprios critérios éticos*, abdiquemos desse ideal falso, "extravagante" - abdiquemos dele por um novo ideal, seja ele o ideal do maior de todos os poderes, seja o do maior bem-estar, seja o da máxima realização cultural da humanidade - ou como quer que venham a se chamar todos esses "ideais" modernos. Condenável, de qualquer modo, é esse discurso em todos os casos, ainda que eles possam se cobrir com razões. Pois como quer que as ideias claras e evidentes do bem possam ser concebidas em termos de conteúdo - de maneira cristã ou não cristã - elas nunca podem ser rejeitadas apenas pelo fato de que os homens não as conseguem realizar. O ideal nunca pode ser ajustado à realidade efetiva e rebaixado até ela. O bem deve ser - ainda que não acontecesse nunca e em parte alguma, diz Kant com razão. Isto já reside em sua natureza formal[3] - não apenas no conteúdo, que o mandamento cristão do amor lhe confere. Se o ideal cristão *é* uma doutrina equivocada, então ele não pode ser equivocado porque o homem até aqui não satisfez minimamente o ideal, ou porque o homem até mesmo pisoteou esse ideal. Com certeza, sempre existiu essa *tensão* entre as leis terrenas da vida política e social e o grande mandamento. Mas eviden-

---

3. Na obra póstuma do autor, há anotações sobre a série de conferências dadas em 1926/1927 com o título "Política e moral". Ver a conclusão do prefácio do autor para a 3ª edição do *Formalismus* [N.E.].

temente essa tensão não se confunde com a inversão no contrário. As duas coisas são essencialmente diversas, não qualitativamente diversas. O fato de a tensão simplesmente *existir* - é algo dito pela própria doutrina cristã, e ela também *explica* essa tensão por meio da queda, do pecado e da necessidade de redenção. Naturalmente: também essa explicação precisa ser compreendida. Ela não deve dilacerar a nossa vida corporal em dois pedaços, em duas metades, de tal modo que poderíamos seguir ao mesmo tempo enquanto seres corpóreos apenas os impulsos do poder, da ambição, de tal modo que poderíamos nos abandonar tanto quanto abandonar nosso Estado ao domínio das regras de luta puramente terrenas dos grupos. Ao contrário, deveríamos nos abrir enquanto almas apenas na fé e na assim chamada "atitude moral" para Deus e para os bens celestes. Aquela explicação não concede nenhum direito a um tal esgarçamento. Ela é um descaminho - um descaminho que se mostra como o risco particular da alma germânica. Ela é o descaminho de uma falsa cisão entre Deus e mundo, alma e corpo, atitude moral e ação, crença e obra, *liberdade político-social exterior e "interior"*, ou seja, o descaminho *da cisão também entre política e moral*[4]. O protestantismo luterano - em oposição à doutrina e ao exercício do instituto eclesiástico fundado por Calvino e Zwingli - deixou que esse pecado capital germânico penetrasse profundamente em seu conteúdo doutrinário dogmático, e não menos em suas concepções éticas. Ele produziu um forte efeito e levou à instauração no povo alemão do ideal tanto de uma falsa mera *interioridade*[5], mesmo lá onde o luteranismo não é reconhecido *expressis verbis*, quanto de uma falsa *mera* ética da mentalidade, que, para manter puro um mundo interno do ânimo, extravia toda existência exterior, pública, mesmo toda existência social e política, da lei moral cristã, a fim de entregá-la ao mero choque e contrachoque de uma força terrena, juntamente com uma política de poder

4. Na obra póstuma do autor há anotações à série de conferências de 1926/1927 intitulada "Política e moral". Cf. a conclusão do prefácio do autor sobre a 3. ed. do *Formalismo*.

5. Cf. o pequeno escrito do autor *Sobre duas doenças alemãs*. Índice bibliográfico, n. 13 e 19 (2). OC, vol. 6.

maquiavélica[6]. Se evitarmos, porém, essa falsa recusa à inserção veraz do espírito cristão na existência pública e visível, na realidade efetiva, portanto, mesmo das relações humanas coletivas, então teremos os descrentes, que compreendem a expressão "falência do cristianismo" de tal modo que eles elevam a moral cristã *mesma* ao estado da queixa, para responder: que, em relação a essa inserção, ainda se encontra diante de nós uma história imensa em termos de futuro, e que o cristianismo é, em verdade, antigo - mas ainda é jovem e novo para aquele que tiver sabido conceber claramente o sentido duradouro essencialmente necessário de valores religiosos na relação com os valores culturais em geral.

Precisamente quando insistimos, porém, nos princípios do cristianismo e antes de tudo no *mandamento do amor*, quando nós nem o atenuamos e transformamos em uma moral do bem-estar fútil, nem o expulsamos de toda realidade efetiva pública, então o discurso acerca da falência do cristianismo toca a Europa tanto mais agudamente. Se esse mandamento *é* eterno e vale absolutamente - e ele também é válido, independentemente da aplicação diversa que se possa pensar, para a existência pública - então tanto mais terrível parece o descaminho da história europeia! E quem é, então, o culpado pela falência? Os administradores da lei cristã - dizem uns, ou seja, as igrejas que esqueceram seus compromissos, ou, de qualquer modo, os representantes dessas igrejas, seus sacerdotes, seus pastores, suas doutrinas. Não, inversamente: a decadência por parte do "mundo moderno" justamente em relação a essas igrejas e diante de uma igreja - dizem os outros. Por mais que algo verdadeiro e algo falso possam estar misturados neste e naquele juízo - permanece em todos os casos verdadeiro o claro *ou-ou*: ou bem o cristianismo ainda *é* o poder espiritual faticamente dirigente na Europa, ou bem ele não é. Se ela ainda é o poder espiritual dirigente, se ele ainda é o elemento nuclear e substancial do espírito conjunto europeu, então o cristianismo ao menos faliu em seus representantes e em seus grandes corpos de representação. Somente então e na medida em que se tivesse de mostrar como o cristianismo *perdeu* esse papel diretriz, como ele precisou abdicar dele em nome de outros poderes

6. Um livro como o de O. Baumgarten sobre *Politik und Moral* [Política e moral], 1916, mostra essa concepção até as raias da caricatura.

espirituais que lhe eram hostis, ou seja, somente na medida em que o cristianismo é reprimido, velado, impotente, é que essa acusação *pode* ser recusada com direito e fundamento e que ela pode se transformar em uma outra acusação, segundo a qual não foi o cristianismo que faliu, mas *o espírito moderno* que lhe era hostil. Eu vos apresento intensamente essa alternativa! Pois me parece difundido um tipo de pensamento tíbio e insípido, sim, um tipo de pensamento confuso e insincero, que quer demonstrar comodamente as duas coisas: que o cristianismo e suas ideias morais fundamentais ainda *seriam* o poder espiritual fático diretriz da Europa, que eles ainda seriam a substância do espírito europeu – e que o cristianismo *não* teria falido, mas floresceria e continuaria crescendo de uma maneira totalmente deslumbrante. Isto significaria, então, levar muito pouco a sério a violenta censura, por exemplo, de todo o mundo asiático erudito e se colocar acima dele de uma maneira simplória demais. E mesmo aqueles habitantes dos Estados europeus, que nesta questão terrível, que *ainda* não diz respeito de maneira alguma às condições deste ou daquele país europeu (da França ou da Alemanha), mas que *concerne ao direcionamento fundamental* da história europeia em seu *conjunto* dos últimos tempos, história essa que conduziu à guerra, a qual – digo – se encontra nessa questão sob a chacota e o escárnio de toda a Ásia, isto é, que procuram tornar responsável por ela de maneira unilateral e exclusiva apenas os povos respectivamente inimigos de seu próprio povo, permanecem muito *abaixo* da seriedade e da grandeza do problema. Por mais falso que seja responsabilizar nosso povo ou nosso governo em especial pelos equívocos da vida *europeia conjunta*, também é falso desconhecer a natureza destes equívocos que, por encerrar a *Europa como um todo*, também inclui em si a Alemanha – mas não exclusivamente. Todas as querelas dos partidos de guerra em relação à justiça ou injustiça têm de se silenciar junto a essa questão, se é que elas não têm de se silenciar em relação ao fato de se precisar acrescentar à decadência prática, que se tornou agora manifesta da Europa quanto ao cristianismo, o espetáculo discursivo grotesco e ridículo, segundo o qual os mesmos povos, que afirmam aí seriamente serem membros de uma grande "Europa cristã" e efetivamente cristãos, recusam-se a cada vez reciprocamente o seu cristianismo.

Tomemos cuidado, portanto, para não tomarmos esses falsos caminhos, para não nos depararmos com o discurso sobre a falência do cristianismo. Tomemos um outro caminho. Precisamos – é o que acho – em primeiríssimo lugar admitir sinceramente a nós mesmos tanto quanto aos nossos acusadores: o *ethos* cristão *não* é mais o poder espiritual diretriz da Europa. Por mais que possa estar difundida uma religiosidade cristã autêntica de grandes grupos e singulares, por mais amplamente que a *ética* cristã, isto é, a *mera doutrina* do *ethos* cristão vivo, possa vir a ser reconhecida intelectualmente e por meio de fórmulas em círculos extrarreligiosos e extraeclesiásticos: a potência viva, que dirige e conduz a vida cultural e pública da Europa, *não* é mais esse poder moral. E isto não significa, porém, apenas que praticamente suas leis seriam desrespeitadas, e isto muito ou pouco. Esse desrespeito sempre aconteceu, em todos os tempos, ainda que em uma medida diversa; isto é uma coisa não do *ethos*, mas uma questão da moralidade prática[7]. Ao contrário, são os critérios de medida cristãos, os ideais, as *próprias* normas, tal como elas se *fazem valer* na vida da alma em virtude do assim chamado despertar da consciência; são, além disto, as *regras* não apenas reconhecidas no juízo, mas que se encontram em *atividade*, regras relativas ao privilegiar e ao preterir valores, que não dominam mais internamente o cerne da alma europeia; que *não* animam e guiam *mais* o "*espírito objetivo*" assentado em obras, formas, instituições, hábitos. Trata-se aqui, para os adeptos do modo de pensar cristão, de uma admissão terrível. Mas essa é uma admissão necessária. O *segundo* passo de uma alma assim estendida seria mensurar *como* é que se formou esse estado moral conjunto da Europa – uma tarefa descomunal, que não tenho como minimamente ainda que apenas tangenciar de modo sério. Pois ela diz respeito à genealogia, a doutrina originária de todo o modo de consciência moral, que assumiu a liderança e a orientação no lugar do *ethos* cristão na Europa e que eu formalmente, segundo o tempo e a sua inércia social, gostaria de denominar: o *ethos do espírito especialmente burguês e capitalista*. E o terceiro passo

7. Cf., em relação a *ethos* e "moralidade" enquanto dimensões de avaliações éticas à 3. ed. de *Formalismo*.

seria descobrir por meio de uma análise exata das tendências ainda dominantes em nossa era em todas as regiões valorativas (cultura, ciência, Estado, direito etc.) e junto aos diversos povos europeus, quais dessas tendências são favoráveis à meta de elevar uma vez mais o *ethos* cristão ao patamar de uma potência diretriz de liderança nas questões públicas da Europa; o que a experiência dessa guerra - tomada aqui como experiência conjunta da Europa, sim, do mundo - poderia contribuir para essa mudança de sentido, e que imagem diretriz poderia vir à tona para nós a partir da visão conjunta dos ideais eternos do cristianismo com essas relações fáticas. *Este* caminho - não a culpabilização unilateral ou a desculpa das igrejas cristãs, desta ou daquela igreja ou de seus representantes - me parece ser o único caminho para ir corajosamente ao encontro do juízo austero sobre a falência do cristianismo e para talvez mitigar em alguma medida a fonte profunda da consciência cristã em face do estado interior das camadas populares europeias dirigentes, que essa guerra *descortinou* - não criou!

Elejamos, então, hoje apenas um *único* dos componentes nucleares do *ethos* cristão, a saber, o *mandamento cristão do amor*[8] e as ideias e formas de comunidade que se seguem a ele, ou seja, *a ideia cristã de comunidade*, para mostrar junto a elas como é que elas *perderam* a liderança espiritual na Europa e na vida pública.

Foram poderes espirituais de um tipo diverso, mas, de qualquer modo, conjuntamente efetivos no todo do transcurso histórico, poderes esses que se apoiam em parte mutuamente, que conduziram a um alijamento do *ethos* cristão de sua posição de liderança na Europa. Caso designemos os mais importantes desses poderes em primeiro lugar com breves palavras-chave, então precisaremos nomear: 1) O humanitarismo que desloca o mandamento cristão do amor; 2) O individualismo ou socialismo unilaterais em sua oposição conjunta à ideia cristã da solidariedade moral entre pessoas autônomas; 3) A vontade de poder e de domínio ilimitadas do Estado "absoluto" e "soberano" que arruinou o feudalismo;

---

8. Cf. em seus ensaios e artigos *Da reviravolta dos valores* o ensaio: "O ressentimento na construção das morais".

4) O nacionalismo político moderno e o nacionalismo cultural exclusivo que o acompanha; esse último nacionalismo se encontra em oposição à concepção cristã de que as culturas nacionais estariam determinadas a se completar *intransferivelmente* em meio a uma cultura mundial abrangente; 5) O alijamento das ideias e dos critérios de medida de uma comunidade cultural cristã, de acordo com os quais a arte, a filosofia, a ciência tinham de se inserir na estrutura construtiva da derradeira, suprema e mais abrangente comunidade humana, a saber, do *Corpus Christi* visível e invisível, da Igreja e de seu espírito, alijamento esse levado a termo por meio da assim chamada ideia de cultura "autônoma". Ao invés de ter surgido de toda a realização cultural das gerações que se sucederam tanto quanto dos povos e nações contemporâneos uma cooperação harmônica, baseada na vontade mútua de compreensão, o trabalho cultural espiritual deve transcorrer agora de modo completamente independente em relação a todas as inspirações religiosas. O trabalho de uns contra os outros e a vontade de superação que são característicos da sequência de gerações e nações transforma-se agora em seu motor ao invés da cooperação harmônica em *uma* construção una. Com vistas à sequência de gerações, a consequência dessa ideia de cultura é um grupo de fenômenos que logo precisam ser denominados como implicando mais relativismo, historicismo, ceticismo. Com vistas às nações, ela conduz a uma alienação crescente das culturas nacionais e a uma dissolução cada vez maior da unidade espiritual da Europa; 6) O alijamento de todas as comunidades vitais solidárias e de todas as divisões de classes por meio de sociedades que se enraízam meramente em contratos jurídicos arbitrários e que são fechadas com vistas a meros *fins* particulares, assim como o alijamento da divisão de *classes* e de posses dos grupos humanos correspondente a esse estado de coisas; 7) O alijamento do *ethos* econômico cristão de uma satisfação solidariamente organizada das necessidades de todos os sujeitos dos grupos econômicos, no quadro de princípios supremos de uma doutrina de vida cristã, por meio do *ethos* econômico burguês capitalista de uma produção que não é limitada por nada e de uma aquisição monetária igualmente ilimitada - seja do indivíduo de um Estado, seja de um império - forças que não são controladas por nada, mas que só se desdobram de maneira completamente

desenfreada em seus efeitos e uma concorrência livre nos limites dos pontos de vista estatais da conformidade a fins.

Esses pontos serão objeto de nossas considerações seguintes[9].

1 O mandamento cristão do amor e o humanitarismo

O humanitarismo levanta-se contra o primeiro princípio do mandamento do amor cristão: "Ama a *Deus* acima de tudo" (e como nós logo precisamos acrescentar: ama, por isto, também ao próximo *em* Deus e constantemente em relação ao Bem Supremo). Ele se levanta contra isto com uma medida diversa e de uma maneira diversa no interior do Renascimento europeu, no interior do assim chamado humanismo, e, de modo totalmente particular em termos de poder, na era do Esclarecimento europeu. Todos esses grandes movimentos trabalham na construção de um *ethos,* que *isola* o homem e a humanidade de Deus, sim, que joga com frequência o homem contra Deus. Mesmo lá onde os valores cristãos são mantidos, a emoção e o ato espiritual interior se alteram em relação àquilo que é denominado amor aos homens ou amor ao próximo. Não é mais a sua parte espiritual invisível, a sua alma e a sua graça - solidariamente incluídas na parte conjunta dos filhos de Deus - que são tocadas em primeiro lugar por aquele novo assim chamado amor aos homens e apenas aos homens; e os bens corpóreos e o bem-estar também só são tocados por esse amor na medida em que eles condicionam concomitantemente a sua perfeição e bem-aventurança. Esse amor diz respeito antes de tudo muito mais a esse bem-estar e só concerne aos bens do espírito e à alma, na medida em que condiciona concomitantemente o fomento desse bem-estar. Além disto, ele diz respeito à "humanidade" apenas em sua coetaneidade, ou seja, aos a cada vez viventes, não aos grupos humanos em sua existência histórica conectada, que também abarcava as almas dos falecidos. Ela diz respeito ao se sentir bem em

---

9. Nessa 4. ed. revista, as esferas de problemas indicados no texto que vão de 3 até 7 foram expostas na sequência, na qual elas foram tratadas pelo autor na última seção 3. Os dois primeiros problemas são tratados nas seções 1 e 2.

meio a um desatrelamento crescente da ordem hierárquica objetivamente válida dos bens espirituais e materiais, que conduzem gradualmente até o bem supremo. Mas ainda mais: na medida em que o amor também é mantido ainda como a fonte mais profunda de todo bem-querer e agir e não - como também aconteceu do mesmo modo, por exemplo, em Kant - é ou deve ser substituído por um princípio da justiça puramente racional e formal, ele não é *sacrificado* por si mesmo *enquanto* amor e *enquanto* sua autoapresentação em nome do ato espiritual em si mesmo extremamente valioso que enobrece infinitamente o homem e o equivale a Cristo, mas o amor só aparece como derivadamente valioso, a saber, porque ele é um meio de ampliar o bem-estar e a felicidade sensível do homem ou de grupos humanos. Com certeza: mesmo segundo uma visão cristã, devemos procurar fomentar por toda parte o bem-estar de nosso mundo circundante, de maneira econômica, social, higiênica etc. É a isso que nos impele já a *unidade* de atuação e de existência peculiar de corpo e alma, e não impõe menos a intelecção técnico-moral de que a *possibilidade prática* de aperfeiçoar os homens é tanto maior quanto mais baixos forem os valores em questão[10]. Mas devemos fomentar o bem-estar em primeira linha em virtude da dignidade da personalidade *espiritual* do homem, dignidade essa na qual a mais livre e mais pura prontidão para o amor está incluída como a sua coroação e o seu cerne. Pois é justamente no caminho da humildade e no caminho da livre servidão ao amor que essa dignidade deve se consumar. Nós devemos fomentar o bem-estar do homem, de tal modo que ele *se torne maduro* para o amor como a raiz de todas as virtudes[11]. O amor humanitarista ao homem, porém, não exige bem-estar em virtude do amor e da livre capacidade para o amor do homem - tal como corresponde à alegoria das duas moedas lançadas pela pobre viúva -, mas requisita inversamente o amor em virtude do bem-estar. Por meio daí, o conceito autêntico do amor capaz de sacrifício é fundamentalmente destruído e o *ethos* do amor cristão é substituído por um *ethos* do bem-estar terreno. Não nos espanta o fato de que o novo tipo de amor ao homem e à humanidade goste tanto de se opor ao amor

---

10. Cf. acima p. 460s.

11. No sentido do lema agostiniano: *Ama et fac, quod vis.*

de Deus, sim, o fato de que ele se apresente tão frequentemente em oposição ao amor de Deus, como uma rebelião consciente contra Deus e sua ordem e, por fim, contra tudo aquilo que, em termos de valores humanos, obras humanas, instituição humana, sobrepõe-se àqueles traços naturais do homem apenas comuns e meramente específicos, isto é, sempre *os mais baixos* em termos valorativos.

Esse assim chamado amor à humanidade moderno - uma palavra que a língua cristã não conhece - é um afeto fortemente revolucionário, um afeto de rebelião e, antes de tudo, um afeto nivelador de todas as diferenças valorativas objetivas do humano. Ele não é um *ato espiritual* da alma, mas um *pathos* sensível flutuante e fervilhante. Enquanto tal, ele vive antes de tudo em Rousseau, e, em seguida, bramam em seu nome os Robespierres e os Marats da Revolução Francesa. Daí também resulta o seu modo inorgânico de unificar, de tornar unitário e de centralizar, isto é, de dissolver as *determinações* dadas por Deus, particulares, únicas dos indivíduos, raças, povos, nações em favor de uma papa de humanidade que se estenderia a todo o mundo, de um Estado da humanidade, de uma República mundial etc. É daí também que provém a sua inclinação perigosa para jogar simplesmente o *círculo* a cada vez apenas *mais abrangente e maior como objeto de amor* contra o mais restrito (p. ex., a humanidade contra a pátria, a nação, assim como o Estado nacional contra a estirpe e o Estado feudal etc.)[12]. Não é o *valor qualitativo* mais elevado *e a plenitude valorativa mais pura,* o Deus como o valor próximo do Bem supremo, que se mostra como o verdadeiro objeto de preferência de um *amor bem-ordenado,* mas apenas o número a cada vez *maior* de homens - tal como um inglês, Bentham, foi suficientemente ingênuo para formular: "A maior felicidade do maior número". E vemos aqui, então, com plena transparência, o significado tão rico em consequências existente para as coisas humanas e para a sua ordem correta da negação humanitarista da *primeira parte do mandamento do amor.* Se a ligação comum de todos os homens com *Deus* e se a mais profunda, derradeira e efetiva articulação das almas espirituais entre si, a articulação por meio de Deus e

---

12. Cf. em todas as edições do livro sobre a *Simpatia,* do autor, na seção B VI, o cap. 2: "Os fatos da perspectiva do interesse".

em Deus, for um dia negada, então nenhuma *ordenação hierárquica* dos bens *poderá* mais ser assumida, pela qual devesse se orientar nosso amor em uma medida a cada vez diversa e segundo determinadas leis de preferência - com isto, porém, também não se pode assumir nenhuma ordem e nenhuma ação recíproca fixas determinadas entre os tipos de comunidade, sob as quais estariam garantidas a conservação e a realização desses bens segundo leis eternas (Igreja, Estado, família, comunidade, estirpes, profissões etc.). *Por isto,* este novo amor humanitarista apenas ao homem é tão nivelador e dissolutor enquanto princípio quanto o mandamento do amor cristão é *edificante e organizador.*

Os grandes movimentos espirituais da Europa, que conduziram a este alijamento do mandamento do amor cristão por meio do *humanitarismo,* não têm como ser descritos aqui. Permitam-me, contudo, que designe aqui brevemente apenas duas fases de sua história. A primeira é a Reforma, a outra é a passagem do período do Esclarecimento para a formação realista do século XIX.

O espírito dos *reformadores* (e de Lutero em particular) não estava dirigido de outro modo senão de modo humanitarista. Em contrapartida: o homem e a vontade humana, suas realizações e suas obras, aparecem em suas doutrinas como tão independentes e impotentes quanto possível; a liberdade da vontade humana é contestada em favor de uma graça concebida como quase impositiva - em favor de uma graça, que não deve arrancar própria e verdadeiramente o homem considerado como completamente corrompido pelo pecado original de seu estado passivo de pecado e divinizá-lo, mas que deve apenas lhe dar a *consciência* pacífica da atenuação das penas do pecado por meio da crença no sangue redentor de Jesus. Por toda parte vê-se efetivamente o espírito da Reforma na mais intensa oposição ao humanismo, ao Renascimento e ao seu ideal de formação do homem, ideal esse alimentado por seus poetas e pensadores romanos e gregos. E, contudo, o movimento reformador difundiu da maneira mais forte possível na Europa a ideia de que *todas* as *vinculações sociais e unidades grupais* humanas devem encontrar o seu derradeiro vínculo e coesão por meio de poderes anímicos e de forças desencadeados por assim dizer da ligação com Deus, puramente *terrenos* e humanamente naturais.

Pois por mais profundas e belas que sejam, por exemplo, as palavras em Lutero sobre a vida comunitária humana (casamento, família, Igreja, Estado): a ligação essencial e, em verdade, essencial para a *salvação* do homem, com Deus é transposta de qualquer modo de maneira totalmente unilateral para a profundeza da alma particular *individual* e de sua crença. O grupo conjunto dos atos anímicos, que podemos denominar atos *sociais* (amor, promessa, perdão, domínio, serviço etc.), não possui mais um significado originário para a *salvação*. "A alma particular e seu Deus": é aí, nessa ação recíproca apenas, que deve estar inserido todo o sentido da salvação. Somente por meio do perdão e da justificação alcançados por meio da fé é que se esperou como *consequência* que a fé viva também cause o surgimento do amor, da comunidade, e que cada um seja o outro de Cristo. Com isto, porém, *se suspenderam* todos os vínculos sociais marcados por uma sanção, em verdade, não ulteriormente religiosa, mas antes muito mais pela *direção primária* e pela condução por meio do *mandamento sagrado do amor*. E o que isto poderia significar senão abdicar das forças, paixões e impulsos do homem puramente natural? Com certeza, de início não foi senão a destruição do conceito uno de uma igreja invisível-visível como uma instituição ordenada por Deus para a salvação solidária de todos, que caiu, com isto, sob as garras da dizimação. No entanto: quando se quebrou o grande princípio da reciprocidade nesta passagem *de todas a mais elevada* da vida humana, a saber, enquanto princípio *solidário da graça*, quando o amor não se mostrou mais na unidade e comunidade *de uma* igreja de Deus como um *caminho* igualmente necessário e originário até Deus e a graça, mas foi muito mais compreendido como consequência da graça conquistada já por todo e qualquer particular, então precisou se propagar cada vez mais a partir dessa posição suprema, a partir do *ponto central* derradeiro da vida e das forças da alma humana, a decomposição do princípio de solidariedade e do sentimento de solidariedade sobre *todos* os tipos de comunidade. Estado, economia, cultura, criação (quer se trate de conhecimentos ou de imagens) – puras atividades comunitárias – deveriam se desdobrar, então, de maneira totalmente independente como atividades "autônomas", isto é, seguir o seu caminho e se desenvolver segundo leis alheias a Deus. O individualismo religioso *exclusivo* – digo o exclusivo –

atraiu para si lentamente pedaço por pedaço o individualismo político, cultural, e, por fim, mesmo o individualismo econômico.

Um efeito peculiar totalmente particular, porém, foi alcançado por essa transformação do *ethos*, um efeito que se estende até os dias de hoje. O que fazem os homens que são unidos por um destino histórico comum, por um território, uma descendência ou, então, por uma força elementar em uma unidade vital, quando não conseguem mais se unificar no que há de mais elevado e derradeiro, aquilo em torno do que os homens conseguem se unificar – em sua crença, em sua ligação com o *fundamento e com o sentido desse mundo*? Pensai, por exemplo, em um casamento misto entre pessoas crentes que entraram no casamento a partir de um profundo amor uma pela outra e que têm a vontade sincera de estar e permanecer juntas e conduzir em convivência a luta da vida. De uma hora para outra, elas se chocam violentamente uma contra a outra – e veem com uma alma dolorosamente comovida que aqui não seria possível nenhuma unificação. Ainda uma segunda, uma terceira, uma quarta vez. Em todas as vezes se mantém presente uma *lembrança* profundamente dolorosa deste conflito de sua crença e de sua vontade de vida. A cada vez desponta nelas uma força que impele a não tocar mais neste ponto de todos o mais vulnerável e frágil de sua ligação, a por assim dizer perdê-lo de vista. Qual será a consequência? Eu respondo: a consequência será o fato de estes homens levarem a termo, por fim, o ato em princípio doloroso, mas criador de uma tranquilidade exterior, da *rejeição* principial à unificação naquilo que para eles precisa ser o *mais elevado*. E qual será a consequência disto? A consequência será o fato de que eles acabarão por transpor de maneira cada vez mais *profunda*, nível por nível, as *regiões*, as esferas valorativas de sua *unificação possível*, isto é, eles estarão cada vez menos prontos a se unificarem em nome de finalidades, metas, normas em geral, e só se disporão muito mais para tanto em relação ao elemento técnico, maquinal em todas as coisas, ou seja, em relação aos meios, por exemplo, em relação a negócios e coisas do gênero. O *processo*, que é desencadeado pela realização da recusa à unificação na tomada de posição em relação ao bem *supremo*, *não* se deixa manter segundo a sua natureza. Esse processo prossegue cada vez mais, em primeiro lugar, por sobre os bens imediatamente superiores, e, então, para aqueles que se encontram imediatamente depois, e assim por diante. E qual será, seguindo em frente, o estado final desse processo? Um organismo comunitário espiritual - quer se trate de homens hábeis, vigorosos, bem-dotados - marcado por uma constituição extremamente estranha: brilhantemente organizado em tudo o que é técnico, extraordinariamente disciplinado em todas as questões do "*como* faço algo, quando quero fazer algo", definido pela mais intensa unicidade nessas coisas. Mas - as forças *mais centrais* do espírito humano, forças que estabelecem metas, forjam formas, instituem normas, forças que têm de desencadear a questão sobre o *quid*, as questões: *o que* devo fazer, *qual* é a minha missão no mundo - uma vez que elas não são usadas - se retraem lentamente como todo e qualquer órgão que não está funcionando, sim, decaem, por fim, sob o domínio de um processo de retrocesso.

Esta alegoria vale para toda a Europa, desde que se perdeu a sua ligação comum harmoniosa com Deus em uma igreja. Como o cavaleiro jogado ao chão e pendurado ao seu próprio cavalo, a Europa é arrastada para frente em um curso vertiginoso pela própria lógica de seus negócios, de suas mercadorias, de suas máquinas, de seus métodos e técnicas, agora também de sua guerra industrial, ou seja, mesmo de suas máquinas assassinas. Essa lógica própria de uma civilização material preponderantemente técnica é desatada de toda liderança una superior por meio de uma *autoridade espiritual-moral* reconhecida conjuntamente.

O desprezo do primeiro princípio do mandamento do amor - ama a Deus acima de tudo -, não significa outra coisa senão o que expusemos acima. Um tal desprezo mina as forças espirituais centrais, diretrizes, estabelecedoras de metas no homem europeu em geral. É isto que significa o humanitarismo. O alijamento, porém, do mandamento cristão do amor da esfera da existência pública e visível, assim como a obstrução do efeito religioso eclesiástico das energias éticas do cristianismo na existência pública e na esfera do espírito objetivo significam o aprisionamento dessas energias apenas no âmbito interno individual do homem.

O *período do Esclarecimento*, portanto, não precisou senão riscar gradativamente o supranaturalismo unilateral intensamente exagerado dos movimentos protestantes primevos e sua recusa à verdadeira *inserção* do Reino de Deus neste mundo frágil. Assim, restou o puro humanitarismo, restou a imagem de uma humanidade desprovida de liderança e de modelos no que concerne à meta fundamental do homem. Entregue ao tráfico casual de seus impulsos naturais, essa humanidade acabou perdendo também, juntamente com sua relação comum com Deus, a garantia suprema de sua própria unidade. Pois um teomorfismo é a ideia do homem, tal como já o tinha reconhecido Agostinho[13]. O fato de uma anarquia europeia análoga, tal como essa anarquia é apresentada hoje por essa revolução da guerra, não entrou em cena imediatamente; o fato de o humanitarismo alheio a Deus não ter desenvolvido plenamente as suas forças decompositoras deveu-se a que, durante o Esclarecimento europeu (mesmo para além de juízo e consciência), as tradições comuns, que tinham criado uma formação cristã una que perdurou durante muitos séculos, juntamente com os valores da Antiguidade, *continuaram* exercendo por muito tempo um efeito e se mantiveram para além de seu abandono consciente, tal como no crepúsculo o sol que experimenta seu ocaso. Como músicos, cujo maestro repentinamente não rege mais, continuam tocando ainda por algum tempo, as nações europeias pareciam formar ainda uma certa sinfonia. Mas a confusão derradeira acabou por entrar necessariamente em cena. Naquilo que os grandes pensadores do Esclarecimento, um Voltaire, um Kant, um Wolff, por exemplo, denominavam a "razão" autônoma, naquela suma conceitual de princípios supostamente atemporais e a-históricos da ética, da lógica, da economia, do direito etc., ainda reluzia a eterna luz em certas centelhas, e também reluzia aí ainda de maneira cristã, onde os homens já não queriam mais há muito tempo ter a palavra.

A formação realista e histórica crescentemente unilateral do século XIX também afastou paulatinamente estes rastros de luz. Em um progresso rigorosamente consequente da ideia humanitarista, essa ideia dissolveu cada vez mais em particular aquela unidade da natureza racional do homem enquanto ideia, unidade essa na qual a época do Esclarecimento tinha inserido todos os conceitos

---

13. Cf. em meus ensaios e conferências *Da reviravolta dos valores*, o ensaio "Sobre a ideia do homem".

de verdadeiro e falso, bem e mal, justo e injusto. Tudo aquilo que ainda deveria ser considerado como uma norma comum para o homem enquanto homem foi se tornando, por fim, cada vez mais fino, mais abstrato e formal. Finalmente, isto se tornou para a massa invisível e intangível. O que restou? A ideia de grupos em luta, que seguiam seus interesses ou seus instintos humanos, sejam esses grupos raças, nações, Estados, classes etc. - uma imagem de uma contenda oscilante de todo tipo, na qual só uma coisa decidia: o sucesso brutal. Tudo aquilo também que podia ser chamado de ideia, norma, seja a moral, seja o direito - o que outrora deveria reger as relações humanas - passou a se mostrar apenas como porrete, faca, arma em meio a uma prontidão serviçal para esses interesses e instintos; passou a se mostrar apenas como epifenômeno, como máscara, por detrás da qual os egoísmos de grupos se escondem de maneira farisaica. Não foram filosofemas assim chamados "idealistas" quaisquer - bolhas finas, que pairam impotentes na superfície de certos círculos da assim chamada formação -, mas os mundos de pensamento de Darwin e Marx que deram a este estado interior da Europa a expressão mais clara e verdadeira.

Depois de mostrar como os outros dos chamados poderes espirituais reprimiram o *ethos* do amor cristão, é necessário desenvolver de maneira breve as últimas determinações essenciais da *ideia* cristã mais geral de *comunidade* - tal como essa ideia flui a partir do mandamento do amor.

2 A ideia cristã de comunidade

Não é possível formar um juízo sobre coisas comunitárias fáticas de um tipo qualquer sem se aproximar de questões fundamentais: Qual é a *essência* de uma comunidade em geral? Qual é a *meta* suprema de toda comunidade e quais são as metas de seus tipos essenciais?

O princípio de todos, o primeiro, princípio esse do qual precisamos partir, é o seguinte: o homem, sim, a pessoa espiritual finita em geral - e o homem apenas, *porque* ele é uma tal pessoa - não vive casualmente e não apenas faticamente (p. ex., meramente com base em seus conhecimentos positivos da natureza e da história) com outras pessoas espirituais uma vida comum. Pertence muito mais à *essência eterna ideal* de uma pessoa racional, que todo o seu ser e fazer espirituais sejam do mesmo modo originariamente uma realidade efetiva autoconsciente, responsável por si e individual, assim como um membro efetivo corresponsável e também consciente em uma comunidade. O ser do homem é tão originariamente um ser por si quanto um ser uns com os outros, um viver uns com os outros e atuar uns com os outros[14]. Atentem os senhores para o fato de que não é uma diferença sutil e pequena, mas um *fosso* imenso que separa o sentido de nosso princípio expresso acima do sentido do princípio, que agora enuncio: "Os homens fáticos, com os quais tomamos contato de algum modo por meio de uma experiência pessoal ou por meio de documentos da história ou que são conhecidos assim, viveram juntos em uma comunidade". O primeiro princípio aponta para uma verdade e uma necessidade essenciais eternas e em si mesmas completamente fechadas. O segundo princípio expressa uma experiência casual, que pode ser, como todas as experiências assim constituídas, grande ou pequena, que pode decrescer ou crescer na história e que nunca se deixa concluir. Tudo aquilo que se baseia em tal experiência casual também pode ser superado por uma nova experiência casual. Mesmo os sujeitos lógicos das duas proposições possuem um conteúdo e uma abrangência completamente diversos. A primeira proposição é válida para *todos os seres espirituais finitos possíveis*, por exemplo, mesmo para aqueles que na terra são desconhecidos (p. ex., a armada dos anjos) ou que permanecem velados para nós agora, tal como as almas dos falecidos. Na medida em que são - e acreditamos que eles sejam -, eles vivem em comunidade. Mas ainda mais: o primeiro princípio é verdadeiro e o segundo é, considerado rigorosamente, fundamentalmente falso. Não é de maneira alguma verdadeiro, que todos os homens efetivamente históricos viveram em comunidade com homens. Há também Robinson Crusoé; há ermitões, eremitas, solitários, seres ensimesmados de todos os tipos. Mas justamente um Robinson, por exemplo, pode deixar claro para

---

14. Cf. em *Formalismus*, seção VI B4, ad 4: "Pessoa particular e pessoa comum".

nós o que significa a nossa proposição. Nossa proposição diz que a vivência da consciência de "*pertencer*" a uma comunidade em geral, de ser um de seus "membros", também se achava presente em Robinson – originariamente, e, em verdade, precisamente de maneira igualmente originária à consciência individual egoica e à autoconsciência de Robinson. Ela significa que essa consciência como membro, portanto, também pertence à essência de tais pessoas vivas isoladas, e que a *intenção espiritual* subsiste de maneira totalmente independente de se ela encontra ou não preenchimento também por meio da experiência sensível casual de homens alheios, por meio de sua face, ou de quantos de tais homens e de que tipo se tem experiência. Mesmo um ser corpóreo-espiritual fictício, que nunca havia percebido em parte alguma um igual, teria certeza de seu pertencimento como membro de uma comunidade justamente por meio da consciência positiva da permanência *não preenchida* de todo um grande grupo de intenções espirituais pertencentes à sua natureza *essencial,* intenções tais como o amor e todos os seus tipos fundamentais (amor a Deus, amor ao próximo etc.), a compaixão, a promessa, o pedido, o agradecimento, a obediência, o serviço, a dominação etc. Um tal ser fictício, portanto, não teria como dizer: "Sou sozinho – sozinho no espaço infinito e no tempo infinito; estou sozinho no mundo ou sozinho no ser em geral; não faço parte de nenhuma comunidade", mas só poderia dizer para si o seguinte: "Não conheço a comunidade *fática,* à qual sei que pertenço – preciso *buscá*-la; mas *sei* que pertenço a alguma comunidade". Isto – não a platitude ainda pseudoverdadeira de que os homens costumam viver em povos, Estados etc. – é que significa a grande sentença do estagirita: Ἄνθρωπος ζῶον πολιτικόν. O homem, isto é, o portador da força psíquica racional, é um *ser comunitário. Até o ponto em que sou verdadeiro, nós somos verdadeiros,* ou eu *pertenço* a um "nós".

Mas também podemos dizer: enquanto ser racional espiritual, o homem é do modo como ele se *sabe* por natureza como membro de uma comunidade universal, e, em verdade, como membro de uma comunidade com um reino imensurável de seres justamente como esses, como membro ordenado também *objetivamente* a uma tal comunidade e a um tal reino de maneira originária. Portanto, em termos espirituais, ele não é menos originariamente comunitário do que ele o é já enquanto ser vivo corpóreo em virtude de sua proveniência natural a partir do corpo da mãe, e, com isto, também em virtude da dependência de seu cuidado e dos instintos que correspondem a essa dependência do amor materno e do amor infantil naturais que se complementam, assim como em virtude dos órgãos, que o articulam com o outro gênero sexual (e em virtude do instinto sexual que corresponde a essa constituição). A comunidade racional espiritual, porém, não é apenas, por exemplo, uma consequência ulterior do desenvolvimento dessa comunidade vital apenas puramente natural. O homem não se torna, por exemplo, necessariamente cada vez mais solitário, quanto mais ele vive espiritualmente. Aqueles pensadores que pressupuseram que toda comunidade humana só se "desenvolveria" a partir daquela comunidade vital natural, que se encontra sob a forma das assim chamadas sociedades animais já na natureza sub-humana, ou que todas elas se deixariam deduzir a partir dessas, erraram grosseiramente; assim como aqueles que, de maneira consonante, também buscaram compreender todos os tipos de amor, de sacrifício, de consciência do compromisso, de consciência moral, de arrependimento espirituais como meros refinamentos e formas de desenvolvimento das forças anímicas que mantinham coesos já os rebanhos animais (Darwin, Spencer)[15].

A comunidade espiritual e pessoal humana é marcada muito mais por um direito próprio e mais elevado e possui também uma origem própria; e, em verdade, uma origem mais elevada do que essa "comunidade vital". Ela tem uma origem divinamente espiritual, assim como um direito divinamente sancionado.

Isto possui imediatamente um significado maior quando acrescentamos a essa primeira proposição uma *segunda*. Em virtude daquela consciência como membro e como órgão cooriginário da autoconsciência individual e em conexão com ela de maneira necessariamente essencial em uma comunidade universal

---

15. Cf. em relação à doutrina do surgimento da compaixão a crítica da teoria positivista naturalista no livro sobre a *Simpatia*, seção A, cap. "Surgimento filogenético e extensão da compaixão".

inabarcável de naturezas espirituais, reside no cerne de nossas almas um fomento necessário e um ímpeto espiritual irrestrito para ir além e para exigir ultrapassar em pensamento e na exigência espiritual de amor não apenas nosso puro eu solitário, mas também cada uma das comunidades meramente históricas e a cada vez fáticas e sensivelmente visíveis, às quais pertencemos; isto, porém, também significa o seguinte: um ímpeto racionalmente determinado para considerar também *cada uma* dessas comunidades fáticas de pessoas espirituais elas mesmas uma vez mais como "órgão" de uma comunidade espiritual ainda mais ampla, ainda mais abrangente e elevada. Não há nada mais claro e mais certo para a nossa razão, para o nosso coração do que o fato de nunca poder ser totalmente suficiente para nós nenhuma dessas comunidades terrenas fáticas *particulares* (família, comunidade, Estado, nação, amizade etc.), independentemente do grau de seu aperfeiçoamento histórico possível, e de elas nunca poderem satisfazer completamente o nosso coração. E uma vez, então, que todas as comunidades desse tipo não são apenas comunidades espirituais, mas também comunidades *pessoais*, então esse ímpeto em princípio infinito e essa exigência da razão por uma comunidade cada vez mais rica, mais abrangente e mais elevada só encontram a sua conclusão possível e a sua satisfação plena em *uma* ideia: na ideia de uma comunidade do amor e do espírito com uma pessoa espiritual infinita, que se mostra ao mesmo tempo como a origem, o fundador e o senhor supremo de todas as comunidades espirituais possíveis, assim como de todas as comunidades terrenas e fáticas. Assim como em geral certos tipos de amor se acham estabelecidos na *essência* de nossa própria existência espiritual – tipos que não se diferenciam por meio de uma experiência casual dos objetos que lhe são pertinentes, mas que já são diferenciados por natureza como movimento e atos do ânimo que exigem preenchimento, movimento e atos tais como o amor paterno, o amor à terra natal, o amor à pátria –, também há um tipo de amor *maximamente elevado*, o amor a *Deus*, que nós já vivenciamos e possuímos, logo que possuímos uma ideia exata e intelectiva do ser supremo. É por isto que Pascal pode dizer de Deus: "Eu não te buscaria, se já não tivesse te encontrado". Nosso coração e nossa razão têm igual clareza e certeza de que só essa comunidade de razão e de amor concludente extrema consegue preencher plenamente com Deus suas intenções e satisfazê-la completamente; e o fato de nós só conseguirmos vislumbrar e pensar sob a luz *correta* e verdadeira as comunidades, nas quais nos sabemos vinculados, quando nós as percebemos por assim dizer sob o *pano de fundo divino* dessa comunidade suprema e concludente de todas as naturezas espirituais; e quando nós a percebemos a partir da plenitude da luz, que é emprestada tão somente por meio dessa comunidade: a partir da luz da comunidade com o Deus pessoal. Só aqui se aquieta, se tranquiliza e se pacifica o ímpeto infinito e o progresso necessariamente infinito das ideias para além de todas as comunidades visíveis finitas: *inquietum cor nostrum, donec requiescat in te*[16]. "Nele e por meio dele nós também só somos verdadeiramente *espirituais* quando ligados entre *nós*. É isto justamente que tem em vista o 'mais distinto de tudo' e o 'maior' mandamento (Mc 12,30-31), autodivinização e amor ao próprio mergulhando na raiz comum do amor a Deus. Há muitas e diversas formas naturais de demonstração da existência de Deus. Todos os fios que extraímos dessa criação - seja da alma, da natureza, da história, da consciência, da razão - reconduz a Deus, quando nós o pensamos como extraído da lei da parte finita que nos é conhecida até o infinito. Todos os fios se encontram ao mesmo tempo nele. Neste ponto, gostaria de chamar a atenção para o fato de que talvez também haja hoje uma prova autônoma e originária por demais desconsiderada da essência suprema, prova essa que é haurida *exclusivamente* da ideia de uma comunidade possível de seres espirituais pessoais. Essa prova "sociológica" de Deus coincide certamente com a meta de todas as outras provas, mas não se apoia logicamente sobre elas.

Portanto, se a luz natural do espírito já nos diz que *toda* comunidade (ou seja, mesmo toda comunidade terrena) está fundada em Deus direta ou indiretamente e que toda comunidade legítima possui sua origem direta ou indireta, isto é, mediada pelas causas relativas à criatura, em Deus, seu legislador supremo, juiz, gover-

---

16. AUGUSTINUS. *Confessiones*. Em latim no original: "Nosso coração é inquieto até que ele se aquieta em ti" [N.T.].

nante e administrador maximamente elevado, então a mesma luz também nos diz ao mesmo tempo ainda o seguinte: o fato de não ser exclusivamente cada pessoa individual apenas por si e apenas diante de sua própria consciência moral, e, com sua própria consciência moral, diante de seu criador e senhor que é responsável por seu próprio ser e fazer, mas que tanto o indivíduo quanto toda comunidade mais restrita, tão originariamente quanto ela, é responsável por si, ou seja, tem de se corresponsabilizar por tudo em sua propriedade necessária como "membro" de comunidades diante de Deus, por tudo aquilo que diz respeito ao proceder e ao comportar-se da comunidade respectivamente abrangente em termos espirituais e morais. Este é o *terceiro* princípio da doutrina da comunidade. Pois se a comunidade não aponta para a ação conjunta meramente inteligente, arbitrária, que repousa sobre a feitura de contratos por parte dos homens, mas se a comunidade necessariamente emerge do *projeto e da obra imagética essencial de um espírito e de um coração racionais*, se ela abarca concomitantemente *por essência* em toda a amplitude de sua ideia suprema o suprassensível, sim, até mesmo o seu senhor supremo e o centro de todas as coisas, e se, por meio desse centro divino, confere-se pela primeira vez a verdadeira imperatividade de promessas e contratos mútuos - então também precisamos essencialmente ser responsáveis uns pelos outros, e não cada um por si (apesar de isto também ser válido!). Portanto, todos também são concomitantemente responsáveis pela culpa conjunta e pelo mérito conjunto, que advêm à sua comunidade como uma unidade e totalidade e não como uma "soma" daqueles indivíduos, que se chamam seus "membros". Os senhores podem perceber a partir daí o quão fundamentalmente equivocada é aquela doutrina (foi Epicuro quem a expôs pela primeira vez na Antiguidade. Mais tarde, ela se tornou a base de todas as assim chamadas doutrinas liberais da comunidade até Kant), que procura construir a essência e a existência da comunidade humana com vistas a *contratos* humanos, seja por meio do fato de que se atribui já à comunidade uma origem a partir de contratos, seja por meio do fato de que se afirma meramente que a própria estrutura de toda e qualquer comunidade, a fim de se decidir quanto à sua legitimidade, precisa ser considerada "como se" ela se baseasse em contratos. Pois todo e qualquer contrato já pressupõe sempre enquanto medida comum sobre o homem que firma o contrato um terceiro elemento, *segundo o qual* o contrato se mostra como obrigatório ou não; e já a suposição legítima de uma promessa por parte daquele que recebe o contrato pressupõe a corresponsabilidade desse receptor pela legitimidade da promessa a ser suposta por ele[17].

Esse terceiro grande princípio moral e religioso chama-se o princípio da reciprocidade moral e religiosa ou o princípio da *solidariedade ética*. Isto não significa o mesmo que o que é óbvio para toda e qualquer visão de mundo, o fato de que temos de nos corresponsabilizar aí ou somente aí onde assumimos conscientemente um compromisso determinado com nós mesmos e temos informações positivas de que somos coatuantes e coagentes junto a uma coisa. Isto também não significa apenas que faríamos bem em nos lembrarmos, em face da culpa alheia, ao invés de condená-los, da nossa própria culpa. Ao contrário, isto significa que devemos nos sentir verdadeiramente coculpados junto a *toda* culpa. Significa, portanto, que temos de nos corresponsabilizar de maneira totalmente *originária* e essencial - mesmo lá onde não se encontram visivelmente diante de nossos olhos a medida e a grandeza de nossa ação fática concomitante - diante do Deus vivo por *toda* ascensão e queda do estado moral e religioso do *conjunto* do mundo ético como uma unidade em si solidária[18]. O respectivo saber mais ou menos exato em torno da ação conjunta, de seu modo de ser, de sua grandeza etc. mostra para a nossa alma que nós nos sabemos originariamente corresponsáveis com certeza da direção na qual e junto à qual também podemos *julgar* seguramente que somos corresponsáveis. Mas esse saber não *cria* de maneira alguma pela primeira vez essa *corresponsabilidade enquanto qualidade de nossa pessoa*. Esse saber também nunca poderia trazer para diante de nossos olhos em meio a todo esse entrelaçamento infinitamente complicado de todos os efeitos morais e religiosos e aos efeitos das almas umas sobre as outras toda a plenitude daquilo que copro-

17. Cf. a fundamentação do princípio da solidariedade e a crítica à teoria do contrato em relação a comunidades humanas em *Formalismo*, seção VI B 4, ad. 4.

18. Somente a *medida* dessa corresponsabilidade se determina segundo a posição a cada vez diretriz ou serviçal, que assumimos no todo da respectiva comunidade.

vocou ou cosserviu por uma via indireta ao nosso comportamento. Não há nenhuma emoção moral, por menor que seja, que não tenha traçado, como a pedra que cai na água, círculos infinitos em torno de si – e mesmo esses círculos só se tornam finalmente invisíveis para o olhar tosco, não equipado. Já o físico pode segui-la muito mais amplamente – e o quão amplamente consegue segui-la o Deus onisciente! O amor de A por B não desperta apenas – se não há nenhum fundamento obstrutivo – o amor recíproco de B por A, mas também deixa crescer naturalmente no coração do B, que responde ao amor, necessariamente a tendência para a força entusiasmante, vivificante do amor *em geral*, ou seja, também o seu amor por C e D; e, assim, a corrente prossegue no universo moral de C para D para E e para F – até o infinito. E o mesmo vale para o ódio, para a injustiça, para o despudor e para todo o tipo de pecado. Cada um de nós era cúmplice em uma profusão imensa de coisas boas e más, das quais não se tinha nenhuma ideia, sim, das quais não se *podia* ter nenhuma ideia e para as quais cada um portava, porém, a corresponsabilidade perante Deus. "Para mim, contudo, não passa de algo insignificante que eu seja julgado por vós ou por um dia humano, nem tampouco julgo a mim mesmo. Pois não sou consciente de mim; mas nisto não me encontro justificado; é o Senhor, porém, que me julga", fala São Paulo (1Cor 4,3-4).

Mas mesmo as ideias fundamentais mais centrais da fé cristã pressupõem esse princípio que já pertence à razão natural, a ideia de uma instituição eclesiástica católica una, cristã, obrigatória para todos, a ideia de que todos os homens juntos pecaram "em" Adão e experimentaram a queda e de que todos ressuscitaram em Cristo: de que houve um verdadeiro *pecado* original e não apenas disposições hereditárias ruins, desprovidas de qualidade. Este é um pilar fundamental do culto sagrado tanto quanto a doutrina da Igreja, o sacrificar-se por alguém, a prece, a indulgência e muitas outras coisas.

Considero uma falha fundamental do *ethos* moderno extracristão e da ética filosófica que lhe é correspondente o fato de, para esse *ethos* e essa ética, no curso do desdobramento do individualismo moderno, do Estado absoluto pertinente que lhe pertence estreitamente, do nacionalismo e da livre economia de concorrência, o *princípio* sublime *da solidariedade* ter ido desaparecendo lentamente em suas raízes racionais, no sentir, no querer e na teoria; o fato de, por exemplo, com Marx e com Hegel, ou bem só se conhecer um ídolo e um Leviatã do Estado, da nação ou da assim chamada sociedade, que afogam a personalidade criada por Deus, a família e seu direito dado por Deus, por exemplo, o direito da educação infantil, assim como a ideia da casta, no mar de sua estrutura de finalidades terrenas, sim, o fato de se negar, então, de maneira mais do que consequente, até mesmo a existência substancial da alma pessoal; ou bem, então, só se conhecer o outro extremo, aquela célebre "alma solitária e seu Deus", que se arroga poder conquistar a salvação para si e para o mundo, seja por meio apenas da fé (*sola fides*) ou por meio de uma visão mística solitária, ou alcançar a graça por um outro caminho, que não inclui concomitantemente de maneira *necessária* o amor pela salvação do irmão; ou seja, *sem* percorrer o caminho originariamente indicado por Deus para essa salvação que passa pelo pensar conjunto, pela fé comum, pela esperança comunitária, pelo amor de uns aos outros e pela corresponsabilidade na construção espiritual de uma autêntica comunidade. Foi apenas o abandono desse grande princípio de uma reciprocidade originária que desenraizou mesmo a ideia correta da Igreja no começo dos movimentos protestantes. Vejo, por isto, uma de nossas missões mais essenciais para o futuro no fato de fundamentarmos cada vez mais agudamente esse princípio sublime de acordo com nossas forças e de o difundirmos espiritualmente, tanto quanto no fato de estudarmos suas consequências a cada vez particulares para *todos* os tipos de relações comunitárias humanas (em particular com vistas às relações comunitárias atuais), incluindo-o uma vez mais praticamente em um mundo quase completamente alienado.

3 A relação da ideia cristã de comunidade com a era atual

O que justifica para nós, então, porém, uma certa esperança é que isto pode acontecer. Trata-se sobretudo de um fato, em cujo reconhecimento se sabem hoje unidos os representantes do cristianismo e os mais expoentes representantes de outras visões de mundo. Nós todos sentimos justamente que nos encontramos no começo de uma era histórica, a era da assim chamada Modernidade que pode ser designada, em contraposição à era preponderantemente crítica e individualista, que desatrelou todas as forças terrenas do homem e da natureza até a máxima potência, uma era *positiva, crente*; ao mesmo tempo, contudo, uma era dirigida para a *comunidade* capaz de dominar espiritualmente forças anteriormente apenas desatreladas, que, por isto, também se mostra como "organizatória". Parece estar se aproximando de nós uma era na qual são assumidas uma vez mais de maneira ousada e fervorosa pelo espírito do homem aquelas forças, que tinham se libertado dos poderes centrais da vontade e do espírito humanos e que determinaram a vida humana por assim dizer de maneira fatal e automática – tais como, por exemplo, as forças dos processos econômicos materiais, do mero espírito de aquisição racional, isolado, da técnica de máquinas, do saber particular que se acumula e que não é mais dominável por nenhuma cabeça – para que, com elas, o espírito humano erija uma nova moradia duradoura da sociedade humana. Esta crença universal foi e é compartilhada por espíritos tão opostos quanto Augusto Comte, Josephe de Maistre, Saint-Simon, Fourier na França, e, na Alemanha, pelo inesquecível Adam Müller, por Rodbertus, por toda a escola da economia política histórica e pela assim chamada economia política dos socialistas de cátedra (A. Wagner), sobretudo, porém, pelo socialismo cristão e não cristão de todos os tipos e graus. O pensamento é, nessa universalidade, o programa de todos os seres racionais do mundo atual. A anarquia europeia dessa guerra, a intelecção que foi paulatinamente amadurecendo de suas forças impulsionadoras derradeiras, ainda desenvolverão em uma medida mais amplamente elevada no futuro essa crença e ainda inscreverão essa crença depois do fim da guerra por toda a Europa como um poder vital ainda intensificado, violentamente animador e recriador. Mas não é apenas nessa direção negativa da decomposição de falsas doutrinas que a guerra produzirá uma reconquista da ideia cristã da reciprocidade: também na direção *positiva,* segundo a qual o sentimento que surgiu no interior dos povos em uma conexão maximamente estreita com as assim chamadas organizações de guerra que se tornaram necessárias e a consciência da *representação* em termos de trabalho, responsabilidade, sofrimento, morte, sacrifícios de todo tipo se propagarão a partir desse ponto fontal - a partir da guerra - para além dos limites nacionais; não apenas para a reconquista de um sistema de acordo europeu de início em meio a questões político-coloniais, isto é, para uma *solidariedade dos Estados europeus* que ocorra ao menos neste ponto, mas - o que é muito mais importante - também se propagarão do ponto da alma unilateralmente ligado à guerra, ponto esse no qual ele surgiu, até uma *postura* ética *fundamental* de todo o homem plenamente ativo.

Felizmente, as coisas não se encontram neste caso de um tal modo que o princípio da solidariedade *só* continuaria sendo encontrável como um sentimento de corresponsabilidade recíproca pela correta ação conjunta na tradição cristã. A cooperação dos homens na fábrica, na máquina, na ciência marcada tão infinitamente pela divisão do trabalho, sim, em todo e qualquer tipo de grande indústria marcada pela divisão do trabalho - tanto nos empreendedores quanto nos trabalhadores -, uma cooperação que se tornou necessária por razões puramente técnicas, sobretudo no movimento econômico moderno, já tinha tomado muito tempo antes da guerra a consciência dos *interesses* a cada vez comuns dos que trabalham em conjunto. Ao mesmo tempo, porém, o sentimento de responsabilidade *moral* estabelecido *por detrás* de todos os meros "interesses" também já tinha se desenvolvido até um certo grau. Assim, os grupos de trabalho *tecnicamente* uniformes criaram em um primeiro momento associações de interesse. Essas associações, contudo, também desdobraram paulatinamente de maneira silenciosa *os princípios de uma consciência de classe*. Para um fura-greve, por exemplo, uma greve sem quebra de contrato pode ser claramente legítima, ou para o *outsider* de um sindicato que se instituiu de início unicamente a partir de finalidades de aquisição comuns, aquele que toma parte nas respectivas associações econômicas não é considerado apenas como uma *porta*, que não compreende o seu interesse e os interesses de sua classe. Em particular nas associações de trabalhadores dos sindicatos profissionais e dos outros sindicatos, ele é considerado em particular também como um *traidor* moralmente questionável, como um homem, portanto, que mesmo no caso em que percebe de maneira *correta* e compreensível o seu interesse furando a greve, moralmente não poderia e não *deveria* fazer isto em virtude de seus irmãos. Em tais casos, portanto, vemos uma nova e silenciosa irrupção do princípio de solidariedade - independentemente da tradição cristã e emergindo de maneira nova a partir das forças internas do próprio desenvolvimento moderno. Nós percebemos a transformação de um *interesse* em um *ethos*, de uma mera associação de interesses ou de classes econômicas comuns em uma consciência de *classe*, em um saber de *classe* e em uma associação de *classe*.

Mas *o que está em questão*, então, é o fato de essas *duas* correntes fontais do retorno do princípio de solidariedade nos corações e nas consciências europeias, a corrente de cima e a corrente de baixo, o pensamento tradicional cristão-católico da solidariedade - pois precisamente essa parte do *ethos* cristão tinha sido a parte mais negligenciada pelo protestantismo - e a corrente moderna, que procura laboriosamente ascender a partir das comunhões de interesses, serem a tal ponto dirigidas uma em direção à outra, que elas se encontram frutiferamente uma com a outra; o fato de a corrente vinda de baixo, que tem a seu favor a *vitalidade* do presente, mas que, em contrapartida, ainda se encontra assentada sobre os meros interesses monetários e ligados ao bem estar e é por assim dizer colocada entre parênteses desde dentro, transfigura-se por meio da corrente de cima, que emana de Deus e da história da Igreja, e se transforma em um *poder moral único*, isto é, em um poder do livre amor e do livre compromisso, que abarca independentemente de uma mera comunidade de interesses o todo dos homens em jogo. Mesmo a ideia cristã-católica da reciprocidade só chega a *conquistar* por meio do contato com esse elemento antigo e novo, sem qualquer alteração, o seu conteúdo claro, firme. Ela pode conquistar tal conteúdo no sentido de que o perigo, que pairava e continua pairando sobre ela, o perigo de ser apenas uma ideia dominical e de viver por demais apenas nas *fórmulas* de fé, mas não na crença viva e sempre ativa do coração, foi atenuado; no sentido de que ela se vincula à ação e ao trabalho do dia, inserindo, assim, a Igreja, que está construída sobre essa ideia, e a vida do povo nos povos em um contato interior.

Mas não apenas isto: é igualmente importante o fato de que o período violento de organização, diante do qual nós nos achamos agora e a cujo desencadeamento não se atribui por cegueira um papel particular e preponderante, enraizado em nossa história, aos poderes da Europa Central, ter sido lançado em uma direção, que não apenas encontra lugar no interior da estrutura da intuição social cristã e da doutrina moral cristã, mas também é verdadeiramente co*dirigida* e *determinada* por ela.

O moderno desenvolvimento do Estado e da sociedade característico da era unilateralmente crítica e desencadeadora de forças conduziu tanto sobre o solo da constituição estatal quanto sobre o solo da concepção estatal, tanto sobre o solo das relações dos Estados entre si quanto sobre o solo do espírito econômico e dos sistemas econômicos, a *dois princípios e* ideais ligados a direções *opostas* que se acham duradouramente em luta e que estão *os dois* na mesma medida *em contradição* interna com o espírito na comunidade cristã:

Sobre o solo da constituição estatal, esses princípios são: um estado principesco absoluto, rigorosamente centralizador, "soberano", isto é, não dependente de nenhum poder sobre a terra para além da sua própria vontade soberana, exclusivamente legislador, que privou sucessivamente (em primeiro lugar na França), com a imputação enganadora de que todos os direitos das corporações proviriam originariamente apenas *dele*, todas as comunidades particulares mais antigas contidas nele (a comunidade da nobreza, a comunidade eclesiástica, a comunidade dos monastérios, das corporações municipais e das outras corporações até a família) do seu direito próprio tradicional e de seus bens; e ele as privou de tudo isso até o momento em que uma igualdade de direitos quase completa de todos os súditos particulares do Estado diante do Estado entrou em cena - *ou* como contraideal em relação a essa igualdade, o domínio não menos soberano da assim chamada vontade popular (*volonté générale*), e isto significa, uma vez que a assim chamada vontade popular nunca é completamente una em si, domínio da maioria dos cidadãos (princípio da maioria, Rousseau).

Sobre o solo das relações dos Estados entre si, as oposições análogas são: Estado de poder e Estado cultural absolutamente soberanos, o máximo possível unos em termos nacionais, que não possuem nenhum limite moral de sua propagação, mas apenas a vontade poderosa de um outro Estado como esse – *ou* uma república mundial internacional, construída sobre o domínio de classes, social, o máximo possível una.

Sobre o solo da cultura, eles são: cultura nacional refletida – *ou* cultura mundial[19].

Sobre o solo dos sistemas econômicos, por fim, eles são: concorrência pura e simplesmente livre de todos os indivíduos e sujeitos grupais que obedecem economicamente apenas ao seu egoísmo – *ou* como contraideal: socialismo estatal obrigatório, que extravia cada vez mais o anteriormente livre e desimpedido empreendimento, o solo necessário para ele e os meios de produção que lhe são pertinentes, transformando-os em propriedade do Estado e em administração estatal, a fim de distribuir, então, a soma conjunta da economia estatal segundo um critério artificial qualquer.

Por que, com base em que fundamento profundo, esses quatro *pares* de ideais, ou seja, *tanto* os ideais *quanto* os seus contraideais, entram em conflito com o cerne mais íntimo da concepção cristã da comunidade? E qual é a concepção fundamental radicalmente *diversa* que essa concepção contrapõe a eles? Eles entram em conflito com esse cerne mais íntimo porque eles todos *negam* na mesma medida, ainda que em direções opostas, tanto o *princípio de solidariedade* determinado acima e corretamente compreendido quanto o princípio que se encontra em uma conexão estreita com ele, princípio esse segundo o qual cada indivíduo assim como cada subunidade social (família, comunidade, Estado etc.) deve ser em uma certa esfera um sujeito *autônomo* de domínio e de direito do próprio direito originário, tanto quanto ele deve ser um livre serviçal e portador de compromissos firmemente circunscritos, que correspondem ao direito, a saber, como *membro* de uma unidade social abrangente: todo senhor, todo servo, e todos os serviçais solidários livres juntos do senhor supremo de toda comunidade, isto é, Deus.

---

19. Cf. em relação a essa alternativa estranha também o trabalho seguinte neste volume, seção 2. Nesta passagem, nesta 4. ed. revista, também são apresentados os problemas na sequência de seu tratamento seguinte.

Em que medida eles contestam o princípio de solidariedade?

Respondamos de início essa questão em relação à *ideia de Estado*! Isto e apenas isto se mostra como o elemento absolutamente *novo* da ideia de comunidade, que o cristianismo já possuía em seu mais antigo período e que ele trouxe ao mundo como fermento, de tal modo que unificou as *duas coisas* em si e as fundiu em *uma* visão de mundo indissolúvel: a realidade efetiva autônoma, substancial, e a responsabilidade própria independente, moral e religiosa de cada alma individual, sua proveniência divina imediata (criacionismo) e sua meta sobrenatural e misteriosa oriunda da visão de Deus na eternidade – e, não obstante, a presença solidária como membro e uma verdadeira corresponsabilidade de todas essas almas perante Deus em *um* corpo que verdadeiramente as abarca, invisível segundo a origem e a totalidade, e, contudo, que atua e prepondera de maneira vigorosa sobre a visibilidade. A revelação divina nos ensina a conhecer esse corpo conjunto abrangente, cujos "elos" são todos os filhos de Adão, como *Corpus Christi*, como a *Igreja que abarca* todos os homens (tanto vivos quanto mortos) com sua cabeça mística invisível, Cristo, e com sua cabeça visível, os seguidores de Pedro. No correto deleite da ceia sagrada, nós nos asseguramos e devemos perceber sempre novamente cheios de bem-aventurança essa corporação sagrada, maximamente elevada, no amor, no sofrimento e no serviço no corpo de Cristo. Uma *cópia* ainda que fraca dessa *corporação suprema*, à qual pertencemos, também precisa ser toda e qualquer corporação mundana extraeclesiástica, assim como toda e qualquer forma de associação. Em cada uma, por isto, também precisa haver uma reprodução da forte e, de qualquer modo, tão frutífera *tensão*, que precisa existir sempre necessariamente entre a alma individual e pessoal criada por Deus e determinada para Deus, a alma autônoma e livre, e a ligação orgânica originária de todas essas pessoas em *uma* corporação que as abarque.

A *ideia de corporação cristã* já encontrável junto aos mais antigos Padres da Igreja (denomino aqui como exemplo apenas Inácio de Antioquia, Cipriano, Cirilo e Agostinho) é a *imagem ideal e padrão* mais elevada *de toda e qualquer corporação humana*. Falei de uma *tensão* violenta e acrescento imediatamente que essa tensão não pode ser afastada em favor *de um* dos elementos da ideia cristã de comunidade: seja esse elemento o indivíduo pessoal, seja ele a comunidade. A ideia antiga de comunidade, por exemplo, conhecia muito bem o princípio da comunidade vital orgânica no Estado e a responsabilidade alternante dos homens aí para o bem-estar e a cultura do todo. Mas ela *não* conhecia a alma independente, superior em seu cerne a toda e qualquer comunidade estatal possível, publicamente livre, criada por Deus, espiritual e imortal, com o seu mundo interior religioso e moral e com o reino secreto de seu ânimo. E ela não conhecia a meta que se encontra para além das metas do bem-estar e da cultura do particular tanto quanto do todo e o valor *da salvação espiritual, sobrenatural do todo* e *da pessoa individual.* O homem imergiu aqui até o seu cerne no Estado, e, com isto, ao mesmo tempo, no elemento terreno. Nem religião, nem uma cultura espiritual mais elevada conseguiram, por isto, se *libertar* dos tentáculos do Estado e se tornar autônomas nele. No desenvolvimento da Prússia - que por essência é muito mais Estado do que povo, e diante de cujos príncipes e reis pairavam tão unilateralmente padrões antigos estatais e morais - veio à tona uma vez mais intensamente tanto prática quanto teoricamente essa antiga ideia de comunidade. Ela vem sendo defendida precisamente hoje uma vez mais - sob uma forma particularmente infantil - por alguns eruditos. Deixemos claro para nós que, doravante, ela tem de encontrar seus limites rígidos como o aço junto ao autêntico *individualismo,* a saber, junto ao *individualismo cristão* da pessoa íntima, junto à sua liberdade e à sua consciência. Ela tem de encontrar seu limite junto ao individualismo cristão que inclui concomitantemente o ideal cristão de comunidade.

Pois há um sentido da palavra "individualismo" tão indizivelmente plurissignificativo, no qual o "individualismo" não apenas se mostra como uma verdade de fé cristã, mas também se revela como não sendo nada menos do que - gostaria de dizer - *a magna carta da Europa* em relação à Ásia e mesmo em relação à Rússia, a saber, aquele individualismo espiritual, portanto não primariamente um individualismo econômico, que nega decididamente que a pessoa particular individual espiritual seja apenas um "modo" de uma forma qualquer do universal, do Estado, da sociedade, de uma assim chamada razão mundana ou de um processo histórico material que emana dela, quer esse modo se chame panlógico como na filosofia política prussiana de Hegel, quer ele se chame uma "ordenação" moral que se desdobra como em Fichte ou um processo histórico econômico como em Marx. O individualismo cristão nega justamente com isto, que as pequenas comunidades, por exemplo, a família, a comunidade no Estado, um principado de raiz no reino ou as cidades e classes no Estado *só* teriam uma esfera de direito e de obra *exterior*, voltada para o todo abrangente, mas não também uma esfera de efetividade e de direito cooriginária, voltada sempre e a cada vez para o interior de um direito originário próprio, não derivado da comunidade abrangente. Mesmo o limite inferior de todas essas unidades, o indivíduo particular, tem ainda a sua *esfera própria* originária da atuação e do direito natural, uma esfera que é independente do Estado e do direito por ele estabelecido: seu assim chamado direito natural, que lhe é inato, posicionado juntamente com a essência de uma pessoa (p. ex., direito à existência, à autodefesa etc.). Com certeza, todas as comunidades de amor e vida autênticas, por exemplo, a família, a comunidade, o Estado, o povo, a nação, o círculo cultural europeu - em oposição às meras "sociedades" formadas arbitrariamente - perduram, tal como a árvore perdura para além da queda das folhas, para além da vida *terrena* do indivíduo. Estado e nação também possuem, por isto, o direito interior, por exemplo, de exigir como sacrifício livre na guerra a vida orgânica do indivíduo para o seu ser e o seu bem-estar - mas exigir a vida orgânica exterior, *não* o ser e a essência da personalidade, que é imortal, e que, por isto, também *não* tem de imergir já *durante* a vida terrena na nação e no Estado e de se entregar a eles[20]. É a vida de todas essas comunidades - não é o ser da pessoa individual - que, apesar de sua capacidade de perdurar para além da vida orgânica do indivíduo por um período indeterminadamente longo, se mostra segundo sua essência como *finita*, tal como o revela toda a história dos Estados e nações que pereceram. E é a individualidade pessoal espiritual, que é essencial-

---

20. Cf. sobre a relação de Estado e pessoa em *Formalismus*, seção VI B 4, ad 4 e ad 5 (índice conceitual da 4. ed.).

mente *infinita em termos de duração e efetivação*, por mais que a vida terrena *finita* seja *muito mais curta*. E é somente *porque* ela é assim, que ela consegue e deve, por assim dizer com um sentido cavalheiresco, considerar o bem elevado de sua curta vida como o bem mais elevado da vida daquelas comunidades que vivem muito mais do que ela, mas que são, em comparação com ela, comunidades demasiado pobres, uma vez que comunidades terrenas *apenas* finitas. E precisamente *nesta* guerra é duplamente válido reter o correto individualismo espiritual. Por quê?

Vemos uma das características mais seguras de nosso direito nesta guerra no fato de não ajudarmos a proteger aqui apenas a nós mesmos, mas indireta e duradouramente até mesmo aos nossos inimigos essenciais vindos do Sul e aos seus Estados, e, com isto, portanto, de ajudarmos a proteger *o conjunto da Europa* da enchente produzida pelas hordas russas, assim como de sua visão de mundo e do cristianismo ortodoxo, que ainda não conhece aquela *magna charta* da Europa Ocidental, o *valor infinito da alma particular individual*. Pois aí ainda se afoga efetivamente a pessoalidade no populismo, na linhagem, na massa, no rebanho. O quão absurdo não seria, portanto, negar em nós mesmos aquilo pelo que combatemos precisamente o Leste: o valor da alma individual.

Disse: todas as concepções de comunidade que emergem para além do solo cristão-eclesiástico negam essa tensão necessária. *O Estado principesco absoluto*, juntamente com o movimento burguês, que serve a ele em primeiro lugar e que o domina mais tarde, o movimento burguês do nacionalismo, privou as corporações de todo tipo, as classes, a nobreza e a classe eclesiástica de seus direitos e propriedades originários. Seu conceito extremo, ilimitado de poder e de soberania ousou se elevar acima da lei cristã e de sua administração suprema. Não é de espantar que o Estado absoluto – da maneira mais clara possível na França de 1789, em uma medida qualquer, porém, por toda parte, atualmente na Rússia, cuja revolução apenas prosseguiu durante essa guerra e que estendeu suas mãos até a Revolução Francesa – tenha se visto um dia diante da revolução de massas que contestou o *seu* direito "absoluto" à existência; revolução de massa que se arrogou como podendo colocar no lugar do príncipe absoluto o *povo soberano absoluto,* isto é, a mera vontade da maioria - sob a pressuposição falsa de que a vontade da maioria seria equivalente à *volonté générale,* isto é, equivalente à autêntica vontade conjunta. *As duas* concepções do Estado, porém, transformam o Estado e a nação em um *ídolo,* que nega tanto o individualismo cristão quanto o princípio da solidariedade, um *ídolo* que se coloca consciente ou inconscientemente no lugar do senhor supremo de toda e qualquer comunidade, no lugar de Deus. As duas transformam o Estado em algo que não deve ser nem *apenas senhor nem apenas escravo* de todos os indivíduos e, respectivamente, dos humores de sua maioria, razão pela qual a doutrina social cristã diz que *ninguém* além de Deus, ou seja, nenhuma instituição sobre a terra, seria "senhor supremo", e *ninguém* escravo, mas cada um e cada instituição seria *ao mesmo tempo* senhor e servo livre de um senhor mais elevado. *As duas concepções,* porém, precisaram desenvolver subsequentemente aquele *nacionalismo* irrestrito que, se alastrando como um fogo que a tudo consome, abrangendo nacionalidades cada vez menores (recentemente a Hungria, a Boêmia - até a Estônia e a Letônia) e se consumando, por fim, no imperialismo, entrou em um colapso tão terrível nesta guerra junto à ideia de *Estado* do bloco da Europa Central. Quem dispunha, porém, das ideias vivas - temos de deixar nas mãos de Deus saber se isto aconteceu para além de nossas forças - que tornavam possível ao menos tentar reconstruir a partir desse colapso catastrofal da Europa há muito abalada já em meio a uma anarquia interna moral e espiritual a *verdadeira Europa cristã,* se não os representantes da ideia cristã de comunidade? O que mais retinha ainda coesa em sua profundeza a Europa em processo de fissura senão *essa* ideia?

Por isto, essa ideia também precisa nos deixar buscar sobre o solo da política externa um sistema do acordo ao menos em todas as coisas como essas, coisas que dizem respeito a uma *salvação* europeia conjunta e ao bem-estar conjunto. Trata-se de um *falso* princípio aquele que afirma: todo Estado *só* encontra os seus limites na vontade de poder de outro Estado. Nós alemães e a Suíça, por meio de nossa articulação *civil federativa,* que assumiu há muito tempo do Estado particular o traço característico da assim chamada soberania, demos início ao menos no que diz respeito à constituição ao esforço por mostrar a partir de um grande exemplo como é que a verdadeira liberdade de unidades históricas menores em termos de estirpes e Estados *pode* subsistir de maneira coesa *juntamente* com as necessidades técnicas centralistas do grande negócio moderno, mesmo do grande funcionamento do sistema imperial, em todas as coisas. Que esse tipo de pluriarticulação possa se tornar *paradigmático* para a Europa cristã em geral na época que está por vir! *Pois neste aprofundamento do Estado republicano continua ainda hoje relativamente presente do modo mais intenso possível a ideia cristã de comunidade.* Caso se consiga estender a ideia do Estado republicano, ainda que modificada em termos de suas finalidades, de maneira lenta e cautelosa, para a totalidade da Europa Central, que contém o nosso império e o Império Austro-Húngaro; e isto de um modo tal que, nesta *federação* supranacional mais abrangente, esse novo *todo* venha a ser mais intensamente centralizado, *até o ponto* em que as condições vitais comuns externas (em primeiro lugar da defesa militar e, então apenas, da vida econômica) entram em questão; de tal modo, porém, que as estirpes e os Estados federativos particulares de nosso corpo imperial atual *conquistassem* significativamente ao mesmo tempo, em meio à atenuação acentuada do predomínio por demais unilateral da Prússia, uma autonomia em tudo aquilo que diz respeito à religião, à moral, à cultura, à condução da vida – então já seria possível ver aí um progresso significativo da ideia cristã de comunidade sobre o solo político. Esse novo ser federativo maior, centralizado materialmente e mais intensamente do que antes como um todo para fora, mas *espiritualmente* ao mesmo tempo *descentralizado* para dentro, também poderia ser concebido com razão como uma espécie de rearticulação com as forças e ideias históricas, que suportaram o imperialismo alemão medieval; algo do gênero de uma rearticulação com a grande vocação espiritual da Alemanha, consonante com a providência em termos geográficos tanto quanto históricos, como o coração da Europa, para, na formação de organizações federativas estatais *supranacionais*, intermediar a reunião da ideia e realidade da Europa cristã, sim, por fim, da humanidade, com a realidade egoísta dos Estados particulares e nações europeus periféricos. O Império Alemão desde 1870, a meu ver culturalmente por demais centralizado de maneira unilateral no espírito prussiano, e se alimentando em si ainda de maneira por demais intensa com a antiga postura do principado absoluto com o seu contramovimento obrigatório antidemocrático, quase não conseguiu exercer nenhum poder de atração sobre o mundo dos povos que estavam ao seu redor, mesmo quando esse mundo tinha uma origem nacional alemã. Por toda parte - mesmo na Suíça e na Holanda - ele foi mais *temido* do que amado. Isto também poderia se transformar em face da figura federativa que acabara de emergir. Se este meio ambiente político de proveniência alemã visse que, no império depois da guerra, os restos desse espírito estatal absoluto da antiga Prússia tinham se quebrado, que, *nele*, havia mais espaço para as famílias e classes alemãs em termos de liberdade, particularidade e enraizamento do que até então, e que sua coparticipação na direção e na administração política do todo tinha se ampliado, então eles perderiam essa fragilidade e esse medo paulatinamente por si mesmos. Mesmo a própria Prússia talvez tenha sido quem mais intensamente prejudicou a possibilidade de que o império se tornasse uma Prússia prolongada. Perdeu-se aí a sua espiritualidade fina, clara, frágil, perdeu-se também - como Moeller van den Bruck expôs recentemente muito bem[21] - seu estilo na arte (arquitetura), na sociabilidade e na vida.

Uma força não menos comprometedora, porém, também parte da ideia cristã de comunidade para as relações entre as *nações* que dizem respeito à reprodução de relações psíquicas normais e à questão da cultura espiritual, relações. Se nosso ideal de comunidade condena o nacionalismo político, cujas aspirações são combatidas antes de tudo pelas potências medianas que se assentam na ideia de Estado, então isto não acontece apenas em virtude da unidade religiosa e eclesiástica da humanidade, mas precisamente também em virtude do *direito próprio* e interior dos povos, nações e nacionalidades em todas as questões da língua, da cultura espiritual, dos hábitos sedimentados e da coloração particular de sua religião e castidade. Em meu livro

21. Cf. *Der Preussische Stil* [O estilo prussiano]. Munique, 1916.

Krieg und Aufbau (Guerra e construção)[22], mostrei que o nacionalismo político moderno não possui estranhamente uma *origem* autenticamente nacional, mas que precisamente ele representa, segundo a origem tanto quanto segundo as metas, *um fenômeno de classes internacional uniforme* (do grande capital burguês nacionalmente engajado), assim como o seu contrário, o internacionalismo de classes da classe trabalhadora; que, em contrapartida, o *cosmopolitismo* espiritual, isto é, a intuição de que os espíritos populares nacionais estariam sendo convocados para se completarem *solidariamente* em todas as coisas puramente culturais, por exemplo, na filosofia, na ciência, na arte, sim, mesmo na apresentação do reino de Cristo, e, em verdade, para se completarem de maneira irrepresentável, não exclusivamente, em verdade, mas de qualquer modo em uma medida particular, pode ser denominado um produto espiritual nacionalmente *alemão*. O nacionalismo político quer a cultura espiritual, que está necessariamente enraizada nas ideias de algo verdadeiro, belo, assim como, porém, ao mesmo tempo, nas determinações e disposições a cada vez fundamentalmente diversas e insubstituíveis dos povos para conhecer esse verdadeiro e para desfrutar e produzir esse belo: ele quer tornar úteis as suas puras metas de poder e de economia. Seria precisamente ele que – se alguma nação chegasse algum dia a se sair vitoriosa – extinguiria a *profusão* das disposições, obras e ideais de vida particulares e transformaria o mundo em um todo uno cinzento e desértico.

Por isto, *nesta* direção, a ideia cristã de comunidade permite que façamos tudo para reproduzir a *irmanação* cultural das nações europeias, para trabalhar contra o ódio aqui totalmente degradante e para cuidar da possibilidade de que, mesmo no interior dos limites de nosso império e da Áustria, as peculiaridades nacionais culturais sejam *mais intensamente* atentadas do que até então, e de que esse espírito se torne mais vigorosamente ativo na administração, por exemplo, da Polônia e da Alsácia. Uma ideia de Estado que abarca diversas nações, tal como nós a exigimos, e o assim chamado "Estado cultural", se *ex*cluem logicamente. Somen-

---

22. Cf. lá o capítulo: "Nova orientação sociológica e a tarefa dos católicos alemães depois da guerra".

te enquanto um Estado nacional fechado é que um assim chamado Estado cultural seria pensável.

Pois justamente no *cultural* (língua, hábitos, literatura e arte), *não* no político e *não* no econômico, reside o direito eterno da existência das nações. A ideia cristã de comunidade condena o assim chamado "Estado cultural", isto é, um Estado que gostaria de dirigir diretamente a cultura espiritual (p. ex., por meio da escola una etc.), que gostaria de fomentar as *condições* externas da cultura no que diz respeito ao bem-estar, à distribuição de riquezas, à livre concorrência dos homens capazes de criação cultural; e isto de maneira tão intensa quanto ela condena a ideia mundana de Estado uno. Pois o Estado só pode abarcar muitas nações e se alçar verdadeiramente acima das paixões nacionais e ser seu senhor racional, se ele der às nações ao mesmo tempo uma *liberdade cultural* e se ele não tentar aspergir uma assim chamada *cultura estatal* uniforme sobre os povos que habitam o território. Em face dos bens supremos, dos bens sagrados e religiosos, nós homens só poderemos construir uma verdadeira unidade, uma igreja católica, se estiver igualmente presente em um aspecto estatal e em um aspecto cultural uma *pluralidade* colorida, e, em verdade, sempre e a cada vez mutuamente *independente*, de grupos sobre a terra – de acordo com as formações orgânicas e espirituais dos povos e de sua história. Por isto, o verdadeiro cosmopolitismo cristão abomina tanto o nacionalismo político quanto a ideia judaica arcaica, superada por Cristo, do "povo eleito" (que a Inglaterra assumiu por meio da transposição da ideia calvinista de eleito para o Estado e o império); tanto a ideia desértica, entediante de uma *cultura mundial* única quanto a farsa maçom de uma *república mundial* política. E, do mesmo modo, ela também rejeita o ídolo que agora entrou em colapso de uma maneira tão miserável, o ídolo de uma república internacional de classes e de trabalhadores. Mesmo a Igreja, a única a erguer uma pretensão de unidade abrangente dos homens (com o mais íntimo direito dos valores supremos e indivisíveis, que ela e *apenas* ela administra), mesmo a Igreja não *deve* e não *quer* dirigir *diretamente* a cultura espiritual – e ela também não tem o direito de fazê-lo, se é que ela não quer se particularizar. Ela só precisa e só deve erguer uma pretensão de proteger um dia a profusão de uma cultura originária diante de todo nacionalismo político, e, somente então, exprimir claramente onde é que ela vê *feridos ou colocados em questão* por meio de um direcionamento cultural os bens religiosos conjuntos.

Precisamente por meio dessa pretensão da Igreja e de sua cúpula, da autoridade eclesiástica suprema, a pretensão de um cuidado superior até mesmo com a vida espiritual cultural - até o ponto em que ela toca as coisas sagradas - a Europa moderna se viu talvez repelida em todas as nações antes da guerra da maneira mais intensa possível da Igreja. Como não se queria saber mais nada sobre a lei moral cristã enquanto o princípio supremo da política externa estatal, então também não se queria mais saber nada sobre uma inspiração eclesiástica cristã da criação cultural mais elevada, da arte, da filosofia, da ciência; e justamente *porque* essa *inspiração* viva, que mantém a coesão, essa *inspiração* das regiões culturais e das nações culturais, tinha se dissolvido cada vez mais intensamente no curso da Modernidade, assim como ela tinha se abstraído cada vez mais amplamente com vistas mesmo à língua, ao método e ao estilo, de um nacionalismo cultural que se aguçava cada vez mais intensa e restritamente, negando a necessidade de complementação de todas as nações, as intervenções da autoridade eclesiástica precisaram de fato - onde quer que elas ocorreram - ela precisou atuar sobre os portadores daquela ideia de cultura extracristã como se não passasse de intervenções mecânicas, estranhas e externas. Junto aos grupos dominantes da maioria dos Estados, negou-se imediatamente por princípio à autoridade eclesiástica o direito de intervir na assim chamada autonomia da razão e da cultura em questões ligadas à salvação. Agora, então, as coisas se encontram da seguinte maneira: como todas as atividades humanas, mesmo as espirituais mais elevadas, são sempre ao mesmo tempo *atividades comunitárias*, então a natureza particular e o conteúdo da respectiva ideia de comunidade que *domina* a vida também possuem o maior significado para o progresso, o espírito e o resultado dessas atividades. As situações humanas formam sempre e por toda parte uma unidade estrutural e estilística interior. Onde impera, por exemplo, alguma forma de Estado absoluto, onde a concorrência economicamente livre e a economia exclusivamente voltada para a aquisição em oposição à economia da cobertura das necessidades, onde um individualismo irrestrito ou um socialismo irrestrito destroem a ideia cristã de comunidade, aí é *suspensa* não apenas a crença comum em uma *igreja*, mas também o conhecimento *comum* tanto na sequência temporal das épocas quanto na justaposição espacial daqueles que atuam conjuntamente no cerne. Assim como na Idade Média gerações como um todo trabalhavam na construção de uma única igreja - sem suspender a identidade estilística da obra arquitetônica -, os filósofos de diversas nações daquele tempo também tinham em vista durante gerações, apesar das colorações diversas de sua perspectiva mundana, trabalhar na construção de *uma philosophia perennis.*

No lugar do pensar, do intuir e do sentir um com o outro ingênuo e orgânico dos tempos e povos, entraram em cena no curso do desenvolvimento espiritual moderno dois princípios em estreita conexão: o princípio do *criticismo subjetivista* que atravessa milhares de subformas e o princípio do *trabalhar umas contra as outras das nações*, e, no interior das nações as assim chamadas escolas, no interior das escolas uma vez mais os indivíduos, e, além disto, o trabalhar umas contra as outras das épocas e gerações, das quais cada uma tenta ultrapassar a antecedente, sobrepujá-la, para ser imediatamente em seguida uma vez mais precipitada no nada pela próxima - logo que ela nasce. O ritmo dessa alternância entre nascimento e morte se acelerou cada vez mais. No lugar de uma *entrega* ao mundo objetivo ingênua, espiritual, guiada pelo amor no intuir e no pensar, na consciência constante de que o espírito humano, como proveniente de Deus, o limite da verdade, também seria capaz mesmo de apreender intelectivamente o *ser* das coisas, entrou em cena agora a posição de *desconfiança* nas próprias forças espirituais e aquilo que eu denomino a profunda "hostilidade ao mundo" característica do pensamento moderno, isto é, a condenação de todas as qualidades, formas, valores, figuras que pertencem ao *próprio* mundo, e uma concepção do mundo como um caldo material irredimível - a partir do qual o homem teria de fazer por meio de seu ato compreensivo e de seu trabalho pela primeira vez algo significativo. A filosofia *kantiana* subordina-se, por exemplo, a essa fórmula como um caso especial[23]. De maneira estritamente análoga a essa, no lugar da orientação conjunta e comunitária amorosa em todas as coisas entrou socialmente - como alma regente da criação cultural - o impulso *espiritual* vão à concorrência, o impulso para sempre fazer algo a cada vez totalmente particular e não conquistar a verdade por meio de uma ocupação imediata com a coisa mesma, mas por meio da crítica primária, por meio da descoberta dos erros, das ilusões dos outros. O fato de nós - como Goethe diz e Agostinho já reconhecia - só podermos conhecer as coisas corretamente, na medida em que as *amamos* de algum modo, o fato de nós só podermos conhecer *uns com os outros*, na medida em que também amamos anteriormente uns aos outros e amamos a mesma coisa uns com os outros - assim como Deus mesmo só descortinou para nós em seu filho que se sacrificou por nossos pecados o conhecimento, consonante com a revelação, de sua essência interior a partir de sua vontade de redenção dirigida pelo amor, e só o amor pode acolher plenamente em nós essa comunicação - esse fato foi por princípio negado. Um "pensar" individual dissociado da comunidade, sim, dissociado por assim dizer da alma conjunta restante, arrancada a essa alma, ou, em outros, sensações igualmente isoladas, tanto um quanto o outro foram declarados (o primeiro pensar, p. ex., por meio de Descartes) como a fonte unicamente justificada do conhecimento.

Seria certamente bem sem sentido e injusto não ver que os dois princípios, o criticismo subjetivo e idealista, assim como o trabalhar um contra o outro sobrepujante tiveram um sucesso enorme no solo da filosofia, das ciências, da direção da natureza, das almas e da sociedade e consumaram por si à sua maneira algo grande. Mas - e esse "mas" é a doutrina violenta da guerra mundana, o chamado violento para a conversão, que foi realizado por Deus a nós e a toda a Europa - mesmo esses sucessos do trabalho cultural europeu só foram possíveis, porque a época cristã da Idade Média europeia e seu universalismo espiritual tinham acumulado um *capital interno* tão *grande* em termos de potências espirituais formadoras de comunidade em todas as nações e grupos

23. Cf., quanto a este ponto, *Formalismus in der Ethik*, seção II A. 4. ed., 1954, p. 86ss.).

da Europa que esse capital manteve coesos *de qualquer modo* na profundidade secretamente e mesmo contra o saber dos envolvidos os espíritos que aspiravam a se separar; que, além disto, por meio da força pós-duradoura do modo de pensar mais antigo, a confiança cristã na capacidade do espírito humano de poder apreender o *próprio* mundo - e não apenas sua imagem em nós - também não se quebrou *completamente* por meio do criticismo. A mais importante novidade para a Europa, sim, uma novidade que merecia, por conta de sua importância, ser anunciada em voz alta por todas as ruas, é o estado de fato indubitável de que, para além da Cristandade crente que ainda se encontra na Europa - e mesmo ela foi já amplamente arrastada para o mal, tal como o mostram os escritos combativos dos católicos franceses -, esse capital, essa herança inconsciente, está hoje praticamente *gasto*.

Tal como o pesquisador em meio ao experimento científico isola as causas de outras causas, para que ele possa ver o que elas e apenas elas produzem como efeito, a guerra mundial largou por assim dizer à sua própria sorte a força dos dois princípios ditos modernos, de tal modo que vemos para onde *apenas* é que ela agora conduz: para uma guerra mundial também dos espíritos, para a construção de uma torre de Babel sob o formato mundano. Justamente por meio daí, contudo, a guerra mundial tem aquele segredo maximamente profundo até aqui velado da Europa, o segredo de que a Europa sub-repticiamente, mesmo em seus grupos marcados por uma mentalidade secularizada, *viveu* do cristianismo, da herança espiritual da Igreja, desvelado para todo o mundo que esteja ao menos disposto a ver. Ela escreveu essa verdade no céu com letras sangrentas que qualquer um pode ver. Não apenas a neutralidade cristã cheia de elevação, não apenas as ações particulares do pai eterno para a mitigação da miséria da guerra, não apenas a sua oração de paz que comove a Igreja: não foi isto apenas que conduziu ao fenômeno estranho de que hoje, até as profundezas da mais moderna Modernidade, a Igreja Católica e sua direção vêm conquistando uma nova consideração e uma nova dignidade moral. Por detrás dessas impressões puras, sublimes, encontra-se algo diverso e *mais profundo*: a intelecção nova emergente, que vem se desdobrando na profundeza inconsciente da alma moderna como um anjo luminoso, de que só uma volta consciente às fontes sagradas do espírito e da vida, das quais a história da Europa tinha se alimentado também aí secretamente até agora, quando os homens conscientemente não queriam mais portar a palavra, sim, de que – pensando de maneira consequente – só uma volta à Igreja sagrada e à ideia de comunidade cristã administrada e corretamente compreendida conseguiria ainda salvar a Europa como a esfera cultural do mundo até aqui dirigente e condutora. Não foi apenas um erro ou uma série de erros que nos fez superestimar de maneira tão descomunal a medida das forças que mantinham coesa a Europa (quando estavam presentes elementos tais como a técnica de comunicação, as internacionais de trabalhadores, o capital financeiro internacional, a ciência internacional, a arte, a consciência moral europeia, a solidariedade da raça branca, o direito privado e o direito público internacional etc.): *o método de pensamento e o hábito de sentimento* fundamentalmente equivocados foi achar que a unidade incondicionalmente necessária poderia ser suportada *de maneira duradoura*, como se a unidade dessa construção não carecesse duradoura e essencialmente, não apenas para o seu progresso, mas não menos também para a sua *subsistência* em *primeiro* lugar de forças centrais poderosas de ordem religiosa, espiritual e moral vindas de "cima", isto é, forças que não se apoiam sobre comunidades de interesses, nem sobre meros contratos jurídicos, nem apenas sobre uma assim chamada uniformidade (tão violentamente superestimada) da natureza humana e de sua disposição compreensiva isolada, mas forças que só consistem em revelação, graça, iluminação da razão e dos corações, e em uma organização visível correspondente dessas forças invisíveis – de uma organização, que, por seu lado, faz com que aqueles poderes formadores de comunidade inferiores alcancem pela primeira vez a sua eficácia possível.

Se hoje – como disse – a intelecção de todos os melhores é a de que nós nos encontramos em termos econômicos e políticos diante de uma época que organiza as forças, então mesmo a vida *espiritual*, ou seja, mesmo a filosofia, a arte, a ciência precisam participar – junto à copertinência interna de todas as partes da vida social – daquela mudança profunda. Também elas precisam se transformar paulatinamente no sentido da ideia da comunidade cristã. Seria preciso reconquistar para a nossa criação cultural europeia conjunta o espírito de uma verdadeira *cooperação*, guiada pelo amor, uma *cooperação* dos indivíduos, das escolas, das nações, das gerações. De acordo com isto, a vida espiritual também precisaria acolher uma vez mais em si o princípio da *entrega* amorosa *ao mundo objetivo* e aos pensamentos da apreensão imediata de seu *ser* em termos de percepção e conhecimento no lugar do até aqui assim chamado "idealismo" e "criticismo" - que se baseiam os dois naquela falsa *hostilidade mundana*. E toda filosofia, arte e ciência precisariam uma vez mais ver, atentar e amar uma vez mais junto ao mundo as *constantes essenciais* do mundo e seus nexos, as *ideias essenciais* divinas apreensíveis em suas coisas particulares contingentes, segundo as quais Deus ordenou o mundo, em contraposição a todos os elementos meramente cambiantes do mundo e domináveis por nós tecnicamente. Assim, as consequências internas da ideia cristã de comunidade também precisam ser desenvolvidas de maneira nova para o todo da existência cultural, em teoria e em obra, e colocar também o bem elevado da *ideia cristã de comunidade cultural* nos lugares *vazios*, que surgiram nos espíritos por meio do colapso das forças de unificação espiritual do homem tão superestimadas antes da guerra, forças essas oriundas da ideia de cultura extracristã.

Tão importantes quanto as indicações que a ideia cristã de comunidade nos dá para o prosseguimento do desenvolvimento da organização política e da comunidade cultural e espiritual são os acenos que provêm dela para a nossa tomada de posição concernente à outra das oposições citadas. Eu o denominei - simplificando a coisa - *sistema de livre concorrência econômica e socialismo de Estado*. As coisas *não* se encontram aqui de maneira alguma de tal modo que, a partir da ideia cristã de comunidade e das oposições da ética cristã, assim como a partir do nivelamento objetivamente válido de acordo com esses princípios dos bens do mundo e do espírito, veio à tona todo um sistema econômico determinado; ou mesmo um sistema que deveria ser derivado logicamente dessas oposições. Tal possibilidade acha-se excluída já pelo fato de a ideia cristã de comunidade e esse nivelamento gradual dos bens apontarem para algo *eterno, duradouro,* enquanto os sistemas econômicos, sob os quais os povos vivem, se encontram submetidos à mais rica *mudança* histórica. Eles se encontram submetidos até mesmo a uma mudança ainda mais rica do que as formas de constituição políticas. A existência de cada um de tais sistemas tanto quanto sua constituição é de fato dependente de uma série quase imensurável de causas, que têm pouco ou nada em comum com a visão de mundo religiosa dos portadores do sistema, ou só têm algo em comum com essa visão muito indiretamente; por exemplo, dependente das disposições ativas ou contemplativas dos povos, de seu temperamento, de sua força inventiva nacional, de seu solo, clima, tesouros naturais, do estado da técnica e das relações jurídicas internas e externas dominantes e de mil outras coisas mais. Mas assim como se constrói por toda parte na natureza e na história o espírito dos corpos, cada sistema econômico também é dependente em *primeira* linha de um fator, que podemos denominar o "*espírito econômico*" fundamentalmente dominante, ou o "*ethos* econômico" a cada vez fundamentalmente dominante da camada a cada vez previamente encontrável e dirigente em um país. Esse fator constitui a alma interior abrangente mesmo da organização exterior, e ele imprime seu selo sobre toda e qualquer ação e forma de existência econômica por mais iníqua que ela seja. Pela intermediação desse *ethos* econômico da camada previamente encontrável a cada vez dirigente, a visão de mundo religiosa, porém, e, em primeiro lugar, a ideia de comunidade que ela contém, também exerce um efeito imensurável sobre a configuração da vida econômica. Precisamente as pesquisas mais recentes do excepcional cientista político Max Weber, assim como as pesquisas de E. Troeltsch, W. Sombart, entre outros, que investigaram de maneira exata nesta direção, por exemplo, a participação do calvinismo e de outras seitas protestantes no surgimento do capitalismo moderno, e, mais recentemente, a conexão das grandes religiões mundiais mesmo da China e da Índia, com os sistemas econômicos desses países[24], elevaram esse fato acima de qualquer dúvida.

---

24. Cf. os trabalhos de Max Weber nos últimos cadernos do Arquivo para Ciência e Política Social.

O fato de aquele sistema econômico "liberal" do *laisser faire*, cujo espírito tinha sido uma aspiração de trabalho e de aquisição dos indivíduos econômicos particulares, não delimitada por nenhuma ideia de cobertura de necessidades, aspiração essa que não se deparou com um problema particular de distribuição (isto é, um problema de distribuição "justa") dos bens materiais, mas apenas com o problema da *produção máxima* dos bens, e que também esperava de uma *concorrência absolutamente livre* dos sujeitos econômicos e do livre-comércio ilimitado, no pano de fundo religioso deísta, em uma crença inteiramente falsa na harmonia natural dos meros impulsos, a melhor distribuição de bens - não tinha mais por si há muito tempo o vigor da história, algo que não preciso dizer para os senhores. De fato, já vivemos há muito tempo na era do amplo funcionamento estatal, de uma política social vigorosa e da legislação trabalhista alemã dela emergente, imitada da Inglaterra por meio de Lloyd George; na era das grandes organizações de trabalhadores e de empresários, e - em termos econômicos tanto quanto em termos extrapolíticos - em uma era do assim chamado neomercantilismo, no qual o Estado abre o caminho para o trabalho, as mercadorias e os bens, e, por fim, como vemos hoje, com a violência das armas. A guerra apresentou para nós quanto a isto um espetáculo maravilhoso, segundo o qual as organizações de trabalhadores em nosso país, sobretudo os sindicatos, mesmo os socialdemocratas, que tinham emergido por natureza de um espírito mais hostil do que amistoso em relação ao Estado, se coligiram com o Estado, sim, até mesmo talvez com as organizações empresariais antes tão frequentemente odiadas, formando uma única comunidade de trabalho nacional, fechada, grande. Vimos o socialismo democrático desaparecer em nosso país, sentindo-se como um Estado no interior do Estado, nós o vimos enterrar em sua maior parte suas esperanças de uma revolução internacional de classes; nós o vimos se submeter prática e ativamente ao organismo estatal vivo, o vimos reprimir a sua busca de crítica, deixar cair as suas utopias de futuro diante do trabalho prático do presente. Também vimos uma grande parte de nossos círculos industriais, comerciais e financeiros, por assim dizer, emergirem de seus negócios, não apenas realizar sacrifícios monetários inauditos pelos custos da guerra, mas se comportar como funcionários voluntários do Estado, que pensam em todas as suas medidas não mais apenas em suas vantagens e nas vantagens relativas aos negócios de sua empresa, mas no bem-estar do todo. O espírito do *sacrifício*, isto é, o espírito daquela ideia de todas a mais central da fé cristã, que sempre intuímos e correalizamos novamente em sua forma mais sublime nas profundezas místicas da missa sagrada, parecia preencher todo o ar vital e se precipitar também em direção à esfera terrena da existência econômica.

Com certeza, trata-se de grandes e profundas mudanças, de vivências que mexem com as almas! Mas em que *direção* nossa visão de mundo deve guiá-las? E como é que ela deve levar essas forças recém-nascidas para além da existência momentânea?

Agora, muitos de nossos melhores alemães veem já nesses processos conjuntos algo assim como a realização inicial do *socialismo*[25]; em verdade, precisamente não sob a forma com a qual Marx o tinha sonhado, não mais sob aquela forma pensada, por exemplo, por Ferdinand Lassalle, isto é, sob a forma de uma coletividade nacional em verdade monárquica em termos políticos, mas essencialmente socialista-estatal. As pessoas pensam isto do seguinte modo: não apenas em uma grande parte quer-se manter as organizações de guerra com as suas amplas intervenções na liberdade da vida econômica para além do tempo de guerra – até que ponto isto é correto é apenas uma *questão de conformidade a fins* –, quer-se torná-la muito mais o ponto de partida de uma *reconstrução* fundamental de nossa constituição econômica conjunta; sim, quer-se a guerra e aquilo que ela e sua indigência arrebataram de nós em termos de medidas e atos legislativos socialistas-estatais, quer-se por assim dizer usá-la para o desencadeamento de uma revolução essencial e duradoura de nossa constituição econômica – em uma direção que, como as pessoas nos dizem, correspondesse de novo mais às nossas antigas disposições alemãs e à nossa história, disposições e história essas que ofereceram por séculos a imagem de uma economia organizada em classes, corporações, agremiações

---

25. Cf. as minhas observações "1789 e 1914", sobre o livro "1789 e 1914" de J. Plenge no Arquivo para Ciência Social e Política Social, vol. 42, cad. 2, assim como meu ensaio sobre o livro de W. Rathenau, *Von kommenden Dingen* [Sobre coisas vindouras], em Hochland, 1917.

de todo tipo. Exigências como a de um *ano de serviço militar para mulheres* - emergidas do mesmo modo de ideias matizadas em termos socialistas estatais - e, além disto, como a de uma *escola* nacional *unitária* com o afastamento das escolas de castas e das diferenças de classes relativas às disposições escolares se mostram muito afeitas a essas ideias. Corresponde à ideia cristã de comunidade afirmar tal modo de pensar? Respondo a essa pergunta com um não determinado!

Seria um erro fundamental diferenciar, juntamente com muitos filósofos sociais e cientistas políticos, por exemplo, juntamente com H. Dietzel, um assim chamado princípio social e um assim chamado princípio individual, e, então, por exemplo, colocar a ideia cristã de comunidade simplesmente do lado das ideias de comunidade que caem sob o assim chamado princípio social. Pois a ideia cristã de comunidade é uma *terceira coisa*, ou seja, ela não é nem uma coisa, nem outra, nem uma composição turva das duas[26]. Com certeza, faz parte da força impulsionadora mais íntima da ideia cristã de comunidade *organizar* a coletividade também em termos econômicos, organizá-la em um sistema de classes, e, além disto, em sociedades profissionais de trabalho de todo tipo etc. Em primeiro lugar, porém, isto tem de acontecer no espírito da ideia cristã de comunidade de uma tal maneira que a unidade individual espiritual-corporal, indivisível, cujo cerne é a alma particular criada por Deus, também conserve para si até o cerne de sua existência econômica um campo de jogo *autônomo, livre,* que só lhe é próprio, para os seus direitos e para as suas atividades; e, em segundo lugar, de um tal modo que ela não se veja obrigada legalmente em primeiro lugar por um poder absoluto estatal central, mas se componha em essência cooperativamente por partes livres - poderosamente animada por um poder religioso-moral, mas não por um poder estatal, a saber, por sua *consciência de membro e de associação* natural e ética em toda uma série diversa, mas de mesmo nível hierárquico, de bens e atividades, com as quais cada um tem de lidar, uma série de comuni-

26. Max Scheler apresentou muitas vezes essa sua doutrina desse "terceiro" em suas preleções de Colônia sobre "solidarismo". Na obra póstuma, há manuscritos sobre filosofia social.

dades diversas e *diversamente constituídas* - com os seus iguais em um todo ético. Já escrevi a seguinte sentença[27]: "Em uma comunidade humana organizada sob a inspiração da ideia religiosa, o mais mínimo trabalho de cada um tem um *sentido* apreensível que se lança muito para além da finalidade imediata e da intenção individual do particular. Ele sabe que se estende através dela um comando secreto, que ressoa através dos mais diversos conjuntos, aos quais esse sentido pertence - classe, comunidade profissional, povo, nação - com uma força diversa, que, porém, tem o seu ponto de partida *derradeiro* no sentido conjunto, que Deus, o senhor dessa ordem do mundo, ofereceu. Esse *sentido* e essa *consagração* mais elevada do trabalho se perderam para o homem moderno, e, com isso, dissolveu-se o sentido mundano de seu trabalho em geral".

Isto significa, contudo: não se pode ter por meta o fato de cada um de nós se tornar uma espécie de funcionário efetivo do Estado ou um trabalhador estatal em uma grande colmeia, mas o que está em questão é o fato de, mesmo o não funcionário e aquele que não trabalha para o Estado, realizar com prazer e alegria o seu trabalho até mesmo pesado com a consciência religiosamente fundada e com o sentimento de um tipo de *caráter* missionário e de caráter de serviço condizente com o compromisso; sua economia o conduz, tanto nas posições altas quanto nas baixas, exatamente para onde agrada mais plenamente a Deus, ela o conduz através de sua vocação natural e o leva ao seu pertencimento a uma classe - tudo isto por meio do curso da história guiada por Deus. Justamente na medida em que esse é o caso, a *oposição* forte demais em nosso povo antes da guerra entre a burocracia estatal e o homem privado, entre o Estado e o povo se reduz e atenua, exatamente por meio daí a medicina mais amarga que já *pressupõe* a não existência de um espírito comunitário cristão e, com isto, um adoecimento ético do corpo popular se torna *desnecessária* - medicina de um *socialismo estatal* que a tudo consome. Este *sentimento missionário*, que na mesma medida em que se faz presente preserva e torna desnecessário o funcionário, precisa ser distinto de todo *socialismo estatal* por tudo regulamentado. Esse sentimento - *não*

27. Cf. "Reorientação sociológica" em meu livro *Guerra e reconstrução*.

o socialismo estatal - é, então, com certeza também, uma tradição tão fortemente *alemã* quanto *católica*, e não há senão muito poucos elementos fundamentais de nossa consciência ética, na qual a tradição católica e a tradição alemã venham a se cobrir de maneira tão *feliz* e *profunda* quanto aqui.

Por isto, porém, também é preciso distinguir agudamente entre uma economia essencialmente *livre*, que rejeitou uma vez mais depois do fim da guerra as medidas necessárias apenas passageiras de um socialismo estatal, e o sistema de *concorrência* falso, desorganizado e arcaico-liberal. O espírito e o impulso ilimitado da concorrência, do mero querer ter mais e ser mais de todos em face de todos, *este espírito, não* a liberdade da economia como instituição de direito objetiva, é o elemento falso. E esse espírito de uma pleonoxia ilimitada, esse espírito especificamente vulgar, que nega todo sentimento de valor próprio autêntico, esse espírito "comum" no sentido mais lato da palavra, pode preencher por princípio exatamente tão bem um *Estado* e seus funcionários econômicos, quanto ele *não* precisa preencher necessariamente junto a uma economia essencialmente livre os particulares. Este é o equívoco degradante da oposição, erro que hoje é cometido por tantos, quando eles acham que o socialismo estatal e a livre-economia enquanto *formas* de organização e de direito objetivas já enunciam algo sobre o *espírito* econômico de uma economia histórica. Se, por exemplo, o espírito da pleonoxia e da concorrência na menoridade exemplar de uma coletividade é o *spiritus rector*, então ele apenas se transfere, quando essa coletividade abandona as formas individuais econômicas e assume formas preponderantemente socialistas estatais, simplesmente para o novo sujeito chamado "Estado", que agora só satisfaz esse espírito degradante de uma nova *forma* na relação com outros Estados e, do mesmo modo, na relação com a população não *dirigente* do Estado. Não *desaparece*, portanto, de maneira nenhuma necessariamente esse *espírito* por meio de um novo *sistema* socialista estatal. Mesmo para a distribuição mais justa dos bens, o socialismo estatal só se mostra como um auxílio, quando - sim - é justamente o espírito da *justiça* que anima os dirigentes e os funcionários desse Estado socialista público. De outro modo, o socialismo estatal pode muito bem conduzir tanto para um enriquecimento dos mais unilaterais da classe de funcionários dominantes do Estado quanto o sistema mais livre. Se foi a guerra que conduziu a camada popular vigorosa em termos financeiros, que só ficou rica em parte na guerra, à ponta do Estado, uma guerra que desencadeou pela primeira vez o sistema socialista estatal como uma necessidade, então há tanto *menos* razões para a suposição de que a distribuição de bens pode ser configurada duradouramente de maneira mais justa do que na economia livre, duradouramente, não apenas como uma concessão momentânea dessa camada dominante à massa que sofre com a guerra – já para mantê-la de bom humor durante a guerra.

E alia-se a isto ainda uma coisa: nós cristãos acreditamos, em verdade, que a autoridade estatal em geral provém de Deus – nunca de uma constituição ou de um governo particulares – e que o Estado tem o direito eventual de intervir de maneira ordenadora na vida econômica e submeter a si os homens como sujeitos econômicos até certo limite determinado. Mas também acreditamos firmemente que, enquanto sujeito de uma *formação espiritual*, de uma atividade linguística e de cultura, o homem já é *incondicionalmente* superior ao Estado, ao direito por ele estabelecido e a toda "intervenção" possível por meio dele, e que, com maior razão ainda, ele o é enquanto *sujeito religioso* e enquanto membro junto ao corpo de Cristo. No entanto, se, junto ao domínio de um socialismo estatal fortemente ampliado, fôssemos totalmente dependentes economicamente e em toda a manutenção de nossa vida do Estado, então o Estado poderia tentar nos obrigar também nas questões *espirituais*, sim, mesmo na esfera da consciência religiosa, a tomar a direção que é apropriada ao espírito de seu respectivo governo. Em nosso caso, porém, precisamos nos concentrar no fato de que, já por razões *técnicas*, que as tarefas econômicas, técnico-financeiras e técnico-tributárias eminentemente difíceis trazem consigo, mesmo aquele tipo de "homem alemão" alcançará o topo das repartições imperiais – ainda que talvez ele não chegue ao cargo supremo – aquele tipo que promete, em virtude de seus conhecimentos especializados, de sua habilidade e de sua experiência nestas questões, as soluções mais inteligentes. Por mais veneráveis que sejam para nós os seus representantes, eles não trarão apenas consigo os seus conhecimentos especializados, mas também a sua *visão de mundo e de vida* conjunta; e espero que não precise dizer para os senhores que é improvável que essa visão de mundo e de vida seja particularmente semelhante à visão de mundo e de vida cristã ou que ela seja irmanada com tal visão de mundo.

O que está em questão, portanto, não é a introdução de um socialismo estatal sistemático, mas a elaboração do *espírito* econômico de acordo com a ideia cristã de comunidade. Neste ponto, contudo, podemos nos ater antes de tudo a dois pontos: ao arruinamento total eminentemente rico em consequências dos ídolos estatais de futuro próprios de nossas massas trabalhadoras por meio da guerra e à tendência existente entre os melhores elementos dessa massa de se configurar a partir de uma *classe* flutuante, hostil ao Estado e com frequência também hostil à Igreja, transformando-se em uma *casta* fixa armada com direitos seguros, e de se incorporar à vida nacional enquanto tal.

A partir do conhecimento da natureza humana, a partir da formação histórica etc. sobre o ídolo, com o qual uma parte tão grande de nosso povo viveu antes da guerra, pode-se rir do assim chamado "Estado do futuro". Mas dever-se-ia levar neste caso em consideração que é sempre insensível não fazer outra coisa senão escarnecer e rir daquilo - ainda que seja equivocado - de que vive a *alma* de um homem essencialmente, sobre o que ela constrói e no que ela nutre esperanças, daquilo em virtude do que ela suporta uma vida difícil. E aqui não se trata de *uma,* mas de muitas almas. Não sei se os senhores têm conhecimento do fato de que precisamente essa ideia de um Estado do futuro tem psicologicamente uma raiz *religiosa.* Os senhores sabem que ela provém do mundo de ideias de Karl Marx; os senhores sabem que Marx era judeu, e os senhores sabem que o judaísmo crente tem ainda hoje no *messianismo* uma de suas raízes fundamentais mais profundas. Todo o seu grande sofrimento sustentou a Judeia graças à sua esperança messiânica que avançava à sua frente. Mesmo os judeus que se tornaram descrentes mantiveram essa *forma* de pensamento e essa esperança de futuro, ainda que eles tenham colocado conteúdos totalmente diferentes no lugar do messias por vir dos judeus crentes, por exemplo, conteúdos totalmente modernos - conteúdos que pareciam ser obtidos por eles a partir de reflexões "científicas". Nós sabemos que as raízes psíquicas da ideia de futuro, essa *forma de pensar do messianismo* religioso judaico, estava presente em Marx[28]. Em parte enorme de nosso povo, essa ideia de um Estado do futuro, uma ideia religiosa segundo a sua origem, funcionou sem qualquer dúvida como o *substitutivo* de uma religião positiva. O assim chamado "Estado do futuro" estava presente na consciência dos homens justamente lá onde Deus tem de estar, Deus e sua intuição venturosa na vida da eternidade. Não há qualquer razão para espanto, portanto! Considero uma sentença demonstrável de maneira exata da filosofia e da psicologia da religião que a consciência finita *não* tenha a *escolha* entre acreditar ou não acreditar em algo. Todo homem, que coloca a si mesmo e a outros exatamente à prova encontrará o fato de que ele se identifica de tal modo com um bem determinado ou com um tipo de bens, que sua relação pessoal com este bem é apreensível nas palavras: "Sem ti, em quem eu acredito, não posso ser, não quero ser, não devo ser. Nós dois, eu e tu, nós nos encontramos e coincidimos". Esse bem muda naturalmente em seu conteúdo de maneira infinita para os indivíduos e povos, classes etc. Para os servos de Mamon, trata-se do dinheiro; para as sacerdotisas idolátricas do Estado absoluto, o Estado; para aquele que transforma a nação em "bem supremo", a nação. Para a criança, talvez ele seja seu brinquedo. *Isto é, o homem acredita ou bem em Deus, ou ele acredita em um ídolo. Não há terceira opção!* Disto, porém, se segue: se um homem perde a confiança em seu ídolo, se ele se *desilude* em relação àquilo que ele de uma maneira desordenada amava, esperava, acreditava, então todos à sua volta devem olhar para ele cheios de amor, cheios de veneração, cheios de comoção. Nele pode acontecer agora algo grande: ele pode amadurecer para a crença no *Deus verdadeiro*. Nossa razão e nosso coração têm uma inclinação e um sentido para *Ele*. Basta que os ídolos sejam destroçados e surjam vazios lá onde todo e qualquer homem se encontra sempre cheio e precisa estar cheio, para que a alma tenda *por si mesma* a retornar a Deus, e ela retornará, se ela não for prematuramente distraída por meio de *novos* ídolos. Pois

---

28. Cf. as exposições pertinentes de J. Plenge em seu livro *Marx und Hegel*. Tübingen, 1911.

bem, depois que esse ídolo da grande massa se acha destroçado, há agora algo infinito a ser realizado por nós. Caso atentemos para o fato de que a *crença* vem à tona no abismo de inumeráveis lugares vazios; nós contribuiremos muito para que nosso povo retorne em geral uma vez mais para a crença correta.

Em segundo lugar - e isto está ligado com o primeiro elemento de uma maneira mais íntima do que se pensa - nós trabalhamos para que surja da *classe* trabalhadora uma *condição*. Uma condição é algo em que se está, algo em que o homem se satisfaz, algo que o homem não pode escolher livremente como uma "profissão", mas em que ele se encontra colocado; a condição, porém, também é um *domicílio* verdadeiro no Estado, um domicílio na consciência de competências jurídicas mais firmes, mais delimitadas, mais seguras, intocáveis para qualquer um. A ideia de uma condição e uma determinada ordem hierárquica das condições - adequada aos bens e às tarefas, com as quais as condições têm de lidar - são indissociáveis da ideia cristã de comunidade. Em contrapartida, o número, o tipo de condições e sua relação com o Estado, podem mudar historicamente. Os senhores sabem que, às assim chamadas três condições: intelectualidade, nobreza e burguesia, se acrescentou desde a Revolução Francesa uma assim chamada quarta condição. Hoje, seria totalmente falso falar mesmo que apenas de quatro condições. Ao menos, precisar-se-ia falar de condições emergentes, devenientes junto aos assim chamados funcionários privados e junto às profissões intelectuais livres, que simpatizam há muito tempo mais intensamente com a quarta classe do que com o empreendedorismo burguês. Em todo caso, não gostaria de adentrar aqui neste ponto e preferiria dizer o que caracteriza o *espírito de condição* em contraposição ao espírito de *classe*. O espírito de condição é caracterizado pelo amor à *obra*, à sua qualidade, como primeiro motivo da atividade e do trabalho, ao produto bruto da obra como segundo, ao produto monetário líquido, isto é, ao lucro, somente como o *terceiro* motivo. O mero espírito de classe, em contrapartida, começa com o valor monetário puramente quantitativo cunhável, e todo o resto não passa de um meio involuntariamente assumido para esse fim. Espírito de classes é espírito mamônico. Na condição, a aspiração ao trabalho e a aspiração à aquisição encontram um limite por meio da "necessidade vital própria à condição, necessidade essa que é característica da família". Na classe, essa aspiração é *ilimitada* e só se encontra por meio da concorrência de todos contra todas as barreiras da mera violência. Na condição, as pessoas se comparam, em verdade, com os membros da mesma condição e buscam se colocar à frente delas. Mas elas *não* se comparam e *não* comparam o seu estado constantemente com os membros *de outras condições,* uma comparação que conduz como que por si mesma a um ódio e a uma inveja descomunais. Em contrapartida, lá onde só há classes e não há nenhuma condição, cada um precisa se comparar constantemente com cada um, uma vez que não se experimenta aqui primeiramente o *conteúdo* do trabalho, mas sempre apenas o "*mais* do que um outro" (ser mais, ter mais) enquanto motivação positiva da atividade. Por isto, os fenômenos do ódio de classe e da inveja de classe são essencialmente *indissociáveis* de uma sociedade construída preponderantemente em termos de classes. E elas o são tanto mais, uma vez que as diferenças de classes, que são sempre em primeiro lugar diferenças de posse, crescem cada vez mais junto à mesma posição de direito formal civil estatal, o que, graças a Deus, não é mais há muito tempo o caso na moderna Alemanha. Em virtude de sua *forma* estrutural – abstraindo-se totalmente dos caracteres individuais particulares –, uma tal sociedade já se encontra por assim dizer *recheada de ódio e inveja.* Uma condição tem, além disto, uma "*honra*" e uma "*consciência moral*", enquanto a classe só possui um *interesse* conjunto. A classe tem apenas o direito, que *ela conquista para si por meio da luta,* enquanto os direitos da condição se formam livremente por meio de um *acordo interno mútuo* com outras condições e com o Estado. Pois bem, nossa ordem social atual ainda se mostra como uma mistura estranha de condições e classes, mas continua sempre se mostrando como uma ordem com uma estrutura de classes amplamente preponderante. Por outro lado, porém, ela se acha naturalmente marcada por *tendências* indubitáveis de se ordenar em novas unidades condicionais. A ideia cristã de comunidade nos manda *fomentar* incessantemente esse processo. Esse processo não pode ser substituído, por exemplo, por um mero fazer vindo de cima por parte do Estado. Ele precisa ser um processo antes de tudo da auto-organização *voluntária*, que só pode ser conduzido no Estado junto a uma certa maturidade conquistada da formação condicional mesmo para uma posição jurídica formal determinada dessas configurações no Estado.

Intencionalmente, não falei aqui de maneira por demais imediatamente prática. Deixei isto de lado, porque nada me parece hoje mais importante do que colocar os *valores eternos* da ideia cristã de comunidade em relação com as grandes diretrizes do desdobramento histórico-mundano, tornando-os por assim dizer vivos e autônomos.

O momento de um novo espírito matutino e de uma nova primavera, até aqui naturalmente apenas intuível, não me parece apenas ter chegado para a reconquista de uma grande parte do mundo europeu pela ideia cristã de comunidade. Mil sinais anunciam essa aurora. Talvez tenha em algum outro lugar a oportunidade de falar desses sinais e de buscar interpretá-los. Mas justamente essa tarefa, essa *nova situação* obtida por meio do clamor de conversão divino oriundo desta guerra à Europa coloca todos os cristãos diante de um duplo compromisso sagrado.

Até aqui, os elementos cristãos da Europa tinham de aplicar em todas as áreas a maior parte de sua energia na sua *autoconservação* contra as ondas bramantes da moderna civilização e na proteção da chama sagrada de sua fé diante de tempestades selvagens dessa civilização. Isto teve por consequência a produção de uma postura e de uma atmosfera próprias ao retrair-se cauteloso, sim, temeroso – um certo espírito de gueto, um espírito que não corresponde completamente ao caráter católico amplo, aberto, livre, um espírito que ressoa constantemente no suspiro do compadecimento infinito, no interior espiritual da Igreja cristã. Tratava-se de uma situação nascida da indigência. Agora, porém, os esteios fundamentais sobre os quais essa civilização moderna secular, que se tornou alheia à Igreja cristã, está construída, começaram a vacilar de uma maneira mais do que grave – de um modo mais abalador do que jamais tinha sido exposto por sua história!

O abalo cético dessa civilização em si mesma e de *sua* ideia de crença começa, em verdade, a princípio de maneira tênue, a dar sinais de vida. No entanto, o clamor por salvação vem se tornando cada vez mais audível e suplicante. Uma nova vontade de expiação e de remorso e uma pesada desilusão em relação a tudo aquilo que ela outrora venerava e ao que ela seguia inicialmente com um ímpeto tão vitorioso, começam a brotar agora em seu coração. Esse germe, depois da guerra, quando os povos a princípio lentamente *perceberem* o que eles fizeram, se tornará uma corrente poderosa, ampla, que inundará a Europa, uma corrente de lágrimas. Só o remorso, porém, é o caminho para a renovação, o caminho para o renascimento não apenas para o particular, mas também para o conjunto.

Neste instante, contudo, o que está infinitamente em questão é o fato de mesmo a Igreja cristã escutar e seguir aquele clamor por ajuda e abrir de maneira ampla, grande e desperta o coração de todos os seus membros, com base em uma nova vitalização de sua fé e de seus hábitos; em primeiro lugar em seu próprio coração, a fim de aspergir a partir deles a corrente de fé e de amor viva, que flui secretamente na Igreja cristã, em direção ao cerne de um novo mundo, que precisa dessa fé e desse amor - que começa a exigi-los -, sim, que os reclama como nunca antes.

V
Da reconstrução cultural da Europa

Uma conferência

1 Enquadramento jurídico-político e condição moral de uma reconstrução cultural da Europa[1]

Em um trabalho recentemente publicado[2], procurei perseguir retroativamente em suas múltiplas fontes as ondas de ódio, que se impelem contra o povo alemão. Na conclusão desse trabalho, tinha descrito a postura moral, que me parecia adequada contra esse ódio quase de todo um mundo. Em articulação com o que encontramos lá, é preciso colocar a seguinte questão: Como é possível reconstruir a cultura ético-espiritual da Europa, uma cultura abalada até as suas últimas bases - que flutua no vento como uma bandeira rasgada nos campos cheios de cadáveres? Que espírito, que mentalidade precisa imbuir o homem de tal reconstrução? Que valores de formação e que germes de formação precisam ser fomentados - dirigidos para essa meta elevada -, quais são aqueles que precisam ser condenados e combatidos? Que tipo de educação, de doutrina, de formação, a geração futura precisa obter para que tal reconstrução seja possível? Que tipo de ideal de formação em termos de *conteúdo* e que tipo de imagem diretriz de uma humanidade pessoal nos postos mais elevados dos povos, dos Estados e das organizações culturais de todo tipo - seja como político, como mestre, como educador, como oficial, padre ou cidadão - precisam pairar diante de nossa alma, caso a tarefa gigantesca de início quase desesperadora deva de algum modo ter sucesso?

Restrinjo-me aqui à *reconstrução espiritual e cultural,* em oposição à reconstrução política, jurídica, econômica[3]. Mas nós

---

1. As ideias seguintes foram expostas pelo autor pela primeira vez sob a forma de uma conferência no outono de 1917 na Urânia, em Viena. Apesar de a introdução do artigo, que deveria mostrar uma direção de solução para a situação política de outrora, ter perdido hoje a sua atualidade, ela não foi, não obstante, riscada pelo autor. Pois não se pode retirar do tempo subsequente a *mais mínima* demonstração do fato de que também já "se" *podia* ver nesse momento para onde uma política degradante do governo alemão e a mentalidade do povo alemão precisariam conduzir o império. • Cf. tb. o trabalho precedente.

2. *As causas do ódio alemão.* Leipzig, 1917 [N.T.].

3. Nota de pé de página 1. Cf. no posfácio da editora em relação à 4. ed. presente do volume as indicações mais próximas sobre os adendos e as inserções ao manuscrito original do autor, de 1917.

precisamos nos conscientizar de que mesmo essa reconstrução cultural só pode ser um *elo* do todo e da reconstrução universal, e de que ela é condicionada concomitantemente em primeiro lugar pela reconstrução político-jurídica – em uma medida mais módica pela reconstrução econômica.

Um espírito verdadeiramente positivo não pode – mesmo que ele pertença às potências medianas declaradas pela atenção mundial – perder de vista o fato de que as partes do mundo que nos são agora hostis no curso da guerra que já dura há três anos foram *unificadas* em uma medida tal, que só muito dificilmente teria sido possível durante todo um século de paz; e isto não menos também na direção cultural. O fato de a força dessa unificação ter sido de início apenas o ódio comum, a luta conjunta de todo tipo contra os alemães, é, em verdade, frutífero para nós, mas não suspende o grande *fato*: a unificação mesma, as formas múltiplas que ela assumiu, durarão para além dessas causas para nós frutíferas, mas passageiras. Na medida em que as partes da esfera terrestre não lutem confusamente umas contras as outras, mas se elas dirigirem conjuntamente as suas lanças para o nosso coração apenas – para o coração dos países que parecem suficientemente microscópicos no globo –, então o problema da unidade emergente da cultura mundial, e, em particular, do nexo espiritual *europeu* será por assim dizer violentamente *simplificado*. Para nós alemães, só é necessário o grande passo nesta direção – o "só" é oferecido pelo critério de medida, segundo o qual considero aqui as coisas; só resta ainda uma *única* grande reconciliação – e o mundo seria mais uno do que jamais o foi anteriormente. Se esse passo será dado ou não, se esse grande passo acontecerá ou não, depende de nossos inimigos tanto quanto de nós. Mas só nós mesmos podemos de início dar conselhos e estabelecer prescrições, e, por isto, só nós é que estamos em questão.

As formações de unidades e os caminhos das correntes espirituais, que denominamos *cultura*, não seguem certamente de maneira inequívoca a vida das formações de Estados e da política. Elas correm com frequência separadamente, com frequência seguem até mesmo caminhos opostos – assim como, por exemplo, Roma foi espiritualmente helenizada, ainda que ela tenha dominado a Grécia. Mas por mais que isto seja verdadeiro: há – na situação atual – o problema do *quadro* jurídico-político, do qual mesmo uma construção cultural da Europa é dependente. Esse mero quadro *não é de maneira alguma suficiente* para a reconstrução cultural, mas ele é de qualquer modo uma condição para tanto, e, em verdade, uma incontornável.

A configuração do tratado de paz político-jurídico dessa guerra também decidirá concomitantemente sobre o destino da reconstrução cultural da Europa; isto é, ela decidirá se a Europa a partir de então será apenas um nome geográfico para povoações em si dilaceradas e ciumentas, *ou* uma potência espiritual e poderosa que, assim como ela guiou o mundo até aqui, terá de *dar* ao mundo também no futuro distante algo significativo. Ainda não sabemos nada seguro sobre o tipo e o conteúdo do tratado de paz. Muitas coisas ainda se encontram envoltas por uma névoa sem fim. O fato de termos chegado a um armistício com a Rússia e de termos entrado primeiramente com a Rússia em negociações de paz corresponde completamente ao desejo e à esperança, que eu já tinha manifestado no começo da guerra, assim como ele corresponde ainda mais ao nexo de postulados para uma reconstrução cultural da Europa, que eu gostaria hoje de comunicar aos senhores. Antes de tudo, porém, gostaria de dar expressão à minha convicção de que o espírito das notas do imperador austríaco para o papa tanto quanto o discurso significativo interpretativo do Conde Czernin em Budapeste parecem expressar para mim de maneira bastante exata justamente aquela mentalidade política e jurídica fundamental que não excluem diretamente uma tal unificação e uma tal reconstrução, mas que – em meio à presença dos outros pressupostos – as viabilizam. Permitam-me apenas mais algumas poucas observações sobre esse problema de *primeiro plano* no todo da questão que nos ocupa aqui. Elas dizem respeito àquela forma e divisão político-jurídicas que, segundo a minha opinião, representam o mínimo em termos de condições para uma reconstrução cultural da Europa.

Admito sinceramente que sou tanto mais quanto menos "pacifista" do que é próprio ao mais recente pacifismo governamental das potências medianas – em seus matizes realmente diversos também com vistas à Alemanha e à Áustria. Sou *menos* pacifista, uma vez que a palavra "desarmamento mundial" - mesmo como uma meta muito distante, mas historicamente abarcável com o olhar - parece dizer coisas demais e com ela parece que estamos exigindo demais; e me pareceria mais correto colocar no seu lugar a expressão "desarmamento sistemático recíproco *no interior* de todos os povos e Estados pertencentes às zonas espirituais europeias" - e desarmamento somente na medida e na proximidade desse pertencimento. E eu sou ou me acredito *mais* "pacifista", uma vez que gostaria de ver o verdadeiro pacifismo, que só se mostra como pacifismo cristão, o pacifismo próprio a uma *postura*[4] séria, pronta para a paz, diferenciado de maneira mais clara e mais aguda e destacado do pacifismo de uma mera *situação de emergência* e do temor conceitual diante dos custos completamente insuportáveis do aparelhamento militar depois da guerra. Só posso considerar aquele primeiro pacifismo de uma postura pronta para a paz, porém, como aquele que pode vir a estar em questão no interior da amplitude da essência e do espírito europeus como *atmosfera* necessária daquela reconstrução cultural. Libertemo-nos da frase do pacifismo utópico acerca da "guerra derradeira", uma frase que se mostra como desprovida de veneração pela história do mundo e pela profusão de suas possibilidades. Será que estamos bem-informados quanto ao que pode ainda existir em termos de oposições bélicas no ímpeto expansionista do leste da Ásia, guiadas pelo Japão, frente à zona cultural europeia e contra a América? Não sabemos. Para o Japão, por exemplo, não existe de maneira alguma aquela situação de emergência violenta, que se fez valer de modo tão vivo a partir do Conde Czernin para o desarmamento mundial. Mesmo as forças internas, que constituem a unidade da família de povos europeus e que requisitam justamente por isto no *interior* desses povos a presença de um espírito verdadeiro de uma mentalidade pronta para a paz, em cuja circunvizinhança apenas toda cooperação cultural pode crescer, não existem para esse povo

---

4. Cf. quanto à diferença entre "pacifismo como postura" e pacifismo "instrumental" a pequena publicação *A ideia da paz eterna e o pacifismo*. Berlim, 1931, manuscrito de 1927. Cf. tb. a conclusão do prefácio do autor para a 3. ed. de *Formalismus in der Ethik*.

do Leste Asiático tão fundamentalmente distante em termos de *ethos*, de espírito, de hábitos. Quanto mais nos livrarmos, porém, modestamente da frase sobre a "última guerra", tanto mais imodestamente, tanto mais intensamente deveremos exigir no interior da zona cultural europeia algo completamente diverso do mero desarmamento emergencial, a saber, o espírito cristão positivo de uma conciliação verdadeira e séria e a construção das instituições jurídicas que lhe são correspondentes. Nunca e em parte alguma meros contratos jurídicos são capazes de instituir por si só uma verdadeira comunidade; eles, na melhor das hipóteses, o exprimem. Um espírito pronto para a paz, fidelidade, compreensão, proximidade espiritual-cultural, sentido para o que é correto precisam banhar os contratos e aquecê-los – se é que eles devem ser mais do que formulações, que acontecem *rebus sic stantibus*, formulações de relações de poder recíprocas e de vantagens e desvantagens em termos de negócios. E ainda em um terceiro ponto gostaria de dar expressão a uma certa divergência em relação ao discurso do Conde Czernin. A exigência de um desarmamento no interior do mundo de Estados europeus não pode ser colocada sob uma forma *hipotética* e apenas ligada com a respectiva situação alternante da guerra. Ao contrário, ela precisa ser colocada sob uma forma *absoluta*. Essa situação de guerra já se alterou agora[5], uma vez mais tão amplamente em relação à Rússia e à Itália, que uma concepção que deixasse vigorar aquele discurso apenas sob a condição da "situação de guerra" de outrora seria idêntica à aniquilação de *todo* o seu sentido. Já o sentido da exigência de uma ordem de paz europeia duradoura – na qual eu vislumbrei desde o início da guerra o verdadeiro sentido da guerra[6] – não suporta tal enfraquecimento hipotético. Nenhum tempo da história de que eu me lembre teve uma inclinação mais imediata para transformar de maneira mendaz a necessidade em virtude do que o tempo dessa guerra. E, portanto, há hoje, por exemplo, um forte socialismo de *emergência* e um socialismo estatal de emergência, do qual muitos esperam milagres depois da guerra, sim, toda uma nova era da

---

5. Essas palavras foram ditas imediatamente depois da ofensiva vitoriosa das potências medianas contra a Itália.

6. Cf. *Genius des Krieges* [Gênio da guerra], cap. "A unidade espiritual da Europa".

humanidade. E de maneira totalmente análoga há também o mero pacifismo *de emergência*, que não é menos diverso do espírito de uma verdadeira prontidão para a paz do que aquele socialismo da pobreza e da técnica de tributação é diferente do espírito de uma verdadeira solidariedade. "Indigência", porém, nunca está em condições senão de dissolver, ela não consegue criar; escolher ideias que sempre, *além disto*, precisem ser verdadeiras e corretas *em si mesmas*. Trata-se justamente do espírito que construiu para si também aqui o corpo e a organização jurídica. Assim como um judeu da Galícia, que ganha 10 coroas por dia, pode possuir um espírito capitalista tão forte quanto um banqueiro de Berlim que ganha 100 marcos, Estados com exércitos proporcionalmente muito pequenos podem ser tão avessos à paz quanto Estados com exércitos arbitrariamente grandes – particularmente quando é apenas a situação de *emergência* econômica e financeira dos povos que faz com que seus exércitos diminuam. Parece-me haver *três* sinais que, em relação à questão do contrato de paz, diferenciam o pacifismo europeu e cristão do pacifismo da situação de emergência e da doutrina da utilidade: 1) O reconhecimento de que a nova ordem da Europa é ou deve ser a *primeira* questão de paz para todo e qualquer partido de guerra, e de que só no *quadro* já conquistado e fixado dessa ordem devem e podem entrar em jogo as questões estatais de interesse particular dos partidos de guerra; 2) A recusa aos assim chamados "asseguramentos" e "garantias reais" – um ponto, no qual infelizmente se abriu um fosso impassível de ser obscurecido entre o governo alemão e austríaco; 3) A concepção de que precisaria ser a nova ordem em termos de direito internacional público da Europa ela mesma que precisaria deixar vir à tona por si o contrato positivo de paz e seu tipo, mas não um contrato de paz, que só viria a termo segundo o princípio da equivalência do poder e do assim chamado equilíbrio de poder, que só deixaria surgir ulteriormente uma nova ordem jurídica europeia. Só relações mundiais, que nasceram da força e da nobreza da *ideia de direito*, não relações que só formulam juridicamente ligações de poder dadas por meio da espada, prometem *duração* e prometem aquele ar espiritual, no qual apenas uma reconstrução cultural é possível.

Se esses princípios fossem obedecidos, então a condição política mínima mais distante para uma reconstrução cultural seria o fato de se três outras exigências suficientemente acontecessem, três exigências que posso designar aqui de maneira breve. 1) É preciso evitar um estado, que daria ocasião para paixões vingativas e revanchistas que preencheriam de maneira duradoura demais todos os povos (não apenas círculos de interesses a cada vez particulares dos povos); isto particularmente em relação à França e à Rússia, onde a tentação de anexações violentas é a maior; 2) É preciso ser definitivamente alijada uma metodologia política cuja essência consiste no fato de tais oposições de interesses dos Estados e povos europeus, que dizem respeito a zonas de assentamentos, mercados, questões coloniais que se encontram fora da Europa, não expressarem apenas reações sobre a política de Estados e a política de alianças intraeuropeias (isto é difícil de ser evitado), mas também certamente atuarem sobre eles, formando-os e configurando-os de maneira basilar. Ou expresso positivamente: em questões de interesse extraeuropeu, os Estados europeus precisam aprender a agir *solidariamente*, isto é, de maneira uniforme, segundo o princípio da reciprocidade corresponsável. Até onde for possível com a Inglaterra - em *todos* os casos, contudo, os Estados continentais entre si; 3) É preciso finalmente - dito de maneira totalmente geral - que aconteça uma divisão das tarefas e das finalidades que couberam até aqui aos descomunais gigantes em termos de poder que se encontram uns contra os outros nesta guerra, uma divisão de tarefas entre uma *pluralidade* de corporações de um tipo não estatal (em parte subestatais, em parte supraestatais e intraestatais); e é preciso que, por toda parte, na Inglaterra, na Rússia, na França, na Itália e nas potências medianas, entre em cena ao mesmo tempo uma certa *dissolução* daqueles centros gigantescos de poder, de cultura e de economia anormalmente centralizados, um certo *relaxamento* e uma certa *descentralização* em suas subunidades multiplamente divididas (nações, povos, estirpes, Estados membros, colônias); dissolução que deve se dar de um tal modo que ela entregue às lideranças centrais no essencial apenas tarefas *técnico-comerciais*, ou seja, tarefas organizatórias extremamente sóbrias, que ela afaste o seu romantismo em relação ao poder e deduza deles de maneira duradoura a pretensão de configuração cultural. Permitam-me designar o que tinha em vista até aqui como tendência para um *federalismo* elevado e para uma *auto*administração nacional-cultural.

Sem o preenchimento dessas exigências mínimas, *não* consigo imaginar seriamente uma reconstrução cultural da Europa. No que concerne à primeira condição, encontram-se aqui por agora no ponto central a grande, sim, a decisiva questão da Alsácia-Lorena e (em uma medida um pouco inferior) a questão de saber se podemos seguir a forte tentação alimentada pela política inglesa de buscarmos uma compensação para nós no Leste, ou seja, particularmente frente à Rússia, por meio de anexações – compensações por aquilo que não podemos ou não queremos alcançar no Oeste. Minha tarefa aqui não é dar sugestões positivas sobre a Alsácia – também não é chegado o tempo para tanto. Digo apenas uma coisa: que, no tratamento dessa questão, *todo e qualquer* tipo de misticismo político precisa ser incondicionadamente evitado. Compreendo por misticismo político uma concepção, seja oriunda do lado francês, seja oriunda do lado alemão, que não quer levar em conta esses paisinhos, tal como é para mim apenas necessário, para a produção de uma ordem de paz europeia duradoura segundo os valores reais (econômicos, militares etc.), que sua posse representam; e, em verdade, como um elo no *nexo* de todas as questões territoriais e de interesses; uma concepção, que mistifica muito mais esses paisinhos, transformando-os em fetiches, em um objeto da idolatria, em uma espécie de bandeira, por cuja posse é preciso lutar não em virtude de seu valor real como pedaço de uma toalha, mas sim como "símbolo e escudo" – para me servir da expressão que caracteriza um tal misticismo do Senhor Von Kühlmann – até o último suspiro de todos os europeus; uma coisa ao mesmo tempo, que se arranca completamente de todos os outros objetos de um tratamento e de um entendimento possíveis e que é assim isolada – em suma, uma coisa não relativa, mas absoluta. Antes da guerra, a Europa como um todo já padecia desse misticismo político em relação à Alsácia; e é chegado finalmente o momento de colocá-lo como método *ad acta*. Assim como não se pode falar seriamente de uma oferta de uma cessão total ou mesmo parcial da Alsácia-Lorena pela França, esse objeto também tem de formar de qualquer modo um tema de *negociação*, e, em verdade, de uma negociação direta com a França - não de uma negociação primária com a Inglaterra; e isto já porque toda e qualquer negociação com a Inglaterra, totalmente como a Inglaterra o deseja, acorrentaria de maneira muito mais irremediável a França à Inglaterra do que ela já está acorrentada. Negociação e ocasional entendimento não significam naturalmente nem cessão, nem pressupõem de algum modo que a nossa consciência alemã de ter reconquistado a Alsácia-Lorena juridicamente na guerra de 1870 teria se tornado de algum modo turva ou teria se atenuado. A negociação também poderia conduzir a uma troca parcial e a muitos outros modos de fixação. Se um povo famigerado por sua ambição doentia se fixa por 40 anos em um pedacinho de terra, que ele arroga para si como anteriormente arrancado dele, então uma situação psicológica mais *favorável* para o partido oposto é fazer uma troca particularmente boa com esse povo, isto é, uma troca, na qual a cura da ferida de sua ambição machucada não seria mais propriamente pensável para esse povo, mas na qual caberia ao partido oposto valores reais significativos. Tanto este misticismo perigoso em relação à Alsácia quanto a volúpia por anexação violenta no Leste, algo que está frequentemente ligado com ele, me parecem ser componentes de uma política, que continua sempre sem compreender que a Inglaterra - não por má vontade, mas a partir de sua posição mundial conjunta histórico-geográfica - precisa ser a inimiga de toda solidariedade continental no âmbito político tanto quanto no cultural, ou, de qualquer modo, precisa permanecer uma tal inimiga até o momento em que ela não se ache mais impelida por uma força exterior a se sentir como *membro* da Europa, não se mostrando mais, porém, tal como aconteceu até aqui, como o seu senhor e juiz. Se uma paz baseada no entendimento deve ter lugar - uma paz que é a única possível para todos aqueles que não estão dispostos a abdicar totalmente de uma unidade cultural da Europa, nem querem se satisfazer com a paz da fome por novas equipagens bélicas e por bloqueios de matérias-primas duradouros pelas potências medianas - então precisamos entrar em *algum* tipo de acordo com a França no que concerne à Alsácia, por mais difícil que isto possa nos parecer agora. E este entendimento precisa - já em virtude da segunda exigência, em virtude da solidariedade europeia em questões extraeuropeias – acontecer em primeiro lugar entre os *elementos continentais* mesmos, e somente em segunda linha e só onde for possível com a Inglaterra. Mesmo anexações compulsivas no Leste criariam uma ideia de revanche, que tornaria vã toda e qualquer construção cultural, elas acorrentariam de maneira duradoura a Rússia à Inglaterra. A terceira exigência finalmente enquanto precondição política de uma reconstrução cultural, o relaxamento das potências gigantescas estatais, já foi realizada em sua maior parte na Rússia; no renascimento da Áustria, ela vem se vendo impelida cada vez mais intensamente para uma realização; ela também acontecerá para o império mundial inglês depois da guerra com uma grande probabilidade no sentido de uma autoadministração política mais elevada das colônias e da Irlanda. Se, com isto, a pressão externa sobre o meio da Europa e, em especial, sobre o Império Alemão se tornasse em todos os casos menor, então a *pressão contrária* também poderia e deveria se tornar menor – a pressão contrária frutífera, que conduziu à supracentralização estatal-militar do Império Alemão sob o predomínio da Prússia e que era necessária em meio à situação mais antiga. Em virtude de seu peso conjunto econômico e financeiro no interior da Alemanha, a Prússia nunca *poderá*, em verdade, ser apenas um simples *membro* do Império Alemão, na medida em que esse império é pensado como estando na mesma relação com uma Áustria centralista no sentido mais antigo, relação essa na qual ela já se encontrava antes da guerra. Com certeza, porém, a Prússia poderia se tornar um verdadeiro membro no todo médio-europeu, que fosse enquanto um todo mais fortemente unido em termos econômicos do que até aqui, mas que se flexibilizasse em sua constituição interna tanto política quanto, com maior razão, culturalmente – e ela poderia se tornar tal membro, *sem* que ela precisasse abdicar de seu espírito prussiano específico, tão valioso, até o ponto em que esse espírito fosse incondicionalmente necessário, ainda que ela quisesse permanecer simplesmente a mera *senhora* da Alemanha. Pois, neste caso, ela precisaria se tornar segundo o seu espírito e segundo as suas instituições um império em miniatura, isto é, o inverso daquilo que Treitschke tinha em vista e queria, ao denominar o império um prosseguimento da Prússia. *As duas coisas*, contudo, são igualmente nocivas. Uma assim chamada "democratização" da

Prússia que imitasse mais ou menos as condições imperiais seria tão lamentável quanto as condições que correspondem à fórmula de Treitschke.

A[7] ideia de solidariedade ao menos europeia continental como artigo fundamental da política de todo e qualquer Estado europeu, e a rejeição decidida da fórmula que dirigiu até aqui toda a política intraeuropeia *salus* publica *suprema lex* para o comportamento dos Estados europeus, encontrou hoje ainda, porém, uma justificação totalmente nova por meio do fato de que, com o começo da ofensiva alemã de julho de 1918, a posição da *América* no interior da cena se tornou uma posição completamente diversa. A transformação foi designada da maneira mais simples possível por meio da sentença segundo a qual a sede principal e a energia principal diretriz da vontade de guerra unificada contra as potências centrais, que podia ser sentida por toda parte, teriam migrado da França e mesmo da Inglaterra para a *América*; e isto em uma medida e com uma rapidez, que atualmente não apenas a França, mas também a Inglaterra se encontrariam coagidas sob a pressão da vontade de guerra americana a prosseguirem essa guerra mesmo que seja mais indicado para os seus interesses particulares acabar a guerra e abrir o caminho para negociações de paz. A sensação dessa pressão na França e na Inglaterra já se encontra bastante ativa, e o medo da Inglaterra de, por meio da eventual "salvação" *de sua* questão por meio dos Estados Unidos, recair em uma dependência duradoura em relação à América, luta já intensamente com o desejo de ver vencidas as potências centrais por meio da intervenção de forças gigantescas frescas, ainda não utilizadas. O significado da intervenção americana na questão da guerra europeia foi subestimado até bem pouco tempo tanto pelas personalidades dirigentes das potências centrais quanto por meio das pessoas dirigentes dos Estados aliados de uma maneira que poderia ser quase chamada de "estulta". No interior das potências centrais - quando se abandonou o argumento infantil, que consistia em considerar a equipagem bélica da América como dirigida preferencialmente contra o Japão - se desconheceu profundamente a situação da alma ame-

---

7. A parte subsequente até o fim da introdução [p. 415, 32] foi escrita em agosto de 1918.

ricana. Buscavam-se ainda os interesses de círculos industriais e financeiros americanos particulares como motor da vontade americana de guerra, depois que uma atmosfera de "cruzada" orientada *ideal* e *politicamente* há muito tempo tinha já se abatido sobre as massas americanas, de tal modo que quase se tornou um traço característico de todo "homem honesto" fomentar a guerra contra a Alemanha como o suposto "inimigo da humanidade". Expectativas não fundadas em fatos de que a América não estaria seriamente disposta a inserir a sua plena força para a guerra, de que a guerra de submarinos iria impedir totalmente ou em sua maior parte a promoção das tropas americanas, de que o exército americano não teria como ser suficientemente alimentado – sim, mesmo locuções tão levianas quanto a de que a declaração de guerra americana seria "vantajosa" para as potências centrais, uma vez que essa declaração dispensaria junto ao tratado de paz a tomada de consideração da América e as sugestões de Wilson sobre o laço entre os povos – diminuíram o perigo americano de uma tal maneira que quase se toca com a *autoilusão* desejada. Uma ofensiva moral dirigida para a alma americana, que teria de se comprovar como muito eficaz, não foi no mínimo corretamente empreendida a partir do começo dos fornecimentos de munição por parte dos americanos. Pois o amoral do procedimento americano não se achava nos fornecimentos em si – a América tinha um *direito* a tais fornecimentos em termos de direito internacional público –, mas sim no fato de grande parte de sua indústria ter sido transformada em indústrias de produção de munição muito *para além* do princípio da maior aquisição e da maior economia – um comportamento, que tinha recebido em vastos círculos da própria América críticas severas como uma quebra da neutralidade e como "imoral". Assim como as potências centrais, porém, os Estados aliados também não tinham considerado com a medida correta do olhar o elemento novo em termos de história mundial da aparição do exército americano em solo europeu para a resolução de conflitos intraeuropeus, nem compreendido as consequências histórico-mundiais desse procedimento já como exemplo e como caso precedente. Eles não viram que o princípio "América para a América", que rejeitava a intromissão violenta nos negócios do continente americano por parte dos Estados europeus e que correspondia a uma posição de princípio defensiva da América contra a Europa como a potência mundial considerada diretriz, só teria recebido, então, como *resposta à altura* a contraexigência muito mais profunda e fundada no curso de toda a história até aqui a "Europa para a Europa". Eles não viram a gama de dependência, na qual eles precisaram acabar caindo em relação à América segundo todas as direções, caso fosse realmente a América que levasse essa guerra a uma decisão - e, então, com certeza também com boas razões, que ela poderia requisitar o *direito* de se mostrar como um juiz supremo em todas as questões europeias, não apenas junto ao tratado de paz, mas também para o tempo subsequente.

Parece-me mais do que na hora - sim, parece-me a única salvação da Europa, que esses *erros profundos e essas ilusões* sejam vistos pelos dois lados dos partidos de guerra, que eles sejam abertamente admitidos e rejeitados; e que sobre o fundamento comum da intelecção desse erro ocorra uma nova orientação das assim chamadas metas de guerra - e, em verdade, dos dois lados, do lado das potências centrais e dos aliados. Até aqui não houve nesta guerra nenhum fato que tivesse exigido de uma maneira longinquamente semelhante um deslocamento da política de metas da guerra nos dois lados, tal como o fez sem dúvida alguma o modo da intervenção da América. Mesmo o colapso do czarismo e da Revolução Russa não podia produzir nenhum deslocamento conjunto das metas de guerra; e isto já porque ele veio unilateralmente ao auxílio das potências centrais.

Somente agora surgiu um fato que elevou a *ideia* de uma solidariedade nos negócios dos Estados europeus em face das questões extraeuropeias do nível e do valor de um princípio *ideal-político* para o nível e o valor de uma necessidade em termos de política real.

A nova situação, que emergiu da passagem da vontade de guerra *condutora* voltada contra as potências centrais para os Estados Unidos, precisa e pode - sem que as potências centrais e os aliados europeus tenham de temer uma humilhação por causa de uma suposta "inconsequência" - introduzir uma nova revisão das metas de guerra por parte dos dois lados. Não há como tolerar nenhuma dúvida quanto ao fato de que há na França tanto quanto mais ainda na Inglaterra círculos populares significativos, para os quais a ideia de que eles poderiam ser "salvos" pela América se mostra como uma ideia terrível. A expansão e o fortalecimento da influência desse círculo sobre os seus governos, porém, pode ser buscada sem dificuldades por meio de um procedimento correto das potências centrais. Seria suficiente para tanto que os principais obstáculos até aqui para o surgimento de uma vontade séria de negociação por parte da França e da Inglaterra fossem concomitantemente afastados por meio de uma ofensiva moral enérgica nesta direção. O primeiro desses obstáculos é a desconfiança até aqui insuperável em relação à direção de nosso império; o segundo diz respeito ao destino da Bélgica; o terceiro, ao destino da Alsácia-Lorena.

No que concerne ao primeiro obstáculo, é preciso que cesse um estado de coisas no qual a direção de nosso império nos dá tão manifestamente a impressão de ser um fenômeno de transição apenas intermediário, tal como esse foi por fim o caso. Essa impressão - intensificada pela pessoa essencialmente intrapolítica e orientada para a paz interna do chanceler atual Hertling e pela falta ao menos aparente em termos externos de um plano de política exterior junto ao comando da direção do império - retira das explicações oriundas da direção do império o peso, que elas precisariam requisitar, se é que se deve alcançar uma vontade de negociação séria. Acredita-se por parte dos aliados que todas as explicações desapareceriam uma vez mais com um gabinete, que é considerado, tal como esse gabinete, um gabinete de transição. Também se pode ter uma forte dúvida - para além da pessoa do atual alto comando da direção do império - quanto a se um chanceler "parlamentarista", isto é, um chanceler que, já com base no modo como ele chegou ao topo, teve de dedicar três quartos de sua energia à satisfação dos partidos como os seus comitentes, poderia ser a pessoa certa para a tarefa. Mesmo aqueles que consideram inteiramente desejável uma intensificação da influência do parlamento sobre a direção dos negócios imperiais - e uma educação política que só se torna possível por meio daí dos partidos para a responsabilidade política mais elevada - para o tempo *depois* da guerra, podem ser sem contradição consigo mesmos da opinião de que atualmente - e em meio à constituição anímica atual dos partidos - um chanceler parlamentar só muito dificilmente poderia estar à altura das tarefas que lhe cabem. Um homem que se encontrasse - porventura - em uma posição de dignidade elevada, que gozasse, em virtude de seu comportamento na guerra, de uma confiança significativa junto aos Estados aliados e que tivesse uma familiaridade com os ministros chanceleres do império *diretamente* a partir do monarca; e isto de tal forma que o tornasse visível para todo o mundo como *o* chanceler, que está determinado à condução *definitiva* das negociações de paz, nos parece - mesmo que ele fosse dotado aí de poderes ditatoriais plenos - ser muito mais apropriado do que um chanceler parlamentar. Se, em termos de política interna - tal como o decreto de fevereiro em relação ao direito de voto na Prússia mostrou -, a coroa se mostrou como mais instruída do que os partidos pelos sinais do tempo, partidos esses que só aprenderam pouco e não se esqueceram de quase nada (cf. eleições durante a guerra!), por que é que a coroa não deveria prestar em termos de política externa um testemunho de mesmo teor sobre si mesmo?

Uma explicação breve, clara e inequívoca sobre a Bélgica - não onerada já por "teorias de penhor" etimologicamente infelizes, que não são incontestáveis nem em termos jurídicos, nem em termos morais -, uma explicação, portanto, que encerrasse abertamente em si um afastamento consciente de nosso tratamento até aqui dessa questão com base em uma vontade anunciada de maneira nova de privilegiar o ponto de vista europeu contra a América - seria o segundo passo, que poderia conduzir a uma prontidão séria para a negociação com o lado oposto.

E o terceiro passo seria o anúncio da prontidão para a negociação sobre a Alsácia nos limites segundo os quais qualquer cessão da terra ou de uma de suas partes em meio a essa negociação não poderia estar em questão.

Bem, mas já dissemos o suficiente sobre o quadro político-jurídico, que se mostra como a condição mínima até mesmo para uma reconstrução cultural da Europa. Pois mais do que uma mera condição *externa*, tudo isto naturalmente não é. Mesmo se nós acrescentássemos um alijamento de guerras alfandegárias e econômicas constantes – até o ponto em que tais guerras se deixam alijar por meio da vontade dos Estados, e esta é apenas uma pequena medida: tudo isto seria apenas casca, mas não núcleo!

As verdadeiras forças positivas da reconstrução da cultura espiritual da Europa *não* residem nessas coisas. Elas residem nos *homens* que querem livremente, na mentalidade, na mudança de sentido do homem europeu e no modo e na direção das potências espirituais formadoras de cultura, que deveriam ser fortalecidas. E, com isto, adentramos pela primeira vez o solo de nosso tema propriamente dito.

Todas as grandes coisas próprias a uma cooperação poderosa – tal como a cooperação para tal reconstrução – possuem uma condição *moral* em primeiro lugar. E esta primeira condição é aqui a intuição interior correta, que o homem enquanto homem forma para si desses mais terríveis acontecimentos históricos: como ele e se ele os vê crescendo e surgindo a partir de todo o curso da história e da civilização europeia e como ele reage psiquicamente em relação a essa imagem conjunta.

E quanto a isto digo: uma reconstrução cultural só é possível se uma parte cada vez maior dos povos europeus aprender a *considerar* todo esse acontecimento como consequência de uma *culpa conjunta dos povos da Europa, uma culpa baseada na reciprocidade* – como um mal marcado pela culpa, portanto, que também só pode ser eliminado e internamente superado por meio da expiação conjunta, do remorso conjunto, do sacrifício comum, somente se eles conseguirem se suspender mutuamente em função de uma atividade construtiva reciprocamente complementar e marcada pelo espírito da responsabilidade solidária, em função de um auxílio e de uma atuação cooperativa, deixando que novos bens comunitários culturais positivos entrem em cena. Estas três coisas: culpa conjunta, remorso conjunto e uma vontade comum de reconstrução com base no princípio conjuntamente reconhecido de que cada Estado, cada povo e cada nação têm uma "posição" particular que lhe foi atribuída no jardim de Deus e são chamados a fornecer uma contribuição insubstituível e irrepresentável para uma cultura mundial, e de que a Europa representa nesta cooperação maravilhosa da humanidade histórica um círculo cultural particular, relativamente *uno,* com um dom e uma tarefa particulares - essas três coisas *estão intimamente ligadas* e não podem ser separadas umas das outras.

Em primeiro lugar, portanto, haveria em primeira linha apenas *uma* resposta à questão: Quem ou que povo é culpado pela guerra? A resposta: tu mesmo que perguntas - seja por meio da ação, seja por meio da omissão. Não estou dizendo com isto: a questão histórico-*política* da culpa para a ocorrência determinada dessa guerra, para o seu começo no ano de 1914, precisaria ser de uma vez por todas deixada de lado por políticos ou historiadores. Isto não acontecerá, nem pode acontecer. Os historiadores talvez venham a discutir sobre isto até o fim da história da humanidade. O objeto da culpa conjunta não é nem o fato de a guerra ter acontecido, nem tampouco como ela e quando ela começou; ao contrário, porém, o fato de ela *ter podido* ocorrer, o fato de *tal* evento ter sido *possível* no círculo humano europeu desta superfície terrestre, e de ela ter se constituído do modo como ela se mostrou. Sua possibilidade e seu modo de ser, não o seu começo, portanto, é que formam o objeto da culpa conjunta. O que está em questão mesmo na vida particular não é "que eu o fiz", mas que eu aja assim, que eu *tenha podido* agir assim - que eu tenha sido *tal* homem, que o tenha podido ser - este é o objeto propriamente dito de todo e qualquer sentimento mais profundo de culpa[8]. Somente este ato psíquico conjunto da intelecção da *reciprocidade* da responsabilidade, da corresponsabilidade e da culpa comum de cada povo na guerra, de cada membro subalterno no povo até chegar à família e ao indivíduo: somente isto pode produzir a situação de ânimo, a *atmosfera psíquica,* a partir da qual é possível uma reconstrução da cultura europeia.

O segundo elemento, porém, é o remorso comum e a vontade comum de expiação e de sacrifício. Não há nenhuma força psíquica tão visionária, que penetre nas profundezas do passado do ser humano, nenhuma força maior de cura do que o remorso; do que este descobridor libertário e lúcido de nossa essencialidade interior *em* nossa história. Sim, só ele torna possível um conhe-

---

8. Cf. o capítulo "Remorso e renascimento" neste volume.

cimento histórico, que não descreve apenas o passado, mas faz o mais importante que um conhecimento histórico pode fazer – ele desonera o passado e o torna livre e forte para um novo futuro e uma nova energia ativa. Gostaria que a história daquela civilização política europeia, que culminou no evento da guerra, fosse a longo prazo contada de tal modo que ela se apresentasse como um grande ato doloroso de remorso – articulado em imagens e juízos. Pois a liberdade e a crença de que seria verdadeiramente possível erigir o mundo de uma forma diversa daquela que o mundo tinha antes da guerra, isto é, do que o mundo que levou à guerra: esta é a *primeira* exigência interna de todo posicionamento em relação à reconstrução. De maneira totalmente principial, é preciso romper com o antigo vício alemão do tradicionalismo, do falso sentimento de determinação histórica em qualquer uma das mil formas, que ele costuma assumir, e com as dez mil teorias de professores, que o alimentaram. E justamente esse novo *sentimento* de liberdade não pode nos oferecer outra coisa senão o remorso conjunto quanto à nossa culpa comum. A assim chamada Modernidade é, sim, uma *cadeia* de revoluções totais ou parciais. Suas obras eram *essencialmente* obras artificiais do arbítrio compreensivo. Como é que ela pode falar de "algo que se tornou orgânico" e que se teria de preservar?

Com isto, já estamos dizendo que *não* pode se tratar apenas de uma reconstrução da Europa no sentido da mera *reprodução* de relações, tal como eles tinham se constituído em um aspecto cultural nas décadas anteriores da guerra. Se eu usei no título do capítulo o termo "reconstrução", então o que tinha em vista não era isto, mas apenas a reconquista das verdadeiras *forças* que constituem a unidade essencial da Europa enquanto círculo cultural – e uma *nova construção* essencial por intermédio dessas forças.

Pois não podemos pensar daquela maneira falsa, usual na maioria dos casos em relação a muitos só-pacifistas, como se uma comunidade espiritual europeia verdadeira e autêntica tivesse sido evocada, decomposta e explodida por meio de uma guerra, que convocou homens governantes maus contra a vontade dos povos, de tal modo que o que precisaria ser feito agora seria "reproduzir" essa comunidade espiritual "uma vez mais" do modo como ela era.

Isto é tão falso quanto a sentença: a guerra criou o ódio - enquanto ele apenas o desvelou[9]. Essa é uma sentença tão mendaz quanto a sentença acerca da "prontidão para a paz que é característica das democracias". Tudo isto não passa do mais enojante *farisaísmo populista* e é o oposto exato da mentalidade, da qual necessitamos para a construção. É mentira que os povos estavam dispostos para a paz e só os governos os açularam para a guerra[10]. Ao contrário, nós partimos justamente do fato de que uma comunidade autêntica, tanto no que diz respeito às comunidades entre particulares quanto no que diz respeito àquelas comunidades entre as minorias dos povos que representam antes de tudo a cultura espiritual, não é de modo algum dilacerável, de tal maneira que tal comunidade autêntica precisaria ter se revelado muito mais pela primeira vez como um laço *espiritual* em meio à provação apresentada pela guerra (se ela não tivesse, claro, podido preveni-la) e que, por isto, também não tinha sido nenhum verdadeiro laço espiritual que unira os povos antes da guerra. O que define a palavra "amizade" é o fato de ela ter de se comprovar na luta dos interesses opostos dos amigos. Não foram um laço espiritual e um laço de amizade, mas foram coisas completamente diferentes dotadas de validade no mundo antes da guerra, coisas como a educação internacional, o prazer internacional e o luxo internacional, interesses específicos internacionais comuns em termos de técnica e ciência, a cortesia com os clientes, a vaidade sem limites: foram essas coisas que se incensaram mutuamente e produziram uma cortina de fumaça que obscureceu os abismos crescentes, que já tinham se aberto há muito tempo entre as almas dos povos europeus. O fato de a guerra ter descoberto e trazido à luz do dia essa mendacidade interna e essa não verdade de uma comunidade cultural europeia há muito tempo não mais existente e corroída pelo veneno do nacionalismo e do subjetivismo, pelo relativismo e pelo capitalismo; o fato de as feridas anímicas veladas da alma europeia terem aberto correntes de pus nojentas, putrefadas, mas *curativas* amplamente visíveis:

---

9. Cf. meu livro *Die Ursachen des Deutschhasses* [As causas do ódio aos alemães]. Introdução.

10. Cf. meu livro *Krieg und Aufbau* [Guerra e construção]. • Cf. índice de obras, n. 11 e 19. OC, vol. 6 [N.E.].

tudo isto se deu graças à guerra! Não a causa do adoecimento, mas o médico que diagnosticou a doença e o analista da alma europeia: foi assim que a guerra se mostrou. Depois de tudo aquilo que eu mesmo já tinha escrito sobre o *status* moral da Europa, também tenho o direito de me apropriar das palavras que o poeta alemão Stefan George usou em seu poema "A guerra": "Aquilo que vos abala me é há muito familiar". E em virtude dessas causas é preciso que se trate de uma coisa completamente diferente do que meramente de apenas reproduzir por meio de uma articulação externa das relações dos eruditos, artistas etc., por meio de jornais, congressos, institutos internacionais, em suma, por meio de medidas externas somente *organizatórias*, a Europa de antes da guerra. O que precisa estar em questão é reconhecer claramente a direção do movimento da história mais recente da Europa para o abismo seguro, para a sua autodissolução moral e espiritual ao menos agora, isto é, no último momento, o ultimato dado por Deus à Europa, ultimato esse que essa guerra representou para a conservação da missão mundial até aqui da nossa parte da terra e de sua existência espiritual conjunta: o que está em questão é ouvir real e verdadeiramente com o ouvido da alma; e o que está particularmente em jogo: o que precisa estar em questão é preservar já nos primeiros inícios do movimento histórico, cuja *meta* era antigamente tão menos visível e cujo único *fim* possível esta guerra mundial, então, apresenta para o mais tolo olhar, as forças reais e efetivas da decomposição.

Não é a mera reprodução, portanto, mas a *inversão*, a *mudança* radical *de sentido*, que se mostram como necessárias, assim como a vontade mais séria possível para tanto – caso essa construção deva ser possível. Há certamente valores europeus, valores tais como o egoísmo humano puro e simples, os assim chamados interesses de todo tipo, unidos com as relações geográficas e com as riquezas diversamente distribuídas dos países, seus específicos tesouros do solo e outros valores e forças, que serão reproduzidos *sem* tal mudança de sentido, *sem* o oferecimento de um novo coração e de uma nova vontade – de uma maneira por assim dizer automática. Entre esses valores estão em larga escala, mas de acordo com uma medida que não se pode superestimar, a livre-troca de mercadorias (p. ex., nossa troca de mercadorias com a exportadora de grãos que é a Rússia; pois também se comprará no futuro aquilo que é melhor, mais barato e que se encontra o mais próximo possível de nós). A isto pertence a troca e a fecundação mútua mesmo de todas *aquelas* funções espirituais, realizações, valores e obras, nos quais as nações, os povos, os círculos culturais ou seus membros podem se sentir arbitrariamente *representados*, uma vez que o *peculiar* do espírito dessas unidades grupais não se apresenta essencialmente neles. Desse grupo de valores fazem parte em ampla medida os meros *resultados* - não os *métodos* já nacionalmente diferenciados - da matemática e das ciências exatas, os progressos técnicos, os sistemas de medidas e de peso, as terminologias, os institutos internacionais conhecidos para o fomento da agricultura, da meteorologia e mil outras. Desse grupo também faz parte - já algo menos - a alta formação e a reprodução do direito privado internacional. Mesmo a busca humana por prazer e os interesses por hotelaria por parte dos povos cuidarão para que, em um tempo não muito distante, as pessoas ricas dos povos europeus se encontrem de maneira terna e suave na Riviera, no Cairo e em Monte Carlo, o que elas já fazem agora, por exemplo, na Suíça. Os sentidos e seu prazer são tão internacionais quanto os interesses relativos aos negócios, e isto tanto mais quanto mais baixo e mais material se mostra o prazer.

Mas tudo isto, porém, não tem no fundo nada em comum com a comunidade *cultural* europeia, não possui absolutamente nada em comum com ela! Pois todas essas coisas não possuem seus limites na amplitude do espírito europeu, elas se estendem muito mais *por toda parte* onde há homens egoístas, onde há homens capazes de prazer e compreensivos, e, neste sentido, elas também alcançam o Japão e a China, por exemplo. Ao contrário, por outro lado, a ideia da comunidade cultural *europeia* só começa para mim lá onde os interesses mais universais da mera comunidade internacional cessam por princípio de atuar de maneira unificadora; somente aí começa a exigência de um empenho ético da *vontade* e de uma *mudança do sentido*, somente aí onde os povos se mostram em suas realizações, em seus dons, em suas direções espirituais e amorosas como *irrepresentáveis*, únicos, individuais, lá onde eles olham por assim dizer a partir de um ponto particular, metafísico que *lhes* é próprio de maneira singular, para o cosmos uno da verdade, da beleza, do bem e para o Deus uno. A ideia abominável do domínio mundial de *uma* nação ou de *um* Estado ainda não é inteiramente excluída logicamente por meio do reconhecimento e da subsistência – e por maior que seja essa subsistência – daquelas realizações representáveis ou internacionais. Justamente porque povos podem se deixar *representar* arbitrariamente na produção dos valores acima citados, um *único* povo, que estende seu domínio ilimitadamente, também pode representar por princípio todos os povos, sim, toda a humanidade. O que torna essa ideia do "domínio mundial" abominável não é de maneira alguma, portanto, o princípio internacional da sociedade e os valores jurídicos formais e utilitários que *lhe* pertencem – o que a torna abominável é muito mais precisamente a *insubstituibilidade, a irrepresentabilidade* da *individualidade* nacional e popular na construção de uma cultura conjunta humana coesa[11]. A partir daí obtém-se pela primeira vez o fato de que *cada* povo, na medida em que trabalha concomitantemente na construção da cultura mundial do espírito humano, justamente por isto também se mostra como corresponsável pela realização mesmo daquela parcela, que está determinada e conclamada por Deus para ser realizada por seu povo vizinho, sim, por *todo e qualquer* outro povo para o todo dessa tarefa mundial.

Cosmopolitismo e ideia nacional cultural com vistas à mais elevada cultura espiritual, portanto, *não são expressões opostas*, sim, nem mesmo duas verdades diversas, mas são apenas *lados de uma única verdade*. E essa verdade una encontra-se em uma dupla oposição em relação ao internacionalismo *e* ao "nacionalismo" cultural. Portanto, é somente onde se trata desses bens *i*rrepresentáveis, onde se trata de religião, igreja, arte, história e ciência do espírito (ciências humanas), filosofia, o hábito mais elevado e a forma de vida, que fracassam os poderes egoístas, automaticamente eficazes. Somente aqui, para além do elemento automático da

11. Cf. em *Formalismus* a seção sobre solidariedade, complementação e insubstituibilidade dos indivíduos populares, seção VI B 4, ad 4 (tb. na seção V, cap. 6 ad 1 "Variações do *ethos*" o que é dito sobre o perspectivismo valorativo emocional e a cooperação ética das unidades temporais e populares).

engrenagem dos interesses, a *vontade* sagrada consciente se torna a garantia do que há de melhor no próprio tanto quanto a atenção do melhor amigo, a complementação mútua tanto quanto a fecundação positiva recíproca, isto é, uma exigência *necessária* para a construção da unidade cultural europeia. Meros interesses assim chamados internacionais dos povos, de um lado, e, do outro lado, corresponsabilidade recíproca de cada povo pelo bem *peculiar* a cada povo diverso e seu livre-efeito no mundo em função do que há de melhor em Deus e no mundo não significam, portanto, o mesmo, mas *o que há de mais diverso* em termos pensáveis segundo a mentalidade. Somente junto aos valores *culturais* constante e *necessariamente* matizados com tintas nacionais é que é necessária a vontade de *complementação*, a prontidão para a fecundação por meio de dons e valores, que não possuímos nós mesmos, é que é necessário um coração aberto amorosamente – justamente porque para os valores nacionais particulares alheios *enquanto* valores alheios –, puras coisas que, por princípio, *não* são essencialmente necessárias para aquilo que a Europa já possuía antes da guerra em termos de valores meramente internacionais. Esse valor, porém, só é correto no caso de que a formação cultural acontecesse exclusivamente por meio da *força* espiritual peculiar da nação mesma, não conduzida por resultados da reflexão sobre ela[12].

Da sensação da culpa conjunta, portanto, através do remorso comum e da expiação comum, até a atenção solidariamente comum de cada nação europeia e de cada raiz popular europeia e até a construção solidária de acordo com o princípio que acabamos de citar: tudo isto junto denomino a "*exigência moral*" para essa grande meta.

Somente onde essa mudança de sentido é levada a termo, pode e deve se iniciar todo o esforço *intelectual* a ser exigido de maneira nova, o esforço por fixar de uma maneira totalmente diversa daquela que aconteceu até aqui por meio de uma atuação conjunta de todas as ciências do espírito (ciências humanas), jun-

---

12. Cf. o que é dito sobre a realização valorativa e a "intenção de um valor próprio" em geral em *Formalismus* (Índice conceitual da 4. ed. de 1954, "intenção"). Cf. tb. p. 583s. do presente volume.

tamente com a antropologia, o lugar onde residem as verdadeiras *forças de unidade* da Europa e de sua cultura; em que essas forças consistem, como elas podem ser trazidas à luz do dia por detrás dos nacionalismos assim como por detrás dos meros internacionalismos, que as esconderam por muito tempo; como elas podem ser fortalecidas por meio da formação, da educação, da doutrina e por meio de novas amizades mais autênticas das minorias formadoras de cultura - fortalecidas de tal modo que elas possam vir a se transformar uma vez mais em um poder espiritual condutor verdadeiro no mundo. Infelizmente, não há nenhum outro lugar mais do que aqui no qual eu não possa adentrar infelizmente essa questão violenta sobre a unidade cultural da Europa e sobre a medida da reflexão que exige sua resposta[13]. Só se vislumbra a *verdadeira* unidade do espírito europeu quando se apreende intuitivamente a peculiaridade espiritual dos outros grandes círculos culturais - pois mais é impossível para nós - e quando se sabe reconduzir a multiplicidade dos fenômenos (língua, hábitos, artes, mitos, espírito estatal, religiões, modos e metas do conhecimento) a *estruturas* espirituais unas. Por mais que a *soma* dos eruditos especialistas soubesse e continue sabendo disso há muito tempo - aquele saber especializado ainda está longe de chegar a uma intelecção europeia conjunta, sim, a uma redução interventora e panorâmica dos fenômenos culturais a potências espirituais a cada vez de um tipo único com constituições estruturais a cada vez determinadas. W. von Humboldt, W. Dilthey, Techet e Wölfflin contribuíram particularmente para esses conhecimentos[14]. Sim, ouso dizer que o homem medianamente formado de hoje, tal como acontecia nos tempos de Kant, de Goethe e de Herder, continua tendo um conceito vago, obscuro da essência e do espírito europeu, que ele ainda hoje tende a considerar como *universalmente humano* aquilo que não passa de um europeísmo vago, obscuro e não consciente de

---

13. Preciso remeter aqui àquilo que eu introduzi sobre isto em meu livro *Der Genius des Krieges* [O gênio da guerra] no capítulo "A unidade espiritual da Europa", assim como em meu livro *Krieg und Aufbau* [Guerra e construção]. Cf. esp. "Sobre o cristianismo oriental e ocidental", e, mais além, "Para a nova orientação sociológica etc.", última seção.

14. Cf. tb. os escritos do geógrafo cultural vienense E. Hanslik, e, mais além, SPENGLER, O. *O declínio do Ocidente*.

si mesmo. O fato de esse saber se coligir e se expandir em uma doutrina sistemática dos círculos culturais limitados pelos tipos espirituais e pela *divisão* interna do gênio da humanidade e de, por meio daí pela primeira vez, o homem europeu se conscientizar verdadeiramente de si mesmo, de seus limites assim como de suas forças positivas, de suas características de unidade e de suas tarefas particulares, esta é uma das primeiras exigências *intelectuais* de uma reconstrução da cultura europeia, ou melhor, de sua nova construção.

Contentemo-nos aqui com aquilo que é amplamente menos e determinemos apenas em face da *história* intraeuropeia de maneira totalmente breve os poderes unitários espirituais mais primorosos, a cujo fortalecimento nós estamos devotados, sim, cuja reinserção na história se mostra em parte como um direito perdido.

2 Os poderes de formação espiritual de uma reconstrução da Europa

A existência espiritual europeia teve até aqui *três* grandes fermentos fundamentais: os antigos valores de formação, o cristianismo em sua grande e *una* modalidade preponderantemente agostiniana que se baseava mais na ação, no amor e na construção de um Reino de Deus no mundo como baseado em especulação, contemplação, fuga do mundo e gnose ascética (como no Oriente), e o entrelaçamento progressivo que ressurgiu preponderantemente desde o Renascimento e no devir dos modernos corpos nacionais em virtude dos dois primeiros grandes venenos comuns e por meio deles apenas possível, assim como a frutificação recíproca das artes, das literaturas, das ciências, das técnicas das nações e dos povos, tal como o mostra até hoje toda e qualquer história desses ramos no mundo moderno até hoje.

Não há até hoje nada para colocar do lado dos dois primeiros poderes espirituais de formação como um elemento por assim dizer de equilíbrio. E, para qualquer um que aspire à reconstrução da zona cultural europeia, não há nenhuma conclusão mais simples a partir desse fato do que essa: cada nação europeia precisaria se deixar imbuir pela necessidade de *conservar* incondicionalmente a *Antiguidade e o cristianismo* como as duas bases de unidade de toda formação e civilização elementares e mais elevadas – sim, conservar mais do que animá-las uma vez mais. Essa fórmula simples não tolera uma atenuação e uma restrição quaisquer senão como a segunda fórmula, segundo a qual a consciência e o sentimento penetrantes para o *entrelaçamento* e para a *condicionalidade recíproca de todas as culturas nacionais europeias* precisariam ser com ainda maior razão evocados de maneira nova, precisariam ser fomentados por toda parte, precisariam ser realizados da maneira o mais universal possível por meio da expansão dos conhecimentos linguísticos e por meio de traduções, por meio do cuidado mais intenso com a história cultural em face da mera história dos Estados e, em particular, da guerra. Por outro lado, porém, essa fórmula ainda significa muito pouco positivamente. Ela só significa muito negativamente. Negativamente, ela significa, sobretudo, que toda e qualquer tentativa de colocar a nossa formação e a nossa educação seja sobre uma base essencialmente *positivista*, orientada pela matemática e pelas ciências naturais, seja sobre uma base *nacionalista*, voltada unilateralmente para a língua-mãe, para a história pátria, para o mito nacional, precisa ser *a limine* rejeitada em todos os casos.

A primeira dessas direções, a formação *positivista*, conduz, em verdade, muito para além da nação, mas também muito para além da Europa – sim, para além do homem como ser espiritual, que precisa ser, segundo Deus, o *primeiro* objeto do conhecimento do homem; a segunda permanece aquém da Europa. Nós não podemos nos valer de nenhuma das duas como base formadora para a reconstrução europeia. Os ideais e as metas culturais, que uma filosofia naturalista e positivista como aquela de Augusto Comte, de Ostwald e de Mach precisou desenvolver, nunca fazem outra coisa senão apoiar aqueles valores culturais internacionais *representáveis*, isto é, eles apoiam aquilo que não carece de um apoio moral, uma vez que isto se faz por si mesmo. A Europa como comunidade espiritual e amorosa só se conscientiza desses ideais culturais por meio da importante *história* da matemática, das ciências naturais e da técnica, por meio da teoria do conhecimento e da metodologia, não por meio dos *resultados* científico-naturais. Essa história e essa metodologia, porém, reconduzem por si mesmas à Antiguidade como o solo materno de uma ciência europeia.

Para o ideal cultural humanista como um componente conjuntamente europeu dos ideais culturais nacionais, um inimigo muito mais perigoso do que o positivismo, contudo, se faz presente: o *nacionalismo cultural refletido*. Ele vem à tona, menos na Inglaterra e na Rússia, mas de maneira muito mais intensa nos países românicos e na Alemanha. Lá, na Inglaterra e na Rússia, temos o desejo por um "renascimento" especificamente "latino", isto é, por uma cultura formal essencialmente retórica, para a qual também já haviam se dedicado algumas sociedades, em particular as sociedades francesa e italiana[15]. Aqui, nos países românicos e na Alemanha, temos uma confusão de exigências! De forma grotesca, o pangermanismo exige um alijamento resoluto tanto do "espírito judaico-cristão", como as pessoas se atrevem a dizer aqui, quanto do "veneno renascentista" antigo "oriundo da alma alemã". Por meio de uma articulação com o mito germânico e na maioria das vezes com a exigência de um cuidado unilateral da história pátria no sentido de uma história dos heróis e da guerra, requisita-se uma conclusão o máximo possível hermética do espírito germânico em si mesmo. De maneira amplamente sensata, Ernst Troeltsch[16] deseja apenas uma modificação do ideal de formação cultural humanista por meio da imagem que surgiu recentemente do "homem gótico" da Idade Média, isto é, do homem eternamente em luta, de um espírito criador e individual que dissolve todas as formas cada vez mais em um movimento infinito da vontade e da vida - do homem, cuja essência se mostra com fantasia desprendida e

---

15. C. Burdach mostrou claramente em seu escrito *Deutsche Renaissance* [Renascimento alemão] (Berlim, 1916), o quão injustificada é - vista historicamente - essa suposta unidade do espírito latino no que concerne ao devir do Renascimento italiano, com o qual, enquanto movimento nacional italiano, tal espírito se desenvolveu inteiramente com um *front* maximamente agudo precisamente *contra* a cultura francesa.

16. Cf. *Humanismus und Nationalismus in unserem Bildungswesen* [Humanismo e nacionalismo em nosso sistema de formação educacional]. Berlim, 1917.

ilimitação irracional; Eduard Spranger[17] vê no ideal humanista de nossos pais (Goethe e W. von Humboldt), além disto, apenas o correlato cultural da ideia individual-liberal do Estado e quer agrupar a nova formação cultural em torno da *ideia de Estado* e em torno da vontade de ordenação no Estado. Não consigo seguir *nenhuma* dessas considerações – por mais que possa se atribuir muitas coisas justificadas em particular em Troeltsch e em Spranger.

Em seu escrito digno de leitura, muito refinado, Eduard Spranger orientou a sua ideia de uma formação humanista antes de tudo por Wilhelm von Humboldt, cuja vida e essência ele descreveu de uma maneira muito cativante. Isto aconteceu com um direito indubitável, na medida em que o ideal de formação humboldtiano exerceu o mais poderoso efeito sobre a práxis da educação alemã mais elevada e da instrução mais elevada. Esse ideal de formação juntamente com a concepção da Antiguidade que lhe é correspondente tem *três* traços característicos, que também não têm, a nosso ver, como ser conservados simplesmente, mas que carecem de uma correção. Ele isola, em primeiro lugar, a Antiguidade – que já é vista de maneira bastante unilateral segundo os ápices literários das assim chamadas épocas clássicas – fortemente de sua pré-história *asiática*, e não menos de sua passagem para o interior do helenismo e do cristianismo. Apesar de ter crescido completamente sobre um solo cristão e de ter configurado muitas coisas muito mais significativamente por meio de seu autor primeiro – neste caso, como as imagens da Antiguidade que possuíam os heróis de nossa arte poética –, esse ideal de formação cultural de Humboldt insere uma ideia de pura "humanidade" na Antiguidade que, de fato, possui uma origem *cristã*, que se encontra muito distante da Antiguidade mesma vinculada de maneira inteiramente nacional ou imperial, mas que, não obstante, justamente porque ela se arroga antiga, de acordo com o "homem", de acordo com a determinação temporal panteísta do tempo de Humboldt, se encontra no fundo completamente desprendido de Deus e de todas as forças da graça. Ele resta em segundo lugar mergulhado no *individualismo matizado artificialmente* da aspiração por formar a si mesmo com uma "imagem

17. Cf. *Das humanistische und das politische Bildungsideal im heutigen Deutschland* [O ideal cultural humanista e político na Alemanha atual]. Berlim, 1916.

perfeita do homem" - como uma obra de arte - e rearticular com essa "meta" suprema até mesmo todas as relações do homem com as comunidades. O princípio de *solidariedade* enquanto princípio supremo de toda ética social - tal como desenvolvi em outro lugar[18] - é tão *alienado do mundo* nos pressupostos internos desse ideal de formação cultural quanto o é a ética de Kant e de Hegel. Somente como uma consequência dessa falta, porém, de uma ordenação muito mais elevada e mais geral - não como a sua falha *primária* tal como em Spranger - é que eu consigo acompanhar Spranger no seu modo de ver, segundo o qual o ideal de formação cultural "humanista" humboldtiano também não conseguiria despertar nem um autêntico sentido de entrega para o *Estado* e para as suas tarefas, nem um conceito correto de seu significado no mundo e na história - nem ainda para a própria cultura espiritual. Em terceiro lugar, esse ideal de educação coloca de uma maneira tão unilateral no primeiro plano a formação *interior* da personalidade, em face da realização específica e da ação em um todo comunitário maximamente desenvolvido que não se torna mais possível transpô-lo para a nossa época ou mantê-lo aí.

A primeira dessas falhas me parece também continuar existindo nas sugestões e nos estabelecimentos de metas feitos por Spranger. Precisamos aprender, como *cristãos* conscientes e com uma clara consciência de que nós possuímos nos valores cristãos algo muito mais elevado e mais rico do que a Antiguidade teria podido um dia nos dar, a amar de maneira plenamente compreensiva a Antiguidade e de aprender com ela, aquilo que a partir dela ou com ela há para aprender. Não apenas a nossa consciência novamente desperta - que, apesar de seu caráter multicolorido, *não* é de modo algum panteísta -, mas também a nossa consciência histórica acentuada dos limites e das particularidades nacionais dos valores antigos exige de maneira resoluta essa postura. O fluir para dentro e para fora secretamente dos valores cristãos para o interior da Antiguidade - a *Ifigênia* de Goethe é, neste caso, apenas o *exemplo* mais visível do modo de pensar de nosso tempo humanista - precisa cessar, quando o cristianismo reconquistar

---

18. Cf. *Der Formalismus in der Ethik und die materiale Wertethik* [O formalismo na ética e a ética material dos valores]. II Parte.

uma vez mais a sua dignidade plena e a riqueza que lhe é própria, assim como quando a Antiguidade reconquistar o seu caráter histórico *efetivo*.

No que concerne à segunda falha citada desse ideal de formação, encontram-se em Spranger sem dúvida alguma uma série de sugestões inteiramente justificadas. Só que deveria se tratar menos de uma assim chamada "educação civil estatal" direta, que teria de desenvolver o sentido para o Estado, e mais da apresentação constante, que imperaria sobre o conjunto da instrução cultural, sobre como a literatura, as artes, as filosofias, os valores científicos estavam *subordinados* ao Estado do tempo (a arte e a literatura gregas, p. ex., na estrutura da *polis*); sobre por que certos grupos desses valores, tais como, por exemplo, a filosofia do estoicismo tardio, não estavam aí subordinados, sobre que traços característicos estavam condicionados neles pela natureza dos grupos e castas sociais que eles sustentavam; o que também *poderia* ter surgido em virtude das potências espirituais presentes junto aos valores culturais, mas *não* surgiu em virtude de acontecimentos e condições políticas. Este cultivo *indireto* do sentido público e do sentido comunitário, que destaca em todos os dados da história a condicionalidade pública e social *concomitante* mesmo dos frutos mais elevados do espírito (p. ex., a condicionalidade do intelectualismo de toda filosofia grega por meio da instituição da escravidão e por meio do comércio de escravos), marcou de uma maneira nova, mais íntima e mais silenciosa o pensamento conjunto na direção de um sentido estatal aprofundado, como uma "instrução civil pública" direta orientada para o Estado presente. Antes de tudo, porém, o sentido estatal precisa – como já insinuei – ser apenas almejado como uma reconfiguração particular de um *sentido comum* elevado em geral. Só se for legado anteriormente ao educando uma rede de conceitos fundamentais sociológicos independentes da variedade histórica particular dos grupos humanos – uma rede que abarque todas as formas *essenciais* da comunidade humana e apresente o Estado apenas como *uma* dessas formas, ou seja, uma forma entre outras tais como a família, o gene, a estirpe, o povo, a nação, a nacionalidade, a Igreja, as seitas, a escola, a sociedade, o partido, a classe, a condição etc. – o educando conseguirá algum dia ver e conceber claramente a convivência e a atuação conjunta das comunidades existentes particulares presentes na história. Não apenas uma vontade de se inserir na ordem do Estado, mas também uma vontade diferenciada de ordenação em uma *maioria* de comunidades ao mesmo tempo existentes dotadas a cada vez de um direito *próprio* e de tarefas e metas próprias - e com isto também a necessidade constantemente presente da recusa e do *sacrifício* de cada uma dessas comunidades em nome da subsistência e do correto desdobramento das outras - precisam se mostrar como uma meta da nova educação. Com razão, Spranger aponta para o fato de que a nova tendência na juventude para a formação de associações e comunidades - que divergem o mais intensamente possível das situações, nas quais elas se constituíam há 20 anos - vai como que por si mesma ao encontro dessa transformação do ideal de formação cultural individualista mais antigo. Quando, no entanto, ele se queixa de que essas sociedades de jovens contra o Estado mostraram até aqui uma grande fragilidade, sim, quando ele se queixa de que elas - como precisamos acrescentar - costumam zelar até mesmo com certo ciúme exclusivo para que elas *não* sejam usadas ou consideradas como "escolas preparatórias" para a "burguesia estatal" futura, então não consigo ver aí um mal tão grande. Isto é apenas um sinal de que o Estado do presente *não* consegue abrir para os instintos da juventude uma força de atração emocional e que os novos ideais do Estado estão a caminho de *crescer por si mesmos* no solo próprio das experiências de comunidade da juventude.

No que concerne à terceira falha do ideal de formação cultural humanista mais antigo, a ideia mais antiga de formação da pessoa em geral não me parece - em contraposição a um ideal de tarefas e de desempenho - merecer a recusa que ela encontra em Spranger tanto quanto dois outros traços particulares desse ideal de personalidade: 1) A reflexão nele estabelecida com vistas à autoconfiguração, tal como ela se revela da maneira mais clara possível no caráter de "obra de arte" da própria vida em W. von Humboldt; 2) Aquele *ideal de mera interioridade* falsa especificamente alemão, que coloca de maneira tão unilateral no primeiro plano a pessoa íntima em face da pessoa social que se obtém a partir daí com necessidade uma espécie de servilismo resignado e de quietismo em relação a todo tipo de configuração concomitante da vida pública, e, além disto, um certo desprezo de todas as esferas sociais e políticas da vida[19]. A autoconfiguração suprema da personalidade pode ser muito bem considerada como *valor* maximamente elevado e como meta *objetiva* também da educação, *sem* que a *intenção subjetiva* da autoformação seja admitida ou até mesmo ainda encontre um cultivo particular por meio do educador. Não é necessário - para evitar o último erro - substituir o *ideal da personalidade* próprios à educação e à doutrina por um ideal de *desempenho* preponderante. Muito ao invés de termos uma quantidade enorme de elementos para a condução da vida da juventude por meio de exemplos pessoalmente formados, nós não temos senão muito poucos de tais elementos. A realização pessoal dos funcionários na vida estatal reprimiu por toda parte em nós a gênese do político, assim como a realização técnica especializada reprimiu a visão panorâmica espiritual da personalidade científica, na qual se frutificam mutuamente os ramos do saber; a imersão maximamente unilateral no mundo dos negócios em uma sociedade civil economicamente ativa tanto quanto o sentido político conjunto como o gosto na vida espiritual mais elevada. Não uma especificação ainda mais elevada das metas da educação e da instrução, mas antes o contrário é o que promete, em contrapartida, auxílio. Em contraposição a isso, precisa ser elevado muito para além do quadro do ideal de formação cultural mais antigo algo completamente diverso - que me parece confundir-se em Spranger por demais com o ideal de desempenho: o sentido para uma *repercussão pública* do reconhecido como direito e o sentimento constante da *corresponsabilidade* na constituição de todos os estados públicos.

Mesmo a exigência de Ernst Troeltsch de que a Idade Média alemã deveria conquistar um espaço maior em nossa educação superior possui uma justificação mais profunda. Em particular, trata-se da articulação de nosso ideal humano com aquele ideal gótico-germânico e francês, que portava em si ainda uma medi-

19. Sobre a falsa "interioridade", cf. tb. meu artigo "Duas doenças alemãs" em "Leuchter". Darmstadt, 1919. (Cf. observação acima p. 494s.)

da elevada de *universalidade europeia*, sim, que vivia até mesmo com formas asiáticas e, em particular, indianas em uma ligação profunda, secreta; que, além disto, não excluía, mas incluía o elemento cristão em si. Não é apenas o momento *nacional* justificado em seus limites enquanto força concomitantemente conformadora de nossos ideais de formação que exige este espaço maior - mas é o mundo medieval enquanto modelo maximamente sublime de uma época *organizatória* de grandíssimo estilo sob a condução da consciência religioso-eclesiástica que exige uma consideração mais intensa. Em face das unilateralidades horríveis, tal como elas foram apresentadas por R. Benz e rejeitadas de maneira tão excepcional por C. Burdach, a única coisa que precisamos exigir aí é que toda a educação *confusa* do espírito germânico para a autonomia alcance agora também o direito que lhe cabe por meio da Igreja e por meio dos exemplos antigos.

Todas essas modificações não excluem, portanto, o fato de que o cultivo dos valores culturais antigos tem de permanecer no ginásio humanista o *ponto de partida* da formação mais elevada do espírito em todos os povos europeus, caso uma reconstrução cultural da Europa não deva ser estabelecida sobre um terreno arenoso. E só uma coisa poderia estar em questão: 1) Que *lados* e que partes dos antigos valores culturais são mais ou menos acentuados junto aos povos diversos; 2) Até que ponto esses valores culturais, em conexão com toda a história do mundo, em particular com sua pré-história asiática, são subordinados em seus limites e no quadro dos limites europeus a ideais *nacionais* de formação cultural plenamente justificados e mais restritos e legados nessa subordinação. A partir das histórias dadas dos povos, é compreensível que os povos românicos articulem sua formação em uma medida mais elevada com a Antiguidade *latina*, enquanto os povos germânicos o fazem de maneira significativamente mais forte com a Antiguidade greco-clássica e o mundo eslavo, em particular o russo, mais forte com o mundo do *helenismo tardio*. Mas precisamente porque isto se mostra como autoevidente com base na mera história, a vontade de formação *ética* precisa estar dirigida para a *complementação*. Justamente por isto, não pode existir nenhum "Renascimento latino" buscado de maneira refletida; justamente por isto, germanos e eslavos precisam buscar com uma alma ardente os valores específicos do sentido formal e ordenador latino, os valores característicos de uma lógica prática e de uma força de organização latinas. Mas ainda mais importante é o segundo ponto! O progresso das ciências desde a Antiguidade trouxe consigo o fato de que nós *não* conseguimos mais ver em geral na arte, na filosofia e no *ethos* clássico-antigo uma *formação cultural padrão eterna*. Aquela secreta metafísica especial de filólogos marcada por "imagens-padrão eternas", que só conseguia ver o antigo em *oposição* ao cristão e que exige uma espécie de paganismo, foi destruída pela direção histórica da ciência da *própria* Antiguidade. Por toda parte, a continuidade e a quebra apenas *relativa* da cultura grega com as formas asiáticas ficaram claras na arqueologia, na religião, na filosofia e na história dos mitos; não se tornaram menos visíveis os pressupostos nacionais, sociais e políticos passageiros. Elementos completamente novos, em particular da Antiguidade grega, que foram completamente desconsiderados pelos nossos pais humanistas, foram descobertos; cito o direito materno e a cultura materna, o orfismo com o seu tragicismo pessimista, os primórdios do direito privado grego, as lutas sociais nas cidades gregas, a ciência natural grega, a matemática e a técnica. O desaguar contínuo da Antiguidade através do helenismo, através da gnose e das formações religiosas da alta Antiguidade na Igreja cristã primitiva foi intuído de maneira nova e vigorosa. O fato de a expressão "clássico antigo" *não* poder ser uma expressão universalmente válida para todos os homens, mas representar no caso mais elevado apenas um ápice dos valores do espírito *europeu*, é o conhecimento mais seguro de nossa época. O que se segue daí? Pois bem, não se segue antes de tudo que, por meio da relativização histórica dos valores antigos, esses valores *não* poderiam mais se mostrar agora como base para a nossa formação europeia. O fato de que nós teríamos de considerá-los, por exemplo, apenas como elementos indiferentes de um rio histórico ilimitado, voltando, contudo, nossa própria formação para metas totalmente diversas, por exemplo, para metas unilateralmente nacionais ou políticas. Se esses valores também não são mais universalmente humanos, então eles são de qualquer modo europeus e normativos. E mesmo que eles não possam mais ser denominados paradigmas absolutos, eles são de qualquer modo torres de orientação necessárias comuns, faróis para todos os povos europeus, faróis para os quais eles não devem olhar como se esses faróis fossem metas e se encontrassem diante de si, mas, ao contrário, para os quais eles sempre precisam *re*tornar, a fim de reconhecer se eles ainda estão efetivamente navegando no curso do espírito e da essência europeus. Sob essa imagem do "farol virado para trás", gostaria de ver compreendida aquela relação comum europeia dos povos com a Antiguidade, que é necessária para uma construção cultural.

Mas a tarefa conjunta de uma construção cultural europeia ainda exige na situação mundial particular, na qual nos encontramos, uma outra meta conjunta – uma meta ao encontro da qual vêm nossos novos conhecimentos: tenho em vista aqui uma certa inversão de nossa essência cultural europeia conjunta da direção preferencial que ela tinha até aqui, a direção *Leste-Oeste, para a direção Oeste-Leste*. É para aí que me impele toda a minha consideração. Por um lado: a Europa hiperativista, hiperfuncional, precisa por toda parte – poderia dizer – de uma certa cura por repouso nas profundezas, no sentido de uma eternidade, na tranquilidade e na dignidade do espírito asiático. Se, além disto, desde a guerra russo-japonesa, a Ásia deixou seguramente de se mostrar como um mero objeto passivo de exploração capitalista, por um lado, e, por outro lado, de missões cristãs, que, contudo, não fazem com muita frequência outra coisa senão espionagem comercial – se por toda parte ela movimenta as suas asas e limpa o sono de séculos dos olhos, tal como vemos agora incessantemente, na Rússia asiática, no Japão, na China, na Índia, no mundo maometano – então a Europa tem uma dupla razão para uma nova *confrontação* de toda a sua propriedade cultural e formadora com a Ásia e com o Leste em geral. A guerra mundial conduz em termos micros tanto quanto em termos macros para um novo equilíbrio, para equilíbrios das diferenças de nível cultural grandes demais – e isto, sobretudo, qualitativamente. Assim como a Alemanha vem se tornando mais democrática, os países de língua inglesa vêm se tornando mais centralistas e mais socialistas em termos estatais, também precisa ter sua consequência em uma ordem de grandeza muito mais violenta certo *equilíbrio do elemento especificamente europeu e especifi-*

camente asiático[20]. Por isto, precisamos expor a Antiguidade para a juventude desde o princípio com as suas raízes asiáticas, e precisamos fazer com que os pontos fontais históricos no interior da história posterior dos valores de formação antigos, onde o oriental e o ocidental se misturam, tal como no helenismo, em Alexandria etc., para, então, divergirem agudamente nos braços separados da história ocidental e oriental, brilhem muito mais intensamente do que até aqui.

Esse deslocamento de nossos interesses centrais em termos de formação cultural para o Leste é, além disto, extremamente desejável, porque dar tanto quanto receber nesta direção será muito mais frutífero do que se mantivéssemos nosso interesse por demais exclusivamente focado na formação ocidental. A formação francesa, sobretudo (em uma medida inferior também a inglesa), alcançou uma autonomia e uma maturidade da forma, que - segundo uma mensuração humana - são muito difíceis de serem ultrapassadas. Na França (em oposição à Alemanha e à Inglaterra), a *burguesia* não criou no fundo uma cultura espiritual particular. Ela se esgotou em contrapartida - uma vez mais em oposição à burguesia apolítica da Alemanha - em meio a uma energia política e social e vive em todas as coisas do espírito até hoje graças ao *ancien regime*. É improvável que ela, em seus dias de velhice, ainda leve a termo aquilo que ela até agora não conseguiu realizar. O que na jovem França era efetivamente *novo* em face das tradições dos séculos XVII e XVIII, tal como, por exemplo, a filosofia bergsoniana, revelou em muitos aspectos uma influência alemã, e, ainda maior, russa. O que *podemos* acolher em nós da França - o que o futuro traz consigo, isto nós naturalmente não sabemos - já assumimos no essencial. Na Inglaterra, essa relação entre cultura e sustentação social de grupos é menos válida do que na França, mas subsiste do mesmo modo no essencial de maneira justa. A cultura da Inglaterra também é inteiramente aristocrática desde o seu cerne, por mais que essa aristocracia possa se esconder mais intensamen-

20. Cf. quanto a isto também o ensaio "O homem na era do equilíbrio" (1927), no qual o autor caracterizou algumas formas do equilíbrio consonante com o destino. Publicado em *Philosophische Weltanschauung* [Visão de mundo filosófica], 1929. 2. ed. Francke/Berna, 1954 [Coleção Dalp].

te sob um nome burguês como na França. Em nosso caso, a aristocracia - até onde temos algo assim - permaneceu culturalmente quase totalmente infrutífera. Sua obra foi o Estado, a guerra e a política. É tão improvável que ela se torne em seus dias de velhice ainda particularmente frutífera em termos espirituais, quanto é improvável o mesmo para a burguesia francesa. Em oposição a isto, nossa cultura emergiu socialmente inteiramente de baixo já segundo a sua condição sociológica muito mais profunda, semelhante às relações dadas no mundo eslavo e, em particular, no mundo russo. *Um complemento mútuo* em termos de conteúdo em relação ao individualismo germânico e ao senso comum eslavo, em relação a algo compreensivo e algo místico, algo unilateralmente organizatório e um sentido para o direito de uma vida que flui de maneira peculiar, um cristianismo da ação e o louvor contemplativo que destaca da circunvizinhança dos destinos e que salva[21], promete, em meio à não consumação dos dois lados no que concerne às formas culturais, frutos *mais ricos* do que eles são prometidos em meio a uma atenção unilateral persistente para o Oeste. Também as democracias sociais da Alemanha e da Rússia, que se sabem tão separadas da burguesia quanto no Oeste, compreendem-se muito melhor do que poderia ser o caso em um tempo abarcável entre a democracia alemã e a ocidental.

Por isto, é preciso fomentar antes de tudo: um conhecimento da Rússia e do mundo eslavo extrarrusso como uma passagem para ele. Em tudo isto cabe à vida da formação austríaca um papel particular. Novas cátedras, porém, precisam ser uma preocupação também para os nossos ministérios da educação alemã imperial. Ideais de formação nacionais precisam se movimentar no interior do *quadro* dessas bases culturais de formação europeias conjuntas - elas não devem explodir esse quadro. Nesse quadro, elas devem desfrutar em uma medida plena de seu direito em particular.

Toda e qualquer tendência de conclusão dirigida de maneira "pangermânica" precisa ser combatida da maneira mais aguda possível. Ela é um contrassenso e mesmo antigermânica, uma vez

---

21. Cf. em *Krieg und Aufbau* [Guerra e construção]: "Sobre o cristianismo ocidental e oriental". Cf. tb. indicações bibliográficas, n. 11 e 19 (1). OC, vol. 6.

que contradiz da maneira mais profunda possível a essência precisamente do espírito germânico. Está completamente correta a definição dada por C. Burdach em seu escrito *Deutsche Renaissance* (Renascimento alemão) sobre o espírito alemão, uma definição acompanhada de uma imagem leibniziana: ele é um "espelho criador"; ele não é tanto um grupo de formas particulares, mas o *espírito da síntese* de todas as formas por meio de um amor ilimitado marcado por uma articulação criadora. Quem *só* medisse em termos de "originalidade", abstraindo-se da música alemã e da ciência do espírito (ciência humana), para ele a cultura alemã teria pouco a dizer. Justamente por isto, o alemão carece em uma medida *mais elevada* do que outros povos do estímulo por meio do estrangeiro; e toda a história de sua formação mais elevada é uma elaboração de tais estímulos oriundos em parte da Antiguidade e do Renascimento (humanismo, poesia clássica), em parte da Antiguidade cristã (reforma luterana), em parte da França (Esclarecimento alemão), em parte da Inglaterra (Shakespeare, teoria do Estado, filosofia). "William, estrela da mais elevada grandeza, devo a ti aquilo que sou", assim o disse Goethe; "Rousseau me aprumou", "Hume me despertou de meu sono dogmático", assim o disse Kant. Em todos os grandes alemães encontram-se falas desse tipo. O que seria de Lutero sem Agostinho e Paulo? A língua alemã tem uma carência orgânica por complementação por meio de palavras estrangeiras, isto é, uma carência que não tem suas raízes nos destinos históricos casuais do povo alemão, mas sim nele *mesmo* e em suas leis de formação contínua. E, em face, desses fatos basilares, ousa-se pregar uma conclusão cultural para a Alemanha! Essas tendências não são outra coisa senão ideologia de um nacionalismo *econômico*, que não possui nada em comum com o espírito alemão, realmente nada, mas que leva adiante um jogo criminoso com esse espírito.

Todavia, não é essa tendência geral "pangermânica" que merece ser resolutamente combatida por nós. Mesmo direções espirituais que se alegraram até aqui com a sua mais intensa participação no nosso melhor são, em minha opinião, obstáculos mais fortes para uma reconstrução da cultura europeia. Só nomearemos duas dessas direções.

Em primeiro lugar, gostaríamos de citar aquela concepção da história política mais recente que entrou em cena junto a nós na sequência da fundação do Império Alemão e que logo encheu as cátedras das universidades alemãs, concepção essa que é particularmente designada por meio dos nomes de Treitschke e de Sybel. Já Friedrich Naumann tinha encontrado algumas palavras pertinentes, ao dizer que ao nosso mundo não correspondia mais como base para a sua formação uma concepção da história que conduzisse de Wartburg, passando por Potsdam e Koenigsberg da maneira mais direta possível até as ideias pequeno-alemãs e a Bismarck. Nós temos de *abdicar* de uma vez por todas dessas construções teologicamente políticas e inserir a *plenitude* da essência alemã uma vez mais em seu direito. Nós não temos de evitar apenas a tendência interna, mas também o *pathos* político estreito desta historiografia e deveríamos retornar ao espírito mais puro e mais objetivo de Leopold von Ranke, que ainda estava completamente imbuído pela alegria histórica quanto à bela *multiplicidade* do humano no mundo histórico e por uma veneração maravilhosa diante do *futuro* da humanidade. O mundo medieval alemão e sua cultura autóctone, os tempos do grande Império Alemão, em suma, as *fases universais organizatórias* da história alemã precisam conquistar um peso totalmente diverso para a formação mediana do que elas possuíram até agora. Pois na linha *desses* tempos, não na pequena Alemanha de Bismarck, é que residem *nossas* tarefas. Precisamente com as estações acima citadas da história alemã, porém, é que podemos por enquanto aprender menos.

Tomemos como exemplo o tempo da Reforma. Pode haver um tempo, cuja essência como um todo tenha sido mais estranha às requisições que são colocadas para nós? O individualismo, que entrou em cena aí primeiramente sob uma forma religiosa e que decompôs os diques sagrados da ideia cristã de corporação e sua realidade na Igreja: hoje ele ascende de uma maneira por demais patente até o túmulo; mesmo grandes teólogos protestantes (Harnack, Troeltsch, Rade) confessam que se trata hoje antes de tudo de acolher uma vez mais a ideia de comunidade cristã e de solidariedade cristã em sua natureza universal e estabelecer uma vez mais o seu direito a uma verdadeira formação e organização também do mundo público. Nós não estamos entrando em uma época de novas cisões na Igreja, mas em uma época de novas *sínteses eclesiásticas*. A cisão em parte há muito tempo existente na Rússia, na Inglaterra, na França e na Itália, em parte (sobretudo na Rússia e na Inglaterra) assim como recentemente ocorrida entre Igreja e Estado oferece perspectivas significativas totalmente novas para as igrejas anglicana e romana, ortodoxa e grega, romana e ortodoxa (tal como a transcreveu Leão XIII). A burguesia, cuja criação sociológica foi o Estado nacional e que começou a se impor outrora contra o feudalismo e a Igreja – hoje, ela se dissolveu em grupos sempre novos e em condições ou então em germes de tais condições. O principado absoluto, que propagou a reforma de maneira ainda muito mais forte do que tínhamos nos conscientizado até bem pouco tempo, tem toda a onda democrática da época contra si. A Europa, que outrora, para desenvolver novas forças, aspirava a se dissociar (religiosa, nacional, estatal e economicamente) – se vê hoje em uma situação na qual o que está em jogo é *equilibrar* suas diferenças, *reunir*-se e não desenvolver tanto forças particulares, mas *dominar* as forças extraordinariamente desenvolvidas com forças éticas e espirituais unidas. Mas é também dos líderes espirituais daquele tempo que temos menos a aprender. Isto eu o digo tanto em face de Lutero quanto em face de Inácio de Loyola, em face da Reforma tanto quanto em face da Contrarreforma. A ligação de uma mera interioridade mística ultra-aguçada com doutrinas de poder quase maquiavélicas no que concerne ao Estado, à lei, doutrinas que, por fim, entregaram a Igreja ao Estado, que partiram de Lutero e ainda sobrevivem na figura de Bismarck, este perigoso *dualismo* alemão entre mentalidade e ação, crença e obra, mera liberdade "interior" e sentido político serviçal e violento é justamente aquilo que temos de abalar energicamente – e não menos energicamente o fanatismo mais sombrio e o estreitamento da Igreja Católica por meio da Contrarreforma.

Uma segunda direção espiritual, que é ao menos intensamente obstrutiva para a construção cultural da Europa, é o domínio de todos os tipos de *filosofias nacionais*. Tenho em vista aqui tanto as formações de pensamento faticamente restritas de maneira por demais popular em sua essência interior quanto filosofias nacionais *conscientemente refletidas.* Uma filosofia do primeiro tipo, por exemplo, é a formação de pensamento kantiana, inundada de maneira por demais unilateral pelo espírito prussiano (no sentido mais restrito do termo), apesar da postura *subjetiva* cosmopolita de seu autor. Não tenho como expor este fato aqui em particular, mas preciso inversamente remeter as pessoas que se interessarem por isto para os meus escritos filosóficos[22]. Quando Schiller diz em seu escrito *Sobre a graça e a dignidade,* que Kant teria se preocupado em sua ética apenas "com o servo da casa", não com os seus "filhos", ele já tinha tocado no essencial daquilo que tenho em vista. E se tornar as "*crianças da casa*" é hoje o impulso mais profundo do povo alemão. Apesar de Kant, diferentemente de seus sucessores especulativos (Fichte, Hegel etc.), ainda ter se sentido completamente como membro da "República científica" europeia, já tinha *começado* com ele aquela fase do pensamento alemão que logo estabeleceria o selo espiritual exclusivamente prussiano sobre toda e qualquer emoção oficialmente admitida do pensamento alemão e que *levou adiante, estreitou e particularizou* o desenvolvimento filosófico alemão *a partir do desenvolvimento espiritual cristão e europeu.* Não é preciso senão manter Leibniz ao lado de Kant e da corrente kantiana para perceber isto. Leibniz ainda se encontra completamente na ampla e grande tradição da filosofia cristã europeia e de suas bases antigas em Platão, Aristóteles, Agostinho, dessa *quaedam philosophia perennis,* tal como ele a nomeou. Aqui ainda não encontramos o espírito desmedido da construção e da mera organização, no qual Kant acredita rebaixar a natureza a uma espécie de Estado prussiano ampliado, isto é, a uma espécie de edifício artificial do entendimento humano; ainda não vemos a superatividade e a busca vazia formalista por regulamentação na posição fundamental de Kant em relação ao mundo; ainda não se faz presente a dissolução que prepara o panteísmo subsequente, a dissolução de toda individualidade em uma coisa, na qual nada flui senão uma atividade de pensamento diluída; ainda não a ideia totalmente unilateral, porque no fundo *intelectiva-*

---

22. Cf. minha crítica da ética de I. Kant em meu livro *Der Formalismus in der Ethik und die materiale Wertethik* [O formalismo na ética e a ética material dos valores].

mente vazia, do dever na ética; ainda não a exclusão do amor e de todas as emoções da simpatia a partir de forças morais; ainda não o abastardamento da religião e da ideia de Deus em meio a um "como se" no interior do mero serviço do cidadão ávido por compromissos; ainda não a terrível doutrina arcaico-protestante de um mal radical na natureza humana, que Goethe rejeitou de maneira tão profunda; ainda não o desprezo buscado da felicidade, que não sabe cindir o prazer sensível mais vulgar da eudaimonia grega e da bem-aventurança cristã e que repudia os dois com o mesmo fanatismo como metas, mas infelizmente também como *finalidades* da alma[23]. Kant é um pensador violento, e nós não temos o direito de deixar de nos confrontar sempre novamente com ele. Mas como base de uma formação geral do espírito no ginásio e na universidade é apropriada a sua filosofia obscura, plurissignificativa, assim como são apropriados os subjetivismos especulativos e as teimosias engenhosas de seus sucessores. Nós precisamos de uma filosofia que não seja, como a kantiana, a filosofia de um punho cerrado, mas sim uma filosofia de uma *mão aberta*; que se articule uma vez mais com a grande herança do mundo de pensamentos europeu-cristãos e cuja alma, ao mesmo tempo, precisa ser o *mais rigoroso objetivismo* e o reconhecimento de estados de fato e nexos *essenciais* derradeiros no mundo e no espírito humano. Só no espírito de Leibniz, não no espírito de Kant, é que é possível que a filosofia europeia se torne uma vez mais uma sinfonia frutífera - sem pressupostos estritamente confessionais, tal como se mostra para Kant, apesar de toda assim chamada autonomia da razão, o antigo protestantismo. E ainda muito menos podemos necessitar como base de uma filosofia nacional *refletida* como aquela de Fichte e outras filosofias do "eu" semelhantes. Não o envaidecimento contrassensual do alemão em relação à essência "originariamente livre e racional", mas o conhecimento de nossa *individualidade* nacional e de seus bens, mas também de seus limites, é nossa tarefa; não a concepção enojante de todo o mundo como mero "material" indiferente de "um dever infinito", mas o movimento de uma *entre-*

23. Cf. sobre o problema do eudaimonismo em *Formalismus*, seção V, esp. cap. 1 e 8-10. Além disso, o pequeno ensaio "Da traição ao amigo", indicações bibliográficas, n. 19 (1). OC, vol. 6.

ga amorosa ao seu todo objetivo e à sua plenitude dotada de valor próprio e de ser próprio.

Mas eu tinha indicado ainda um outro valor europeu mais elevado, que nos mantém historicamente juntos: o *cristianismo*, de início em sua forma ocidental.

Em meio a esse grande objeto, precisamos apontar apenas para alguns momentos, que não devem senão chamar a atenção para esses pontos importantes para a reconstrução cultural.

a) Em primeiro lugar, possui um grande significado o fato de a religião cristã em uma de suas formas eclesiásticas maiores, na forma da ortodoxia e da Igreja russas, não ter entrado concomitantemente em colapso - tal como muitos de nós esperava - com o colapso de um dos Estados violentos mais terríveis da história, com a autocracia russa, mas ter se mantido em meio a esse colapso, apesar de ter se transformado profundamente por meio dele[24]. Ela se transforma, na medida em que se separa do Estado, retornando à sua figura pré-petrina e ao ápice espiritual autônomo em certo sentido e provavelmente se articulando de maneira mais estreita com as igrejas gregas do Oriente e dos países dos Bálcãs. Já o fato de a ideia violenta de uma reunificação das igrejas ocidentais e orientais obter para si por meio daí *perspectivas* totalmente *novas* é de uma significatividade difícil de ser superestimada. No que concerne ao partido amistoso em relação a Roma dos stundistas[25], Harnack disse muitos anos antes da guerra (*O testamento de Leão XIII*): “Ele só pode conquistar uma significação política por enquanto por uma via indireta. No entanto, se o cristianismo estatal russo não conseguir mais se manter um dia - e quem pode dizer que ele porta uma duração eterna em si? -, então esse partido terá um futuro, e se compreende que Roma já conta agora com ele”.

24. Cf. em relação ao que foi dito Dimitri Mereschowski: *Vom Krieg zur Revolution* [Da guerra à revolução]. Munique: Piper 1918. Cf. esp. o relato sobre o discurso de A.W. Kartaschow's, *Die Erfüllung der Kirche* [O cumprimento da Igreja].

25. Stundistas é uma designação para os grupos reunidos em comunidades eclesiásticas livres na Rússia e na Ucrânia no final do século XIX [N.T.].

Já agora estão em curso aspirações, que apontam nessa direção e que colocam em curso de maneira preparatória esforços de entendimento entre Roma e a ortodoxia. Elas ainda não estão maduras o suficiente para falar sobre esses esforços. Mas ainda mais: criou-se por meio daí também para a Europa Ocidental o *exemplo* de um andar junto totalmente novo do mundo de ideias cristão e de seus impulsos mais profundos com a democracia social e a parte justificada de sua requisição contra o espírito estatal capitalista. Apesar de a religião cristã abominar profundamente a revolução externa marcada pela violência e pelo sangue, ela não se mostra de qualquer modo por natureza como uma, mas antes é o poder espiritual mais revolucionário da história. Onde ela consegue atuar na direção de sua essência, ela torna tudo novo. Renascimento é o seu conceito fundamental em todas as coisas. No Ocidente, e, em verdade, em uma medida particular na Alemanha e na Áustria – em virtude do entrelaçamento aqui particularmente forte, sim, em virtude do enredamento de camadas que dominam Igreja e Estado – a religião cristã se fundiu em todas as suas variadas figuras de maneira por demais unilateral com os interesses das classes burguesas dominantes numa medida que paralisou as asas nobres de seu verdadeiro espírito. Há séculos, a religião cristã ou grupos essenciais e importantes que lhe pertencem não são apenas arrastados, porém, na Rússia, para o interior de um movimento revolucionário[26], mas também estavam muito interessados em sua produção (revolucionários sociais cristãos); por maiores que fossem os perigos que esse movimento também abrigava em si para a religião cristã em sua cunhagem eclesiástica, em todo caso, esse laço unilateral do cristianismo com os poderes dominantes e, em particular, com o capitalismo burguês e com seu espírito foi explodido. Este é um fato grande, sublime, e ele aparece particularmente enquanto tal fato, quando se o toma juntamente com a *prontidão para a unificação,* exigida de maneira nova por meio dessa cesura, com as igrejas ocidentais. Como *exemplo* para a Europa Ocidental, esse fato também não permanecerá de modo algum sem exercer a influência mais forte possível. Já antes da guerra, a grande literatura

---

26. Monges mesmos conduziram concomitantemente de maneira intensa esse movimento.

russa (Dostoievski, Tolstoi, Solowjew etc.) tinha se mostrado quase como a *única* literatura europeia válida enquanto uma ciência do belo marcada pelo espírito verdadeiramente cristão.

b) Um segundo grande fato já foi insinuado por mim. Assim como a democratização pode ser chamada juntamente com Fr. Meinecke (ainda que de uma forma e de um modo nacional muito plural) uma "tendência histórica universal", com a qual podemos nos deparar de maneira astuta e compreensiva ou tola e incompreensiva como sinais do tempo, mas que não tem de modo algum como ser suspensa. Assim, mesmo a tendência para a cisão entre Igreja, Estado e espírito estatal, que conduziu à anarquia europeia da guerra mundial, pode ser chamada uma "tendência universal". Essa cisão é nociva para as igrejas, na medida em que elas precisaram se apoiar no Estado por conta da falta de forças próprias vivas e religiosamente construtivas, na medida em que o serviço de polícia impeliu finalmente os homens para a Igreja; para o protestantismo, por exemplo, ela é muito mais perigosa do que para a Igreja Católica firmemente estruturada em si, ela é muito mais perigosa para o protestantismo alemão do que para o sistema anglo-americano eclesiasticamente mais autônomo. Mas ela é – por mais que possa gerar preocupações políticas – ao mesmo tempo um impulso eminentemente despertador, que desdobra um novo idealismo religioso, para aquelas igrejas que suportam a operação de renovar o seu espírito e as suas organizações próprias. Quanto idealismo, força sacrificial, vitalização cristã nova mesmo da cultura profana já teve por consequência antes da guerra, totalmente do modo como o previu o Papa Pio, a cisão da Igreja em relação a um governo capitalista-burguês na França! Até mesmo alguns dos fenômenos, que denominei em meu livro *Krieg und Aufbau* (Guerra e construção) "falsa adaptação" dos católicos alemães, podem ser evitados na nova situação, à qual atingiremos. Na Inglaterra, encontramos a mesma tendência para a cisão, com frequência intensamente unida com os grupos romanizantes da alta Igreja, e, em parte também com aqueles grupos que impelem para um entendimento mais profundo com a Igreja russa.

Na Prússia, precisamos esperar com certeza que a escola confessional corra perigo, se uma maioria fundada no direito de voto nas eleições imperiais da casa de delegados prussiana suba ao poder sem alterações na constituição. Já agora conheço muitas vozes católicas e protestantes normativas que exigem uma *preparação* enérgica *do espírito e do sacrifício* para essa grande revolução. Por mais pesadamente que essa alteração das relações de poder parlamentares possa se abater de início sobre o círculo cristão da Prússia: ela e suas consequências purificarão as forças religiosas; elas elevarão o espírito que abarca todos os povos e que purifica a Igreja, elas conduzirão a uma apreensão mais profunda do pensamento que diz: não se pode prestar serviço ao mesmo tempo a um maometano *e* a Deus em uma sociedade descristianizada. A prontidão para a unificação e ao menos para o entendimento, porém, de igrejas e grupos cristãos, seu entendimento mútuo em termos de ciência, teologia e culto, tudo isso não pode ser senão fortalecido por todos esses acontecimentos – e, com isto, também a mais importante das forças de unidade cristãs e de reconstrução da unidade cultural europeia.

Com certeza, corresponde apenas às dimensões duradouras fundamentalmente diversas, às quais se encontram submetidas segundo a lei das essências transformações de relações sociais e políticas por um lado, e, por outro lado, transformações de relações religiosas e eclesiásticas[27], se foram exigidas de início asseguramentos particulares das duas igrejas cristãs acerca da subsistência das relações fundamentais, que, na Prússia, a Igreja e o Estado assumiram um em relação ao outro. Nós também achamos uma tal exigência completamente justificada. No entanto, se não julgamos atualmente de maneira política, mas percorremos o caminho que as coisas percorrem com alguma probabilidade, então não se poderá doar a esses asseguramentos senão uma confiança menor do que as massas do povo trabalhador doam a um *outro* modo de se manter, ou melhor: se nós os *conquistássemos* novamente, como que por meio da assunção das respectivas leis na constituição – a

27. Cf. *Der Formalismus in der Ethik etc.* [O formalismo na ética], II Parte. Cf. tb. op. cit., seção VI B 4, ad 4, sobre relações *a priori* das formas sociais essenciais com a multiplicidade espacial e temporal.

saber, por meio de uma missão religiosa livre, que prestasse contas sobre as tarefas do tempo em um espírito de ação verdadeiramente cristão –, então aqueles "asseguramentos" equivaleriam por fim àquelas tentativas de deter uma corrente torrencial com uma bengala[28].

c) Como terceiro fato, aponto aqui para a questão que gostaria de formular: Estocolmo ou Roma ou Estocolmo *e* Roma?

Esses dois nomes significam hoje duas potências espirituais contra o prosseguimento da guerra até o suicídio europeu, e, em verdade, duas potências espirituais, que exigem uma ordenação europeia duradoura. Os dois nomes nos lembram de aspirações poderosas de grandes grupos humanos, para os quais as potências centrais se revelaram como aliadas que vieram significativamente ao seu encontro – e, em particular, a sua parte ocidental. Os aliados não responderam à nota do papa, e os mesmos Estados aliados, com a exceção característica da Rússia, proibiram aos seus membros a visita às conferências de Estocolmo. Também nesses sinais se confirmam justamente aquilo que disse em meu livro sobre *Die Ursachen des Deutschenhasses* (As causas do ódio aos alemães): o verdadeiro ponto de partida do ódio pessoal contra os países que formam o coração da Europa não se encontra assentado na quarta condição, na medida em que ela se tornou autônoma, nem tampouco nos poderes cristãos, culturalmente conservadores da Europa, ele se encontra assentado inversamente nas potências dotadas de capital e nos grupos burgueses dos países ocidentais com o espírito terreno atomista e individualista que lhes é correspondente. Caso queiramos, o que não queremos, dividir o mundo em dois acampamentos militares segundo motores e bandeiras espirituais e morais derradeiros, tal como o fizeram os aliados com a sua fórmula ambígua: "democracia político-cidadã contra autocracia e feudalismo", então

28. Não preciso observar o quanto esse juízo pronunciado há dois anos e meio se confirmou. (Podemos deduzir dessa nota de pé de página que as adições ao manuscrito original (ver o posfácio da editora) já tinham sido escritas em 1918 pelo autor.

poderíamos apresentar a contrafórmula já com base nesses fatos: as potências unidas ou se unindo da autoridade cristã e das leis cristãs de vida *e* do autêntico socialismo da quarta condição, da *social*democracia - contra a plutocracia oligárquica e o seu liberalismo e racionalismo em todas as coisas da vida espiritual. E aqui temos o direito e precisamos colocar a Rússia do nosso lado, em particular a Rússia psiquicamente magnânima e compreensiva, ainda totalmente velada por conta das confusões políticas.

Não obstante, as aspirações que esses dois nomes designam, Roma e Estocolmo, são bem diversas em termos de causas, espírito e meta. Este ou aquele nome terá um peso maior na balança de paz a longo prazo ou os dois juntos é que o terão? Ouso dizer que dependerá dessas questões tanto o "se" quanto o "como" da construção cultural europeia. Será que terá sucesso agora ou não o fato de as duas potências volitivas e espirituais indicadas nesses nomes atuarem conjuntamente também para metas praticamente comuns quaisquer - será que elas, por conta dessa grande lembrança de uma atuação conjunta ao menos objetiva com vistas à mesma meta em geral, mesmo depois da guerra, não precisarão mostrar um novo entendimento: a democracia verdadeiramente *social* da quarta condição, não a democracia liberal burguesa, *e* as potências cristãs eclesiásticas que aspiram à unificação? Ou seja, as potências mais livres e mais abertas por meio da tendência de cisão de Igreja e Estado, potências eclesiásticas que se tornaram mais puras, mais cristãs? Uma parte do sentido dessa revolução inaudita da guerra da Europa não poderia consistir justamente no fato de, nela, o espírito especificamente burguês capitalista, juntamente com todas as suas produções, em suma, no fato de este inimigo comum da quarta condição ascendente e de uma igreja claramente consciente de sua essência *cristã* ser levado lenta, porém visivelmente *para o túmulo*? Juntamente com todas as suas produções, com o individualismo falso, meramente corpóreo-sensível, com o nacionalismo político, com o Estado central capitalista e com o imperialismo?

Pois bem, em todos os casos a questão "como é que a Igreja cristã se colocará em relação à democracia social e como essa se colocará em relação a ela?" possui uma *enorme significação* para a reconstrução cultural da Europa[29]. Pois ouso dizer: nenhuma dessas potências coseguirá sozinha realizar a grande obra. Só as duas juntas podem realizá-la. Se uma fracassar, então a coisa simplesmente não ocorrerá.

Eu afirmo essas questões, apesar de saber exatamente quantos obstáculos se contrapõem aqui. Mas talvez haja de qualquer modo razões para considerar esses entraves poderosos como se reduzindo lentamente.

Há certamente oposições violentas aqui e acolá! Lá em primeiro lugar a ideia de autoridade indissociável da Igreja cristã em questões de fé e de moral e o governo uno da Cristandade. Aqui a forte tendência, assumida pelo liberalismo burguês, contra a ideia de autoridade em geral! Aqui uma visão de mundo matizada de maneira fortemente materialista, dirigida em todos os casos para o terreno, que vê tudo a partir da luta de classes e não espera nada de uma solidariedade entre as condições, uma visão de mundo com as suas múltiplas ideologias, das quais o marxismo só se mostra como a mais significativa - fortemente sustentada também pelo modo de ocupação do trabalhador em uma civilização embriagada de ciência natural e de técnica. Lá o sentido para o sobrenatural juntamente com o milagre e a graça, o sentido para um articular-se tolerante em um mundo plenamente dotado de sentido e ordenado com vistas a um fim, com constantes essenciais fixas de seu curso guiado pela providência - ideias, que parecem paralisar a força ativa terrena de todos os tipos, que diminuem à primeira vista a crença na *força* humana para a ordenação do mundo. Aqui sempre ainda utopias quiliásticas fortemente eficazes com vistas a uma espécie de paraíso na terra, em todo caso com vistas a uma ordenação da propriedade e da economia, que restringe tão

---

29. Uma resposta sistemática, que penetra nos fundamentos últimos das bases espirituais e histórico-filosóficas do capitalismo e do socialismo, a essa pergunta é dada em meu livro que está prestes a ser lançado: *Über Wesen und Wesensgesetze des Kapitalismus – Ein Weg zum christlichen Sozialismus* [Sobre a essência e as leis essenciais do capitalismo - Um caminho para o socialismo cristão]. • O livro aqui anunciado não foi lançado. Na obra póstuma do autor há anotações sobre o problema do capitalismo e sobre o problema do socialismo - solidarismo - dessa época [N.T.].

intensamente quanto possível ou que gostariam mesmo de afastar a propriedade privada da base, do solo e dos meios de produção; que quer reprimir, porém, a divisão dos povos e das condições dada natural e historicamente em favor de uma divisão de classes "internacional" apenas transversal. Lá a consciência de que a meta do homem é algo completamente enigmático, individual e sobrenatural, algo próprio a cada alma, a consciência de que esse mundo está cheio de pecado e não pode ser duradouramente sem a graça, a redenção e uma instituição objetiva de sua comunicação para o homem; de que a consciência não pode ser sem esperança e crença em uma meta transcendente. Lá a retenção da propriedade privada em geral incessantemente em virtude da liberdade das pessoas espirituais individuais em sua consciência moral e o reconhecimento fundado na providência de uma divisão natural da humanidade consonante com o povo e com as condições. Aqui, em verdade, grandes oposições entre os grupos socialdemocratas dos diversos povos, mas em oposição às tensões das igrejas cristãs e de sua profundidade, talvez de qualquer modo apenas um divergir e um lançar-se um contra o outro perecível, fundado no estado de guerra, dos nacional-socialismos. Além disto: o entrelaçamento até aqui de grupos eclesiásticos cristãos importantes com os resíduos feudais e com a grande burguesia, financeiramente poderosa, por um lado, e, por outro, com a decidida consciência de unidade de classe.

Reconheço plenamente todas essas profundas oposições; todas continuarão existindo durante muito tempo. Todas, porém, assim o afirmo, estão compreendidas em um movimento de *deterioração* crescente, intensamente fomentado pela guerra. E, antes de tudo: todos ficarão cada vez menores no processo desse desgaste, sobretudo cada vez menores do que as oposições *comuns* do mundo, que ainda pensa e sente de maneira cristã em relação à democracia social (em particular da Rússia e das potências centrais), em relação ao espírito, ao *ethos*, os institutos do capitalismo burguês e de *seus* correlatos espirituais em termos de ideias.

A ideia cristã de autoridade só se encontra oposta ao socialismo democrático lá onde uma espécie de solidariedade dessa autoridade religiosa com uma constituição determinada, a cada vez dada, é assumida. A Igreja cristã, contudo, não apenas não ensina algo assim, mas ela também se libertou praticamente de maneira crescente de uma tal máxima desde a Revolução Francesa e do colapso subsequente do legitimismo e da aliança sagrada. Nós podemos esperar por tudo, só não temos como esperar por uma nova aliança sagrada – se é que não se trata da aliança sagrada totalmente nova de uma democracia cristã e social dos povos europeus. A Igreja cristã só ensina que está incluída a subsistência e a validade de uma autoridade e de um dever de obediência em relação às suas ordens – no quadro do direito natural – no plano mundial de Deus. A determinação em termos de conteúdo da "autoridade" ela deixa para a *causae secundae* da história, das quais podem fazer parte guerras e mesmo revoluções justificadas no que concerne à providência. Sentimentos de solidariedade ainda fortes demais aqui e acolá presentes na Igreja, com instituições estatais sobreviventes e com relações de domínio burguesas, são por toda parte diminuídos intensamente pela guerra mundial, como dissemos.

Agora, então, as oposições em termos de visão de mundo: a exigência da fé em um destino e em uma meta sobrenatural da alma individual exige como o primeiro ponto também uma ordem social, uma vez que todo e qualquer homem tem um *ócio* e uma *liberdade* de *recordar em geral de sua alma*, sim, de *vivenciá-la* – não apenas saber em palavras, que ele *teria* uma alma espiritual com destinos e metas próprios. Quão poucas pessoas vivenciam e sentem que elas têm uma alma! (Newman). Seria de se espantar se o homem da quarta condição, neste mundo técnico-industrial que irrompe repentinamente no século XIX, tivesse notado tão pouco isto que ele, *então* – não por meio dos assim chamados "progressos da ciência" (que, segundo a sua ideia, é tão ideal quanto a própria verdade) –, teria se acostumado a pensar em termos materialistas e econômicos? E os sistemas de pensamento, que sobrevoam a autêntica ciência e que este homem teria colocado em parte inconscientemente a serviço desse impulso consonante com o hábito, não eram no fundo obras do espírito *liberal-burguês*, que cava para si mesmo ao menos hoje enquanto espírito a sua sepultura? A democracia social, com as suas grandes exigências justificadas por uma política social vigorosíssima com meios financeiros que se tornam livres por meio do desarmamento incontornável, com um dia de oito horas e com um afastamento de uma concorrência mundial falsa, nacionalista e imperialista, que desencadeia a estrutura do roubo do trabalho, permitirá à alma do trabalhador de início um dia a meditação sobre a sua própria *existência espiritual*. Se ela souber que ela existe, então ela também pensará em seu destino, ou *poderá* ao menos pensar nesse destino pela primeira vez. Liberdade do homem *em relação à* religião e à Igreja é condição e não consequência da religião e da Igreja no mundo.

O espírito da Igreja ocidental, que se imporá mesmo ao espírito da Igreja oriental mais profundamente em meio a um dar e receber, não está (abstraindo-se do luteranismo quietista), por natureza, dirigido de maneira alguma em todas as suas formas inferiores para um Reino de Deus *meramente* transcendente. Um movimento *duplo* para cima e para baixo lhe é próprio, isto é, *também* o movimento para a inserção do Reino de Deus no mundo visível e público-jurídico[30]. Como organização visível vigorosa, a Igreja cristã *deve* exercer um efeito sobre a história e a comunidade, não apenas no domingo, mas nos dias úteis e para os dias úteis. E justamente esse espírito organizatório positivo, em uma era que estava ansiosa até aqui por dominar forças que transcorrem anarquicamente, se mostra como um elemento próprio *comum* entre a Igreja cristã e a democracia social-positiva, comum em face da essência anárquica do liberalismo burguês. Caso a democracia social receba mais intensamente em suas *mãos* o Estado, caso ela deixe de exercer apenas uma crítica negativa e assuma em si o espírito da responsabilidade política, será que sua *imagem de mundo* também não deverá se transformar lentamente? Transformar-se, saindo de uma imagem de mundo marcada por relações e forças econômicas cegamente eficazes, que apenas empurram o homem para frente, e passando para uma imagem de mundo oriunda da ordenação votada de valores e coisas, em cujo regimento supremo se assenta uma força espiritual pessoal livre e racional, incomensuravelmente mais livre e mais racional do que o espírito humano responsável, livremente criador e ordenador – ele mesmo só definível por meio

30. Cf. o ensaio *Über östliches und westliches Christentum* [Sobre o cristianismo oriental e ocidental]. Op. cit.

de sua semelhança em relação à imagem de Deus - é capaz de conceder imageticamente em sua própria profundidade? Nenhum ser humano, é possível se fiar nessa lei vital dura como o aço, *pode* governar concomitantemente, ordenar concomitantemente, ser corresponsável e guiar racionalmente, caso ele ao mesmo tempo acredite que o átomo cego e uma energia cega se encontrariam no ponto central e no fundo das coisas. Essa é uma *possibilidade* espiritual *essencial*. Algo assim só *pode* se dar como o modo de pensar desde baixo, algo assim é o mundo ser visto a partir do criado indignado; uma imagem de mundo, com a qual se *pode* exercitar certamente uma crítica ilimitada e irresponsável, mas com a qual, porém, *não* se *pode* dirigir ou participar da direção.

Com o mesmo processo, porém, que conduzirá a democracia social - espiritualmente, o processo de uma observância não civil - para a participação concomitante no governo, também será afastado o obstáculo em muito mais significativo, que mantém as nostalgias religiosas da quarta condição apartadas de seu caminho natural e de seu curso em direção a Deus. Esse obstáculo era, tal como o obstáculo a toda e qualquer crença religiosa no Deus verdadeiro, um *substituto positivo* do bem supremo, um ou outro ídolo; um objeto do desvario - como diziam os antigos místicos -, uma parede ilusória que encobria o divino. Poder-se-ia escrever todo um livro sobre todos os *substitutos de Deus*, que entraram em colapso nesta guerra, a fim de tornar as almas livres para Deus. Esse livro poderia ser intitulado: *Do declínio dos ídolos da Europa*. Para a democracia social da Europa, esse substituto de Deus era o *Estado do futuro*, a crença no progresso automático talentoso e no assim chamado desenvolvimento, que trariam consigo como que por si mesmos o paraíso - era, antes de tudo, a crença em um paraíso terreno *possível*. Marx formou para si essa ideia de um Estado do futuro, sob o efeito comprovável da ideia judaica *messiânica*, ao perseguir seus estudos histórico-filosóficos. De maneira terrivelmente escarnecedora, a fúria da guerra dança por sobre tais ídolos - e, com isto, eles já se acham em grande parte incinerados. Um espaço *imensamente vazio* surgiu na grande alma da quarta condição que *viveu*, apesar de todo assim chamado revisionismo da guerra, em sua alma boa e pobre, secretamente desses ídolos; desses ídolos, que não se mostravam senão como a inversão formada de acordo com a estrutura de classes dos ídolos daqueles cidadãos e daquela burguesia liberal - do ouro que se tornou imperialista e de uma liberdade desprovida de ordem -, daquela burguesia ela mesma liberal, da qual desceu historicamente a quarta condição e cujos impulsos espirituais, teóricos, ele, *enredado em um trabalho específico infinito*, ainda *não* tinha suficientemente ócio, liberdade, autonomia espiritual e tempo para superar. Esse espaço vazio exige, sim, impõe o preenchimento com bens religiosos verdadeiros. É questão da Igreja cristã, e é sua dura responsabilidade sagrada diante de Deus, abrir seus braços misericordiosos no tempo certo e amorosamente, a fim de acolher dignamente o tipo humano europeu de direção futura do Estado, a fim de acolher dignamente o filho, que, como esperamos, só falsamente tínhamos pensado como perdido, da quarta condição - com uma frequência grande demais, abandonado por ela em nome de filhos mais corretos, mas muito inferiores no fundo de sua alma. Já agora, o marxismo, segundo o seu lado meramente negativo, está praticamente abandonado, e nenhum pensador cristão deveria deixar de aproveitar a oportunidade de colaborar na construção da *nova ideologia da quarta condição*. Até aqui, a quarta condição viu todas as áreas dirigidas apenas por forças irracionais. Isto cessará, na medida em que ela *dirigir* concomitantemente a sociedade.

Panteísmos históricos, por outro lado, para os quais a história mundial, isto é, o próprio sucesso já é o juízo final (segundo os quais um julgamento divino seria, portanto, supérfluo no final das coisas), são iguais à filosofia da história de muitos professores de Filosofia alemães de um tempo recente e antigo - eles também não se encontram no espírito de um modo de pensar *cristão*. Ao contrário: também esse modo de pensar não apenas consegue, mas *precisa* contabilizar, enquanto um modo de pensar cristão, os cegos fatores pulsionais da fome e do amor mais baixo dessa história humana amplamente como oriundo do estado de pecado: e não tem nenhuma razão para considerar *só* o "espírito" neste mundo decaído como vigoroso na história. Ele não tem nenhuma razão para pintar em tons pastéis o mundo tal como o fazem os panteísmos em geral.

Mesmo a diferença entre o socialismo estatal extremo e a doutrina da sociedade e do direito próprios ao modo de pensar cristão está incluída na atenuação. Certamente, esse modo de pensar já ensina a considerar incondicionadamente a propriedade privada de maneira principial como refúgio da liberdade da natureza humana *una* corpóreo-espiritual. Mas ele não fornece nenhum limite fixo para a sua ordenação positiva, para o seu direito de uso, para seus deveres, para a sua sobrecarga, para o seu significado conjunto no Estado e na sociedade. Antes de tudo, a Igreja cristã sabe que não é a oposição entre a assim chamada economia da livre-concorrência enquanto sistema e enquanto economia vinculada pelo Estado, ou, então, enquanto economia comum regulamentada, imposta pela lei, de todo tipo, isto é, ela sabe que uma mera oposição *sistemática* não é o que há de mais essencial para a correta configuração da vida comum, mas sim a oposição totalmente diversa do *espírito* da solidariedade, da cooperação e da justiça dirigida pelo amor – e do *espírito* da mera concorrência, do trabalho levado a termo a partir do uns contra os outros e da mera luta de classes, seja essa uma luta que venha de cima ou de baixo, quer ela aconteça entre indivíduos, entre povos e reinos. E ela sabe que é em última linha totalmente *indiferente* se os sujeitos e portadores desses dois tipos do *ethos* econômico se chamam indivíduo ou Estado. Um socialismo de Estado pode ser exatamente tão capitalista segundo o *espírito* quanto uma economia essencialmente livre pode ser inundada pelo espírito da solidariedade. Esses sistemas são em um amplo espectro apenas questões de consonância a fins, e se a *indigência* atual já deveria oferecer um socialismo mais amplo para o futuro dos Estados europeus, então só duas coisas são necessárias: 1) Aspergir o Estado intensamente sobrecarregado com funções e tarefas e significativamente fortalecido em seu quadro econômico de funcionários com um óleo democrático suficientemente político, com vistas ao qual a liberdade pessoalmente espiritual, assim como, sobretudo, a liberdade religiosa seriam suficientemente concedidas; 2) *Deduzir* desse Estado as questões culturais e religiosas (linguagem, escola, hábito, culto, economia e arte etc.) em uma medida muito mais ampla em geral, restringindo tudo a uma "aspiração à organização" estatal ampla demais nesta direção, de uma maneira mais intensa do que tinha sido restrito até aqui;

para tanto, porém, é preciso deixar em uma medida mais elevada ao arbítrio de outrem essas coisas ligadas à autoadministração dos povos, estirpes, Estados membros, cidades, comunidades, agremiações livres e instituições, de tal modo que esse Estado que se tornou economicamente tão forte não se veja tentado a ultrapassar os *limites* indicados da plenitude de seu novo poder. Neste sentido, não no sentido político, é que nós também exigimos uma nova autodeterminação das nações, das estirpes, dos povos.

O entrelaçamento, porém, da Igreja com os poderes feudais também vê atenuada, porém, a medida de uma mera contrariedade, uma vez que os poderes feudais são obrigados a entrar na *oposição* por meio do curso das coisas. Atualmente, este já é amplamente o caso na Prússia. Pois mesmo a sua visão de mundo e o seu *ethos* se *purificarão* em grande medida do forte atolamento no qual a população fiel à Igreja tanto quanto os resíduos de poder feudais decaíram por meio de uma ligação estreita demais com a camada capitalista da grande burguesia e com o seu espírito. A história dos partidos conservadores representa um tal atolamento e um tal abandono de todos os princípios verdadeiramente cristãos conservadores de uma maneira patente. Já há agora na Prússia círculos conservadores, ainda que pequenos, que começam a se lembrar dos deveres de um partido cristão conservador, diferentemente de um bloco de classes aparentemente conservador, entre os grandes proprietários de terra e a indústria pesada, tal como o mostram, por exemplo, a aparição do Senhor Von Kardoff, e, além disto, as cartas do Senhor Thimme ao Senhor Von Heydebrand. Sim, já vejo agora por mim mesmo uma série de jovens descendentes da casta feudal prussiana e austríaca, que sofreram e vivenciaram essa guerra, e que começam a trilhar um caminho semelhante à parcela dotada de vontade forte da nobreza russa, que chegou mesmo a conduzir durante anos a Revolução Russa. Precisamente a democracia social do Império Alemão, politicamente por demais prestativa e psiquicamente coesa, precisa mais do que qualquer outra democracia da ação conjunta e da *condução* a partir desses círculos populares de nervos fortes, em grande medida marcados pelo instinto de liderança e pelo instinto senhorial herdados, sim, infelizmente abençoados de uma maneira exagerada, colocados até aqui apenas intensamente demais a serviço do grande capital. No que concerne, porém, à burguesia autônoma cristã, ou melhor, no que concerne aos seus resíduos históricos, o retrocesso muito forte da classe média, apesar de toda política para a classe média oferecida, não se oporá com certeza ao acompanhamento da Igreja cristã e da democracia social.

Se sintetizarmos tudo isto, então veremos que "Estocolmo" e "Roma" se aproximam uma da outra significativamente – *o mais arcaico e o mais novo*, porém, podem se fortalecer, contudo, justamente por meio daí na reconstrução cultural da Europa.

Agora, porém, ainda algumas palavras sobre o *tipo de juventude*, que deve sustentar a Europa por vir, que deve vivificá-la para a reconstrução da unidade cultural europeia.

1) O ideal cultural da juventude colocará uma vez mais antes de tudo o *homem*, e, no homem, a pessoa espiritual e individual em sua articulação com a comunidade no centro de todo o mundo – no lugar das meras coisas, das meras disciplinas, das meras mercadorias, dos meros negócios ou de um mero monstro absolutizado, tal como um Estado que porta supostamente apenas em si mesmo a sua salvação. Com certeza, o Estado é elevado em termos de valor e de finalidade acima do mero bem-estar do indivíduo *corporal*; mas ele *não* é a finalidade própria mesmo em face do indivíduo *espiritual*. E mesmo nos regimes do mundo não se sentará diante de tal visão de mundo uma ideia de ordem e de lei exangue que deva pairar livremente, não uma energia cega, uma matéria morta ou um espírito total desprovido de pessoalidade, mas a infinita *pessoa* de Deus, que é o *único* a permitir uma obediência absoluta, incondicionada, quando Ele fala conosco por meio de nossa consciência moral e da Igreja. Toda e qualquer obediência diversa é relativa e condicionada. Um *ideal* concreto de *personalidade* do homem especificamente alemão no quadro, não em oposição ao outro tipo do homem europeu, *não*, portanto, um ideal mesquinho *meramente voltado para o desempenho*, irá, com isto, guiar essa juventude. O ideal de uma pessoa, que tem dignidade até nos mais simples trabalhadores, que tem responsabilidade, liberdade,

e a cujo serviço têm de entrar todas as assim chamadas meras "organizações". Nós queremos ter nossas universidades ocupadas com *pessoas*, com mestres espiritualmente exemplares, não com cabeças de ciclope de um olho só que não servem senão à sua disciplina e que não fazem outra coisa além de administrar disciplinas; nossos ministérios ocupados com políticos, amadurecidos no ar livre da vida pública, não com hábeis funcionários de repartições. Nós não tememos o "diletantismo", que logo graça na Alemanha, quando se acha o homem mais importante do que uma disciplina, uma repartição ou um negócio. Nós queremos ter até mesmo em primeiríssima linha *amantes* apaixonados por sua questão, e só ao seu serviço "conhecedores" e meros homens do "dever"[31]. Uma *intelecção* autônoma, não um impulso cego do "*dever*", é que precisa governar o particular tanto quanto o Estado. A pessoa articular-se-á e deve se articular - ela aprendeu isto na escola da guerra - livremente com a ordem da sociedade e do Estado; mas isto apenas na mesma medida em que se trata dos valores em verdade extremamente importantes, mas segundo a sua natureza inferiores dos bens mais materiais; na medida em que se trata de valores *espirituais*, ela e sua comunidade mais restrita levantarão a cabeça contra tudo o que é terreno e só se curvarão humildemente perante Deus.

E esse ideal de pessoa precisará ser um ideal estruturado e um ideal modulado em si. Em seu ponto central encontra-se o homem como pessoa *religiosa* - inserido no Reino de Deus omniabrangente de todas as almas, dos homens mortos e dos homens vivos, agradecendo a cada momento de respiração ao criador pelo fato de Ele *ser* e não preferir não ser; que o homem se estabeleça cheio de uma corresponsabilidade pela ascensão e queda desse império sublime, que nunca ascende e decai senão como *um* todo indivisível! À pessoa se subordina de início a parte *espiritualmente* criadora no homem, dividida em sua consistência popular nacional concreta com um direito à liberdade na linguagem e em ideais culturais, que o Estado tem de atentar. O ídolo unilateral do Estado nacional dissipar-se-á, o ideal de uma cultura livre, espontaneamente ativa no

31. Cf. as palavras belas e profundas do físico A. Einstein em seu discurso *Motivações da pesquisa*. Karlsruhe, 1918.

Estado conquistará um novo frescor e uma nova força. E somente então surgirá daí o *cidadão* no homem, determinando concomitantemente de maneira livre o destino e a condução de seu Estado, desperto do ar pesado dos meros negócios, do mero sentido serviçal e de um trabalho especializado unilateral. O *sujeito econômico* está submetido finalmente em todo e qualquer homem ao cidadão. Assim como o cidadão assume a sua posição hierárquica *sob* o sujeito cultural espiritual em cada homem; assim como ele, com ainda maior razão, porém, se encontra sob a essência religiosa individual no homem e sob o seu destino incompreensivelmente misterioso, o cidadão se encontra ao mesmo tempo *acima* do sujeito econômico em cada homem. Neste ponto, continuaremos bons alemães, que experimentam o individualismo econômico constantemente como algo estrangeiro em seu sangue. Portanto, o Estado é ao mesmo tempo *senhor* e *escravo*: senhor sobre o indivíduo econômico, senhor de todos os institutos e organizações que conduzem ao equilíbrio justo da posse; e escravo, porém, do espírito e com maior razão da alma e de sua meta individual na eternidade.

2) Essa pessoa, contudo, terá uma vez mais a força fundamental de todas as épocas criadoras da espécie humana para a força fundamental - não *hostilidade* ao mundo e "criticismo", mas *amizade* com o mundo, sentido de entrega, amor. Todo o modo de pensar (mesmo a *filosofia* da era burguesa de Descartes até Kant), todas as suas formas do assim chamado "idealismo" e subjetivismo eram o exatamente contrário de tal tipo espiritual, tal como ele tem de brilhar à nossa frente para nós. Essa filosofia olhou piscando o olho e ceticamente para Deus e para o mundo, que ela só concebeu como algo a ser formado, a ser elaborado e a ser dirigido pelo homem. E uma vez que só se pode dirigir e movimentar o mundo, *até o ponto em que* ele se mostra como um assim chamado mecanismo, por isso esta "hipótese de trabalho em si feliz para o elemento técnico no homem", hipótese essa segundo a qual seria preciso considerar o mundo por vezes *como se* ele fosse um mecanismo e nada além disto, foi transformada bem depressa em uma metafísica, isto é, em uma imagem "*verdadeira*" (previamente dada) do mundo. Este erro incorrigível está por toda parte retroa-

gindo. Nossa mais recente literatura já anima essa nova força da grande entrega, da entrega destemida e desprovida de angústia ao ente, ao próprio real, o apertar as mãos cordato das coisas. E já começa a nossa filosofia europeia a levar a termo algo cujo lugar não pode ser esse, tomando essa locução de uma maneira misteriosa: a locução sobre a estrangeiridade em relação ao mundo de um racionalismo subjetivo que sobreviveu e que se tornou formal com o contato intuitivo e vivencial com as coisas mesmas.

Uma cultura verdadeira do homem terá uma vez mais como tarefa: ajudar a conduzir todas as coisas até o seu sentido e à sua meta por meio do conhecimento, do amor e da criação: ao sentido e à meta, que lhes está prelineada nas *ideias*, que Deus tem delas – e isto tudo na convivência solidária do conhecimento, do amor e da criação humanos, da convivência dos indivíduos, comunidades, épocas. Somente na medida em que a pessoa redime concomitantemente todas as coisas para Deus e para a sua meta, ela mesma consegue, com o auxílio da graça, conduzir-se até sua meta, isto é, vir a ser tal como Deus a quer.

Se o espírito nacional alemão conseguir inscrever no quadro ainda abstrato as suas metas particulares – metas que só podem ser apreendidas em meio a uma intuição e um sentimento –, o ideal particular do homem alemão, retirado dos tempos, uma vez que o alemão se encontrava em seus ápices históricos; e se ele buscar realizar efetivamente esse ideal na ação e no trabalho, então ele talvez consiga ainda mais do que apenas realizar uma contribuição para a *reconstrução cultural* da Europa: segundo a sua essência germânica propriamente dita e segundo a sua posição geográfica central no coração da Europa, ele talvez consiga conduzi-la e dirigi-la em comunidade com os melhores dos outros povos.

POSFÁCIO DA EDITORA À QUARTA EDIÇÃO

A presente quarta edição do livro *Do eterno no homem*, que aparece ao mesmo tempo como o volume 5 dos *Escritos conjuntos de Max Scheler*, contém os mesmos trabalhos que a primeira (1921), a segunda (1923) e a terceira assim chamada edição popular (1933) organizada pela antiga editora já continham. No posfácio do volume 2 publicado pela primeira vez no quadro dos *Escritos conjuntos, Der Formalismus in der Ethik und die materiale Wertethik* (O formalismo na ética e a ética material dos valores) (Berna, 1954), já tinha sido apontado pela editora o fato de que, correspondendo ao desejo da responsável pela edição, os nove volumes previstos dos *Escritos reunidos*, que trarão os trabalhos publicados pelo próprio Max Scheler, serão estabelecidos de tal modo que ao menos uma parte dos volumes possa portar o título sob o qual as obras de Max Scheler se tornaram conhecidas.

O presente volume aparece sob o título *Do eterno no homem*, sob o qual ele foi e é constantemente citado pelo autor e na bibliografia secundária. O volume recebeu, por sua vez, o subtítulo *Sobre a renovação religiosa* (de acordo com a seção introdutória dos "Problemas da religião") para distingui-lo dos outros dois volumes planejados pelo autor, mas não publicados (cf. prefácio do autor à 1. ed.) da obra. O privilégio dado desde então aos "problemas da religião" em relação aos dois últimos trabalhos corresponde tanto ao significado desse trabalho no interior do volume quanto à intenção original do autor. Só a circunstância de que o manuscrito dos "problemas etc." não se encontrava pronto no momento da impressão do volume (cf. o que se segue), levou o editor a, com a concordância do autor, colocar o trabalho de fenomenologia da religião como o último do volume, a fim de não adiar ainda mais a edição deste volume marcado pelas difíceis situações do período do pós-guerra e da inflação.

A reedição atual da obra ofereceu a possibilidade de eliminar uma grande quantidade de falhas do texto da primeira edição (e, correspondentemente, da segunda e terceira edições que chegaram a termo por meio de uma reprodução técnica de mais a mais insuficiente). Somente em uma parte dos trabalhos (cf. o que se segue), foi possível buscar apoio nos manuscritos. A primeira impressão, antes de tudo, dos "Problemas da religião", aconteceu amplamente com base no primeiro manuscrito do autor; neste caso, como a comparação múltipla com o manuscrito mostrou, passou pela versão impressa uma série maior de erros que alteravam o sentido. Dizia respeito ao temperamento de Max Scheler, à sua inquietação vital, em meio à possibilidade que lhe era oferecida de uma correção da versão para impressão, atentar menos para a eliminação de erros da versão para impressão ou do manuscrito e apreender muito mais a oportunidade de realizar alterações e inserções no texto - um hábito do autor que, com as dificuldades que se elevavam por meio daí para o tipógrafo, aumentavam as fontes de erros para o texto.

O *índice de correções* no anexo fornece informações sobre as correções empreendidas no texto dessa quarta edição da obra. Quando essas correções encontram eco no manuscrito do autor, esse fato é respectivamente indicado. Retificações insignificantes (letras particulares, terminações, interpunções etc. erradas ou faltando) só foram introduzidas, na medida em que elas poderiam ter um efeito perturbador sobre o sentido. Correções de indicações bibliográficas e de citações não se encontram indicadas no índice.

As *observações* da editora em relação ao texto e às notas de pé de página, que se encontram sempre indicadas por meio da abreviatura "N.E.", complementam, segundo o mesmo ponto de vista do volume que foi publicado em primeiro lugar intitulado *Der Formalismus in der Ethik...* (O formalismo na ética...), as indicações na maioria das vezes estabelecidas de maneira genérica do autor para os seis trabalhos já publicados (ou planejados para a publicação); e isto por meio de designações mais precisas das passagens em questão (em algumas notas de pé de página, as indicações do autor já tinham sido completadas pela editora; ver o fim das "observações"); elas informam, além disto, sobre título, lugar, data das publicações posteriores dos trabalhos introduzidos do autor, assim como sobre se e, eventualmente, onde os trabalhos planejados foram lançados e se encontram na obra póstuma anotações sobre os problemas. Em diversas passagens, as "observações" chamam a atenção, independentemente de uma indicação do autor, para relações entre as exposições em questão e, antes de tudo, os trabalhos posteriores (depois de 1921) do autor.

O *índice bibliográfico*, que também é anexado a este volume, e ao qual se faz muitas vezes referências nas "observações", propicia uma visão panorâmica provisória dos escritos de Max Scheler; ele orienta ao mesmo tempo sobre a planejada organização dos trabalhos particulares nos nove volumes das *Obras conjuntas*. Uma bibliografia completa aparecerá em um dos volumes posteriores; por conta da perda de todos os exemplares comprobatórios, antes de tudo das publicações em revistas, assim como por conta de uma lista abrangente composta com o correr dos anos, uma apresentação sem lacunas ainda não foi possível.

O *índice* reúne neste volume índice onomástico e índice conceitual. No que concerne aos problemas materiais, além dos problemas essenciais para este volume, também foram levados em consideração no índice aqueles problemas que se encontram em relação com os outros escritos do autor. As questões políticas atuais, que foram tocadas em algumas passagens pelo autor, não foram inscritas no índice.

Quanto aos trabalhos particulares do volume:

O ensaio *Remorso e renascimento* foi publicado pela primeira vez com o título "Para uma apologia do remorso" no escrito trimestral *Summa* (Editora Hellerauer, 1917, caderno 1, p. 53ss.). Uma vez que, apesar de múltiplos esforços, a editora não conseguiu dar uma olhada em um exemplar dessa revista (que só teve uns poucos números) (os exemplares comprobatórios do autor estão entre as perdas acima citadas do período imediatamente posterior a 1945), não foi possível constatar se e até que ponto o ensaio tinha sido retrabalhado para a publicação pelo autor em *Do eterno no homem*. O manuscrito do trabalho não foi encontrado na obra póstuma de Max Scheler.

O ensaio *Da essência da filosofia e da condição moral do conhecimento filosófico* também foi publicado primeiramente sob o título "Da essência da filosofia" na revista *Summa* (1917, cad. 2, p. 40ss.). Essa primeira publicação também não se mostrou acessível para a editora. Todavia, o manuscrito do trabalho – ele deveria formar a introdução para um livro planejado *Die Welt und ihre Erkenntnis* (O mundo e seu conhecimento) – foi quase completamente conservado (66 p. oitavadas). Estão faltando apenas as p. 75-78 (4. ed.). Para essas páginas, encontrou-se embaixo das folhas de anotações da obra póstuma a cópia de um texto ditado a máquina, ao qual se faz alusão no manuscrito do autor. A comparação dessa cópia (não elaborada pelo autor) com o texto das páginas acima mostrou que o que foi ditado pelo autor tinha sido amplamente reelaborado. As divergências do outro texto do manuscrito são insignificantes. O manuscrito deve ter surgido entre o final de 1916 e o início de 1917 (as páginas acima designadas são certamente um adendo para a republicação do trabalho no quadro do livro).

Enquanto os dois primeiros trabalhos surgiram no presente volume de uma vez só (no que concerne ao ensaio "Da essência da filosofia", isto é em todo caso visível com grande segurança junto ao manuscrito) – os trabalhos para o maximamente importante e abrangente ensaio desse volume, o tratado intitulado *Problemas da religião*, se estenderam por alguns anos: a olhos vistos, os textos de base não surgiram continuamente. Os manuscritos (ca. de 455 p. oitavadas, e algumas folhas A 4) foram conservados até umas poucas páginas (245-248, 4. ed.), para as quais temos um texto ditado a máquina e reelaborado a mão. Os textos de base fornecem informações sobre o surgimento dos trabalhos para os "Problemas da religião" e sobre a sua sequência temporal. A editora já tinha apontado no posfácio à 4ª edição do *Formalismus* (Formalismo) para o fato de que a escrita do autor, a mudança de seu padrão geral no curso de duas décadas, em meio aos seus trabalhos nos manuscritos póstumos, se tornou um ponto de apoio importante para a respectiva inserção dos textos na sequência temporal relativa à obra conjunta de Max Scheler – apesar da falta quase que completa de algumas indicações do autor e dos pontos de apoio parcos e indiretos que de resto se apresentavam. O que dissemos vale também para os manuscritos dos "Problemas da religião".

No particular, precisamos constatar o seguinte:

A seção introdutória do trabalho (4. ed., p. 103-123) foi publicada pelo autor pela primeira vez na revista mensal *Hochland*, ano de 1918, p. 5ss., sob o título "Para a renovação religiosa" - em todas as outras partes dos "Problemas da religião" trata-se de publicações inéditas no quadro do livro *Do eterno no homem*. O manuscrito para a publicação na revista *Hochland* abarca 27 p. oitavadas e 4 p. inclusas em formato A4 - no caso dessas últimas páginas, trata-se de exposições sobre Loisy e sobre o panteísmo (p. 105-107, 113, 4. ed.), sem os adendos subsequentes inseridos mais tarde). Para o volume *Do eterno no homem*, a impressão aconteceu com base em uma cópia datilografada (do mesmo modo conservada) segundo o manuscrito, cópia essa que foi reelaborada pelo autor e ampliada por meio de inclusões menores na margem e de adendos maiores (inscrições a mão). Junto a essas inclusões e adendos ao manuscrito original, as páginas que estão em jogo (4. ed.) são: p. 105-107, p. 109/linhas 5 a 9, p. 109/linhas 14-16, p. 110-111/linha 18, p. 111/linha 23, p. 112/linhas 19-23, p. 114/linhas 9-10, p. 115/linhas 25-26, p. 116/linhas 29-31, p. 123/linha 13 até p. 124/linha 8, incluindo aí as notas de pé de página à p. 111 e 112. Por conta de um descuido, a última inserção introduzida a mão, cujo texto faz a transição para as seções centrais que começam na p. 124 do trabalho como um todo, foi impressa na primeira edição da obra em uma posição falsa (= 4. ed. p. 121/linha 26) - este erro foi corrigido agora na 4ª edição.

As duas últimas páginas do manuscrito original acima citado da parte introdutória (no todo, esse manuscrito abarca 29 p.) não foram publicadas nem na publicação da revista *Hochland*, nem nos "Problemas da religião". São elas, porém, que, juntamente com o texto do título na p. 1 do manuscrito ("Para a renovação religiosa. I. A nova situação mundial. A. Momentos internos"), elucidam as questões relativas ao surgimento do manuscrito tanto quanto relativas à sua ligação com uma outra seção de todo o trabalho. Nessas duas últimas páginas encontra-se formulado (no manuscrito se articulando imediatamente com a 4. ed., p. 123/linha 12): "Mas em relação a essas atmosferas mais internas e psíquicas, nas quais a renovação religiosa se realiza, acrescentam-se profundas revoluções da vida pública, que criam do mesmo modo para a religião e para a Igreja um solo fundamentalmente novo – revoluções que também tornam compreensível certamente que alguns círculos alimentem a esperança de uma *nova religião*. A três delas cabe sem dúvida alguma uma significação universal. [Na margem: "disposição"] A primeira revolução é a nova tendência universal de cisão entre Igreja e Estado; a segunda é o redespertar dos grupos populares asiáticos e a aparição condicionada por meio daí das formas de visão de mundo e de religião asiáticas na arena das lutas espirituais religiosas e eclesiásticas do mundo europeu. A terceira revolução diz respeito à constatação da relação fundamental de religião e Igreja com a tendência do mesmo modo universal para a democracia política e social..." Na última página do manuscrito se diz (de maneira correspondente à p. 1 do manuscrito, só que aqui com o título "os momentos externos"): "Logo que discuto essas formas mais externas de imposição e realização do novo espírito religioso e eclesiástico, temos de responder àqueles que compreendem de maneira totalmente diversa da nossa a exigência da renovação religiosa: como exigência justamente de uma nova religião ou de novas formações eclesiásticas". A partir dessas últimas páginas do manuscrito (cf. em relação a alguns dos "momentos externos" expostos aqui pelo autor a seção 2 do último trabalho do presente volume) é possível ver que a seção introdutória dos "Problemas da religião" surgiu independentemente das seções centrais do trabalho. O manuscrito original surgiu como um manuscrito de conferência em meio à oportunidade de apresentar uma série de comunicações que Max Scheler teve no quadro dos eventos político-culturais da secretaria alemã para o estrangeiro de 1917-1918, na Suíça e na Holanda. O surgimento explica a dicção em parte retórica dessa seção. Além disto, é possível deduzir das anotações acima o nexo interno estreito dessa seção introdutória com a última seção 3 dos "problemas da religião" (renovação religiosa – nova religião) – cuja primeira parte não nega do mesmo modo na dicção o seu surgimento como conferência. O texto de base das duas seções talvez já tivesse surgido no final de 1917 (no mais tardar na metade de

1918). Mas precisamos excluir de qualquer modo o texto de base para (4. ed.) as páginas que vão de 123/linha 13 a 124/linha 8 (cf. aquilo que já dissemos acima), e, além disto, as duas últimas páginas da última seção (4. ed., p. 352/linhas 31 até o fim), que só foram acrescentadas como conclusão de todos os "problemas da religião" em 1920 - o manuscrito do autor permite que se conclua isto sem sombra de dúvida.

No interior das seções centrais 1 e 2 dos "Problemas da religião": "Religião e filosofia" e "Fenomenologia da essência da religião", o último grande capítulo da última seção citada com o título "Sobre algumas tentativas mais recentes de uma fundamentação natural da religião" precisa ser considerado como o primeiro trabalho no interior dessas duas seções - ele surgiu em 1917-1918. A escrita do autor mostra isto claramente. Só os últimos parágrafos do capítulo (4. ed. a partir da p. 328/linhas 17-34) foram adicionados mais tarde (1920) como passagem para a seção 3 do trabalho. A partir de uma anotação privada do autor no verso de uma folha do manuscrito é possível ver que esse capítulo já se encontrava presente por ocasião da estada do autor na Holanda em 1928. O surgimento desse capítulo devotado mais a confrontações críticas do que a um trabalho surgido independentemente ou antes de confrontações fenomenológicas positivas do autor (nos capítulos antecedentes no livro da seção 2 e da seção 1) explica alguns entrelaçamentos e repetições. A seção 1 e os outros capítulos da seção 2 foram escritos entre (o final de) 1918 e o final de 1920 - não continuamente, como os manuscritos mostram. Em todo caso, os dois capítulos "Crescimento e definhamento do conhecimento natural de Deus" e "Atributos do espírito divino" surgiram mais tarde do que as exposições subsequentes na versão impressa em relação ao ato religioso. A parte em geral mais tardia de todo o trabalho é representada pelas exposições em relação à "funcionalização de conteúdos essenciais" (4. ed., p. 207/linha 36 - até a p. 210/linha 6) no interior do capítulo "Crescimento e definhamento etc." e em relação ao "teísmo e queda" no interior do capítulo "Atributos do espírito divino". Esses textos foram escritos por volta do final de 1920.

A tentativa de uma solução do problema da teodiceia sobre o solo da religião cristã personalista e espiritualista, cuja consequência levou o autor a se ver impelido ao projeto de uma imagem de mundo trágica e universal – como a imagem de um mundo sem redenção –, tal com ele a descreveu em seus traços maiores no último capítulo citado, foi um dos pontos de apoio para a transformação nas intuições metafísicas e religiosas de Max Scheler, transformações essas que se realizaram nele lenta e constantemente nos anos posteriores a 1920. Em contraposição àqueles que "foram impelidos por um preconceito ideológico a uma recusa inconsequente" e a uma "conclusão lógica pura e simplesmente filosófica" da mudança e que não quiseram nem puderam reconhecer a mudança das posições metafísicas de Max Scheler, *Nicolai Hartmann* apontou em seu incomparável necrológio a Max Scheler (Kantstudien, 1929) para os problemas ontológicos centrais, que tinham sido decisivos aqui. "A dureza do problema da realidade, que o tocou cada vez mais com o correr dos anos, o obrigou a uma reorientação". "A luta e o ímpeto para seguir em frente dessa vida e desse pensamento" mesmo são denominados por Hartmann lá como um "testemunho único, grande e intransigente de uma verdade a cada passo autenticamente filosófica". Na "consequência interna da transformação" e na "arte elevada do reaprendizado progressivo", o colega de muitos anos de trabalho na universidade de Colônia apresentou Max Scheler como estando na "mesma linha que pensadores como Fichte, Schelling, Nietzsche, sim, mesmo que Platão". – Max Scheler mesmo considerou o seu caminho através do teísmo cristão em sua forma católica, com o qual ele se identificou a partir mais ou menos de 1912 até mais ou menos 1922 também em seus escritos, de início de maneira crescente, depois de maneira cada vez mais atenuada, como um curso de desenvolvimento autêntico de seu pensamento e como uma travessia necessária até as intuições metafísicas de seus últimos anos – intuições, para as quais ele se confessou mesmo em face da morte com a firmeza tranquila daquele que encontrou o seu caminho. Por outro lado, ele insistiu na validade e na consequência interna em termos de pensamento da fenomenologia da religião presente no texto "Problemas da religião"; e isto no quadro de uma intuição religiosa de Deus personalista e espiritualista.

Resta ainda uma explicação em relação aos títulos dos capítulos das duas seções centrais acima citadas, das seções 1 e 2. O estudo detido dos manuscritos fez com que a atenção da editora se voltasse para o fato de que a designação dos capítulos dessas seções por meio de letras ou números, que deveriam caracterizar a superordenação ou a subordinação dos capítulos, foi muitas vezes mudada pelo autor no curso dos trabalhos. Por fim, veio a termo, com certeza como consequência da impressão, que se arrastou por quase dois anos e que foi muitas vezes interrompida, um enfileiramento esquemático dos capítulos, que antes obscureceu a estrutura sistemática interna das investigações do que a tornou visível. Precisamente para avaliadores positivos dos "problemas da religião", este fato foi lastimado como consequência sem dúvida alguma de uma conclusão apressada dos trabalhos. Os manuscritos, nos quais o processo de trabalho por assim dizer se reflete, apontaram para a editora um caminho para tornar visível a estrutura pensante das investigações na articulação exterior da republicação: a supressão da designação dos capítulos das duas seções por meio de letras e números, assim como a distinção da articulação das seções pura e simplesmente por meio da diferença dos tipos de fonte impressa nos títulos. Na seção 1, "Religião e filosofia", de acordo com isto, as letras anteriores que induziam em erro A B C D, nos títulos dos capítulos, foram eliminadas e as duas partes principais dessa seção, p. 126, "típico das visões até aqui" e a solução própria contraposta pelo autor às intuições tradicionais, p. 142, "o sistema da conformidade" (cf. p. 142/linhas 9-11), foram caracterizadas por meio de maiúsculas nos títulos, diferentemente dos subcapítulos, p. 126 e 138, que ficaram com títulos estabelecidos em letra cursiva. O título "típico etc." foi estabelecido, em sintonia com as exposições do texto, nessa reimpressão na p. 126 (ao invés do que acontecia até aqui na p. 124, abaixo do título da seção). Na seção 2, "Fenomenologia da essência da religião", os capítulos (introduzidos nas antigas edições sob os n. 1-7), de acordo com as indicações dadas muitas vezes pelo autor para a construção de uma fenomenologia da religião (cf. p. 151, 159, 285), foram sintetizados nos grupos principais "O divino" (p. 159) e "O ato religioso" (p. 240), que são do mesmo modo caracterizados enquanto tais por meio da fonte impressa em contraposição aos subcapítulos. Neste caso, mostrou-se como simplesmente necessário completar o título do capítulo da p. 159 "Determinações fundamentais do divino" (segundo o teor do texto, p. 160) para o título "O divino", que abrange os três capítulos seguintes. O último e mais abrangente capítulo dessa seção, "Sobre algumas tentativas mais recentes etc." (anteriormente capítulo 8), foi coordenado às partes principais acima citadas de toda a seção 2.

Em função da uniformidade da publicação, também se deixou de lado na última seção 3 junto aos títulos dos capítulos, p. 330 e 345, os números antes dos títulos.

A conferência *A ideia cristã de amor e o mundo atual* surgiu em 1917, tal como o próprio autor ratificou no texto da primeira página. Do manuscrito, além de uma página, nada foi encontrado na obra póstuma do autor. O trabalho, até onde é possível constatar isto, foi publicado pela primeira vez no presente volume *Do eterno no homem*. Cf. de resto as observações.

A conferência *Da reconstrução cultural da Europa* também surgiu em seu cerne em 1917 (cf. as notas de pé de página do autor em relação à p. 405 e 412 do texto). O trabalho foi publicado pela primeira vez na revista mensal *Hochland*, 1918, caderno de fevereiro, p. 497ss., caderno de março, p. 666ss. Para a sua reimpressão no quadro do volume *Do eterno no homem*, ele foi retrabalhado e ampliado pelo autor. O manuscrito desapareceu – com certeza, porém, havia o exemplar da publicação na revista *Hochland*, que, marcada pelo autor com adendos nas margens e ampliado por meio da inserção de folhas manuscritas, serviu como base para a impressão no interior do volume *Do eterno no homem*. Tratam-se nos adendos das (4. ed.) p. 412/linha 12 até 415/linha 20, 424/linha 19 até 428/linha 10, 430/linha 12 até 431/linha 10, 437/linha 33 até 438/linha 9; além dessas páginas, as notas de pé de página às p. 405/linha 1, 408/linha 1, 418/linha 2, 421, 422 (a partir de "além disto"), 423, 425, 427, 431, 433, 435, 436, 437, 438, 439. A partir das notas de pé de página do autor às p. 412 e 438, é possível concluir que o trabalho já tinha sido revisto e ampliado em 1918 – essas notas de pé de página às p. 412 e 438 (assim como as notas de pé de página à p. 422, a partir de "além disto") foram, portanto, introduzidas pelo autor durante a impressão, mais ou menos por volta de 1920.

Os títulos das duas seções do trabalho (p. 405 e 422) foram ampliados pela editora desta 4ª edição segundo o teor do texto (cf. p. 406, 415-416, 422), a fim de configurar o volume de maneira una.

ÍNDICE DAS CORREÇÕES E COMPLEMENTOS EMPREENDIDOS NA QUARTA EDIÇÃO

Prefácios

P. 21/linha 28 (= manuscrito): "colocar", ao invés de "colocavam". • P. 22/linha 21: "P. 559 da primeira edição", ao invés de p. 550. • P. 22/linha 23: "de toda... experiência", ao invés de "para todas as experiências". • P. 24/linha 2: "Ele" (subescrito à sentença), ao invés do uso do pronome pessoal neutro "ES". • P. 25/linha 11: "exige", ao invés de "exigem". • P. 25/linha 23: "sistema de conformidade", ao invés de "sistema de pré-formação. • P. 25/linha 23: "materiais" (= manuscrito), ao invés de "materialistas".

I - Remorso e renascimento

P. 30/linha 5: "não", ao invés de "nada". • P. 30/linha 22: "ele" (subescrito conteúdo), ao invés de "ela". • P. 34/linha 14: ao invés de "o estado imediatamente precedente a f", "o estado imediatamente precedente a g". • P. 34/linha 38 e p. 37/linha 27: "sensível", ao invés de "sentido". • P. 37/linha 35: antes de "depois", "para ele" • P. 40/linha 23: inserir viam. • P. 42/linha 31: "materiais", ao invés de "materialistas". • P. 43/linha 16: "mais recentes", ao invés de novos. • P. 43/linha 17: "Ética IV, 54", ao invés de "Ética IV, 45. • P. 44: complemento antes de "nosso", "em". • P. 46/linha 15: "retenção indigna", ao invés de "comportamento indigno". • P. 49/linha 4: complemento antes de "encontrar", "para". • P. 52/linha 18: inserção de "história dos povos". • P. 55/linha 23: "do poder", ao invés de "poder". • P. 58/linha 21: "sua", ao invés de "seu".

II – Sobre a essência da filosofia e a condição moral do conhecimento filosófico

P. 65: "muito" (= manuscrito), ao invés de: amplamente. • P. 65/linha 40: elisão antes de "um". • P. 67/linha 39: "o estado", ao invés de "do estado". • P. 68/linha 4: complemento "de antemão" • P. 68/linha 17, reestruturação: "1", no lugar de "de um". • P. 69/linha 18: "simpático e empático" (= manuscrito), ao invés de "só simpático". • P. 71/linha 5: "do último", ao invés de "cujos últimos". • P. 74/linha 16: elisão antes de "da geometria". • P. 75/linha 33: elisão antes de "Platão" de "e". • P. 79/linha 19: ao invés de "essência fundada", "essência possível". • P. 84/linha 31: "são", ao invés de "é". • P. 85/linha 13: "essencial" (= manuscrito), ao invés de "essencialmente". • P. 86/linha 35: "procedimentos que", ao invés de "um procedimento que". • P. 87/linha 17: "atos" (= manuscrito), ao invés de "tipos". • P. 88/linha 29: "indivíduo" (= manuscrito), ao invés de "indivíduos". • P. 88/linha 22: "junto a" (= manuscrito), ao invés de "do". • P. 89/linha 7: "e para além", ao invés de para além de nós. • P. 93/linha 8: "evidências" (= manuscrito), ao invés de "evidência". • P. 93/linha 23ss.: parênteses e travessões foram ordenados de acordo com o sentido. • P. 97/linha 7: "precisaria" (= manuscrito), ao invés de "teria precisado". • P. 97/linha 21 (subscrito essência), ao invés de (neles"). • P. 97/linha 35: "por aquilo", ao invés de "com vistas àquilo". • P. 99: "todas as... demonstrações pertinentes" (= manuscrito), ao invés de "de todas as... demonstrações pertinentes".

III – Problemas da religião

P. 107/linha 3: "nos" (= manuscrito), ao invés de "o". • P. 108/linha 12: "ele", ao invés do pronome neutro alemão "es". • P. 113/linha 26: "nós" (= manuscrito), ao invés de "os". • P. 113/linha 38: "mundos de pensamentos" (= manuscrito), ao invés de "ondas de pensamento" • P. 114/linha 31: "aquela sentença", ao invés de "essa sentença". • P. 115/linha 15: "o que encontra" (= manuscrito), ao invés de "o que unifica". • P. 115/linha 36: "valorativamente realizador" (= manuscrito), ao invés de "realizador de mundo". • P. 119/linha 10: "requisições" (= manuscrito), ao invés de "expressões". • P. 120/linha 24: "segundo a", ao invés de "segundo uma". • P. 121/linha 3, reestruturação: "progredindo... silenciosamente", ao invés de por detrás de bezerro. • P. 124/linha 10: "típico das soluções até aqui", agora na p. 126/linha 16 (cf. posfácio). • P. 125/linha 30: elisão antes de "histórico". • P. 127/linha 10: pronome pessoal alemão neutro "es", ao invés de "ele". • P. 129/linha 24: "em torno de Deus" (= manuscrito), ao invés de "só Deus". • P. 129/linha 28: "o", ao invés do artigo neutro alemão "das" • P. 129/linha 31: "além disto", ao invés de "finalmente". • P. 129/linha 12: "finalmente", ao invés de "além disto". • P. 134/linha 7: "o", ao invés de "de uma". • P. 135/linha 9: "absolutamente sagrado = divino (= manuscrito), ao invés de "absolutamente sacro-divino". • P. 136/linha 20: "dedução" (= manuscrito), ao invés de seção. • P. 136/linha 23: "de repente" (= manuscrito), ao invés de "ao mesmo tempo". • P. 137/linha 2: "errar o caminho" (= manuscrito), ao invés de "visão equivocada". • P. 137/linha 33: as palavras "inadequado" e "inadequados" foram colocadas entre parênteses. • P. 138/linha 24: "só" (= manuscrito), ao invés de "nos". • P. 141/linha 31, reestruturação: "desde Herbert von Cherbury", ao invés de atrás de "sistemas de identidade". • P. 142/linha 31: "de unificação" (= manuscrito), ao invés de "a unificação". • P. 149/linha 11: "o qual", ao invés de "os quais"; "metafísica" ao invés de "o metafísico"; reestruturação: "e não conseguem explodi-lo", ao invés de até aqui atrás de "permanecer". • P. 151/linha 11: "nos quais", ao invés de "na qual". • P. 156/linha 9: "para seus deuses", ao invés de "para eles". • P. 158/linha 29: "e o", ao invés de "de". • P. 158/linha 38: "é", ao invés de "são". • P. 159/linha 10: "antecedente", ao invés de: primeiro. • P. 161/linha 14: "objetivamente", ao invés de "objetivo". • P. 162/linha 28: "para", ao invés de "o". • P. 163/linha 5: "reações do", ao invés de "reações a". • P. 164/linha 8: "é,", ao invés de "é". • P. 165/linha 26: a frase "Neste caso... vale" foi colocada entre parênteses por conta do contexto. • P. 166/linha 14: "fineza" (= manuscrito), ao invés de "liberdade". • P. 167/linha 30: "tomado" (= manuscrito), ao invés de "conquistado"; "requisição final" (= manuscrito), ao invés de "requisição". • P. 172/linha 2: "o" (subscrito divisão essencial), ao invés de "para os quais". • P. 173/linha 12: "junto a", ao invés de "de". • P. 173/linha 37: *partium*, ao invés de *parium*. • P. 175/linha 6, ao invés de "do grau". • P. 176/linha 21, ao invés de "ver" (cf. p. 23). • P. 176/linhas 37 e 38: elisão por detrás de "variabilidade". • P. 179/linha 8: "a" (= manuscrito subscrito mundo), ao invés de "o". • P. 183/linha 17: "para o qual", ao invés de "em face do qual". • P. 188/linha 19: "grandes quantidades" (= manuscrito), ao invés de grande quantidade. • P. 190/linha 18: "teria (= manuscrito), ao invés de "teve". • P. 193/linha 37: ao invés de "seriam", "eles seriam". • P. 197/linha 12: "-do-devir", ao invés de "do devir". • P. 200/linha 17: "= razão" (= manuscrito), ao invés de "-razão". • P. 201/linha 21: "é", ao invés de "são". • P. 202/linha 14: "acaso" (= manuscrito), ao invés de "conteúdo". • P. 204/linha 22: "o filósofo", ao invés de "ele". • P. 206/linha 28: "sim" (= manuscrito), ao invés de "a cada vez". • P. 206/linha 34: "precisa" (= manuscrito), ao invés de "precisaria". • P. 208/linha 32: "livre de relações", ao invés de "relativamente livre". • P. 209/linha 28: "ou" ao invés de "e". • P. 210/linha 21: "ordem de fundação", ao invés de "ordem de exigência". • P. 215/linha 25: "para o mundo corporal", ao invés de "e o mundo corporal". • P. 216/linha 14: permanentes, ao invés de crescente. • P. 216/ linha 32: "metas" (= manuscrito), ao invés de "vontade". • P. 217/linha 5: a frase "apenas... fracassa" foi colocada entre parênteses em função do contexto. • P. 217/linha 11: "ela" (subscrito realização da vontade), ao invés do pronome pessoal neutro "es". • P. 218/linha 15: "criar", ao invés de "criador". • P. 218/linha 24: "seu", ao invés de "dela". • P. 219/linha 28: "como do", ao invés de "e". • P. 220/linha 33: "inserção" (= manuscrito), ao invés de "nova inserção". • P. 221/linha 40: "aquele", ao invés de "este". • P. 222/linha 36: "contém" (= manuscrito), ao invés de "obtém". • P. 223/linha 30: "o primado valorativo do entendimento", ao invés de "o primado intelectivo dos valores. • P. 226/linha 8: "Schopenhauer", ao invés de "ele". • P. 226/linha 32: "ele e Schelling" (= manuscrito), ao invés de "ele de Schelling". • P. 227/linha 21, reestruturação: "rejeita" nesse lugar, ao invés de, linha 20, de "Deus". • P. 228/linha 18: "são aquelas doutrinas", ao invés de "é a doutrina". • P. 229/linha 6: "nos" (= manuscrito), ao invés de "apenas". • P. 229/linha 23: "o" como objeto direto, ao invés de "o" como artigo definido. • P. 237/

linha 28: “mais comum” (= manuscrito), ao invés de “comum”. • P. 240/linha 8: “ir” ao invés de “-ir”. • P. 244/linha 6: “do agir” (= manuscrito), ao invés de: “da mudança”. • P. 248/linha 24: “sim” (= manuscrito), ao invés de: “a cada vez”. • P. 249/linha 28: elisão antes de “pode”. • P. 250/linha 17: elisão antes de “o”; “junto de”, ao invés de: “de”. • P. 252/linha 31: assentar-se, ao invés de: “diferenças essenciais”. • P. 265/linha 32: “ter essas suposições”, ao invés de: “ter”. • P. 267/linha 21: complemento atrás de “metafísico”: “e religioso”. • P. 269/linha 22: “mais rico” (= manuscrito), ao invés de: “mais puro”. • P. 271/linha 34: “em sua validade ideal elas irão”, ao invés de: “sua validade ideal irá”. • P. 271/linha 36: “superior”, ao invés de: “supremo”. • P. 273/linha 4, reestruturação: “falsamente”, ao invés do que acontecia até aqui atrás de “prova da existência de Deus”. • P. 275/linha 26: “deveriam” (= manuscrito), ao invés de: “devem”. • P. 276/linha 5, complemento atrás de “o”: “mas aquilo que outrora era óbvio”. • P. 277/linha 29: “nenhum outro tipo de ato de conhecimento”, ao invés de: “nenhum tipo de atos diversos de conhecimento”. • P. 277/linha 32, complemento: “respectivamente o”. • P. 279/linha 28: elisão antes do pronome pessoal neutro “es”: “mas”. • P. 280/linha 10: complemento atrás de “na medida em que”: “aqui”. • P. 282/linha 17: “agora” (= manuscrito), ao invés de: “apenas”. • P. 283/linha 22: “no mais ativo trânsito do conhecimento e da oração” (= manuscrito), ao invés de: “no mais ativo conhecimento e oração”. • P. 283/linha 26: “estes” (subscrito sentimentos castos), ao invés de: “eles”. • P. 283/linha 28: “atos do ânimo”, ao invés de: “sentimentos”. • P. 285/linha 23: “quanto a isto” (= manuscrito), ao invés de: “em acréscimo”. • P. 286/linha 12: “autêntico” (= manuscrito), ao invés de: “também”. • P. 286/linha 19: “o”, ao invés de: “para o qual”. • P. 287/linha 3 “biologisticamente” (= manuscrito), ao invés de: “biológico”. • P. 287/linha 18: “norma” (= manuscrito), ao invés de: “forma”. • P. 287/linha 21: “a realização”, ao invés de: “para a realização”. • P. P. 292/linha 22: “conquistado junto a elas”, ao invés de: “conquistado por elas”. • P. 293/linha 6: “seriam aqueles cujos”, ao invés de: “seria aquele que”. • P. 293/linha 29: “saber mundial” (= manuscrito), ao invés de: “modos do mundo”. • P. 299/linha 20: “pragmatista” colocado entre parênteses (de maneira correspondente a “kantiano”). • P. 301/linha 30: “ela” (subscrito sancionamento), ao invés do pronome pessoal neutro "es". • P. 302/linha 20: "suposição", ao invés de: "pressuposição". • P. 303/ linha 3: "recusa de" (= manuscrito), ao invés de: "divergência etc." • P. 312/linha 12: elisão atrás de "a": "o". • P. 317/linha 19: reestruturação, de acordo com o manuscrito. • P. 317/linha 22: "circunferência", ao invés de: *radius*. • P. 318/linha 6: "uma... cultura" (= manuscrito), ao invés de "culturas". • P. 320/linha 10: complemento "a". • P. 320/linha 23: "6.", ao invés de: "5." • P. 320/linha 28: "mais com", ao invés de: "com mais". • P. 326/linha 22: "porque a" (= manuscrito), ao invés de: "porque ela". • P. 326/linha 28: "que nós o mediatizável", ao invés de: "que nós os mediatizáveis. • P. 326/linha 31: "ele" (subscrito caminho), ao invés de: "ela". • P. 327/linha 20: complemento: "um". • P. 333/linha 10 "do cerne da pessoa" (= manuscrito), ao invés de: "dos centros da pessoa". • P. 334/linha 5: "a cada vez um", ao invés de: "um a cada vez". • P. 336/linha 8: "ou", ao invés de: "o". • P. 339/linha 28: "ético" (= manuscrito), ao invés de: "visível". • P. 341/linha 20: "e", ao invés de: "apenas". • P. 341/linha 35 "validade universal" (= manuscrito), ao invés de: "bondade universal". • P. 342, complemento: "como". • P. 344/linha 27, complemento: "por meio de". • P. 346/ linha 27: "a" (subscrito legislação), ao invés de: "o". • P. 346/linha 34: "do conhecimento, outrora", ao invés de: "conhecimento outrora". • P. 353/linha 8: "junto a" (= manuscrito), ao invés de: "de". • P. 351/linha 29: "ela", ao invés de: "seria".

IV – A ideia cristã de amor e o mundo atual

P. 360/linha 21: "e", ao invés de: "com". • P. 362/linha 34, complemento: "cristão". • P. 364: comparar observação ao texto. • P. 365/linha 1, complemento no título da seção: "cristão". • P. 368/ linha 34: "recaíram", ao invés de: "viram". • P. 369/linha 4, complemento: "ela". • P. 369/linha 40: "supranaturalismo", ao invés de: "supernaturalismo". • P. 371/linha 18: "da natureza", ao invés de: "natureza". • P. 371/linha 23: "como", ao invés de: "portanto". • P. 380: cf. observações. • P. 380/linha 33: "mas apenas", ao invés de: "na medida em que". • P. 392/linha 27: "a" (subscrito a oposição), ao invés de: “ela”. • P. 397/linha 34: elisão antes de “departamentos imperiais”, supremos.

V – Da reconstrução cultural da Europa

P. 406 e 422: títulos das seções, cf. posfácio. • P. 409/linha 25: “Estados europeus”, ao invés de: “Estados fora da Europa”. • P. 411/linha 3, complemento: “a salvação”; “o”, ao invés de: “a”. • P. 414/linha 33: “intrapolítico”, ao invés de: “intraintrapolítico”. • P. 414/linha 35: “de política externa”, ao invés de: “extrapolítico”. • P. 415/linha 18: “de política interna”, ao invés de: intrapolítico. • P. 415/linha 28: “segundo”, ao invés de: “primeiro” (cf. p. 414/ linha 27ss.]. • P. 415/linha 30: “terceiro”, ao invés de: “segundo”. • P. 416/linha 1: “mentalidade” (= manuscrito), ao invés de: “sociedade”. • P. 418/linha 38: “a Europa de antes da guerra”, ao invés de: “a Europa pré-guerra”. • P. 419/linha 24: “nos quais”, ao invés de: “em cuja realização”. • P. 419/linha 29, complemento: “junto a”. • P. 424/linha 19: elisão atrás de “tem”: “se”. • P. 426/ linha 2: “de”, ao invés de: “antes”. • P. 428/linha 17: “pré-história, o”, ao invés de: “pré-história e o”. • P. 428/linha 36: “com”, ao invés de: “para”. • P. 429/linha 8: “valores” (subscrito o subsequente), ao invés de: “obras”. • P. 430/linha 7 “valores culturais”, ao invés de: “obras culturais”. • P. 432/linha 32: “por exemplo a R.” (= manuscrito), ao invés de: a R. por exemplo. • P. 433/linha 25: “e”, ao invés de: “com”. • P. 433/linha 33: “primeiros”, ao invés de: “primeiro”. • P. 436/linha 23, complemento: “como”. • P. 437, reestruturação: “cristão”, ao invés do que se tinha até aqui: o mais importante. • P. 441/linha 21, complemento: “tem”. • P. 445/linha 28: “mais sustentadoras”, ao invés de: “que deveriam sustentar”.

ÍNDICE BIBLIOGRÁFICO

1 *Beiträge zur Feststellung der "Beziehungen zwischen den logischen und ethischen Prinzipien"*. Iena: Vopelius, 1899 [Dissertação, 1897].

2 "Arbeit und Ethik". *Zeitschrift für Philosophie und philosophische Kritik*, vol. 114, cad. 2, 1899 [Obra conjunta, vol. 1].

3 *Die tranzendentale und die psychologische Methode* – Eine grundsätzliche Erörterung zur philosophischen Methodik. Iena: Dürr, 1900 [2. ed. inalterada, Leipzig: Felix Meiner, 1922] [Escrito de livre-docência. Iena 1899].

4 "Über Selbsttäuschung". *Zeitschrift für Pathospsychologie*, I/1. Leipzig: Engelmann [Obra conjunta, vol. 3].

5 "Über Ressentiment und moralisches Werturteil – Ein Beitrag zur Pathologie der Kultur". *Zeitschrift für Pathospsychologie*, I/ 2, 3. Leipzig, 1912 [Obra conjunta, vol. 3].

6 *Zur Phänomenologie und Theorie der Sympathiegefühle und von Liebe und Hass* – Mit einem Anhang über den Grund zur Annahme der Existenz des fremden Ich. Halle: Max Niemeyer, 1913 [Obra conjunta, vol. 1].

7 *Der Formalismus in der Ethik und die materiale Wertethik* – Mir besonderer Berücksichtigung der Ethik I. Kants. • Parte I – Jahrbuch für Philosophie und phänomenologische Forschung. Ano I. Halle: Max Niemeyer, 1913. • Parte II, ano II, 1916. • Parte I e II como impressão especial com o mesmo título, com um prefácio. Halle, 1916. // 2. ed. inalterada, com o subtítulo: "Neuer Versuch der Grundlegung eines ethischen Personalismus" e um segundo prefácio. Halle, 1921. // 3. ed. inalterada, organizada com um índice conceitual por Maria Scheler. Berna: Francke, 1954. // 4. ed. inalterada, organizada com um novo índice conceitual por Maria Scheler. Berna: Francke, 1954 [Obra conjunta, vol. 2].

8 *Ethik* – Ein Forschungsbericht; Em Jahrbuch für Philosophie (Eine kritische Übersicht der Philosophie der Gegenwart). org. por Max Frischeisen-Köhler, ano 2. Berlim, 1914 [Obra conjunta, vol. 1].

9 *Der Genius des Krieges und der Deutsche Krieg*. Leipzig: Weissen Bücher, 1915 [2. ed., 1916; 3. ed., 1917].

10 *Abhandlungen und Aufsätze*. 2 vols. Leipzig: Weissen Bücher, 1915 [2. e 3. ed. sob o título *Vom Umsturz der Werte*. Leipzig: Neuer Geist, 1919 e 1923 [Ed. brasileira: *Da reviravolta dos valores*". Petrópolis: Vozes, 1994). • Vol. 1: Para a reabilitação da virtude. // O ressentimento na construção das morais (Ampliação do ensaio introduzido como o n. 5.). // Sobre o fenômeno do trágico. // Sobre a ideia do homem. • Vol. 2: Os ídolos do conhecimento de si (Ampliação do ensaio introduzido como o n. 4). // Tentativas de uma filosofia da vida. // A psicologia da assim chamada histeria da aposentadoria e a luta plena contra o mal.

11 *Krieg und Aufbau*. Leipzig: Weissen Bücher, 1916 (Em relação à publicação posterior, cf. n. 19). // A guerra como experiência comum. // Sobre o cristianismo oriental e ocidental. // O nacional no pensamento francês. // Observações sobre o espírito e as bases ideais das democracias das grandes nações. // Sobre o militarismo enquanto mentalidade e finalidade. Um estudo sobre a psicologia do militarismo. Reorientação sociológica e a tarefa dos católicos alemães depois da guerra. // Do sentido do sofrimento. // Amor e conhecimento.

12 *Die Ursachen des Deutschhasses* – Eine nationalpädagogische Erörterung. Leipzig: Kurt Wolff, 1917 [2. ed. Leipzig: Neuer Geist, 1923].

13 "Vom zwei deutschen Krankheiten". *Der Leuchter*, VI. Darmstadt: Otto Reichl, 1919 [cf. n. 19].

14 *Do eterno no homem*. Vol. 1: Renovação religiosa. // 1. ed. em 1 vol. Leipzig: Neuer Geist, 1921. // 2. ed. em dois volumes parciais, com um prefácio maior. Leipzig: Neuer Geist, 1923. // 3. ed., popular, não abreviada, em 1 vol. Berlim: Neuer Geist, 1933. • Primeiro volume parcial: Remorso e renascimento. // Da essência da filosofia e das condições morais do conhecimento filosófico. // A ideia cristã de amor e o mundo atual. // Da reconstrução cultu-

ral da Europa. • Segundo volume parcial: Problemas da religião [Obra conjunta, vol. 5].

15 *Universität und Volkshochschule*. Contribuição para a coletânea *Zur Soziologie des Volksbildungswesen*, org. por Leopold v. Wiese. Vol. 1 dos escritos do *Forschungsinstitutes für Sozialwissenschaften in Köln*. Munique: Duncker & Humblot, 1921 (cf. n. 22) [Obra conjunta, vol. 6].

16 "Die Deutsche Philosophie der Gegenwart". In: WITKOP, P. (org.). *Deutsches Leben der Gegenwart*. Berlim: Bücherfreunde, 1922.

17 *Walter Rathenau* – Eine Würdigung. Colônia: Marcan-Block, 1922 [Obra conjunta, vol. 6].

18 *Wesen und Formen der Sympathie*. // 2. ed. dos "sentimentos simpáticos" (cf. n. 6). Bonn: Friedr. Cohen, 1923. // 3. e 4. ed. Bonn: Friedr. Cohen, 1926 e 1929. // 5. ed. Frankfurt a.M.: Schulte-Bulmke, 1948.

19 *Schriften zur Soziologie und Weltanschauungslehre* [4 pequenos vols.]. Leipzig: Neuer Geist, 1923/1924 (cf. n. 11). 1) "*Moralia*": Doutrina da visão de mundo, sociologia e posicionamento da visão de mundo. // Sobre a filosofia da história positivista do saber. // Do sentido do sofrimento (cf. n. 11; o ensaio foi significativamente ampliado). // Da traição da alegria. // Amor e conhecimento (cf. n. 11) // Sobre o cristianismo oriental e ocidental (cf. n. 11). 2) "*Nação*": Sobre as ideias nacionais das grandes nações (cf. n. 11). // O nacional no pensamento francês (cf. n. 11). // O espírito e as bases ideais das democracias das grandes nações (cf. n. 11). // Sobre o militarismo enquanto mentalidade e enquanto fim (cf. n. 11). // Das duas doenças alemãs (cf. n. 13). 3a) *Christentum und Gesellschaft*: Konfessionen. // A paz entre as confissões. // Reorientação sociológica etc. (cf. n. 11). 3b) *Christentum und Gesellschaft*: Arbeits- und Bevölkerungsprobleme. // Socialismo profético ou socialismo marxista? // Trabalho e ética (cf. n. 2). // Trabalho e visão de mundo. // Problemas populacionais enquanto questões de visão de mundo [Obra conjunta, vol. 6].

20 *Probleme einer Soziologie des Wissens*. Contribuição para a coletânea *Versuche zu einer Soziologie des Wissens*, org. por Max

Scheler. Vol. II dos *Schriften des Forschungsinstitute für Sozialwissenschaften in Köln*. Munique: Duncker & Humblot, 1924 (cf. n. 22).

21 *Die Formen des Wissens und die Bildung*. Bonn: Friedr. Cohen, Bonn 1925 (cf. n. 27).

22 *Die Wissensformen und die Gesellschaft*. Leipzig: Neuer Geist, 1926. // Problemas de uma sociologia do saber (cf. n. 20; ampliado). // Conhecimento e trabalho. Um estudo sobre o valor e os limites do tema pragmático no conhecimento do mundo. // Universidade e escola técnica superior (cf. n. 15) [Obra conjunta, vol. 8. O último trabalho está no vol. 6].

23 "A posição do homem no cosmos". *Der Leuchter*, VIII. Darmstadt: Otto Reichl, 1927. // Como edição separada na mesma editora, 1., 2. e 3. ed., 1928, 1929, 1931. 4. e 5. ed. Munique: Nymphenburg, 1948 e 1949 [Obra conjunta, vol. 9] [Edição brasileira pela Editora Forense Universitária. Trad. de Marco Antonio Casanova, 2003].

24 "Mensch und Geschichte". *Neue Rundschau*, ano 37, nov./1926 [Como publicação separada de *Neuen Schweizer Rundschau*. Zurique, 1929 (cf. n. 27)].

25 "Idealismus - Realismus". *Philosophischer Anzeiger*, II. Bonn: Friedr. Cohen, 1927 [Obra conjunta, vol. 9].

26 "Der Mensch im Weltalter des Ausgleichs". *Politische Wissenschaft* – Ausgleich als Schicksal und Aufgabe. Berlim: Deutschen Hochschule für Politik, 1929 (cf. n. 27). Depois da morte do autor foram publicadas as seguintes obras:

27 *Philosophische Weltanschauung*. Bonn: Friedr. Cohen, 1929. // Visão de mundo filosófica. // Homem e história (cf. n. 24). // O homem na era mundial do equilíbrio (cf. n. 26). // As formas do saber e a formação (cf. n. 21). // Espinosa. Livros de bolso Dalp. Vol. 301. Berna: Francke, 1954 [Obra conjunta, vol. 9]. A partir da obra póstuma do autor foram publicados:

28 *Die Idee des Ewigen Friedens und der Pzifismus*. Berlim: Neuer Geist, 1931.

29 *Schriften aus dem Nachlass* – Vol. 1: Zur Ethik und Erkenntnislehre. Berlim: Neuer Geist, 1933 [Com um anexo organizado por Maria Scheler]. // Morte e sobrevivência. // Sobre vergonha e sentimento de vergonha. // Exemplos e líderes. // *Ordo amoris.* // Fenomenologia e Teoria do Conhecimento. // Doutrina dos três fatos.

ÍNDICE CONCEITUAL E ONOMÁSTICO

ÍNDICE GERAL